1 MONTH OF
FREE
READING

at
www.ForgottenBooks.com

By purchasing this book you are eligible for one month membership to ForgottenBooks.com, giving you unlimited access to our entire collection of over 1,000,000 titles via our web site and mobile apps.

To claim your free month visit:
www.forgottenbooks.com/free1014714

ISBN 978-0-364-40270-2
PIBN 11014714

This book is a reproduction of an important historical work. Forgotten Books uses
state-of-the-art technology to digitally reconstruct the work, preserving the original format
whilst repairing imperfections present in the aged copy. In rare cases, an imperfection in
the original, such as a blemish or missing page, may be replicated in our edition. We do,
however, repair the vast majority of imperfections successfully; any imperfections that
remain are intentionally left to preserve the state of such historical works.

LEHRBÜCHER

DES

SEMINARS

FÜR

ORIENTALISCHE SPRACHEN

ZU BERLIN

HERAUSGEGEBEN

VON DEM DIRECTOR DES SEMINARS

BAND XVII

STUTTGART & BERLIN
W. SPEMANN
1897

DEM ANDENKEN

IHRER HOCHSELIGEN MAJESTÄT

DER

KAISERIN UND KÖNIGIN AUGUSTA

MUHAMMEDANISCHES RECHT

NACH

SCHAFIITISCHER LEHRE

VON

EDUARD SACHAU

STUTTGART & BERLIN

W. SPEMANN

1897

1902 übergegangen in den

Verlag von Georg Reimer Berlin

VORWORT.

I.

In Folge der Ausdehnung der politischen Macht Europas über seine geographischen Grenzen hinaus sind mehrere christliche Staatsoberhäupter zu Souveränen muhammedanischer Länder geworden, und über Millionen von, Muslims wird gegenwärtig unter der Aegide, meistens direkt im Namen eines christlichen Kaisers oder Königs oder einer christlichen Republik Recht gesprochen. So in Brittisch-Indien, Niederländisch-Indien, Algier und den meisten Asiatischen Ländern des Russischen Reiches. So auch in Deutsch-Ostafrika. Ist eine solche Rechtsprechung mit einer theokratischen Weltordnung, welche eine Trennung zwischen Glauben und Recht nicht gestattet, nicht einmal kennt, in Einklang zu setzen? ist sie abgesehen von ihrer formalen Begründung durch das Eroberungsrecht mit dem Gewissen des einzelnen Muhammedaners vereinbar? Ist doch alles Gesetz im Islam *Religions-Gesetz*, eine Vorschrift über Gebet, Waschung, Fasten oder Pilgerfahrt in gleicher Weise wie die Bestimmungen über einen Miethsvertrag, über die Dauer der Optionsfrist nach Abschluss eines Kaufvertrages, über Bankrott. über Ehescheidung wie über Gerichtsverfahren und Strafrecht. Kann der Muslim, ohne sein Seelenheil zu gefährden, Unterthan eines

christlichen Landesherrn sein[1]? kann er ein Urtheil als verbindlich
anerkennen, das unter der Oberhoheit eines christlichen Gerichts-
herrn gesprochen wird, jedenfalls also der Art gestaltet oder modifi-
cirt sein muss, dass es den Fundamental-Sätzen des Christenthums
nicht zuwiderläuft? oder stellt ihn sein Gewissen vor die Alternative
sich gegen den christlichen Landesherrn, für den am Freitag in der
Moschee das Kanzelgebet gesprochen wird, zu erheben und ihn zu
bekriegen, oder auszuwandern aus der Heimath, wie so viele Muhammedaner aus den einzelnen Balkanländern, nachdem sie christlichen Fürsten unterstellt worden, ausgewandert sind? Diese und
ähnliche Fragen haben im Laufe dieses Jahrhunderts mehrfach die
Muhammedanische Welt beschäftigt und sind von den ersten Auctoritäten im Centrum des Islams, im heiligen Mekka zum Gegenstande ausführlicher Rechtsgutachten gemacht worden.[2] Gedanken
solcher Art sind aber auch in den Millionen lebendig, denn die
Partei der Lauen ist im Islam nicht vorhanden, und der Fanatismus
wächst in gleichem Verhältniss, wie die politische Macht des Islams
an den Rändern abbröckelt, im Inneren zerfällt, und wie seine Be-
kenner verarmen, verarmen müssen gegenüber der überlegenen Thätigkeit Europas. Gedanken dieser Art sind ein Zunder, an dem sich
jeder Zeit eine Explosion entzünden kann von gleicher Elementarge-
walt und Scheusslichkeit wie die Mahdistische im Sudan. Der Islam
weiss nach dem Grundsatze: „Küsse die Hand, die Du nicht abhauen kannst", sich zu fügen, so lange die europäische Ordnung
der Dinge unerschüttert auf ihrer Grundlage von Gewehren, Kanonen
und Kriegsschiffen ruht. Sobald sie aber jemals irgendwelche
Symptome des Schwankens oder Verfalles zeigen sollte, muss es
heissen: videant consules etc. Der Islam ist eine intransigente
Kriegsreligion und der Christ kann für den Muslim nie etwas anderes
sein als entweder Helot oder *hostis*. Wer sich das Wesen desselben
vergegenwärtigen will, muss mit seinen Gedanken nicht bloss in eine

---

[1] Vgl. Koran 25, 54: „Darum gehorche nicht den Ungläubigen."
[2] Vgl. W. W. Hunter, The Indian Musalmans, London 1872,
Kap. III und Appendix.

andere Welt wandern, sondern auch in eine andere Zeit, etwa in das 13. Jahrhundert der europäischen Geschichte.

Es wäre zwecklos die hier aufgeworfenen Fragen etwa vom Standpunkte des Islams beantworten zu wollen. Wir dürfen sie Angesichts der Wirklichkeit unserer Tage als Doktorfragen behandeln. Der Lauf der Geschichte, der Recht bricht und Recht schafft, hat es mit sich gebracht, dass Christenthum und Islam neben einander existiren *müssen*, und das Bestreben der Europäischen Staatsregierungen kann nur darauf gerichtet sein, ihr Verhältniss zu ihren muslimischen Unterthanen sowie das Verhältniss der letzteren zu ihren christlichen Mitbürgern möglichst friedlich zu gestalten, eine dauernd friedliche Entwickelung des bürgerlichen Verkehrs zu ermöglichen und zu gewährleisten. Und ein solches Ziel kann nur auf Grund eines Compromisses zwischen dem christlichen Staatsgewissen und dem Gesetze des Islams erreicht werden.

Die Bestrebungen Europäischer Regierungen, ihren muhammedanischen Unterthanen eine gesicherte Rechtspflege zu schaffen, sowie das Recht derselben in einer für eine christliche Regierung annehmbaren Form zu codificiren, datiren bereits aus dem vorigen Jahrhundert. In Ostindien wurde die Anglo-Muhammedanische Justiz von Warren Hastings durch die Regulationen vom 15. Aug. 1772 begründet, und von ihm sind die ersten Bearbeitungen des muhammedanischen Rechts in englischer Sprache, die Hedaya von Hamilton 1791 und das Erbrecht von Sir William Jones, 1792 veranlasst worden. Wie diese Arbeiten allen Betheiligten zur grössten Ehre gereichen, ist es auch für den Scharfblick des grossen Organisators Warren Hastings ein glänzendes Zeugniss, dass er von vornherein das Familienrecht und das Erbrecht als diejenigen Rechtsgebiete erkannte, auf welche unter allen Umständen und ganz ausschliesslich das einheimische Gesetz angewendet werden muss und unbeschadet des christlichen Standpunkts einer Europäischen Regierung angewendet werden kann. In späteren Zeiten ist das angelsächsische Präcedenz-Recht in die indischen Gerichtshöfe eingezogen und dadurch eine Vermischung einheimischer und englischer Rechtsgrundsätze gezeitigt worden, die es ausserordentlich schwer machte in jedem einzelnen Falle zu erkennen, was geltendes Recht war. Das hieraus erwachsene Bedürfniss nach Codification hat mancherlei nützliche Früchte getragen, so den Erlass des Penal code 1860, des Obligationenrechts in der Contract Act 1872, des Code of Criminal Procedure und des Code of Civil Procedure von 1882, doch sind diese Bestrebungen gegenwärtig noch nicht zum Abschluss gediehen. Der Hauptstein des Anstosses, den das bürgerliche Recht des Islams einer christlichen Regierung bietet, die Sklaverei, ist 1843 aus dem Wege geräumt worden. Das jetzt in Ostindien geltende Hanefitische und Schiitische Recht bezieht sich in der Hauptsache auf Ehe und Erbschaft, Stiftung (Waḳf) und Vorkauf.[1]

Die Regierung der französischen Republik giebt in ihrem Décret sur l'organisation de la justice musulmane en Algérie vom 10. Sept. 1886 einen sehr lehrreichen Ueberblick über die Entwickelung der Franco-Muhammedanischen Rechtsverhältnisse in Algier seit der Eroberung im Jahre 1830. Danach ist durch Verfügung vom 28. Februar 1841 das Französische Strafrecht eingeführt, durch Gesetz vom 27. April 1887 die Entscheidung über Grundbesitz-Fragen dem Französischen Recht unterstellt, und gegenwärtig das Muhammedanisch-Malekitische Recht in der Hauptsache auf Familienrecht und Erbrecht beschränkt.[2]

In Niederländisch-Indien gilt seit 1848 ein Europäisches Strafrecht, und im Uebrigen scheinen auch dort von allen Kapiteln des muhammedanischen Gesetzes diejenigen über Familien- und Erb-Recht in der Praxis der Rechtsprechung die hauptsächlichste Rolle zu spielen.[3] Die Oesterreichische Regierung hat für die Bedürfnisse

---

[1] Ueber das nähere vgl. Whitley Stokes, The Anglo-Indian Codes, Oxford 1887. 1888, speciell die Geschichte der Codifications-Bestrebungen S. I—XXII in der Einleitung; ferner Sir Roland Knyvet Wilson, An introduction to the study of Anglo-Muhammadan Law, London 1894.

[2] Vgl. im Einzelnen Ch. Mennesson, Organisation de la justice et du notariat Musulmans en Algérie et législation applicable en Algérie aux Musulmans, Paris 1888.

[3] Vgl. C. P. K. Winckel, Essai sur les principes régissant

der Judicatur in ihren muhammedanischen Provinzen Bosnien und Herzegovina eine Bearbeitung des „Eherechts, Familienrechts und Erbrechts der Mohammedaner nach dem hanefitischen Ritus", Wien 1883 veröffentlicht.

Die Entwickelung ist in allen Ländern so ziemlich die gleiche gewesen. Das Hörigkeitsverhältniss, um nicht zu sagen: die Sklaverei ist von fundamentaler Bedeutung für das Wirthschaftsleben, daher ihre Abschaffung mit grossen Schwierigkeiten und Gefahren verbunden. Indessen der Mensch als *res* ist eine Unmöglichkeit für eine Europäische Regierung. Das *jus talionis* selbst in der durch ein System von Sühnezahlungen gemilderten Form und manche Einzelbestimmungen des eigentlichen Strafrechts wie z. B. das Handabhauen für Diebstahl, erweisen sich als so unvereinbar mit den etwas höher entwickelten Formen der menschlichen Gesellschaft, dass sie in den meisten Ländern des Islams selbst seit Langem obsolet geworden und von Europäischen Regierungen abgesehen von einigen Irrungen in Anfangsstadien der Verwaltung nach der ersten Occupation niemals anerkannt worden sind. Das Sachen- und Obligationen-Recht sowie das Gerichtsverfahren geben meines Erachtens einer christlichen Regierung keinerlei Anstoss, dürften aber bei solchen Formen des Verkehrs, wie sie überall da entstehen, wo Europäer in das wirthschaftliche Leben des Islams eingreifen, nicht genügen, sind daher z. B. in Aegypten durch eine Gesetzgebung nach französischem Muster ersetzt. Ueberhaupt ist das Beispiel Aegyptens in diesen Dingen sehr lehrreich. Vom Gesetz des Islams gilt dort nur noch das Personen-, Familien- und Erbrecht, das von den sogenannten geistlichen Gerichten gehandhabt wird.[1]) Nach dem Grundsatze: ruhende Dinge nicht ohne Noth in Bewegung zu setzen, kann eine Europäische Regierung nach Aufhebung der

l'administration de la justice aux Indes Orientales Hollandaises. Amsterdam 1880 S. 50. 51 und 119., ferner Van den Berg, Minhâdj Al-ṭâlibîn ctr.,Batavia 1882—1884, vol. I préf. S. V. VI.

[1]) Vgl. A. von Fircks, Aegypten 1894, Berlin 1896, 2. Th. S. 35. Ueber die Entwickelung der Jurisdiction in Aegypten im Allgemeinen vgl. H. Lamba, De l'évolution de la condition juridique des Européens en Egypte, Paris 1896, S. 304—316.

Sklaverei und des Strafrechts sich auf eine Controle der Hand-
babung des Sachen- und Obligationen-, des Familien- und Erbrechts
beschränken, und die Anbahnung der Anschauungen einer höheren
Gesittung auf diesen Gebieten der ruhigen, aber sicheren Minirarbeit
der Zeit überlassen.[1])

II.

Der Islam in Deutsch- und Englisch-Ostafrika sowie in Niederländisch-Indien ist der orthodoxe mit schafiitischem Ritus und Recht.
Der grosse Hauptstrom der Arabischen Colonisation, der unter den
Arabern selbst keinen Historiker gefunden zu haben scheint, hat
stets nur Schafiiten nach den Küsten Ostafrika's geführt, denn nur
ihre Auffassung und Ausprägung des Islams hat dort in den grossen
Massen der Muhammedaner arabischen wie einheimischen Stammes
Wurzel gefasst, so dass andere Formen desselben, abgesehen von
einigen hanefitischen und schiitischen Indern, ganz unbekannt sind.
Daneben hat nun aber ein weit geringerer Strom der Einwanderung
auch eine muhammedanische Sekte nach Ostafrika verpflanzt, die
Sekte der Ibâditen. Ihr gehören die Araber aus Oman, die Lands-
leute des Arabischen Fürstengeschlechts von Zanzibar an. Eine
Vermischung oder Ausgleichung der divergirenden Anschauungen
hat nicht Statt gefunden, vielmehr halten beide Parteien mit der
allen Muhammedanern eigenen Zähigkeit an ihrer Glaubenslehre,
ihrem Ritus und Rechte fest.[2])

In einem schriftlichen Gutachten des ältesten und angesehensten
Ibaditischen Juristen in Zanzibar, des Schaich Jaḥjâ Ibn Khalfân
Ibn Abî Nabhân Elḥarûṣî vom Jahre 1893, das mir seiner Zeit durch
gütige Vermittelung des Auswärtigen Amtes zuging, wird ausgeführt,

---

[1]) Ueber die Verfügungen der kaiserlich deutschen Reichsregierung
betreffend die Regelung der Gerichtsbarkeit in Ostafrika vgl. König,
Handbuch des deutschen Konsularwesens, 5. Auflage, Berlin 1896,
§ 123.

[2]) Vgl. über die Ibâditen meine Schrift: Muhammedanisches
Erbrecht nach der Lehre der Ibaditischen Araber von Zanzibar und
Ostafrika, in den Sitzungsberichten der Akademie der Wissenschaften
zu Berlin vom 15. Febr. 1894 S. 159 ff.

dass der Landesfürst im Islam nur solche Beamten und Richter an-
stelle, die *seines* Glaubens seien; das sei im Islam immer die Regel
gewesen; der Sultan (der Türkei) stelle, da er Hanefit sei, in allen
seinen Ländern im Allgemeinen nur Hanefitische Beamten und
Richter an; nach derselben Regel stellten die Fürsten von Oman
nur Ibaditen an; was Ostafrika betreffe, so hätte das frühere
Fürstenhaus, das Geschlecht Ja'rub[1]) (die von 1624—1741 über
Oman und Ostafrika herrschten) nur Ibaditen angestellt, dagegen sei
das jetzige Fürstenhaus der Sajjids[2]) (seit 1741) von dieser Regel
abgewichen, indem sie aus politischer Rücksicht und aus Wohl-
wollen für ihre Unterthanen nicht Glaubensgenossen, sondern Schafiiten *als Richter* angestellt hätten, da in Ostafrika die Schafiiten
zahlreicher seien als die Ibaditen. Nach der Angabe eines anderen
Ibaditischen Juristen waren zur Zeit, als das Deutsche Reich die
Verwaltung Ostafrika's übernahm, die Gouverneure und Richter in
Zanzibar, in Mombassa und an der Deutschen Küste von Umba
bis Rovuma sowie im Inneren z. B. in Tabora Ibaditen, dagegen in
Lamu, Kismaju, Barawa und Mukdischu Schafiiten. In Zanzibar
hielt Sajjid Sa'id (gestorben 1856) fünf Schafiitische Richter und
nur einen Ibaditischen, dagegen Sajjid Bargasch (gestorben 1888)
fünf Ibaditische und zwei Schafiitische. Jenachdem der Landesfürst in
seiner theologischen Ueberzeugung tolerant oder fanatisch ist, jenachdem diese oder jene Partei seine Gunst geniesst, fallen der
einen oder der anderen alle Aemter im Lande, und damit aller
Einfluss und Reichthum zu. Jedenfalls bilden die Schafiiten in
ganz Ostafrika den alten Stamm der muhammedanischen Bevölkerung und die weitaus überwiegende Majorität, sodass für die
deutsche Regierung nach dem Vorgange der Dynastie der Sajjids
in erster Linie die Pflege des Schafiitischen Rechtes in Betracht
kommt. Diese Schafiitischen Muhammedaner sind vermuthlich nicht
aus Oman, sondern aus den südarabischen Ländern Ḥaḍramaut,
Mahra und Jemen eingewandert. Ob die Hochburg des Schafi-

---

[1]) آل يعرب.

[2]) آل بو سعيد. *Âl* (oder auch *Iâl* gesprochen) *Bû Sa'îd.*

itischen Islams, die Universität in Kairo, ihren Einfluss bis nach Ostafrika erstreckt hat, wüsste ich nicht zu beweisen. Gegenwärtig scheint die Schule in Zebid in südarabischen Ländern eine nicht unbedeutende Rolle zu spielen. Indessen auch ohne Universitäten und höhere Lehranstalten pflanzt sich überall im Islam und so auch in Ostafrika das Studium der Religion d. i. der Theologie und des Rechts in stiller, unauffälliger Weise fort und wird mit einem nie erkaltenden Eifer betrieben, wofür z. B. die Verbreitung der Arabischen Rechtslitteratur in Ostafrika Zeugniss ablegt. Der Islam kennt keine Sonderung der Gesellschaft in Stände; wer am Tage durch die Ausübung eines Handwerks sein Brod verdient, hält vielleicht Abends und Freitags Vorträge über Recht und Theologie, und wenn er damit den Beifall seiner Umgebung zu gewinnen weiss, kann er zu Ansehen, Reichthum und Macht gelangen.

Von den drei grossen Systemen des Rechts, welche jetzt den orthodoxen Islam beherrschen, ist dasjenige des Schafii das jüngste. Ueber sein Leben geben wir nach F. Wüstenfeld[1]) den folgenden Abriss

Abû 'Abdallâh Muhammed Ibn Idris aus kuraischitischem, armem Geschlecht wurde 150/767 im Philisterlande, in Ghaza oder Askalon geboren, kam aber schon als zweijähriges Kind nach Mekka, wo er die im Islam übliche Bildung erhielt und frühzeitig die Aufmerksamkeit auf sich lenkte. In seinen Wanderjahren hörte er in Medina den berühmten Mâlik Ibn 'Anas, den Gründer des jetzt in Nordafrika geltenden Malikitischen Rechts, war eine Zeit lang Richter in Jemen und kam dann nach Bagdad unter der Regierung des Chalifen Hârûn, wo er zu Muhammed Ibn Elḥasan Elschaibânî, dem ältesten Codificator des Rechts (speciell des in der Türkei geltenden Hanefitischen Rechts) in Beziehung trat. Für die Jurisprudenz kommen hauptsächlich die beiden letzteren Perioden seines Lebens in Betracht, sein Aufenthalt in Bagdad in der Haupt-

---

[1]) Der Imam El-Schâfi'î, seine Schüler und Anhänger, in den Abhandlungen der Kgl. Gesellschaft der Wissenschaften zu Göttingen 1890.

sache von 195—198 d. Fl. (810—813), als er zuerst als Stifter
einer neuen selbstständigen Rechtslehre[1]) auftrat, und sein Aufenthalt in Kairo 198—204 (813—820), wohin er im Gefolge eines hohen
Beamten übersiedelte. In dieser letzteren Periode[2]) hat er manche
Detailfragen seines Systems etwas anders beantwortet als in jener
früheren[3]). Nachdem er den grössten Erfolg seiner Bestrebungen
erlebt, starb er 204 (d. 20. Jan. 820) in Kairo, wo sein Grab noch
gegenwärtig als eins der grössten Heiligthümer verehrt wird. Es
charakterisirt die Art der Ueberlieferung und des Studiums der
Rechtswissenschaft bei den Muhammedanern, dass die Werke dieses
Meisters über die Commentare seiner Schüler fast vergessen sind.
Während die Compendien und Commentare später Schüler alljähr-
lich in Tausenden von Exemplaren durch den Druck verbreitet
werden, ist bis jetzt noch nicht ein einziges der Werke des
Meisters[4]) gedruckt und sind Handschriften derselben verhältnissmässig sehr selten.

Die Abweichungen der Schafiitischen Lehre von den älteren
Rechtssystemen, dem Hanefitischen und Malekitischen, die in
manchen Detailfragen bedeutsam hervortreten, sind in einem besonderen Zweige der arabischen Rechtsliteratur[5]) bearbeitet und
werden meistens nach dem Compendium des Nesefi und dem
Mîzân von Scha'rânî studirt[6]).

---

[1]) Als مجتهد.

[2]) فى الجديد.

[3]) فى القديم.

[4]) S. die Titel derselben bei Wüstenfeld S. 44—46.

[5]) Genannt اختلاف الاربعة.

[6]) Das Werk des Omar Ibn Muhammed El-nesefî (gestorben
537=1142) ist ein Reğez-Gedicht und führt den Titel المنظومة فى
الخلافيّات. Vgl. Ahlwardt, Verzeichniss der arabischen Handschriften der Kgl. Bibliothek zu Berlin IV S. 278 und Rieu, Supple-
ment to the catalogue of the Arabic manuscripts of the British
Museum S. 205.
Scha'rânî ist gestorben 973=1565, sein Werk gedruckt in Kairo
1279. Vgl. Ahlwardt III S. 101—103 und Rieu S. 207.

III.

Als ich vor 27 Jahren eine kleine Schrift „*Zur ältesten Geschichte des Muhammedanischen Rechts*" in den Sitzungsberichten der Kaiserlichen Akademie der Wissenschaften in Wien (Juniheft des Jahrgangs 1870 der SB. der phil.-histor. Klasse) veröffentlichte, nachdem ich in den Jahren vorher während meines Aufenthalts in England auf die sehr hohe praktische Bedeutung der Kenntniss des muhammedanischen Rechts sowie auf die Geschichte desselben als ein noch wenig berührtes und reiche Ausbeute versprechendes Feld orientalischer Forschung aufmerksam geworden, war es mein Wunsch und Plan die älteste Codification sowie in weiterer Folge den Ursprung und die Entwickelung des muhammedanischen Rechts bis auf die Gegenwart zum Gegenstand meiner Studien zu machen. Muhammed Ibn Elḥasan Elschaibânî, mit dessen Erwähnung jene Abhandlung schloss, der grosse Richter, Rechtslehrer und Systematiker unter dem Chalifen Hârûn El-raschîd, ist ein fester Punkt im Strome dieser Entwickelung, von dem die Untersuchung aufwärts bis zu Muhammed und dem arabischen Heidenthum, abwärts bis zur Gegenwart mit ihren orthodoxen und sektirerischen Rechtsgebräuchen in den verschiedenen Ländern des Islams fortschreiten sollte. Indessen der Plan war verfrüht. Weder besass damals Oesterreich muhammedanische Provinzen, was für einen Vertreter orientalischer Studien an der Wiener Universität ein bestimmendes oder mitbestimmendes Moment hätte sein können, noch besass das Deutsche Reich ein vom Islam kolonisirtes und zum grossen Theil von Muhammedanern bewohntes Kolonialgebiet in Ostafrika. Anders jetzt. Das neue Deutsche Reich hat neue Aufgaben mit sich gebracht, es weist seine Angehörigen für zahlreiche und wichtige Interessen auf den Ocean hinaus und auf überseeische Länder, auf die Ausbildung eines kolonialen Verwaltungs- und Wirthschafts-Systems, auf eine Erwerbsthätigkeit unter stammes- und religionsfremden Völkern, auf die Pflege von Handelsbeziehungen z. B. mit grossen muhammedanischen Ländern. Und dabei ist mit der Möglichkeit zu rechnen, dass Wüsteneien unter dem befruchtenden Einflusse Europas in verhältnissmässig kurzer Zeit wieder zu blühenden Kulturländern und damit zu lohnenden Absatzgebieten für die Erzeugnisse des europäischen Gewerbfleisses werden können. Die Cultur des Morgenlandes ist unter den Hufen tatarischer Rosse zertreten, zerstoben. Wenn man die ergreifenden Stätten alter Grösse in der Grabesstille der Einöde durchwandert, erscheint der gute Genius des Orients in Schlaf versunken wie ein Dornröschen, das eines holden Ritters harrt, um zu neuem Leben erweckt zu werden. Die Ränder Nordafrikas treten jetzt dem von Norden kommenden Reisenden meist wie ein dürrer Sandstreifen oder nackter Fels, wie ein Urbild aller Unfruchtbarkeit entgegen, dieselben Länder, die in den ersten Jahrhunderten der römischen Kaiserzeit dicht bevölkerte, blühende Kulturländer waren, bedeckt mit einer solchen Unzahl von Dörfern und Städten, Diöcesen und Bisthümern, dass der Geograph in Verlegenheit ist für jede Einheit, wenn er sie sich auch noch so klein vorstellt, auf der Karte einen entsprechenden Raum zu gewinnen. Und diese märchenhaft erscheinende Herrlichkeit vergangener Zeiten wird wieder erstehen, wenn die europäische Kultur als Dornröschens Ritter erscheint, Recht und Gerechtigkeit mit sich bringt, Sicherheit des Lebens, der Ehre, des Besitzes, Toleranz und Anleitung zu allem guten und nützlichen, und vielleicht wird noch die jetzige Generation es erleben, dass das südliche und östliche Mittelmeerbecken nicht mehr von wüsten oder halbwüsten, sondern von blühenden Kultur-Ländern eingefasst sein wird, die, wie sie in gewissen Perioden des Alterthums gethan, wieder mit den nächst gelegenen südeuropäischen Ländern in allen Künsten des Friedens wetteifern. Ein lehrreiches Beispiel, wie und wie schnell ein solcher Wandel sich vollziehen kann, ist Unterägypten jetzt und vor 30 bis 40 Jahren. Jedenfalls liegen die Zeiten, wo man sich in Deutschland so uninteressirt fühlen durfte, wie seiner Zeit der friedliche Bürger im Faust:

> „Wenn hinten, weit, in der Türkei,
> Die Völker aufeinander schlagen",

weit hinter uns, und unter diesen Umständen erschien es mir als

eine zeitgemässe Aufgabe die hauptsächlichsten Rechtsanschauungen
darzulegen, welche die muhammedanische Welt, also den grössten
Theil Asiens und grosse Theile Afrikas regieren, nicht bloss für
diejenigen, welche durch Amt und Beruf in solche Länder geführt
werden, sondern auch für alle diejenigen, welche an der Gestaltung
der Beziehungen des Deutschen Reichs zu den Völkern Asiens und
Afrikas mitzuwirken berufen sind oder daran Antheil nehmen.

Das Centrum des Rechtsstudiums im Islam ist die Universität
zu Kairo, Elazhar, gleich bedeutend als Lehranstalt wie als Ver-
einigungsort einer grösseren Anzahl ausgezeichneter Rechtsgelehrter,
während eine mehr allgemeine Beeinflussung der gesammten geistigen Strömungen im Islam von Mekka auszugehen scheint. Die
Frequenz von Elazhar hat durch die Gründung des Mahdi-Reiches
im Süden sowie durch die Senusi-Herrschaft im Westen erheblich
gelitten, und während früher sämmtliche Landsmannschaften des
Islams in Elazhar in besonderen Hallen vertreten waren, stehen jetzt
mehrere derselben ganz leer. Immerhin ist die Frequenz auch noch
gegenwärtig eine ziemlich starke[1]). Universitätsbildung ist im Islam
stets sehr hoch geschätzt und begehrt gewesen; sie verleiht die
Anwartschaft auf die Stelle eines Richters, eines Predigers an einer
grossen Moschee, sie qualificirt — und das ist vielleicht das wich-
tigste — zu der Stellung eines *nâzir* öder Administrators einer der
Stiftungen, deren Zahl in muhammedanischen Ländern Legion ist,
ferner zu der Stellung eines Erziehers in den Häusern der Reichen
und Mächtigen. Das Bestehen eines gewissen Examens verleiht
ausserdem gegenwärtig in Aegypten sowie in der Türkei die Befreiung vom Militärdienst. Es ist allerdings nicht de rigueur, dass die
für die genannten Zwecke erforderlichen Kenntnisse grade an einer
Universität erworben werden; indessen sie sind dort leichter und
besser zu erlernen als im Privatstudium, und ausserdem hat ein
Zeugniss von Elazhar oder das Zeugniss eines berühmten Gelehrten
an einer Universität ein grosses Gewicht.

Elazhar ist in erster Linie eine Schafiitische Universität und in

---

[1]) 7—8000 Schüler.

dieser Eigenschaft mehr durch die von ihm ausgehende Rechtsliteratur als durch den Unterricht auch für Ostafrika von Einfluss.
Das Hanefitische (Türkische) Recht wird in Aegypten nur durch
einige fette Staatspfründen gehalten. Dagegen wird das Malikitische
Recht in Elazhar auch im ganzen Umfange gelehrt, nicht allein mit
Rücksicht auf Oberägypten und die nordafrikanischen Länder,
sondern auch deshalb, weil in Unterägypten viele Malikiten vorhanden sind, wie denn z. B. die ganze Provinz Elbḥêra[1]) mali-
kitisch sein soll.

Kairo, Mittelägypten und der grösste Theil von Unterägypten
sind durchweg Schafiitisch, und die Professoren in Elazhar meist
Unterägypter, ebenso die meisten Verfasser der Rechts-Compendien
und Commentare, welche in Aegypten wie in Ostafrika und Niederländisch-Indien auctoritatives Ansehen geniessen und die Stelle
codificirten Rechtes vertreten.

Die Rechtsliteratur, welche hauptsächlich dem akademischen
Studium zu Grunde gelegt wird, lässt sich in folgende vier chrono-
logisch geordnete Gruppen zusammenfassen:

1. Die Taḥrîr-Gruppe.

Die Grundlage derselben bildet ein Werk von Al-maḥâmilî
(gest 415/1024), betitelt اللباب فى الفقه.

Ein Auszug aus diesem Lubâb ist der Tenḳîḥ تنقيح اللباب
von Abû-Zur'a (gest. 826/1423).

Ein Auszug aus dem Tenḳîḥ von dem berühmten Zakarijjâ
Elanṣârî (gest. 926/1520), Professor in Elazhar und Schaich-Elislam,
ist unter dem Titel El-taḥrîr ein bis auf die Gegenwart in vielen
Ländern maassgebender Rechtscodex geworden. Bei dem Studium
des Taḥrîr werden besonders die folgenden Commentare und Glossen
benutzt:

---

[1]) مديريّة البحيرة mit dem Centrum Damanhûr. Das Malikitische Recht ist in Aegypten das ältere; das Schafiitische hat ihm
seinen Besitzstand streitig gemacht.

a) die *Tuḥfa* تحفة الطّلاب, ein Commentar zum Taḥrir, geschrieben von demselben Zakarijjâ, der den Taḥrir verfasst hat.

b) ein Supercommentar dieser Tuḥfa, genannt حاشية المدابغى, von einem kairiner Gelehrten Elmedâbighî (gest. 1170/1756), gebürtig aus dem Orte Medâbigh in der Provinz Šarkijje von Unterägypten.

c) ein Auszug aus der Glosse von Elmedâbighî, benannt حاشية الشرقاوى, verfasst von Alšarḳâwî (gest. 1227/1812), der aus der Provinz Elšarkijje in Unterägypten, speciell aus Zagazig gebürtig und Professor in Elâzhar war. Die Glosse des Šarḳâwî erfreut sich in Elazhar grossen Ansehens und wird fleissig studirt. Sie liegt mir vor in einer zweibändigen Ausgabe Kairo 1305 mit der Glosse des Dhahabî شيخ الذهبى auf dem Rande.

2. Die Tenbîh-Gruppe.

Die Grundlage derselben ist das Werk, genannt التنبيه, von Abû Isḥâḳ Al-šîrâzî (gest. 476/1083), das in Leiden 1879 von Juynboll unter dem Titel Ius Schafiiticum herausgegeben ist. Unter den Commentaren dieses Werkes wird besonders derjenige von Alzerkešî (gest. 794/1392) viel citirt. Das Tenbîh scheint in früheren Zeiten sehr angesehen gewesen zu sein, wird aber gegenwärtig nur noch selten studirt.

3. Die Abû Šugâ'-Gruppe.

Das kleine Compendium von Abû Šugâ' (gest. 590/1194) ist das ·am meisten verbreitete Elementarlehrbuch im ganzen Schafiitischen Islam, dessen kurze Sätzchen sich leicht dem Gedächtniss einprägen.

Der Text des Abû Šugâ' متن ابى شجاع wird gewöhnlich mit dem kleinen Commentar von Ibn Ḳâsim (gest. 918/1512), شرح ابن قاسم gelesen und ist in den Ausgaben meistens damit verbunden. Ibn Ḳâsim ist juristisch nicht sehr ergiebig und beschränkt sich in der Hauptsache darauf ein grammatisch und sachlich richtiges Verständniss des Abû Šugâ' zu vermitteln. Das Werk ist neuerdings für die holländische Regierung von Van den Berg unter dem Titel Fatḥ al-Qarib zu Leiden 1894 herausgegeben und in das Französische übersetzt.

In früherer Zeit war das angesehenste Lehrbuch für den weiteren Fortschritt ein Commentar zu Ibn Ḳâsim von Elbirmâwî (er vollendete sein Werk den 31. Dezember 1663), gebürtig aus dem Orte Birmâ in der Provinz Bḥêra von Unterägypten, der bekannt ist unter dem Namen المحشّى *der Glossator*. In der Ausgabe Kairo 1310 ist es verbunden mit den Glossen des vor kurzem (1896?) verstorbenen Rektors von Elazhar Muhammed Elimbâbî, gebürtig aus dem Dorfe Imbâbe in der Provinz Gize. Der *Glossator* ist etwas aus der Mode gekommen, wie mir scheint, in Folge der herben, aber nicht unbegründeten Kritik des Baguri.

Ein umfangreicherer, nach Form und Inhalt vortrefflicher Commentar des Ibn Ḳâsim ist das Werk des Khaṭîb d. i. Muḥammed El- šarbînî (gebürtig aus dem Orte Šarbîn in der Provinz Šarḳijje von Unterägypten, gest. 977/1569), das mir verbunden mit den Glossen von Schaich 'Awaḍ عوض und Baguri in der Ausgabe Kairo 1306 vorliegt. Eine weitere und sehr angesehene Glosse zu diesem Werke ist diejenige von Elmedâbighî حاشية المدابغى.

Elkhaṭîb, wie dies Werk in der Juristen- und Universitäts-Sprache genannt wird, ist etwas in den Hintergrund gedrängt worden durch ein modernes Werk, das ebenfalls ein ‘Commentar zu Ibn Ḳâsim und in allen Hauptsachen aus Elkhaṭîb selbst geschöpft ist, durch die Glosse des Baguri حاشية الباجورى d. i. Schaich Ibrâhim Elbâgûrî (d. i. gebürtig aus dem Dorfe Bâgûr in der Menûfijje), der seiner Zeit Professor in Elazhar, Schaich-Elislam unter Muḥammed Ali Pascha war, und dies Werk in Mekka und Medina geschrieben und an letzterem Orte A. H. 1258 im Gumâdâ II. (1842 Juli/August) vollendet hat. Er ist 1260/1844 gestorben. Sein Werk liegt mir in der vorzüglichen Ausgabe Bulak 1307 vor, welche ausserdem auf der ersten Seite ein Verzeichniss der Werke Baguri's, auf der letzten Seite eine Notiz über das Datum der Vollendung desselben enthält. Es ist gegenwärtig in Elazhar und Aegypten das vorherr-

schende Rechtsbuch, hat aber auch ausserhalb Aegyptens in der
ganzen muhammedanischen Welt weite Verbreitung und allgemeine
Anerkennung gefunden, und es scheint mir namentlich als Lehrbuch
vor allen anderen Commentaren den Vorzug zu verdienen. Wenn
auch Baguri den grössten Theil des Stoffes aus Elkhaṭîb entnimmt,
so ist er doch nichts weniger als ein kritikloser Abschreiber; vielmehr berichtigt er manchen Irrthum, giebt mancher Regel eine
schärfere Fassung und fügt manches wissenswerthe sei es aus
Eigenem, sei es aus anderen Quellen hinzu. Er ist ebenso gelehrt
wie scharfsinnig, scheint mit dem praktischen Leben namentlich
Aegypten's ebenso vertraut gewesen zu sein wie mit der Wissen-
schaft; er ist als Systematiker von mathematischer Consequenz, am
hervorragendsten scheint er mir indessen als Kritiker zu sein. In
dem Streben nach Kürze der Diction geht er noch weiter als El-
khaṭib, weshalb manche Detailausführungen bei letzterem leichter
verständlich sind als bei Baguri. Ueberhaupt bin ich bei aller Be-
wunderung vor Baguri geneigt dem arabischen Stil Elkhaṭîb's vor
dem seinigen den Vorzug zu geben.

4. Die Minhâg-Gruppe.

Bei dieser Gruppe ist auszugehen von *Elmuḥarrar*, einem
grossen Rechtswerk des Elrâfi'î (gest. 623/1226). Ein Auszug aus
dem Muḥarrar wurde von Abû Zakarijâ Alnawâwî[1]) (gest. 676/1277)
veröffentlicht und dies Werk, betitelt *Elminhâg*, ist seitdem der
classische Rechtscodex des Schafiitischen Islams geworden und bis
auf den heutigen Tag geblieben, ein ausführliches, fein gefügtes
Rechtssystem, zusammengesetzt aus zahllosen Rechtssätzen in kür-
zester Fassung. Es giebt selten Beispiele, und diese mehr ange-
deutet als ausgeführt. Differirende Ansichten werden vielfach mitgetheilt, indessen ohne Begründung und ohne Angabe der Auctoritäten. Für die holländische Kolonial-Verwaltung hat Van den Berg
den Minhâg zu Batavia in den Jahren 1882—1884 in drei Bänden

---

[1]) Vgl. die Schrift von F. Wüstenfeld, Ueber das Leben und
die Schriften des Schaich Abu Zakarja Jahja Elnawawi, Göttingen 1849.

herausgegeben und in das Französische übersetzt[1]). In der grossen
Literatur, welche sich an den Minhàg anlehnt, sind hauptsächlich
zwei Strömungen zu unterscheiden, zunächst die Commentare,
nämlich:

a) شرح المنهاج, der Commentar von dem oben S. XIII genannten
Zakarijjà Elanṣârî, der gegenwärtig wenigstens in Elazhar etwas
ausser Mode gekommen ist, wenn er auch noch benutzt wird.

b) تحفة المحتاج von Ibn Ḥagar (gest. 973/1564/5), gedruckt
Kairo 1282, ein berühmtes, weit verbreitetes Werk, gegenwärtig in
Aegypten weniger für das Studium als zum Nachschlagen benutzt.

c) die Nihâje النهاية von Al-ramli (gebürtig aus Ramla in der
Menûfijje, gest. 1004/1595), ein grosses, sehr lehrreiches, gegenwärtig meist zum Nachschlagen benutztes Werk, das in 8 Bänden
zu Bulak 1304 gedruckt ist. Auf dem Rande dieser Ausgabe sind
zwei Glossen beigefügt, diejenige von Šabramilisî الشبرملسى (gebürtig aus Šabramilis in der Provinz Elgharbijje von Unterägypten,
gest. 1087/1676) und diejenige von Alrašîdî (gebürtig aus Alrašîd-
Rosetta).

Der zweite Strom der Minhàg-Literatur lehnt sich nicht unmittelbar an den Minhàg selbst an, sondern an einen Auszug daraus, den der oben S. XIII genannte Zakarijjà Elanṣârî unter dem
Titel *Elmanhag* منهج الطلاّب verfasst hat. Ebenfalls ein weit verbreitetes Werk, das mir für Unterrichtszwecke besser geeignet
scheint als das Grundwerk und in Elazhar sehr fleissig studirt wird.
Der Ausgabe des Minhàg Bulak 1308 ist der Text des Manhag
auf dem Rande beigefügt. Bei dem Studium des Manhag werden
ganz besonders die folgenden Glossen und Commentare benutzt:

a) حاشية البجيرمى die Glosse von Begirmî (gebürtig aus Be-
gêrim in der Provinz Eldakhalijje von Unterägypten, gest. 1221/1806),
welche in der Ausgabe Bulak 1309 wiederum mit der Glosse des
Muḥammed Elmarsafî (gebürtig aus Marṣafa in der Provinz Elšar-
ḳijje) verbunden ist;

b) die Glosse des Šabramilisî حاشي ! الشبرملسى, welche in der

---

[1]) Titel: Minhâdj Aṭ-ṭâlibîn Le guide des zélés croyants.

Gunst der Studierenden durch die Glosse des Begirmî sehr zurück-
gedrängt worden ist;

c) der ausführliche Commentar des Zakarijjâ Elanṣârî, betitelt
فتح الوهاب.

Eine fünfte, mir nicht bekannte Gruppe von Rechtsbüchern,
die weniger in Aegypten als in anderen Ländern, wie z. B. in Ostafrika bekannt und geschätzt ist, bilden die folgenden Werke:

a) فتح المعين von Zain-eddin Ibn ʿAbd-elʿaziz Elmalibârî,

b) ein Commentar desselben betitelt قرّة العين und

c) ein weiterer Commentar اعانة الطالبين على حلّ الفاظ فتح المعين
von dem Sajjid Ibn Bekr Elbekrî Ibn Essajjid Muḥammed Šaṭṭà
شطا aus Dimjâṭ (Damiette), wohnhaft in Mekka.

Anders als bei uns werden in Elazhar zuerst die Pandekten
الفروع und dann erst die Institutionen الاصول studirt, d. i. die
juristische Einleitungs-Wissenschaft von den Quellen des Rechts und
den Methoden der Rechtsdeduction, besonders nach dem 1308 zu
Kairo gedruckten Werke جمع الجوامع von Ibn Essubkî (gebürtig
aus dem Dorfe Subk in der Menûfijje). Mit dem Texte sind verbunden

a) ein Commentar شرح von Elgelâl Elmaḥallî,

b) eine Glosse von Elbennânî und

c) eine Glosse von ʿAbd-errahmân aus Šarbîn.

Die Sammlungen von Gutachten oder Fetwâs berühmter
Juristen über praktische Fälle pflegt man in Elazhar nicht zu studiren,
sie werden aber von den Kadis viel als Nachschlagebücher benutzt.

Ein näheres Eingehen auf die schier unübersehbare Rechtsliteratur der Araber liegt nicht in unserer Absicht. Wollte man
auch nur die von Baguri citirten Auctoritäten in Kürze beleuchten,
so würde eine solche Studie zu einer Darstellung des grössten
Theils der Schafiitischen Rechtsliteratur anwachsen[1]).

---

[1]) Wer diesen Gegenstand weiter verfolgen will, findet nützliche
Angaben und Fingerzeige in dem vierten Bande des Verzeichnisses
der Kgl. Bibliothek zu Berlin 1892 von Ahlwardt. Für die ältere
Rechtsliteratur ist das oben genannte Werk von Wüstenfeld, Der
Imam El-Schafiʿî, seine Schüler und Anhänger bis zum J. 300 d. H.

IV.

Die von mir gegebene Darstellung des muhammedanischen Rechts ist in der Hauptsache aus der Glosse von Baguri geschöpft. Daneben sind in schwierigen Fragen besonders Elkhaṭib, der Minhâg und die Nihâje zu Rathe gezogen. Mit Rücksicht auf seine praktische Bedeutung ist das Erbrecht in doppelter Darstellung gegeben, nach Baguri S. 181 ff. und nach dem Minhâg S. 241 ff.

Warum ich Baguri den Vorzug gegeben, ist zum Theil schon aus dem, was oben S. XV. XVI über dies Werk gesagt worden, zu ersehen. Es ist unter den grossen Rechtscommentaren des Schafiitischen Islams der jüngste, es geniesst die grösste Auctorität nicht bloss in der Universität zu Kairo und in Aegypten, sondern auch in anderen Ländern[1]) wie z. B. in Ostafrika, schliesslich hält es in der Auswahl des Stoffes eine glückliche Mitte zwischen Zuviel und Zuwenig inne. Da es sich als Commentar an das Schulbuch des Ibn Ḳâsim anschliesst, hat es zum Theil einen lehrhaften Charakter und scheint mir wegen dieser Eigenschaft zur Einführung in das Rechtsstudium mehr geeignet als solche Werke wie z. B. Minhâg und Manhag, welche ausschliesslich ein Mosaik kurzer Rechtssatze sind. Baguri erläutert zunächst die syntaktische Construction des einzelnen Rechtssatzes, wo ein besonderer Anlass dazu vorliegt; er bespricht (dies allerdings seltener) die Bedeutung einzelner termini technici, und giebt dann eine ebenso weit greifende wie präcis gefasste Darlegung des juristischen Inhalts, vielfach verbunden mit einer hauptsächlich gegen *den Glossator* (Elbirmâwi) gerichteten Kritik, welche allemal neue und wesentliche Gesichtspunkte eröffnet. Seine Beispiele sind leider äusserst spärlich gesäet, indessen hätte ein Mehr

---

(Göttingen 1890) zu benutzen. Ueber die Literatur der Ṭabaḳâṭ d. i. der Biographien berühmter Schafiitischer Juristen s. daselbst S. 7 ff. Von diesen Ṭabaḳât (die berühmtesten sind die von Essubki gest. 771, Elisnawî gest. 772 und Ibn Šuhbe gest. 851) ist bisher, so weit mir bekannt, noch nichts gedruckt.

[1]) Für Niederländisch-Indien wird dies durch Van den Berg bezeugt: Le commentaire le plus en usage de nos jours est celui d'Ibrahim ibn Mohammad *al-Baidjouri ou al-Bâdjouri* in der Préface S. XI seiner Ausgabe des Ibn Ḳâsim, Fatḥ al-Qarib, Leiden 1894.

in dieser Richtung das Volumen des Werkes ausserordentlich vermehrt. Er erwähnt vielfach die differirenden Ansichten früherer
Auctoritäten, verweist aber für die Begründung derselben allemal auf
die *muṭawwalât* d. i. ausführlicheren Commentare; hier und da, allerdings selten finden sich gelegentliche Hinweise auf aktuelle Zeit-
verhältnisse, die uns den Verfasser als einen strengen, allen Neu-
erungen abgeneigten Muslim kennen lehren. Dass er die Teufel *elǧinn*
nicht ganz aus seinem System ausgemerzt hat [1]), ist merkwürdig
bei einem so ausserordentlich gescheuten Manne; wir wollen ihm
dagegen in Anrechnung bringen, dass er die Grausamkeit der Todes-
strafen früherer Zeiten für gesetzwidrig erklärt [2]). Er erscheint
überall als eine streng rechtliche Natur, welche den Schlichen der
Gesetzes-Umgehung den graden Sinn des Ehrenmannes und das
Gewissen des frommen Gottesknechtes entgegenhält. Bei den vielfachen Vergleichungen früherer und späterer Kapitel und einzelner
Stellen hat sich mir stets ergeben, dass das Gefüge seiner Darstellung ebenso kunstvoll wie vollendet ist, und wenn irgendwo in
meiner Darstellung eine Lücke klafft, so ist von vornherein anzunehmen, dass sie mir zur Last fällt und nicht Baguri. Gewisse
Wiederholungen entstehen bei ihm dadurch, dass er in der Regel
am Anfang jedes Kapitels an die Definition des betreffenden Be-
griffes sofort einige wichtige, den Kern des ganzen Abschnitts berührende Darlegungen anfügt und sich dann im weiteren Verlauf
der Commentirung der einzelnen Paragraphen genöthigt sieht dieselben Gegenstände noch einmal wenigstens zu streifen. Diese
Wiederholungen sind auch in meiner Darstellung absichtlich nicht
ganz vermieden.

Meine Darstellung beschränkt sich auf die rein juristischen
Kapitel des islamischen Gesetzes. Von den 16 Kapiteln des Abû
Šugâʿ sind neun ausgelassen und die übrigen sieben in sechs zu-
sammengefasst, indem die besonderen Kapitel des Blut- und Straf-

---

[1]) Von der Ehe mit einer Hexe oder einem weiblichen Dämon
s. II S. 113, 16—20; 186, 36; 187, 13. 14.
[2]) II S. 266, 2. 3.

Rechts zu einem einzigen (Buch VI.) vereinigt wurden. Ausgelassen sind die Abschnitte über Reinheit, Gebet, Gemeindesteuer, Fasten und Pilgerfahrt, ferner diejenigen über den Glaubenskrieg[1]), über das Schlachten, die Jagd, das Essbare und Nicht-Essbare und die Opferthiere, über das Wettkämpfen mit Thieren und das Wettschiessen mit Pfeilen, über Schwur und Gelübde gegen Gott. Wer unter Muslimen lebt oder als Vertreter einer christlichen Regierung die staatliche Auctorität unter ihnen vertritt, wird gut thun sich auch über das Ceremonial-Gesetz wie über Sitten und Gebräuche der Muslims eingehend zu unterrichten, damit er nicht ohne Noth Anstoss und Aergerniss erregt. Es liegt auf der Hand, dass es bedenklich erscheinen kann aus einem festgefügten System einzelne Theile herauszunehmen, da sämmtliche Theile in vielfachen Wechselbeziehungen zu einander stehen. So greift z. B. manche Einzelbestimmung aus den Abschnitten über Reinheit, Gemeindesteuer und Fasten in die rein juristischen Kapitel hinüber. Dennoch war Angesichts der Aufgabe, eine Einführung in das Verständniss des Schafiitischen Rechts zu geben, die Beschränkung auf die angegebenen Kapitel unerlässlich. Dagegen hielt ich es nicht für zweckmässig das Sklavenrecht (s. Buch II., Freilassung) auszulassen, denn wenn auch eine europäische Regierung es nicht anerkennt, scheint mir die Kenntniss der einschlägigen Verhältnisse doch recht wünschenswerth zu sein, wenn man mit Verständniss und mit möglichst geringem wirthschaftlichen Schaden die Hörigkeit durch andere, europäischen Rechtsanschauungen entsprechende Einrichtungen ersetzen will.

Es schien mir zweckentsprechend den arabischen Text des Abû Šugâ' nach der Baguri-Ausgabe von 1307, Bulak, hier zu leichterer Uebersicht in Paragraphen eingetheilt, beizufügen. Wenn ein Europäer einen arabischen Juristen consultiren will, braucht er ihm nur den Paragraphen des Abû Šugâ' anzuführen, um an dessen Auslegung jede Frage der Theorie und der Praxis anzuschliessen. Die Hand-

---

[1]) Die Kapitel über Glaubenskrieg und Gemeindesteuer enthalten die Grundlagen der gesammten Steuergesetzgebung des Islams.

schriften und Drucke des Abû Šugâ' differiren hier und da, jedoch nur in formalen, den Inhalt nicht berührenden Dingen. Wenn die Unordnung in der Reihenfolge der Paragraphen von Buch IV. Kap I (Verkauf und Kauf) vom Verfasser selbst herrührt, dürfte er an einer ersten Ausgabe nachträglich geändert haben. Wer in den Geist des muhammedanischen Rechts eindringen will, namentlich aber wer in verantwortlicher Stellung an der Rechtsprechung über Muhammedaner, sei es als Richter, sei es als Controlbeamter, betheiligt ist, muss Arabisch lernen und den Islam studieren. Keine Uebersetzung eines arabischen Rechtswerkes ist derartig vollkommen, dass sie ein für alle Mal jedes Zurückgehen auf das Arabische Original unnöthig macht, und die Casuistik des Lebens zeitigt fortwährend neue Fragen, die auch in dem vollkommensten Rechtscodex nicht vorgesehen sind und daher dem gewissenhaften Manne die Pflicht auferlegen stets von Neuem in den grösseren und grössten Commentaren nachzuforschen sowie den einzelnen Ausdruck auf das sorgfältigste abzuwägen.

Wer sich darüber unterrichten will, wie das islamische Recht auf die Praxis des Lebens anzuwenden ist, findet viel nützliches, aus den Protokollen der algierischen Gerichtshöfe ausgezogenes Material bei Sautayra und Cherbonneau, Droit Musulman, Du Statut personnel et des successions, Paris 1873; ganz besonders aber empfehlen wir für diesen Zweck die sehr nützliche Zeitschrift von E. Clavel, Advokat an dem Apellhof in Alexandrien, Revue internationale de législation et jurisprudence muselmanes, erster Jahrgang, Kairo 1895/96, wo aus den Verhandlungen der Gerichtshöfe in Aegypten, Tunis und Algier reiches Material aus allen Rechtsgebieten mitgetheilt und verarbeitet ist.

Es war mir in hohem Maasse förderlich, dass ich manche schwierige Frage mit Herrn Muhammed Naṣṣâr, der von 1892—1897 dem Lehrkörper des Seminars angehörte, einem ausgezeichneten Kenner seiner Muttersprache sowie der Rechtswissenschaft, besprechen konnte. Es ist mir eine angenehme Pflicht ihm an dieser Stelle meinen Dank zu bezeugen, sowie Herrn Dr. A. Fischer für

freundliche Hülfe bei dem Lesen der Correcturen besonders der
zweiten Hälfte des Werkes.

Um nicht missverstanden zu werden, schliesse ich dies Vor-
wort mit der Bemerkung, dass ich nicht geglaubt habe die Arbeit
eines Juristen machen zu können, dass ich mich lediglich darauf
beschränke als arabischer Philologe meine Auffassung des Originals
so deutlich als möglich wiederzugeben und dass ich mich freuen
werde, wenn arabistisch gebildete Juristen die Arbeit aufnehmen
und weiterführen.

Berlin 10. Juni 1897.

EDUARD SACHAU.

INHALTS-VERZEICHNISS.

BUCH I.

EHERECHT.

TEXT.

VERZEICHNISS DER PARAGRAPHEN.

Die Ehe und damit zusammenhängende Gesetzesbestimmungen.

§ 1. Die Ehe ist empfehlenswerth für den, der ihrer bedarf (und die zur Ehegabe (§ 15—19) wie zum Unterhalt der Frau (§ 60. 61) erforderlichen Mittel besitzt).

§ 2. Ein freier Mann darf zu gleicher Zeit mit vier freien Frauen, ein Sklave zu gleicher Zeit mit zweien verheirathet sein.

§ 3. Die Ehe eines freien Mannes mit einer Sklavin ist nur unter zwei Bedingungen zulässig:

1) dass er die für ein freies Weib erforderliche Ehegabe nicht besitzt;

2) dass für ihn (sofern er ledig bleibt) die Gefahr der Unzucht anheimzufallen vorhanden ist.

§ 4. Ueber die Frage, ob und unter welchen Umständen ein Mann ein Weib sehen darf, gelten folgende sieben Bestimmungen:

1) Es ist dem Mann nicht erlaubt ein fremdes Weib zu sehen, es sei denn dass ein besonderer Grund dafür vorliegt.

2) Es darf ein Mann seine Gemahlin und seine Sklavin sehen, und zwar deren ganzen Körper mit Ausnahme der partes pudicae.

3) Es darf ein Mann die ihm verwandten weiblichen Personen oder seine von ihm an einen Anderen verhei-

rathete Sklavin sehen, und zwar deren ganzen Körper mit
Ausnahme desjenigen, was zwischen Nabel und Knie ist.

4) Es ist dem Manne erlaubt, wenn er ein Weib
(einerlei ob eine Freie oder Sklavin) heirathen will, das
Gesicht und die beiden Hände desselben zu sehen.

5) Zum Zwecke der Heilung darf der Arzt diejenigen
Körpertheile eines Weibes, welche der Heilung bedürfen,
sehen.

6) Bei einer Zeugenverhandlung vor Gericht und einer
Verhandlung zum Zweck des Abschlusses eines Vertrages
darf ein Mann das Gesicht eines Weibes sehen.

7) Ein Mann darf eine Sklavin bei der Verhandlung
zum Zweck ihres Ankaufs sehen, und zwar jeden Theil
ihres Körpers, der für die Untersuchung in Frage kommt
(ausgenommen die partes pudicae).

§ 5. Der Ehevertrag kann nur durch Vermittelung
eines Brautanwaltes und zweier Brautzeugen geschlossen
werden.

§ 6. Der Brautanwalt und die Brautzeugen müssen sein
1) Muhammedaner
2) volljährig
3) zurechnungsfähig
4) frei
5) männlichen Geschlechts
6) unbescholten.

§ 7. Bei dem Abschluss der Ehe einer Christin oder
Jüdin ist es nicht nöthig, dass ihr Brautanwalt Muslim sei,
und bei dem Abschluss der Ehe mit einer Sklavin ist es
nicht nöthig, dass ihr Herr (der zugleich ihr Brautanwalt
ist) unbescholten sei.

§ 8. Die nächstberufenen Brautanwälte eines Weibes
bei dem Abschluss des Ehe-Vertrages sind folgende Personen:

ihr Vater, Vatersvater, dessen Vater u. s. w.;

ihr frater germanus,

ihr frater consanguineus,

der Sohn ihres frater germanus, dessen Sohnessohn u. s. w.;

der Sohn ihres frater consanguineus, dessen Sohnessohn u. s. w.;

ihr Onkel (Vatersbruder), zunächst avunculus germanus, dann consanguineus;

der Sohn des Onkels, sein Sohnessohn u. s. w. in derselben Reihenfolge;

wenn Blutsverwandte fehlen, der Patron, der dem Weibe, sofern sie eine Sklavin war, die Freiheit gegeben; ferner dessen allgemeine Erben; schliesslich, wenn auch solche fehlen, der Richter.

§ 9. Einer Wittwe oder geschiedenen Frau darf, solange sie noch in der Wartezeit (Idde) ist, nicht ein Heirathsantrag in klaren, deutlichen Worten, sondern nur in Andeutungen gemacht werden, und die Heirath kann nach Ablauf der Wartezeit erfolgen.

§ 10. Die Weiber sind entweder

a. deflorirt oder

b. noch nicht deflorirt.

Die sub b. genannten können von ihrem Vater oder Grossvater zum Heirathen gezwungen werden. Die sub a. genannten können von ihrem Brautanwalt nur dann verheirathet werden, wenn sie mündig und mit der Heirath einverstanden sind.

§ 11. Die Weiber, welche ein Mann nach dem Texte des Koran (Sure 4, 27) nicht heirathen darf, sind folgende vierzehn:

sieben als Blutsverwandte, nämlich:

1) die Mutter und ihre Ascendenten,

2) die Tochter und ihre Descendenten,

3) die Schwester,

4) die Schwester der Mutter,

5) die Schwester des Vaters,

6) die Tochter des Bruders,

7) die Tochter der Schwester;

  zwei als Milchverwandte, nämlich:

8) die Milchmutter (die Amme),

9) die Milchschwester;

  vier als angeheirathete Verwandte, nämlich:

10) die Mutter der Ehefrau,

11) die Tochter der Ehefrau, sofern er letzterer beigewohnt hat;

12) die Ehefrau des Vaters,

13) die Ehefrau des Sohnes;

  eine wegen der Combination zwischen einer Frau
  und ihrer Schwester, nämlich:

14) die Schwester der Ehefrau (die Schwägerin).

So kann ein Mann auch nicht zugleich mit einer Frau
und ihrer Tante väterlicher oder mütterlicher Seits verheirathet sein.

§ 12. Wie ein Mann die in § 11 genannten Blutsverwandten nicht heirathen darf, so darf er auch solche
Personen, die in entsprechenden Graden der Milchverwandtschaft zu ihm stehen, nicht heirathen.

§ 13. Die Ehe kann annullirt werden von Seiten des
Mannes, wenn in der Ehefrau eines von folgenden fünf
Dingen vorhanden ist:

  a. Wahnsinn,

  b. Elephantiasis,

  c. Krätze,

  d. eine solche Gestaltung der vagina, welche in Folge
abnormer Fleischbildung die Cohabitation verhindert;

  e. eine solche Gestaltung der vagina, welche in Folge
abnormer Knochenbildung die Cohabitation verhindert.

§ 14. Die Ehe kann annullirt werden von Seiten der

Ehefrau, wenn in dem Ehemann eines von folgenden Dingen vorhanden ist:

a. Wahnsinn,

b. Elephantiasis,

c. Krätze,

d. Verlust des Gliedes,

e. Impotenz.

§ 15. Es ist empfehlenswerth bei Abschluss des Ehe-Vertrages die Ehegabe genau anzugeben. Indessen ist der Ehevertrag auch ohne Fixirung einer Ehegabe gültig.

§ 16. Bei einer unter Verzichtleistung auf eine Ehegabe abgeschlossenen Ehe ist der Ehemann dennoch verpflichtet eine Ehegabe zu geben,

a. wenn er sich selbst dazu verpflichtet (und die Frau mit der von ihm angesetzten Summe einverstanden ist);

b. wenn der Richter ihn zur Zahlung der Ehegabe (der Durchschnitts-Ehegabe) verpflichtet, sei es dass die Frau bei der Weigerung des Mannes ihr eine Ehegabe zu bestimmen des Richters Entscheidung angerufen, sei es dass sie beide, indem sie über die Höhe der Ehegabe sich nicht einigen konnten, dieselbe angerufen;

c. wenn der Ehemann seiner Frau beiwohnt, in welchem Falle er ihr die Durchschnitts-Ehegabe schuldet.

§ 17. Es giebt keine Gesetzesvorschrift über das niedrigste oder höchste Maass der Ehegabe.

§ 18. Der Mann kann bei Abschluss des Ehe-Vertrages seiner künftigen Frau an Stelle der Ehegabe das Versprechen geben, dass er ihr einen bestimmten Nutzen oder Vortheil zuwenden (z. B. sie den Koran lehren) will.

§ 19. Im Falle der Ehescheidung verbleibt die Hälfte der Ehegabe der Ehefrau, wenn die Cohabitation noch nicht vollzogen war, (während die andere Hälfte an den Mann zurückfällt).

§ 20. Das Hochzeitsmal ist empfehlenswerth, das Er-

scheinen der geladenen Gäste Pflicht, es sei denn, dass
sie für ihr Ausbleiben einen triftigen Entschuldigungsgrund
haben.

§ 21. Der Ehemann ist verpflichtet allen seinen Frauen
gleiches Recht zu Theil werden zu lassen, und darf nicht
ohne besondere Veranlassung ausser der Tour eine von
ihnen (zur Nachtzeit) besuchen.

§ 22. Wenn der Ehemann verreisen (und eine seiner
Frauen mitnehmen) will, lässt er das Loos zwischen ihnen
entscheiden, und diejenige, welche das Loos trifft, geht
mit ihm.

§ 23. Wenn ein Ehemann eine neue Ehe eingeht, so
verweilt er bei der neuen Frau sieben Tage (Nychthemera)
ohne Unterbrechung, falls sie Jungfrau war, dagegen nur
drei Nychthemera, falls sie bereits verheirathet war.

§ 24. Wenn ein Ehemann fürchtet, dass seine Frau
unbotmässig gegen ihn werden könne, so ermahnt er sie.

Wenn sie trotzdem mit Absicht weiterhin gegen ihn
unbotmässig ist, ist er berechtigt nicht mehr ihr Lager
zu theilen.

Wenn sie dann noch in Unbotmässigkeit gegen ihn verharrt, darf er sie ausserdem auch noch schlagen.

§ 25. Durch Unbotmässigkeit verliert eine Ehefrau das
Anrecht auf den ihr sonst zukommenden Theil der Zeit
ihres Mannes sowie das Anrecht auf Unterhaltungskosten.

§ 26. Es ist gestattet, dass die Ehefrau sich von der
Ehe mit ihrem Gemahl durch Zahlung eines bestimmten
Aequivalents loskauft. Dadurch erlangt sie wieder die
freie Verfügung über sich selbst, und wenn der Mann sie
von Neuem heirathen will, kann dies nur auf Grund eines
neuen Ehevertrages geschehen.

§ 27. Der eheliche Loskauf kann sowohl zur Zeit der
Menstruation der Frau wie zu jeder anderen Zeit Statt
finden.

§ 28. Die Ehescheidungs-Gesetze finden auf die Frau, welche sich losgekauft hat, keine Anwendung.

§ 29. Der Ṭalâḳ (Entlassung der Frau durch den Ehemann, Ehescheidung) ist entweder ein mit klaren Worten ausgesprochener oder ein angedeuteter.

Die erstere Art besteht aus Ableitungen von den Wurzeln ṭlḳ II. = loslassen, entlassen,

frḳ III. = sich trennen von jemand, oder

srḥ II. = gehen lassen,

also aus Ausdrücken wie: *ich habe dich entlassen, ich habe mich von dir getrennt, ich lasse dich gehen.*

Es ist einerlei, ob bei dem Aussprechen einer dieser Scheidungs-Formeln der Sprechende die Ehescheidung beabsichtigt oder nicht.

Die zweite Art ist ein jeder Ausdruck, der neben dem Sinn einer Scheidungsformel auch noch einen anderen Sinn haben kann. Bei dem Aussprechen eines solchen Ausdrucks ist es erforderlich, dass der Sprechende die Ehescheidung beabsichtigt.

§ 30. Mit Rücksicht auf die Frage, wann die Ehescheidung stattfinden soll, sind drei Arten derselben zu unterscheiden:

1) eine *traditionsgemässe* Art, anwendbar auf Frauen von einem solchen Alter, dass sie bereits oder noch die Menstruation haben; wenn nämlich die Ehescheidung Statt findet zu einer Zeit, da sich die Frau in einer Reinheitsperiode, ohne dass während derselben oder in der vorausgegangenen Menstruation eine Cohabitation Statt gefunden hat, befindet;

2) eine *auf Neuerung beruhende* Art, anwendbar (wie 1) auf Frauen von solchem Alter, dass sie bereits oder noch die Menstruation haben; wenn nämlich die Ehescheidung Statt findet zu einer Zeit, wo die Frau sich in der Menstruation oder in einer Reinheitsperiode, indem während

derselben oder während der vorausgegangenen Menstruation eine Cohabitation Statt gefunden hat, befindet;

3) eine *indifferente* Art, anwendbar auf solche Frauen, welche die Menstruation noch nicht oder nicht mehr haben, auf schwangere und auf solche, die losgekauft worden sind (s. § 27), bevor noch eine Cohabitation Statt gefunden. Bei diesen kann die Scheidung zu jeder beliebigen Zeit Statt finden.

§ 31. Der freie Mann kann die Ehescheidung dreimal vornehmen, der Sklave zweimal.

§ 32. [Wer sich von seiner Frau scheiden will, kann es in der Weise thun, dass er die Scheidung für einfach oder zweifach oder dreifach gültig erklärt]. Er kann dabei die Zahl der von ihm beabsichtigten Scheidungen in der Form der Subtraktion einer kleineren Zahl von einer grösseren ausdrücken.

§ 33. Wer sich von seiner Frau scheiden will, kann der Scheidungsformel einen Zusatz betreffend den Zeitpunkt, zu dem die Scheidung eintreten soll, hinzufügen. Auch kann er die Scheidungsformel so aussprechen, dass das Eintreten der Scheidung von dem Eintreten einer Bedingung abhängig gemacht wird.

§ 34. Unwirksam ist eine Ehescheidung vor dem Abschluss des Ehekontrakts.

§ 35. Ungültig ist die Ehescheidung, wenn sie ausgesprochen wird von einer von folgenden Personen:

a. einer unmündigen,

b. einer wahnsinnigen,

c. einer schlafenden,

d. einer dazu gezwungenen Person.

§ 36. Wenn ein Mann seine Ehefrau zum ersten oder zum zweiten Mal entlässt, so kann er, so lange ihre Wartezeit noch nicht abgelaufen ist, wieder mit ihr in die Ehe eintreten (sie reklamiren), ohne einen neuen Ehevertrag zu schliessen.

Ist aber ihre Wartezeit bereits abgelaufen, so kann er wieder mit ihr in die Ehe eintreten, jedoch nur vermittelst eines neuen Ehevertrages.

Der Mann, der eine solche Ehe zum ersten oder zweiten Male eingeht, hat nicht mehr drei Scheidungsmöglichkeiten, sondern nur noch respektive eine oder zwei.

§ 37. Wenn ein Mann seine Ehefrau zum dritten Mal entlässt, so kann er sie nicht wieder heirathen, es sei denn dass vorher die folgenden fünf Bedingungen erfüllt sind:

1) dass die von ihr nach der Ehescheidung innezuhaltende Wartezeit abgelaufen ist,

2) dass sie seit ihrer Scheidung mit einem anderen Mann verheirathet gewesen ist,

3) dass der sub 2) genannte Mann ihr rite beigewohnt hat,

4) dass sie von dem sub 2) genannten Manne wieder geschieden ist, und

5) dass ihre in Folge ihrer Scheidung von dem sub 2) genannten Mann innezuhaltende Wartezeit abgelaufen ist.

§ 38. Wenn ein Ehemann schwört, dass er seiner Frau nicht rite beiwohnen will, entweder ganz im Allgemeinen oder während eines Zeitraumes, der länger ist als vier Monate, so thut er damit einen Abstinenz-Schwur (îlâ).

Auf Verlangen der Frau muss der Ehemann ihr einen Termin von vier Monaten bestimmen, nach dessen Ablauf er verpflichtet ist entweder ihr wieder beizuwohnen und für den dadurch begangenen Bruch seines Schwures die vorgeschriebene Sühne zu leisten, oder aber sich von ihr zu scheiden.

Falls er sich weigert, vollzieht der Richter für ihn und zu seinen Lasten die Ehescheidung.

§ 39. Der z̄ihâr (Verzicht-Schwur) besteht darin, dass der Ehemann zu seinem Weibe spricht: „Du bist mir wie der Rücken meiner Mutter."

Wenn er diese Formel ausspricht, ohne die Ehescheidung darauf folgen zu lassen, macht er damit seine Erklärung rückgängig (wird gleichsam eidbrüchig) und ist verpflichtet Sühne zu leisten, die darin besteht, dass er

entweder einen Muslimischen, von körperlichen, die Erwerbsthätigkeit beeinträchtigenden Fehlern freien Sklaven aus der Sklaverei freikauft,

oder wenn er dazu nicht im Stande ist, während zweier auf einander folgender Monate fastet,

oder wenn er dazu nicht im Stande ist, sechzig Arme speist, indem er jedem einzelnen einen Mudd (Modius) Weizenmehl oder anderes Brodkorn giebt.

§ 40. Dem Ehemann, der den *zihâr* gegen seine Frau ausgesprochen hat, ist nicht eher erlaubt ihr wieder beizuwohnen, als bis er die sub § 39 genannte Sühne geleistet hat.

§ 41. Wenn ein Ehemann sein Weib des Ehebruchs beschuldigt, unterliegt er der Strafe der Verleumdung, es sei denn, dass er den Beweis der Wahrheit liefern kann oder dass er gegen seine Frau den *li'ân* (s. § 42) ausspricht.

§ 42. Der *li'ân* (eidliche Ehebruchs-Anklage) besteht darin, dass ein Ehemann in Gegenwart des Richters auf der Kanzel der Moschee vor der Gemeinde spricht: „Ich rufe Gott zum Zeugen an, dass ich die Wahrheit spreche, indem ich meine Frau N. N. des Ehebruchs beschuldige, und dass das von ihr geborene Kind ein Kind des Ehebruchs ist und nicht von mir herstammt." Diese Formel muss er viermal sprechen, und nachdem ihn der Richter auf die Bedeutung dieses Schrittes unter Ermahnungen aufmerksam gemacht, spricht er sie zum fünften Mal, indem er hinzufügt: „Gottes Fluch ruhe auf mir, wenn ich die Unwahrheit rede."

§ 43. Die Folgen des *li'ân* sind fünf:

a. der Ehemann, der den *li'ân* gesprochen, unterliegt nicht der Strafe der Verleumdung;

b. die Frau, gegen welche der *li'ân* gesprochen worden, unterliegt, falls sie nicht den Gegenfluch (§ 44) ausspricht, der Strafe des Ehebruchs;

c. die Frau ist von dem Ehelager des Mannes geschieden;

d. die Vaterschaft des Kindes, dessen Geburt der Ehemann als unrechtmässig bezeichnet hat, wird ihm abgesprochen;

e. der Ehemann kann die auf diese Weise geschiedene Frau niemals wieder heirathen.

§ 44. Eine durch einen *li'ân* angegriffene Frau kann sich der in Folge des *li'ân* ihres Mannes ihr drohenden Strafe für Ehebruch dadurch entziehen, dass sie ihrerseits mit folgenden Worten den *li'ân* ausspricht: „Ich rufe Gott zum Zeugen, dass N. N. lügt, indem er mich des Ehebruchs beschuldigt." Dies muss sie viermal aussprechen, und nachdem sie der Richter auf die Bedeutung des Schrittes unter Ermahnungen aufmerksam gemacht, spricht sie es zum fünften Mal, indem sie hinzufügt: „Auf mir ruhe der Zorn Gottes, wenn mein Ehemann die Wahrheit spricht."

§ 45. Die in der Wartezeit befindliche Frau ist entweder

a. eine solche, die ihren Gemahl durch den Tod verloren hat, oder

b. eine solche, die ihren Gemahl durch eine andere Ursache als den Tod verloren hat.

§ 46. Wenn die sub § 45a) genannte Frau eine freie Frau und schwanger ist, dauert ihre Wartezeit bis dahin, dass sie gebärt;

wenn sie aber nicht schwanger ist, dauert ihre Wartezeit vier Monate und zehn Tage.

§ 47. Wenn die sub § 45b) genannte Frau schwanger ist, dauert ihre Wartezeit bis dahin, dass sie gebärt;

wenn sie aber nicht schwanger ist, obwohl sie menstruirt, dauert ihre Wartezeit drei Reinheitsperioden;

dagegen wenn sie noch nicht oder nicht mehr menstruirt, dauert ihre Wartezeit drei Monate.

§ 48. Eine Frau, die von ihrem Ehemann, bevor er
ihr beigewohnt, durch einfache Scheidung geschieden ist,
braucht keine Wartezeit zu halten.

§ 49. Für die Wartezeit der Sklavin gelten dieselben
Bestimmungen wie für diejenige der freien Frau, jedoch
mit folgendem Unterschied:

a. an Stelle der Wartezeit von drei Reinheitsperioden
(§ 47 al. 2) braucht die Sklavin nur eine solche von zwei
Reinheitsperioden zu halten;

b. an Stelle der Wartezeit von vier Monaten und zehn
Tagen (§ 46 al. 2) braucht die Sklavin nur eine solche von
zwei Monaten und fünf Tagen zu halten;

c. an Stelle der Wartezeit von drei Monaten (§ 47 al. 3)
braucht die Sklavin nur eine solche von einem und einem
halben Monat zu halten, doch ist es angemessener, wenn
sie eine Wartezeit von zwei Monaten hält.

§ 50. Der Ehemann schuldet der in der Wartezeit
befindlichen Frau, falls er sie in einer Weise entlassen hat,
welche eine Wiederverheirathung nicht ausschliesst, Wohnung
und Unterhalt.

§ 51. Falls er aber dieselbe in einer Weise entlassen
hat, welche eine Wiederverheirathung ausschliesst, schuldet
er ihr

a. wenn sie schwanger ist, Wohnung und Unterhalt, und

b. wenn sie nicht schwanger ist, nur die Wohnung, nicht
den Unterhalt.

§ 52. Eine Frau, die ihren Ehemann durch den Tod
verloren, muss trauern, d. h. sich jedes Schmuckes und
Parfums enthalten.

§ 53. Eine Frau, die ihren Ehemann durch den Tod
verloren, und eine Frau, die von ihrem Ehemann in einer
Weise geschieden ist, die eine Wiederverheirathung mit

ihm ausschliesst, soll in ihrer Wohnung bleiben und sie nur dann verlassen, wenn eine bestimmte Nöthigung dazu vorhanden ist.

§ 54. Wer in den Besitz einer Sklavin gelangt, darf ihr nicht eher beiwohnen, als bis er festgestellt, dass sie nicht schwanger ist.

Hat sie bereits oder noch die Menstruation, so muss er während der Dauer einer Menstruation warten.

Ist sie in solchen Verhältnissen, dass sie, wenn - verheirathet, eine nach Monaten zu berechnende Wartezeit innehalten müsste (s. § 49b.c.), muss er einen Monat warten.

Wenn sie schwanger ist, muss er warten, bis dass sie gebärt.

§ 55. Wenn ein Mann stirbt und hinterlässt eine Sklavin, die ihm ein Kind geboren hat, so wird über die Frage, ob sie schwanger oder nicht, auf dieselbe Weise entschieden wie bei einer Sklavin, die nicht ihrem Herrn ein Kind geboren hat, (d. i. nach § 54).

§ 56. Wenn eine Frau ein fremdes Kind mit ihrer Milch nährt, wird der Säugling ihr Kind unter zwei Bedingungen:

a. wenn der Säugling weniger als zwei Jahre alt ist, und

b. wenn sie ihn wenigstens zu fünf verschiedenen Malen gesäugt hat.

Ihr Ehemann tritt in dem Falle zu dem Säugling in das Verhältniss eines Vaters.

§ 57. Der Milch-Sohn darf nicht seine Milchmutter oder eine ihrer Verwandten heirathen.

Die Milchmutter darf nicht ihren Milchsohn oder einen seiner Descendenten heirathen, wohl aber einen Bruder von ihm oder einen seiner Ascendenten.

§ 58. Der Unterhalt der Familie liegt entweder den Eltern ob oder den Kindern,

a. den Kindern, wenn die Eltern entweder zugleich

arm und dauernd infirm oder zugleich arm und geisteskrank sind;

b. den Eltern, wenn die Kinder zugleich arm und unmündig oder zugleich arm und dauernd infirm oder zugleich arm und geisteskrank sind.

§ 59. Unterhalt muss den Sklaven und den Haus-
thieren in ausreichendem Maasse gewährt werden, und sie
dürfen nicht zu mehr Arbeit angehalten werden, als sie
zu leisten vermögen.

§ 60. Der Ehemann muss seiner den Pflichten der
Ehe nachkommenden Frau den Unterhalt nach folgender
Maassgabe leisten:

a. wenn er wohlhabend ist, so hat er ihr zu liefern
zwei Mudd von dem vorherrschenden Getreide des Landes
sowie die landesübliche Zukost und Kleidung;

b. wenn er arm ist, hat er ihr einen Mudd sowie die
dem Stande des Ehemannes entsprechende Zukost und
Kleidung zu liefern;

c. wenn er ein Mann von mittlerem Vermögen ist, so
hat er ihr $1\frac{1}{2}$ Mudd und die dem Stande des Ehemannes
entsprechende Zukost und Kleidung zu liefern;

d. wenn sie ihrem Stande nach zu den Personen gehört, welche weibliche Dienstboten halten, so ist ihr Ehemann verpflichtet ihr solche zu halten.

§ 61. Wenn der Ehemann den Unterhalt für seine
Ehefrau oder wenn er die Ehegabe vor der Cohabitation
nicht aufbringen kann, hat sie das Recht die Annullirung
der Ehe zu verlangen.

§ 62. Wenn ein Ehemann sich von seiner Ehefrau
scheidet und ein Kind von ihr hat, so hat die Frau das
grössere Anrecht das Kind zu pflegen und zu erziehen
und zwar bis zum Ablauf seines siebenten Lebensjahres.

Alsdann kann das Kind zwischen Vater und Mutter
wählen, worauf es demjenigen, den es wählt, übergeben wird.

§ 63. Eine von ihrem Ehemann geschiedene Frau kann die Pflege und Erziehung eines Kindes, das sie ihm geboren, nur dann übernehmen, wenn sie folgende sieben Bedingungen erfüllt:

1) dass sie bei vollem Verstande ist,

2) dass sie frei ist,

3) dass sie Muhammedanerin ist,

4) dass sie unbescholten ist,

5) dass sie vertrauenswürdig ist,

6) dass sie einen festen Wohnsitz hat, und

7) dass sie nicht eine neue Ehe mit einem fremden, dem Kinde nicht verwandten Manne eingeht.

Wenn die Frau in einer dieser Bedingungen den Anforderungen nicht entspricht, verliert sie das Anrecht auf die Pflege und Erziehung des Kindes.

BUCH I.

EHERECHT.

ANMERKUNGEN.

§ 1. Die Ehe ist ein Vertrag, der sich von anderen Vertragsarten dadurch unterscheidet, dass der eine der Contrahenten, das Weib, ihn nicht selbst, sondern nur durch einen Vertreter, den Brautanwalt (§ 5) abschliessen kann. Zweck der Ehe ist die Fortpflanzung und ein gesitteter Lebenswandel für beide Theile.

Der Begriff des Bedürfnisses nach der Ehe wird so weit ausgedehnt, dass der Vormund eine erwachsene geisteskranke Person, falls ihm die Ehe ein Bedürfniss für dieselbe zu sein scheint, zu verheirathen verpflichtet ist.   10

Was Zeit und Ort betrifft, so wird empfohlen an einem Freitage des auf die Fastenzeit folgenden Monats Šawwâl in der Moschee den Ehevertrag zu vollziehen.

Der Mekkapilger darf in der vom Gesetz bestimmten Zeit, während welcher er innerhalb des Heiligen Gebietes weilt[1]), weder eine Ehe eingehen noch ehelichen Umgang pflegen. Eine in dieser Zeit geschlossene Ehe ist null und nichtig.

Die Hauptobjekte des Eherechts sind fünf:

der Ehemann, die Ehefrau, der Brautanwalt, die beiden Brautzeugen, das Vertrags-Formular.   20

§ 2. Wenn ein freier Muslim eine fünfte, ein unfreier eine dritte Ehe eingeht, ist jene wie diese ungültig.

Ein freier Muslim darf eine andersgläubige Frau (über ihre rechtliche Stellung s. Minhâg II, 348, 3—6) heirathen, seine sämmtlichen vier Frauen können andersgläubige sein. Umgekehrt darf

---

[1]) Der Pilger heisst in dieser Zeit *muḥrim*, sein Zustand *'iḥrâm*, (Gegensatz *taḥallul*). Vgl. Minhâg I, S. 312—333.

ein Andersgläubiger, z. B. Christ oder Jude, nicht eine freie Muslimin heirathen.

Für den Fall, dass ein Vormund sein Mündel verheirathet, sei es eine wegen ungenügender Entwickelung der Geisteskräfte unter Kuratel gestellte Person (z. B. einen Verschwender), sei es eine geisteskranke Person, gilt als Regel die Monogamie.

Ein Sklave, einerlei ob seine Freilassung bereits eingeleitet ist oder nicht, darf nur mit zwei Frauen, freien oder unfreien, verheirathet sein. Die Heirath des Sklaven bedarf der Genehmigung seines Herrn.   10

§ 3. Zu den in diesem § angegebenen Bedingungen sind zwei weitere hinzuzufügen:

3. dass er nicht bereits mit einer freien muslimischen oder andersgläubigen Frau oder mit einer unfreien Frau, welche die Pflichten der Ehe zu erfüllen vermag, verheirathet ist, und dass er keine Sklavin, die ihm als Kebsweib dienen kann, besitzt;

4. dass die Sklavin eine Muslimin ist. Denn ein freier oder unfreier Muslim darf nicht eine andersgläubige Sklavin heirathen.

Das bedenkliche der Ehe eines Muslims mit einer Sklavin liegt darin, dass die von ihnen gezeugten Kinder Sklaven des Herrn 20 ihrer Mutter werden.

Ein freier Muslim darf eine Sklavin nicht heirathen,

a) wenn sie seine eigene oder die Sklavin seines Sohnes ist;

b) wenn sie ihm als Waḳf (s. Buch IV, Kap. 21) zugewendet worden ist;

c) wenn ihm der Nutzen der Sklavin, nicht die Sklavin selbst durch Testament vermacht worden ist.

Unter den gleichen Bedingungen darf auch eine freie Muslimin nicht ihren Sklaven heirathen.

Wer seine eigene Sklavin heirathen will, muss sie vorher frei- 30 lassen. Ueber die Cohabitation mit der eigenen Sklavin s. § 54. 55 und über die Folgen derselben Buch II, § 20—22.

§ 4. Das Verbot des Sehens ist zugleich ein Verbot des Berührens.

1. Was dem Manne, d. i. dem erwachsenen männlichen Individuum, verboten ist, ist dem Eunuchen gestattet, da er gegenüber fremden d. h. ihm nicht-verwandten Weibern wie ein Verwandter angesehen wird.

2. Nach anderer Ansicht darf der Ehemann seine Frau ohne
irgendwelche Einschränkung sehen.

3. Die Verwandtschaft kann eine dreifache sein:
Blutsverwandtschaft, z. B. die rechte Tochter oder
Schwester eines Mannes;
Milchverwandtschaft (§ 56. 57), z. B. die Milchschwester
oder Milchmutter;
Verwandtschaft durch Heirath, z. B. die Schwiegermutter,
die Schwägerin, die Stiefmutter, die Schwiegertochter.

4. Nach anderer Ansicht darf der Freier die ʿaurat-elṣalâti des
freien wie des unfreien Weibes sehen, d. i. bei der *freien* Gesicht
und Hände, bei der *Sklavin* den ganzen Körper ausgenommen die
Partie zwischen Nabel und Knie[1]).

5. Die Untersuchung und Behandlung eines Weibes durch einen
Arzt darf nur dann Statt finden, wenn kein weibliches Wesen, das
die Behandlung übernehmen kann, vorhanden ist, und nur in Gegenwart einer verwandten Person oder des Ehemannes oder des Herrn,
falls die Kranke eine Sklavin ist.

6. Das Weib ist verpflichtet, vor Gericht zum Zweck der Feststellung ihrer Person erforderlichen Falls ihr Gesicht zu zeigen.
Ferner ist die inspectio corporis totius einer angeklagten Person, sei
es Mann oder Weib, durch den Richter und die Zeugen bei einer
Gerichtsverhandlung, z. B. wegen Unzucht oder Ehescheidung zulässig
und kann eventuell von dem Richter erzwungen werden.

7. In Betreff des Zeugnisses vor Gericht wird zweierlei unterschieden: a. Jemand erklärt sich vor dem Richter bereit Zeugniss
abzulegen, und b. er legt das Zeugniss ab. Auf Grund der Bereit-
erklärung kann der Zeuge verlangen, dass das Weib ihr Gesicht
zeigt, wenn er sie nicht unter dem Schleier kennt.

Zu den in § 4 aufgeführten sieben Fällen kann ein achter hinzugefügt werden:

8. Ein Mann darf ein fremdes Weib, d. h. ihr Gesicht sehen, wenn
er sie unterrichtet, z. B. im Koran. Ueber den einer Frau ertheilten
Unterricht, der bestimmt ist die Ehegabe zu ersetzen, s. § 18.

---

[1]) Ueber den Unterschied der ʿaura (partes pudicae im weiteren
Sinne, partes non spectandae) des Weibes bei dem Gebet und zu
anderer Zeit vgl. Ibn Ḳâsim ed. v. d. Berg S. 120.

Die Bestimmungen der Absätze 2. 3. 4. 5. 7. gelten auch für
den anderen Fall, für das Gesehen-werden eines Mannes durch ein
Weib.

§ 5. 6. Die Bestimmungen des § 6 gelten ebenfalls für die beiden
Brautzeugen.

1. Dem Muslim steht gegenüber der *Kitâbî*, d. h. Angehöriger
einer Religionsgenossenschaft, welche ihre Lehre auf eine schriftliche
göttliche Offenbarung stützt, also in der Hauptsache Christen, Juden,
Parsen. Dagegen ist der Götzendiener sowie der Apostat, der den
Islam ableugnet, rechtlos.   10

Der Kitâbî ist entweder

a) *dhimmî*, d. h. Unterthan eines Muslimischen Staates und dessen
Schutz geniessend, z. B. die christlichen Unterthanen der Türkei.

b) *ḥarbî* (hostis), d. h. Angehöriger eines Staates, mit dem der
Islamische Staat keinerlei Beziehungen unterhält oder im Kriege steht;

c) *muʿâkid*, d. h. Angehöriger eines Staates, mit dem der
Islamische Staat ein Vertragsverhältniss unterhält, z. B. die europäischen in Aegypten lebenden Fremden;

d) *mustaʾmin*, d. i. geduldeter Fremder, der den Schutz des Islamischen Staates geniesst, ohne ein Anrecht darauf zu haben, z. B.   20
die Gesandten einer Macht, mit der das Islamische Reich kein
Vertragsverhältniss hat.

2. Volljährig. Wenn ein Knabe oder ein Mädchen das 15te
Lebensjahr vollendet hat, ist er oder sie volljährig. Der Knabe
kann auch schon früher volljahrig werden, aber nicht vor dem
vollendeten 9ten Lebensjahr, nämlich sobald er zeugungsfahig ist.
Auch das Mädchen kann früher volljährig werden, aber ebenfalls
nicht vor dem vollendeten 9ten Lebensjahre, sobald sie menstruirt
oder schwanger wird. Wenn ein Mädchen gebärt, wird ihre Volljährigkeit datirt von dem Zeitpunkte, der 6 Monate vor der Geburt   30
liegt. Die in der Bestimmung der Volljährigkeit genannten Monate
sind Mond-Monate.

Bei einem christlichen oder jüdischen Kinde gilt das Wachsen der
Schamhaare als Zeichen der Volljährigkeit.

3. Zurechnungsfahig im Gegensatz zu geisteskrank oder wahnsinnig, sei es andauernd oder nur zeitweise. Viele der Bestimmungen
über den Geisteskranken gelten auch für den Epileptiker. Von beiden

zu unterscheiden ist der *sefîh,* d. h. eine Person, deren geistige Fähigkeiten ungenügend entwickelt sind, sodass sie den Pflichten des Gesetzes nicht selbstständig genügen kann; meistens wird hiermit der Verschwender bezeichnet.

Der Betrunkene gilt insoweit als zurechnungsfähig, dass ihm sein Zustand nicht als Entschuldigung angerechnet wird.

Dem Geisteskranken gilt gleich der Taubstumme, der weder durch Geste noch Schrift sich verständlich machen kann. Wenn er aber sich verständlich machen kann, ist zweierlei zu unterscheiden:

Wenn ihn Jedermann versteht, kann er selbst als Brautanwalt 10 oder Brautzeuge fungiren; wenn ihn aber nur besonders begabte Leute verstehen, muss er einen Stellvertreter ernennen, der an seiner Stelle fungirt.

4. Dem Freien gegenüber steht der Sklave, der entweder ganz Sklave *kinn* oder nur zum Theil Sklave, zum Theil frei ist. Ferner ist zu unterscheiden:

el-mudabbar = servus orcinus

el-mukâtab = der Sklave, mit dem sein Herr ein Abkommen wegen Freilassung gegen Ratenzahlungen getroffen hat.

Von der Sklavin im Allgemeinen ist zu unterscheiden die 20 *'umm-weled,* d. h. Mutter-Sklavin, welche ihrem Herrn ein Kind geboren hat.

Der Freie kann in seiner Eigenschaft als Brautanwalt sich vertreten lassen, aber nicht durch einen Sklaven.

5. Unbescholten ist, wer sittlich und bürgerlich keinen Anstoss gibt, also nicht Wein trinkt, kein Dieb oder Ehebrecher ist, nicht die täglichen Gebete unterlässt oder sie nicht zur verkehrten Zeit betet. Als unbescholten gilt im Allgemeinen jeder, von dem nichts anstössiges bekannt ist. Der Gegensatz davon ist *el-fâsik,* wer mit Absicht gegen Sitte und Recht verstösst. 30

§ 7. Bei der Heirath einer Christin (Jüdin) mit einem Muslim kann ein Christ (Jude) Brautanwalt sein, nicht aber Brautzeuge, da des Christen Zeugniss vor Gericht nicht gilt. Die Ehe unter Christen (Juden) allein vollzieht sich nach ihrem eigenen Gesetz.

§ 8. Unter den hier aufgezählten Verwandten wird jeweilig der nächste zur Brautanwaltschaft berufen, sodass z. B. der Grossvater nicht Brautanwalt sein kann, solange der Vater noch lebt.

Die allgemeinen Erben des Patrons werden in derselben Ordnung zur Ausübung der Brautanwaltschaft berufen, in der sie zur Erbschaft berufen werden. Ueber die Erbfolge der Patronatsverwandten und deren Verschiedenheit von der allgemeinen Erbfolge s. Anm. zu Buch III, § 6.

Die Patronin kann bei der Heirath ihrer Freigelassenen nicht als Brautanwalt fungiren. Wenn daher die Freigelassene eigene Verwandte nicht hat, ist der Brautanwalt der Patronin zugleich der Brautanwalt ihrer Freigelassenen. Durch den Tod der Patronin geht das Patronat mit seinen Rechten und Pflichten auf ihre Erben über. 10

Der Brautanwalt kann, falls er aus irgend einem Grunde verhindert ist zu erscheinen und seines Amtes zu walten, durch den Richter vertreten werden. Der Richter darf in dieser Eigenschaft wie in jeder anderen nur innerhalb seines Sprengels amtiren.

Wenn ein Richter nicht vorhanden ist oder wenn er zu hohe Gebühren verlangt, können die Brautleute einem unbescholtenen freien Manne die Vollmacht zum Abschluss ihres Ehepaktes übertragen.

Eine solche Vollmacht lautet:

„Wir haben Dir die Vollmacht gegeben, dass Du für uns die 20 Ehe schliessest, und erklären uns einverstanden mit Deiner Entscheidung." [1]

Wenn ein Richter vorhanden ist und auch nicht zu hohe Forderungen stellt, können die Brautleute dennoch vor einem Anderen ihren Contract schliessen, aber dieser muss Jurist sein.

Der Landesfürst ist der Brautanwalt für eine erwachsene geisteskranke Frauensperson, die weder Vater noch Grossvater hat.

Die Braut darf nicht, solange eine der zur Brautanwaltschaft berechtigten Personen vorhanden ist, einen Fremden zu ihrem Brautanwalt machen.   30

§ 9. Die Brautwerbung ist an den Brautanwalt des Weibes zu richten. Solange über die Werbung des Einen verhandelt wird, darf nicht ein Anderer um dieselbe Person werben.

Die Bestimmung dieses § über den an eine Wittwe oder geschiedene Frau gerichteten Heirathsantrag bedarf der Richtigstellung.

---

[1] حكّمناك لتعقد لنا النكاح ورضينا بحكمك   Bâgûrî II, 109, 27.

Eine Ehefrau, deren Ehe durch Tod oder Scheidung gelöst ist, muss eine *Wartezeit* (Idde) innehalten, bevor sie eine neue Ehe eingehen darf. Eine während der Wartezeit einer Frau mit ihr geschlossene Ehe ist null und nichtig. Die geschiedene Frau kann sein

a) eine solche, der die Möglichkeit einer Wiederaufnahme der Ehe von Seiten des Mannes, der sich von ihr geschieden hat, offen steht,[1]) oder

b) eine solche, für welche die Wiederverheirathung mit dem Mann, der sich von ihr geschieden hat, ausgeschlossen ist.[2])

Die Frau sub a) gilt in mehreren Beziehungen virtuell noch als die Gattin ihres Gemahls, der sie während der Wartezeit jeden Augenblick ohne irgendwelche Formalität zurücknehmen kann. Ihr darf daher, solange die Wartezeit noch nicht abgelaufen ist, keinerlei Heirathsantrag gemacht werden, weder in klaren Worten noch in Andeutungen. *Nach* der Wartezeit dagegen kann sie sich freien lassen, wie und von wem sie will.

Demnach ist der Inhalt dieses § in folgende Bestimmungen zu zerlegen:

1. Es ist nicht gestattet um eine verheirathete Frau, noch um eine Sklavin, welche mit ihrem Herrn im Concubinat lebt, noch um eine geschiedene Frau, deren Manne das Recht der Wiederaufnahme der Ehe während der Dauer ihrer Wartezeit zusteht, während ihrer Wartezeit zu freien.

2. Man darf nicht während der Wartezeit *in klaren Worten,* wohl aber *in Andeutungen* um eine Wittwe und um eine solche geschiedene Frau, deren Manne das Recht der Wiederaufnahme der Ehe während der Dauer ihrer Wartezeit nicht zusteht, werben.

§ 10. Das Recht, eine Jungfer auch ohne ihre Einwilligung zu verheirathen, das nur dem Vater oder, falls dieser nicht mehr lebt oder unqualificirt ist, dem Grossvater zusteht, unterliegt folgenden Einschränkungen:

1. Es darf nicht offenkundige Feindschaft zwischen ihr und ihrem Vater resp. Grossvater bestehen.

2. Der für sie bestimmte Gatte muss ihr ebenbürtig sein.

3. Er muss entsprechend bemittelt sein.

---

[2] غير الرجعيّة   [1]) الرَّجْعيّة

4. Es darf zwischen ihr und dem für sie bestimmten Gatten keinerlei Feindschaft bestehen.

5. Die Ehegabe darf nicht unter dem Durchschnittsmaass sein.

6. Sie muss ganz oder zum Theil baar bezahlt werden, sofern nicht der lokale Usus etwas anderes bestimmt.

7. Sie muss in gangbarer Landesmünze bezahlt werden.

Persönliche Antipathie des Mädchens braucht nicht berücksichtigt zu werden, andrerseits aber wird es perhorrescirt, wenn ihre Absichten und Wünsche nicht berücksichtigt werden. Wird ein Mädchen zur Ehe genöthigt, ohne dass diese sämmtliche Bedingungen erfüllt sind, ist die Ehe null und nichtig.

Wenn ein Mädchen als Jungfer von ihrem Vater oder Grossvater ohne ihre Einwilligung verheirathet wird und es ergiebt sich hinterher, dass sie nicht mehr Jungfer war, so ist die Ehe ungültig. Bei einer Differenz über die Virginität ist folgendes Verfahren zu beobachten:

a) Wenn sie *vor* oder *nach* Abschluss des Ehevertrages behauptet Jungfer zu sein, während der Mann das Gegentheil behauptet, gilt ihre Aussage als entscheidend, auch ohne dass sie einen Eid schwört.

b) Wenn sie *vor* dem Abschluss des Ehevertrages behauptet deflorirt zu sein, so muss sie diese Aussage beschwören und dann ist sie entscheidend. Eine Untersuchung über die Thatsache findet nicht Statt und eine inspectio corporis ist ausgeschlossen.

c) Wenn sie dagegen *nach* Abschluss des Ehevertrages behauptet bereits deflorirt gewesen zu sein, so ist die durch einen Eid bekräftigte Aussage des Mannes massgebend, weil sie möglicher Weise ohne Hymen war oder dasselbe durch einen unglücklichen Zufall verloren hatte. Nur in dem Falle, dass vier Frauen die Wahrheit ihrer Aussage bezeugen, wird die Ehe für ungültig erklärt.

Eine bereits deflorirte weibliche Person kann nur *mit ihrem Willen* verheirathet werden, und da hierzu eine autoritative Willensäusserung erforderlich ist, darf sie nicht mehr Kind sein. Anders ausgedrückt: Wenn sie noch Kind ist, muss mit ihrer Verheirathung gewartet werden, bis sie volljährig geworden.

Der Verlust der Virginität kann entweder durch eine frühere eheliche Verbindung oder durch einen unehelichen Verkehr oder drittens durch eine Cohabitation aus Versehen[1]) bewirkt worden sein. Bei Verlust derselben durch Krankheit oder einen unglücklichen Fall gilt die Person als Jungfer.

§ 11. 12. Zu den einzelnen Personen ist folgendes zu bemerken:[2])

2. Ein Mann darf seine natürliche Tochter heirathen, denn sie wird nicht als seine Blutsverwandte angesehen (und beerbt ihn nicht). Indessen eine solche Ehe gilt als widerwärtig. Umgekehrt darf eine Frau ihren natürlichen Sohn nicht heirathen, denn er ist ihr blutsverwandt (und beerbt sie, wie sie ihn beerbt). Wenn Jemand sich durch Li'ân (§ 41—44) von seiner Frau trennt, die Vaterschaft ihrer Tochter leugnet, und dann trotzdem diese Tochter zu sich nimmt, gilt sie in allen Rechten wie seine Tochter.

3. Die Schwester sowohl germana und consanguinea wie uterina.

4. 5. Ausser den Tanten von beiden Seiten auch die Tanten zweiten und dritten Grades, also die Tanten (Schwestern der Mutter) der Mutter, ferner die Tanten (Vatersschwestern) des Vaters.

6. 7. Den Töchtern von Bruder und Schwester (Nichten) stehen gleich die Töchter ihrer männlichen oder weiblichen Descendenz.

8. 9. Hier werden nur zwei milchverwandte Personen genannt, weil im Koran (Sure 4, 27) nicht mehr angegeben sind, während thatsächlich dieselben sieben Verwandtschaftsgrade, welche in Folge von Blutsverwandtschaft einem Manne unheirathbar sind, auch in Folge von Milchverwandtschaft für ihn unheirathbar sind (s. § 12). Als Milchmutter gilt a) die Amme, b) die Amme der Amme oder des Mannes der letzteren, c) die Amme des Vaters des Säuglings oder seines Grossvaters, d) die Mutter der Amme, e) die Mutter des Mannes der Amme.

9. Ein Kind, das an der Brust eines Weibes (nicht ihrer Mutter) getrunken hat, ist Milchbruder oder Milchschwester aller derjenigen Kinder, welche an derselben Brust getrunken haben oder noch

---

[1]) وَطْءُ شُبْهَةٍ
[2]) In der Verwandtschaft sind zwei Grade zu unterscheiden:
1. derjenige Grad, der die Ehe zwischen zwei mit einander verwandten Personen ausschliesst. Solche Verwandte heissen مَحَارِم.

2. derjenige Grad, der zwischen zwei Verwandten die Ehe nicht ausschliesst. Solche Verwandte heissen اقرباء.

trinken werden, einerlei ob das Kind allein oder zugleich mit einem anderen getrunken, ob das eine früher, das andere später. Vgl. Anmerkung zu § 56.

10. Die Mutter der Ehefrau oder ihre Grossmutter, wobei es gleichgültig ist, ob der Mann die Cohabitation mit seiner Frau vollzogen hat oder nicht.

11. Wie die Tochter der Ehefrau ist auch ihre Tochtertochter sowie ihre Sohnestochter verboten.

12. Die Ehefrau des Vaters oder deren Mutter.

13. Die Ehefrau des Sohnes oder des Sohnessohnes, nicht 10 diejenige des Adoptivsohnes. Es kann ein Mann die Frau seines Adoptivsohnes heirathen, nachdem dessen Ehe durch Tod oder auf andere Weise gelöst worden.

14. Das Verbot der Heirath mit der Schwägerin ist ein zeitweiliges. Wenn ein Mann seine Frau sei es durch den Tod, sei es durch Scheidung oder auf andere Weise verloren hat, kann er deren Schwester heirathen.

Wenn ein Mann (z. B. aus Versehen) *zugleich* zwei Frauen, die nach dem Gesetze nicht gleichzeitig mit einem und demselben Manne verheirathet sein dürfen, heirathet, so ist die Ehe mit beiden 20 ungültig. Hat er sie *nach* einander geheirathet, so bleibt die der Zeit nach erste Ehe bestehen, während die zweite ungültig wird. Ist aber die Reihenfolge der beiden Eheschliessungen nicht bekannt, so sind beide ungültig.

Die Rechtswidrigkeit einer Ehe mit zwei Schwestern zugleich ist dieselbe, wenn die eine Schwester die Ehefrau des Mannes, die andere seine im Concubinat mit ihm lebende Sklavin ist, oder wenn er mit beiden als seinen Sklavinnen im Concubinat lebt. Sofern er der einen beiwohnt, ist die andere für ihn unnahbar, und ein Ausweg aus diesem Zustande ist nur in der Weise möglich, dass 30 er sich entweder des Rechts der Ehe oder des Rechts des Besitzes begiebt.

Wenn ein Mann aus Versehen einem Weibe beiwohnt in der Meinung, sie sei seine Frau oder Sklavin, so sind ihre sämmtlichen Verwandten nach Maassgabe dieses § für ihn unheirathbar.

Ein Mann kann durch feierlichen Schwur in der Moschee unter Bezichtigung des Ehebruchs sich von seiner Frau lossagen (§ 41—43).

Wenn nach der Trennung die Frau ein Mädchen gebärt zu einer Zeit, dass die Möglichkeit seiner Vaterschaft vorhanden ist, kann er das Kind verleugnen oder zu sich nehmen. Im letzteren Fall gilt sie in allen Beziehungen als seine Tochter und ist für ihn unheirathbar.

§ 13. 14. Für die Rückgängigmachung[1]), Annullirung einer Ehe ist es einerlei, ob die in diesen §§ genannten Dinge schon vor dem Abschluss der Ehe vorhanden waren oder erst hinterher eingetreten sind. Eine Ausnahme hiervon bildet die Impotenz; denn wenn der Mann auch nur einmal der Frau beigewohnt, bildet sie nicht mehr den Grund für eine Annullirung der Ehe.

Die rechtlichen Consequenzen dieser Annullirung sind folgende:

1. Wird die Ehe annullirt, bevor die Cohabitation Statt gefunden, wird die Ehegabe von Seiten der Frau dem Manne zurückerstattet.

2. Wird die Ehe annullirt, nachdem die Cohabitation Statt gefunden, schuldet der Mann der Frau eine Durchschnitts-Ehegabe.

3. Wird die Ehe nach vollzogener Cohabitation annullirt wegen eines Fehlers, der schon zur Zeit des Ehe-Abschlusses vorhanden war, schuldet der Mann der Frau nicht den Unterhalt, auch dann nicht, wenn sie schwanger ist, wohl aber die Wohnung.

Ueber die Leistung von Wohnung und Unterhalt s. § 60 und Anmerkungen.

Eine Ehe kann auch noch aus anderen Gründen, als in diesen beiden §§ angegeben sind, annullirt werden. S. § 61.

Ueber das Verhältniss zwischen Ehe-Annullirung und Ehe-Scheidung (Entlassung der Frau durch den Mann) s. Baguri II, 119, 9—14.

Rücksichtlich des bei der Ehe-Annullirung einzuschlagenden Verfahrens bestehen zwei Ansichten:

Nach der einen muss die die Annullirung verlangende Partei die Sache vor den Richter bringen, der ev. auf Annullirung erkennt.

Nach der anderen genügt es, wenn die beiden Eheleute durch Uebereinkommen unter sich die Annullirung vereinbaren.

Für das richterliche Verfahren in dieser Sache ist zu beachten, dass der Richter dem Manne, der von seiner Frau der Impotenz bezichtet wird, eine Probezeit von einem Jahre gewähren muss. Bei

---

[6]) فسخ

einer Differenz über die Impotenz wird dem Manne der Eid auferlegt, falls die Frau als Nicht-Jungfer in die Ehe eingetreten;
weigert er sich aber zu schwören, so gilt die eidliche Aussage der
Frau.´ Im anderen Falle, wenn die Frau als Jungfer in die Ehe eingetreten, wird ihr der Eid åuferlegt.

Näheres über § 13a. (Wahnsinn) s. bei Baguri II, 119, 15—24
und über § 14d. (Verlust des Gliedes) daselbst II, 120, 24—28 und
bei Ibn Ḳâsim zu der Stelle.

§ 15. Die Ehegabe des Mannes an die Frau wird von Einigen
als ein Aequivalent wie der für eine Waare gezahlte Preis, von 10
Anderen als eine Ehrenerweisung angesehen. Die erstere Auffassung
ist die vorherrschende.

Die Ehe ist mit Bezug auf die Ehegabe eine dreifache:

a) diejenige, bei deren Abschluss im Ehecontrakt die Ehegabe
fixirt wird;[1])

b) diejenige, bei deren Abschluss die Ehegabe nicht fixirt wird;

c) diejenige, bei deren Abschluss die Braut erklären lässt, dass
sie die Ehe ohne Ehegabe einzugehen wünscht.

Principiell giebt es eigentlich keine Ehe ohne Ehegabe,[2]) denn
sich ohne Ehegabe einem Manne zu vermählen ist Privilegium der 20
Frauen des Propheten. Selbst in der Ehe c) bleibt das Anrecht auf
die Ehegabe trotz des Verzichtes der Frau immer bestehen und
kann von ihr jeder Zeit aufgenommen und verfolgt werden. An
Stelle der contraktlich fixirten Ehegabe der Ehe a) tritt bei der
Ehe b) in allen Fällen, bei der Ehe c) in vielen Fällen die sogenannte
Durchschnitts-Ehegabe. [3])

Die Ehegabe geht über in den Besitz der Frau, die frei über
ihn verfügen kann. Sie kann dies Gut entweder selbst verwalten
oder einem Stellvertreter, Vater, Bruder, Ehemann oder auch einem
Anderen zur Verwaltung übergeben. Es ist bei der Verheirathung 30
darauf zu achten, dass nicht etwa ein unredlicher Brautanwalt diesen
der jungen Frau zukommenden Besitz ganz oder theilweise sich an-
eignet.

---

[1]) المهر المسمّى

[2]) Eine Ehe ohne Ehegabe, und sei sie noch so geringwerthig,
gilt als widerwärtig.

[3]) مهر المثل

Während im Allgemeinen die Frau die Empfängerin der Ehegabe ist, giebt es zwei besondere Fälle, in denen die Ehegabe an
den Mann gezahlt werden muss:

1.[1]) ˙ Das durch einen Ehevertrag zwischen zwei Personen geschlossene Verhältniss entspricht in der Hauptsache einer Verlobung
nach deutscher Sitte. Ist die Verlobte minderjährig, so bekommt
sie von dem Verlobten nichts, weder Unterhalt noch Wohnung noch
Kleidung (d. h. sie bleibt im Hause ihrer Eltern und wächst dort
auf). Es besteht in muhammedanischen Ländern vielfach der Brauch
schon ganz kleine Kinder (eine Bestimmung oder Beschränkung des 10
Alters giebt es nicht) zu verloben. Es kann daher sehr wohl der
Fall vorkommen, der im Folgenden supponirt wird, dass nämlich ein
Mann mit einer erwachsenen Frau verheirathet ist, während er zugleich
mit einem Kinde (vielleicht einem Baby) verlobt ist. Wir nennen
die erstere A, die letztere B.

Wenn die Frau A das Baby B von ihrer Muttermilch trinken
lässt, so wird A die Milchmutter von B, und dadurch wird die Ehe
des Mannes mit A wie seine Ehe (Verlobung) mit B null und nichtig.
Der Ehemann ist der geschädigte, seine Ehefrau A die Unheilstifterin.
Was hat nun mit der Ehegabe von A und B zu geschehen? — 20

Der Mann hat der B (d. i. seiner Baby-Verlobten) die Hälfte
ihrer Ehegabe zu zahlen, wie das Gesetz für den Fall einer Ehescheidung ohne stattgehabte Cohabitation vorschreibt, entweder die
Hälfte der im Ehecontrakt festgesetzten Ehegabe[2]) oder die Hälfte
einer Durchschnitts Ehegabe.[3]) S. § 19.

Die Ehefrau A würde unter normalen Verhältnissen, d. h. bei
einer Ehescheidung nach stattgehabter Cohabitation das Anrecht auf
die *ganze* Ehegabe haben. Jedoch in diesem Fall hat *sie* eine halbe
Durchschnitts-Ehegabe *an den Mann* zu zahlen, was als eine Art
Ausgleich zwischen dem, was der Mann von ihr zu fordern hat 30
(wegen wissentlicher Vernichtung seiner Verlobung mit B), und demjenigen, was er ihr schuldet (wegen der Dienste, die sie bis dato
als Ehefrau ihm geleistet), anzusehen ist.

---

[1]) مسألة الإرضاع

[2]) المهر المسمّى

[3]) مهر المثل

Eine andere Ansicht, nach der die Ehefrau A ihre *ganze* Ehegabe an den Mann zurückgeben muss, ist zu verwerfen, weil dadurch
eine solche Situation geschaffen würde, dass der Mann seiner Frau
beigewohnt habe, ohne ihr dafür irgend ein Aequivalent gegeben zu
haben. Und dies, d. h. einem Manne die Beiwohnung zu gestatten,
ohne von ihm ein Aequivalent zu erhalten, ist das Privilegium der
Frauen des Propheten.

   2.[1]) Wenn zwei Zeugen aussagen, dass zwischen Mann und
Frau ein solcher Grad der Milchverwandtschaft besteht, der eine
Ehe zwischen den beiden unmöglich macht, (und die beiden 10
Eheleute nicht den Gegenbeweis zu führen vermögen), wird die
Ehe annullirt. Wenn aber diese Zeugen später ihre Aussage
widerrufen, nachdem die Ehe annullirt worden ist, haben sie dem
Ehemann die ganze Ehegabe zu zahlen, falls er nicht zugiebt, dass
ihre erste Aussage auf Wahrheit beruht.

   Die Gründe, wegen eines von welchen der Ehemann die Ehegabe zu zahlen verpflichtet ist, sind drei:

   1. der Ehecontrakt,

   2. eine Beiwohnung aus Versehen,

   3. der Tod des einen der beiden Eheleute oder der beiden.   20

   Im Fall 1. ist die contraktlich stipulirte Ehegabe zu zahlen, falls
die Ehe allen Anforderungen des Gesetzes entspricht, dagegen die
Durchschnitts-Ehegabe, falls die Ehe nicht allen Forderungen des
Gesetzes entspricht, ohne gerade null und nichtig[2]) zu sein, und
falls die Ehegabe nicht im Contract fixirt worden ist.

   Im Falle 2. ist die Durchschnitts-Ehegabe zu zahlen.

   Für den Fall 3. gilt die Regel, dass der Tod in der Ehe auf
die Ehegabe dieselbe Wirkung ausübt wie die vollzogene Beiwohnung.
Es ist die ganze Ehegabe, sei es die contraktlich fixirte oder die
durchschnittliche, von dem Mann oder dessen Erben an die Frau 30
oder ihre Erben zu zahlen. Voraussetzung ist hierbei, dass die
Ehe eine *correcte* war. War sie *incorrect* (fehlten z. B. die Brautzeugen), so liegt eine Verpflichtung zur Zahlung der Ehegabe nicht
vor. Baguri II, 125, 34.

---

[1]) مسألة رجوع الشهود

[2]) باطل

Etwas verschieden sind die Bestimmungen für die unter Verzicht einer Ehegabe abgeschlossene Ehe.[1] S. § 16. Auch hier haben Tod und vollzogene Beiwohnung dieselbe rechtliche Folge.

Als vierter Grund, der zur Zahlung der Ehegabe verpflichtet, kann im Hinblick auf die besonderen beiden, oben S. 35. 36 angeführten Rechtsfälle das Folgende angeführt werden:

4. Der Umstand, dass Jemand widerrechtlich die Annullirung einer Ehe herbeiführt.

Einige Fälle, in denen es nicht nöthig ist, und einen Fall, in dem es nicht erlaubt ist, die Ehegabe contraktlich zu fixiren, s. bei Baguri II, 122, 31—123, 3. Eine Ehegabe muss allemal gegeben werden, in Ermangelung einer Vereinbarung oder im Streitfalle die durchschnittliche.

Es ist Regel, falls die Ehegabe nicht sogleich bei dem Abschluss des Contraktes übergeben wird, der jungen Frau vor der Beiwohnung wenigstens einen Theil ihrer Ehegabe zu übergeben. Als allgemeiner, best empfohlener Brauch gilt es, der Frau *vor* der Beiwohnung zwei Drittel, *nach* derselben ein Drittel der Ehegabe zu übergeben.

Die der Sklavin gebührende Ehegabe gehört ihrem Herrn, da sie als Sklavin nicht Besitz erwerben kann. Wenn also Jemand seinen Sklaven mit seiner Sklavin verheirathet, ist es zwecklos über eine Ehegabe zu verhandeln. Anders, wenn der Sklave oder die Sklavin oder beide im Begriff sind, ihr Sklavenverhältniss durch contraktlich bestimmte Leistungen an ihren Herrn zu lösen (s. Buch II, § 14—19). In letzterem Fall ist die Ehegabe wie bei der Ehe zwischen Freien festzusetzen.

Die Ehegabe muss Geld oder Geldeswerth, gegenwärtiger Besitz, eine Forderung oder ein Nutzen sein. Ueber den Betrag s. § 17.

Die Zahlung ist entweder Baarzahlung oder Anweisung auf einen Termin.[2] Ist die Ehegabe oder ihre Zahlung nach Wesen oder Form verfehlt, tritt die Durchschnitts-Ehegabe an ihre Stelle.

Wenn Jemand ohne Anspruch auf Ehegabe seine Sklavin verheirathet, so begiebt er sich damit jedes weiteren Anspruches gegen ihren Mann, auch für die Zeit nach vollzogener Beiwohnung.

---

[1]) تفويض
[2]) تأجيل

Der Brautanwalt, der ein Mädchen auf deren ausdrückliche Ermächtigung durch einen Ehecontrakt mit Verzicht auf Ehegabe
verheirathet, hat ausdrücklich zu erklären, dass keine Ehegabe verlangt
wird; ·wenn er aber, anstatt eine solche Erklärung abzugeben, über
den Gegenstand der Ehegabe schweigt, so gilt der Satz: Qui tacet
consentire videtur.

§ 16. Entgegen der bei Abschluss der Ehe gegebenen Erklärung .
kann die unter Verzicht der Ehegabe verheirathete Frau hinterher
eine solche beanspruchen, und ihre Forderung muss anerkannt
werden, wenn sie darauf besteht.   10

Wenn der Mann sich von der Frau scheidet, bevor er oder der
Richter ihr· eine Ehegabe bestimmt hat, bekommt sie nichts
(ausser der Mut'a, s. weiter unten). Ist ihr aber die Ehegabe vor
der Scheidung bestimmt, so bekommt sie die Hälfte.

Wenn er oder sie stirbt, hat er oder seine Erben ihr oder ihren
Erben die ganze Durchschnitts-Ehegabe zu zahlen, und zwar die
höchste nach den möglichen Arten der Berechnung. Voraussetzung
ist, dass die Ehe eine *correcte* war.

Die Bestimmung der Durchschnitts-Ehegabe durch den Richter
ist auch dann verbindlich, wenn die beiden Eheleute nicht damit 20
einverstanden sind.

Rücksichtlich der Beiwohnung, welche der Frau das Anrecht auf die
ganze Ehegabe giebt, ist es einerlei, ob sie eine nach Art und Zeit erlaubte oder unerlaubte (z. B. eine solche während der Menstruation) war.

Die Berechnung der Durchschnitts-Ehegabe wird hauptsächlich
bestimmt durch die Rücksicht auf die Ehegaben, welche die nächsten
Verwandten der Frau z. B. ihre Schwestern bekommen haben.
Massgebend für die Beurtheilung der in Frage kommenden Vermögensverhältnisse ist der Zeitpunkt des Abschlusses des Ehevertrages,
nicht eine frühere oder spätere Zeit.   30 ·

§ 17. Die Ehegabe soll nicht weniger als 10 Dirhem, nicht mehr
als 500 Dirhem[1] sein. Die Gründe s. Baguri II, 123, 22—24.

---

[1]) Die arabischen Juristen bestimmen das Geld nach *Dinar*
(Solidus, Ducat) und *Dirhem* (Drachme) nach dem Vorgange der
Begründer des Rechts Abû Ḥanifa, Mâlik und El-šâfi'i d. i. nach der
Münze der ältesten Abbasiden-Chalifen Hârûn Elrašîd und Elma'mûn.

Wenn der Sklave eines Mannes mit einer freien Frau verheirathet ist, darf der Herr den Sklaven nicht seiner (des Sklaven) Frau schenken, obwohl der Sklave Geldeswerth ist. Eine solche Schenkung würde die Ehe annulliren. Aehnlich ist der Fall, dass der Mann nicht seiner minorennen Frau z. B. ihren unfreien Vater als Ehegabe geben darf. Denn wird der Vater Besitz seiner Tochter, so wird er eo ipso frei (Buch II, § 5), so dass die Frau in der That keine Ehegabe erhalten würde, was dem Gesetze widerspricht.

§ 18. Als Ehegabe kann gelten z. B. das Versprechen des Mannes, die Frau oder ihr kleines Kind oder ihren Sklaven das erste Kapitel des Korans, die Schneiderei oder sonst etwas nützliches und wichtiges, dessen Erlernung mit Kosten und Mühe verbunden zu sein pflegt, lehren zu wollen. Anstatt selbst die Frau zu unterrichten kann er ihr einen Lehrer halten.

Scheidet er sich von der Frau, bevor der Unterricht zum Abschluss gelangt, so hat er ihr die Durchschnitts-Ehegabe zu zahlen, die halbe, falls er ihr noch nicht beigewohnt, die ganze, falls er ihr

---

Ueber die Geschichte dieses Münzwesens vgl. H. Sauvaire, Matériaux pour servir à l'histoire de la numismatique et de la métrologie Muselmanes (Journal Asiatique 1882). In welcher Weise die späteren und jetzigen Muhammedanischen Juristen, speciell die Kâḍîs diese von ihnen überlieferten Werthe eines längst vergangenen, vergessenen Münzsystems in die Landesmünze der betreffenden Länder, in denen das Gesetz gehandhabt wird z. B. in Marokko, Algier, Ostafrika, Java umrechnen, ist mir nicht bekannt; für Aegypten vgl. Bâgûrî I, 282, 13 ff. Um eine approximative Vorstellung von dem Werthe eines Dinars und Dirhems zu gewinnen, darf man vielleicht das folgende Verfahren einschlagen:

Die Dinare von Hârûn und Ma'mûn haben nach den besterhaltenen Stücken im Durchschnitt ein Gewicht von 4,22 Gramm, nämlich ca. 4,12 Gramm Feingold, das übrige Legirung.

Ein deutsches 10 Markstück (Krone) hat 3,9248 Gr. Gewicht und 3,5316 Gr. Feingold. Es ist also
1 Dinar (Feingold) = 3,53 Gr. + 0,59 Gr. = 1 1/6 Krone (Feingold).
Soweit also der Feingold-Gehalt von Dinar und Krone in Frage kommt, ist ungefähr
$$1 \text{ Dinar} = 11 \,{}^2/_3 \text{ Mark.}$$
und
$$1 \text{ Dirhem} = {}^1/_{12} \text{ Dinar} = 97 \,{}^1/_6 \text{ Pfennige,}$$
abgesehen von der Legirung. Denn El Šâfi'î setzt 1 Dinar = 12 Dirhem, vgl. Bâgûrî II, 208, 27; 218, 34—36.

beigewohnt hat. Ist aber der Unterricht zu Ende gediehen, so kann der Mann seinerseits die Hälfte des Lehrgeldes fordern, falls er sich *vor* der Beiwohnung von ihr scheidet.

Ueber das Sehen einer Frau zum Zweck ihres Unterrichts s. Anmerkungen zu § 4 und Baguri II, 127, 10—15.

§ 19. Ergänzung: Findet die Scheidung Statt nach der Bei-wohnung,[1]) so hat die Frau den Anspruch auf die ganze Ehegabe; gleichfalls, wenn sie oder der Ehemann nach Abschluss des Ehe-vertrages stirbt, einerlei ob vor oder nach der Beiwohnung; ferner wenn der Ehemann oder ein Fremder die Frau (eine freie Frau) 10 tödtet. Tödtet aber die freie Frau ihren Ehemann vor der Beiwohnung, so entfällt ihr Anspruch auf Ehegabe.

Wenn dagegen die unfreie Ehefrau sich tödtet oder ihr Herr sie tödtet, wenn sie ihren Ehemann tödtet oder ihr Herr ihren Ehemann tödtet, entfällt ihr Recht auf eine Ehegabe. Dies ihr Recht bleibt aber in Kraft, wenn ihr Mann oder ein Fremder sie tödtet. Wenn ihr Mann und ihr Herr gemeinsam sie tödten, entfallt ihr Recht auf Ehegabe. In allen diesen Fällen findet natürlich die strafrechtliche Ahndung statt.

Die Ehescheidung *vor der Cohabitation,* in Folge deren der 20 Mann die eine Hälfte der Ehegabe verliert, kann z. B. auf solche Weise veranlasst sein, dass er der Frau die Scheidung zur Verfügung stellte oder dass er sie von irgendwelchem Benehmen der Frau abhängig machte, einerlei ob die Scheidung definitiv oder redintegrirbar ist. In letzterem Fall hat die Scheidung nur dann den in diesem § angegebenen Effekt, wenn die Frau ihre Wartezeit vollendet hat.

Jede Scheidung *vor* der Cohabitation ist *definitiv.* Wenn trotzdem in diesem Zusammenhang von einer *redintegrirbaren* Scheidung die Rede ist, so bezieht sich das auf folgenden Fall: Wenn eine Frau sich des sperma ihres Mannes oder er ihr dasselbe auf künstliche 30 Weise einführt, aber eine Cohabitation nicht stattfindet, so ist eine nun eintretende Scheidung nicht *definitiv,* wie man erwarten sollte, sondern *redintegrirbar,* die Frau muss ihre Wartezeit halten, und während derselben von dem Manne unterhalten werden. Erst nach

---

[1]) Ein blosses Alleinsein des Mannes mit der Frau hat nicht dieselbe Folge wie die vollzogene Beiwohnung.

Ablauf der Wartezeit wird die Scheidung perfekt, und der Mann verliert die Hälfte der Ehegabe.

Wie bei der gewöhnlichen Ehescheidung, hat die Frau das Anrecht auf die halbe Ehegabe, wenn die Ehe vor der Cohabitation gelöst wird, dagegen auf die ganze Ehegabe, wenn sie nach der Cohabitation gelöst wird, in folgenden Fällen:

1. wenn der Ehemann, bis dahin Christ, Muslim wird und dabei die Ehe mit seiner christlichen Frau löst;

2. wenn er vom Islam abfällt;

3. wenn der Mann durch feierlichen Schwur in der Moschee unter Bezichtigung des Ehebruchs sich von seiner Frau lossagt; (s. § 42. 43.)

4. wenn zwischen ihm und seiner Frau Milchverwandtschaft nachgewiesen wird.

In diesen Fällen geht die Lösung der Ehe von dem Manne aus oder findet seinetwegen Statt. Wird aber die Ehe von der Frau oder der Frau wegen gelöst, so verliert sie jedes Anrecht auf eine Ehegabe, nämlich in folgenden Fällen:

1. wenn sie, bis dahin Christin, den Islam annimmt und zugleich die Ehe mit ihrem christlichen Gemahl löst;

2. wenn sie vom Islam abfällt;

3. wenn Milchverwandtschaft zwischen ihr und einer anderen, minorennen Frau desselben Mannes nachgewiesen wird;

4. wenn sie die Annullierung wegen eines körperlichen Fehlers des Mannes verlangt;

5. wenn wegen eines körperlichen Fehlers an ihr der Mann die Annullirung der Ehe verlangt.

Wird die Ehe z. B. in Folge der gleichzeitigen Apostasie der beiden Eheleute gelöst, so gelten für diesen Fall diejenigen Bestimmungen, welche bei der Apostasie des Mannes in Kraft treten (s. Buch IV, 2. Theil, § 19).

Neben der Ehegabe kommt die *Mut'a* in Betracht, eine bei gewissen Ehelösungen von Seiten des Mannes der Frau zu leistende Zahlung, welche sie für die Täuschung ihrer Hoffnungen in gewissem Sinne entschädigen soll.

Ein Anrecht auf die Mut'a hat

1. diejenige Frau, die kein Anrecht auf die ganze oder halbe

Ehegabe hat, nämlich die *unter Verzicht auf eine Ehegabe verhei-*
rathete Frau, von der der Mann sich scheidet, bevor noch ihre Ehegabe
fixirt worden oder die Cohabitation Statt gefunden.[1])

2. diejenige Frau, die nach vollzogener Cohabitation von ihrem
Manne entlassen wird, der also ausserdem auch der Anspruch auf
die ganze Ehegabe zusteht.

Voraussetzung ist dabei, dass die Ehe nicht wegen der Frau
oder auf ihre Veranlassung gelöst worden ist. Die je sub 1. und
2. genannte Frau hat in folgenden Fällen keinen Anspruch auf Mut'a:

a) wenn sie, bis dahin Christin, den Islam annimmt und in
Folge dessen ihre Ehe gelöst werden sollte;

b) wenn sie vom Islam abfällt;

c) wenn sie als eine freie Frau ihren unfreien Gemahl zu
Eigenthum erwirbt;

d) wenn sie die Ehe wegen eines körperlichen Fehlers ihres
Mannes annullirt;

e) wenn der Ehemann die Ehe wegen eines körperlichen Fehlers
an ihr annullirt;

f) wenn die Ehe wegen Mann und Frau zugleich gelöst wird,
z. B. wenn beide vom Islam abfallen;

g) wenn er als freier Mann sie als seine unfreie Gemahlin
zu Eigenthum erwirbt;

h. wenn er stirbt oder wenn sie stirbt, d. h. ihr Anspruch auf
die Mut'a geht nicht auf ihre Erben über.

Die Mut'a soll im Allgemeinen unter dem Werthe der halben
Ehegabe bleiben, soll aber nicht weniger als 30 Dirhem betragen.
Im Streitfall soll der Richter die Mut'a ex aequo et bono bestimmen.

Hinsichtlich der Verpflichtung zur Zahlung der Mut'a macht es
keinen Unterschied, ob Mann und Frau Muslime oder Christen (Juden),
frei oder Sklaven sind.

§ 21—23. Die Bestimmungen der §§ 21—23 verdienen dadurch
Beachtung, dass Verstösse des Ehemannes gegen dieselben meistens
die Veranlassung zu ehelichem Zwist wie die Handhabe und den
Grund für die Ehescheidung bieten.

---

[1]) Jede andere Ehefrau würde in diesem Fall das Anrecht
auf die halbe Ehegabe haben. Baguri II, 122, 24.

Das Nächtigen, die Nacht zu verbringen[1]) ist nicht identisch mit Cohabitation. Zweck desselben ist: Intimität zwischen Eheleuten herzustellen und zu erhalten.

Der Ehemann ist zur Cohabitation nicht verpflichtet; es steht in seinem Belieben sie auszuüben oder nicht. Hierin zeigt sich der ursprüngliche Kauf-Charakter der muhammedanischen Ehe. Indessen wird diese Bestimmung gemässigt durch den Zusatz: „es ist für den Ehemann empfehlenswerth der Frau beizuwohnen, um sie auf dem Wege der Tugend zu erhalten."

Die Unterlassung der Cohabitation von Seiten des Mannes ist 10 allein an und für sich kein genügender Grund für die Ehescheidung.

Der Ehemann ist ferner nicht verpflichtet bei seiner Frau oder seinen Frauen zu wohnen bezw. zu nächtigen. Wenn er sich aber zu der einen begiebt und bei ihr wohnt, so ist er verpflichtet auch bei den anderen der Reihe nach zu wohnen. Nach vollendetem Turnus kann er das Wohnen bei den Frauen wieder aufgeben.

§ 21. Wenn der Ehemann minderjährig oder wahnsinnig ist, hat sein Vormund dafür zu sorgen, dass er seine Pflichten erfüllt.

Ist unter den Ehefrauen eine unfreie, so hat sie mit Bezug auf die Zeit des Mannes die Hälfte des Anspruches einer freien Frau. 20

Der Ehemann ist verpflichtet jeder seiner Frauen eine selbstständige Wohnung zu gewähren.

Die Zeit des Aufenthalts des Ehemannes bei je einer seiner Frauen kann nach Tagen (Nacht oder Tag[2])), wie unter Umständen, wenn die Frauen an verschiedenen Orten wohnen, nach Monaten und Jahren berechnet werden.

Der Mann kann jederzeit in Geschäften des Hauses oder der Familie zu jeder seiner Frauen gehen. Indessen ist er verpflichtet, wenn er ausser der Tour längere Zeit bei einer seiner Frauen verweilt, derjenigen, die an der Reihe war, zur Entschädigung hinterher 30 einen Aufenthalt von gleicher Länge zu widmen.

§ 22. In der Zeit-Berechnung zwischen Mann und Frau wird die Dauer der Hin- und Rückreise nicht berücksichtigt. Macht aber der Mann unterwegs mit seiner Frau einen Aufenthalt, der durch

---

[1]) مبيت

[2]) In diesem Zusammenhang wird die Nacht als الاصل, der Tag als التابع bezeichnet. Baguri II, 134, 16.

den Zweck der Reise nicht geboten war, ist er verpflichtet jeder der zurückgelassenen Frauen einen Aufenthalt von gleicher Dauer zu widmen.

Eine Ehefrau kann ihr gesetzmässiges Anrecht auf die Zeit ihres Mannes mit dessen Genehmigung auf eine seiner anderen Frauen übertragen.

Die *neue* Frau kann auch eine unfreie sein, ferner eine solche, mit der der Mann schon früher verheirathet gewesen, mit der er aber durch einen neuen Ehecontrakt sich wieder verheirathet; nicht aber diejenige Frau, die er nach einer Scheidung ohne neuen 10 Ehevertrag zu sich zurücknehmen kann.[1])

Der Ehemann ist nicht verpflichtet die der neu geheiratheten Frau gewidmete Zeit seinen anderen Frauen zu ersetzen.

Es ist dem Ehemann während der Zeit, die er einer jungen Frau schuldet, nicht gestattet ohne ihre Einwilligung auszugehen, sei es zur Moschee, auf Krankenbesuch oder zu einer Beerdigung.

§ 24. Die Unbotmässigkeit kann z. B. darin bestehen, dass die Frau ohne Erlaubniss des Mannes das Haus verlässt [2]) Bei dem ersten Stadium der Sache soll der Mann nicht gleich zum Richter laufen. Wenn er das Lager der Frau nicht mehr theilt, kann er auch den münd- 20 lichen Verkehr mit ihr aufgeben, aber nicht über drei Tage hinaus.

Ist der Mann überzeugt, dass absichtliche Unbotmässigkeit vorliegt, darf er die Frau schlagen, wenn er glaubt, dass sie dadurch gebessert wird, aber nur so, dass sie nicht grossen Schmerz davon hat und dass nicht eine Wunde entsteht. Besser aber ist es sie nicht zu schlagen. Schlägt er sie so, dass sie an den Folgen stirbt oder eines der Gliedmassen oder einen der fünf Sinne verliert, ist er ihr oder ihrer Familie gegenüber nach den Satzungen des Blutrechts (Buch VI, Theil 1.) zur Sühne verpflichtet.

§ 25. Zu dem Unterhalt gehört ausser der Nahrung auch die 30 Kleidung, die Wohnung, die Geräthe für die Reinhaltung des Körpers, wie Kamm, Bürste, Seife u. s. w. Vgl. § 60.

---

[1]) الرِّجعيّة

[2]) Es ist nicht unbotmässig, wenn die Frau ausgeht, um bei dem Richter gegen ihren Mann Beschwerde zu führen, eine rechtskundige Person zu consultiren oder etwas zu verdienen, falls der Mann zu arm ist ihr den Unterhalt zu gewähren.

Wenn die Frau zum Gehorsam zurückkehrt, tritt sie sofort in die vollen Rechte wieder ein. Während sie für die Zeit der Unbotmässigkeit das entsprechende Maass von Unterhalt und Kleidung verliert, wird ihr die Wohnung ersetzt.

Ueber die Verhandlung des Richters betreffend ehelichen Zwist ist folgendes zu bemerken:

Wenn die Frau sich beschwerdeführend an den Richter wendet, fordert der Richter den Ehemann auf pflichtgemäss zu handeln, verhängt aber nicht auf Grund einer *ersten* Beschwerde eine Strafe über ihn.   10

Erst auf Grund einer zweiten Beschwerde verhängt der Richter eventuell eine angemessene Strafe über den Ehemann.

In jedem Fall, sei es auf Grund einer ersten oder einer Wiederholungsklage, verpflichtet ev. zwingt der Richter den Ehemann der Frau zu gewähren, was sie zu fordern berechtigt ist.

Wenn Klage und Gegenklage einlaufen, kann der Richter eine der Verhältnisse kundige, zuverlässige Person zu Rathe ziehen.

Bei Fortsetzung des Streites ist der Richter gehalten zwei Sachverständige, einen aus der Familie des Mannes und einen aus derjenigen der Frau, Männer, welche Muslime, frei, unbescholten 20 und von der Sachlage unterrichtet sein müssen, zu bestimmen. Diese untersuchen im Auftrage des Richters als Sachwalter der streitenden beiden Parteien die Angelegenheit und erstatten dem Richter Bericht.

Der Richter hat zunächst zu versuchen einen Ausgleich unter Wahrung der Ehe zu erzielen.

Wenn dies nicht gelingt, können Mann und Frau ihre beiderseitigen Sachwalter beauftragen die Verhandlung wegen einfacher Scheidung oder wegen ehelichen Loskaufs vor dem Richter einzuleiten.

Wenn auch dann noch eine Einigung nicht zu erreichen ist, 30 kann der Richter, diesmal nur mit Genehmigung der streitenden Parteien, noch zwei andere Sachverständige zu erneuter Untersuchung und Berichterstattung deputiren.

Danach entscheidet der Richter endgültig, indem er den schuldigen Theil bestraft und dem geschädigten zu seinem Rechte verhilft.

§ 26—28. Das Gesetz kennt fünf Arten der Lösung der Ehe,

s. § 26—28, 29—37, 38, 39—40, 41—44. In vieren steht dem Manne die Initiative zu, in einer einzigen der Frau.

Zwei weitere Formen der Ehe-Lösung sind

6. ʹ die Annullirung der Ehe in Folge körperlicher Fehler bei Mann oder Frau (§ 13. 14.),[1]) und

7. die Aufhebung der Ehe durch richterliches Erkenntniss.[2])

Der eheliche Loskauf[3]) ist eine Art der Ehescheidung und ist wie jede Ehescheidung *widerwärtig*, d. h. nicht Gott wohlgefällig. Ueber einen Fall, in dem der Loskauf *verboten* ist, s. zu § 27.[4])

---

[1]) الفسخ

[2]) طلاق الحكم فى الشقاق

[3]) مفاداة oder خُلع

[4]) Es giebt zwei Arten des Loskaufs, welche nicht *widerwärtig* sind:

1. Wenn die beiden Eheleute fürchten, dass sie nicht im Stande sind die Gesetze der Ehe zu beobachten, dürfen sie den *Loskauf* als Mittel der Trennung anwenden.

2. Wenn ein Ehemann in der Leidenschaft *die dreifache Scheidung* gegen seine Frau ausspricht, indem er schwört, dass er etwas nicht thun will, was er secundum rerum naturam doch thun muss, so ergeben sich zwei Möglichkeiten:

a. Wenn er thut, was er geschworen hat nicht thun zu wollen, wenn er z. B. geschworen hat sein Haus nicht betreten zu wollen und er es dennoch betritt, so ist die Ehe dreifach geschieden.

b. Wenn er aber seine Heftigkeit bereut und die dreifache Scheidung vermeiden will, so muss er zunächst den *Loskauf* gegen seine Frau aussprechen und darauf in das Haus eintreten. Letzteres hat nun nicht mehr die dreifache Scheidung zur· Folge, weil schon vorher der *Loskauf* stattgefunden hat. Daher ist diese Art des Loskaufs nicht *widerwärtig*, weil sie sich darstellt als ein Mittel zur Vermeidung eines grösseren Uebels durch ein kleineres.

Die Form des Schwures kann eine *einfache negative (sowahr ich das und das nicht thun werde*), eine *negative bedingte (sowahr ich das nicht thun werde in diesem Monat*) und schliesslich eine *positive (sowahr ich das thun werde*). Rücksichtlich der vierten, der *positiven bedingten* Form (*sowahr ich das und das thun werde in diesem Monat*) besteht folgende Meinungsverschiedenheit:

Wenn der Ehemann die dreifache Scheidung ausspricht, dann sich aber eines Anderen besinnt und nun den *Loskauf* ausspricht, indem er das, was er geschworen, nicht thut, obwohl er die Möglichkeit dazu hatte, so ist die Ehe durch *Loskauf* gelöst und die Sache wird so angesehen, als sei durch den Loskauf die Dreizahl der ausgesprochenen Scheidungen um eine vermindert.

Nach der zweiten Ansicht ist in diesem Falle die Ehe *annullirt*

Der Loskauf kann sowohl von der Frau selbst, von dem Ehemann wie von einer dritten Person verhandelt werden, von letzterer in folgenden zwei Arten:

1. Der Ehemann spricht zu einem anderen Manne B: „Ich sage mich los von meiner Frau, wenn du die 1000 Denar, die du ihr schuldest, mir zahlst." Wenn B den Vorschlag annimmt und die Frau sich einverstanden erklärt, ist der Loskauf perfekt.

2. Wenn B[1]) zu dem Ehemanne spricht: „Sag dich los von Deiner Frau und ich zahle dir die 1000 Denar, die ich ihr schulde." Wenn der Ehemann diesen Vorschlag annimmt und die Frau damit 10 einverstanden ist, ist der Loskauf ebenfalls perfekt.

Es ist dabei gleichgültig, ob der Fremde (auch der Vater der Frau ist in diesem Sinne ein Fremder) mit Wissen und Willen der Frau handelt oder nicht, ob er das Aequivalent aus Eigenem bezahlt oder etwa nachträglich das Geld von der Frau zurückerstattet bekommt; das Ergebniss der Verhandlung hängt davon ab, ob die Frau sie ratificirt oder nicht.

Wenn eine Frau in ihrer letzten oder Todes-Krankheit sich von ihrem Manne loskauft, so ist das rechtskräftig, und zwar wird, nachdem sie gestorben, die Loskaufssumme (das Aequivalent) bis zur Höhe 20 einer Durchschnitts-Ehegabe von ihrer Erbmasse abgezogen, während das, was darüber hinausgeht, aus dem für Legate festgesetzten Drittel bestritten wird. Ist aber das Drittel dafür nicht ausreichend, so wird die Vereinbarung betreffend das Aequivalent aufgehoben und die Durchschnitts-Ehegabe an die Stelle gesetzt.

Wenn eine wegen Bankrott unter Kuratel stehende Frau sich

(getrennt zu gleicher Zeit durch drei Scheidungen und einen Loskauf), denn der nachträglich ausgesprochene *Loskauf* ändert die Zahl der vorher ausgesprochenen *drei* Scheidungen in keiner Weise. Nach Annullirung einer Ehe ist (s. zu § 13, 14) eine Wiederverheirathung unter allen Umständen ausgeschlossen.

Der Unterschied zwischen einer Lösung durch drei Scheidungen oder durch Loskauf ist folgender: Der Mann kann mit der durch Loskauf getrennten Frau durch neuen Contract eine neue Ehe eingehen, während er mit der durch dreifache Scheidung getrennten Frau *nur dann* durch neuen Contract eine neue Ehe eingehen kann, wenn sie vorher mit einem anderen Mann rite verheirathet gewesen ist (s. § 37).

[1]) Der Unterhändler ist im Fall 1. قابل, im Fall 2. ملتمس.

von ihrem Manne dadurch loskauft, dass sie ihrem Manne eine ihr zustehende Forderung cedirt, so ist das rechtskräftig.

Wenn sie dagegen ihrem Mann etwas von ihrem Aktiv-Vermögen als Zahlung giebt, so gilt dies wie usurpirtes Gut (s. Buch IV Kap. 13). Trotzdem erfolgt die definitive Scheidung, aber verbunden mit der Verpflichtung der Frau: dem Manne den Betrag einer Durchschnitts-Ehegabe zu zahlen.

Wenn eine Frau, die wegen Verschwendung unter Kuratel steht, sich von ihrem Manne lossagt, erfolgt eine redintegrirbare[1]) Schei-dung, und ihre Abmachung betreffend das Aequivalent, selbst 10 wenn sie mit Genehmigung ihres Vormundes zu Stande gekommen, ist ungültig. Der Vormund darf nicht auf einen solchen Zweck das Vermögen seines Mündels verwenden, ausser in dem Falle, wenn er fürchtet, dass der Ehemann den Besitz der Frau verderben könne.

Wie eine freie Frau kann auch eine unfreie mit Erlaubniss ihres Herrn oder ohne dieselbe sich von ihrem Manne lossagen. Das Geld, womit sie sich ihre Freiheit erkauft, ist Besitz ihres Herrn; sie ist daher verpflichtet ihm den Betrag ev. nach ihrer Freilassung zu ersetzen. S. das Nähere im Minhâg II, 409, 5 bis 410, 5.   20

Ferner kann auch die durch redintegrirbare Scheidung von ihrem Manne geschiedene Frau, solange sie von ihm reklamirt werden kann d. i. während ihrer Wartezeit, sich durch Zahlung eines Aequi-valents von ihm loskaufen.

Von dem *Ehemann* gilt die Bestimmung, dass nur derjenige den Loskauf-Pakt mit seiner Frau machen kann, der das Recht hat eine Ehescheidung zu verfügen, also auch ein Sklave mit oder ohne Erlaubniss seines Herrn, ein unter Kuratel stehender Verschwender mit oder ohne Erlaubniss seines Vormunds, dagegen nicht ein Minderjähriger, Wahnsinniger und nicht jemand, der zur Ehe ge- 30 zwungen worden ist.

Rücksichtlich des Aequivalents oder der Loskaufssumme gelten die folgenden Bestimmungen:

Es soll etwas bekanntes, genau bestimmtes sein, was seiner Natur nach von den Menschen begehrt zu werden pflegt.

---

[1]) Vgl. § 36 und Anmerkungen.

Ist es unbekannt, nicht bestimmt, wie z. B. irgend ein Stück Tuch, so tritt wohl die definitive Ehescheidung ein, aber verbunden mit der Verpflichtung der Frau: dem Manne die Durchschnitts-Ehegabe zu zahlen.

Das Aequivalent kann wenig sein oder viel, Baarvermögen, ausstehende Forderung, ein Nutzen, etwas was Besitz sein kann oder nicht, etwas reines oder unreines, bekanntes oder unbekanntes.

Ist es eine usurpirte Sache, so erfolgt die definitive Trennung mit der Verpflichtung der Frau zur Zahlung der Durchschnitts-Ehegabe.

Dasselbe Resultat tritt ein, wenn die Frau sich von dem Manne 10 lossagt gegen Uebergabe *dessen, was sie, wie sie sagt, in ihrer Hand hat,* wenn nichts darin ist, wobei es gleichgültig ist, ob der Mann das letztere wusste oder nicht.

Ist das Aequivalent etwas schlechtes, aber sonst begehrtes, wie z. B. Wein, ein todtes Thier, so tritt ebenfalls definitive Trennung mit der Verpflichtung zur Zahlung der Durchschnitts-Ehegabe ein.

Ist es etwas schlechtes, aber sonst nicht begehrtes, wie z. B. Blut, so tritt eine redintegrirbare Scheidung ein, wenn der Mann Kenntniss davon hatte; dagegen definitive Scheidung mit der Verpflichtung der Frau zur Zahlung der Durchschnitts-Ehegabe, wenn 20 er die wahre Natur des Aequivalents nicht kannte.

Das Aequivalent kann ferner in dem Erlass einer Schuld bestehen. Doch ist ein solcher Schulden-Erlass wirkungslos,

     a) wenn die Schuld unbekannt ist,

     b) wenn die Frau nicht verfügungsberechtigt ist, oder

     c) wenn eine Steuer auf der Schuld lastet.

Wenn der Mann das Anerbieten seiner Frau, ihm eine Schuld zu erlassen, annimmt, ohne zu wissen, ob dieser Erlass rite perfekt werden kann, so erfolgt eine redintegrirbare Ehescheidung, wenn es mit dem Schuld-Erlass seine Richtigkeit hat. Ist letzteres nicht 30 der Fall, so tritt auch keine Scheidung ein.

Das Aequivalent kann auch in dem Versprechen einer in Zukunft zu effectuirenden Zahlung oder Leistung bestehen.

Es kann bedingungslos oder von einer Bedingung begleitet sein, wie z. B. wenn die Offerte in folgender Form gemacht wird: „Wenn du (o Weib) in das Haus hineingehst, so bist du frei gegen Zahlung von 1000 Denaren.“

Ist der Loskauf perfekt geworden, so ist die Trennung eine vollständige und die beiden Personen beerben sich nicht, auch dann
nicht,. wenn die eine oder die andere noch wahrend der Wartezeit
stirbt, welche die Frau innezuhalten verpflichtet ist, bevor sie eine
neue Ehe eingehen darf. S. § 45—51. Sollte der Mann bei dem
Loskauf sich das Recht ausbedingen, die Frau vor Ablauf ihrer
Wartezeit ev. wieder zu sich zu nehmen, so würde das den Charakter
des Loskaufs aufheben; er würde kein Anrecht auf ein Aequivalent
haben und es würde nur eine redintegrirbare Ehescheidung die
Folge sein.   10

Der Satz „und wenn der Mann u. s. w. kann dies nur auf Grund
eines neuen Contraktes geschehen" fehlt in den meisten Handschriften
und kann, wie Baguri II, 142, 26 richtig bemerkt, sehr wohl ent-
behrt werden.

§ 27. Der Loskauf kann zu jeder Zeit erfolgen, und die Rücksicht auf die Zustände der Frau, welche bei einer einfachen
Ehescheidung zu nehmen ist, ist hier nicht erforderlich. Vgl. § 30, 3.

Dies gilt für den Fall, dass die Frau über ihren Loskauf selbst
verhandelt hat. Wenn aber ein Fremder oder Dritter mit ihrem
Manne ihren Loskauf vereinbart hat, dann ist der Loskauf ungültig, 20
wenn er zu der Zeit der Menstruation zu Stande gekommen ist
(und sie nicht ihrerseits speciell die Zeit ihrer Menstruation für die
Ausführung des Loskaufs genehmigt hat).

Der Grund dieser Bestimmung ist der, dass in diesem Falle die
Wartezeit (s. die Berechnung derselben zu § 47), welche die Frau
vor Eingehen einer neuen Ehe innezuhalten verpflichtet ist, länger
dauern würde als in den meisten Fällen, und dass über diese das
Interesse der Frau nahe berührende Angelegenheit nur sie selbst
entscheiden kann.

§ 28. Während die geschiedene, aber reklamirbare Frau *während* 30
ihrer Wartezeit immer noch in gewissem Sinne die Frau ihres
Mannes ist und mancherlei Beziehungen zwischen ihnen bestehen
bleiben, ist die Trennung zwischen der losgekauften Frau und
ihrem früheren Manne eine vollständige und die Formen der Ehelösung, die in den §§ 38. 39 und 40. 41—44 beschrieben sind, sind
ausgeschlossen für die Zeit nach dem Loskauf. Beide stehen sich
wieder wie zwei Fremde gegenüber.

Dadurch werden natürlich die Rechte des Embryos und des Kindes nicht berührt. Die Bestimmungen über die Wartezeit § 45—51 und über das Anrecht der Frau auf die Erziehung ihres Kindes § 62. 63 behalten auch für die losgekaufte Frau ihre Kraft.

Rücksichtlich der Verhandlung über Loskauf ist zu bemerken, dass im Allgemeinen die Regeln über Kauf und Verkauf hier Anwendung finden. Die zur Bezeichnung des Loskaufs gebrauchten Ausdrücke können *eindeutig*[1]) sein, in welchem Fall es irrelevant ist, ob der Verhandelnde beabsichtigt den Loskauf zu bezeichnen oder nicht; oder sie können *mehrdeutig*[2]) sein, in welchem Fall sie nur gültig sind, wenn constatirt wird, dass der Verhandelnde damit den Loskauf bezeichnen wollte.

Als *eindeutig* gelten Ableitungen von den Stämmen خلع III (sich lossagen, losreissen) und فدى III (sich freikaufen), wenn die Angabe des Aequivalents, das die Frau für ihre Freiheit bietet, damit verbunden ist; dagegen gelten sie als *mehrdeutig*, wenn sie ohne Angabe des Aequivalents gebraucht werden. Ihre Wirkung hängt ab von der nachträglichen Interpretation: War der Loskauf gemeint, so tritt er ein, sonst nicht. Vgl. auch Baguri II, 145, 23—25 zu § 29.

Was die Bezeichnung des Aequivalents betrifft, so gilt folgende Regel:

Wenn der die Verhandlung führende das Aequivalent in eindeutigen Worten angiebt, oder wenn er mit den Worten, die er gebraucht, eine Bezeichnung des Aequivalents beabsichtigt und die Frau das von ihm beabsichtigte annimmt, so tritt die definitive Trennung oder der Loskauf ein. Dagegen wenn die Frau das von dem Unterhändler beabsichtigte nicht annimmt, tritt der Loskauf dennoch ein, aber mit der Bedingung, dass sie dem Manne die Durchschnitts-Ehegabe zahlt.

Wenn der Unterhändler das Aequivalent nicht in eindeutigen Worten angiebt, auch nicht anzugeben beabsichtigt, so gilt der Antrag als ein mehrdeutiger. Die Wirkung hängt in diesem Fall von der nachträglichen Interpretation ab. Ist das Aequivalent nicht beabsichtigt, so tritt die redintegrirbare Scheidung ein; ist es beabsichtigt, so erfolgt die definitive Scheidung oder der Loskauf.

---

[1]) صريح   [2]) كناية

4*

Wie bei einer Kauf- oder Verkauf-Verhandlung ist auch für den Loskauf Angebot und Annahme erforderlich. Geht das Angebot von Seiten der Frau aus, so wird das Geschäft perfekt durch die Annahme des Mannes, und vice versa. Der Ehemann kann ohne den Willen der Frau die Ehescheidung vollziehen, nicht aber den Loskauf.

Wenn der Ehemann eine Offerte auf Loskauf macht, so kann er sie zurücknehmen, solange sie noch nicht angenommen ist. Wenn er aber den Loskauf gegen ein von der Frau in Zukunft nach Belieben zu leistendes Aequivalent offerirt, z. B. in solchen Worten wie: *Quando* mihi dederis mille denaria etc., so hat er nicht das Recht eine solche Offerte zurückzunehmen. Minhâg II, 414, 6; 415, 6; 416, 1. Wenn er spricht: *Si*[1]) mihi das mille denaria etc. und die Zahlung des Aequivalents erfolgt umgehend, so ist der Loskauf perfekt und er hat nicht mehr das Recht seinen Antrag zurückzunehmen.

Wenn eine Frau von ihrem Mann den Loskauf begehrt, dann Christin wird, und der Mann sich mit dem Loskauf einverstanden erklärt, so ist mit dem Abschluss des Geschäftes zu warten. Wenn sie vor Ablauf der Wartezeit zum Islam zurückkehrt, so erfolgt der Loskauf gegen Zahlung des bedungenen Aequivalents; bleibt sie dagegen Christin, so ist ihre Ehe als durch Apostasie gelöst anzusehen, und der Mann hat kein Recht auf ein Aequivalent.

Für die gerichtliche Behandlung der auf Loskauf bezüglichen Streitfragen gelten folgende Bestimmungen:

Wenn *die Frau* behauptet, dass ihr Loskauf Statt gefunden, dagegen der Mann es leugnet, so wird, falls ein Beweis fehlt, die eidliche Aussage des Mannes als entscheidend angesehen. Kann aber die Frau ihre Behauptung durch die Aussage zweier männlicher Zeugen beweisen, wird zu Gunsten der Frau entschieden.

Wenn der Mann behauptet, er habe in den Loskauf gegen die und die Summe gewilligt, dagegen die Frau behauptet, dass er sie gratis zugestanden habe, so wird gemäss der Aussage der Frau entschieden.

Wenn *der Mann* behauptet, dass der Loskauf Statt gefunden, dagegen die Frau es leugnet, so gilt, falls ein Beweis fehlt, ihre eid-

---

[1]) اِنْ oder اِذا

liche Aussage als entscheidend. Wenn aber der Mann für seine Aussage den Beweis der Wahrheit beibringt, sei es auch nur durch die Aussage eines einzigen Zeugen, und er ausserdem seine Aussage durch einen Eid bekräftigt, so wird zu seinen Gunsten entschieden und sein Besitz des Aequivalents kann nicht mehr angefochten werden.

Durch ein solches Urtheil wird das erbrechtliche Verhältniss zwischen Mann und Frau dermassen gestaltet, dass er kein Erbrecht mehr gegen sie, sie aber ein Erbrecht gegen ihn hat, vorausgesetzt, dass weder er im Stande ist seinen Anspruch zu beweisen, noch 10 sie ein Bekenntniss zur Bestätigung seines Anspruches abgelegt hat.

Wenn ein Streit über das Aequivalent, Werth oder Art desselben besteht, und ein Beweis der Wahrheit von keiner Seite zu erbringen ist, so müssen wie in einem Process über Kauf und Verkauf beide Parteien schwören, und zwar zuerst der Ehemann, weil er quasi der Verkäufer ist. Wenn also auf diese Weise Aussage gegen Aussage steht, wird die Ehe annullirt und dem Ehemann eine Durchschnitts-Ehegabe zugesprochen, selbst wenn dieselbe einen höheren Werth haben sollte als der Betrag, den der Ehemann fordert.

Wenn eine der Parteien einen Beweis beibringen kann, wird 20 gemäss demselben entschieden.

Wenn als Aequivalent für den Loskauf ein bestimmter Betrag von zwei im Lande cursirenden Geldsorten angesetzt ist, aber nicht angegeben ist, welche der beiden Geldsorten gemeint war, so tritt, falls eine Uebereinstimmung über das, was gemeint war, nicht zu erzielen ist, auch nicht zu ermitteln ist, welche Geldsorte die absolut vorherrschende ist, in letzter Instanz die Durchschnitts-Ehegabe an die Stelle des stipulirten Aequivalents.

§ 29—37. Der Mann, der die Scheidung ausspricht, muss verantwortungsfähig sein und aus freiem Willen handeln. Gültig ist auch die 30 von dem Betrunkenen ausgesprochene Scheidung, ungültig dagegen, wenn ausgesprochen von einem Kinde, einem Wahnsinnigen, einem Schlafenden, einem Manne, der einem rechtswidrigen Zwange unterworfen ist. S. § 35.

Der Betrunkene ist zwar nicht verantwortungsfähig, wird aber zur Strafe für sein Vergehen von dem Gesetz als solcher angesehen. Der Betrunkene kann

a) sich mit Absicht betrunken haben[1]), oder

b) unabsichtlich betrunken worden sein[2]).

.Wenn von dem Betrunkenen die Rede ist, ist im Allgemeinen die Species a) gemeint.[3]) Wenn ein Mann dieser Beschreibung die Scheidung ausspricht, ist sie gültig. Wenn dagegen ein Mann der Species b) die Scheidung ausspricht, ist er anzusehen wie ein Verrückter und die von ihm ausgesprochene Scheidung ist rechtsunwirksam.

Wenn ein Betrunkener, nachdem er die Scheidung ausgesprochen, durch eidliche Aussage vor dem Richter erhärtet, dass er den Wein getrunken,   10

entweder indem er dazu gezwungen wurde,

oder indem er nicht wusste, dass es Wein war,

kann die Scheidung auf seinen Antrag für rechtsunwirksam erklärt werden.

Die Unterscheidung zwischen dem *eindeutigen* und *mehrdeutigen* Ausdruck ist insofern von praktischer Bedeutung, dass z. B. wenn der Mann durch einen *eindeutigen* Ausdruck die Scheidung ausspricht, die Frau das Recht hat auf der Scheidung zu bestehen, selbst wenn der Mann hinterher erklärt, dass er die Scheidung gar nicht beabsichtigt habe, dass dagegen falls er sich eines *mehrdeutigen* Aus- 20 druckes bedient hat, er die Folgen dieses Ausdruckes durch die Erklärung, dass er die Scheidung nicht beabsichtigt habe, von sich fern halten kann. Baguri II, 144, 18, 19; 145, 26; 146, 17, 18, 23, 24[4]).

---

[1]) مُتَعَمِّدٌ

[2]) غير متعمِّدٍ

[3]) Baguri II, 155, 2. 3.

[4]) Als *eindeutige* Formeln der Ehescheidung gelten die folgenden Arabischen Ausdrücke oder deren Aequivalente in anderen Sprachen z. B. Suaheli:

.لتكونى طالقا .انتِ طالقٌ .طلّقكِ اللهُ .طلّقتُكِ

انتِ مسرّحة .سرّحتُكِ .انتِ مُفارَقَةٌ .فارقتُكِ

Diese Ausdrücke sind *eindeutig.* Als solche gelten auch Ableitungen von den Wurzeln خلع III. und فدى III., wenn der Sprechende damit die Angabe des Aequivalents (der Loskaufs-Summe) unmittelbar verbindet oder wenigstens solche Ausdrücke, welche von seiner Seite als eine Bezeichnung des Aequivalents beabsichtigt sind. Vgl. S. 51.

Mehrdeutig ist jeder Ausdruck, der ohne eine klare Beziehung

Eine Handbewegung oder Geste, sei sie noch so verständlich, kann den Wortlaut der Scheidung nicht ersetzen, wohl aber die verständliche Geste eines Taubstummen.

Ein freier Mann hat das Recht gegen eine und dieselbe Frau die Scheidung dreimal auszusprechen. Er kann aber sofort bei der ersten Scheidung erklären, dass dieselbe für zweifach oder dreifach gelten soll. Im ersteren Fall reserviert er sich noch eine dritte und letzte Scheidungs-Möglichkeit, während er im letzteren Falle auf eine solche verzichtet.

§ 30. Es empfiehlt sich die Scheidung von einer Frau zu einer 10 solchen Zeit vorzunehmen, in der sie nach dem gewöhnlichen Verlauf der Dinge nicht schwanger[1]) ist. Eine zu andrer Zeit vorgenommene Scheidung birgt eine doppelte Gefahr:

a) die Gefahr, dass der Mann sich eines vielleicht schon im Keim vorhandenen Vaterrechts begibt;

b) die Gefahr eines Vergehens gegen eine koranische Vorschrift (Sure 65, 1).[2])

Eine geschiedene Frau muss nach der Scheidung eine gewisse Wartezeit,[3]) Abstinenzperiode innehalten, welche zu dem Zwecke verordnet ist, damit festgestellt werde, ob sie schwanger ist oder nicht; 20 sie darf während dieser Zeit nicht heirathen, wodurch die Abstammung des Menschen rein erhalten werden soll. Erst nach Ablauf der Wartezeit darf sie eine neue Ehe eingehen. Ueber die Wartezeit und ihre Berechnung s. § 45—49.

Es ist bei der Scheidung auf Grund von Sure 65, 1 gegen die Frau die Rücksicht zu nehmen, dass ihr keine unnöthig lange Wartezeit auferlegt wird. Die Berechnung derselben, ihre kürzere oder längere Dauer hängt ab von dem Zeitpunkt der Scheidung. Es ist daher die Scheidung zu einer Zeit auszusprechen, dass die Frau *mit dem Momente derselben sofort die Wartezeit beginnen kann.* 30

---

auf die Ehe zu haben als eine Erklärung des Mannes, dass er sich von der Frau entfernt oder trennt, oder als eine an die Frau gerichtete Aufforderung sich von ihm zu entfernen, loszusagen, aufgefasst werden kann.

[1]) حائل, Gegensatz von حامل.

[2]) „*Wenn ihr die Weiber entlasst*, entlasst sie zu ihrer Wartezeit" d. h. zu einer Zeit, wo sie (sofort) in die Wartezeit eintreten können. Baguri II, 148, 12. 13.   [3]) عِدَّة

Die von einer im Menstruationsalter befindlichen Frau zu haltende Wartezeit dauert drei Reinheitsperioden[1]) d. h. drei auf einander folgende menstruationsfreie Zeiten[2]) inclusive die dazwischen liegenden Menstruationszeiten.[3]) S. § 47 al. 2.

Nach einer Scheidung[4])

a) während der Menstruationszeit,

b) während der Reinheitsperiode, in der eine Cohabitation Statt gefunden, oder

c) während einer Reinheitsperiode, wenn während derselben eine Cohabitation nicht Statt gefunden, wohl aber in der Menstruations- 10 zeit vorher,

also zu einer Zeit, wo die Möglichkeit einer Schwangerschaft vorhanden ist, beginnt die Wartezeit mit dem Einsetzen der auf die erwähnte Reinheitsperiode folgenden Menstruation, und dauert daher 3 volle menses des Geschlechtslebens *plus* einem Bruchtheil eines solchen mensis zu Anfang, der unter Umständen nicht viel geringer sein kann als ein ganzer mensis. Diese Rechnung ist für die Frau die ungünstigste.

Bedeutend kürzer dagegen ist die Wartezeit, wenn die Scheidung[5]) Statt findet   20

a) während einer Reinheitsperiode, in der keine Cohabitation Statt gefunden;

b) während einer Reinheitsperiode, wenn weder während derselben noch während der vorhergegangenen Menstruationsperiode eine Cohabitation Statt gefunden.

Nach einer zu solcher Zeit ausgesprochenen Scheidung beginnt die Wartezeit sofort d. h. mit dem Moment der Scheidung, und dauert

---

[1]) قُرْء   [2]) طُهْر

[3]) حَيْض

[4]) Eine solche Scheidung kann in folgenden Ausdrücken ausgesprochen werden:

انت طالق اقبح.   انت طالق طِلْقَةً قبيحة.   انتِ طالقٌ للبِدْعَة الطلاق oder ähnlich.

[5]) Es giebt verschiedene Arten des Ausdrucks, in die eine solche Scheidung gekleidet werden kann:

انت طالق احسنَ.   انت طالق طِلْقَةً حسنة.   انتِ طالقٌ للسنّة الطلاق oder etwas ähnliches.

daher nur *zwei* volle menses des Geschlechtslebens plus einem Bruchtheil zu Anfang.

Die Differenz zwischen dieser Wartezeit und der oben angegebenen kann unter Umständen fast einen ganzen mensis des
Geschlechtslebens betragen.

Von den drei in diesem § angeführten Arten ist

die erste zulässig[1]),

die zweite verboten[2]),

die dritte indifferent[3]), natürlich abgesehen davon, dass an und
für sich jedwede Ehelösung Gott missfällig ist.

Bei der Annullierung der Ehe wegen körperlicher Fehler[4]), sowie
bei der gerichtlichen Scheidung in Folge ehelichen Zwistes kommt
die Wahl des Zeitpunktes nicht in Betracht.

Für die Bestimmung des Zeitpunktes der Scheidung wie für die
Berechnung der Dauer der Wartezeit ist zu beachten, dass die Zeit
des Wochenbetts[5]) ebenso gerechnet wird wie die Zeit der Menstruation
(Baguri II, 148, 14), und die künstliche introductio seminis gleich
einer Cohabitation gilt.

Einzelne Fälle, in denen eine während der Menstruationszeit ausgesprochene Scheidung zulässig und einwandfrei ist, sind folgende:

1) Wenn der Herr einer verheiratheten Sklavin ihre Freilassung
davon abhängig macht, dass ihr Mann sich von ihr scheidet. In
diesem Fall kann die Scheidung auch während ihrer Menstruation
Statt finden, denn die Hauptsache ist, dass sie die Freiheit gewinnt,
dem gegenüber die geringere oder längere Dauer ihrer Wartezeit als
irrelevant erscheint.

2) Die Scheidung, welche auf Verlangen der Frau Statt finden
muss, wenn der Mann sich in Folge eines Abstinenz-Schwures[6]) von
dem Umgange mit der Frau lossagt (§ 38).

Was die sub 3) im Text genannten Frauen betrifft, so dauert
die Wartezeit der Frauen, die noch nicht oder nicht mehr menstruiren,
3 Monate vom Datum der Scheidung.

Für die schwangere Frau schliesst die Wartezeit mit der Geburt
ab (§ 46. 47).

---

[1]) جائز	[2]) حرام	[3]) لا ولا
[4]) قَسْخ	[5]) نفاس	[6]) ايلاء

Für den Loskauf einer Frau von ihrem Manne kommt im Allgemeinen die Frage des Zeitpunktes nicht in Betracht, und es ist dafür ganz gleichgültig, ob die Cohabitation Statt gefunden hat oder nicht. Wenn dem Worte „solche, die losgekauft worden sind" der Satz, „bevor noch eine Cohabitation Statt gefunden" beigefügt ist, so kann dies wohl nur auf folgende Spezialbestimmung in dem Recht vom ehelichen Loskauf bezogen werden: Die Frau selbst kann sich jeder Zeit loskaufen, einerlei ob während ihrer Menstruation oder zu andrer Zeit. *Wenn dagegen ein Fremder* sie während ihrer Menstruation loskauft so ist der Loskauf verboten (s. Anm. zu § 27). Diese Beschrän- 10 kung fällt weg, *wenn ihr Mann ihr noch nicht beigewohnt hat.*[1])

Die Eintheilung der Scheidung in eine *nothwendige, anrathenswerthe, widerwärtige* und *verbotene* ist belanglos.

§ 31. Wenn ein Mann, nachdem er sich von seiner Frau geschieden, sie wieder zu heirathen wünscht, gibt es dafür zwei Arten des Vorgehens:

a) solange die Frau noch in ihrer Wartezeit ist, kann er sie ohne weiteres zu sich zurücknehmen, ohne dass die Frau ein Recht hat sich zu widersetzen und ohne dass ein neuer Ehevertrag, neue Hochzeit u. s. w. inscenirt wird. Ueber die rechtliche Stellung der geschiedenen, 20 in der Wartezeit befindlichen Frau[2]) vgl. Anm. zu § 36.

Es ist für diesen Zusammenhang zu beachten, dass die Frau, wenn sie die Fortsetzung der Ehe nicht will, auch in der Wartezeit sich von ihrem Manne loskaufen kann. Vgl. S. 48.

b) wenn die Frau nach Abschluss der Wartezeit eine neue Ehe eingeht, wenn diese wiederum geschieden und die Frau die demnach innezuhaltende Wartezeit vollendet hat, kann der erste Ehemann sie von Neuem heirathen, in diesem Fall aber nur mittelst eines neuen Ehevertrags.

Der Freie hat drei, der Unfreie, einerlei ob Ganz-Sklave, Theil- 30 Sklave oder ein in irgendeinem Stadium der Freilassung begriffener Sklave, hat zwei Scheidungs-Möglichkeiten[3]), wobei die Art der Frau, ob eine freie oder unfreie, nicht in Frage kommt.

Der Freie kann sich von derselben Frau einmal, zum zweiten Mal

---

[1]) Anders Baguri II, 148, 36; 149, 1. 11. 12.

[2]) رجعيّة

[3]) تطليقات

und zum dritten Mal scheiden. Er kann aber auch gleich bei der
ersten Scheidung erklären, dass sie einfach für doppelt oder für dreifach gelten solle. Wenn damit die dem Manne vom Gesetz gewahrten
drei Scheidungsmöglichkeiten erschöpft sind und er trotzdem eine
Neuvermählung mit derselben Frau wünscht, so treten die Bestimmungen von § 37 in Kraft.

§ 32. Der sich scheidende kann die Zahl der von ihm beabsichtigten
Scheidungen in der Form der Subtraktion einer kleineren Zahl (numerus
subtrahendus) von einer grösseren Zahl (numerus unde subtrahitur)
ausdrücken, wobei die Regel gilt, dass der Sprechende das Ganze 10
als einen zusammenhängenden Satz sprechen, dass die Ausnahme
während des Sprechens von ihm beabsichtigt sein muss und dass der
numerus subtrahendus nicht dem numerus unde subtrahitur gleich
noch grösser als er sein darf. Wenn also Jemand spricht: „ich scheide
mich von dir dreimal weniger dreimal"[1]), so gilt die Scheidung als
eine dreifache.

Die in Frage kommenden Formeln, die zum Theil verschieden
und nach eigenthümlichen Grundsätzen[2]) gedeutet werden, sind
folgende:

$$1+1+1 \;-\; 1+1+1 \;=\; 3 \text{ Scheidungen}$$ 20
$$1+2 \;\;\;-\; 1+2 \;\;\;=\; 2 \text{ Scheidungen}$$
$$2+1-1 \;\;\;\;\;\;=\; 3 \text{ Scheidungen}$$
$$3-3 \;\;\;\;\;\;=\; 3 \text{ Scheidungen}$$
$$3-2+1 \;\;\;\;\;=\; 1 \text{ Scheidung}$$
$$3-3-1 \;\;\;\;\;=\; 1 \text{ Scheidung}$$
$$3-3-2 \;\;\;\;\;=\; 2 \text{ Scheidungen}$$
$$3-\tfrac{1}{2} \;\;\;\;\;\;=\; 3 \text{ Scheidungen}$$
$$5-3 \;\;\;\;\;\;=\; 2 \text{ Scheidungen}$$

Für das Aussprechen einer Ausnahme gelten folgende fünf Regeln:

Hauptsatz und Ausnahme müssen so mit einander verbunden 30
sein, dass sie nach gewöhnlichem Sprachgebrauch einen Satz bilden.

Der Sprechende muss schon vor Vollendung seines Schwures die
Absicht, eine Ausnahme zu machen, haben.

Das Ausgenommene darf nicht ebenso gross sein, wie dasjenige,
wovon ausgenommen wird.

---

[1]) انتِ طالقٌ ثلاثا الّا ثلاثا   [2]) Baguri II, 150, 26.

Der Sprechende muss die Absicht haben, durch die Ausnahme eine Bestimmung des Schwures aufzuheben.

Er muss den Schwur wenigstens so laut sprechen, dass er selbst unter normalen Verhältnissen ihn hören kann.

Falls über die Frage, ob der sich scheidende in der Bezeichnung der Zahl der Scheidung den numerus subtrahendus ausgesprochen habe oder nicht, ist folgendes Verfahren zu befolgen:

Wenn der Mann behauptet die Subtraktion ausgesprochen zu haben, aber die Frau es leugnet, so wird der Frau der Eid aufgetragen und demgemäss entschieden.   10

Wenn die Frau behauptet, dass sie die Subtraktion nicht gehört habe, wird dem Manne der Eid auferlegt und demgemäss entschieden.

§ 33. Der Scheidungs-Erklärung kann ein auf Zeit, Ort öder Anderes bezüglicher Zusatz hinzugefügt werden, z. B. „Du bist geschieden in dem und dem Monat, an dem und dem Tage." In diesem Fall erfolgt die Scheidung mit dem Anfang des genannten Zeitraums.

Lautet der Ausdruck: „Du bist geschieden nach edler oder nach traditionsgemässer Art" (§ 30, 1), so erfolgt die Scheidung, sobald die Frau in einem Zustande ist, dass die Wahrscheinlichkeit der 20 Schwangerschaft ausgeschlossen ist. Lautet dagegen der Ausdruck: „Du bist geschieden nach schlechter oder nach der auf Neuerung beruhender Art" (§ 30, 2), so erfolgt die Scheidung, sobald die Frau sich in einem Zustande befindet, dass die Möglichkeit einer Schwangerschaft vorhanden ist.

Ferner ist zulässig die Scheidung so auszusprechen, dass ihr Eintreten von irgendeiner Bedingung abhängig gemacht wird, z. B. „Wenn du in das oder das Haus trittst, bist du geschieden," oder: „Wenn du das Haus verlässest ohne meine Erlaubniss, bist du geschieden" oder: „Du bist dreimal geschieden, wenn du das Haus deines Vaters betrittst." 30

Wirkungslos ist die Bedingung, wenn in ihr etwas unmögliches supponirt wir (z. B. wenn du zum Himmel emporsteigst).

Ungültig ist die Formel:

„Du bist geschieden, wenn Gott will,"[1])
gültig die Formel:

انتِ طالق ان شاء الله (¹

„O geschiedene, wenn Gott will."[1]).

Im Allgemeinen ist es rechtsunwirksam, wenn man das Eintreten einer Sache *abhängig macht* von dem Willen Gottes, da man nicht weiss, was Gott will und wann Gott will. Wenn aber der Satz „wenn Gott will" nur deshalb ausgesprochen wird, weil der Sprechende Gottes Segen dadurch zu erlangen wünscht, oder ihn gedankenlos ausspricht, weil der Muslim ihn gar so oft im Munde führt, dann hat er auf den Satz, dem er beigefügt wird, keine athetirende Kraft.

Ferner soll, wenn ein Zweifel über die Rechtmässigkeit oder Tragweite eines Ausdruckes der Ehescheidung besteht, derjenigen Interpretation der Vorzug gegeben werden, welche ein Fortbestehen der Ehe ermöglicht. Wenn ein Mann zu seiner Frau spricht: „Wenn du einen Mann anredest, bist du geschieden" und sie ihren Vater oder einen ihrer Verwandten anredet, so ist sie geschieden. Wenn aber der Mann erklärt, dass er ihr nur das Sprechen mit Fremden habe verbieten wollen, so braucht die Scheidung nicht Statt zu finden.

§ 35. Es ist bereits oben S. 53 davon die Rede gewesen, wer eine rechtsgültige Ehescheidung aussprechen kann und wer nicht. Die betreffende Person muss vor dem Recht voll verantwortlich sein und nach freiem Willen handeln.

Wenn ein Knabe erklärt nach erlangter Volljährigkeit, ein Wahnsinniger erklärt nach wiedererlangter Gesundheit sich von seiner Frau scheiden zu wollen, ist eine solche Erklärung rechtsunwirksam. Vgl. das entgegengesetzte S. 62 Z. 31 ff.

Einem Wahnsinnigen ist derjenige gleich zu achten, der mit solchen Kopfschmerzen behaftet ist, dass sie seinen Verstand trüben[2]), sowie derjenige, der in Folge eines konstitutionellen Gehirnleidens nicht die volle Denkkraft hat[3]).

Eine im Schlaf ausgesprochene Erklärung kann auch nicht durch eine nachträgliche im Zustande des Wachens ausgesprochene Bestätigung Rechtsgiltigkeit erlangen.

Der Zwang kann ein doppelter sein, ein gesetzmässiger und ein gesetzwidriger.

Eine durch gesetzmässigen Zwang erfolgte Ehescheidung ist

---

[1]) يا طالق ان شاء الله   [2]) المبرسم   [3] المعتوه

gültig. Wenn ein Ehemann in Folge eines Schwures sich des Umgangs
mit seiner Frau enthält und dabei beharrt, so kann nach § 38 al. 3
der Richter ihn zur Ehescheidung zwingen d. h. ex officio die Ehe
für geschieden erklären und den Mann zur Erfüllung der aus der
Scheidung hervorgehenden Ansprüche der Frau (§ 50, 51) zwingen.
Gesetzmässig ist auch der Zwang, durch dessen Anwendung ein
Apostat vom Islam zum Islam zurückgebracht wird.

Eine durch gesetzwidrigen Zwang verursachte Scheidung ist ungültig. Frage: Was ist Zwang? — Es ist zu unterscheiden zwischen
dem Bedrohenden, der Drohung und dem Bedrohten.   10

Der *Bedrohende* muss im Stande sein seine Drohung auszuführen.

Die Drohung d. i. dasjenige, was angedroht wird, muss etwas
sofort (nicht etwa in Zukunft) eintretendes[1]) und zugleich etwas widerrechtliches[2]) (etwas, zu dem der Drohende nicht berechtigt ist) sein.
Das Angedrohte ist zu beurtheilen nach Stellung und Bildung des
bedrohten, z. B. Schläge, Einkerkerung, Vermögensvernichtung.

Der *Bedrohte* muss der Ansicht sein, dass im Fall seiner Weigerung
das Angedrohte eintritt; er muss unfähig sein sich dem Gedrohten
durch Flucht oder Hulfe-Erbittung zu entziehen. Weitere Voraussetzung ist, dass das Angedrohte nicht sei es auch nur zu einem kleinen   20
Theil der Absicht des Bedrohten entspricht. Wenn der Bedrohte in
der Ausführung desjenigen, wozu er gezwungen wird, durch irgendwelche Abweichung von dem ihm Befohlenen ein geringes Maass von
freier Wahl an den Tag legt, wenn ihm z. B. befohlen wird seine
Frau *dreifach* oder mit *eindeutigen* Worten oder mit *Hinzufügung
einer Bedingung* zu scheiden und er scheidet sich von ihr respektive
durch *einfache* Scheidung oder mit *mehrdeutigen* Worten oder durch
eine *bedingungslose* Form der Scheidung, so wird angenommen, dass
er nicht als ein unter Zwang handelnder anzusehen und dass seine
Handlungen rechtskräftig sind.   30

Wenn ein Mann im Zustande der vollen Verantwortungsfähigkeit
erklärt sich von seiner Frau zu scheiden, wenn dies oder jenes eintritt,
und diese Bedingung sich erfüllt, zu einer Zeit, wo der Mann nicht
mehr verantwortungsfähig[3]) ist, z. B. nachdem er wahnsinnig geworden,

---

[1]) عاجل
[2]) ظُلم   [3]) مكلَّف

so gelangt trotz der veränderten Lage dennoch die Scheidung zur Ansführung.

Ueber den entgegengesetzten Fall s. S. 61, 21.

§ 36. Es giebt zwei Arten der Ehescheidung:

a) eine redintegrirbare[1]), und

b) eine definitive[2])

Die Scheidung a) kann jeden Augenblick ruckgängig gemacht werden. Der Mann reklamirt die Frau und sie hat zu gehorchen, sei sie frei oder unfrei, wenn die Reklamation vor Ablauf ihrer Wartezeit erfolgt.   10

Der freie Mann kann sich dreimal von derselben Frau scheiden, und zweimal d. h. nach der ersten und nach der zweiten Scheidung die Frau reklamiren. Will er nach der dritten Scheidung die Frau dennoch wieder heirathen, so treten die Bestimmungen von § 37 in Kraft.

Der Sklave hat nur zwei Scheidungsmöglichkeiten.

Die Stellung der reklamirbaren Frau[3]) ist eine merkwürdige, insofern sie in mehreren Punkten an den Rechten und Pflichten der (nicht geschiedenen) Frau Theil nimmt.

Wenn ein Mann, der mit einer Sklavin verheirathet ist, noch eine 20 Ehe mit einer freien Frau eingeht und nun sich von der Sklavin scheidet, so würde er nach § 3 nicht das Recht haben eine weitere Ehe mit einer Sklavin einzugehen, dagegen hat er das Recht seine geschiedene unfreie Frau zu reklamiren. Denn die aus der Reklamation hervorgehende Ehe gilt nicht als eine neue Ehe, sondern als die Fortsetzung einer früheren, als eine Fortsetzungs-Ehe, s. Baguri II, 156, 14. 15.

Reklamirbar ist eine Frau,

a) die von ihrem Manne geschieden, aber noch. nicht dreimal von ihm geschieden ist;   30

b) welcher ihr Mann vor der Scheidung beigewohnt hat.

Die Scheidung von der Frau *vor* der Cohabitation ist eine definitive, nicht eine redintegrirbare.

c) die nicht dadurch von ihrem Manne geschieden ist, dass sie

---

sich von ihm losgekauft hat, oder dass die Ehe wegen eines körperlichen Fehlers an ihr oder ihm annullirt wurde;

d) die sich noch in der Wartezeit befindet.

Wenn die geschiedene Frau vom Islam abfällt oder der Mann oder beide, so ist eine Redintegration der Ehe ausgeschlossen.

Der Wortlaut der Reklamation kann ein eindeutiger[1]) oder ein mehrdeutiger[2]) sein. Bei dem Gebrauch eines mehrdeutigen Ausdruckes ist der Nachweis der Absicht erforderlich, falls die Reklamation angefochten wird. Wenn Jemand die Reklamation so ausdrückt, dass die Redintegrirung der Ehe von einer Bedingung abhängig gemacht 10 wird oder zu einem künftigen Termin Statt finden soll, so ist dies rechtsunwirksam.

Derjenige, der in eigener Person den Ehevertrag abschliessen kann, kann auch die Reklamation aussprechen, also z. B. der Betrunkene, und der Vormund eines Wahnsinnigen für sein Mündel, nicht aber ein Apoṣtat, Knabe oder Geisteskranker. Gültig ist aber auch die Reklamation eines wegen Verschwendung unter Kuratel Gestellten ohne Erlaubniss seines Vormundes, sowie die Reklamation eines Sklaven ohne die Erlaubniss seines Herrn, während diese letztgenannten beiden Kategorien von Individuen nicht das Recht haben 20 aus eigener Vollmacht einen Ehevertrag abzuschliessen.

Ebenso kann der Mekkapilger innerhalb des Heiligen Gebiets eine rechtskräftige Reklamation vollziehen, während er sich nicht verheirathen darf.

Dem Wahnsinnigen ist gleich zu achten der Ohnmächtige oder Epileptiker, der Schlafende, ferner derjenige, der in Folge eines constitutionellen Gehirnleidens nicht die volle Denkkraft hat, und derjenige, der mit solchen Kopfschmerzen behaftet ist, dass sie seinen Verstand trüben.

Unter allen Umständen ist für die Reklamation eine mündliche 30 oder schriftliche Aeusserung des Reklamirenden (bei dem Taubstummen eine verständliche Geste) erforderlich, sodass eine geschiedene Ehe nicht durch einfache Wiederaufnahme des geschlechtlichen Verkehrs redintegrirt werden kann. Wenn aber Andersgläubige in

---

[1]) Wie راجعتُكِ. ارددتُكِ لنكاحى. امسكتكِ على نكاحى

[2]) Wie نكحتُكِ ,تزوّجتُكِ

diesem letzten Punkte anderer Ansicht sind und sich in einer solchen Angelegenheit an einen Schafeitischen Richter wenden oder den Islam annehmen, so kann der Richter nachträglich eine auf solche Art redintegrirte Ehe legalisiren.

Das Recht der einfachen Reklamation erlischt mit dem Ende der Wartezeit der Frau. Will er sie nach diesem Zeitpunkt wiederheirathen, sei es nun dass sie sich inzwischen mit einem andern Manne verheirathet hat und bereits wieder von ihm geschieden ist oder nicht, so bedarf es eines neuen Ehevertrags. Anders ausgedrückt: die geschiedene Frau *muss während ihrer Wartezeit* auf Reklamation ihres Mannes zu ihm zurückkehren; *nach* ihrer Wartezeit steht es in ihrem Belieben, ob sie ihn wieder heirathen will oder nicht.

Ob nun die Ehe *fortgesetzt* oder eine *neue* Ehe eingegangen wird, ist für die Zählung der Scheidungsmöglichkeiten einerlei. Hat der Mann dieselbe Frau zweimal geschieden und zweimal als Ehefrau wiederbekommen, so steht ihm nur noch eine einzige Scheidungsmöglichkeit zu, die dritte und letzte.

Wenn eine Differenz über das Ende der Wartezeit entsteht, ist folgendes Verfahren zu beobachten:

Wenn der Mann die Angabe der Frau betreffend das Ende ihrer Wartezeit bestreitet und sie im Menstruationsalter ist, so hat sie zu schwören, entweder dass die vorgeschriebenen Reinheitsperioden abgelaufen sind oder dass sie ein Kind geboren hat (§ 47 a. b). Dagegen wenn sie noch nicht oder nicht mehr menstruirt, hat sie den Beweis zu liefern, dass die vorgeschriebenen drei Monate abgelaufen sind (§ 47 al. c). Der Eid der Frau oder der von ihr gelieferte Beweis ist massgebend für die richterliche Entscheidung.

Wenn Uebereinstimmung besteht in Betreff des Endes der Wartezeit, aber Streit in Betreff des Datums der Reklamation, so gilt die eidliche Aussage der Frau.

Wenn dagegen Uebereinstimmung besteht über das Datum der Reklamation, aber nicht über das Ende der Wartezeit, so gilt die eidliche Aussage des Mannes.

Wenn keinerlei Uebereinstimmung besteht, vielmehr jede Partei etwas anderes behauptet, so wird derjenigen Partei, welche zuerst die Klage erhoben hat, der Eid aufgegeben und demgemäss entschieden.

Wenn sie aber *zu gleicher Zeit* die Anklage erhoben haben, wird der Frau der Eid aufgegeben und demgemäss entschieden.

Wenn der Mann seine geschiedene, aber reklamirbare Frau während der Dauer ihrer Wartezeit reklamirt, so ist seiner Reklamation Folge zu geben. Wenn sie aber behauptet, dass die Wartezeit bereits abgelaufen sei, und nun zu ihren Gunsten entschieden wird, sie aber später bekennt eine falsche Aussage gemacht zu haben und zugiebt, dass sie sich doch noch in der Wartezeit befand, so wird die erste Entscheidung aufgehoben und auf Grund der zweiten Aussage dem Manne das Recht zuerkannt die Frau zu sich zurück- 10 zunehmen (ohne neuen Ehevertrag).

Wenn ein Mann sich von seiner Ehefrau zum ersten oder zweiten Mal scheidet und behauptet ihr beigewohnt zu haben, sodass sie verpflichtet ist die Wartezeit innezuhalten; — wenn sie dagegen leugnet, dass die Beiwohnung Statt gefunden, [1]) — so wird ihr der Eid aufgetragen und demgemäss entschieden. Wenn er ihr nun, wie es bei einer Ehescheidung nach stattgehabter Cohabitation Rechtens ist, die *ganze* Ehegabe zahlt und sie dieselbe annimmt, so bekommt sie um die Hälfte mehr, als ihr nach ihrer eigenen Aussage zukommt, aber der Mann hat dann kein Recht mehr etwas von ihr zurückzufordern. 20 Wenn aber die Frau sich weigert die *ganze* Ehegabe anzunehmen, kann sie ihrerseits nicht mehr fordern als die Hälfte.

§ 37. Die Wirkung ist dieselbe, ob ein Mann sich zum dritten Mal von seiner Frau scheidet, oder ob er bei der ersten Scheidung erklärt, dass sie für dreifach, oder bei der zweiten Scheidung erklärt, dass sie für zweifach gelten soll.

Was für den Freien gilt, nachdem er sich dreimal von seiner Frau geschieden, gilt für den Sklaven, nachdem er sich zweimal geschieden

Von den fünf Bedingungen des Paragraphen entfällt die erste, das Innehalten der Wartezeit, in dem Falle, wenn der Frau nicht 30 beigewohnt worden ist.

Zur Bedingung 2) ist zu bemerken, dass der zweite Ehemann ein freier oder unfreier sein kann, auch ein wahnsinniger, ein schlafender, überhaupt eine männliche Person, welche die Cohabitation rite zu

---

[1]) Wo keine Cohabitation stattgefunden, ist keine Wartezeit zu beobachten und eine Reclamation مُراجَعة nicht berechtigt.

vollziehen vermag, also nicht ein Kind. Es kommt nur darauf an, dass die Cohabitation Statt gefunden hat, wobei gänzlich irrelevant ist, ob sie unter erlaubten oder unerlaubten Umständen Statt gefunden.

Die durch Absatz 4) geforderte Lösung der Ehe kann verschiedener Art sein, entweder eine solche in Folge dreimaliger Scheidung oder in Folge eines ehelichen Loskaufs (§ 26—28) oder in Folge des Umstandes, dass der Mann bei einer redintegrirbaren Scheidung die Wartezeit verstreichen lässt ohne die Frau zu reklamiren.

Es giebt verschiedene Kniffe, durch welche man die Bestimmungen dieses § zu umgehen sucht, um einem Manne, der sich dreimal von seiner Frau geschieden, es zu ermöglichen, dass er die Frau möglichst bald und ohne dass ihr von einem anderen Manne rite beigewohnt worden, wiederbekomme. Dazu wählt man die Verheirathung der Frau mit einem Knaben. Nach angeblich vollzogener Cohabitation scheidet ihn sein Vormund von der Frau, und damit ist sie wieder heirathbar[1]) für den ersten Mann. Ein anderes Verfahren besteht darin, dass man die dreimal geschiedene Frau, mit einem unfreien Knaben verheirathet, den sie nach der angeblichen Cohabitation sich kauft. Dadurch wird die Ehe annullirt (s. Anm. zu § 3) und die Frau für ihren ersten Mann wieder heirathbar. Ausserdem gestatten nicht-Schafeitische Juristen, dass die von einem Knaben als Ehemann geschiedene Frau keine Wartezeit zu halten braucht, sodass die Wiederverheirathung mit dem ersten Mann in kurzer Frist Statt finden kann. Alle solche Praktiken sind gesetzwidrig, Vergehen gegen den Geist und die redliche Handhabung der Gesetze.

Die reklamirbare Frau hat während der Dauer ihrer Wartezeit die Stellung einer noch nicht von ihrem Mann geschiedenen Frau,

a) insofern die unter § 38 39 und 40, 41—44 beschriebenen Arten der Ehelösung auf sie Anwendung finden können;

b) insofern auch die gewöhnliche Ehescheidung (§ 29—37) auf sie Anwendung finden kann, sodass, wenn der Mann sich von seiner Frau zum ersten Mal geschieden hat, er sich während ihrer Wartezeit ein zweites und drittes Mal von ihr scheiden kann;

c) insofern das Erbrecht zwischen Ehegatten zwischen ihnen bestehen bleibt.

---

[1]) حلال

Wenn eine geschiedene Frau nach der Scheidung von ihrem Mann fortfährt bei ihm in seinem Hause und seiner Familie (eventuell mit ihren Kindern) zu leben, so entsteht ein gemischtes Verhältniss, indem die Frau theils die Stellung einer *reklamirbaren*, theils die Stellung einer definitiv geschiedenen Frau hat.

Sie hat die Stellung einer *reklamirbaren* Frau in sechs Dingen:

1. Er kann sich von ihr, wenn er sich z. B. einmal von ihr geschieden hat, nochmals und zum dritten Mal scheiden:

2. Er muss ihr die Wohnung gewähren.

3. Er wird nicht bestraft, wenn er ihr beiwohnt.   10

4. Er darf die Schwester der Frau oder ihre Tante nicht heirathen.

5. Er darf, solange sie bei ihm ist, nicht mit vier Frauen verheirathet sein.

6. Er darf nicht mit ihr einen Ehevertrag abschliessen, solange sie bei ihm ist.

Sie hat die Stellung einer *definitiv* geschiedenen Frau in neun Dingen:

1. Der Mann darf sie nicht ohne Weiteres wie eine reklamirbare Frau wieder als Ehefrau zu sich nehmen.

2. Sie beerben einander nicht.   20

3. 4. 5. Die Formen der Ehescheidung von § 38. 39. 41 sind auf sie nicht anwendbar.

6. 7. Er schuldet ihr weder Unterhalt noch Kleidung.

8. Wenn er stirbt, ist sie nicht verpflichtet die für eine Wittwe vorgeschriebene Wartezeit zu halten.

9. Er darf, solange sie bei ihm ist, sich nicht durch *Loskauf* definitiv von ihr trennen. Denn wenn er den *Loskauf* mit ihr vereinbart, so ist das Resultat eine redintegrirbare Scheidung und er hat kein Recht dafür, dass er sie aus den eherechtlichen Beziehungen zu ihm entlässt, ein Aequivalent von ihr anzunehmen. Ohne Aequivalent 30 ist aber der Loskauf null und nichtig.

§ 38. Der Abstinenz-Schwur [1]), ein Rest vorislamischen Heidenthums, gilt als eine Sünde. Wenn der Ehemann mit einem Schwur seiner Frau die Fortsetzung des ehelichen Umgangs absagt, muss er entweder den Schwur ausführen und sich rite von der Frau scheiden,

---

[1]) الإيلاء

oder falls er den Schwur bricht, die Frau in ihre Rechte wieder einsetzen und für den gebrochenen Schwur die vorgeschriebene Sühne
leisten.

Der Ausdruck kann entweder ein eindeutiger[1]) oder ein mehrdeutiger[2]) sein. Der letztere hat im Streitfall die Folge, dass die
Absicht nachgewiesen werden muss.

Der Schwörende kann bei Gott oder Gottes Eigenschaften
schwören. Er kann aber auch von etwas anderem seine Aussage
abhängig machen, z. B. ,,Wenn ich dir beiwohne, bist du geschieden"[3])
oder ,,Wenn ich dir beiwohne, ist mein Sklave frei."[4]) Wenn der 10
so Schwörende auf irgendeine Weise den Besitz des betreffenden
Sklaven verliert, ist der Abstinenz-Schwur null und nichtig.

Wenn der Ehemann seiner Frau nicht beiwohnt, wozu er das
Recht hat, so bleibt der Frau immerhin die Hoffnung, dass er eines
Tages sein Benehmen gegen sie ändern werde. Wenn er aber schwört
ihr nicht beiwohnen zu wollen, so ist ihr diese Hoffnung genommen
Bis zu vier Monaten ist die Frau gehalten das Benehmen des Mannes
zu ertragen. Dauert es länger, so kann sie ihr Recht von dem Manne
ev. vor dem Richter fordern. Sie kann ihr Recht indessen auch sofort
nach dem Schwur des Mannes fordern, wenn der Schwur ausdrücklich 20
besagt, dass der Mann länger als vier Monate ihr nicht beiwohnen will.

Wenn die Frau behauptet, dass der Mann gegen sie den Abstinenz-
Schwur gethan, er es aber leugnet, so wird ihm der Eid aufgetragen;
ebenfalls wenn sie behauptet, dass er in Folge seines Schwures seit
mehr als vier Monaten ihr nicht beigewohnt habe, während er behauptet,
dass dieser Zeitraum kürzer sei.

Wenn der Ehemann einen Abstinenz-Schwur gethan, ist er verpflichtet der Frau einen Termin von langstens vier Monaten zur de-

---

[1) والله لا انيكك — لا اغيب حشفتى فى قبلك

[2) والله لا امسكك — لا اضاجعك — لا اباشرك

[3) ان وطئتك فانتِ طالق

[4) ان وطئتك فعبدى حُرّ

Andere Formeln:

— ان وطئتك فضرّتكِ طالق

ان وطئتك فلله علىّ صلاة

oder صوم, حجّ, عتق, صدقة oder ähnliches.

finitiven Erledigung der Sache anzugeben, einerlei ob die Frau es
verlangt oder z. B. ihr Vormund oder der Richter, ob privatim über
die Sache verhandelt wird oder vor dem Richter.

Diese Dauer von vier Monaten wird gerechnet vom Moment des
Abstinenz-Schwures. Dabei ist wesentlich, dass dieser Zeitraum ohne
Unterbrechung verläuft, also nicht unterbrochen ist durch eine Zeit,
in der in Folge eines Hinderungsgrundes bei Mann oder Frau die
Cohabitation unmöglich ist. Wenn ein solcher Hinderungsgrund eintritt, z. B. Krankheit, Wahnsinn, Unbotmässigkeit der Frau, Apostasie,
die fortgesetzte Andachtsübung in der Moschee[1]), der Aufenthalt 10
auf der Pilgerfahrt nach Mekka innerhalb des Heiligen Gebietes, in
diesem Fall wird die Dauer von vier Monaten erst von dem Zeitpunkte
an gerechnet, wo der Hinderungsgrund verschwunden ist. Die Menstruation und das Kindbett der Frau werden in diesen Zeitraum ein-
berechnet und gelten nicht als Hinderungsgrund.

Der Abstinenz-Schwur gegen eine reklamirbare Frau während
der Dauer ihrer Wartezeit ist null und nichtig, weil der Mann das
Recht ihr beizuwohnen nicht hat. Will er diesen Schwur gegen sie
richten, so muss er sie reklamiren, und dann wird der Termin der
vier Monate vom Datum der Rückkehr[2]) der Frau zu ihm gerechnet. 20

Nach Ablauf des Termins von vier Monaten kann die Frau verlangen, entweder dass er zu seiner Pflicht ihr gegenüber zurückkehrt[3])
oder dass er sich von ihr scheidet. Nach anderer Ansicht hat sie
das Recht die Rückkehr des Mannes zu seiner Pflicht zu verlangen,
dagegen die Scheidung erst dann, wenn er die Rückkehr verweigert.

Die Sühne, die für einen gebrochenen Schwur, den er bei Gott
oder Gottes Eigenschaften geschworen, s. in § 39. Hat er bei andern
Dingen geschworen, so ist er verpflichtet, falls er zu seiner ehelichen
Pflicht zurückkehrt, diese Schwüre zur Ausführung zu bringen, z. B.
seine Sklaven frei zu lassen, das Gebet, Fasten, Wallfahrt, Almosen 30
oder was er sonst geschworen, auszuführen (s. S. 69 Note 4). Wenn
also der Schwur gelautet hat „Wenn ich dir beiwohne, bist du geschieden[4]), so ist eine Ehescheidung die sichere Folge; denn will
er nicht zu seiner ehelichen Pflicht zurückkehren, muss er sich von
ihr scheiden; wenn er aber zu seiner ehelichen Pflicht zurückkehrt,

---

ان وطئتكِ فانت طالق (٤   الغيئة (٣   الرجعة (٢   لاعتكاف (١

muss er seinen Schwur ausführen, d. h. ebenfalls nach stattgehabter Cohabitation sich von der Frau scheiden.

Bei der Verhandlung vor dem Richter ist die Gegenwart des Mannes erwünscht. Wenn er nicht erscheint, entscheidet der Richter, nachdem zwei unbescholtene Zeugen den Sachverhalt verbürgt haben, nämlich dass der Mann den Abstinenz-Schwur gegen die Frau geschworen, dass der gesetzliche Termin verstrichen, dass er sich geweigert hat zu seiner ehelichen Pflicht zurückzukehren und sich von ihr zu scheiden.

Die vom Richter verfügte Scheidung zählt als eine einfache, die also redintegrirbar ist, wenn nicht schon zwei Scheidungen in der 10 Ehe voraufgegangen sind. Die Scheidung ist eine definitive, wenn sie verhängt wird, bevor der Mann der Frau beigewohnt hat.

§ 39. Der Żihâr[1]), ursprünglich eine heidnische Sitte, ist Sünde und anzusehen wie ein Schwur. Wer ihn schwört, kann ihn nur dadurch erfüllen, dass er sich von seiner Frau scheidet; wer ihn nicht erfüllt, muss Busse[2]) als ein Gott zustehendes Recht leisten.

Der Verzicht-Schwur kann von jedem Ehemann, auch einem trunkenen, gegen jede Ehefrau, freie oder unfreie, anwesende oder abwesende u. s. w. gerichtet werden. Er kann ein mündlicher oder schriftlicher, ev. die verständliche Geste eines Taubstummen sein. Er 20 kann eindeutig oder mehrdeutig sein, letzterer ev. verbunden mit dem Nachweis der Absicht.[3])

---

[1]) Umgangs-Verzicht, Verzicht-Schwur.

[2]) كفّارة Vgl. Buch VI, Th. 1, § 23.
Busse ist die Strafe für Tödtung (Buch VI, Theil 1, § 23), für eine Cohabitation am Tage während des Fastenmonats, für Meineid und für den *zihâr*. Baguri II, 164, 26—34.

[3]) In der Formel انت علىّ كظهر امّى kann انت ersetzt werden durch رأسك oder يدك oder den Namen eines anderen äusserlichen Körpertheiles, علىّ durch معى, متّى oder عندى, ظهر durch بطن. امّى oder رجل oder ein anderes äusseres Körperglied, يد, عين oder durch die Bezeichnung einer weiblichen Person, welche für den Mann verboten d. i. unheirathbar war, bevor er die Frau, gegen welche er den *Żihâr* richtet, geheirathet hatte. Der Ausdruck علىّ kann auch fehlen.
Eine mehrdeutige Formel des *Żihâr* ist z. B. *Du bist wie meine Mutter* انت كامّى oder *wie das Auge meiner Mutter*, *wie das Haupt meiner Mutter* oder ähnliches.

Ungültig ist der Verzicht-Schwur, wenn ausgesprochen von einem Knaben, Wahnsinnigen oder einem dazu gezwungenen.

Der Verzicht-Schwur kann von einer Bedingung abhängig gemacht, oder durch Hinzufügung einer Zeit- oder Orts-Angabe verclausulirt werden z. B:

„Wenn ich den *zihâr* ausspreche gegen deine Nebenfrau (Collegin), so bist du mir wie der Rücken meiner Mutter" oder

„Du bist mir wie der Rücken meiner Mutter fünf Monate lang." Das letztere ist zugleich ein Abstinenz-Schwur (§ 38). Oder

„Du bist mir wie der Rücken meiner Mutter an dem und dem Ort." 10

Bei dem einfachen *Verzicht-Schwur* muss die Scheidung sofort folgen. Bei der conditionellen Form desselben muss die Scheidung eintreten, sobald die angegebene Bedingung sich erfüllt hat. Spricht Jemand gegen seine geschiedene, aber reklamirbare Frau den *zihâr* aus, so muss er sie zunächst wieder zu sich nehmen und mit dem Moment ihrer Rückkehr die durch den *zihâr* gebotene Scheidung aussprechen.

Erfolgt die Scheidung nicht zur rechten Zeit, so muss der Mann Sühne leisten. Die Verpflichtung zur Sühneleistung entfällt auch dann nicht, wenn er, nachdem er den richtigen Zeitpunkt hat verstreichen 20 lassen, nachträglich eine (also verspätete) Ehescheidung ausspricht.

Die Reihenfolge der drei Arten[1]) von Sühne ist obligatorisch. Die Verpflichtung zur Sühneleistung erlischt nicht. Wer momentan weder die erste noch die zweite noch die dritte Art zu leisten vermag, muss dies in Zukunft, sobald er dazu im Stande ist, nachholen. Der Bruch eines Eides ist eine Verletzung eines Rechtes Gottes, und die dafür verordnete Sühne kann weder erlassen noch ermässigt werden. Was der Mann für sich und seine Familie zum täglichen Leben braucht, darf er nicht auf den Sklaven-Loskauf verwenden. Wenn er also nicht mehr besitzt, ist ihm die erste Art der Sühne unmöglich. Er ist 30 ferner nicht verpflichtet für den Sklaven-Loskauf Schulden zu machen.

Der Sklave leistet, da er keinen Besitz haben kann, die Sühne durch Fasten.

Das zweimonatliche Fasten (d. i. das Fasten an den Tagen von zwei Monaten) darf nicht unterbrochen werden. Krankheit oder

---

[1]) اطعام, صوم, اعتاق

Altersschwäche können eventuell die Berechtigung geben entweder das Fasten zu unterbrechen oder vom Fasten abzusehen und die dritte Art der Sühne zu leisten. Die Monate sind Mond-Monate und werden in dubio zu 30 Tagen gerechnet.

Bei der ersten und zweiten Art der Sühne ist eine Leistung durch Raten unzulässig, zulässig dagegen bei der dritten. Der zur Sühne verpflichtete kann, jenachdem seine Mittel ihm gestatten, ratenweise die 60 Mudd[1]) Brodkorn vertheilen.

§ 40. Wenn ein Mann auf den *Verzicht-Schwur* die Scheidung folgen lässt, so nimmt die geschiedene Frau die rechtliche Stellung ein, 10 welche durch die Gesetze über Ehescheidung bestimmt ist.

Wenn er nicht die Scheidung folgen lasst, also die Frau seine Ehefrau bleibt, ist eine doppelte Wendung der Dinge möglich:

a) will er ihr ferner beiwohnen, so kann das nicht früher geschehen, als bis er die ganze Sühne geleistet hat;

b) wenn er ihr ferner nicht beiwohnt, so ist die Situation dieselbe wie die durch einen Abstinenz-Schwur geschaffene und die Frau ist berechtigt nach § 38 die Scheidung zu verlangen.

Wenn jemand durch einen *Verzicht-Schwur* seine Frau z. B. fur die Dauer von 5 Monaten fur sacrosanct erklart, ihr aber vor Ablauf 20 dieses Termins beiwohnt, wird er dadurch schwurbrüchig; er muss sogleich mit dem geschlechtlichen Umgang aufhören und darf ihr nicht eher wieder beiwohnen, als bis er die ganze Sühne geleistet oder der Zeitraum der 5 Monate abgelaufen ist.

§ 41. Das Gesetz bestraft Ehebruch mit Tod durch Steinigung, die Verläumdung wegen Ehebruch mit 80 Schlagen (s. Buch VI. Theil 2. § 1. 6).

Wenn Jemand seine Frau wegen Ehebruch in Verdacht hat, in-

---

[1]) Die bei den Juristen erwähnten Hohlmaasse gehören dem Maasssystem der Zeit der ältesten Abbasiden-Chalifen an.

$1 \, ṣâ^ʿ = 5\,^1/_3 \, roṭl = 4 \, mudd$

$1 \, mudd = 1\,^1/_3 \, roṭl$

ferner $1 \, ṣâ^ʿ = 2 \, ḳadaḥ = 4 \, ḥöfne$

$1 \, mudd = 1 \, ḥöfne$

und 1 *ḥöfne* ist so viel, als in die durch das Zusammenhalten der beiden Hände gebildete Höhlung hineingeht. Vgl. Bâgûrî I S. 289. 290. Gegenwärtig ist in Aegypten 1 roṭl = 2,566 Kilogramm.

dessen den vorgeschriebenen Beweis durch vier Zeugen (s. Buch VI,
Th. 2. § 6. 9) nicht erbringen kann, so kann er durch den *Ehebruchs-Fluch* sich von jedweder Verbindung mit der Frau und ihrem ev. im
Ehebruch gezeugten Kinde lösen, d. h. eine definitive Ehescheidung
und Aberkennung des Kindes bewirken.

Die Folge des Ehebruchs-Fluches für die Frau kann eine zweifache
sein:

a) erklärt sie sich durch Stillschweigen schuldig, so unterliegt
sie der Strafe d. h. sie wird getödtet;

b) erhärtet sie dagegen ihre Unschuld durch einen Gegenfluch, 10
so ist sie zwar vor dem Strafgesetz geschützt, aber sie ist geschieden
und ihr Kind vaterlos.

Wenn die verleumdete Frau frei sowie rechtlich, religiös und ehelich
unbescholten[1]) ist, wird der Verleumder mit 80 Schlägen bestraft;
ist sie aber nicht der angegebenen Art, wird er nach dem Ermessen
des Richters bestraft. Trunkenheit des Verleumders gereicht ihm
nicht zur Entschuldigung.

Die Strafe für Verleumdung wegen Ehebruchs kann auch dann
nicht erlassen werden, wenn die verleumdete Person Verzeihung
gewährt.   20

Wenn ein Mann seine Frau des Ehebruchs anklagt, ist ihm die
Möglichkeit einer einfachen Scheidung verschlossen, und er ist ver-
pflichtet entweder den Beweis der Wahrheit anzutreten oder den
Ehebruchs-Fluch auszusprechen.

Zu einem gesetzmässigen Ehebruchs-Fluch gehört viererlei:

1) Die Erhebung der Klage auf Ehebruch,   .

2) Die Instruction[2]) des Richters oder seines Stellvertreters an
den Kläger betreffend die Form des Ehebruchs-Fluches;

3) Das Aussprechen des Ehebruchs-Fluches;

4) Das Aussprechen des Fluches ohne irgendwelche Abweichung 30
von dem recipirten Text.

Die Anklage oder Beschuldigung des Ehebruchs ist *eindeutig,* wie
z. B. *du hast Ehebruch begangen, o Ehebrecherin*[3]) und ähnliches,

---

[1]) مُحْصَنَة. Von Mann oder Frau gesagt bedeutet مُحْصَن
„vollverantwortlich, frei, muslimisch, im geschlechtlichen Leben
vorwurfsfrei.‟

[2]) تلقين   يا زانية ,زنيتِ (3

oder mehrdeutig, wie *o verworfene, du liebst das Alleinsein*[1]) und ähnliche Ausdrücke, welche als Bezichtigung des Ehebruchs aufgefasst werden können, aber nicht müssen. Sie gelten als solche nur dann, wenn der Sprechende erklärt, dass er eine Beschuldigung des Ehebruchs damit gemeint habe.

§ 42. Sind Mann und Frau unfrei, Sklaven desselben Herrn, so ist der Ehebruchs-Fluch in der Moschee vor dem Herrn, nicht vor dem Richter abzulegen.

Ist der Mann frei, aber die Frau unfrei oder umgekehrt, so kann der Fluch abgelegt werden vor dem Herrn des einen oder des andern oder auch vor dem Richter.

Ist ein Richter nicht vorhanden, so können die Eheleute sich eine Person wählen, vor der der Fluch zu sprechen ist; dieselbe muss voll verantwortungsfähig und von beiden Theilen gewählt sein. Baguri II, 167, 17—19; 170, 30; 172, 28.

Solche heilige Orte, welche für die Ablegung des Ehebruchs-Fluches besonders empfohlen werden, sind:

a) die grosse Moschee im Heiligthum zu Mekka, eine Stelle in derselben, die Elḥaṭîm genannt wird;

b) neben dem heiligen Stein in Jerusalem,

c) in der heiligen Moschee zu Medina auf der Kanzel.

Die geeignetste Zeit ist nach dem Nachmittagsgebet[2]) am Freitag.

Die in der Moschee anwesende Gemeinde muss mindestens aus vier Personen bestehen.

Die Fluch-Formel muss viermal gesprochen werden, wie der Beweis für Ehebruch durch vier Zeugen erbracht werden muss. Das fünfte Aussprechen des Fluches dient zur Bekräftigung. Die Fluch-Formel wird wegen des fünfmaligen Aussprechens *die fünf Worte*[3]) genannt.

Der Fluch kann sich richten

a) gegen absichtlichen Ehebruch oder

b) gegen eine Cohabitation mit einem fremden Mann aus Versehen.

Er kann bezwecken

---

¹) انتِ تحتّبين الخلوة ,يا خبيثة

²) صلوة العصر

³) الكلمات الخمس

a) die Aberkennung der Vaterschaft eines im Ehebruch gezeugten Kindes oder

b) die Aberkennung der Vaterschaft eines durch eine Cohabitation aus Versehen entstandenen Kindes.

Es ist irrelevant, ob die angeklagte Person während des Aussprechens des Fluches in der Moschee zugegen ist oder nicht.

§ 43. Die durch den Fluch bewirkte Lösung der Ehe gilt für ewig, und kann auch dann nicht rückgängig gemacht werden, wenn der Mann hinterher erklären sollte, dass er einen falschen Eid geschworen. Sollte die Frau späterhin unfrei werden und in den Besitz ihres früheren 10 Mannes gerathen, so versagt in diesem Falle sein Besitzrecht: er darf eine solche Sklavin nicht zu seiner Concubine machen.

Nach der Lösung der Ehe hat die Frau die Wartezeit innezuhalten, bevor sie eine anderweitige Ehe eingeht. Für ihre Wartezeit gilt die Bestimmung,

a) dass der Mann nicht verpflichtet ist ihr den Unterhalt zu gewähren, selbst dann nicht, wenn sie schwanger ist, und

b) dass das zwischen Ehegatten bestehende Erbrecht aufgehoben ist.

Die Frau, welche einer Cohabitation mit einem fremden Manne 20 aus Versehen bezichtigt bezw. überführt wird, ist straflos. Die Folge eines gegen sie ausgesprochenen Ehebruchs-Fluches beschränkt sich also darauf, dass der Schwörende sich von der Vaterschaft des aus diesem Irrthum hervorgegangenen Kindes lossagt.

Wenn der Mann ein Kind, dessen Vaterschaft er, sei es vor der Geburt, sei es nachher geleugnet, späterhin doch für sein Kind erklärt[1]), so erhält es die vollen Rechte eines ehelichen Kindes. Diese Bestimmung wird sehr weit ausgedehnt: Wenn Jemand das Kind der durch *Fluch* von ihm geschiedenen Frau tödtet und danach es für sein Kind erklärt, so unterliegt er nicht dem jus talionis Wenn ein 30 Mann gegen die Vaterschaft eines Kindes, das ihm in der Ehe geboren wird, protestirt, muss der Protest bei dem Richter ein sofortiger sein, während der Ehebruchs-Fluch später nachfolgen kann. Wenn

---

[1]) الاستلحاق ist ein Geständniss اقرار, das sich nur auf das Kind der durch *Fluch* geschiedenen Frau beziehen kann. Dagegen bedeutet التبنّى die Adoption eines ganz fremden Menschen.

ein Mann sich wegen zu spät eingebrachten Protestes gegen Vaterschaft mit Unwissenheit entschuldigt, wird ihm der Eid auferlegt und
danach sein Protest als rechtmässig anerkannt.

Als unehelich ist ein Kind anzusehen, wenn es geboren wird in
weniger als 6 Monaten oder in mehr als 4 Jahren nach der letzten
Cohabitation zwischen den Eheleuten.

Wie ein Ehemann die Vaterschaft eines Kindes seiner Frau, so
kann der Besitzer einer Sklavin, mit der er in Concubinat lebt, durch
einen Schwur die Vaterschaft eines vor ihr geborenen Kindes leugnen.

Ein Mann kann noch nach dem Tode seiner Frau den Ehebruchs- 10
Fluch gegen sie aussprechen, falls ein Kind vorhanden ist, dessen
Vaterschaft er ablehnen will.

§ 44. Der Fluch der Frau hat unter denselben Formalitäten
zu erfolgen wie der des Mannes. Wenn sie gerade menstruirt, spricht
sie den Fluch am Portal der Moschee, da sie in dem Zustande der
Unreinheit in der Moschee nicht verweilen darf. Es ist dabei gleichgültig, ob der Mann, gegen den sie den Fluch richtet, anwesend ist
oder nicht.

§ 45. In der Lehre von der *Wartezeit* sind besonders zwei
Fragen zu beantworten: 20

1. Wie wird die Wartezeit berechnet? wann endet sie? — Erst
nach Ablauf der Wartezeit darf die Frau eine neue Ehe eingehen.
Aber auch für das Erbrecht ist dieser Termin von Bedeutung: Eine
wartende Frau wird zur Erbschaft ihres Mannes, der sich von ihr
geschieden hat, berufen wie auch umgekehrt; dagegen nach dem Ende
ihrer Wartezeit ist das erbrechtliche Verhältniss zwischen ihnen erloschen.

2. Welche Pflichten hat ein Mann gegen die von ihm geschiedene,
in der Wartezeit befindliche Frau? und wie hat sich die Frau während
ihrer Wartezeit zu benehmen? —   30

Zweck der Bestimmungen über die Wartezeit ist die Familien
rein und unvermischt zu halten. Sie dient nicht allein als Mittel zu
constatiren, dass der Uterus frei ist, sondern sie soll auch der Frau,
die ihren Mann durch den Tod verloren, eine Zeit der Trauer, und
derjenigen, die ihren Mann auf andere Weise verloren, eine Zeit der
Andacht sein.

§ 46. Die Beobachtung der Wartezeit liegt der freien wie der unfreien (§ 49) Ehefrau ob, nicht aber der Concubine (d. i. der Sklavin der ihr Herr Kraft seines Besitzrechts beiwohnt).

Die Geburt muss eine vollständige sein[1]), wobei es irrelevant ist, ob das Kind lebendig oder todt zur Welt kommt. Stirbt das Kind im Mutterleibe, so dauert die Wartezeit so lange, bis es aus dem Mutterleibe entfernt ist.

Eine Frühgeburt gilt als eine normale Geburt, wenn der Fötus[2]) als eine Anfangsform eines menschlichen Wesens zu erkennen ist. Dagegen wird das Hervorkommen eines Fötus in Gestalt geronnenen

---

[1]). Wenn daher ein Theil, ein Glied des Kindes heraustritt, sei es vollkommen losgelöst vom Körper des Kindes, sei es damit zusammenhängend, so hat dies auf die Frage des Endes der Wartezeit und auf die übrigen das Embryo betreffenden Bestimmungen keinen Einfluss.

Wenn das Kind heraustritt, während z. B. sein Haar oder seine Nägel vom Körper losgetrennt noch im Uterus zurückbleiben, so gilt dies als volle Geburt. Wenn es aber so heraustritt, dass Haar oder Nägel, mit dem Körper des Kindes irgendwie zusammenhängend, noch zurückbleiben, so gilt dies nicht als volle Geburt und daher nicht als Abschluss der Wartezeit.

Anders werden diese Vorgänge im Strafrecht beurteilt, wo sie als vollgültige Geburt angesehen werden, in folgenden drei Punkten:

a. Wenn Jemand eine schwangere Frau misshandelt und ein Theil ihres Kindes in Folge dessen heraustritt, so hat er einen Sklaven zu zahlen, als ob er durch seine Misshandlung eine vollständige Frühgeburt verschuldet hätte.

b. Wenn Jemand einem lebenden Kinde, das noch irgendwie mit der Mutter zusammenhängt, den Kopf abschneidet, unterliegt er dem Blutrecht, ebenso als wenn er ein völlig und normal geborenes Kind getödtet hätte.

c. Wenn Jemand eine schwangere Frau misshandelt, das Kind zu Tage tritt und es, obwohl noch zusammenhängend mit der Mutter, in Folge jener Misshandlung stirbt, nachdem es vorher geschrieen hat, ist der Attentäter verpflichtet Sühngeld zu zahlen.

[2]) مضغة Die Frage betreffend die Rechte eines solchen Fötus heisst مسألة النصوص, weil Schafei drei Bestimmungen نصوص hierüber erlassen hat:

a. Die Geburt eines solchen Fötus ist der Abschluss der Wartezeit.

b. Wenn Jemand eine schwangere Frau misshandelt und sie in Folge dessen einen solchen Fötus zur Welt bringt, wird er nicht mit der Zahlung eines Sklaven bestraft.

c. Wenn eine Sklavin ihrem Herrn einen solchen Pötus gebärt, gewinnt sie dadurch nicht die privilegirte Stellung der Muttersklavin.

Blutes nicht als Geburt gerechnet. Wenn also eine Frau z. B. acht
Tage nach der Scheidung eine solche Fehlgeburt erleidet, so ist
damit ihre Wartezeit nicht abgeschlossen, sondern sie muss diejenige
für nicht-schwangere Frauen von 4 Monaten und zehn Tagen innehalten.

Bei einer Zwillingsgeburt endet die Wartezeit mit der Geburt
des zweiten Kindes.

Die Geburt muss ferner unter solchen Umständen erfolgen, dass
die Möglichkeit der Vaterschaft des verstorbenen Mannes[1] vorhanden
ist. Ist die Schwangerschaft eine Folge von Ehebruch, so wird sie
bei der Berechnung der Wartezeit gar nicht berücksichtigt, vielmehr
muss sie, als wäre sie nicht schwanger, 4 Monate 10 Tage *warten*.

Ist die Frau schwanger in Folge einer Cohabitation aus Versehen,
muss sie nach der Geburt 4 Monate 10 Tage Wartezeit halten.

Wenn ein Zweifel besteht, ob Ehebruch oder Cohabitation aus
Versehen die Ursache der Schwangerschaft ist, ist der ersteren Ansicht
der Vorzug zu geben.

Die Wartezeit einer Frau, welche durch Ehebruchs-Fluch von
ihrem Manne geschieden ist (und ihrerseits den Gegenfluch erhoben
hat), endet mit der Geburt, weil, selbst wenn er die Vaterschaft
leugnet, dennoch die Möglichkeit vorhanden ist, dass das Kind von
ihm gezeugt worden ist.

Der nicht-schwangeren Wittwe ist diejenige Wittwe gleich zu
achten, welcher der Mann gar nicht beigewohnt hat, (im Gegensatz
zu § 48), und diejenige, welche von einem andern als ihrem Ehemann
geschwängert worden ist. Baguri II, 174, 30. 31.

Die 4 Monate sind Mond-Monate. Können sie nicht nach dem
Monde bestimmt werden, wird der Monat zu 30 Tagen gerechnet.

§ 47. Der Grund der Lösung kann sein entweder:

eine einfache Scheidung,

eine Annullirung der Ehe in Folge eines Körperfehlers bei Mann
oder Frau,

die Annullirung der Ehe in Folge einer zwischen den Ehegatten
nachträglich entdeckten Blutsverwandtschaft,

ein Ehebruchs-Fluch.

---

[1] Ueber die Frage, welche Arten von verstümmelten Männern
als zeugungsfähig gelten s. Baguri II, 174, 20—25.

Der auf solche Art geschiedenen Frau ist diejenige gleich zu setzen, welche in Folge einer Cohabitation aus Versehen die Wartezeit innehalten muss.

. Es ist in jedem Fall zu unterscheiden, ob die Frau durch eine redintegrirbare oder durch eine definitive Scheidung von ihrem Manne getrennt ist. Im ersteren Falle hat sie während der Wartezeit ein Erbrecht gegen ihren Mann, im letzteren (wenn z. B. eine Frau sogleich durch dreifache Scheidung von ihrem Manne geschieden worden ist) nicht.

Wenn ein Streit darüber entsteht, ob eine Scheidung definitiv 10 oder redintegrirbar sei, und die Frau das letztere behauptet, wird gemäss ihrer Aussage entschieden.

Wenn ein Mann während der Wartezeit seiner von ihm geschiedenen, aber reklamirbaren Frau stirbt, bekommt die Frau den Charakter der Wittwe und hat nicht die durch § 47, sondern die durch § 46 verordnete Wartezeit innezuhalten.

Die Grundsätze betreffend die Geburt s. S. 78. Ueber die Dauer der Zeit zwischen der letzten Cohabitation und der Geburt s. S. 77 oben.

Der nicht-schwangeren Frau ist die durch uneheliche Beiwohnung 20 schwangere Frau gleich zu achten.

Das vollendete 62ste Lebensjahr gilt als die Grenze des Menstruations-Alters. Wenn eine Frau, die älter ist als 62 Jahre, die Wartezeit zu beobachten hat, wird dieselbe allemal in Monaten berechnet, nicht in Reinheitsperioden.

Wenn eine Frau, die schon einmal menstruirt hat, durch irgendeine Krankheit, Schrecken oder anderes die Menstruation verliert, so muss sie, wenn sie in der Lage ist die Wartezeit innehalten zu sollen, solange warten, bis sie wieder menstruirt, und dann die Wartezeit von drei Reinheitsperioden, oder nach vollen- 30 detem 62sten Lebensjahr eine Wartezeit von drei Monaten innehalten. Eventuell muss sie warten bis zum 62sten Lebensjahre. Während der ganzen Zeit bleibt sie für den Mann reklamirbar und hat gegen den Mann den Anspruch auf Unterhalt, Kleidung und Wohnung.

Diese merkwürdige Ansicht, die als massgebend aussdrücklich

bezeichnet wird, ist auch unter den Schafeiten[1]) nicht ohne Widerspruch geblieben.

Unter Monats-Periode ist ein Monat des weiblichen Geschlechtslebens, zusammengesetzt aus der Zeit des Menstruirens und der Zeit
der Reinheit, zu verstehen.

Ueber die Zeit, in der die Ehescheidung erfolgen soll, ob während
der Menstruation oder während der Reinheitszeit, s. § 30. Die
kanonische Zeit der Ehescheidung ist die Reinheits-Zeit, wo die Frau
nach aller Wahrscheinlichkeit nicht schwanger ist und sofort in die
Wartezeit eintreten kann.   10

Wie für die während der Menstruation geschiedene Frau, beginnt
auch für die im Wochenbett geschiedene Frau die Wartezeit mit
dem Anfang der zunächst folgenden Menstruation und endet mit dem
Beginn der vierten Menstruation.

Die Frau, welche an unregelmässigen Blutungen leidet[2]), hat
eine Wartezeit von drei Monaten innezuhalten. Findet die Scheidung
im Laufe eines Monats Statt, sodass noch 16 Tage oder mehr von
dem Monat übrig sind, wird dieser Monat als ganz gerechnet.
Ist aber der Rest des Monats weniger als 16 Tage, wird er nicht
mitgerechnet und die Frau hat nach Ablauf dieses Monats noch weitere 20
volle drei Monate zu *warten*.

Etwas verschieden ist die Rechnung für diejenige geschiedene
Frau, die noch nicht oder nicht mehr menstruirt. Wenn sie im Laufe
eines Monats geschieden wird (z. B. am 15ten), so hat sie den Rest

---

[1]) Die Juristen des *rif* d. i. des flachen Landes, der Bauern-
bevölkerung, gestatten die Verheirathung einer Frau, deren Menstruation aus einem zufälligen Grunde aufgehört, bevor sie das
62. Jahr erreicht hat, indem sie nur verlangen, dass sie eine Wartezeit von 3 Monaten innegehalten hat.

[2]) المتحيّرة Die Frau, welche eine normale Periode hat, heisst
حائض. Die Dauer der Periode kann 1—15 Tage betragen.
Die Frau, deren Periode länger als 15 Tage dauert, heisst
مستحاضة.
Die an unregelmässigen Blutungen leidende Frau heisst متحيّرة
oder محيّرة oder محيّرة.

Die *mustaḥâḍa* leidet an ungewöhnlichen Blutungen, doch weiss
sie, wie oft und wie stark sie aufzutreten pflegen. Dagegen die
mutaḥajjira leidet an ganz unregelmässigen Blutungen, indem sie
selbst weder weiss, wann sie auftreten noch wie stark.

dieses Monates, die beiden darauf folgenden Monate und von dem vierten Monate so viele Tage zu warten, als zusammengenommen mit den vom ersten Monat übrig gebliebenen Tagen die Zahl von 30 Tagen ergeben.

Wenn eine *wartende* Frau, deren Wartezeit nach *Monaten* berechnet wird, (also eine noch nicht zeugungsfähige oder eine solche, die mehr als 62 Jahr alt ist) plötzlich die Menstruation bekommt, ist sie verpflichtet von dem Momente ab eine nach Monats-Perioden zu berechnende Wartezeit innezuhalten.

Umgekehrt wenn bei einer Frau, welche eine nach Monats- Perioden berechnete Wartezeit innehält, die Menstruation ausbleibt (sie in das Matronenalter eintritt), hat sie von dem Momente ab eine nach Monaten zu berechnende Wartezeit innezuhalten.

§ 48. Wenn eine Ehe nicht bloss durch einfache Scheidung, sondern auf irgendwelche andere Art gelöst wird, bevor die Beiwohnung[1]) Statt gefunden, braucht die Frau keine Wartezeit zu halten, da ihr Uterus frei ist, und kann sogleich einen Andern heirathen.

Eine aus einer früheren Ehe herstammende Verpflichtung zur Innehaltung der Wartezeit erlischt nicht. Wenn eine Frau aus Versehen vor Ende ihrer Wartezeit eine neue Ehe eingeht, darf der Ehemann ihr nicht eher beiwohnen, als bis ihre Wartezeit beendet ist. Wenn er aber, bevor noch diese Beiwohnung Statt gefunden, sich wieder von ihr scheidet, so ist die Frau durch ihre letzte Ehe *nicht* verpflichtet eine Wartezeit innezuhalten, aber durch ihre vorletzte Ehe *verpflichtet*, sofern in derselben eine Cohabitation Statt gefunden, die entsprechende Wartezeit bis zu ihrem Ende innezuhalten.

§ 49. Die in § 46. 47 vorgeschriebene Dauer der verschiedenen Arten der Wartezeit der freien Ehefrau ist für die unfreie Ehefrau im Durchschnitt um ein Drittel oder die Hälfte kürzer[2]). Die unfreie Frau kann eine Ganz-Sklavin oder Theil-Sklavin sein; ferner eine solche, die durch Contract mit ihrem Herrn ein Anrecht auf

---

[1]) oder استدخال المنى المحترم seminis introductio artificialis s. Baguri II, 177, 5—7.

[2]) Die nach Monaten bestimmte Dauer wird halbirt, nicht aber die nach Monats-Perioden bestimmte.

Freilassung hat. Eine Muttersklavin ist in dieser Sache wie eine unfreie Ehefrau anzusehen.

Wenn eine geschiedene, aber *reklamirbare* unfreie Frau während ihrer Wartezeit frei gelassen wird, oder wenn sie zugleich mit der Scheidung die Freiheit erhält, hat sie so lange zu *warten* wie eine freie Frau, nämlich drei Monats-Perioden. Wenn dagegen die *definitiv geschiedene* während ihrer Wartezeit die Freiheit erhält, so hat dies auf die Dauer der Wartezeit keinen Einfluss; sie muss in dem Falle wie eine Sklavin zwei Monats-Perioden *warten*.

Einige Bestimmungen über die Wartezeit der unfreien Frau be- 10 rühren sich mit denjenigen über die Immunitäts-Frist der Sklavin in § 54· 55·

Die an unregelmässigen Blutungen leidende unfreie Frau hat anstatt zweier Monats-Perioden zwei Mond-Monate zu *warten*. Falls sie im Laufe eines Monats geschieden wird und von demselben noch 16 oder mehr Tage übrig sind, wird dieser Monat als ganz gezählt.

§ 50. Die reklamirbare Frau hat während ihrer Wartezeit gegen den Mann nicht allein den Anspruch auf Unterhalt und Wohnung, sondern auch auf *Kleidung*. Alles ist abzumessen nach den Ver-mögensverhältnissen des Mannes, Wohlhabenheit, Durftigkeit oder 20 mittleren Vermögensverhältnissen. Zu dem Unterhalt gehören ev. auch Dienstboten und deren Unterhalt, nicht aber die Toilette-Gegenstände der Frau wie Kamm, Seife, Bürste u. s. w. Das nähere über den Unterhalt der Frau s. in § 60.

Das Anrecht der *reklamirbaren*, in der Wartezeit befindlichen Frau auf Unterhalt gegen den Mann erlischt mit dem Moment seines Todes, weil sie dann in ihr Erbrecht eintritt.

Dagegen wird die *definitiv geschiedene* Frau durch den während ihrer Wartezeit erfolgenden Tod ihres früheren Mannes nicht be-einflusst; sie bezieht ihre Competenzen bis zum Ende ihrer Warte- 30 zeit. S. § 51.

Ausser der reklamirbaren Frau hat auch die schwangere, de-finitiv geschiedene (§ 51a) Anspruch auf Unterhalt und Wohnung.

Diejenigen Frauen, welche das Anrecht auf *Wohnung*, nicht auf Unterhalt haben, sind folgende:

a) die Wittwe;

b) dasjenige Weib, die das Opfer einer Cohabitation aus Versehen geworden ist;

c) diejenige, deren Ehe wegen eines Körperfehlers an ihr oder ihm· annullirt ist;

d) die nicht schwangere, definitiv geschiedene Frau (§ 51b).

Folgende Frauen haben während ihrer Wartezeit weder Anspruch auf *Wohnung* noch auf Unterhalt, d. h. sie bekommen gar nichts:

a) die unbotmässige (s. § 25);

b) die minderjährige, der noch nicht beigewohnt werden kann; 10

c) die unfreie Frau, die nicht den ganzen Tag zur Verfügung des Mannes stand, sondern etwa am Tage ihrem Herrn Dienste leisten musste, und nur während der Nacht für ihren Ehemann zur Verfügung stand;

d) die Frau, welcher der Mann aus Versehen beigewohnt hat.

Die Wittwe, einerlei ob schwanger oder nicht, hat Anspruch auf Wohnung, nicht aber auf Unterhalt (und Kleidung), da sie Erbin ist.

Die der Frau zukommende Wohnung ist diejenige, in der sie wohnte, als sie geschieden wurde. Ist die Wohnung nicht des 20 Mannes Eigenthum, so muss er ihr ev. eine angemessene Wohnung miethen oder der Richter miethet eine solche auf seine Kosten. Hat der Mann nicht das dazu erforderliche Geld, so macht der Richter eine Anleihe zu Lasten des Mannes oder erlaubt der Frau sich eine Wohnung auf seine Kosten zu miethen. Die Frau darf in dieser Sache nur mit Erlaubniss des Richters Kosten für Rechnung des Mannes verursachen, vorausgesetzt dass sie in der Lage war die Erlaubniss des Richters einholen zu können; war sie dazu nicht im Stande, so muss sie dies vor Gericht durch Zeugen erhärten und erwirbt dadurch das Regressrecht gegen den Mann. 30

Ist die Frau unbemittelt, so hat sie die Wahl, ob sie in der alten Wohnung bleiben oder eine neue Wohnung beziehen will. Ist sie wohlhabend, so hat der Mann die Wahl, ob er sie in der alten Wohnung wohnen lassen oder sie in einer neuen Wohnung logiren lassen will. Unter allen Umständen soll die *neue* Wohnung der *alten* (in der sie als Eheleute gelebt) möglichst nahe sein, damit wenn möglich die Scheidung wieder aufgehoben werde.

Die *unbotmässige* Frau (§ 24. 25), sowohl *vor* der Scheidung wie während ihrer Wartezeit, verliert nicht allein das Anrecht auf die Wohnung (s. oben S. 45), sondern auch auf Unterhalt und Kleidung.

Wenn sie, sofern sie reklamirbar ist, *im Verlaufe eines Tages* zum Gehorsam zurückkehrt, behält sie das Anrecht auf die Wohnung für den ganzen Tag, verliert aber das Anrecht auf den Unterhalt für den betreffenden Tag.

§ 51. Die definitiv geschiedene Frau kann sein

a) eine solche, die sich von ihrem Manne losgekauft hat (§ 26 10 bis 28);

b) eine solche, die dreimal von ihrem Mann durch gewöhnliche Ehescheidung geschieden ist (§ 37);

c) eine solche, deren Ehe annullirt ist wegen eines Körperfehlers an ihr oder dem Manne.

Wenn die definitiv geschiedene Frau sei es vor der Scheidung, sei es während ihrer Wartezeit unbotmässig ist, verliert sie das Anrecht auf Wohnung (S. 45). Jedoch wenn sie schwanger ist, bekommt sie ausser der Wohnung auch noch den Unterhalt (s. § 60), nicht aber die Kleidung, Zukost, Bedienung, Bedienungs-Unterhalt. 20

Wenn der Mann bestreitet, dass die von ihm definitiv geschiedene Frau schwanger sei, steht es der Frau frei den Beweis ihrer Aussage durch das Zeugniss von vier Frauen zu führen oder dieselbe durch einen Eid zu beschwören.

Die der Frau während der Wartezeit zustehenden Rechte verjähren nicht. Mag die Wartezeit noch so lange dauern (vgl. S. 80), der Mann ist verpflichtet der Frau bis zum Ende ihrer Wartezeit zu gewähren, was ihr nach § 50. 51 zukommt.

§ 52. Die Wittwe *soll* über ihren Mann 4 Monate und 10 Tage (vgl. § 46 al. 2) trauern, während für den Mann die Trauer um 30 einen Verstorbenen ganz allgemein verboten ist. Sie *darf* für einen anderen Mann, sei er ihr verwandt oder fremd, drei Tage trauern, aber nicht länger.

Wenn eine Frau von ihrem Manne geschieden ist und dieser während ihrer Wartezeit stirbt, so ist es für sie zwar nicht Gesetz, wohl aber empfehlenswerth um den verstorbenen zu trauern.

Die Frau in der Trauer darf während des Tages keine Schmucksachen tragen. In der Nacht solche zu tragen ist zwar nicht verboten, gilt aber als widerwärtig.

Sie soll nicht gelbe oder rothe Stoffe tragen, überhaupt nicht solche farbige Stoffe, die lediglich dem Schmuck dienen. Wie Parfüm ist auch Schminke, Augenschminke und dergleichen verboten, ausgenommen wo es sich um die Heilung eines körperlichen Leidens handelt. Eventuell mag die trauernde Frau in der Nacht Augensalbe anwenden, aber mit Morgenanbruch wieder abwischen.

§ 53. Die Bestimmung dieses § ist dahin zu erweitern, dass während der Wartezeit nicht allein die definitiv geschiedene Frau, 10 sondern auch die reklamirbare ihre Wohnung, d. i. diejenige, die sie bewohnte, als sie geschieden wurde, nicht verlassen soll. Niemand hat das Recht sie daraus zu verjagen, sie hat aber auch selbst nicht das Recht auszuziehen.

Auszunehmen ist hiervon der Fall, dass die Frau durch ihr Benehmen das Haus oder die Nachbarschaft entehrt, oder dass sie ihrerseits durch das Benehmen der Hausinsassen oder der Nachbarschaft geschädigt wird. Im erstern Fall darf sie ausquartirt werden, im anderen darf sie ausziehen.

Die Frau, welche ihren Unterhalt nicht geliefert bekommt, darf 20 bei besonderen Anlässen ihre Wohnung verlassen, z. B. zum Zweck des Broderwerbs; sie darf auch zur Nachtzeit eine Nachbarin besuchen, muss aber für die Nachtruhe in ihre Wohnung zurückkehren; sie darf auch dann ausgehen, wenn sie in einem längeren Verweilen daselbst eine Gefahr für sich oder ihre Kinder sieht, oder wenn die Wohnung für sie nicht angemessen oder standesgemäss ist.

Strenger ist die Regel für diejenige geschiedene Frau, welche den Unterhalt geliefert bekommt. Diese darf ihre Wohnung ohne Erlaubniss des Mannes, der sich von ihr geschieden hat, aber sie jeden Augenblick zurücknehmen, reklamiren kann, nicht verlassen, 30 weder zum Zweck des Besuches ihrer Verwandten oder von Gräbern von Angehörigen oder Heiligen noch für Zwecke ihrer Vermögensverwaltung. Wenn sie dagegen *vor* der Scheidung oder *vor* dem Tode des Mannes eine Wallfahrt nach Mekka oder zu einem Heiligengrabe gelobt hat, darf sie das Gelübde ausführen.

Die Bestimmungen dieses § gelten nur für die Dauer der Wartezeit.

§ 54. Was die *Wartezeit* für die freie oder unfreie Ehefrau, ist die Immunisirungs-Zeit[1]) für die Sklavin, unwesentliche Differenzen abgerechnet. Sie ist verordnet zu dem Zweck eine Vermischung der semina im Uterus der Sklavin zu verhindern. Wenn ein Mann das Concubinat mit seiner Sklavin eingehen will, muss er sie vorher *immunisiren*, d. h. sie die Immunisirungs-Frist innehalten lassen, sich während derselben des Umgangs mit ihr enthalten. Diese Vorschrift kann Anwendung finden, wenn die Sklavin ihren Besitzer wechselt, wenn ein freies Weib Sklavin wird oder eine Sklavin die Freiheit erlangt (vgl. § 55), wenn eine Sklavin, die z. B. durch Apostasie ihrem Herrn *unnahbar* geworden, durch Rückkehr zum Islam ihm wieder *nahbar* wird, oder wenn eine Sklavin nach Uebereinkommen mit ihrem Herrn durch Ratenzahlungen sich die Freiheit zu erringen sucht, in welchem Fall ihr Herr sich des Rechtes ihr beizuwohnen begiebt, aber schliesslich die eingegangene Verpflichtung nicht erfüllen kann, also wieder zur einfachen Sklavin wird. Im Allgemeinen muss, wenn ein Mann das Recht, einer Sklavin beizuwohnen gewinnen oder wiedergewinnen will, allemal die Immunisirung vorhergehen.

Wer durch Kauf, Erbschaft, Testament, Geschenk oder auf andere Weise eine Sklavin erwirbt, soll ihr nicht allein nicht beiwohnen, sondern sich nicht einmal ihr gegenüber Vertraulichkeiten erlauben, bevor sie die Immunisirungs-Frist durchgemacht hat. Wer diese Bestimmung nicht beobachtet, begeht zwar nicht Hurerei, wohl aber etwas verbotenes. Eine besondere Stellung nimmt in dieser Hinsicht die Kriegsgefangene ein; ihr Besitzer darf ihr nicht beiwohnen, aber im Uebrigen sich jede Vertraulichkeit ihr gegenüber gestatten.

Wenn die Sklavin, die ein Mann zu Eigenthum erwirbt, vorher seine unfreie Frau war, sie also aus einer unfreien Ehefrau eine Concubine wird, ist es zwar nicht Gesetz, wohl aber wünschenswerth, dass er sie eine Immunisirungs-Zeit innehalten lasst, damit er wissen kann, ob ein Kind, das ihm darauf geboren wird, empfangen war in der Ehe oder im Concubinat, von seiner Ehefrau, die zugleich die Sklavin eines Anderen war, oder von seiner Sklavin, mit der er im Concubinat lebte.

---

[1]) الاستبراء

Wenn die Sklavin, die Jemand zu seinem Eigenthum erwirbt, die Ehefrau eines Anderen ist, so ist zunächst kein Grund für das Innehalten einer Immunisirungs-Frist vorhanden, da der neue Besitzer ihr nicht beiwohnen darf, also die Rechte des Ehemannes durch den Wechsel des Besitzers der Sklavin nicht aufgehoben werden. Sobald sie aber von ihrem Ehemann geschieden wird, muss sie, bevor ihr Herr ihr beiwohnen darf, die Immunisirungs-Frist innehalten.

Aehnlich ist die Bestimmung in Betreff einer von ihrem Manne geschiedenen, aber noch in der Wartezeit befindlichen unfreien Frau. 10 Wenn ein Mann eine solche erwirbt, ist zunächst ein Grund zur Immunisirung nicht vorhanden. Sobald aber ihre Wartezeit abgelaufen ist, muss ihr Besitzer, bevor er ihr beiwohnen darf, sie eine Immunisirungs-Frist innehalten lassen.

Wenn daher ein Mann seine Sklavin, welche Apostat, die Ehefrau eines Anderen oder in der Wartezeit befindlich ist, unmittelbar nach dem Erwerb derselben *immunisirt,* so ist das wirkungslos, weil der anderweitige Hinderungsgrund, der sie ihm unnahbar macht, die Apostasie, ihre Ehe oder Wartezeit, nach wie vor bestehen bleibt. Er erlangt daher das Recht seiner Sklavin beiwohnen zu 20 dürfen erst dann, wenn sie entweder zum Islam zurückgekehrt oder von ihrem Ehemann geschieden ist oder wenn sie ihre Wartezeit vollendet hat, und von diesem Zeitpunkt ab eine neue Immunisirungs-Frist innegehalten hat.

Wenn, nachdem eine Sklavin in den Besitz eines Anderen übergegangen, es sich herausstellt, dass sie schwanger ist, so gelten für den unter solchen Umständen möglichen Streit um die Vaterschaft des Kindes die folgenden Bestimmungen:

I. Wenn A, der die Sklavin verkauft hat, das Kind für sich in Anspruch nimmt, *aber nicht gesteht, dass er vor dem Verkauf ihr* 30 *beigewohnt habe,* während B der Käufer das Kind für sich beansprucht, so wird dem B der Eid auferlegt. Schwört er, dass ihm nicht bekannt sei, dass das Kind von A gezeugt worden sei, so wird es ihm (dem Käufer) zugesprochen.

II. Anders liegt der Fall, wenn der Verkäufer (A) *eingesteht, dass er der Sklavin vor dem Verkauf beigewohnt, dass er aber unmittelbar vor dem Verkauf ihr gegenüber eine Immunisirungs-Frist innegehalten habe.* In diesem Falle sind zwei Möglichkeiten zu unterscheiden:

a) Wenn die Sklavin ein Kind gebärt innerhalb 6 Monate nach Ablauf der Immunisierung-Frist, so gehört das Kind dem Verkäufer und der Verkauf der Sklavin wird rückgängig gemacht, da er von Anfang an null und nichtig war. Denn die Sklavin war eine Muttersklavin[1]) und eine solche kann nach Buch II § 20 nicht verkauft werden.

b) Wenn die Sklavin ein Kind gebärt 6 Monate oder mehr nach Ablauf der Immunisirungs-Frist, so gehört das Kind nicht dem Verkäufer. In diesem Falle kann das Verhältniss zwischen dem Kinde und dem Käufer ein zweifaches sein:

1. Hat der Käufer der Sklavin beigewohnt und ist die Möglichkeit vorhanden, dass das Kind von ihm gezeugt ist, insofern es innerhalb 6 Monaten nach der Beiwohnung geboren ist, so gehört das Kind dem Käufer und die Sklavin tritt ein in die Stellung einer Muttersklavin die mit dem Tode ihres Herrn eo ipso die Freiheit erlangt (s. Buch II. § 20. 21).

2. Wenn der Käufer der Sklavin nicht beigewohnt hat, oder ihr beigewohnt hat zu einer Zeit, dass das Kind unmöglich von ihm gezeugt worden sein kann, ist das Kind Sklave des Käufers und seine Mutter wird nicht *Muttersklavin,* [indem angenommen wird, dass das Kind in Hurerei empfangen sei].

III. Im anderen Falle, wenn der Verkäufer eingesteht, dass er der Sklavin vor dem Verkauf beigewohnt und *dass er aber vor dem Verkauf eine Immunisirungs-Frist ihr gegenüber nicht innegehalten habe,* ergeben sich zwei Möglichkeiten:

a) Wenn die Möglichkeit vorhanden ist, dass das Kind vom Verkäufer gezeugt ist, während die Möglichkeit, dass es von dem Käufer gezeugt sei, ausgeschlossen ist, so wird das Kind dem Verkäufer zugesprochen.

b) Wenn aber die Möglichkeit vorhanden ist, dass das Kind sowohl von dem Verkäufer wie dem Käufer gezeugt worden ist, wird das Kind einem der Physiognomik kundigen Manne[2]) präsentirt

---

[1]) ام ولد

[2]) قائف Der *Ḳā'if* wird von dem Richter bestimmt.

und dieser hat zu unterscheiden, ob das Kind dem Käufer oder Verkäufer zuzusprechen ist.

Die Immunisirung dauert:

. a) bei der schwangeren Sklavin, so lange, bis sie gebärt, wenn
die Schwangerschaft ausserehelichen Ursprungs ist [1]). Ist aber die
Sklavin die Ehefrau oder die Wittwe eines Anderen, so endet ihre
Wartezeit mit der Geburt, sie muss aber dann *nach* der Geburt noch
eine Immunisirungszeit innehalten.

b) bei der noch nicht oder nicht mehr menstruirenden Sklavin
einen Monat. Zu diesen Sklavinnen ist auch diejenige zu rechnen, 10
die an unregelmässigen Blutungen leidet. [2])

c) bei der menstruirenden Sklavin eine *ganze* Menstruation.
Wenn also ein Mann eine Sklavin *während ihrer Menstruation* erwirbt, darf er ihr nicht gleich nach dem Ende ihrer Menstruation beiwohnen, sondern muss bis zum Ende der nächst folgenden warten.

Wenn eine Sklavin plötzlich die Menstruation verliert, so muss
mit der Immunisirung so lange gewartet werden, bis sie wieder kommt.
Eventuell muss sie bis zu ihrem Matronen-Alter warten, und dann
eine Immunisirungsfrist von einem Monat innehalten.

In einigen Fällen ist die Immunisirung vorgeschrieben, obwohl 20
die Möglichkeit einer Schwangerschaft, also auch einer Vermischung
der semina gänzlich ausgeschlossen ist, sie also lediglich den Charakter
der Ausübung einer Religions- und Gesetzes-Vorschrift ohne spezielle
Veranlassung[3]) hat, welche ex analogia auf Verhältnisse übertragen
wird, in denen eine Veranlassung dazu nicht vorliegt. Wenn ein Mann
eine Sklavin kauft, welche Jungfer ist, oder die vor ihrem Verkauf
unter ihrem früheren Herrn eine Immunisirungs-Frist innegehalten
hat, oder die vorher im Besitz eines Kindes oder einer Frau war,
so muss er, bevor er einer solchen Sklavin beiwohnen darf, die vorgeschriebene Immunisirungs-Frist ihr gegenüber beobachten.   30

Eine doppelte Immunisirung ist in folgenden Fällen geboten:

---

[1]) Hierin liegt eine Verschiedenheit zwishen *Wartezeit* und
Immunisirungs-Zeit. Wenn die Ehefrau ein uneheliches Kind gebärt,
so endet ihre Wartezeit nicht mit der Geburt, (s. oben S. 79),
sondern sie muss 4 Monate 10 Tage *warten.*

[2]) المتحيّرة

[3]) تعبّد

Wenn zwei Männer, die gemeinsam eine Sklavin besitzen und beide
ihr beiwohnen, sie zu verheirathen oder zu verkaufen wünschen,
oder wenn zwei Männer der Sklavin eines Anderen in dem Glauben
dass es ihre eigene Sklavin sei, beiwohnen, so muss sie, bevor sie
für einen Dritten *nahbar* wird, zwei Immunisirungs-Fristen innehalten. Wenn ein Mann ihr beiwohnt, indem er ihr Ehegemahl
ist, und ein Anderer ihr aus Versehen beiwohnt, so muss sie
wegen der Cohabitation aus Versehen eine Immunisirungs-Frist und,
falls sie von ihrem Manne geschieden wird, die Wartezeit innehalten.

§ 55. Die Muttersklavin d. h. diejenige Sklavin, welche ihrem 10
Herrn ein Kind geboren, nimmt unter den Sklavinnen eine bevorzugte Stellung ein, s. Buch II § 20—22. Wenn ihr Herr stirbt,
ist sie frei; bevor sie aber eine Ehe eingehen darf, muss sie eine
Immunisirungs-Frist beobachten, was insofern eine Ausnahme von
der Regel ist, als die Immunisirung sonst nur auf Sklavinnen, nicht
auf freie weibliche Personen Anwendung findet.[1]

Dieselbe Bestimmung gilt auch:

a) für diejenige Sklavin, die nach der Bestimmung ihres Herrn
mit dessen Tod die Freiheit erlangt, und

b) für diejenige Sklavin, welche ihr Herr freilässt, um sie mit einem 20
Andern zu verheirathen.

Wenn eine Muttersklavin zur Zeit des Todes ihres Herrn mit
einem anderen Manne verheirathet ist oder als von ihrem Ehemann
geschieden in der Wartezeit sich befindet, muss sie ihre Wartezeit
innehalten, ist aber nicht verpflichtet, falls sie eine neue Ehe eingehen will, ausser der Wartezeit auch noch eine Immunisirungs-
Frist zu beobachten.

Anders die Muttersklavin, die sich zur Zeit des Todes ihres Herrn
in der Wartezeit nach einer Cohabitation aus Versehen befindet. Sie
muss zunächst die Wartezeit innehalten und, falls sie sich wieder zu 30
verheirathen wünscht, ausserdem auch noch die Immunisirungs-Frist.

---

[1] Ein anderer Fall, in dem die Immunisirung einer freien Frau
empfehlenswerth ist, ist folgende: Wenn eine Frau ein Kind gebärt,
das nicht von ihrem Gemahl gezeugt ist, und dies Kind stirbt, soll
er ihr gegenüber die Immunisirungs-Frist beobachten. Denn vielleicht war sie mit Zwillingen schwanger, und wenn sie dann noch
ein zweites Kind gebärt, hat dies als frater uterinus oder soror
uterina ein Erbrecht gegen das verstorbene Kind.

Wenn der Besitzer einer Sklavin, der er beigewohnt hat, ihr
gegenüber eine Immunisirungs-Frist beobachtet und ihr dann die
Freiheit schenkt, kann sie sich sofort, ohne nach ihrer Freilassung
eine Immunisirungs-Frist innezuhalten, verheirathen. Ist aber die
Sklavin eine Muttersklavin, so muss sie, bevor sie eine Ehe eingehen
kann, nochmals eine Immunisirungs-Frist innehalten. Diese Unterscheidung beruht darauf, dass die Muttersklavin insofern nach Analogie einer verheiratheten Frau zu behandeln ist, als sie, wie die
letztere nach Lösung ihrer Ehe eine Wartezeit, so ihrerseits eine
Immunisirungs-Zeit innehalten muss.   10

Die freigelassene Sklavin, Muttersklavin oder nicht, kann heirathen, wen sie will, ihren frühern Herrn oder einen Fremden. Wenn
die frühere Muttersklavin ihren Herrn heirathet, braucht sie keine
Immunisirungs-Frist zu halten; wenn sie aber einen Fremden heirathet,
muss sie vorher sich immunisiren.

Falls in Angelegenheit der Immunisirung Streit entsteht, gelten
folgende Regeln: •

Wenn die Sklavin behauptet die Menstruation gehabt zu haben
und der Mann es leugnet, gilt die Aussage der Frau.

Wenn die Sklavin ihrem Herrn die Beiwohnung versagt, er aber 20
vor Gericht aussagt, dass sie ihm das Ende ihrer Immunisirung-Frist
mitgetheilt habe, so gilt die Aussage des Mannes.

Wenn der Mann gesteht seiner Sklavin beigewohnt zu haben,
aber das von ihr geborene Kind als das seinige nicht anerkennt und
behauptet, dass er seit der letzten Beiwohnung eine Immunisirungs-
Zeit ihr gegenüber beobachtet habe, wird ihm das Kind aberkannt.

Wenn aber die Sklavin leugnet, dass die Immunisirung Statt
gefunden habe, wird dem Manne der Eid auferlegt. Schwört er,
dass das Kind nicht von ihm herrühre, so gilt seine Aussage.

Wenn die Sklavin behauptet Muttersklavin zu sein, ihr Herr 30
aber leugnet ihr beigewohnt zu haben, während sie ein Kind hat,
so ist *seine* Aussage massgebend, auch ohne dass er schwört. Wenn
er aber zugiebt ihr beigewohnt zu haben, wird das Kind als *sein*
Kind und die Sklavin als Muttersklavin anerkannt.

§ 56. Ueber die Milchverwandtschaft als Ehehinderniss s. § 11
und oben S. 31. 32.

Milchverwandtschaft entsteht dadurch, dass die Milch einer Frau von wenigstens 9 Mondjahren, einerlei ob auf natürliche oder auf künstliche Weise, einerlei ob mit.Wissen und Wollen der Frau oder ohne dasselbe, in den Bauch eines Kindes, das noch nicht zwei Jahre alt ist, gelangt oder ihm durch die Nase injicirt wird[1]). Die Muttermilch wird mit dem semen virile verglichen, beide erzeugen Verwandtschaft. Es macht keinen Unterschied, ob das Kind die Milch, nachdem sie in den Bauch gelangt, wieder ausspeit, oder ob die Milch mit Wasser gemischt war; doch muss in der Mischung der Geschmack, die Farbe und der Duft der Milch noch wahrzunehmen sein. Auch die Milch einer sterbenden Frau erzeugt Milchverwandtschaft, einerlei ob sie 10 die Brust giebt oder die Milch ihr abgemolken wird; wenn in letzterem Fall das Kind die Milch der Frau trinkt, wo sie bereits todt ist, wird er dennoch ihr Milchsohn.

Wenn ein Streit entsteht, ob eine solche Säugung Statt gefunden oder nicht, so kann der Beweis des *natürlichen* Säugens an der Brust durch die Aussage

von zwei Männern oder

von einem Manne und zwei Frauen oder

von vier Frauen,

dagegen der Beweis des künstlichen Säugens (der künstlichen Zu- 20 fuhrung der Muttermilch) nur durch die Aussage von zwei Männern erbracht werden. Ebenfalls kann ein auf Milchverwandtschaft bezügliches Geständniss, wenn angefochten, durch die Aussage von zwei Männern bewiesen werden. Weiteres unter § 57.

Für die Berechnung des Alters des Säuglings bis zu 2 Mondjahren, deren Monate zu je 30 Tagen gezählt werden, gilt der Moment des vollendeten Geburtsaktes als Anfang. Wenn einem Kinde, das älter ist als zwei Mondjahre, die Milch einer fremden Frau zugeführt wird, entsteht dadurch keine Milchverwandtschaft.

Wenn bezweifelt wird, ob das Kind wirklich fünfmal die Milch 30 bekommen habe und nicht etwa bloss viermal, so entsteht keine Milchverwandtschaft. Wesentlich ist ferner, dass bei jedem einmaligen Säugen die Milch wirklich in den Bauch des Kindes gelangt. Was im Uebrigen als einmaliges Säugen anzusehen ist, muss nach Landes-

---

[1]) Die Injection der Milch durch ein Klystir in anum bewirkt nicht Milchverwandtschaft. Baguri II, 187, 5.

sitte und lokalem Gebrauch entschieden werden. Es ist nicht nöthig, dass das Kind von einem einmaligen Säugen satt wird, und genügend ist unter Umständen für einmaliges Säugen, wenn auch nur ein Tropfen Milch in den Bauch des Kindes gelangt ist.

Dieselbe Stellung, welche der Ehemann einer Milchmutter einnimmt, kommt auch demjenigen zu, der ihr aus Versehen beigewohnt hat, sowie dem Herrn einer Sklavin, der ihr im Concubinat beigewohnt hat, nicht aber dem, der mit der Frau Unzucht oder Ehebruch getrieben. Letzterer darf die Milchtochter seiner Partnerin heirathen, doch gilt dies für widerwärtig.   10

Was von dem Milchvater A gilt, gilt auch von seinen sämmtlichen Blut-und Milchverwandten, Ascendenten, Descendenten und Seitenverwandten: [1]) er und sie alle dürfen seine (des A) Milchtochter nicht heirathen.

Unter den Seitenverwandten sind zu verstehen: Brüder, Schwestern, Vatersbrüder, Vatersschwestern. Die Milchmutter und deren Ehemann nehmen mit ihrer Sippe für das Milchkind dieselbe Stellung ein wie die wirklichen Eltern mit ihrer Sippe.

§ 57. In Rücksicht auf das Ehehinderniss hat Milchverwandtschaft dieselbe Wirkung wie Blutverwandtschaft.   20

Die Milchmutter darf die Ascendenten und Seitenverwandten ihres Milchsohnes heirathen. [2])

Für den Milchsohn sind unheirathbar ausser der Milchmutter auch deren *sämmtliche* Töchter, welcher Abstammung sie auch sonst sein mögen. Ebenso sind für die Milchtochter unheirathbar auch die *sämmtlichen* Söhne der Milchmutter. Vgl. S. 31. 32.

Da das Gesetz eine Bestimmung über das Alter, das ein Mädchen (wie auch ein Mann) erreicht haben muss um heirathen zu können, nicht enthält, so können sogar kleine Mädchen von weniger als zwei Jahren von ihren Vätern oder sonstigen Brautanwälten verheirathet 30 werden, und damit ist die Möglichkeit gegeben, dass eine solche Baby-Ehefrau von der Milch einer älteren Collegin zu trinken bekommt, wodurch eine Milchverwandtschaft hergestellt wird, die ihrerseits eine Annullierung der Ehe zur Folge hat. In diesem Fall

---

[1]) الحواشى

[2]) Nach Abû-Schugâ' und Bâgûrî, während Ibn-Ḳâsim die Stelle falsch interpretirt.

ergeben sich dann auch vermögensrechtliche Fragen betreffend die Ehegabe der auf diese Weise geschiedenen Frau.

Wenn Jemand mit einem Mädchen von weniger als 2 Jahren verheirathet ist und diese von der Milch seiner Mutter, Schwester oder einer anderen Ehefrau von ihm trinkt[1]) oder in die Nase injicirt bekommt, ist die Ehe annullirt. Das *Kind* hat dann das Anrecht auf die Hälfte ihrer Ehegabe gegen den Mann, während die andere Halfte an ihn zurückfällt; andrerseits hat der *Mann* gegen die weibliche Person, welche die Milch gewährt hat, den Anspruch auf eine halbe Durchschnitts-Ehegabe.   10

Wenn die Baby-Frau[2]) die Milch einer der genannten Frauen trinkt, während dieselbe schläft, so ist die Ehe ebenfalls annullirt, aber in diesem Fall hat weder die Baby-Frau eine Forderung gegen den Mann noch der *Mann* eine Forderung gegen die Frau, welche die Milch hergegeben hat. Praktisch gestalten sich dadurch die Verhältnisse so, dass die Baby-Frau aus einer Ehefrau des Mannes nunmehr seine Verwandte wird, Milchschwester oder Milch-Nichte oder Milch-Tochter, und dadurch ein Erbrecht gegen ihn erlangt.

Wenn ein Mann mit einer erwachsenen Frau und einer Baby-Frau verheirathet ist und die Mutter der ersteren die Baby-Frau 20 ihre Milch trinken lässt, so ist die Ehe der beiden Frauen annullirt, da ein Mann nicht mit zwei Schwestern zugleich verheirathet sein kann. Die Baby-Frau bekommt die Hälfte ihrer Ehegabe von dem Manne, und der Mann bekommt von der Frau, welche die Milch gegeben hat, eine halbe Durchschnitts-Ehegabe. Hinterher steht es natürlich dem Manne frei, ab integro die eine oder andre wieder zu heirathen.

Was hier von der Baby-Frau gesagt ist, gilt auch von der erwachsenen Frau, sofern der Mann ihr noch nicht beigewohnt hat, d. h. sie hat das Anrecht auf die Hälfte ihrer Ehegabe. Wenn aber 30 der Mann ihr bereits beigewohnt hat, wodurch sie für den Fall der Lösung der Ehe das Anrecht auf die ganze Ehegabe gewinnt, wird der Mann dadurch schadlos gehalten, dass er gegen die Frau,

---

[1]) D. h. hier wie im Folgenden: wenn sie in einer Weise die Milch bekommt, welche nach § 56 eine Milchverwandtschaft begründet.

[2]) Baby-Frau oder Baby-Mann soll heissen: verheirathete Kinder, die noch nicht 2 Mondjahre alt sind.

welche die Milch hergegeben hat, das Anrecht auf eine ganze Durchschnitts-Ehegabe bekommt.

Wenn die Tochter einer *erwachsenen Ehefrau* (also die Tochter oder Stieftochter des Mannes) seiner Baby-Frau von ihrer Milch gibt, so ist die erwachsene Frau für ihn Tabu[1]), d. h. ihre Ehe ist annullirt und er kann sie nie wieder heirathen. Aber auch die Baby-Frau ist ihm *dann* Tabu, wenn er der erwachsenen Frau beigewohnt hat.

Wenn ein Mann sich von seiner Baby-Frau scheidet und eine fremde Frau sie von ihrer Milch trinken lässt, so wird diese seine Schwiegermutter, die Mutter seiner Frau, und dadurch für ihn Tabu. 10

Wenn die geschiedene Frau eines Mannes mit einem Knaben von weniger als zwei Jahren eine Ehe eingeht, und ihm ihre Milch zu trinken giebt, so ist sie für alle Zeit Tabu sowohl für den Mann, der sich von ihr geschieden hat, wie für den Baby-Mann.

Wenn ein Mann seine Sklavin, die ihm ein Kind geboren, also eine Muttersklavin, mit seinem Baby-Sklaven verheirathet, und sie ihrem Baby-Mann von der Milch zu trinken gibt, welche aus dem von ihrem Herrn verursachten Ehebett herstammt, so ist die Frau Tabu sowohl für ihren Baby-Mann wie für ihren Herrn.

Wenn ein Mann zwei Frauen hat, eine unfreie, der er beigewohnt 20 hat, und eine Baby-Frau, und die erstere der letzteren von ihrer Milch zu trinken gibt, sei es nun, dass die Milch aus einem Ehebett, das der Mann selbst verursacht hat, herstammt oder dass die Milch ausserehelichen Ursprungs ist, in diesem Fall sind beide Frauen für ihn Tabu.

Wenn ein Mann eine erwachsene und eine Baby-Frau hat und die erstere säugt die letztere, so sind beide Ehen annullirt. Die erwachsene ist ihm für immer Tabu, die Baby-Frau nur dann, wenn die Milch, die sie getrunken, von seiner Beiwohnung herstammte. Wenn dagegen die Milch aus einem Wochenbett stammte, das nicht 30 von ihm verursacht war, so wird die Baby-Frau seine Stieftochter, und mit dieser darf er nach der Scheidung von der erwachsenen Frau eine neue Ehe eingehen. Vgl. § 11 nr. 11.

Wenn ein Mann eine erwachsene und drei Baby-Frauen hat und die erstere die letzteren mit ihrer Milch säugt, so ist sie ihm für

---

[1]) حرام

immer Tabu, und desgleichen die Baby-Frauen, falls er der erwachsenen Frau beigewohnt hatte. Wenn er ihr aber nicht beigewohnt hatte, kann der Mann später mit ihnen eine neue Ehe eingehen.

Ueber die Folgen von Milchverwandtschaft und die Behandlung der in Betreff derselben entstehenden Streitigkeiten gelten folgende Regeln:

Wenn ein Mann erklärt: die X ist meine Milch-Tochter oder Milch-Schwester, oder wenn sie erklärt: der Y ist mein Milch-Bruder, so ist die Ehe zwischen ihnen verboten.

Wenn zwei Eheleute erklären, dass zwischen ihnen eine Milch- 10 verwandtschaft besteht, welche sie für einander Tabu macht, so wird ihre Ehe gelöst. Die Frau verliert ihre contractlich ausbedungene Ehegabe, dafür aber kann sie, wenn ihr Mann ihr beigewohnt hat, die Durchschnitts-Ehegabe von ihm fordern.

Wenn der Mann behauptet, dass seine Ehefrau ihm milchverwandt sei, während sie es leugnet, wird die Ehe annullirt, und die Frau bekommt die contractlich festgesetzte Ehegabe, wenn die Cohabitation Statt gefunden, dagegen nur die Hälfte, wenn die Cohabitation nicht Statt gefunden.

Wenn die Frau behauptet, dass ihr Ehemann ihr milchverwandt 20 sei, er es aber leugnet, so gilt seine eidliche Aussage als massgebend, falls die Frau mit ihrer eigenen Zustimmung verheirathet worden ist (vgl. § 10). War sie nicht mit ihrer Zustimmung verheirathet, so ist die Aussage der Frau als entscheidend anzusehen. Falls die Ehe annullirt wird, hat sie das Anrecht auf die Durchschnitts-Ehegabe, wenn die Cohabitation Statt gefunden. Hat diese nicht Statt gefunden, so hat die Frau nichts zu fordern.

Wer die Milchverwandtschaft leugnet, muss in seinem Schwur aussagen, dass er von derselben nichts wisse. Wer dagegen das Vorhandensein von Milchverwandtschaft behauptet, muss aussagen, 30 dass sie existirt.

Ueber den Zeugenbeweis betreffend Milchverwandschaft s. oben S. 93. Die Zeugenaussage der Frau, welche gesäugt hat, ist zulässig, wenn sie nicht für ihre Ammendienste Bezahlung verlangt hat.

Im Allgemeinen genügt in den Zeugenaussagen nicht die Behauptung, dass Milchverwandtschaft vorhanden sei, sondern es muss auch angegeben werden, wann das Säugen Statt gefunden, wie häufig das Kind die Milch bekommen, dass die Milch in den Bauch des Säuglings gelangt sei, was durch Beobachtungen über die Schlingbewegung im Halse des Kindes oder auf andre Weise erhärtet werden kann.

§ 58. Die zwischen Ascendenten und Descendenten bestehende wechselseitige Verpflichtung zur Unterhalt-Leistung trifft in gleicher Weise männliche wie weibliche, muhammedanische wie andersgläubige den Schutz des Islamischen Gesetzes geniessende Personen[1]).

Ausgeschlossen sind von dieser Verpflichtung die Seitenverwandten[2]) wie Bruder, Schwester, Vatersbruder, Vatersschwester. 10

Sind die Eltern nicht mehr vorhanden, so treten die Grosseltern (Vaters-Eltern) ev. Urgrosseltern an ihre Stelle. Wenn Kinder nicht mehr vorhanden sind, treten die Kindes-Kinder an ihre Stelle.

Nur diejenige Person hat das aus Verwandtschaft abgeleitete Anrecht auf Unterhalt, welche nicht genügende Mittel zum Lebensunterhalt besitzt und nicht im Stande ist solche zu erwerben, und ausserdem folgende zwei Bedingungen erfüllt:

1. sie muss den Schutz des Islamischen Gesetzes geniessen[3]). Also der Feind (Unterthan eines mit dem betreffenden Reiche nicht in einem Vertragsverhältniss stehenden, nicht-muslimischen 20 Reiches) und der Apostat haben kein Anrecht auf Unterhalt, ferner nicht derjenige, der das kanonische Gebet unterlässt, besonders dann nicht, wenn er von zuständiger Seite dazu aufgefordert worden ist, und nicht der verheirathete Ehebrecher.

2. sie muss frei sein. Ueber das Anrecht des Sklaven auf Unterhalt s. § 59.

Wenn der zum Unterhalt rechtlich verpflichtete nicht mehr besitzt, als für seinen und seiner Familie Unterhalt für einen Tag

---

[1]) Als Grund des Rechtes des zu versorgenden gegen den versorgenden wird angegeben البعضيّة d. h. das Theilverhältniss. Der erstere wird wie ein zu dem letzteren gehöriger Theil betrachtet. Dieselbe Erklärung gilt für folgende beiden Fälle: Wenn der Vater zufällig Sklave seines Sohnes wird, wird er eo ipso frei, weil der Sohn in gewissem Sinne ein Theil des Vaters ist. Wenn vor Gericht der Vater für seinen Sohn zeugen will, wird sein Zeugniss abgewiesen aus demselben Grunde.

[2]) الحواشى
[3]) معصوم

(Tag und Nacht) ausreicht, kann er nicht gezwungen werden Anderen Unterhalt zu gewähren.

Wenn der zum Unterhalt verpflichtete Schulden hat und den Unterhalt nicht leisten kann, muss er etwas von seinem Besitz verkaufen. Aus dem Erlös wird zunächst der Unterhalt bestritten, bevor die Gläubiger einen Anspruch auf denselben erheben können.

Wenn der zum Unterhalt verpflichtete abwesend ist oder sich weigert den Unterhalt zu leisten, ist der Richter auf Anrufung des den Unterhalt Fordernden berechtigt etwas von dem Besitz des ersteren zu verkaufen und damit den Unterhalt zu leisten.   10

Das Anrecht auf Unterhalt wird mit der Zeit hinfällig. Wer also sein Anrecht auf Unterhalt, wenn er fällig ist, nicht erhebt, darf später nicht mit diesem Anspruch auftreten. Hiervon ist auszunehmen der Anspruch der schwangeren Ehefrau, denn dieser wird nicht mit der Zeit hinfällig, verjährt nicht. Auch wenn auf Befehl des Richters bei Abwesenheit oder Weigerung des zum Unterhalt verpflichteten der Unterhalt sei es durch eine Anleihe oder auf andre Weise geleistet wird, entsteht hieraus eine auf dem Verpflichteten lastende Schuld, die nicht verjährt.

Der Vater (oder Grossvater) eines unter Curatel stehenden Descendenten darf sich von dessen Besitz den ihm zukommenden Unterhalt nehmen, da er zugleich Curator desselben ist. Das gleiche Recht steht der Mutter eines Menschen oder seinen Descendenten nicht zu, weil sie nicht seine Curatoren sind.   20

Gleichbedeutend mit der Pflicht zur Unterhalt-Leistung ist die Pflicht der Mutter ihrem Kind die erste Milch während der drei ersten Tage seines Lebens zu gewähren. Der Anspruch der Ehefrau auf Unterhalt bleibt immer derselbe, einerlei ob sie nährt oder nicht.

In der Folgezeit muss die Mutter das Kind nähren, wenn ausser ihr nur noch eine fremde (dem Kinde nicht verwandte) Amme vorhanden ist.   30

Wenn ausser der Mutter des Kindes auch eine dem Kinde verwandte Amme vorhanden ist, kann der Vater der Mutter das Nähren ihres Kindes versagen[1]) und es von der Amme nähren lassen.

Wenn die Eltern übereinstimmen, dass die Mutter das Kind

---

[1]) Von anderer Seite geleugnet, Minhâg III, 95, 5.

nähren soll und sie einen Lohn von Durchschnittshöhe dafür verlangt, so ist der Mann verpflichtet dem Folge zu geben. Verlangt sie aber mehr als den Durchschnitt, so kann das Kind einer Amme übergeben werden.

Wenn eine fremde Amme sich erbietet das Kind umsonst oder um einen geringeren Lohn, als die Mutter desselben verlangt, zu nähren, ist der Vater berechtigt es dieser Amme zu übergeben.

Der Unterhalt umfasst:

a) Essen und Trinken,

b) Kleidung,   10

c) Wohnung,

d) Bedienung,

e) Kosten des Arztes,

f) Kosten der Apotheke.

Der Unterhalt muss standesgemäss und ausreichend sein, sodass der Unterhaltene im Stande ist die Pflichten seines Berufes zu erfüllen. Ein Unterhalt, der dem zu unterhaltenden nicht mehr ermöglichen würde als eben das Leben aufrecht zu erhalten, ist ungenügend und entspricht nicht dem Sinne des Gesetzes.

§ 58ª. Wenn die zum Unterhalt verpflichteten Descendenten 20 dem zu unterhaltenden gleich nahe verwandt sind, wie zwei Söhne oder zwei Töchter, haben sie zu gleichen Theilen den Unterhalt zu leisten. Ist der Verwandtschaftsgrad ein verschiedener, so hat der nächst verwandte allein den Unterhalt zu tragen, einerlei ob er zu den Erben des zu unterhaltenden gehört oder nicht. Wenn der letztere (sagen wir X) einen Tochtersohn und einen Urenkel (Sohn des Sohnessohnes) hat, oder wenn er eine Tochtertochter und einen Urenkel hat, so ist in jedem Fall die erstgenannte Person verpflichtet den X zu unterhalten, obwohl sie ihn nicht beerbt, während die je an zweiter Stelle genannte Person, obwohl sie ihn beerbt, in diesem 30 Fall nicht zur Unterhaltleistung verpflichtet ist. .

Wenn dagegen zwei Personen dem X gleich nahe verwandt sind, während der eine zu seinen Erben gehört, der andre nicht, hat der Erbe den Unterhalt zu leisten. Sind z. B. diese beiden Personen Sohnessohn und Tochtersohn, so leistet der erstere den Unterhalt.

Wenn die zum Unterhalt verpflichteten ein Sohn und eine Tochter sind, so müssen sie den Unterhalt nach Massgabe ihres Erbrechts tragen, nämlich der Sohn das doppelte von dem Antheil der Tochter.

Im Gegensatz zu dem Text betont der Commentator Baguri, dass die Armuth der Eltern allein genügt den Kindern die Pflicht der Unterhaltung der Eltern aufzuerlegen, und dass es einer weiteren Ursache in Gestalt dauernder Kränklichkeit oder Wahnsinns nicht bedarf. Wenn die Eltern mittellos und erwerbsunfähig sind, müssen die Kinder sie erhalten.

Wenn Jemand, der ein Anrecht auf Unterhalt erheben kann, Vater und Mutter hat, so ist der Vater der zum Unterhalt verpflichtete. 10

Sind nur Grosseltern vorhanden, so ist die nächst verwandte Person unter ihnen zum Unterhalt verpflichtet.

Wenn der zu unterhaltende sowohl Ascendenten wie Descendenten hat, so liegt den letzteren die Verpflichtung zum Unterhalt ob.

Wenn der zu unterhaltende (X) seinerseits Angehörige hat, die des Unterhalts bedürfen, und der zum Unterhalt verpflichtete nicht im Stande ist, so viel als für alle genügt, ihm zu gewähren, so hat das nächste Anrecht auf den Unterhalt X selbst, dann seine Frau und die weiteren Angehörigen nach dem Grade ihrer Verwandtschaft. Wenn X Vater, Mutter und Kinder hat, die ihm also 20 alle gleich nahe verwandt sind, dann hat nach ihm selbst das nächste Anrecht auf den Unterhalt das unmündige Kind, dann die Mutter, dann der Vater und dann die erwachsenen Kinder.

§ 58b. Bei Kindern oder andern Ascendenten ist Armuth allein nicht genügend ihnen ein Anrecht auf Unterhalt zu gewähren, sondern nur Armuth in Verbindung mit Unmündigkeit oder mit dauernder Krankheit oder mit Geisteskrankheit.

Der erwachsene Sohn, sofern er nicht dauernd krank oder wahnsinnig ist, muss sich selbst sein Brod verdienen. Hiervon ist auszunehmen derjenige Sohn, der mit Erfolg Theologie und Recht studirt. Wenn 30 der Broderwerb ihm das Studium unmöglich machen würde, sind seine Eltern verpflichtet ihm den Unterhalt zu gewähren.

Der Unterhalt eines Sklaven umfasst:

Nahrung,

Kleidung,

Wohnung,

Kosten für Arzt und Apotheke.

Für die Beurtheilung im Einzelnen ist der Durchschnitt der Lebensweise der Sklaven in dem betreffenden Lande massgebend. Es ist nicht nothwendig, wohl aber empfehlenswert, dass der Sklave dieselbe Nahrung und Kleidung habe wie der Herr.

Das Anrecht des Sklaven auf Unterhalt verfällt mit der Zeit. Wenn er daher nicht in der Zeit, wo er das Recht hätte seinen Unterhalt eventuell bei dem Richter zu reklamiren, von diesem Rechte Gebrauch macht, kann er nicht später, wenn die Verhältnisse nicht mehr zu einer Reclamation berechtigen, ex post eine Klage auf Entschädigung erheben. Die Verpflichtung des Herrn ist eine 10 zeitweilige, und hat nicht den Charakter einer Schuld. Nur dann erhält sie den Charakter einer Schuld, wenn im Falle der Abwesenheit oder Weigerung des zum Unterhalt verpflichteten der Richter für die Rechnung des genannten den Unterhalt einstweilen bestreitet.

Der Richter ist befugt von dem Besitz des Herrn soviel, als für den Unterhalt des Sklaven erforderlich ist, zwangsweise zu verkaufen.

Wenn aber der Herr nicht die Mittel hat, welche für den Unterhalt des Sklaven genügen, so muss er den Sklaven auf Befehl des 20 Richters verkaufen oder vermiethen oder freilassen. Ist dies alles unausführbar, so fällt der Sklave dem Fiscus zur Last.

Der Herr kann seine Sklavin zwingen ihr eigenes wie auch ein fremdes Kind, falls sie mehr Milch hat, als sie für ihr eigenes Kind braucht, zu nähren und zwar im Allgemeinen bis zu 2 Jahren.

Der Herr darf seinem Sklaven (wie auch seinem Thier) keine Arbeit auferlegen, bei welcher er dauernd nicht existiren kann. Es wird ausdrücklich bemerkt (Baguri II, 194, 1), dass der Sklave auch das Anrecht auf eine Ruhezeit während der heissesten Tagesstunden der heissen Jahreszeit, auf eine Siesta hat.   30

Folgende Sklaven haben kein Anrecht auf Unterhalt:

1. Der Sklave, der nach Vereinbarung mit seinem Herrn sich die Freiheit durch Ratenzahlungen zu erringen strebt[1]).

2. Eine Sklavin, die mit Genehmigung ihres Herrn verheirathet beständig d. i. sowohl Tags wie Nachts bei ihrem Ehemanne wohnt.

---

[1]) المكاتب

Das Gebot des Unterhalts der Thiere bezieht sich zugleich auf eine rationelle Behandlung derselben bei dem Melken, Tränken, Scheeren, bei der Imkerei, der Seidenraupenzucht u. a. m. Wenn der Besitzer von Thieren seinen Pflichten in dieser Hinsicht nicht entspricht, kann der Richter von ihm verlangen:

a) dass er seine Pflicht gegen die Thiere erfüllt, oder

b) dass er sie verkauft oder anderweitig veräussert, oder

c) dass er sie, wenn es essbare Thiere sind, schlachtet.

Wenn ein Thier zu tödten ist, soll es rationell und ohne Grausamkeit getödtet werden. Diese Bestimmungen, eine ausreichende Grund- lage für eine Thierschutzverordnung, werden in einzelnen Folgerungen auch auf die unbelebte Natur ausgedehnt.

§ 60. Der Ehemann hat seiner Frau den Unterhalt zu leisten. Frage: Von welchem Zeitpunkt an? — Antwort: Nicht von dem Moment des Abschlusses des Ehevertrags, sondern von dem Moment an, wo der Ehemann die Erklärung der Frau, dass sie sich ihm zum Antritt ihrer ehelichen Pflichten zur Verfügung stellt, erhält[1]).

Sie kann sich mündlich, oder, falls der Ehemann abwesend, schriftlich ihm zur Verfügung stellen, eventuell kann der Richter des Ortes, in dem die Frau wohnt, dem Richter des Ortes, in dem der Ehemann wohnt, eine diesbezügliche Erklärung zur Weiterbeförderung an den Ehemann mittheilen. Für eine minderjährige oder geisteskranke Frau hat ihr Vormund diese Erklärung dem Ehemann zukommen zu lassen.

Wenn der Ehemann sich weigert seiner Frau den Unterhalt zu gewähren, lässt ihr der Richter denselben auf Kosten des Mannes verabfolgen.

Die Erklärung, durch welche sich die Frau ihrem Mann zur Verfügung stellt, muss vollständig und bedingungslos sein.

Den Gegensatz zu der Frau, welche sich zur Uebernahme der Pflichten der Ehe bereit erklärt[2]), bildet die unbotmässige, [3])

---

[1]) Während die Ehegabe المهر fällig wird durch den Abschluss des Ehevertrags العقد, wird der Unterhalt fällig durch التمكين, durch das Sich-zur-Verfügung-Stellen von Seiten der Frau.

[2]) الممكّنة من نفسها

[3]) الناشزة

welche sich weigert die Pflichten der Ehe zu übernehmen und zu
erfüllen. S. § 24. 25. Sie hat kein Anrecht auf Unterhalt.

Wenn bezüglich des Anrechts der Frau auf Unterhalt ein Streit
entsteht, ist folgendes Verfahren einzuschlagen:

a) Behauptet die Frau sich zur Verfügung gestellt zu haben,
während er es leugnet, ohne seine Aussage beweisen zu können, so
wird ihm der Schwur aufgetragen und demgemäss entschieden.
Wenn aber auch dann noch die Frau bei ihrer Aussage beharrt,
wird ihr der Gegenschwur[1]) aufgetragen. Wenn sie diesen schwört,
wird gemäss ihrer Aussage entschieden.   10

b) Wenn Uebereinstimmung darüber, dass die Frau sich dem
Mann zur Verfügung gestellt hat, besteht, dagegen der Mann behauptet, dass er seiner Frau den Unterhalt gewährt habe, während
sie es leugnet, wird der Frau der Schwur aufgetragen und demgemäss entschieden.

c) Behauptet der Mann, dass die Frau unbotmässig sei, während sie das Gegentheil behauptet, so muss sie ihre Aussage beschwören und dementsprechend wird ihr das Recht auf Unterhalt
zuerkannt.

Wenn der Ehemann seine Frau vor dem Richter verklagt und 20
sie in Folge dessen gefangen gesetzt wird, hat er ihr den Unterhalt
zu liefern, beziehungsweise zu ersetzen, wenn seine Klage als unbegründet verworfen wird. Stellt sich aber heraus, dass seine Klage
berechtigt war, so ist er zur Leistung oder zum Ersatz des Unterhalts nicht verpflichtet.

Dieselbe Bestimmung gilt für den Fall, dass die Frau eine
Klage erhebt, in Folge deren der Mann gefänglich eingezogen wird.
Ist ihre Klage begründet, so bleibt ihr Anrecht auf Unterhalt gewahrt;
erweist sich dagegen ihre Klage als unbegründet, so verliert sie das
Anrecht auf Unterhalt d. i. während der Dauer der Gefangenschaft 30
des Mannes.

Das Maass des Unterhalts soll sein, was genügt sowohl für
Zeiten der Gesundheit wie der Krankheit, und im Allgemeinen genügt, dass sie am Tische ihres Ehemannes sich nährt.

---

[1]) يمين الرّد

Sie kann bei ihrem Manne *ihrem Wunsche gemäss* essen, wenn sie volljährig und bei vollem Verstande ist, dagegen *mit Erlaubniss ihres Vormundes*, wenn sie minderjährig oder geisteskrank ist. Wenn sie minderjährig oder geisteskrank oder beides zugleich ist und ihr Vormund nicht damit einverstanden ist, dass das tägliche Brod bei ihrem Ehegatten als *Unterhalt* angesehen werde, können zwei Fälle eintreten:

a) sie fordert von ihm den *Unterhalt*, während er ihr das tägliche Brod umsonst gewährt;

b) wenn er ihr das tägliche Brod nicht schenken will, so ver- 10 langt *er* von ihr den Preis der täglichen Nahrung, die sie bei ihm geniesst, und *sie* verlangt von ihm den Unterhalt.

Für die verheirathete Sklavin hat ihr Ehemann den Unterhalt aufzubringen, wenn sie Tag und Nacht mit Einwilligung ihres Herrn zu seiner Verfügung steht.

Die Frau darf für den *momentan* fälligen Unterhalt irgend ein Aequivalent annehmen, sofern ein solches Tauschgeschäft sich nicht als Wucher qualificirt. So darf sie anstatt des Unterhaltes Geld oder Kleider, Brodkorn statt Gerste oder umgekehrt annehmen. Dagegen darf sie nicht Weizenbrod oder Weizenmehl anstatt Weizen 20 annehmen. Vgl. Buch IV, Anm. zu § 6.

Für einen in Zukunft fälligen Unterhalt darf die Frau kein Aequivalent annehmen.

Die in § 60 specificirten Lieferungen des Ehemannes an seine Frau sind bestimmt für je einen Tag d. i. Tag und Nacht. Als Anfang des Nychthemeron gilt nicht Sonnenaufgang, sondern die Morgendämmerung, die Zeit des Morgengebets.

Wenn die Frau sich im Laufe eines Nychthemeron ihrem Mann zur Verfügung gestellt, wird ihr von dem für das Nychthemeron ihr zustehenden Unterhalt pro rata des übrig bleibenden Theiles des- 30 selben geliefert.

Hiermit hängt die folgende Bestimmung über den für die Beurtheilung der Vermögensverhältnisse eines Ehemannes massgebenden Zeitpunkt zusammen. Wenn es fraglich ist, ob der Mann für ein bestimmtes Nychthemeron den seiner Frau zukommenden Unterhalt zu leisten vermag oder nicht, so ist entscheidend der Stand seines

Vermögens zur Zeit der Morgendämmerung des betreffenden Tages[1]). Hat er zu dieser Zeit nicht die erforderlichen Mittel, so erlischt seine Verpflichtung zur Leistung des Unterhalts für den betreffenden Tag, und daran wird nichts geändert, wenn er auch im Laufe des Tages das nöthige erwerben oder gewinnen sollte. Wenn er dagegen um das Morgenroth die nöthigen Mittel hat, so muss er für den Tag den Unterhalt leisten, selbst wenn er im Verlaufe desselben die grössten Verluste erleiden sollte .

Das Gesetz theilt die Ehemänner in Bezug auf ihre Verflichtung zur Leistung des Unterhalts für die Ehefrau in drei Klassen: wohlhabende, arme, mittelbegüterte.

Wohlhabend ist, wer für den muthmasslichen Rest seines Lebens genug hat und noch etwas mehr, etwa 2 Mudd pro Tag mehr als nothwendig.

Arm ist, wer eben so viel hat, als er für den muthmasslichen Rest seines Lebens braucht oder weniger.

Mittelbegütert ist, wer für den muthmasslichen Rest seines Lebens genug hat und noch etwas mehr, aber weniger als 2 Mudd pro Tag.

Sofern in diesem Zusammenhang ein Sklave in Frage kommt, gilt er allemal für *arm*.

Der Unterhalt umfasst:

a) Nahrung,
b) Kleidung,
c) Wohnung,
d) eventuell Bedienung.

Die Nahrung begreift Essen und Trinken. Die Esswaren bestehen aus Brodkorn und Zukost (Fett, Oel u. a.). Ferner ist zu liefern das der Jahreszeit entsprechende Obst, das an Festtagen[2]) übliche Backwerk, Kaffe, Taback, Beleuchtungsmittel. Für Maass und Art der zu liefernden Gegenstände ist der Brauch[3]) des betreffenden Landes in dem die Frau lebt, massgebend. Zur Nahrung gehört auch eine Fleischration von zwei Roṭl[4]) pro Woche am liebsten für den Freitag.

---

[1]) Die Morgenröthe heisst daher وقت الوجوب

[2]) العشر ist der 10. Muḥarram = يوم عاشوراء. Der 4te Hiobs ist das Hiobs-Fest am 4. Ṭobe. Gefärbte Eier werden verschenkt am Osterfest عيد الفصح.

[3]) العادة   [4]) Vgl. S. 73 Note.

Wenn der Mann der Frau das Brodkorn in natura liefert, muss er es auf seine Kosten auch mahlen und backen lassen.

Die Brodkornlieferung ist dieselbe, einerlei ob die Frau Muslimin oder Christin, frei oder unfrei ist.

Zum Unterhalt gehört ferner das Geld für ein Bad entweder einmal im Monat oder häufiger je nach dem Usus, dagegen müssen nicht die Cosmetica, Kamm, Seife, Bürste, etc. der Frau geliefert werden.

Zu der Kleidung gehört auch Bettzeug, Nähzeug, Teppiche, und Matten. Die Kleidung d. i. die Summe sämmtlicher zu einem 10 vollständigen .Anzuge erforderlichen Bekleidungsgegenstände muss dem Landesbrauch sowie der Jahreszeit[1]) entsprechen, doch ist der Mann nicht verpflichtet für jede Jahreszeit ein neues Gewand zu liefern, wenn aus früherer Zeit noch Kleidungsbestände vorhanden sind.

Der Mann muss der Frau entweder die eigene Wohnung zur Verfügung stellen oder, wenn er keine hat, ihr eine miethen. Mit der Wohnung ist auch das Hausgeräth, Brenn- u. Heizmaterial zu liefern.

Wohnung und Dienstboten werden der Frau zur Nutzniessung übergeben, alle anderen Theile des ihr gelieferten Unterhalts gehen 20 in ihren Besitz über.[2]) Was der Frau zu ihrem Besitz übergeben wird, ist nach den socialen und Vermögens-Verhältnissen des Ehemanns zu bestimmen; was dagegen ihr zur Nutzniessung übergeben wird, ist nach dem Stande und den sonstigen Verhältnissen der Ehefrau zu bestimmen.

Nur eine freie Ehefrau, nicht die unfreie hat Anspruch auf Bedienung. Entscheidend für die Frage, ob der Ehemann verpflichtet ist seiner Frau einen Dienstboten zu halten, ist der Umstand, dass sie im Hause ihres Vaters, nicht etwa im Hause ihres früheren Ehegemahls, einen Dienstboten zu haben pflegte. 30

Die Frau kann in der Regel nur einen Dienstboten verlangen, dagegen mehrere, wenn durch Krankheit ein vermehrtes Bedürfniss nach Bedienung entsteht.

---

[1]) Für die Jurisprudenz hat das Jahr nur zwei Jahreszeiten von je 6 Monaten, Winter und Sommer. B II, 195, 35; 196, 1. 14.

[2]) Die erstere Leistung ist ein إِمْتاع, die letztere ein تَمليك.

Der Ehemann kann seiner Frau den Dienstboten engagiren, die Frau kann sich ihn mit Erlaubniss ihres Mannes engagiren.

Die Pflicht einen Dienstboten zu stellen schliesst in sich die Pflicht auch den für den Dienstboten erforderlichen Unterhalt zu liefern, und zwar hat der Reiche $1\frac{1}{3}$ Mudd Getreidekorn, der Arme und Mittelbegüterte 1 Mudd täglich zu liefern, ausserdem Zukost, Kleidung, Schuhe und Bettzeug.

Die Kosten für Arzt, Bader und Apotheke gehören nicht zu dem Unterhalt der Frau, auch nicht eine aussergewöhnliche Ernährung während des Wochenbetts. Diese Kosten muss sie aus ihrer 10 Ehegabe bestreiten, dagegen hat sie ein Anrecht auf die Kosten für die in loco übliche Zahl monatlicher Bäder sowie auf das, was sie während ihrer Schwangerschaft zu essen wünscht.

§ 61. Das Unvermögen des Ehemannes, seiner Frau den gesetzmässigen Unterhalt zu gewähren, berechtigt dieselbe die Annullirung der Ehe vor dem Richter zu verlangen — unter folgenden Bedingungen:

1. Es genügt nicht, dass der Ehemann *sich weigert* seine Frau zu unterhalten, sofern er dazu im Stande ist. (In diesem Fall kann sie die Hülfe des Richters anrufen, und dieser zwingt ihn zur Er- 20 füllung seiner Pflichten.) Der Mann muss thatsächlich der Mittel entbehren, die für den Unterhalt der Frau erforderlich sind.

Wenn der Ehemann verreist ohne für den Unterhalt seiner Frau während seiner Abwesenheit zu sorgen, giebt dies noch nicht der Frau das Recht auf Annullirung der Ehe. Sie kann sich an den Richter wenden, und dieser beschafft ihren Unterhalt zu Lasten des Ehemannes.

Wenn der Ehemann gegenwärtig ist, nicht aber sein Besitz, letzterer vielmehr *zwei Tagereisen*[1]) entfernt ist, kann die Frau die sofortige Annullirung der Ehe verlangen und braucht nicht zu 30 warten, bis der Ehemann das nöthige herbeigeschafft hat, um ihr den Unterhalt zu gewähren.

---

[1]) Der Muslim darf sich auf Reisen gewisse Vereinfachungen, Kürzungen seiner täglichen Gebetspflichten erlauben, wenn er wenigstens 16 Farsakh von seinem Wohnort entfernt ist. Diese Entfernung heisst مسافة قَصْر الصلوة d. i. Gebetsverkürzungs-Entfernung. Diese 16 Farsakh werden von den Juristen = 48 Hâšimitischen Meilen oder = 2 *Tagereisen* gerechnet. Vgl. Baguri I, 211. 212.

Wenn der Besitz des Mannes abwesend, oder *weniger als zwei Tagereisen* entfernt ist, so hat die Frau nicht das Recht auf sofortige Annullirung der Ehe. Vielmehr wird der Ehemann ev. von dem Richter aufgefordert das Nöthige von seinem Besitze für den Unterhalt seiner Frau zur Stelle zu schaffen; und erst dann, wenn der Ehemann dies zu thun sich weigert oder es faktisch nicht thut, hat seine Frau das Recht die Annullirung der Ehe zu verlangen.

2. Entscheidend ist, dass der Ehemann nicht im Stande ist seiner Frau den eigentlichen Unterhalt d. i. die vorgeschriebenen Quantitäten von Brodkorn (s. § 60) oder die Kleidung, oder die 10 Nahrung oder je zwei von diesen Dingen oder alle drei zu gewähren. Dagegen kommt nicht in Betrag, wenn er z. B. nicht im Stande ist ihr entsprechend den Anforderungen des lokalen Gebrauchs Zukost (Oel, Fett, Zucker etc.), Schuhzeug oder einzelne Details der Kleidung zu gewähren.

3. Solange der Ehemann für seine Frau selbst den Unterhalt zu leisten vermag, ist es irrelevant, wenn er für den Dienstboten, den er ihr bis dato gehalten, den Unterhalt nicht mehr aufzubringen vermag.

4. Wenn der Ehemann verarmt und nicht mehr im Stande ist 20 für seine Frau den Unterhalt, wie ihn ein Wohlhabender oder Mittelbegüterter zu gewähren verpflichtet ist, aufzubringen, so ist das ohne Einfluss, solange der Mann noch im Stande ist das geringste Maass von Unterhalt, wie es ein Armer zu gewähren verpflichtet ist, zu beschaffen. Die Frau soll wie Reichthum so Armuth mit ihrem Manne theilen.

Wenn ein Anderer an Stelle des gänzlich verarmten Ehemanns der Frau den Unterhalt, sei es als Geschenk, sei es auf Credit zur Verfügung stellen will, ist sie nicht verpflichtet es anzunehmen, kann vielmehr die Annullirung der Ehe verlangen. 30

Wenn einem verarmten Ehemann von einem Anderen der für seine Frau erforderliche Unterhalt zur Verfügung gestellt wird und dieser ihn an seine Frau weitergiebt, ist sie verpflichtet denselben anzunehmen.

5. Wenn der Ehemann einen Unterhalt, den er *früher* seiner Frau hätte leisten sollen, aber nicht geleistet hat, nachträglich zu ersetzen nicht im Stande ist, so ist das belanglos (denn der Frau

erwächst daraus nicht das Recht einer Schuldforderung), dagegen hat die Frau das Recht auf Annullirung der Ehe, wenn der Mann den Unterhalt für den *nächst folgenden Tag* (von der Morgenröthe ab gerechnet) nicht aufbringen kann.

Wenn der Ehemann nicht im Stande ist seiner Frau den Unterhalt zu leisten, hat sie die Wahl, ob sie die sofortige Annullirung der Ehe verlangen oder ob sie auf eine Besserung seiner Verhältnisse warten will.

Wenn während des Wartens die Frau sich selbst ihren Unterhalt verschafft, verdient, so erwächst daraus für den Ehemann eine 10 Schuld, d. h. er ist verpflichtet späterhin der Frau den Unterhalt zu ersetzen.

Wenn die Frau die Annullirung der Ehe verlangt, hat sie vor dem Richter das Unvermögen ihres Mannes zur Leistung des Unterhalts darzulegen. Der Richter gewährt dann dem Ehemann eine Wartezeit[1]) von drei Tagen.

Während dieser Tage darf die Frau auch ohne Erlaubniss ihres Mannes ausgehen und sich ihr Brod suchen; sie muss aber für die Nacht nach Hause kommen und im Uebrigen allen Pflichten der Ehe genügen. 20

Der Unterhalt der Frau während der drei Tage der Bedenkzeit bildet für den Ehemann eine Schuld, die er, sobald er wieder zu Mitteln gelangt, zu zahlen verpflichtet ist.

Nach Ablauf der Bedenkzeit, also am Morgen des 4. Tages wendet sich die Frau wieder an den Richter, der nunmehr die Ehe für annullirt erklärt. Ist in der Gegend kein Richter vorhanden, so hat die Frau das Recht ihre Ehe als annullirt anzusehen.

Wenn er ihr am 4. Tage den Unterhalt des Tages übergiebt, kann die Annullirung nicht stattfinden, wohl aber wenn er sie am 3. Tage versorgte, nicht aber am 4ten. 30

Wenn der Mann während des dreitägigen Moratoriums die Frau nicht unterhalten kann, dagegen an dem folgenden 4. Tage sie unterhält, an dem nächstfolgenden (dem fünften) aber wieder nicht, so gilt das gesetzliche Moratorium als abgelaufen.

Wenn er nach Ablauf der 3 Tage während der 3 folgenden

---

[1]) اِمْهَال

Tage ohne Unterbrechung sie unterhält, darauf aber nicht mehr im
Stande ist sie zu unterhalten, so ist jenes erste Moratorium ungültig und die Frau muss nun dem Manne zum zweiten Mal ein
Moratorium von drei Tagen bewilligen. Anders ausgedrückt: Wenn
der Mann während des Moratoriums oder unmittelbar danach einen
Tag oder zwei Tage die Frau unterhält, so hat das keinen Einfluss
auf die Gültigkeit des Moratoriums. Wenn er aber drei Tage lang
sie unterhält, gewinnt er ein Recht auf ein neues Moratorium.

Wenn die Frau vor dem Abschluss der Ehe oder nachher
erklärt, dass sie von der Armuth des Mannes Kenntniss habe und 10
damit einverstanden sei, so ist das, sobald die Annullirung der
Ehe in Frage kommt, belanglos, und sie kann *trotz* jener Erklärung die Annullirung verlangen, wenn der Mann sie nicht unterhalten kann.

Wenn sie dagegen vor Abschluss der Ehe erklärt, dass sie auf
eine Ehegabe von seiner Seite verzichtet, so ist das gültig und
beraubt sie für die Folgezeit des Rechtes, wegen nicht geleisteter
Ehegabe die Annullirung der Ehe zu fordern.

Die Annullirung der Ehe ist nicht gleich der Ehescheidung.
Wenn zwischen Mann und Frau die Ehe annullirt worden ist, so 20
können sie, wenn sich ihre Verhältnisse ändern, ab integro eine
neue Ehe eingehen, und es ist dann, als ob sie nie vorher verheirathet gewesen wären, d. h. sie haben dann die Möglichkeit einer
dreimaligen Ehescheidung. S. § 36. 37.

Die Frau hat *im Princip* das Recht *vor* der Cohabitation die
ganze Ehegabe ausgezahlt zu bekommen, während in der Praxis
meist nur ein Theil derselben vorher ausgezahlt wird. Wenn aber
der Ehemann vor der Cohabitation die Ehegabe weder ganz noch
theilweise zahlt, oder wenn er, nachdem er vor der Cohabitation
einen Theil gezahlt, nach derselben den Rest ihr nicht mehr zahlt, 30
hat die Frau das Recht auf die Annullirung der Ehe.

Wenn die Frau vor Abschluss der Ehe wusste, dass der Mann
nicht im Stande sei eine Ehegabe aufzubringen, und sie ihn trotzdem
heirathet, so hat sie nicht mehr das Recht, wegen Nichtleistung der
Ehegabe die Annullirung der Ehe zu verlangen.

§ 62. Der Pflegling ist entweder ein Kind, welches das 7. Lebensjahr noch nicht vollendet hat, oder ein geisteskrankes Kind beliebigen

Alters, also ein Wesen, das nicht selbstständig für sich zu sorgen vermag.

Solange der Ehebund der Eltern besteht, haben sie gemeinsam für das Kind zu sorgen, indem der Vater den Unterhalt beschafft und die Mutter auf seine körperliche und geistige Pflege bedacht ist.

Die Pflege[1]) erfordert:

a) gewisse Handlungen, die ganze Sorge um das leibliche Wohl des Pfleglings, wie z. B. das Waschen u. a. Diese *Handlungen* hat der Pfleger oder die Pflegerin auszuüben oder ausüben zu lassen.

b) gewisse Gegenstände wie z. B. Seife, Wäsche u. s. w. Diese 10 *Dinge* werden auf Kosten des Pfleglings angeschafft, falls er Vermögen besitzt; anderen Falls auf Kosten desjenigen, der den Unterhalt des Pfleglings aufzubringen verpflichtet ist (§ 58).

Die nächst berufenen Pfleger eines Pfleglings sind seine Eltern und nach ihnen seine Verwandten. Wenn also die nächst berufenen nicht oder nicht mehr vorhanden sind, oder wenn sie nicht befähigt sind das Pflegeramt auszuüben, in welcher Reihenfolge werden dann die Verwandten vom Richter zur Uebernahme der Pflege berufen? — Diese Berufungs-Ordnung differirt, je nachdem das Objekt der Pflege ein Mädchen oder mehrere Mädchen, ein Knabe oder mehrere 20 Knaben, und drittens ein Knabe und ein Mädchen oder Knaben und Mädchen ist.

A. Wenn es sich um die Pflege eines oder mehrerer Mädchen handelt, ist die Berufungs-Ordnung folgende:

1) die Mutter,
2) die Mutter der Mutter,
3) die Mutter des Vaters,
4) die Schwester,
5) die Schwester der Mutter,
6) die Tochter der Schwester,   30
7) die Tocher des Bruders,
8) die Schwester des Vaters,
9) die Tochter der Mutterschwester,
10) die Tochter der Vatersschwester,

---

[1]) Auch كفالة genannt.

11) die Tochter des Vatersbruders,

12) die Tochter des Mutterbruders.

B. Wenn es sich um die Pflege eines oder mehrerer Knaben handelt, ist die Berufungs-Ordnung folgende:

1) der Vater,

2) der Vatersvater,

3) der Bruder germanus oder consanguineus oder uterinus,

4) der Sohn des Bruders germanus oder consanguineus,

5) der Vatersbruder germanus oder consanguineus,

6) der Sohn des Vatersbruders germanus oder consanguineus. 10

C. Wenn es sich um die Pflege von Knaben und Mädchen handelt, ist die Berufungs-Ordnung folgende:

1) die Mutter,

2) deren Mutter, Muttersmutter u. s. w., sofern sie ein Erbrecht gegen den Pflegling haben[1]),

3) der Vater,

4) dessen Mutter, Muttersmutter u. s. w., sofern sie ein Erbrecht gegen den Pflegling haben[2]),

5) folgende Seitenverwandte:

Schwester, 20

Bruderstochter,

6) folgende Seitenverwandte, die von dem Pflegling nicht durch ein Eheverbot geschieden sind:

Tochter der Tante ⸗ Mutterschwester,

Tochter der Tante = Vatersschwester,

Tochter des Onkels = Vatersbruder, der von demselben Vater geboren ist als der Vater des Pfleglings;

7) zwei Verwandte, welche durch ein Eheverbot von dem Pflegling geschieden sind:

der Bruder des Pfleglings, 30

der Sohn desselben,

8) ein Verwandter, der von dem Pflegling nicht durch ein Eheverbot geschieden ist:

der Sohn des Onkels (Vaterbruders).

---

[1]) Die Mutter des mütterlichen Grossvaters erbt nicht.

[2]) Der Vater der väterlichen Grossmutter erbt nicht.

Wenn die Pflege eines Pfleglings, z. B. eines Mädchens einem solchen Verwandten (z. B. ihrem Vetter) zufällt, für den das Mädchen heirathbar und begehrenswerth ist, soll er nicht selbst die Pflege übernehmen, sondern das Kind einer Vertrauensperson z. B. seiner Tochter zur Pflege übergeben.

Wenn zwei Verwandte eines Pfleglings an Verwandtschaft gleich, an Geschlecht verschieden sind, wird die weibliche Verwandte zuerst zur Pflege berufen. Wenn sie aber gleichen Geschlechts und dem Pflegling gleich nahe verwandt sind, entscheidet das Loos unter ihnen.   10

Ist der Pflegling ein geisteskrankes Wesen männlichen oder weiblichen Geschlechts und hat dasselbe aus früherer Ehe eine Tochter, so ist diese nach der Mutter seine nächst berufene Pflegerin. Ist aber das geisteskranke Wesen verheirathet, so ist der Ehemann ev. die Ehefrau der nächst berufene Pfleger oder die nächst berufene Pflegerin.

Zur Uebernahme der Pflege eines Pfleglings kann man nicht gezwungen werden, wenn man nicht verpflichtet ist den Unterhalt dem Pflegling zu gewähren. Wer aber dem Pflegling den Unterhalt geben muss, kann, wenn derselbe mittelos und vaterlos ist, 20 gezwungen werden seine Pflege zu übernehmen, weil die Pflege ein integrirender Bestandtheil des Unterhalts ist.

Wenn ein zur Uebernahme einer Pflege berufener sich weigert die Pflege zu übernehmen oder verreist oder stirbt oder geisteskrank wird, so wird die in der Berufungs-Ordnung nächstfolgende Person berufen.

Das vollendete 7. Lebensjahr gilt als der Zeitpunkt vollendeter geistiger Reife, welche das Kind befähigt eine richtige Wahl zu treffen. Die Zeitgrenze ist nicht absolut verbindlich, wohl aber die geistige Reife. Wenn diese von irgend einer Seite angefochten 30 wird, steht dem Richter die Entscheidung zu.

Das 7 Jahre alte Kind hat das Recht zwischen dem Aufenthalt bei der Mutter oder dem Vater zu wählen, es ist aber nicht dazu verpflichtet. Wenn es nicht optirt, bleibt es bei der Mutter.

Wenn das Kind optirt hat, dann aber von dieser ersten Option zurückzutreten wünscht, steht es ihm frei zum zweiten Mal zu optiren. Sollte sich indessen herausstellen, dass das Kind noch nicht reif ist, um eine richtige Wahl zu treffen, so bleibt es noch weiterhin bei dem Pfleger oder der Pflegerin. Die Entscheidung über den Geisteszustand des Kindes steht dem Richter zu.

Ueber den Verkehr des Kindes, nachdem es optirt hat, mit Vater und Mutter, deren Ehebund gelöst ist, gelten folgende Vorschriften:

a) Ist das Kind ein Knabe und optirt für den Vater, so darf dieser das Kind nicht hindern die Mutter zu besuchen[1]).

b) Ist das Kind ein Knabe und optirt für die Mutter, so verweilt es Nachts bei der Mutter und Tags bei dem Vater, damit er 10 es in Religion und Arbeit unterrichte.

c) Wenn das Kind ein Mädchen ist und für den Vater optirt, dann darf das Mädchen nicht die Mutter besuchen, damit sie sich angewöhnt im Hause zu bleiben, sondern die Mutter muss kommen und die Tochter im Hause des Vaters besuchen, einmal in der Woche oder auch täglich. Doch sollen die Besuche der Mutter nicht zu lange dauern.

Wenn ein Knabe oder Mädchen unter solchen Umständen erkrankt, so pflegt die Mutter das Kind im Hause des Vaters, wenn er damit einverstanden ist; anderenfalls pflegt sie das Kind bei sich, 20 während der Vater kommt es zu besuchen, doch soll er das Alleinsein mit der von ihm geschiedenen Frau vermeiden.

d) Wenn das Kind ein Mädchen ist und optirt für die Mutter, so weilt sie bei ihr Tag und Nacht, damit sie sich angewöhnt im Hause zu bleiben. Der Vater darf sie im Hause der Mutter, seiner geschiedenen Frau, besuchen, muss aber das Alleinsein mit der letzteren vermeiden.

Wenn, nachdem das Kind optirt hat, diejenige Person, für welche es optirt hat, durch Krankheit oder Wahnsinn incapacitirt wird, so tritt für die Dauer dieses Zustandes die andere Person (Vater oder 30 Mutter) an die Stelle der ersteren.

Wenn zu der Zeit, wo das Kind optiren soll, der Vater desselben nicht mehr lebt, so tritt der Vatersvater an seine Stelle oder

---

[1]) Ein Mann ist mehr berechtigt ausserhalb seines Hauses zu sein als die Frau, denn *sie* ist eine ʿ*aura* d. h. etwas, dessen Anblick den Nicht-Verwandten verboten ist, nicht dagegen *er*.

eventuell der Bruder oder dessen Sohn oder der Vatersbruder oder dessen Sohn.

Wenn um dieselbe Zeit die Mutter nicht mehr lebt, wird ihre Stelle durch die Schwester germana oder uterina oder durch die Mutterschwester eingenommen.

Die Option kann auch noch ein anderes Objekt haben, als bisher angenommen, nämlich die Vaterschaft. Wenn zwei Männer die Vaterschaft eines und desselben Kindes beanspruchen, so kann das Kind nach vollendetem 7. Jahr für den einen oder den anderen optiren.   10

Wenn das Kind geistesreif oder das geisteskranke Kind wieder zurechnungsfähig und zugleich geistesreif geworden, ist es nicht gezwungen bei einem der beiden Eltern zu wohnen, sondern darf allein wohnen, sei es ein Knabe oder ein Mädchen.

Wenn indessen in dem Alleinwohnen eine Gefahr der Verführung liegt, was eventuell durch die eidliche Aussage des Vormundes festgestellt werden kann, ist das Alleinwohnen unstatthaft und das Kind kann gezwungen werden bei den Eltern oder, wenn sie geschieden sind, bei einem von ihnen zu wohnen. Das angemessenste ist, dass der Knabe bei dem Vater, das Mädchen bei 20 der Mutter wohnt.

Wenn aber das Kind noch nicht zurechnungsfähig ist, bleibt es bei dem Pfleger resp. der Pflegerin und unter deren Obhut.

§ 63. Zu den im Text genannten sieben Bedingungen, welche die Pflegerin erfüllen muss, werden noch die folgenden hinzugefügt:

1) sie muss mündig sein,

2) sie darf nicht notorisch stumpfsinnig sein,

3) sie darf nicht blind sein. Doch kann auch eine blinde Frau Pflegerin sein, wenn sie eine Person hat, welche an ihrer Stelle die Sorge für den Pflegling übernehmen kann.   30

4) sie darf nicht an Krätze oder Aussatz leiden. Doch kann auch eine solche Person als Pflegerin fungiren, wenn sie eine andere Person zu ihrer Verfügung hat, welche sie in der Ausübung der Pflege vertreten kann.

5) sie darf nicht an einer unheilbaren Krankheit leiden. Doch kann auch diese Person Pflegerin sein, wenn sie eine Stellvertretung stellen kann;

6) sie darf, wenn der Pflegling ein Säugling ist und sie Milch hat, sich nicht weigern das Kind selbst zu nähren. Wenn sie sich weigert, kann sie die Pflege nicht übernehmen. Die Pflege wird ihr auch dann nicht übergeben, wenn sie für das Nähren des Kindes Bezahlung verlangt, während eine andere Frau sich anbietet es umsonst zu nähren.

Wenn dagegen die Frau keine Milch hat, kann ihr die Uebernahme der Pflege nicht versagt werden.

Zu den einzelnen im Text angegebenen Bedingungen ist folgendes zu bemerken: 10

Ad 2) des Textes: Eine Sklavin kann nicht Pflegerin sein, selbst wenn ihr Herr es erlaubt. Eine Ausnahme besteht zu Gunsten der Muttersklavin, die im Besitz eines christlichen Herren ist. Wenn sie den Islam annimmt, wird auch ihr Kind Muslim, und dann kann sie die Pflege desselben übernehmen, obwohl sie nach wie vor Sklavin ist. Dagegen geht dem christlichen Vater das Anrecht auf die Pflege seines muslimischen Kindes verloren. Wenn ferner diese Sklavinmutter sich verheirathet, haben die Muslimischen Verwandten des Kindes die Pflege desselben zu übernehmen, und falls solche nicht vorhanden sind, die Muslime, d. h. die muslimische Gemeinde.   20

Ad 3) Eine Muslimin kann Pflegerin eines muslimischen wie christlichen Kindes, eine Christin nur die Pflegerin eines christlichen Kindes sein.

Ein christliches Kind, das den Islam annimmt, wird seinen christlichen Angehörigen abgenommen und geht in die Pflege der Muslims über. Das Nähere hat der Richter zu bestimmen. Ist das Kind mittellos und kein zum Unterhalt desselben verpflichteter vorhanden, so hat die muslimische Gemeinde die Kosten des Unterhaltes aufzubringen.

Ad 4 5) Wenn eine Frau z. B. die täglichen Gebete nicht betet, 30 ist sie nicht mehr einwandfrei und nicht mehr berechtigt eine Pflege zu übernehmen.

Die bürgerliche Unbescholtenheit[1]) kann, falls sie bestritten wird, vor dem Richter durch zwei Zeugen festgestellt werden.

Ad 7) Wenn einer der beiden Eltern eine Geschäftsreise antritt,

---

[1]) العدالة

so bleibt bis zur Rückkehr der Pflegling in der Obhut desjenigen, der die Heimath nicht verlässt. Wer verreist, sei es für Geschäftszwecke, sei es zum Vergnügen, verliert das Anrecht auf die Pflege während der Dauer seiner Abwesenheit.

Wenn der Pfleger oder die Pflegerin nach einem anderen Orte verziehen, auswandern will, so hat der Vater ein näheres Anrecht auf die Pflege als die Mutter, d. h. er kann den Pflegling, wenn er in der Heimath bleibt, bei sich behalten oder, wenn er die Reise unternimmt, ihn mitnehmen. Wenn aber die von dem Vater geplante Reise gefährlich ist, steht der Mutter die Pflege des Pfleg- 10 lings zu, d. h. er bleibt in der Heimath bei der Mutter.

Ad 7) Der Wortlaut dieses Absatzes muss nach Baguri lauten, wie folgt:

Wenn die Pflegerin einen Mann heirathet, der nicht Kraft seiner Verwandtschaft mit ihrem Pflegling ein Anrecht auf die Pflege desselben hat, verliert sie das Anrecht auf die Pflege. Wenn sie dagegen einen Mann heirathet, der das genannte Anrecht hat, kann sie die Pflege ihres Pfleglings beibehalten, vorausgesetzt, dass der neue Ehemann damit einverstanden ist; sonst muss sie auch in diesem Fall die Pflege aufgeben.   20

Massgebend ist nicht die Verwandtschaft zwischen dem neuen Ehemann und dem Pflegling der Frau, die er heirathet, im Allgemeinen, auch nicht derjenige Grad von Verwandtschaft der zwischen zwei verwandten Personen ein Ehehinderniss bildet, sondern ausschliesslich diejenige Art der Verwandtschaft, welche dem einen das Recht verleiht: als Pfleger zu der Pflege des anderen berufen werden zu können (s. S. 112. 113).

Die Regel des Absatzes 7 findet nicht Anwendung auf folgenden Fall: Wenn ein Ehemann *sich loskauft* von seiner Frau (s. § 26) gegen Zahlung einer Geldsumme und gegen die Verpflichtung der 30 Frau, sein Kind z. B. 2 Jahre pflegen zu wollen, ·die geschiedene Frau aber innerhalb dieser zwei Jahre eine neue Ehe mit einem beliebigen Manne eingeht, so kann ihr vor Ablauf der zwei Jahre ·der Pflegling nicht abgenommen werden, denn ihr Recht wird angesehen als auf einen Miethsvertrag, nicht auf Verwandtschaft beruhend.

Wenn eine Person die genannten Bedingungen nicht erfüllt,

kann sie eine Pflege nicht übernehmen; hat sie dieselbe aber dennoch angetreten, so wird sie ihr wieder genommen.

Wenn sie die Pflege verliert, da sie einer der Bedingungen nicht entsprach, späterhin aber in die Lage kommt, dass sie sämmtliche Bedingungen erfüllt, kann sie die Pflege reklamiren und wieder übernehmen.

Das Anrecht auf die Pflege beginnt mit dem Momente der Ehescheidung. Eine geschiedene Frau kann also schon während der Wartezeit die Pflege ausüben.

Was von der Mutter, die ihr Kind *pflegt,* von dem Vater, der sein Kind *pflegt,* gesagt ist, gilt nach den Commentaren auch von derjenigen Person, welche zur Pflege eines Geisteskranken berufen wird.

BUCH II.

FREILASSUNG.

TEXT.

VERZEICHNISS DER PARAGRAPHEN.

Von der Freilassung von Sklaven, Clientel, der Muttersklavin und ihrem Kinde.

§ 1. Wer Sklaven besitzt, kann über ihre Freilassung verfügen, sofern er verfügungsberechtigt ist.

§ 2. Die Freilassung kann entweder mit klaren Worten oder durch umschreibende Ausdrücke, welche nach der Absicht des Sprechenden den Sinn einer Freilassung haben, ausgesprochen werden.

§ 3. Wenn Jemand einen Theil eines Sklaven frei lässt, wird dadurch der ganze Sklave frei.

§ 4. Wenn zwei oder mehrere Personen gemeinsam einen Sklaven besitzen und einer von ihnen seinen Antheil an dem Sklaven freilässt, während er (der Freilasser) in solchen Verhältnissen lebt, dass er für den übrigen (ihm nicht gehörigen) Theil des Sklaven den entsprechenden Marktpreis aufzubringen vermag, wird dadurch der ganze Sklave frei, jedoch hat der Freilasser den Preis des ihm nicht gehörigen Theiles des Sklaven dem Besitzer desselben, seinem Compagnon zu zahlen.

§ 5. Wenn Jemand in den Besitz eines seiner Ascendenten oder Descendenten gelangt, ist dieser eo ipso frei.

§ 6. Die Clientel-Verwandtschaft oder das Patronat ist eine rechtliche Folge der Freilassung.

§ 7. Wenn der Libertus stirbt und keinen allgemeinen

Erben hinterlässt, beerbt ihn sein Patron oder, falls dieser nicht mehr lebt, dessen männliche allgemeine Erben.

§ 8. Das Patronat geht nach dem Tode des Patrons auf dessen männliche allgemeine Erben über.

§ 9. Die Reihenfolge, in der das Patronat nach dem Tode des Patrons auf seine Verwandten übergeht, ist dieselbe, nach welcher sie als allgemeine Erben zur Erbschaft berufen werden.

§ 10. Das Clienten-Verhältniss kann nicht veräussert werden, weder durch Kauf noch durch Schenkung.

§ 11. Wenn jemand zu seinem Sklaven spricht: „Wenn ich sterbe, bist Du frei", wird der Sklave ein *libertus orcinus*, dessen Freilassung nach dem Tode des Herrn dem Drittel seiner Erbschaft zur Last fällt.

§ 12. Der Herr kann, so lange er lebt, seinen Sklaven, nachdem er ihm für die Zeit nach seinem Tode die Freiheit versprochen hat, verkaufen, wodurch das Versprechen rechtsunwirksam wird.

§ 13. Während der Lebenszeit des Herrn ist das Verhältniss seines servus orcinus dasselbe wie das eines jeden anderen Sklaven.

§ 14. Die Freilassung durch Contrakt ist empfehlenswerth, wenn der Sklave um dieselbe bittet, und vertrauenswerth sowie erwerbsfähig ist.

§ 15. Die contraktliche Freilassung hat zur Bedingung, dass der Sklave seinem Herrn ein bestimmtes Aequivalent zu einem bestimmten Zeitpunkt in zwei oder mehr Raten zahlt.

§ 16. Der Freilassungs-Contrakt ist unkündbar für den Herrn, kündbar für den Sklaven, denn dieser kann ihn rückgängig machen, wenn es ihm beliebt.

§ 17. Der durch contraktliche Freilassung Freigelassene kann über das, was er erwirbt, (unter gewissen Beschränkungen) frei verfügen.

§ 18. Der Herr muss dem durch Contrakt Freigelassenen zur Beihülfe für die Leistung der Raten-Zahlungen eine Ermässigung des Freikaufspreises gewähren.

§ 19. Die Freilassung durch Contrakt wird nicht eher perfekt, als bis die Freikaufssumme, ausgenommen den nach § 18 zu gewährenden Abzug, ganz bezahlt ist.

§ 20. Wenn Jemand seiner Sklavin beiwohnt und sie ihm ein menschliches Wesen gebärt, so ist es ihm nicht erlaubt sie zu verkaufen, zu verpfänden oder zu verschenken; er darf sich aber ihrer Dienste bedienen und darf ihr weiterhin beiwohnen.

§ 21. Wenn der Herr stirbt, ist die Muttersklavin frei und scheidet aus der Erbmasse ihres Herrn aus, bevor noch seine Schulden und testamentarischen Zuwendungen bezahlt sind.

§ 22. Die Kinder einer Muttersklavin, die von einem anderen Manne als ihrem Herrn gezeugt sind, haben dieselbe rechtliche Stellung wie ihre Mutter.

§ 23. Wenn Jemand der Sklavin eines Anderen in rechtmässiger Ehe beiwohnt, so ist das von ihr geborene Kind Sklave ihres Herrn.

§ 24. Wenn Jemand die Sklavin eines Anderen aus Irrthum schwängert, so ist das Kind frei, aber der Vater desselben hat dem Herrn der Sklavin den Werth des Kindes zu zahlen.

§ 25. Wenn Jemand mit seiner unfreien Gemahlin, der Sklavin eines Anderen, ein Kind zeugt und danach sie zu seinem Besitze erwirbt, tritt sie nicht zu ihrem nunmehrigen Herrn in das Verhältniss einer Muttersklavin.

Dagegen erlangt sie allerdings diese Stellung nach einer von zwei Lehrmeinungen, wenn der Mann nicht in *ehelichem* Umgang, sondern *aus Versehen* mit ihr ein Kind gezeugt hat und sie hinterher zu seinem Besitze erwirbt.

BUCH II.

FREILASSUNG.

-

ANMERKUNGEN.

§ 1. Die Freilassung der Sklaven ist ein Gott wohlgefälliges Werk und giebt ein Anrecht auf eine Belohnung im Jenseits. „Wer einen Muslimischen Sklaven freilässt, erhält dadurch Befreiung vom Fegefeuer". Muhammed soll 63 Sklaven die Freiheit geschenkt haben.

Die Freilassung wird definirt als die Befreiung eines menschlichen Wesens aus dem Besitzverhältniss (d. i. aus dem Stadium der Unfreiheit) nicht zu Gunsten eines anderen Besitzers, wodurch der Freilasser Gottes Wohlgefallen zu erlangen strebt. 10

Die Hauptobjekte von der Lehre der Freilassung sind drei:

1. der Freilasser,
2. der Freigelassene,
3. der Ausdruck der Freilassung (s. § 2).

Der Freilasser muss rechtmässiger Besitzer des Sklaven und *verfügungsberechtigt,* d. i.

a) volljährig,
b) im Vollbesitz der Geisteskräfte,
c) im Vollbesitz der bürgerlichen Rechte

sein. Wenn daher ein Minderjähriger, ein Geisteskranker oder eine 20 wegen Verschwendung oder Bankerott unter Curatel stehende Person eine Freilassung verfügt, ist sie rechtsunwirksam.

Ferner muss der Freilasser nach freiem Willen handeln. Eine erzwungene Freilassung ist ungültig, ausgenommen die vom Richter nach den Gesetzen des Islams erzwungene. Wenn z. B. ein Mann einen Sklaven abgesehen von anderen Bedingungen gegen das Versprechen der Freilassung kauft und hinterher sich weigert diese Bedingungen zu erfüllen, zwingt ihn der Richter den gekauften Sklaven freizulassen.

Schliesslich muss der Freilasser geeignet sein das Patronat, die aus der Freilassung hervorgehende Clientelverwandtschaft zwischen ihm und seinem früheren Sklaven, zu übernehmen. Der Theil-Sklave d. i. derjenige, der zu einem Theil Sklave, zu einem Theil frei ist[1]) und der *mukâtab*[2]) genannte Sklave d. i. derjenige, der nach Vereinbarung mit seinem Herrn durch Ratenzahlungen sich die Freiheit erwirbt, können nicht eine Freilassung verfügen, weil sie, selbst Sklaven, nicht die Patrone von Freigelassenen sein können.

Der Freilasser kann eine *unbedingte*[3]) Freilassung auch durch einen Stellvertreter[4]) verfügen, nicht aber eine *bedingte*[5]) d. i. eine solche, die von der Erfüllung oder dem Eintreffen gewisser Bedingungen abhängig gemacht wird.

Zu der Kategorie der *bedingten* Freilassung gehört auch diejenige gegen Leistung eines Aequivalents, die einem Kaufgeschäft ähnlich ist. Wenn der Herr zu seinem Sklaven spricht „Ich lasse dich frei gegen 1000 Denare" oder „Ich verkaufe dich gegen 1000 Denare" und der Sklave dies Anerbieten annimmt, ist er sofort frei und hat die 1000 Denare zu zahlen.

Für den Sklaven ist Bedingung, dass nicht eine dingliche unablösbare Belastung abgesehen von dem Anrecht auf Freilassung an ihm haftet. Er kann freigelassen werden:

1. wenn er gar nicht belastet ist;

2. wenn er mit einem dinglichen Recht belastet ist, das sein Herr jeder Zeit einseitig aufheben kann, wie z. B. ein leihweise einem Anderen zur Verfügung gestellter Sklave.

3. wenn der Sklave insofern nicht mehr zur freien Verfügung seines Herrn steht, als er bereits das Anrecht auf die Freilassung hat, wie z. B. die Mutter-Sklavin. Sie hat das Recht mit dem Tode ihres Herrn, des Vaters ihres Kindes, frei zu werden. Trotzdem kann ihr Herr sie vordem jeder Zeit freilassen.

4. wenn der Sklave in einer Weise belastet ist, dass der Herr diese Belastung nicht jeder Zeit einseitig aufheben kann, in einer anderen Weise als sub nr. 3, aber so, dass der Herr ihn verkaufen kann,

---

[1]) المبعّض
[2]) Oder *servus contractualis.*
[3]) منجّز   [4]) وكيل   [5]) معلّق

also z. B. ein vermietheter Sklave. Dagegen kann der Herr ihn nicht freilassen, wenn der Sklave derartig belastet ist, dass sein Herr ihn *nicht* verkaufen kann, wie z. B. ein verpfändeter Sklave. Bei diesem ist indessen zu unterscheiden zwischen zwei Fällen: Ist der Pfandgeber wohlhabend, sodass er jeder Zeit den Sklaven auslösen kann, kann er seine verpfändeten Sklaven freilassen; ist er dagegen unbemittelt, so hat er nicht das Recht dazu.

Ein als Waḳf oder Stiftung vergebener Sklave kann niemals freigelassen werden. Denn ein Waḳf ist für alle Ewigkeit bestimmt; wenn daher z. B. eine Moschee einen ihr als Waḳf über- 10 gebenen Sklaven freiliesse, würde sie dadurch nicht allein die gegenwärtige, sondern auch die kommenden Generationen der Nutzniesser schädigen.

§ 2. Wird die Freilassung ausgesprochen durch einen *eindeutigen*[1]) Ausdruck, so ist es wirkungslos, wenn der, der den Ausdruck gebraucht hat, hinterher erklärt, dass er etwas anderes damit gemeint habe. Ist aber der gebrauchte Ausdruck ein mehrdeutiger, so kann die Freilassung hinterher angefochten werden, und die Entscheidung hängt ab von der Erklärung des Herrn, was er mit jenem Worte beabsichtigt habe[2]) 20

Es ist einerlei, ob die Freilassung im Ernst oder Scherz ausgesprochen wird.

Für die Freilassung ist eine Erklärung des Sklaven, dass er seinerseits die Freilassung annimmt, nicht erforderlich. Anders ausgedrückt: die Freilassung eines Sklaven kann gegen seinen Willen und Protest erfolgen.

Die Freilassung eines Sklaven erfolgt auch durch ein Geständniss seines Herrn, wenn dieser zu einer dritten Person spricht: „Du weisst, dass mein Sklave so und so frei ist."

---

[1]) كناية مع النيّة :Gegensatz, صريح (

[2]) Eindeutige Ausdrücke sind die Ableitungen von اعتق،حرّر حرّرتَكَ, فكّ الرقبة, wie z. B. عتيق s. معتّق. انت عتيق. اعتقتُكَ. und فككتُ. انت مفكوكُ الرقبةِ. اللهُ اعتقكَ. اعتقك اللهُ. انت محرّر رقبتَكَ

Mehrdeutige Ausdrücke sind z. B. folgende:
لا سبيلَ لى عليكَ. لا ملكَ لى عليكَ. لا سلطانَ لى عليكَ. انت سيّدى. انت مولاى. انت سائبة. لا خدمةَ لى عليكَ

§ 3. Wenn Jemand erklärt, dass er die eine Hand seines Sklaven oder ¹/₄ seines Sklaven freilasse, so erstreckt sich diese Freilassung eines Theils durch Ausstrahlung ¹) auf das Ganze, d. h. durch Freilassung eines Theils des Sklaven wird der ganze Sklave frei.

Diese Bestimmung gilt nur für den Fall, dass der Freilasser der Besitzer des betreffenden Sklaven ist, oder dass er, falls Andere neben ihm Mitbesitzer des Sklaven sind, mit Genehmigung dieser Mitbesitzer die Freilassung verfügt (in eigener Person, nicht durch seinen Mandatar). Wie dieser Rechtssatz anzuwenden ist, wenn der Mitbesitzer eines Sklaven ohne Genehmigung der übrigen Mitbesitzer einen Theil 10 desselben· freilasst, lehrt der folgende §.

§ 4. Wenn ein Sklave, sei es durch Erbschaft, Geschenk oder Anderes gemeinsamer Besitz mehrerer Personen ist und einer derselben ohne Genehmigung des anderen einen Theil des Sklaven frei lässt, so erstreckt sich die Freilassung auf den ganzen Sklaven, wenn der Freilasser den Werth des ihm zugehörigen Theiles seinen Mitbesitzern ersetzen kann; andernfalls erstreckt sich die Freilassung über den freigelassenen Theil hinaus soweit, als der Freilasser den Mitbesitzern zu ersetzen vermag. Ist der Freilasser dagegen nicht im Stande seinen Mitbesitzern irgendeine Entschädigung zu leisten, so 20 hat die von ihm verfügte Freilassung keine ausstrahlende Wirkung, sodass der übrige Theil des Sklaven unfrei bleibt.

Ueber den Moment, in dem die Ausstrahlung einer partiellen Freilassung in Kraft tritt, bestehen zwei Ansichten. Nach der einen tritt sie in Kraft mit dem Moment der partiellen Freilassung ²), nach der anderen mit dem Moment der Auszahlung der Entschädigung àn die Mitbesitzer.

Ueber den Ausdruck des Textes *mûsir*, d. i. *wohlhabend*, was an dieser Stelle den Sinn hat: in solchen Verhältnissen · sich befindend, dass der betreffende für den übrigen (ihm nicht gehörigen) 30 Theil des Sklaven den entsprechenden Marktpreis aufzubringen vermag, ist das folgende zu bemerken:

Wohlhabend im Sinne des Gesetzes ist derjenige, der im Moment der Freilassung die Mittel besitzt, die für den Unterhalt. seiner

---

¹) سرايةٌ

²) Dieser Ansicht giebt Ibn Ḳâsim den Vorzug.

Person und der von ihm zu unterhaltenden Personen in Nahrung, Kleidung und Wohnung für ein Nychthemeron erforderlich sind[1]) und der *ausserdem* den Preis für den seinen Compagnons gehörigen Theil des Sklaven zahlen kann. Diese Wohlhabenheit muss vorhanden sein zum Zeitpunkt der Freilassung. Wenn also Jemand zur Zeit der Freilassung unbemittelt ist, dann aber zur Wohlhabenheit gelangt, kann die Ausstrahlung nachräglich nicht mehr Statt finden.

Für die Abschätzung des Werthes des Sklaven ist massgebend der Zeitpunkt, in dem die partielle Freilassung stattfindet. Nachfolgende Veränderung des Vermögensstandes hat keine rückwirkende Kraft auf diese Angelegenheit.

Die Freilassung wird unterschieden in eine ausstrahlende und eine nicht ausstrahlende[2]). Die Ausstrahlung findet Statt, wenn folgende vier Bedingungen erfüllt sind:

1) Der betreffende muss aus eigener freier Wahl, aus eigener Initiative (also z. B. durch Kauf, nicht durch Erbschaft oder Geschenk) in den Besitz des Sklaven gekommen sein. Wenn z. B. Jemand *durch Erbschaft* einen Theil eines seiner Ascendenten oder Descendenten erwirbt (vgl. § 5), so findet die Ausstrahlung nicht Statt, d. h. der ihm nicht gehörige Theil dieses Sklaven wird dadurch nicht frei, während der ihm selbst gehörige Theil eo ipso frei wird.

Das Verhältniss zweier Mitbesitzer (A und B) des Sklaven ist in diesem Fall ein solches, als wenn der eine dem anderen Bürgschaft schuldete für ein verlorenes oder zu Grunde gerichtetes Objekt. Eine solche Bürgschaft setzt voraus, dass sie freiwillig übernommen ist; wird Jemandem das Objekt einer Bürgschaft übergeben, ohne dass er sie freiwillig übernommen, ist er frei von der Pflicht des Bürgen. Wenn Jemand seinen Ascendenten kauft, so hat er die Folgen zu tragen; wenn er aber ohne seine Initiative in den Besitz desselben kommt, so haftet er nicht für das dadurch entstandene Rechtsverhältniss.

Wenn einem Sklaven X ein Theil eines anderen Sklaven Y,

---

[1]) Vgl. die Gesetze über den Unterhalt in Buch I § 58—61.

[2]) اعتاق غيرُ سارٍ und اعتاق سارٍ

der ein Ascendent oder Descendent des Herrn A des Sklaven X
ist, geschenkt wird, so wird der geschenkte, nunmehr dem A gehörige Theil frei, aber die Ausstrahlung findet nicht statt, d. h. der
übrige Theil von Y bleibt Sklave[1]).

2) Er muss im Moment der Freilassung ausser seinem Unterhalt so viel besitzen, als der Rest des Sklaven, entweder der ganze
oder ein Theil desselben werth ist.

3) Der ganze Sklave muss veräusserlich sein, d. h. es darf
nicht ein Theil von ihm immobilisirt sein. Wenn ein Theil des
Sklaven Waḳf (Objekt einer Stiftung), oder wenn die Freilassung 10
dieses Theiles durch ein Gelübde bestimmt ist, oder wenn die
Sklavin die Mutter eines von ihrem Herrn gezeugten Kindes ist
(s. § 20)[2]), ist eine Ausstrahlung nicht möglich.

4) Der Freilasser muss *seinen* Theil des Sklaven zuerst freigelassen haben, bevor von einer Ausstrahlung die Rede sein kann.
Anders ausgedrückt: Eine Ausstrahlung vor erfolgter Freilassung
eines Theiles ist unmöglich.

Es ist zu beachten, dass diese Freilassung sowie die Ausstrahlung auch dann Statt finden kann, wenn der Freilasser ebenso
viele Schulden hat, als die Entschädigungssumme, die er seinen 20
Mitbesitzern zu zahlen hat, beträgt. Baguri II, 374, 12. 13; 375, 20. 21.

Folgende zwei Arten der Freilassung sind nicht ausstrahlend:

1) Die Freilassung für die Zeit nach dem Tode des Freilassers[3]), und

2) die an eine Bedingung geknüpfte Freilassung[4]).

Eine Art der Freilassung ist auch der *istîlâd*, d. h. die Thatsache, dass ein Mann seine Sklavin schwängert, in Folge dessen
sie ihm ein Kind gebärt. Sie ist frei nach dem Tode ihres Herrn.
Vgl. § 20. Die Frage, welche Wirkung der Istilad hat, wenn die
Sklavin mehreren Besitzern gehört, wird in folgender Weise be- 30
antwortet:

Wenn zwei Compagnons A und B *eine* Sklavin besitzen und

---

[1]) Anders Minhâg III, 460, 2—4.
[2]) Diese drei Arten von Sklaven heissen
موقوف. منذور عتقه. مستولَد
[3]) التدبير
[4]) العتق المعلَّق بصفة

A sie zur Muttersklavin[1]) macht, so ist sie nach A's Tode frei, soweit sie ihm gehörte, und von dem übrigen Theil der Sklavin ist so viel frei, als aus dem Nachlass von A bezahlt werden kann. Wenn A die Mittel hat seinen Compagnon zu entschädigen, muss er

a) ihm den Werth von seinem (des B) Antheil an der Sklavin zahlen,

b) ihm den entsprechenden Antheil einer Durchschnitts-Ehegabe, die für die Sklavin gezahlt worden wäre, wenn sie mit einem Dritten als Ehefrau verheirathet worden wäre, zahlen, also z. B. die Hälfte einer solchen Ehegabe, wenn dem B die Hälfte der Sklavin 10 gehörte,

c) eine Zahlung für ihre virginitas, falls sie virgo war.

Dagegen ist A nicht verpflichtet dem B einen seinem Mitbesitz an der Sklavin entsprechenden Antheil von dem Werthe des Kindes zu zahlen.

Ein Wahnsinniger und ein unter Curatel stehender hat nicht das Recht einen Sklaven freizulassen; wenn er aber mit seiner Sklavin ein Kind zeugt, so ist sie mit seinem Tode frei. Anders ausgedrückt: Die rechtlichen Folgen des Istilad treten auch dann ein, wenn der Urheber eine Person der genannten Art ist.   20

Wenn Jemand in seiner Todeskrankheit eine Sklavin zur Muttersklavin macht und einer anderen Sklavin die Freiheit schenkt, so wird der Werth der Muttersklavin von der Gesammtmasse des Nachlasses abgerechnet, dagegen der Werth der freigelassenen Sklavin von dem Legats-Drittel. S. Buch III § 17 Anmerkungen.

Wenn drei Compagnons einen Sklaven besitzen und zwei von ihnen, ein wohlhabender und ein unbemittelter, ihre Antheile freilassen, wird der ganze Sklave frei und der wohlhabende ist verpflichtet demjenigen Compagnon, der nicht freilässt, den Werth seines Antheils zu zahlen.   30

Wenn Jemand in seiner Todeskrankheit seinen Antheil an einem Sklaven freilässt und das Drittel seines Nachlasses eben soviel beträgt wie der Werth des ganzen Sklaven, so wird der ganze Sklave frei, d. h. die Ausstrahlung findet Statt. Wenn aber das Legatsdrittel (und nur über dieses kann der Freilasser verfügen) nicht

---

[1]) امّ ولد

grösser ist als der Werth des freigelassenen Theiles des Sklaven,
so findet eine Ausstrahlung nicht Statt, d. h. der übrige Theil des
Sklaven bleibt unfrei.

Die Bestimmung des § 4, dass der Freilasser eines Theils eines
Sklaven dem nicht-freilassenden Compagnon den Werth seines Antheils ersetzen muss, erleidet zwei Ausnahmen:

1) Wenn ein Vater seinen Sohn zum Mitbesitzer seines Sklaven
macht und der Vater alsdann seinen Theil freilässt, der Sohn aber
nicht, so ist der ganze Sklave frei und der Vater ist nicht verpflichtet dem Sohn seinen (des Sohnes) Antheil zu ersetzen.   10

2) Wenn Jemand einen Theil seines Sklaven verkauft und der
Käufer, bevor er noch den Preis gezahlt, bankrott wird, wenn nun
ferner der Verkäufer seinen Theil freilässt, so wird der ganze Sklave
frei und der Freilasser ist nicht verpflichtet seinem bankrotten Mitbesitzer den Werth seines Antheils zu ersetzen.

In beiden Fällen liegt die Sache so, dass der verschenkende
(in Fall 1), der verkaufende (in Fall 2) das ihm zustehende Recht
der *optio* in Anspruch nimmt, d. h. er tritt von der Schenkung oder
von dem Verkauf zurück und verfügt über den Sklaven nach seinem
Belieben. Wenn er daher als Alleinbesitzer einen Theil des Sklaven 20
frei lässt, wird der ganze Sklave frei (s. § 3).

Wenn in diesem Zusammenhange wegen der Werthabschätzung
eines Sklaven eine Differenz entsteht und der Richter um eine Entscheidung angegangen wird, so bestellt er Taxatoren, welche, wenn
der Sklave anwesend ist oder noch vor Kurzem lebte, ihn abzuschätzen haben. Wenn dagegen der Sklave abwesend oder schon
langst todt ist, so gilt die Aussage des Freilassers als massgebend.

§ 5. Der Ascendent oder Descendent muss ein Blutsverwandter
sein, denn Milchverwandtschaft kommt hier nicht in Betracht. Ferner
muss die Verwandtschaft eine *lineare* (gradlinige) sein, denn Seiten- 30
verwandtschaft ist ebenfalls ausgeschlossen.

Es ist in diesem Falle einerlei, ob derjenige, der einen solchen
Verwandten erwirbt, berechtigt ist eine freiwillige Zuwendung zu
machen oder nicht, also z. B. ein Kind, ein Wahnsinniger oder ein
unter Curatel stehender, wie es einerlei ist, ob er derselben Religion angehört wie der Verwandte oder nicht.

Derjenige, der durch Zufall seinen Ascendenten u. s. w. als

Sklaven erwirbt, muss ihn freilassen, wenn er selbst frei, ganz frei ist; der Theil-Sklave und derjenige Sklave, der sich nach Vereinbarung mit seinem Herrn durch Ratenzahlungen die Freiheit erwirbt, sind dazu nicht berechtigt, denn sie sind nicht geeignet das Patronat über einen von ihnen freigelassenen Sklaven zu übernehmen.

Der Vormund darf nicht den Ascendenten oder Descendenten seines Mündels für dessen Rechnung erwerben, weil durch die gebotene Freilassung desselben das Vermögen des Mündels verringert werden würde. Wenn dem Mündel durch Schenkung oder Testa- 10 ment ein Ascendent oder Descendent zufallen soll, so darf der Vormund dies genehmigen, falls dem Mündel nicht die Pflicht der Unterhaltung desselben auferlegt wird; anderen Falles muss der Vormund seine Genehmigung zu einer solchen Schenkung oder testamentarischen Zuwendung versagen.

Wenn Jemand (A) in seiner Todeskrankheit einen seiner Ascendeten X u. s. w. *durch Schenkung oder Testament* erwirbt, so ist nach seinem Tode der Werth desselben *von der Masse des Nachlasses* abzurechnen, nicht von dem Legats-Drittel. Wenn er ihn aber *durch Kauf* erwirbt und der Käufer dann stirbt, wird der Werth 20 des freigewordenen Verwandten von dem Legats-Drittel abgerechnet, denn der Käufer hat durch den von ihm gezahlten Preis seinen Erben einen Theil seines Nachlasses entzogen.

Der auf diese Weise freigewordene Verwandte wird nicht zur Erbschaft des Verstorbenen berufen — wegen des folgenden *circulus vitiosus:*

Wenn der zu Lasten des A freigewordene X den A beerbte, so wäre seine Freilassung gleich einer testamentarischen Zuwendung zu Gunsten eines Erben. Letztere hängt ab von der Genehmigung der Erben, zu denen er (X) selbst gehört. Aber die von ihm zu 30 ertheilende Genehmigung beruht auf seinem Erbrecht, und sein Erbrecht beruht auf seiner Freilassung. Resultat: Das *Erben* des X beruht auf seiner *Genehmigung* und seine *Genehmigung* ruht auf seinem *Erben*. Vgl. Erbrecht, die Anmerkungen zu § 1 (circulus legalis)[1) S. 194.

---

¹) الدور الحكمى

Wenn Jemand in seiner Todeskrankheit einen Ascendenten oder Descendenten kauft und als Erbschaft ebenso viele Passiva wie Activa hinterlässt, so bleibt zwar der Kauf zu Recht bestehen, d. h. er kann nicht nachträglich rückgängig gemacht werden, aber der betreffende Verwandte wird nicht frei, wenn der Verstorbene ihn durch regulären Kauf erworben hat; er bleibt vielmehr Sklave und wird zur Befriedigung der Gläubiger verkauft.

Wenn indessen der Sklave zu einem aus Rücksicht sehr reducirten Preise (also nicht zu dem wirklichen Marktpreise) gekauft worden ist, so findet die Befreiung des betreffenden Statt, indem der 10 Betrag der Reduction als ein dem Käufer gemachtes Geschenk aufgefasst wird und der wirklich gezahlte Preis von dem Legats-Drittel abgezogen wird. Wenn aber der Verstorbene so viele Passiva wie Activa hinterlässt, wird der Theil des Sklaven, den der Verstorbene de facto bezahlt hat, nicht frei, sondern er wird zur Befriedigung der Gläubiger verkauft.

In diesem wie in jenem Fall ist die Befreiung aus dem Legats-Drittel zu bestreiten, und dies muss in erster Linie zur Befriedigung der Gläubiger verwendet werden.

§ 6. Das Patronat ist die Folge einer jeden Art von Frei- 20 lassung, also:

1) der unbedingten Freilassung,

2) der von einer Bedingung abhängig gemachten Freilassung,

3) der Freilassung für die Zeit nach dem Tode des Freilassers,

4) des *Istîlâd,* d. h. der Freilassung mit dem Tode des Herrn, welche das Recht der Sklavin ist, die demselben ein Kind geboren hat;

5) der *Kitâbe,* d. i. der Freilassung, welche auf Grund einer von dem Herrn mit seinem Sklaven geschlossenen Vereinbarung in der Weise erfolgt, dass der Sklave sich durch Ratenzahlungen frei 30 kauft;

6) der Freilassung, die dadurch bewirkt wird, dass der Sklave sich loskauft (mit Geld, das ihm ein Dritter, eine freie Person, zur Verfügung stellt);

7) der Freilassung, welche in der Weise bewirkt wird, dass Jemand seinen Verwandten loskauft;

8) der Freilassung, welche in der Weise bewirkt wird, dass ein

Sklave durch Erbschaft, Schenkung oder Testament in den Besitz eines Sklaven kommt, der zu ihm in dem Verhältniss eines linearen Ascendenten oder Descendenten steht (§ 5).

Es ist für das Hervorgehen des Patronats aus der Freilassung einerlei, ob Jemand die Freilassung lediglich aus eigenem Interesse vornimmt oder ob er sie um eines Dritten willen concedirt. Wenn A zu B spricht: „Lass mir zur Liebe deinen Sklaven für einen Denar — oder — umsonst frei, und B die Bitte gewährt, wird A der Patron des libertus. Wenn aber B um des A Willen, nicht aber auf dessen Geheiss seinen Sklaven freilässt, wird B Patron des libertus, nicht A.

Von dem allgemeinen Satze, dass das Patronat die Folge der Freilassung ist, giebt es einige Ausnahmen, nämlich die folgenden:

1) Wenn ein Sklave von sich behauptet und z. B. vor dem Richter das Geständniss ablegt, dass er frei sei, so wird er frei zu Lasten des Käufers, aber die Frage des Patronats bleibt in suspenso, bis er den Beweis für seine Behauptung erbracht hat.

2) Ein christlicher Herr A lässt seinen christlichen Sklaven frei. Der Sklave geht in die Fremde, macht einen Krieg mit, wird gefangen und kommt als Sklave eines neuen Herrn B in die Heimath zurück. Wenn nun B den Sklaven freilässt, so ist B der Patron, nicht A.

3) Wenn das Staatsoberhaupt einen fiskalischen Sklaven freilässt, fällt das Patronat nicht dem Staatsoberhaupt, sondern vielmehr sämmtlichen Muslims zu.

Für das Patronat ist es gleichgültig, ob Freilasser und Freigelassener derselben Religion angehören oder nicht. Ein Muslim kann Patron eines Christen sein und umgekehrt, aber mit dem Unterschied, dass ein christlicher Patron einen muslimischen Freigelassenen nicht beerben kann. Denn zwischen Muslim und Nicht-Muslim kann zwar Blutsverwandtschaft und Connubium bestehen, nicht aber Beerbung, weder einseitige noch gegenseitige.

§ 7. Das Patronat gewährt seinem Inhaber ausser dem eventuellen Erbrecht die folgenden Rechte und Pflichten:

1) Der Patron ist Brautanwalt für die freigelassene Sklavin.

2) Der Patron empfängt das Sühnegeld, wenn der Freigelassene erschlagen wird.

3) Der Patron hat, wenn der Freigelassene gestorben, den Vortritt bei dem Gebet am Rande des Grabes, d. h. er betet zuerst.

4) Er hat den gestorbenen Freigelassenen zu waschen und zu begraben oder dies besorgen zu lassen.

Der Patronats-Erbe, d. h. derjenige, der als Patron zu einer Erbschaft berufen wird, erbt nach dem Recht der männlichen allgemeinen Erben, d. h. er erbt dasjenige, was nach Abzug der Quoten der Quoten-Erben übrig bleibt, oder er erbt die ganze Erbschaft, wenn Quoten-Erben nicht vorhanden sind.

Wenn der Patron nicht mehr lebt, geht sein Erbrecht gegen- 10 über seinem Libertus auf seine männlichen allgemeinen Erben über.

Auf Grund des Patronats-Erbrechts können nur männliche Personen zur Erbschaft berufen werden, ausgenommen eine einzige weibliche Person, nämlich die Freilasserin oder Patronin.

§ 8. Das Patronat geht über auf die männlichen allgemeinen Erben des Patrons, die *an und für sich* allgemeine Erben sind, nicht auf seine Tochter oder seine Schwester, denn diese werden zwar auch zuweilen als allgemeine Erben zur Erbschaft berufen, aber nur *in Verbindung mit* einem männlichen allgemeinen Erben (einem Sohn oder Bruder). Das Patronat wird nicht *vererbt*. Durch den 20 Tod des einen *geht* es *über* auf den anderen, ob er es will oder nicht.

Zur Beleuchtung dieses Satzes werden folgende Fälle angeführt:

I. Die Tochter eines Mannes A, der Sklave ist, kauft sich diesen ihren Vater. Dadurch wird A frei.

Der letztere lasst seinerseits (etwa nach einiger Zeit) einen Sklaven B frei, und darauf sterben beide, d. i. A und B, ohne einen männlichen allgemeinen Erben zu hinterlassen. In dem Falle beerbt die Tochter den Libertus B, nicht als Tochter seines Patrons A, 30 sondern als Freilasserin (Patronin) seines Freilassers (Patrons) A.

Wenn aber männliche allgemeine Erben von B oder von A vorhanden sind, kann sie nicht zur Erbschaft berufen werden. Denn der Freilasser steht dem männlichen allgemeinen Erben nach.

II. Wenn ein Bruder X und seine Schwester Y ihren Vater A kaufen, der dadurch frei wird; wenn danach A mehrere Sklaven M, N, O, P freilässt, und nun A sowohl wie die liberti M, N, O,

P sterben, die letzteren ohne männliche allgemeine Erben zu hinterlassen, so wird der Bruder X zur Erbschaft von M, N, O, P berufen, nicht die Schwester Y. Denn durch den Tod des Patrons
geht das Patronat über auf seine männlichen allgemeinen Erben
unter Ausschluss der weiblichen.

III. Ein Mann X schenkt zwei Schwestern M und N die Freiheit. Diese beiden kaufen sich ihren Vater, der dadurch ebenfalls
frei wird. Wenn nun die eine Schwester N stirbt, so erbt M als
Schwester von ihr die Hälfte ihres Nachlasses (s. Buch III § 8),
während die andere Hälfte ihrem Patron, dem X zufällt.

Es werden zwei Arten des Patronats unterschieden: dasjenige,
das ein freier Mann durch die Freilassung seines Sklaven erwirbt[1]),
und dasjenige, das ein libertus durch die Freilassung seines Sklaven
erwirbt, das Patronat der Ausstrahlung[2]).

Wenn ein libertus A den Vater seines Patrons B freilässt, so
haben beide, sowohl B wie· A ein Patronat, jener die erstgenannte
Art, dieser die zweite.

§ 9. Die Reihenfolge, in der die männlichen allgemeinen Erben
des Patrons nach seinem Tode das Patronat übernehmen, ist
folgende:

1) der Sohn des Patrons,

2) der Sohnessohn des Patrons oder die ferneren männlichen
Descendenten,

3) der Vater des Patrons,

4) der Vatersvater des Patrons oder die ferneren männlichen
Ascendenten.

Ueber die Abweichung dieser Reihenfolge von der Reihenfolge
der allgemeinen Erben eines Mannes s. weiter unten S. 145.

Zur Erläuterung werden die folgenden Fälle angeführt:

I. Der Patron A stirbt mit Hinterlassung von zwei Söhnen,
darauf stirbt einer von ihnen mit Hinterlassung eines Sohnes, und
schliesslich der libertus. In diesem Falle wird der Sohn des Patrons A
zur Erbschaft des libertus berufen, nicht sein Enkel.

Wenn aber nach dem Tode des Patrons, seines einen Söhnes

---

[1]) ولاء المباشرة

[2]) ولاء السراية

und des libertus auch der zweite Sohn mit Hinterlassung von
9 Söhnen stirbt, dann beerben die 10 Enkel des Patrons den libertus
zu gleichen Theilen.

. II. Ein Christ lässt seinen muslimischen Sklaven frei. Der Freilasser stirbt mit Hinterlassung von 2 Söhnen, von denen der eine
Muslim, der andere Christ ist. Darauf stirbt der libertus. In diesem
Fall wird der muslimische Sohn des Patrons zur Erbschaft des libertus
berufen, nicht der christliche Sohn.

Wenn aber der letztere *vor* dem Tode des libertus Muslim geworden ist, erben beide Söhne zu gleichen Theilen. 10

III. Fall. Ein Sklave A heirathet eine liberta, die ihm Kinder
gebärt. Der Patron dieser Kinder ist durch Ausstrahlung[1] der Freilasser M ihrer Mutter.

Wenn nun aber der Vater der Kinder, der Sklave A von seinem
Herrn B die Freiheit erlangt, so stehen vom Moment seiner Freilassung seine Kinder unter dem Patronat *seines* Freilassers B, d. h.
mit dem Moment erlischt das Patronat von M und beginnt dasjenige von B.

Wenn aber der Patron B und seine sämmtlichen männlichen
allgemeinen Erben gestorben sind, geht das Patronat über die Kinder 20
auf den Fiscus über.

Ein Uebergang des Patronats von dem Freilasser des Grossvaters auf den Freilasser des Vaters findet in folgendem Falle statt:
Wenn ein Sklave mit seiner Frau, einer liberta, Kinder gezeugt hat,
während der Vater dieses Sklaven (der Grossvater der Kinder)
ein libertus ist, so stehen die Kinder unter dem Patronat des Freilassers ihres Grossvaters.

Wenn aber danach der Vater der Kinder die Freiheit erlangt,
geht das Patronat über die Kinder von dem Freilasser des Grossvaters auf den Freilasser des Vaters über. 30

IV. Fall. Wenn ein Ehepaar, bestehend aus einem Sklaven und
einer liberta, Kinder hat, eines dieser Kinder (P) sich seinen Vater
kauft, so geht das Patronat über die Geschwister des P von dem
Patron der Mutter auf ihn (P) über, während er selbst unter dem
Patronat des Freilassers der Mutter verbleibt. Denn auf ihn kann

---

بطريق السراية (١

das Patronat nicht übergehen, da er nicht sein eigener Patron sein kann.

Wenn nun die Geschwister des P sterben, so werden sie beerbt von dem Freilasser der Mutter, denn dieser ist der Patron des P, der seinerseits der Patron seiner Geschwister ist (dadurch, dass er ihren Vater freigekauft hat).

Während im Erbrecht Bruder und Grossvater als gleichberechtigt gelten, und der Bruderssohn *nach* dem Grossvater zur Erbschaft berufen wird, gilt für die Uebertragung des Patronats eine andere Ordnung. Nach dem Tode des Patrons geht das Patronat, wenn 10 er männliche Descendenten oder einen Vater nicht hinterlässt, auf seinen *Bruder*, dann auf seinen *Bruderssohn*, dann erst auf seinen *Grossvater* über.

Die Freilasserin-patrona hat dieselben Rechte wie ein Freilasser-patronus, insofern sie ihren libertus sowie seinen Bluts- und Patronats-Verwandten beerbt, falls er oder sie keine Erben hinterlassen. Nach dem Tode der patrona geht das Patronat auf ihre männlichen allgemeinen Erben über, nicht auf ihre weiblichen Verwandten wie Tochter, Schwester u. s. w.

§ 10. Das Patronat haftet wie die Blutsverwandtschaft an der 20 Person, an dem Freilasser und seinen männlichen allgemeinen Erben, und ist unveräusserlich.

§ 11. Der *Tedbîr* (Freilassung eines Sklaven für die Zeit nach dem Tode seines Besitzers) macht die Freilassung abhängig

a) allein von dem Tode des Freilassers, oder

b) von dem Tode des Freilassers sammt einer auf seinen Tod bezüglichen Clausel, oder

c) *ausserdem noch* von einer *vor* dem Tode des Freilassers zu erfüllenden Bedingung.

Beispiel zu a: 30

„Ich lasse dich frei nach meinem Tode" [1]).

Beispiel zu b:

„Wenn ich sterbe in diesem Monate (oder: in meiner gegenwärtigen Krankheit), bist du frei."

---

[1]) اعتقتُكَ بعد موتى

Sachau, Muhammedanisches Recht.   10

Beispiel zu c:

„Wenn du das Haus betrittst vor meinem Tode, bist du frei."
Wenn in diesem Fall der Sklave das Haus nicht vor dem Tode
seines Herrn betreten hat, bleibt er Sklave.

Gültig ist auch die Formel: „Wenn du willst, bist du frei nach
meinem Tode."

Zu unterscheiden von dem Tedbîr sind folgende Formen der
Freilassung:

1) Der Herr spricht zu seinem Sklaven: „Wenn du mit meinem
Tode das Haus betrittst, bist du frei."

2) Zwei Compagnons sprechen zu ihrem Sklaven: „Wenn wir
sterben, bist du frei."

3) Der Herr spricht zu seinem Sklaven: „Wenn ich sterbe und
du dann das Haus betrittst, bist du frei."

Alle drei Fälle sind nicht als Tedbîr anzusehen, sondern als
eine von einer Bedingung abhängig gemachte Freilassung[1]).

Die Lehre vom Tedbîr hat drei Elemente:

1) die Lehre vom Freilasser,

2) die Lehre vom servus orcinus,

3) die Lehre von der Form der Freilassung.

Der Freilasser eines servus orcinus muss nach eigener freier
Wahl handeln, nicht unter dem Einfluss eines gesetzwidrigen Zwanges.
Er darf *nicht* sein

ein Kind,

ein Wahnsinniger,

ein Apostat;

er *darf* sein ein unter Curatel stehender Verschwender oder
Bankrotter,

ein Theil-Sklave,

ein Betrunkener,

ein Nicht-Muslim,

der Angehörige eines fremden nicht-muslimischen Staates.

Wenn der Apostat vor seinem Tode zum Islam zurückkehrt,
besteht seine Freilassung in Kraft; wenn er dagegen ungläubig stirbt,
ist seine Freilassung null und nichtig.

---

[1]) تعليقُ عِتْق بصفة

Ein *hostis*[1]) darf seinen servus orcinus, falls er *nicht* Muslim ist, auf nicht-muslimisches Gebiet mitnehmen oder entsenden, nicht aber einen servus orc., der Muslim oder Apostat vom Islam ist.

Wenn ein Christ (oder Jude) seinen muslimischen Sklaven für die Zeit nach seinem Tode freilässt, wird er von der muslimischen Obrigkeit aufgefordert, sofort auf sein Besitzrecht gegen den Sklaven zu verzichten. Wenn der christliche Herr sich weigert, wird der Sklave von der muslimischen Obrigkeit verkauft, der Preis dem christlichen Herrn übergeben, und damit ist der Tedbîr hinfällig.

Wenn dagegen ein christlicher Herr seinen *christlichen* Sklaven 10 für die Zeit nach seinem Tode freilässt und dieser Sklave den Islam annimmt, so wird er nicht von der Obrigkeit verkauft, sondern der Tedbîr bleibt in Kraft. Indessen der servus orc. wird auf Befehl der Obrigkeit seinem christlichen Herrn abgenommen und bis zum Tode desselben bei einer muslimischen Vertrauensperson untergebracht; der Sklave wird unterhalten auf Kosten seines Herrn, der Erwerb des Sklaven fliesst seinem Herrn zu.

Der servus orcinus darf nicht eine Muttersklavin[2]) sein. Letztere wird von dem ganzen Nachlass abgezogen, ersterer von dem Legats-Drittel. Die Muttersklavin bedarf des Tedbîr nicht, da die Geburt 20 ihres Kindes ihr das Recht auf die Freiheit vom Moment des Todes ihres Herrn, des Vaters ihres Kindes ab verleiht.

Der Tedbîr ist anwendbar auf einen *servus contractualis,* d. i. denjenigen, der auf Grund einer Vereinbarung mit seinem Herrn sich durch Ratenzahlungen die Freiheit erkauft, wie die manumissio contractualis anwendbar ist auf den servus orcinus. Der serv. contr. wird frei.

a) entweder mit dem Tode seines Herrn durch den Tedbîr, oder

b) durch die Leistung seiner sämmtlichen Raten-Zahlungen, durch die Kitâbe.   30

Der Tedbîr kann ferner Anwendung finden auf einen Sklaven, dessen Freilassung von einer Bedingung abhängig gemacht ist, und umgekehrt. Der Sklave wird dann frei entweder durch die eine Freilassung oder durch die andere, je nachdem der Tod des Freilassers oder die gestellte Bedingung früher eintritt.

 حربى (¹   اٰمّ ولد (²

Bezieht sich der Tedbîr z. B. nur auf die *Hand* oder einen anderen bestimmten Körpertheil des Sklaven, so wird der ganze Sklave frei. Dagegen wenn sich der Tedbîr z. B. auf eine Hälfte, ein Drittel des Sklaven bezieht, wird nur der betreffende Bruchtheil frei, nicht mehr.

Der Wortlaut des Tedbîr kann entweder eindeutig sein oder mehrdeutig[1]). In letzterem Fall ist, wenn der Tedbîr angefochten wird, erforderlich, dass der Freilasser erklärt den Tedbîr beabsichtigt zu haben.

Der Tedbîr kann mündlich oder schriftlich verfügt werden, sowie 10 auch durch die verständliche Geste eines Taubstummen.

Wenn der Werth des servus orcinus den Werth des Legats-Drittels übersteigt, wird von ihm nur soviel frei, als noch von dem Legats-Drittel abgezogen werden kann, während der übrige Theil von ihm Sklave bleibt, es sei denn, dass die Erben die Ueberschreitung des Legats-Drittels genehmigen.

Wenn Jemand nichts hinterlässt als seinen servus orcinus, so wird ein Drittel desselben frei.

Sind die Schulden des verstorbenen Freilassers[2]) so gross wie sein Nachlass, so ist sein Tedbîr rechtsunwirksam.   20

Ein Rechtskniff, durch den diese Bestimmung umgangen werden kann, d. h. durch den die Freilassung eines Sklaven, dessen Werth den Werth des Legats-Drittels übersteigt, ermöglicht werden kann, ist folgende Formel der Freilassung:

,,Wenn ich krank werde, ist der Sklave frei einen Tag vor meiner Todeskrankheit. Und wenn ich plötzlich sterbe, wird er frei einen Tag vor meinem Tode.''

Dies ist dann kein Tedbîr, sondern eine einfache Freilassung; der Werth des Sklaven wird daher nicht von dem Legats-Drittel, sondern von der Gesammt-Masse des Nachlasses abgezogen.   30

---

[1]) Eindeutig ist:

اعتقتك بعد موتى. انت مدبّر. دبّرتُك. انت حرّ بعد موتى، حرّرتُك بعد موتى

Mehrdeutig ist:

حبستك بعد موتى oder خلّيتُ سبيلك بعد موتى

[2]) المدبِّر

Wenn der servus orcinus ein Blutverbrechen begeht, sodass er zur Leistung des Sühnegeldes verkauft werden muss, ist der Tedbîr hinfällig. Wenn aber sein Herr das Sühnegeld für ihn bezahlt, bleibt der Tedbîr in Kraft.

§ 12. Der Herr kann seinen servus orcinus veräussern, auf welche Art er will, durch Verkauf, Geschenk, Vergebung als Ehegabe und anderes. Nur eine Beschränkung legt sich der Herr durch den Tedbîr auf: Er darf seinen servus orcinus nicht verpfänden.

Der Herr, der den Tedbîr mit Bezug auf seinen Sklaven aus- gesprochen, kann ihn nicht durch einfache Leugnung oder durch die Erklärung, dass er von dem Tedbîr zurücktrete [1]), rückgängig machen.

Der Abfall des Freilassers oder des servus orcinus vom Islam hebt den Tedbîr nicht auf.

Wenn der Herr seine serva orcina schwängert und sie ihm ein Kind gebärt, so ist sie eine Muttersklavin, die mit dem Tode ihres Herrn frei wird, und der Tedbîr ist damit aufgehoben.

Eine Meinungsdifferenz über das Wesen des Tedbîr kann unter Umständen die Frage der Aufhebung desselben beeinflussen. Nach einer Ansicht ist der Tedbîr nichts anderes als eine an eine Be- dingung geknüpfte Freilassung [2]), nach anderer eine testamentarische Verfügung der Freilassung der Sklaven. Der ersteren Ansicht wird von Ibn Kâsim und Bâgûrî der Vorzug gegeben. Wenn Jemand seinen servus orcinus verkauft und ihn später wieder erwirbt, so besteht nach dieser Ansicht der Tedbîr nicht mehr in Kraft, denn er ist durch den Verkauf aufgehoben. Wäre der Tedbîr eine testamentarische Verfügung, müsste eine *Freilassung* des servus orcinus nach dem Tode seines Herrn Statt finden, was nicht der Fall ist. Der Sklave wird durch den Tod seines Herrn ohne weiteres und ohne irgend welche Formalität frei.

§ 13. Nur in einem Punkte unterscheidet sich der servus orcinus von dem Ganz- oder Normal-Sklaven: der letztere kann verpfändet werden, der erstere nicht.

---

[1]) Durch Ausdrücke wie نَقَضْتُهُ. فسختهُ

[2]) تعليق عتق بصفة

Der Erwerb des servus orcinus gehört seinem Herrn, so lange
dieser lebt. Sühnegeld für Tödtung oder Verwundung des Sklaven
ist an seinen Herrn zu zahlen.

Wenn ein Streit entsteht zwischen ihm und den Erben seines
Patrons um einen Besitz, von dem die Erben behaupten, dass er
ihn *vor* dem Tode des Patrons erworben habe, während der Freigewordene behauptet, dass er ihn *nach* dem Tode desselben erworben habe (in jenem Fall gehört der Besitz den Erben, in diesem
dem libertus orcinus), so gilt die Aussage des servus orcinus als
massgebend.   10

Wenn dagegen eine serva orcina behauptet, sie habe ihr Kind
nach dem Tode ihres Herrn geboren (in diesem Falle ist es frei),
während die Erben behaupten, sie habe es *vor* seinem Tode geboren (in dem Falle ist das Kind Sklave der Erben), so wird den
Erben der Schwur angetragen und demgemäss entschieden. Dabei
wird vorausgesetzt, dass sie erst *nach* dem Tedbîr concipirt hat.
Für den Fall, dass sie bereits *zur Zeit des Tedbîr* schwanger war,
s. die folgenden Bestimmungen.

Der Tedbîr eines Sklaven bezieht sich nur auf seine Person,
nicht auf seine Kinder.   20

Der Tedbîr einer schwangeren Sklavin bezieht sich zugleich
auf das Embryo. Man kann aber auch durch Tedbîr das Embryo
allein frei lassen, in welchem Fall die Sklavin, sofern das Kind
nicht von ihrem Herrn gezeugt ist, nicht frei wird. Denn partus
sequitur ventrem in Sklaverei und Freiheit, aber nicht umgekehrt.

Wird der Tedbîr einer schwangeren Sklavin z. B. durch Verkauf aufgehoben, *bevor sie gebärt,* so wird damit auch der Tedbîr
des Embryo aufgehoben.

Wenn dagegen ihr Tedbîr rückgängig gemacht wird, *nachdem
sie geboren hat,* oder wenn sie stirbt, *bevor sie gebärt,* so bleibt 30
der Tedbîr des Embryo in Kraft (falls das Kind am Leben bleibt).

§ 14. Die contractliche Freilassung[1]) ist eine Form des Sich-
frei-kaufens. Der Sklave erlangt die Freiheit durch zwei oder mehr
Ratenzahlungen. Der Herr gewährt dem Sklaven die Möglichkeit
und das Recht Eigenthum zu erwerben, wogegen der Sklave sich

---

[1]) الكتابة

verpflichtet den vereinbarten Preis zu den vereinbarten zwei oder
mehr Terminen zu zahlen. Nach Zahlung der letzten Rate ist der
Sklave frei.

Die Elemente der Lehre von der *manumissio contractualis*
sind vier:

> der herus contrahens,
> der servus contrahens,
> der Preis oder das Aequivalent,
> die Form des Contraktes[1]).

Der herus contrahens muss nach freier Wahl handeln und recht-   10
lich befugt sein eine geschenkartige Zuwendung[2]) zu machen, sowie
das Patronat, das aus der manumissio contractualis hervorgeht, zu
übernehmen. Negativ ausgedrückt: er darf nicht unter einem gesetzwidrigen Zwange handeln, er darf nicht minderjährig sein, nicht
geisteskrank, nicht wegen Verschwendung oder Bankrott unter
Curatel stehen. Ferner können ein servus contrahens und ein Theil-
Sklave nicht eine manumissio contractualis verfügen, selbst nicht
mit Genehmigung ihres Herrn, weil beide nicht im Stande sind das
Patronat zu übernehmen.

Wenn ein Herr in seiner Todeskrankheit eine manumissio con-   20
tractualis verfügt, wird der frei werdende Sklave von dem Legats-
Drittel (nicht von der Gesammtmasse der Erbschaft) abgerechnet.
Wenn aber der Werth des servus contrahens den Werth des Legats-
Drittels übersteigt, wird von dem Sklaven nur so viel frei, als aus
dem Legats-Drittel bestritten werden kann. Hinterlässt der Herr
200 Denare und einen servus contrahens im Werthe von 100 Denaren,
also im Ganzen 300 Denare, so wird der ganze Sklave frei.

Hinterlässt der Herr 100 Denare und einen Sklaven im Werthe
von 100 Denaren, also im Ganzen 200 Denare, so wird der Sklave
nur zu $^2/_3$ frei.   30

Hinterlässt aber der Herr nichts als den servus contrahens, so
wird dieser zu $^1/_3$ frei.

Ein Nicht-Muslim und ein Trunkener können die contraktliche
Freilassung verfügen, nicht dagegen ein vom Islam abtrünniger.

(1 المكاتِب والمكاتَب والعِوَض والصيغة

(2 تبرّع

Der servus contrahens muss nach freiem Willen handeln, volljährig und geistig zurechnungsfahig sein; auch darf nicht an ihm
ein dingliches Recht zu Gunsten eines Anderen haften, er darf z. B.
nicht verpfändet oder vermiethet sein.

Das *Aequivalent* kann entweder eine bestimmte Summe Geldes,
ein Werthobjekt oder ein Nutzen sein; die Leistung muss in wenigstens
zwei Raten zu bestimmten Zeiten erfolgen.

Der *Contrakt* kann entweder in eindeutigen oder in mehrdeutigen
Ausdrücken geschlossen werden; in letzterem Falle ist eventuell der
Nachweis oder die Erklärung *der Absicht* erforderlich. Der Taub- 10
stumme kann durch eine verständliche Geste den Vertrag schliessen.
Zur Gültigkeit des Contraktes ist erforderlich Angebot und An-
nahme [1]).

Der servus contrahens muss *das Vertrauen* geniessen, dass er
den Besitz, den ihm sein Herr zu erwerben gestattet, nicht auf gesetz-
oder islam-widrige Dinge verwendet, z. B. nicht auf Diebstahl und
Raub, nicht für den Bau oder die Reparatur einer Kirche oder zum
Besten der Feinde des Islams.

Erwerbfähig muss er in dem Grade sein, dass er auf rechtmässige Weise ausser seinem eigenen Unterhalt noch so viel mehr 20
erwerben kann, als für die Leistung der Ratenzahlungen erforderlich ist.

§ 15. Das Aequivalent oder der Preis hat im Moment des
Contraktschlusses den Charakter einer Schuld, welche der servus
contrahens auf sich nimmt. Denn in dem genannten Moment
kann der Sklave noch kein Eigenthum haben, kann daher weder
mit gegenwärtigem Besitz noch mit dem Nutzen eines solchen seine
Freiheit erkaufen.

Den Charakter gegenwärtigen Besitzes hat eine Kunstfertigkeit
oder ein Wissen, das dem Sklaven eigenthümlich ist, z. B. die Kennt- 30
niss der Schneiderei, des Bauhandwerks oder ähnliches, und den
Nutzen eines solchen geistigen Besitzes kann der servus contrahens
unter zwei Bedingungen als Preis einsetzen:

---

[1]) Eine Formel des Angebots:

كاتبتُكَ على دينارين تدفعهما الىّ فى شهرين فإنْ أدّيتَهما الىّ فانت حُرٌّ

Formel der Annahme: قبلتُ ذلك

1) Der Nutzen d. i. die Verwendung der betreffenden Fähigkeit im Interesse des herus contrahens muss sofort nach dem Contrakt-Schluss beginnen. Es ist also nicht gestattet sie auf künftige
Termine zu verlegen.

2) Die sub 1 angegebene Leistung ist allein an und für sich
als Aequivalent für eine manumissio contractualis nicht genügend,
sondern sie muss verbunden sein mit einer zu einem bestimmten
Termin fälligen Zahlung von Geld oder Geldes-Werth.

Formel dieser manumissio contractualis: „Ich gewähre dir die
m. c., wenn du von jetzt ab einen Monat lang für mich arbeiten 10
(oder mir Kleider nähen oder mir ein Haus bauen) und zu der und
der Zeit so und so viel Geld zahlen willst."

Wenn dagegen das Aequivalent ausschliesslich aus der Leistung
oder Herstellung künftigen Besitzes besteht, so braucht die Thätigkeit des servus contrahens nicht sogleich nach dem Contrakt-Schluss
zu beginnen und braucht auch nicht von einer Ratenzahlung der
sub 2 angegebenen Art begleitet zu sein. Wenn also der Herr zu
seinem Sklaven spricht: „Ich gewähre dir die m. c., wenn du zwei
Häuser, das eine zu dem und dem Termin, das zweite zu dem und
dem Termin, bauest (oder bauen lässest)", so kommt, wenn der 20
Sklave diese Offerte annimmt, eine rechtsgültige manumissio contractualis zu Stande.

Auf alle Fälle muss das Aequivalent bei dem Contrakt-Schluss
genau bekannt sein, ebenso wie bei dem Pränumerations-Kauf[1]) die
zu dem vereinbarten Termin zu liefernde Waare. Vgl. Buch IV, Cap. 2.

Wenn ein Herr drei Sklaven die contraktliche Freilassung
gegen Zahlung einer Summe von 1000 Denaren in zwei Raten gewährt, so wird der Preis über die drei Sklaven nach dem Werthe,
den sie zur Zeit des Contrakt-Abschlusses repräsentiren, vertheilt.
Wenn der eine 100, der zweite 200, der dritte 300 Denare werth 30
ist, so zahlt der erste $\frac{1}{6}$, der zweite $\frac{1}{3}$, der dritte $\frac{1}{2}$ des Preises,
jeder seinen Theil in zwei Raten. In dem Falle ist die Befreiung des
einen Sklaven von der des anderen gänzlich unabhängig; wer seine
Zahlungen zu den vorgeschriebenen Terminen leistet, wird frei; wer
sie nicht leistet, bleibt Sklave.

------

[1]) السلم

Die manumissio contractualis kann Anwendung finden auf einen Theilsklaven. Ein Sklave, der zur Hälfte frei ist, kann durch die m. c. auch seine unfreie Hälfte befreien. *Dagegen kann sie auf einen Theil eines Ganz-Sklaven nicht angewendet werden.* Den Grund s. in § 3.

Von der letzteren Bestimmung ist der schon oben S. 151 angegebene Fall auszunehmen. Wenn ein Herr durch Testament die manumissio contractualis bestimmt, aber der Werth desselben den Werth des Legats-Drittels übersteigt, wird von dem Ganz-Sklaven ein solcher Theil frei, der nach seinem Werthe noch innerhalb der 10 Grenzen des Legats-Drittels liegt.

Wenn dagegen ein Herr in seiner Todeskrankheit einen *Theil* seines Sklaven durch m. c. freilässt und dieser Theil innerhalb der Grenzen des Legats-Drittels liegt, oder wenn er durch testamentarische Verordnung einen *Theil* des Sklaven durch m. c. freilässt, so ist beides rechtsunwirksam. So nach Bâgûrî II, 384, 17, während der Manhag und El-khaṭib es gestatten.

Zwei Herren, die einen Sklaven gemeinsam besitzen, können ihn durch die manumissio contractualis freilassen, wobei es nöthig ist, dass die dem Sklaven aufgestellten Termine dieselben sind, während 20 das Aequivalent, das der eine Herr fordert, verschieden sein kann von demjenigen, das der andere fordert. Erfüllt der servus contrahens seine Obliegenheiten gegen beide Herren, so ist er frei; wenn er sie nur gegen den einen von ihnen erfüllt, ist die m. c. rechtsunwirksam. Liesse man sie bestehen, so würde das Resultat die Freilassung *eines Theiles eines Ganz-Sklaven* sein, und diese ist unzulässig. Der Grundsatz „es darf in dem Dauer-Stadium einer Sache (im Verlauf eines Geschäftes) tolerirt werden, was im Anfangs-Studium (bei der Einleitung des Geschäftes) unzulässig ist" darf hier nicht angewendet werden. Wie man von vorn- 30 herein nicht einen Theil eines Ganz-Sklaven durch m. c. freilassen darf, so soll sie auch dann nicht gültig sein, wenn sie bei einer von zwei socii verfügten m. c. in Folge der Nicht-Befriedigung der Ansprüche des einen socius in Frage käme.

Wenn im Verlauf einer gemeinsamen m. c. der socius A dem Sklaven seine Terminzahlungen erlässt oder durch einfache Freilassung seinem Theil des Sklaven die Freiheit gewährt, so wird dadurch auch der dem socius B gehörige Theil frei. Hierbei d. h. für die Rechtsfolgen dieser Handlung sind aber zwei Fälle zu unterscheiden.

1) Wenn A wohlhabend ist und wenn der servus contractualis dadurch wieder zu einem Theil Ganz-Sklave wird, dass er die Terminzahlungen nicht leisten kann und B in Folge dessen die m. c. annullirt,[1] so hat A dem B den Werth seines Antheils an dem Sklaven zu zahlen, wogegen ihm (dem A) allein das Patronat über den Sklaven zufällt.

2) Wenn dagegen A unbemittelt ist oder wenn der servus con- 10 tractualis nicht wieder zum Theil die Natur eines Ganz-Sklaven annimmt und dem socius B die ihm zukommenden Terminzahlungen geleistet hat, so wird der dem B gehörige Theil des Sklaven frei Kraft der m. c., und in diesem Falle fällt das Patronat über ihn den beiden (A und B) gemeinschaftlich zu.

Wenn durch die zuletzt angeführten Arten der m. c. der eine socius durch den anderen beeinflusst wird, so tritt dies in folgendem Falle nicht ein:

Wenn A seine Terminzahlungen bekommt, nicht aber B, so wird sein (des A) Theil des Sklaven nicht frei, selbst dann nicht, 20 wenn B sich damit einverstanden erklärt hat, dass die Zahlungen an A zuerst geleistet werden, weil der servus contrahens nicht befugt ist den einen der socii vor dem anderen bei der Zahlung zu bevorzugen.

Die Vertheilung der Zahlungen über zwei oder mehr Termine ist bestimmt dem Sklaven ein langsames Ansammeln der nöthigen Mittel zu ermöglichen. Die geringste Zahl derselben ist zwei; über die höchste Zahl derselben giebt es keine Bestimmung, sowie auch nicht über den Zwischenraum zwischen je zwei Terminen; sie können in beliebig kurzen oder langen Abständen auf einander folgen.

Wenn zwischen dem Herrn und seinem servus contrahens eine 30 Differenz entsteht bezüglich des Betrages der Ratenzahlungen oder der Termine, und wenn keiner von beiden seine Behauptung beweisen kann oder Beweis gegen Beweis steht, so legt der Richter beiden den Eid auf. Wenn sie danach sich nicht einigen, kann der

---

[1] Dadurch nimmt sein Theil des Sklaven wieder die Natur des Ganzsklaven an.

Richter den Vertrag aufheben, wie auch dann jedem der beiden
Contrahenten frei steht von dem Vertrage zurückzutreten.

Wenn ein Sklave behauptet, dass sein Herr mit ihm die manumissio contractualis vereinbart habe, dagegen der Herr oder sein
Erbe es leugnet, so wird dem letzteren der Eid aufgetragen und
demgemäss entschieden.

Wenn ein Herr eine m. c. rückgängig machen will, indem er
behauptet, dass er sie in Geisteskrankheit oder, während er unter
Curatel stand, abgeschlossen habe, wird gemäss seiner Aussage verfahren, falls er beweisen kann, dass er thatsächlich zu der be- 10
treffenden Zeit sich in dem genannten Zustande befunden habe.

Wenn ein Herr stirbt und seine Sklavin nach seinem Tode in
Folge der manumissio contractualis zu Lasten seines Erben frei
wird, dieser Erbe aber mit der Sklavin verheirathet ist, so wird mit
dem Tode des Herrn diese Ehe gelöst. Aehnlich ist der Fall, dass,
wenn z. B. ein freier Ehemann seine unfreie Ehefrau kauft und dieser
Kauf perfekt geworden ist, diese Ehe gelöst ist. Der Grund ist in
beiden Fällen, dass ein Mann nicht mit seiner Sklavin verheirathet
sein kann. Vgl. Buch I die Anmerkungen zu § 3 S. 24.

§ 16. Der Contrakt der manumissio contractualis kann, nachdem 20
er perfekt geworden, von dem herus contrahens nicht gekündigt
werden. Indessen wenn der Sklave die ihm obliegenden Terminzahlungen nicht leisten *kann* oder nicht leisten *will*, kann der Herr
den Vertrag als null und nichtig ansehen.

Andrerseits kann der servus contrahens jeder Zeit, wenn er
will, von dem Contrakte zurücktreten, einerlei ob er im Stande ist
die übernommenen Verpflichtungen zu erfüllen oder nicht.

Dies ist die Regel für die correkte manumissio contractualis.[1])
Dagegen können bei der fehlerhaften manumissio contractualis[2])
(s. weiter unten) sowohl Herr wie Sklave jeder Zeit von dem Con- 30
trakte zurücktreten.

Ein zwischen einem Herrn und seinem Sklaven geschlossener
Contrakt der manumissio contractualis wird nicht hinfällig, wenn der
eine oder der andere der beiden Contrahenten oder beide zugleich

[1]) الكتابة الصحيحة

[2]) الكتابة الفاسدة

wahnsinnig oder unter Curatel gestellt werden. Der Vertrag wird durchgeführt, indem der Vormund an die Stelle des Herrn, der Richter an die Stelle des Sklaven tritt. Der Richter kann, wenn er es im Interesse seines Mundels für geboten erachtet, von dem Contrakte zurücktreten.

Wenn der Sklave z. B. wahnsinnig ist, darf der Herr anstatt den Richter um Zahlung zu ersuchen, den ihm zukommenden Betrag aus dem Vermögen desselben ohne Weiteres entnehmen, wenn er vorher vor dem Richter die Rechtmässigkeit seiner Forderung beschworen hat. Wenn aber der Sklave keinen Besitz hat, so kann 10 der Herr die m. c. annulliren. Wenn der bis dahin wahnsinnige Sklave wieder gesund wird oder wenn ein über ihn verhängtes Sequester wieder aufgehoben wird und nun sich herausstellt, dass er Besitz hat, den er bereits vor der Annullirung erworben hatte, so zahlt er seinem Herrn die Ratenzahlungen; dadurch wird die Annullirung der m. c. rückgängig gemacht und dem Sklaven die Freiheit zuerkannt.

Wenn der s. contrahens fast die ganze Summe der Terminzahlungen gezahlt hat, aber den letzten Rest nicht zahlen kann, der innerhalb der Grenzen der durch § 18 verordneten Ermässigung 20 liegt, so hat der Herr nicht das Recht die m. c. zu annulliren. Wenn über diesen Zahlungsrest ein Ausgleich nicht zu Stande kommen kann, wenn z. B. der Sklave den Erlass eines Theiles der letzten Terminzahlung wünscht, während der Herr die *ganze* Terminzahlung verlangt, dagegen bereit ist ihm ein anderweitiges Geschenk zu gewähren (s. S. 163), so steht es dem Sklaven frei die Sache vor den Richter zu bringen, der zwischen den beiden Parteien entscheidet.

Wenn es dem Sklaven schwer wird seine Termin-Zahlungen zu leisten, ist es empfehlenswerth für den Herrn ihm einen Aufschub 30 von 3 Tagen zu gewähren. Vor Ablauf dieses Moratoriums darf der Herr den Contrakt nicht für null und nichtig erklären.

Wenn der Sklave seine Terminzahlungen zu beschleunigen wünscht, d. h. seine Zahlungen früher leisten will, als in dem Contrakte ausbedungen war, darf der Herr dies ablehnen, falls ihm ein Schaden daraus erwächst; ist aber letzteres nicht der Fall, so muss er es annehmen. Weigert er sich dennoch, so ist der Sklave

berechtigt seine Zahlungen dem Richter zu übergeben, was dieselbe Rechtswirkung hat, als wenn er sie dem Herrn selbst übergeben hätte.

. Wenn der servus contrahens dem Herrn seine Zahlungen leisten
will, dieser aber sich weigert sie anzunehmen mit der Motivirung,
dass es unrechtmässiges Geld sei (also z. B. gestohlenes), so hat
er (der Herr) seine Behauptung zu beweisen. Ist er dazu nicht im
Stande, so wird dem Sklaven der Eid aufgegeben, dass das Geld
rechtmässig erworbenes ist. Falls der Sklave dies beschwört, muss
der Herr das Geld annehmen, oder, falls er sich weigert, nimmt 10
der Richter es für ihn an. Wenn aber der Sklave sich weigert den
Eid abzulegen, wird dem Herrn der Eid aufgelegt und demgemäss
entschieden.

Wenn der servus contrahens am Zahlungstermin nicht zahlt und
abwesend ist, hat der Herr das Recht den Contrakt als aufgehoben
anzusehen. Wenn der Sklave abwesend, dagegen sein Besitz anwesend ist, bleibt das Resultat dasselbe, denn der Richter hat nicht
das Recht aus dem anwesenden Besitz für den abwesenden Sklaven
die Terminzahlung zu leisten.

Es werden 4 verschiedene Arten der manumissio contractualis 20
unterschieden:

1) die correkte,

2) die fehlerhafte,

3) die nichtige,

4) die nichtige verbunden mit einer Clausel.[1]

Alles bisher gesagte (mit Ausnahme der Notiz auf Bl. 156) bezieht sich nur auf die erste Art.

Fehlerhaft ist diejenige manumissio contractualis,

1) in der eine gesetzwidrige Bedingung oder Clausel hinzugefügt worden ist, z. B. die Clausel, dass der Sklave an den Herrn 30

الكتابة الصحيحة, الفاسدة, الباطلة, الباطلة مع تعليق (١
Die Ausdrücke *fehlerhaft* فاسد und *nichtig* باطل bedeuten überall im
Recht dasselbe, nämlich *ungültig, rechtswidrig, rechtsunwirksam*, ausgenommen auf 4 Rechtsgebieten, wo zwischen ihnen unterschieden
wird, in der Lehre von der Pilgerfahrt, vom Darlehn (Buch IV,
Kap. 12), von dem Sich-loskaufen der Frau aus der Ehe (s. Buch I
§ 26—28) und hier in der Lehre von der manumissio contractualis.

irgend etwas verkaufen oder etwas ihm abkaufen soll, dass der
Erwerb des Sklaven zwischen Herrn und Diener getheilt werden
solle, oder dass die Freilassung des Sklaven erst eine gewisse Zeit
nach Abschluss der Terminzahlungen erfolgen solle;[1])

2) welche sich nur auf einen Theil eines Ganz-Sklaven bezieht
(vgl. S. 154 oben);

3) bei der das ausbedungene Aequivalent nach den Gesetzen
des Islams unzulässig ist, wie z. B. Wein oder ein Schwein;

4) bei der die Termin-Ansetzung eine gesetzwidrige ist, wenn
z. B. nur ein einziger Termin angesetzt ist, (während zwei die geringste
Zahl der anzusetzenden Termine ist).

Nichtig ist diejenige manumissio contractualis, in welcher eines
der vier Grundelemente (herus contrahens, servus contrahens, Aequivalent, Form des Contraktes) den Anforderungen des Gesetzes widerspricht, wenn z. B. einer der beiden Contrahenten unmündig oder
geisteskrank oder unter einem widerrechtlichen Zwang befindlich war.

Die *fehlerhafte* m. c. ist gültig, kann aber jeder Zeit von dem
einen oder dem anderen der beiden Contrahenten annullirt werden.

Ungültig, unwirksam ist die *nichtige* m. c. allein an und für
sich. Wenn ein Herr zu seinem Sklaven spricht: „Ich lasse dich
frei durch m. c. gegen Lieferung eines Schlauches voll Blut oder
gegen Lieferung von todtem Fleisch" und der Sklave dies Anerbieten annimmt, ist die ganze Sache rechtsungültig. Dagegen ist
sie rechtskräftig, wenn der Herr sein Angebot in die Form eines
Bedingungssatzes kleidet: „Wenn du mir das lieferst, bist du frei."
Wenn der Sklave die Lieferung ausführt, ist er frei.

Die *fehlerhafte* manumissio contractualis ist der *correkten* in
folgenden vier Punkten gleich:

1) der servus contrahens geht selbständig seinem Erwerbe nach;

2) er (nicht sein Herr) erhält das Sühngeld für ein Blutverbrechen, falls ein solches gegen ihn begangen worden ist;

3) er wird frei durch die Leistung seiner Terminzahlungen;

4) er behält nach seinem Freiwerden als Eigenthum den über
seine Terminzahlungen hinausgehenden Besitz, den er vor seinem
Freiwerden erworben.

---

[1]) Nihâje VIII, 223, 8.

Minhâg III, 492 fügt noch einen fünften Punkt hinzu, dass der Sklave das Recht hat von seinem Herrn den Betrag einer Ehegabe zu fordern, die er einer Frau als Entschädigung für eine aus Irrthum an ihr begangene Cohabitation zu zahlen hat.

Die *fehlerhafte* m. c. hat mit der vierten Art, der *nichtigen, mit einer Clausel verbundenen Art* das folgende gemein:

1) der Sklave wird nur dann frei, wenn er seine Terminzahlungen leistet, nicht dadurch, dass der Herr sie ihm erlässt oder ein Anderer sie für ihn bezahlt;

2) der Vertrag wird annullirt durch den Tod des Herrn, sofern 10 der Sklave nicht vorher seine sämmtlichen Zahlungen geleistet hat;

3) der Herr darf durch Testament über diesen Sklaven verfügen (s. Buch III, Anm. zu § 17);

4) dieser Sklave bekommt nichts von demjenigen Theil der Armensteuer (Zekât), welche speciell für die servi contrahentes bestimmt ist;

5) der Herr darf ihn freilassen als Busse, sofern er in Folge eines Verbrechens oder Vergehens eine Busse zu leisten hat (s. Buch VI. 1. Theil § 23).

6) der Herr kann diesen Sklaven veräussern, z. B. durch Verkauf; 20

7) der Herr kann ihn abhalten vom Reisen;

8) der Herr kann einer solchen Sklavin beiwohnen.

Die *fehlerhafte* manumissio contractualis unterscheidet sich in folgenden Dingen von der *korrekten* wie von der vierten Art (der mit einer Clausel verbundenen nichtigen):

1) der Herr kann sie jeder Zeit annulliren;

2) sie wird annullirt, wenn der Herr epileptisch, geisteskrank oder unter Curatel gestellt wird;

3) am Ende, d. h. nachdem der Sklave die Freiheit erlangt, kann er von seinem Herrn das, was er ihm gezahlt, zurückfordern, 30 oder kann einen Ersatz fordern, wenn das, was er ihm gegeben, ein Werthobjekt war, das seitdem zu Grunde gegangen ist;

4) am Ende, d. h nachdem der Sklave die Freiheit erlangt, kann der Herr von ihm den Preis seiner Person, wie er zur Zeit seines Freiwerdens war, verlangen, weil das verabredete Aequivalent, indem es z. B. in einem einzigen Termin gezahlt ist, als den Gesetzen nicht entsprechend ungültig ist.

Es findet dann ein Ausgleich zwischen den Forderungen des Herrn und seines früheren Sklaven statt. Hatte z. B. der Herr für die manumissio contractualis 2 Denare erlangt und von dem Sklaven bekommen, während der Werth des Sklaven 10 Denare ist, so hat der nunmehrige libertus seinem früheren Herrn noch 8 Denare zu zahlen. Dies kann der Richter verfügen, einerlei ob die Contrahenten damit einverstanden sind oder nicht. Bestehen die beiderseitigen Forderungen nicht in Baargeld, sondern in nicht-fungiblen Objekten, so findet ein Ausgleich nicht Statt. Bestehen sie in fungiblen Objekten, so ist ein Ausgleich möglich (bei der m. c.), 10 indem der Werth des Sklaven in ein entsprechendes Quantum dieser Objekte umgerechnet wird.

Bei der *correkten* Art der m. c. liegt das Hauptgewicht darauf, dass dem Herrn ein *Aequivalent* für den Besitz, dessen er sich entäussert, gegeben wird; bei der *fehlerhaften* und der mit einer Clausel verbundenen nichtigen (aber immerhin noch gültigen) Art kommt alles darauf an, dass *die Bedingung*, welche der Herr gestellt hat, einerlei ob sie den Gesetzen entspricht oder nicht, genau so, wie sie gestellt ist, erfüllt wird.

Wenn bei einer fehlerhaften manumissio contractualis der eine 20 oder der andere den Contract annulliren will, empfiehlt es sich dies vor Zeugen zu thun.

Wenn der Herr, nachdem er die Zahlung des Sklaven empfangen, erklärt, dass er schon vorher den Contract annullirt habe, während der Sklave das letztere leugnet, so hat der Herr den Beweis zu liefern; ist er dazu nicht im Stande, wird dem Sklaven der Eid auferlegt und demgemäss entschieden.

§ 17. Der servus contrahens erwirbt durch die manumissio contractualis das Recht vom Moment des Contraktschlusses ab Besitz zu erwerben und über denselben z. B. durch Verkauf, Vermiethen u. a. 30 zu verfügen. Wenn er z. B. einen Sklaven oder eine Sklavin erwirbt, hat sein Herr, der herus contrahens, nicht das Recht diesen Sklaven freizulassen oder die Sklavin zu verheirathen.

Die Verfügung des servus contrahens über seinen Besitz unterliegt manchen Beschränkungen. Er darf seinen Besitz nicht verschenken und darf Geschäftsoperationen, welche den Verlust desselben zur Folge haben können, nur mit Genehmigung seines Herrn unternehmen.

Der s. c. darf seinen eigenen Vater nicht kaufen ausser mit Erlaubniss seines Herrn. Wenn er ihn unter diesen Umständen kauft, wird der Vater nicht frei, sondern Sohn und Vater theilen das gleiche Loos, d. h. wenn der Sohn frei wird, wird auch der Vater frei; sonst bleiben beide Sklaven des Herrn.

Der s. c. darf den Vater seines herus contrahens zu eigenem Besitze erwerben. Wenn dann der Sklave die ihm obliegenden Zahlungen nicht zu leisten vermag, wird der s. contrahens wieder 10 Ganz-Sklave, der von ihm erworbene Sklave geht über in den Besitz des herus contrahens und wird dadurch frei nach § 5.

Der servus contrahens (= A) kann einen Theil des Vaters (= X) seines herus contrahens (= B) kaufen. Kann nun A die ihm obliegenden Zahlungen nicht leisten, so wird er wieder Ganz-Sklave und mit ihm wird sein Theil des X Sklave des B, des Sohnes von X. Dieser Theil von X wird frei (weil Theil eines Vaters im Besitze seines Sohnes), jedoch dies Freiwerden hat keine aus-strahlende Kraft, der übrige Theil des X bleibt Sklave. Die Aus-strahlung würde dann Statt finden, wenn B aus freier Wahl den einen 20 Theil seines Vaters erworben hätte, kann aber nicht Statt finden, wenn X durch die Umstände in den Besitz seines Sohnes B ohne dessen Zuthun geräth. Der servus contrahens kann seinen Sklaven weder durch einfache Freilassung noch durch manumissio con-tractualis freilassen, weil er nicht qualificirt ist das Patronat über denselben zu übernehmen.

Der servus contrahens darf sich eine Sklavin zu Handelszwecken kaufen, darf ihr aber selbst mit Erlaubniss seines Herrn nicht bei-wohnen, weil sie schwanger werden und in den Wehen sterben könnte. Wenn er dennoch die Sklavin schwängert, so ist er zwar 30 nicht straffällig, denn sie ist sein Besitz, aber die Ungesetzlichkeit des Vorganges hat dennoch eine Folge. Während nämlich das Kind das Loos des Vaters in Sklaverei oder Freiheit theilt, bleibt die Mutter Sklavin und erlangt nicht die privilegirte Stellung einer Mutter-sklavin (s. § 20—22), obwohl sie ihrem Herrn ein Kind geboren hat.

Der servus contrahens darf sich mit Erlaubniss seines Herrn verheirathen.

Während, wie oben bemerkt, der s. c. seinen Erwerb nicht verschenken darf, darf er Brod und Fleisch als Almosen vertheilen.

Die Verwaltung des Vermögens des servus contrahens soll die Vermehrung desselben erzielen; dagegen steht er dabei insoweit unter der Curatel des herus contrahens, als verhütet werden soll, dass er seinen Erwerb in unrechtmässiger Weise vergeude oder zu Grunde richte.

§ 18. Anstatt seinem servus contrahens eine Ermässigung des stipulirten Preises zu gewähren ist der Herr befugt ihm ein Baargeschenk zu machen. Doch gilt das erstere für angemessener. 10 Wenn mehrere Herren vorhanden sind, soll jeder von ihnen eine Ermässigung gewähren.

Solche Fälle, in denen eine Ermässigung der Freikaufssumme nicht Statt zu finden braucht, sind folgende:

1) wenn ein Herr in seiner Todeskrankheit seinem Sklaven die manumissio contractualis gewährt und der Werth des Sklaven gleich dem Drittel des Nachlasses ist;

2) wenn ein Herr seinem Sklaven die m. c. gegen eine Dienstleistung desselben gewährt;

3) wenn der Herr seinem servus contrahens die Terminzahlungen 20 erlässt.

Eine Ermässigung braucht auch dann nicht Statt zu finden, wenn der Sklave durch einfachen Loskauf sich die Freiheit erkauft, oder wenn der Herr ihm durch einfache Freilassung gegen irgend eine Gegenleistung die Freiheit giebt.

Die Vorschrift der Ermässigung des Preises findet keine Anwendung auf die *fehlerhafte* manumissio contractualis (vgl. S. 158 ff).

Ueber den Betrag der Ermässigung giebt es keine Vorschrift; er kann gross oder klein sein. Am besten ist es diese Ermässigung bei der letzten Termin-Zahlung zu gewähren, und zwar entweder 30 $^1/_4$ oder $^1/_7$ derselben.

§ 19. Bâgûrî giebt unter diesem § einige Bestimmungen strafrechtlicher Natur, welche sich beziehen

1) auf Blutverbrechen, die *gegen* den servus contrahens begangen worden sind, und

2) auf Blutverbrechen, die *von* dem servus contrahens begangen sind.

11*

1.

Wenn X einen servus contrahens ermordet, so hat der Herr des Sklaven das jus talionis gegen X, sofern der Herr und X vom Standpunkt des Strafrechts denselben Rang einnehmen. S. Buch IV, Theil 1 § 5 d. Wenn dagegen der Mörder (z. B. ein Christ) unter dem Range des Herrn (eines Muslim) steht, so hat er dem Herrn den Werth des Sklaven zu ersetzen.

Wenn der Herr selbst seinen servus contrahens ermordet, so hat er, falls er mit Absicht gehandelt, *die Busse*[1]) zu leisten (B. IV, Theil 1 § 20), d. h. entweder einen muslimischen Sklaven frei zu kaufen oder zwei Monate hinter einander zu fasten, und verliert seine Unbescholtenheit[2]). Durch den Tod des Sklaven ist seine manumissio c. erloschen, er ist als Sklave gestorben. Wenn der Herr seinen servus contrahens an einer der Extremitäten verwundet, hat er ihm das Sühngeld zu zahlen, als wenn er einen Fremden ermordet hätte. Denn die manumissio c. bleibt in Kraft, und in Folge dessen nimmt der servus c. gegenüber seinem Herrn die Stellung eines Freien ein.

2.

Wenn der servus contrahens *seinen Herrn* ermordet oder absichtlich verwundet, so unterliegt er entweder dem jus talionis oder er muss die Entschädigung zahlen, und zwar aus dem, was er momentan besitzt und was er in Zukunft erwirbt. Er gilt gegenüber seinem Herrn gleich einem Fremden. Kann er dagegen diese Entschädigung nicht leisten, so steht es dem Herrn oder eventuell dessen Erben frei die manumissio contractualis zu annulliren.

Wenn der servus contrahens einen *Anderen oder Fremden* (nicht seinen Herrn) ermordet oder absichtlich verwundet, so gilt der servus c. gegenüber seinem Opfer als *Sklave*. Nach der Lehre Schafei's in seiner ersten Periode musste der Attentäter, falls der Inhaber des Blutrechts von der talio absah, das gesetzliche Sühn-

---

[1]) الكفّارة

[2]) Er wird أثم, was aber nicht viel bedeutet, denn er kann seine Unbescholtenheit jeder Zeit durch die Reue بالتوبة wiedergewinnen d. h. durch eine Erklärung seiner Reue und Versprechen der Besserung u. s. w. Das إثم ist das Gegentheil von عدالة *Unbescholtenheit.*

geld oder die Entschädigung zahlen, eine Bestimmung, die später
dahin geändert wurde, dass der Attentäter entweder mit dem Werthe,
den er am Tage des Verbrechens repräsentirte, und mit dem gesetzlichen Sühngeld für seine That haftet, d. h. der Herr des Sklaven
kann wählen, was ihm das vortheilhafteste ist, indem er entweder
bestimmt, dass der s. c. aus seinem gegenwärtigen und künftigen
Erwerbe das Sühngeld zahlt, oder den genannten Werth des Sklaven
dem Inhaber des Blutrechts übergiebt.

Ist der servus contrahens nicht im Stande die schuldigen Zahlungen
zu leisten, so annullirt sein Herr oder auch der Richter auf Verlangen 10
des Klägers die manumissio contractualis, und der Sklave wird öffentlich versteigert. Wenn sein Werth geringer ist als die zu leistende
Entschädigung, wird der *ganze* Sklave verkauft; wenn dagegen sein
Werth grösser ist als die zu leistende Entschädigung, wird von ihm
so viel verkauft, als nöthig ist um die Entschädigung zu zahlen,
während der übrige Theil von ihm in dem ursprünglichen Verhältniss des servus contrahens gegenüber seinem Herrn verbleibt.
Wenn er die entsprechende Quote seiner Terminzahlungen an seinen
Herrn leistet, wird er frei, d. h. derjenige Theil des Sklaven, der
noch dem herus contrahens gehört[1]).   20

Wenn der Herr seinen servus contrahens von den Folgen dieser
Blutthat freikaufen will, zahlt er dem Inhaber des Blutrechts entweder den Werth des Sklaven, wie er am Tage der That war, oder
das gesetzmässige Sühngeld, indem er wählt, was ihm das vortheilhafteste ist.   Der Kläger ist verpflichtet dies anzunehmen, und der
Contrakt der manumissio contractualis bleibt zwischen dem Herrn
und seinem Sklaven in Kraft.

Wenn der Herr seinen servus contractualis, nachdem er ein
solches Verbrechen begangen, freilässt oder ihm die restirenden
Terminzahlungen erlässt, wird der Sklave frei, aber der Herr 30
muss ihn loskaufen aus der strafrechtlichen Verbindlichkeit gegen
den Geschädigten oder dessen Erben.

Anders liegt der Fall, wenn der Sklave durch Leistung der
Terminzahlungen frei wird. Dann braucht sein Herr ihn nicht frei-

---

[1]) Dies ist also doch ein Fall, in dem trotz § 3 die manumissio contractualis auf einen Theil eines Sklaven Anwendung
findet.

zukaufen, sondern der nunmehrige libertus haftet allein für die von ihm begangene That.

Wenn der servus c. von einem Anderen getödtet wird, so ist die manumissio c. damit erloschen und der servus c. als einfacher Sklave gestorben. Sein Herr hat daher das jus talionis gegen den Mörder oder den Anspruch auf Erstattung des Werthes des Sklaven.

Der Herr darf seinen Sklaven, der mit ihm einen *correkten* Contrakt der manumissio contractualis abgeschlossen, weder verkaufen noch verschenken, weil er ähnlich wie die Muttersklavin (s. § 20) ein Anrecht auf Freilassung hat. Wenn indessen der servus 10 contrahens sich damit einverstanden erklärt, kann er verkauft oder verschenkt werden; damit erlischt aber der Contrakt der manumissio contractualis.

Wenn A zu B spricht: „Lass deinen servus contrahens — oder deine Muttersklavin — frei gegen 1000 Denare, die ich dir zahle" und B einwilligt, wird A der Patron des Freigelassenen, indem er angesehen wird, als habe er z. B. einen Kriegsgefangenen losgekauft.

Wenn dagegen A zu B spricht: „Lass deinen servus contrahens *mir zum Gefallen*[1]) gegen 1000 Denare, die ich dir zahle, frei" und 20 B einwilligt, so wird der letztere Patron des Freigelassenen. Die Freilassung gilt als eine Gefälligkeit gegen A bis zu dem Grade, dass, wenn z. B. A die 1000 Denare noch nicht ganz gezahlt hätte, während der Sklave bereits freigelassen, B nicht das Recht hätte die Zahlung des Restes durch gerichtliche Klage zu erzwingen.

Der Herr hat nicht das Recht seiner serva contrahens beizuwohnen. Wenn er dennoch ihr beiwohnt, muss er ihr eine Ehegabe zahlen, wird aber nicht straffällig, weil sie sein Besitz ist. Das Kind eines solchen Umgangs ist das freie Kind des Vaters, während seine Mutter serva mater contrahens ist, welche frei wird 30 entweder durch die Leistung der Terminzahlungen oder durch den Tod ihres Herrn, und zwar durch dasjenige von diesen beiden Dingen, das am frühesten eintritt.

Das Kind der serva contrahens, das nicht von ihrem Herrn, sondern von einem fremden Manne gezeugt und das geboren ist,

---

[1]) غُنِّى

seitdem der Vertrag der manumissio contractualis geschlossen worden, theilt das Loos der Mutter in Freiheit und Sklaverei. Das Kind ist Sklave des Herrn der Mutter, solange diese nicht ihre Terminzahlungen absolvirt hat. Während dieser Zeit gelten für das Kind folgende Bestimmungen:

a) Wenn es getödtet wird, hat der Herr das Anrecht auf die Erstattung des Werthes desselben;

b) das Kind hat, sobald es erwerbsfähig geworden, sich selbst seinen Unterhalt zu verdienen;

c) wenn es ein Blutverbrechen begeht, hat es aus Eigenem das 10 Blutgeld zu bezahlen;

d) wenn das Kind ein Mädchen ist und verheirathet wird, wird die Ehegabe ihr Eigenthum;

e) wenn das Kind mehr verdient als es braucht, wird dieser Erwerb reservirt und wird freies Eigentum desselben, nachdem es die Freiheit erlangt, dagegen Besitz des Herrn, wenn das Kind die Freiheit nicht erlangt (wenn die Mutter schliesslich nicht im Stande ist die ihr obliegenden Terminzahlungen zu leisten).

Es steht übrigens dem Herrn frei, mit dem Kinde seiner serva contrahens einen selbstständigen Contrakt der manumissio con- 20 tractualis zu vereinbaren (falls das Kind *früher* frei zu werden wünscht, als es *ex jure matris* frei werden kann).

Nach einer Ansicht fliessen die Rechtsansprüche des Kindes der serva mater contrahens dem Herrn der Mutter, nach anderer der Mutter desselben zu. Daher hat entweder jener oder diese das Recht auf das Sühngeld, falls das Kind getödtet wird.

Die Leistung der *sämmtlichen* Terminzahlungen ist die Bedingung für das Freiwerden des Sklaven. Es wird auch nicht der geringste Theil von ihm frei, bevor er nicht sämmtliche Terminzahlungen geleistet hat. Dieselbe Wirkung wie die Leistung der 30 sämmtlichen Terminzahlungen haben folgende zwei Dinge:

1) wenn der Herr seinem servus contrahens die Terminzahlungen erlässt;

2) wenn der servus contrahens seinem Herrn, anstatt die Terminzahlungen zu leisten, eine entsprechende Anweisung auf eine dritte Person giebt, d. h. ihm eine Forderung gegen eine dritte Person cedirt.

Der Herr hat nicht das Recht die Terminzahlungen seines servus contrahens an eine dritte Person zu verkaufen. Der Sklave wird nicht frei, wenn er die Terminzahlungen an den Käufer zahlt, sondern nur dann, wenn er sie seinem Herrn gezahlt hat. Falls er irrthümlich diese Zahlungen an den Käufer geleistet hat, kann er sie zurückfordern.

In dem Falle aber, wenn der Herr dem Käufer der Terminzahlungen die besondere Erlaubniss ertheilt dieselben von dem servus contrahens entgegenzunehmen, erlangt der Sklave die Freiheit durch die Zahlung an den Käufer.   10

Wenn der servus c. seinem Herrn die Zahlung leistet in Objekten, die mit Forderungen von anderer Seite belastet sind, so wird er nicht frei, selbst wenn der Herr, durch einen falschen Schein getäuscht, ihn für frei erklärt. Ebenso wird er nicht frei, wenn das Objekt, das er seinem Herrn gezahlt hat, einen Fehler hat und von ihm wegen dieses Fehlers zurückgegeben wird.

Wenn von den Terminzahlungen noch so viel übrig ist, als etwa dem durch § 18 empfohlenen Ermässigungsbetrage entspricht, und wenn der servus contrahens diesen Betrag zu zahlen sich weigert, so ist der berus contrahens deshalb nicht berechtigt die ganze manu- 20 missio contractualis zu annulliren, denn es steht Forderung gegen Forderung, d. i. die Forderung des Herrn auf den letzten Rest der Ratenzahlungen und die Forderung des s. c. auf den Erlass. Vielmehr hat der Sklave das Recht die Vermittelung des Richters anzurufen, und dessen Aufgabe ist es einen Vergleich zwischen den beiden Parteien herbeizuführen. Vgl. S. 157. Solange der s. c. noch nicht den letzten Rest gezahlt hat, ist er nicht frei. Wenn der Herr ihm von der Zahlung nichts erlassen will, wohl aber ihm ein Geschenk von anderen Objekten als denjenigen, in denen der s. c. Zahlung zu leisten hat, geben will, so kann zwischen beiden Dingen 30 ein Ausgleich[1]) Statt finden.

§ 20. Die Sklavin, die ihrem Herrn ein Kind geboren hat, heisst Arabisch *Kindsmutter*[2]), wofür wir den Ausdruck *Muttersklavin* empfehlen. Sie unterscheidet sich von der gewöhnlichen Sklavin dadurch:

---

[1]) تَقَاصٌّ   [2]) امّ ولد

1) dass das Verfügungsrecht ihres Herrn über sie beschränkt wird, und

2) dass sie mitsammt ihrem Kinde, respektive Kindern mit dem Tode ihres Herrn die Freiheit erlangt. Die hierauf bezüglichen Gesetzesbestimmungen haben ihre Wurzel nicht im Koran, sondern in der Tradition.

Der Herr der betreffenden Sklavin muss in diesem Falle die folgenden Bedingungen erfüllen:

a) er muss volljährig sein;

b) er kann bei vollem Verstande sein oder auch wahnsinnig oder als Verschwender unter Curatel stehen;

c) er darf nicht als Bankrotteur unter Curatel stehen;

d) er muss ein Freier sein oder wenigstens zum Theil frei, d. i. ein Theilsklave;

e) er darf nicht ein servus contrahens sein.

Wenn ein vom Islam Abtrünniger im Unglauben stirbt, erlangt die ihm gehörige Muttersklavin, die Mutter seines Kindes, nicht die Freiheit durch seinen Tod; wenn er dagegen vor seinem Tode zum Islam zurückkehrt, wird seine Muttersklavin durch seinen Tod frei.

Der Herr kann ferner Muslim oder Nicht-Muslim sein. Auch ist die Wirkung dieselbe, ob der Herr freiwillig oder gezwungen, in voller Kenntniss der Verhältnisse oder ohne solche das Kind gezeugt hat.

In dem Commentar zu der Stelle „Wenn Jemand *seiner Sklavin* beiwohnt" wird das Besitzrecht sehr weit ausgedehnt. Er muss ein Besitzrecht an der Sklavin haben, wenn auch nur ein sehr geringes. Er muss sie entweder ganz oder theilweise besitzen oder *virtuell* (wie der Vater die Sklavin seines Sohnes)[1].

Für den Fall, dass die Sklavin nicht einen Herrn, sondern zwei Herren, A und B, hat, gelten folgende Bestimmungen:

Wenn A die Sklavin zur Muttersklavin macht, so erstreckt sich das Privilegium derselben auch auf den Antheil des B, falls A ihm den Werth desselben ersetzen kann. Ist er dazu nicht im

---

[1] Die letztere Art der Construction eines Besitzbegriffes wird شبيهة الملك genannt. Baguri II, 395, 6/7.

Stande, so bleibt das Privilegium der Muttersklavin auf den dem
A gehörigen Theil der Sklavin beschränkt.

Wenn in der Folgezeit B dieselbe Sklavin zur Muttersklavin
macht, so findet eine Ausstrahlung des Privilegiums einer solchen
nicht Statt, sondern es bleibt auf den Antheil des B beschränkt.
Anders ausgedrückt: Der dem A gehörige Theil der Muttersklavin
wird frei durch den Tod von A, der dem B gehörige Theil durch
den Tod von B. Der Grund ist der, dass die Ausstrahlung eine
Besitz-Uebertragung in sich begreift, dass aber der dem A gehörige
Theil — Kraft der Rechte der Muttersklavin — nicht mehr *über-* 10
tragbar ist. ·

Wenn der Vater die Sklavin seines Sohnes zur Muttersklavin
macht, wird sie, falls sie nicht schon Muttersklavin im Verhältniss
zu dem Sohne ist, frei mit dem Tode des Vaters und zu seinem
Lasten, d. h. der Vater oder seine Erbmasse hat dem Sohn den
Werth der Sklavin zu ersetzen.

Für den Fall, dass der Sklavin sowohl das Recht der Muttersklavin wie das Recht auf einfache Freilassung zusteht, ist folgendes
zu bemerken:

Wenn ein Mann (A) eine Sklavin mit der Bedingung sie frei 20
zu lassen kauft und sie darauf zur Muttersklavin macht, so wird
sie spätestens mit dem Tode ihres Herrn frei.

Wenn aber A die Sklavin mit der Bedingung sie freizulassen
kauft, indessen stirbt, bevor er sie freigelassen, und nun sein Erbe
(vor der Ausführung des Testamentes) die Sklavin zur Muttersklavin macht, so ist das rechtsungültig, denn die Sklavin hatte das
Recht zu Lebzeiten ihres Herrn frei zu werden.

Ebenfalls ist, wenn ein Mann eine Sklavin unter der Bedingung
der Freilassung kauft und dennoch sein Vater diese Sklavin schwängert,
sie nicht seine Muttersklavin. Dasselbe gilt für den Fall, dass ein 30
Mann seiner Sklavin durch Testament die Freiheit bestimmt und nun
sein Erbe (etwa vor der Ausführung des Testaments) sie schwängert.

Wenn ein Mann durch ein Gelübde eine Sklavin oder den
Werth derselben zu einer Almosengabe bestimmt, so ist es rechtsunwirksam, wenn er sie danach zur Muttersklavin macht. Vielmehr muss er entweder sie selbst als Almosen geben, oder sie
verkaufen und den Kaufpreis als Almosen geben.

Das Privilegium der Muttersklavin bleibt bestehen,

a) wenn die Sklavin des Mannes entweder seine oder seines Sohnes serva contrahens ist;

b) wenn sie serva orcina ist;

c) wenn ihr unter einer gewissen Voraussetzung die Freiheit versprochen ist;

d) wenn sie verpfändet ist, wobei es gleichgültig ist, ob der Herr die Mittel hat sie auszulösen oder nicht.

Wenn der Herr seine verpfändete Muttersklavin verfallen lässt, sie aber später wieder zurückkauft, bleibt das Privilegium der Mutter- 10 sklavin in Kraft. Kehrt sie dagegen nicht in den Besitz ihres Herrn zurück, geht ihr das Privilegium verloren.

Wenn eine Muttersklavin ein Verbrechen begeht, das sie mit einem von ihr persönlich aufzubringenden Sühngelde zu sühnen hat (in Folge dessen sie z. B. verkauft werden muss), verliert sie den Charakter der Muttersklavin.

Wenn eine gewöhnliche Sklavin einer verschuldeten Erbmasse angehört und dann vom Erben zur Muttersklavin gemacht wird, so gilt von ihr dasselbe, was von der verpfändeten Muttersklavin gilt.

Wird sie verkauft, gelangt aber später in den Besitz des Erben 20 zurück, so bleibt ihr Privilegium bestehen; wenn sie dagegen in fremdem Besitz verbleibt, geht ihr Privilegium verloren.

Wenn die christliche Muttersklavin eines christlichen Herrn in Kriegsgefangenschaft geräth, ist sie Ganz-Sklavin und bleibt es auch dann, wenn sie später in den Besitz ihres ursprünglichen Herrn zurückgelangen sollte.

Wenn sie dagegen einem Muslimischen Herrn gehörte, so bleibt, falls sie aus der Gefangenschaft zu ihrem ursprünglichen Herrn zurückkehrt, ihr Privilegium als Muttersklavin bestehen.

Für die Rechtsfolgen einer zu einer Geburt führenden Cohabita- 30 tion zwischen dem Herrn und seiner Sklavin ist es irrelevant, ob sie zur Zeit der Cohabitation in der Menstruation war oder nicht, ob sie ihm so nahe verwandt war, dass er sie nach dem Gesetz nicht hätte heirathen dürfen, und ob sie z. B. die unfreie Ehefrau eines Anderen war oder nicht, ob die Beiwohnung eine natürliche oder künstliche war. Unter allen Umständen macht der Tod des Herrn die Sklavin zur Freien.

Es wird dabei vorausgesetzt, dass die Geburt *vor* dem Tode des Herrn stattfindet. Wenn aber der Herr stirbt, während die von ihm geschwängerte Sklavin noch nicht geboren hat, so gilt sie insofern für frei, als irgend welcher Besitz, der ihr zufällt, vom Tode ihres Herrn an als ihr Eigenthum anzusehen ist, thatsächlich erlangt sie die Freiheit aber erst durch die Geburt eines Kindes.

Für die rechtlichen Folgen der Geburt ist es einerlei, ob das Kind lebendig oder todt zur Welt kommt, als eines von Zwillingen, als ausgetragenes Kind oder als eine solche Frühgeburt, für deren Zerstörung Jemand als Suhne einen Sklaven zu zahlen haben würde. 10 Bei dem Embryo gilt als Regel, dass er nach sachkundigem Urtheil bereits in Etwas die menschliche Gestalt bekunden muss. In dubio hat diejenige Ansicht zu gelten, welche das Vorhandensein menschlicher Form annimmt.

Der Herr darf seine Muttersklavin nicht verkaufen ausser an sie selbst, d. h. er darf sie gegen irgend eine Gegenleistung frei lassen, sofern er selbst völlig frei ist. Denn ein Theil-Sklave kann seine Muttersklavin nicht an sie selbst verkaufen, da er nicht im Stande ist das Patronat über sie zu übernehmen.

Wenn der Herr einen Theil seiner Muttersklavin an sie selbst 20 verkauft, so wird durch Ausstrahlung auch der übrige Theil der Sklavin frei, ohne dass sie verpflichtet ist ihn für den Theil ihrer Person, auf den die Ausstrahlung sich erstreckt, zu entschädigen.

Der Herr darf seine Muttersklavin an einen Dritten weder verkaufen noch verschenken noch verpfänden noch durch Testament vermachen. Dagegen darf er ihr direkt die Freiheit schenken, darf ihr auch leihweise die Freiheit gewähren, wenn sie ihm eine Stellvertreterin liefert. Er darf nicht über sie als fromme Stiftung verfügen.

Der Herr darf seiner Sklavin oder Muttersklavin nicht bei- 30 wohnen,

a) wenn sie ihm durch Blut, Milch oder Verschwägerung verwandt ist;

b) wenn sie mit einem Anderen verheirathet ist;

c) wenn er Theil-Sklave ist;

d) wenn sie die muslimische Sklavin eines Nicht-Muslimischen Herrn ist;

e) wenn sie zu ihm im Verhältniss der serva contrahens steht.

Der Herr darf seine Muttersklavin vermiethen. Wenn der Herr stirbt vor dem Ablauf des Miethsvertrages, ist der Miethsvertrag null und nichtig, denn durch den Tod ihres Herrn wird sie frei. Dagegen wenn Jemand seine Sklavin vermiethet, sie dann zur Sklavin-Mutter macht und darauf stirbt, so bleibt der Miethsvertrag in Kraft, d. h. sie wird erst nach Ablauf des Vermiethungs-Termins frei. Dasselbe gilt von dem einfachen Sklaven; wird er vermiethet und dann frei gelassen, beginnt seine Freiheit erst mit dem Ende des Vermiethungs-Termines.

Der Herr darf seine Muttersklavin an einen Anderen ausleihen.

Wenn die Muttersklavin oder eines ihrer Kinder verwundet wird, ist ihrem Herrn das Sühnegeld zu zahlen; ebenso bekommt er den Werth der Sklavin, falls sie getödtet wird, oder den Werth eines ihrer Kinder, wenn es getödtet wird.

Der Herr, sogar ein Theilsklave, hat das Recht seine Muttersklavin auch gegen ihren Willen zu verheirathen. Nur der christliche Herr einer muslimischen Muttersklavin hat dies Recht nicht, denn der Christ kann nicht Eheanwalt für eine Muslimin sein. An seiner Stelle hat der Richter das Recht die Sklavin zu verheirathen.

§ 21. Wenn der Herr und seine Muttersklavin zu gleicher Zeit sterben, gilt die Sklavin als frei; dagegen wenn man nicht weiss, wer von beiden zuerst gestorben, gilt sie für Sklavin. In jenem Fall sind die Kinder der verstorbenen Sklavin frei, in diesem unfrei.

Stirbt die Muttersklavin vor ihrem Herrn, so hat sie die Freiheit nicht erlangt und ihre Kinder sind und bleiben Sklaven.

Die Sklavin-Mutter erlangt auch dann die Freiheit durch den Tod ihres Herrn, wenn sie ihn selbst ermordet hat, im Gegensatz zu dem sonst geltenden Grundsatz, dass wer das Eintreten einer Sache, bevor sie fällig ist, zu beschleunigen sucht, durch den Verlust derselben bestraft wird.

Während die serva orcina von dem Drittel des Nachlasses abgezogen wird, wird die Sklavin-Mutter von der Gesammtmasse, bevor noch die Schulden und testamentarischen Zuwendungen des Verstorbenen sowie auch Strafgelder und Beerdigungskosten ausgezahlt sind, abgezogen.

§ 22. Mit der durch den Tod ihres Herrn frei werdenden Muttersklavin werden auch ihre *sämmtlichen* Kinder frei, welche sie seit der Geburt ihres ersten von ihrem Herrn gezeugten Kindes geboren hat, sowohl die, die von ihrem Herrn, wie diejenigen, die von einem anderen Manne gezeugt sind, sowohl eheliche wie uneheliche. Die Kinder scheiden gleich der Mutter aus der Gesammtmasse des Nachlasses aus, nicht aus dem Legats-Drittel, selbst dann nicht, wenn der Verstorbene das letztere durch Testament vorgeschrieben haben sollte, während der servus orcinus von · dem Legats-Drittel abgezogen wird. Wenn ein Herr für denjenigen, 10 der nach seinem Tode für ihn die Wallfahrt nach Mekka machen will, in seinem Testament eine Summe Geldes aussetzt und bestimmt, dass es aus dem Legats-Drittel genommen werden soll, wird demgemäss verfahren, und wenn das Legats-Drittel nicht ausreicht, der Rest der Kosten von der übrigen Masse abgezogen.

Es ist für die Wirkung des Istîlâd einerlei, ob der Herr die Sklavin in seiner Todeskrankheit geschwängert hat oder vorher.

Das Kind der Muttersklavin oder der serva contrahens, welches jene, nachdem sie Muttersklavin geworden, diese nach Abschluss des Vertrages der manumissio contractualis mit ihrem Herrn ge- 20 boren, folgt der Mutter in Knechtschaft und Freiheit.

Anders lautet die Bestimmung für das Kind einer Sklavin, deren Freilassung von dem Eintreten einer Bedingung abhängig gemacht ist: Wird das Kind geboren, bevor die betreffende Bedingung eingetreten ist, bleibt das Kind Sklave, während die Mutter mit dem Eintreten der Bedingung frei wird.

Die Kinder, welche eine Sklavin, bevor sie Muttersklavin wurde, sei es in Ehe, sei es in Unzucht geboren, sind und bleiben Sklaven, auch dann wenn die Mutter durch den Tod ihres Herrn die Freiheit erlangt.   30

Wenn ein Streit zwischen einer Muttersklavin und dem Erben ihres Herrn entsteht, indem sie behauptet das Kind geboren zu haben, *nachdem* sie bereits Muttersklavin geworden, während der Erbe behauptet, dass sie es *vorher* geboren, so wird, wenn Beweise nicht vorhanden, nach der Aussage des Erben entschieden.

Dagegen wenn die gewesene Muttersklavin nach dem Tode ihres Herrn behauptet, dass sie den Besitz, den sie hat, *nach* dem

Tode ihres Herrn erworben habe, während der Erbe des Herrn behauptet, dass er ihr *vorher* zugekommen sei, also den Erben gehöre, so wird, wenn Beweise nicht vorhanden, zu Gunsten der Muttersklavin entschieden.

Der Herr einer Muttersklavin soll deren Tochter, die von einem anderen Manne gezeugt ist, nicht beiwohnen. Thut er es dennoch, so wird sie seine Muttersklavin. Ebenso wird das Kind einer serva contrahens, wenn ihr Herr mit dem Kinde derselben einen Vertrag der manumissio contractualis abschliesst, sein servus oder serva contrahens.

Von den Kindeskindern der Muttersklavin gilt folgende Regel:

Sind sie weiblichen Geschlechts, so gelten sie wie Kinder, d. h. sie folgen der Muttersklavin, ihrer Grossmutter, in Knechtschaft und Freiheit.

Sind sie männlichen Geschlechts, so folgen sie ihrer Mutter in Knechtschaft und Freiheit, nicht ihrer Grossmutter.

Das Anrecht der Muttersklavin auf Freiheit strahlt aus auf ihre Kinder. Der Herr darf die Kinder so wenig veräussern wie die Mutter. Er darf sich aber ihrer Dienste bedienen, sie vermiethen und ausleihen, sie, wenn es Mädchen sind (nicht die Knaben), ohne ihren Willen verheirathen. Mutter und Kinder werden frei durch den Tod des Herrn, die Kinder auch dann, wenn die Mutter schon vor dem Herrn gestorben ist.

Wenn der Herr der Muttersklavin ihr schon zu seinem Lebzeiten die Freiheit schenkt, werden ihre Kinder nicht dadurch frei, sondern erst durch den Tod des Herrn.

§ 23. Wenn ein Mann nicht die Mittel hat eine freie Frau zu heirathen, daher sich mit einer Sklavin mit Genehmigung ihres Herrn verheirathet, gehören die von ihm gezeugten Kinder nicht ihm, dem Vater, sondern sind Sklaven des Herrn ihrer Mutter. Und auch wenn keine Ehe vorliegt, wenn eine Sklavin mit einem fremden Manne Unzucht treibt und Kinder gebärt, ist die Stellung der Kinder die gleiche.

Dagegen wenn ein Mann mit einem Weibe, die er für frei hält, während sie thatsächlich Sklavin ist, ein Kind gebärt, so ist das Kind frei, das freie Kind seines Vaters, dieser aber ist verpflichtet dem Herrn der Sklavin den Werth des Kindes zu ersetzen, kann indessen von dem, der ihn über den Zustand des Weibes getäuscht hat, die Rückerstattung der Summe verlangen.

Was die Schwängerung betrifft, so ist es einerlei, in welcher Weise sie erfolgt ist, mit einer Ausnahme. Wenn eine Sklavin es anzustellen weiss, dass sie von einem freien Manne, der nicht ihr Ehemann ist, geschwängert wird, während dieser schläft oder indem er geisteskrank ist, so ist das Kind, das sie gebärt, das freie Kind seines Vaters, aber der letztere ist verpflichtet dem Herrn der Sklavin den Werth des Kindes zu zahlen.

Ein Kind der Hurerei ist seiner Mutter blutsverwandt, nicht 10 seinem Vater. Dieser kann z. B. seine uneheliche Tochter heirathen, nicht aber die Mutter ihren unehelichen Sohn. Dagegen ist das eheliche Kind einer Sklavin auch seinem Vater blutsverwandt, obwohl es Sklave eines Anderen, des Herrn seiner Mutter ist.

Wenn ein freier Mann (A) die Sklavin eines Anderen heirathet und darauf der Sohn (B) des Verheiratheten dieselbe Sklavin zu seinem Besitze erwirbt, so ist diese Ehe insofern gesetzwidrig, als der freie Vater nicht mit der Sklavin seines Sohnes verheirathet sein darf; dennoch wird die Ehe nicht aufgehoben, sondern bleibt zu Recht bestehen.   20

Derselbe Zustand ergiebt sich, wenn z. B. ein Sklave A die Sklavin seines Sohnes heirathet und der erstere darauf frei wird. Auch hier bleibt die Ehe bestehen nach dem Grundsatze, dass es zwar nicht erlaubt ist einen gesetzwidrigen Zustand *einzuleiten*, dass dagegen ein gesetzwidriger Zustand, sofern er bereits vorhanden ist, sofern er ursprünglich ein gesetzmässiger war, dann aber durch eine eigenthümliche Verkettung von Umständen zu einem ungesetz-mässigen geworden ist, unter Umständen tolerirt werden muss.

Wenn in den angegebenen beiden Fällen die Sklavin nicht als Ehefrau des A, sondern als seine Concubine ein Kind gebärt, er- 30 langt sie ihm gegenüber die Stellung einer Muttersklavin. Der Mann A hat zwar kein Besitzrecht an ihr, denn sie ist die Sklavin seines Sohnes, steht aber doch in einem Verhältniss zu ihr, das einem Besitzverhältniss ähnlich ist[1]).

Wenn ein servus contrahens die unfreie Ehefrau seines Herrn

---

[1]) شبهة الملك. Vgl. Alkhaṭîb II, 315 Rand Z. 1.

zum eigenen Besitz erwirbt, wird die Ehe des Herrn aufgehoben, weil der servus contrahens selbst Besitz des Herrn ist (und dieser nicht mit der Sklavin seines eigenen Sklaven verheirathet sein kann).

Wenn ein freier Mann eine Sklavin unter der von ihrem Besitzer zu concedirenden Bedingung heirathet, dass die Kinder dieser Ehe frei sein sollen, ist eine solche Abmachung rechtsgültig.

§ 24. A) „Wer die Sklavin *eines Anderen aus Irrthum* schwängert", d. h. wenn er sich in dem Irrthum befindet, dass er die Sklavin eines Anderen für seine eigene Sklavin oder für seine *freie* Gemahlin hält.

B) Wenn Jemand die *eigene* Sklavin aus Irrthum schwängert (wenn er z. B. zwei Frauen hat, eine freie und eine unfreie, und irrthümlich die letztere für die erstere hält), so wird auch in diesem Fall das Kind frei, aber der Vater desselben hat dem Herrn seiner Mutter den Werth des Kindes zu ersetzen.

C) Wenn Jemand die Sklavin *eines Anderen* irrthümlich für seine eigene *unfreie* Gemahlin ansieht und schwängert, so ist das Kind Sklave des Herrn des Weibes, und das letztere wird auch dann nicht Muttersklavin, wenn der Mann, der sie geschwängert hat, sie nachträglich zu eigenem Besitze erwirbt.

Das in den Fällen A und B genannte freie Kind ist seinem Vater blutsverwandt.

Der von dem Vater des Kindes dem Besitzer seiner Mutter zu zahlende Werth ist abzuschätzen nach dem Zustande des Kindes und den Verhältnissen *zur Zeit seiner Geburt.*

Wenn ein Mann die Sklavin des Fiskus oder eines Anderen in voller Kenntniss über den Rechtszustand derselben schwängert, verfällt er dem Strafgesetz. Das aus einer solchen Cohabitation hervorgegangene Kind ist seinem Vater nicht blutsverwandt; auch erwirbt durch eine solche Cohabitation die Sklavin nicht das Recht der Muttersklavin, selbst dann nicht, wenn der Mann, der sie geschwängert hat, sie nachträglich zu seinem Besitze erwirbt.

§ 25. In der Frage, ob die Sklavin des B, die von A geschwängert worden und ein Kind geboren hat, nachträglich wenn sie auf irgend eine Weise, z. B. durch Kauf, Geschenk oder Erbschaft in den Besitz von A übergeht, zu diesem in das Verhältniss einer Muttersklavin tritt, also mit seinem Tode die Freiheit erlangt, sind zwei Fälle zu unterscheiden:

1) Hat der Mann die Sklavin, seine unfreie Ehefrau in voller Kenntniss ihres Rechtszustandes geschwängert, so wird sie nicht Muttersklavin.

2) Liegt dagegen der Schwängerung ein Irrthum des Mannes zu Grunde, so ist die Antwort zweifelhaft. Nach der besseren Ansicht wird sie aber auch in diesem Falle nicht Muttersklavin.

Durch diese Regeln ist selbstverständlich der Fall, dass die Sklavin, nachdem sie in den Besitz des A übergegangen, ihm ein 10 zweites Kind gebärt, nicht präjudicirt. Durch diese zweite Geburt erlangt sie das Recht der Muttersklavin.

Wichtig ist in diesem Zusammenhang das Datum der Geburt:

Erfolgt die Geburt 6 Monate, nachdem die Sklavin in seinen Besitz übergegangen, ist sie Muttersklavin.

Erfolgt die Geburt früher als 6 Monate, nachdem sie in den Besitz von A übergegangen, wird sie nicht Muttersklavin.

Der leitende Grundsatz bei der Entscheidung dieser Fragen ist folgender:

Was die verheirathete Sklavin von ihrem Ehemann empfängt, 20 ist Sklave ihres Herrn, hat keinerlei Anrecht auf Freiheit.

Was dagegen die nicht verheirathete Sklavin von ihrem Herrn empfängt, wird frei mit dem Tode desselben, und dies Freiheits-Anrecht des Kindes übt eine rückstrahlende Wirkung auf seine Mutter. Anders ausgedrückt: Die Mutter wird durch die Geburt eines solchen Kindes Muttersklavin, d. i. frei mit dem Tode ihres Herrn.

Rücksichtlich des Falles 2, der Schwängerung aus Irrtum, ist zu bemerken, dass nach § 24 das Kind frei ist. Diese Freiheit des Kindes hat aber keine ausstrahlende Wirkung auf die Mutter, denn 30 sie hat von A empfangen, als sie die Sklavin des B war, und Muttersklavin ist sie nur dann, wenn sie als Sklavin des B von B empfängt. Sie kann also, auch wenn sie hinterher die Sklavin des B wird, nicht zu ihm in das Verhältniss der Muttersklavin treten.

Uebrigens bezieht sich die Differenz der Meinungen nur auf den Fall, dass derjenige, der die Sklavin geschwängert hat, ein

Freier ist. Wenn dagegen ein Sklave aus Irrthum mit der Sklavin eines Andern ein Kind zeugt, darauf frei wird und nun die Sklavin zu seinem Besitze erwirbt, so tritt nach allseitiger Uebereinstimmung die Sklavin nicht zu ihm in das Verhältniss einer Muttersklavin.

Für den Fall, dass ein Streit besteht über die Frage, ob eine Sklavin Muttersklavin ist oder nicht, gelten folgende Bestimmungen:

Wenn zwei Zeugen behaupten, die Sklavin sei Muttersklavin, der Richter demgemäss entscheidet, darauf aber die beiden ihr Zeugniss revociren, haben sie keinerlei Entschädigung zu leisten, falls der Herr der Sklavin noch lebt.   10

Wenn aber der Herr bereits gestorben ist, also die Sklavin durch seinen Tod frei geworden ist, sind die beiden Zeugen gehalten seinen Erben den Werth der Sklavin zu ersetzen, sie aber bleibt frei.

Wenn zwei Zeugen behaupten, dass X seinem Sklaven die Freiheit zugesagt habe, wenn dies oder das einträte, der Richter demgemäss entscheidet und nun die beiden ihr Zeugniss revociren, *bevor noch die betreffende Bedingung eingetreten*, so haben sie zunächst keine Entschädigung zu leisten, wohl aber sind sie gehalten dem X, nachdem sein Sklave die Freiheit erlangt, den Werth des- 20 selben zu ersetzen.

Wenn die beiden ihr Zeugniss revociren, *nachdem die betreffende Bedingung bereits eingetreten*, d. h. nachdem der Sklave frei geworden, haben sie sofort dem früheren Besitzer desselben X oder seinen Erben den Werth des Sklaven zu zahlen.

Wenn ein Herr nicht im Stande ist seine Muttersklavin vorschriftsmässig (s. Buch I § 59) zu unterhalten, ist er verpflichtet ihr zu gestatten, dass sie sich selbst ihren Unterhalt verdient, oder sie an andere Leute zu vermiethen und sie durch den Lohn, den sie verdient, zu unterhalten.   30

Wenn es unmöglich ist sie zu verdingen und sie nicht im Stande ist sich selbst ihren Unterhalt zu verdienen, muss der Fiscus oder im Nothfall die reichen Mitglieder der Gemeinde sie unterhalten. Ihr Besitzer kann aber nicht gezwungen werden sie freizulassen oder zu verheirathen.

BUCH III.

ERBRECHT UND TESTAMENT.

TEXT.

VERZEICHNISS DER PARAGRAPHEN.

Erbrecht und Testament.

§ 1. Die männlichen Erben sind zehn:

1) der Sohn,

2) der Sohnes-Sohn und seine männlichen Nachkommen,

3) der Vater,

4) der Vaters-Vater und seine männlichen Vorfahren,

5) der Bruder,

6) der Bruders-Sohn und seine männlichen Nachkommen,

7) der Vaters-Bruder, ·

8) der Sohn des Vaters-Bruders und seine männlichen Nachkommen,

9) der Gemahl,

10) der Patron, falls der Erblasser ein Freigelassener war.

§ 2. Die weiblichen Erben sind sieben:

1) die Tochter,

2) die Tochter des Sohnes,

3) die Mutter,

4) die Mutter der Mutter,

5) die Schwester,

6) die Ehegattin,

7) die Patronin, falls der Erblasser ein Freigelassener war.

§ 3. Diejenigen Personen, welche nicht von der Erbschaft ausgeschlossen werden, sind fünf:

1) der Ehegatte,

2) die Ehegattin,

3) der Vater,

4) die Mutter,

5) das eigene Kind, Sohn oder Tochter.

§ 4. Diejenigen Personen, die unter keinen Umständen zur Erbschaft berufen werden, sind sieben:

1) der Sklave und die Sklavin,

2) servus orcinus,

3) die Muttersklavin,

4) der Sklave, der auf Grund einer Vereinbarung mit seinem Herrn sich durch Ratenzahlungen die Freiheit erwirbt (Buch II §. 14—19);

5) wer absichtlich oder unabsichtlich einen Anderen getödtet oder seinen Tod veranlasst hat, d. h. er kann den Getödteten nicht beerben;

6) der Apostat,

7) Christ und Jude (auch Magier), d. h. sie können den Muslim nicht beerben.

§ 5. Die allgemeinen Erben bilden nach ihrer Beziehung zu dem Erblasser die folgende Reihenfolge:

1) der Sohn,

2) der Sohn des Sohnes,

3) der Vater,

4) der Vater des Vaters,

5) frater germanus,

6) frater consanguineus,

7) der Sohn des frater germanus,

8) der Sohn des frater consanguineus,

9) frater patris germanus,

10) frater patris consanguineus,

11) der Sohn des frater patris germanus,

12) der Sohn des frater patris consanguineus, u. s. w.

§ 6. Wenn keiner von diesen Verwandten vorhanden ist, erbt der Patron oder die Patronin, falls der Erblasser ein Freigelassener war.

§ 7. Die im Koran bestimmten Erbschafts-Quoten sind folgende sechs:

I. $\frac{1}{2}$

II. $\frac{1}{4}$

III. $\frac{1}{8}$

IV. $\frac{2}{3}$

V. $\frac{1}{3}$

VI. $\frac{1}{6}$

§ 8. Folgende fünf Personen erben $\frac{1}{2}$ der Erbschaft:

a) die Tochter,

b) die Tochter des Sohnes (oder dessen männlicher Descendenten),

c) die Schwester, welche von denselben Eltern geboren ist (soror germana),

d) die Schwester, welche von demselben Vater gezeugt ist (soror consanguinea);

e) der Ehegatte, wenn er weder Kinder noch Sohnes-Kinder hat;

§ 9. Folgende zwei Personen erben $\frac{1}{4}$ der Erbschaft:

a) der Ehegatte oder Wittwer, wenn er Kinder oder Sohnes-Kinder hat;

b) die Wittwe oder die Wittwen, wenn sie weder Kinder noch Sohnes-Kinder hat bezw. haben.

§ 10. Folgende Personen erben $\frac{1}{8}$ der Erbschaft:

Die Wittwe oder die Wittwen, wenn sie Kinder oder Sohnes-Kinder haben.

§ 11. Folgende vier Personen erben $\frac{2}{3}$ der Erbschaft:

a) zwei und mehr Töchter,

b) zwei und mehr Sohnes-Töchter,

c) zwei und mehr sorores germanae,

d) zwei und mehr sorores consanguineae.

§ 12. Folgende zwei Personen erben $\frac{1}{3}$ der Erbschaft:

a) die Mutter, falls nicht eine Präclusion Statt findet;

b) zwei und mehr uterine Geschwister des Verstorbenen.

§ 13. Folgende sieben Personen erben ⅙ der Erbschaft

a) die Mutter, wenn Kinder oder Sohnes-Kinder oder wenn zwei oder mehr Geschwister vorhanden sind;

b) die Grossmutter, falls die Mutter nicht mehr lebt;

c) die Sohnes-Tochter, falls eine eigene Tochter des Verstorbenen vorhanden ist;

d) die soror consanguinea, wenn eine soror germana vorhanden ist;

e) der Vater, wenn Kinder oder Sohnes-Kinder vorhanden sind;

f) der Grossvater, wenn der Vater nicht mehr lebt;

g) das Kind der Mutter, falls es ein einziges ist (d. i. ein frater uterinus oder eine soror uterina).

§ 14. Folgende Personen sind von der Erbschaft ausgeschlossen:

I. die Grossmütter, wenn die Mutter lebt;

II. die Grossväter, wenn der Vater lebt;

III. ein frater uterinus, eine soror uterina des Erblassers, eine Person oder mehrere, wenn die folgenden vier Personen leben:

das Kind,

des Sohnes-Kind,

der Vater,

der Grossvater des Erblassers oder seine männliche Ascendenz;

IV. ein frater germanus, eine soror germana des Erblassers, eine oder mehrere Personen, wenn

der Sohn,

der Sohnes-Sohn oder dessen männliche Descendenz, oder

der Vater leben;

V. ein frater consanguineus, eine soror consanguinea

des Erblassers, eine oder mehrere Personen, wenn die folgenden Personen leben:

der Sohn,

der Sohnes-Sohn,

der Vater,

ein frater germanus.

§ 15. Vier Personen verleihen ihren Schwestern das Recht von allgemeinen Erben:

der Sohn,

der Sohnes-Sohn oder seine männliche Descendenz,

der frater germanus,

der frater consanguineus.

§ 16. Vier Personen erben, während ihre Schwestern nicht erben:

die Vaters-Brüder,

die Söhne der Vaters-Brüder,

die Söhne des Bruders,

die allgemeinen Erben des Patrons.

§ 17. Der Testator kann als Legat sowohl etwas bekanntes (genau bestimmtes) wie etwas unbekanntes (nicht genau bestimmtes), sowohl etwas seiendes wie etwas noch nicht-seiendes vermachen, aber nicht mehr als ein Drittel seiner Hinterlassenschaft.

§ 18. Wenn das Legat dies Drittel übersteigt, hängt die Verfügung über den überschüssigen Theil von der Genehmigung der Erben ab.

§ 19. Der Testator kann keinem seiner gesetzmässigen Erben ein Legat vermachen, ausser mit Genehmigung der übrigen Erben.

§ 20. Der Testator muss mündig und im Vollbesitz der Geisteskräfte sein.

§ 21. Der Legatar muss eine Person sein, welche fähig ist Besitz zu erwerben. Ein Legat kann aber auch für einen öffentlichen Zweck bestimmt sein.

§ 22. Der Testaments-Vollstrecker muss
Muslim,
mündig,
zurechnungsfähig,
frei und
vertrauenswürdig
sein.

BUCH III.

ERBRECHT UND TESTAMENT.

ANMERKUNGEN.

§ 1. Die Hauptgegenstände des Erbrechts sind:

1) der Erbe,

2) der Erblasser,

3) das was geerbt wird[1]).

Das Inkrafttreten des Erbrechts hat folgende drei Dinge zur Voraussetzung:

A) Das Vorhandensein einer oder mehrerer Quellen des Erbrechts.

B) Das Nicht-Vorhandensein eines oder mehrerer Dinge, welche ein vorhandenes Erbrecht aufheben.

C) Das Vorhandensein derjenigen Umstände, von denen die Ausführung des Erbrechts abhängig ist[2]).

Ad A) Die Quellen des Erbrechts d. i. des rechtsmässigen Erbanspruchs sind gewisse Beziehungen zwischen zwei Personen. Diese Beziehungen sind

1) entweder die Blutsverwandtschaft,

2) oder die Ehe,

3) oder das Patronat (d. i. das Verhältniss des freien Menschen zu seinem Freigelassenen),

4) oder die Angehörigkeit zur muhammedanischen Religion, nämlich die Beziehung des Muslim zu dem muslimischen Fiscus Ueber die Frage, unter welchen Umständen der Fiscus zur Erbschaft berufen wird, s. weiter unter S. 211.

Ad B) Die Dinge, welche ein vorhandenes Erbrecht aufheben, sind sechs:

---

¹) وارث. مُورِث. حقّ موروث.

²) وجود اسباب الارث وانتفاء موانعه ووجود شروطه

1) Unfreiheit,
2) Mord oder Todschlag,
3) Verschiedenheit des religiösen Bekenntnisses,
. 4) der circulus legalis.

Beispiel: Der Bruder A des Erblassers N legt das Geständniss ab, dass ein Sohn des Erblassers, dessen Existenz bis dahin unbekannt war, vorhanden ist. Diese Person X wird nun als Sohn des Erblassers anerkannt, beerbt ihn aber trotzdem nicht, und zwar aus folgendem Grunde:

Wenn X zur Erbschaft berufen würde, würde A von derselben 10 ausgeschlossen.

Wenn A nicht erbt, kann er den X nicht durch ein Geständniss zu seinem Verwandten machen, denn eine solche Aufnahme in einen Familienverband durch ein Geständniss kann nur derjenige vornehmen, der Gesammterbe ist.

Wenn aber die Aufnahme des X in die Familie des N nicht correkt ist, so ist sein Sohnes-Verhältniss zu N nicht festgestellt. Ist aber dies Sohnes-Verhältniss zu N nicht festgestellt, so kann er den N nicht beerben. Auf diese Weise führt sein Erbrecht durch eine Kette von Schlüssen dahin, dass er nicht erbt. 20

So das Recht. Sache des Anstandes ist es in einem solchen Falle für den genannten Bruder, seinerseits zurückzustehen und die ganze Erbschaft dem Sohne des Verstorbenen zu übergeben.

5) Der Umstand, dass Jemand Angehöriger eines Staates ist, der mit dem Islam nicht in einem Vertragsverhältniss steht, also ihm gegenüber *hostis* ist.

6) Die öffentlich in der Moschee ausgesprochene Anklage wegen Ehebruchs unter Ehegatten[1]). S. Buch I § 41—44.

Ad C. Die Umstände, von denen die Ausführung des Erbrechts abhängig ist, sind vier: 30

1) Der Tod des Erblassers, eines geborenen oder eines noch nicht geborenen menschlichen Wesens, d. i. eines Embryo. Wenn eine schwangere Frau mishandelt wird und in Folge dessen ein todtes Wesen gebärt, so ist dasselbe ein Erblasser. Der Erblasser

---

[1]) اللعان.

muss entweder gestorben sein oder wie z. B. ein Vermisster von dem Richter für rechtlich todt erklärt worden sein.

2) Der Erbe muss nach dem Tode des Erblassers am Leben sein oder er muss rechtlich als lebendig gelten wie ein Embryo oder ein Vermisster.

Wenn daher zwei gegen einander erbberechtigte Personen zugleich sterben oder so, dass nicht constatirt werden kann, wer von ihnen zuerst gestorben ist, findet eine Beerbung unter ihnen nicht Statt.

Wenn man dagegen anfänglich wusste, wer zuerst gestorben, 10 diese Kenntniss aber im Laufe der Zeit wieder verloren ging, so wird die Entscheidung so lange ausgesetzt, bis über diese Frage Gewissheit beschafft worden oder bis ein Vergleich zu Stande gekommen ist.

3) Die allgemeine Kenntniss von dem zwischen Erben und Erblasser bestehenden Verhältnisse, sei es ein verwandtschaftliches, sei es die Ehe, sei es das Patronat.

4) Die specielle Kenntniss von dem Detail der zwischen Erblasser und Erbe bestehenden Beziehung, ob z. B. der Erbe zu den Ascendenten oder Descendenten oder den Seitenverwandten des 20 Erblassers gehört und welchen Grad der Nähe der Verwandtschaft er im Verhältniss zu dem Erblasser einnimmt.

§ 1. 2. Die Zahlen der in § 1 und 2 angegebenen Erben und Erbinnen werden von dem Commentator Bâgûrî auf 15, beziehungsweise 10 vermehrt.

Danach können folgende 15 männliche Personen zur Erbschaft berufen werden:

1) Vater (Quoten-Erbe, s. S. 197),
2) Vatersvater und dessen männliche Ascendenz (Quoten-Erbe),
3) Sohn,   30
4) Sohnessohn und seine männliche Descendenz,
5) frater germanus,
6) frater consanguineus,
7) frater uterinus (Quoten-Erbe),
8) Sohn des frater germanus und seine männliche Descendenz,
9) Sohn des frater consanguineus und seine männliche Descendenz,

13*

10) frater patris germanus oder frater patris patris germanus,

11) frater patris consanguineus oder frater patris patris consanguineus,

· 12) Sohn von Nr. 10 und seine männliche Descendenz,

13) Sohn von Nr. 11 und seine männliche Descendenz,

14) Der Ehemann (Quoten-Erbe),

15) Der Patron.

Folgende zehn weibliche Personen können zur Erbschaft berufen werden:

1) Mutter (Quoten-Erbe, s. S. 197),

2) Mutter des Vaters oder eines männlichen Ascendenten (Quoten-Erbe),

3) Mutter der Mutter oder eines weiblichen Ascendenten,

4) Tochter (Quoten-Erbe),

5) Tochter des Sohnes oder eines anderen männlichen Descendenten (Quoten-Erbe),

6) soror germana ⎫
7) soror consanguinea ⎬ Quoten-Erben,
8) soror uterina ⎭

9) Gemahlin (Quoten-Erbe),

10) Patronin.

Diejenigen Verwandten, welche in diesen beiden Listen nicht aufgeführt sind, heissen die *entfernten Verwandten*[1]), von deren Erbrecht im Folgenden die Rede sein wird. Vgl. S. 224. 225. .

Zu den einzelnen Nummern dieser Listen ist folgendes zu bemerken:

Zu I Nr. 4: Der Sohn (wie überhaupt die Kinder) der Tochter gehören zu den entfernten Verwandten.

Zu I Nr. 8. 9: Der Sohn des frater uterinus gehört zu den entfernten Verwandten.

Zu I Nr. 10—13: Der frater patris uterinus wie sein Sohn gehören zu den entfernten Verwandten.

Zu Nr. 14: Der Ehemann beerbt seine Frau, auch wenn er sich von ihr geschieden hat, aber nur solange, als sie noch in der Wartezeit ist. Ueber die Wartezeit s. Buch I § 45—48.

---

[1]) ذوو الارحام.

Zu I Nr. 15: Der Patron oder die Patronin beerbt seinen resp. ihren Freigelassenen. Wenn der Patron (oder die Patronin) nicht mehr vorhanden, so erben an seiner Stelle seine allgemeinen Erben oder, falls solche nicht vorhanden, der Freilasser des Freilassers, welcher letzterer der direkte Patron des Erblassers war. Der Patron — oder die Patronin — beerbt unter Umständen auch den Sohn des Freigelassenen oder den Freigelassenen des Freigelassenen, falls der betreffende Erblasser anderweitige Erben nicht hinterlässt.

Zu der weiblichen Reihe (II) ist folgendes zu bemerken:

Zu II Nr. 5: Die Tochter der Sohnes-Tochter gehört zu den 10 entfernten Verwandten.

Zu II Nr. 3: Die *falsche* Grossmutter [1]) zählt zu den entfernten Verwandten, d. i. die Mutter des Vaters der Mutter.

Zu II Nr. 9: Auch eine geschiedene Frau, solange sie für den Mann reklamirbar ist und solange ihre Wartezeit dauert, ist Erbin. Dagegen erlischt ihr Erbrecht mit dem Ende der Wartezeit.

Unter den in § 1. 2. aufgezählten Erben nehmen einige insofern eine bevorzugte Stellung ein, als Muhammed für alle Zeit festgesetzt hat, welcher Theil, welche Quote der Erschaft ihnen zufallen muss. Während er es nicht für nöthig gefunden hat ein allgemeines Erb- 20 recht zu erlassen, hat er ein besonderes Interesse daran genommen, das Erbrecht gewisser Kategorien von Verwandten genau zu definiren und sicher zu stellen. Diese Personen sind nach Sure 4, 12. 13 und einer von der Tradition vorgenommenen Weiterung im Ganzen 12, nämlich 4 Männer und 8 Weiber:

1) 2) Der Vater des Erblassers oder, falls er nicht mehr lebt, der Vatersvater;

3) 4) die Mutter oder, falls sie nicht mehr lebt, die rechte Grossmutter (d. i. die Mutter des Vaters oder der Mutter);

5) Ehegatte,   30

6) Ehegattin,

7) 8) Tochter oder, falls keine Tochter vorhanden, die Sohnes-tochter;

9) frater uterinus,

10) 11) 12) soror germana, consanguinea, uterina.

---

[1]) الجدّة الفاسدة.

Von diesen Erben sind vier *zweiklassig*, nämlich Vater, Vatersvater, Tochter, Schwester (s. weiter unten S. 199. 200).

Ueber die diesen Erben zukommenden Erbschaftsantheile oder
Quoten[1]) s. § 7.

Diese zusammenhangslose Detailbestimmung hat der späteren
systematischen Ausbildung des Erbrechts grosse, ja unüberwindliche
Schwierigkeiten in den Weg gelegt. Eine koranische Bestimmung
ist Gottes Wort und daher unabänderlich. Auf Sure 4, 12. 13 ist
das Erbrecht in gezwungen künstlicher Weise aufgebaut, und nach
dem jetzigen System kann es vorkommen, dass die genannten Erben 10
Alles bekommen, während der Haupterbe, der Sohn, leer ausgeht,
was ohne Zweifel der gerade Gegensatz ist von dem, was Muhammed
beabsichtigte. Wenn er auch die Interessen gewisser Erben vor
Vernachlässigung oder Vergewaltung zu schützen wünschte, war
doch ohne Zweifel für ihn wie für uns der Sohn der erste, nächste,
hauptsächlichste Erbe.

Gegenüber dieser Gruppe von *Quoten-Erben*[2]) stehen die anderen
Erben wie der Sohn, der Sohnessohn, der Bruder germanus und
consanguineus und andere mit dem gleichen Erbrecht, aber dadurch von jenen unterschieden, dass die Antheile, die sie bean- 20
spruchen können, nicht für alle Ewigkeit durch „Gottes Wort" bestimmt sind. Wir nennen diese Erben die *allgemeinen Erben*[3]).
Ihre Interessen sind in der Systembildung hinter diejenigen der
Quoten-Erben, denen das Gottes-Wort zur Seite stand, zurück-
gedrängt worden. Denn während die ratio rei erfordert hätte die
nächsten Erben, vor allen Dingen den Sohn, *zuerst* erben zu lassen
und *danach* die als Quoten-Erben bezeichneten Personen zu bedenken, hat das jetzt geltende System diese Ordnung auf den
Kopf gestellt, sodass jetzt die Quoten-Erben zunächst befriedigt
werden, insofern *Ersterben* sind, und erst nachdem diese befriedigt 30
sind und für den Fall, dass dann noch etwas übrig bleibt, die allgemeinen Erben quasi als *Resterben* zur Erbschaft berufen werden
können. Diese Ungleichheit, um nicht zu sagen, Ungerechtigkeit
des Systems wird auch dadurch nicht aufgehoben, dass Muhammed

---

[1]) فروض.   [2]) ذوو الفروض.

[3]) العصبات.

bestimmt hat, der Sohn solle, wenn er neben der Tochter des Erblassers erbt, das Doppelte von dem Betrage der Tochter erben.

Es ist ferner eine besondere Unebenheit des Systems, dass einige Erben unter gewissen Umständen in doppelter Eigenschaft, d. h. sowohl als allgemeine Erben wie als Quoten-Erben zur Erbschaft berufen werden können, nämlich Vater, Vatersvater, Tochter und Schwester. S. § 5.

Das allgemeine erbrechtliche Verhältniss zwischen Quoten-Erben und allgemeinen Erben ist in folgender Weise festgesetzt worden:

I. Wenn beide Arten von Erben vorhanden sind, werden zu- 10 nächst die Quoten-Erben befriedigt, und die allgemeinen Erben erben, was übrig bleibt.

II. Wenn nichts übrig bleibt, erben die allgemeinen Erben nichts.

III. Wenn keine Quoten-Erben vorhanden sind, erben die allgemeinen Erben die ganze Erbschaft. Baguri II, 70, 1.

Unter den oben auf S. 197 aufgezählten 12 Quoten-Erben sind vier, welche unter gewissen Verhältnissen *nicht als Quoten-Erben*, sondern als *allgemeine Erben* zur Erbschaft berufen werden; sie gehören principiell den beiden Klassen von Erben, sowohl der Klasse der Quoten-Erben wie der Klasse der allgemeinen Erben an 20 und können demgemäss als *zweiklassige* Erben bezeichnet werden. Diese vier Personen sind

1) Vater,
2) Vatersvater,
3) Tochter,
4) Schwester.

Es ist nun die Aufgabe zu bestimmen, wann diese Personen in der einen Eigenschaft, wann in der anderen zur Erbschaft berufen werden.

1) Der Vater erbt als allgemeiner Erbe, wenn kein Sohn des 30 Erblassers vorhanden ist.

Der Vater erbt als Quoten-Erbe, wenn ein Sohn des Erblassers vorhanden ist, nämlich $^1/_6$ (s. § 13 e).

Einen Fall, in dem der Vater in doppelter Eigenschaft erbt, s. auf S. 220.

2) Der Grossvater erbt als allgemeiner Erbe, wenn (der Vater nicht mehr lebt und) der Erblasser keine *Brüder* hinterlässt.

Der Grossvater erbt als Quoten-Erbe, wenn (der Vater nicht
mehr lebt und) der Erblasser Brüder hinterlassen hat, nämlich $^1/_6$
(s. § 13 f.).

3) Die Tochter[1]) erbt als allgemeine Erbin, wenn sie einen
Bruder germanus oder consanguineus hat, nämlich die Hälfte von
dem Antheil des Bruders[2]). Vgl. S. 209 und S. 217, 35.

Die Tochter erbt als Quoten-Erbin, wenn sie keinen Bruder
hat, nämlich $^1/_2$ (s. § 8 a).

4) Die Schwester erbt als allgemeine Erbin, wenn sie einen
Bruder germanus oder consanguineus hat, oder wenn der Erblasser 10
auch eine Tochter oder Sohnestochter hinterlässt, nämlich die Hälfte
von dem Antheil des Bruders. Vgl. S. 209.

Die Schwester erbt als Quoten-Erbin, wenn sie keinen Bruder
hat, oder wenn der Erblasser weder Tochter noch Sohnestochter
hinterlässt, nämlich $^1/_2$ (s. § 8 c. d.).

In gewissem Sinne gehört auch der frater germanus des Erblassers hierher, wenn er in einer gewissen Combination Erbe ist
neben zwei fratres uterini. Der frater germanus (wie consanguineus)
ist allgemeiner Erbe, der frater uterinus Quoten-Erbe. Da nun,
falls die Quoten die ganze Masse verschlingen, der frater germanus 20
als allgemeiner Erbe leer ausgehen würde, so ist wegen der zwischen
beiden bestehenden Gemeinsamkeit[3]) der Abstammung von derselben Mutter bestimmt, dass der frater germanus die Quote der
fratres uterini zusammen mit ihnen und zu gleichen Theilen erbt,
dass er also in diesem Fall als Quoten-Erbe, nicht als allgemeiner
Erbe zur Erbschaft berufen wird. Der hier in Frage kommende
Fall ist folgender:

Die Erben sind: Gatte: erbt $^1/_2 = \ ^3/_6$
Mutter: ,, $^1/_6 = \ ^1/_6$
2 fratres uterini: ,, $^1/_3 = \ ^2/_6$ (s. § 12[b])   30
frater germanus: ,,   — —
$$\overline{\quad\quad\ ^6/_6}$$

----

[1]) Ueber die Sohnestochter, welche neben einem Sohnessohn
als allgemeine Erbin erbt, s. S. 215 zu § 8 b.

[2]) Ihr Erbrecht ist das gleiche, wenn neben ihr ihr Grossvater
(Vatersvater) erbt S. 215).

[3]) مشاركة.

In diesem Falle würde für den frater germanus als einzigen allgemeinen Erben nichts übrig bleiben. Das Gesetz schreibt daher wegen der Gemeinsamkeit in der Abstammung des frater germanus und der fratres uterini die folgende Vertheilung vor:

$$\text{Gatte erbt } 3/_6 = 9/_{18}$$
$$\text{Mutter ,, } 1/_6 = 3/_{18}$$
$$\text{2 fratres uterini und frater germanus ,, } 2/_6 = 6/_{18}$$

Danach erbt jeder Bruder, also auch der frater germanus je $2/_{18}$ oder $1/_9$ des Nachlasses.

§ 3. Ein Erbe kann unter Umständen an der Erlangung seines Erbtheils, des ganzen Erbtheils oder eines Theiles desselben, verhindert werden. Diese Art Präclusion[1]) kann zweierlei Art sein:

I. die *totale Präclusion*[2]), d. h. der Erbe bekommt gar nichts, wird gänzlich ausgeschlossen. Sie kann ihren Grund haben entweder

a) in dem Vorhandensein einer Bedingung[3]), eines Zustandes, der das Erbrecht aufhebt, wie z. B. wenn der betreffende Erbe einen Mord begeht oder Sklave wird (s. § 4); oder

b) in dem Vorhandensein einer Person[4]), d. i. eines anderen Erben, der ein solches Erbrecht hat, dass er den zuerst erwähnten Erben gänzlich ausschliesst. Der Grossvater z. B. ist Erbe, wird aber, wenn der Vater vorhanden ist, von der Erbschaft gänzlich präcludirt.

II. die *partielle Präclusion*[5]), d. h. der Erbe bekommt weniger als er bekommen würde, wenn die Ursache der Präclusion nicht vorhanden wäre. Hierbei sind sechs verschiedene Möglichkeiten zu unterscheiden:

a) der Quoten-Erbe erhält eine kleinere Quote[6]), als er sonst bekommen würde. Es kann in diesem Fall

das Erbtheil der *Mutter* reducirt werden von	$1/_3$	auf	$1/_6$	(s. § 13),
,, ,, des Gatten ,,	,,	,,	$1/_2$	,,	$1/_4$	(s. § 9),
,, ,, der Gattin ,,	,,	,,	$1/_4$	,,	$1/_8$	(s. § 10),

---

[1]) حَاجِب   [2]) حاجب حِرْمان

[3]) بالوصف.   [4]) بالشخص.

[5]) حاجب نقصان.   [6]) فرض.

b) der allgemeine Erbe bekommt einen geringeren Antheil[1]), als er sonst bekommen würde. Wenn die Erben eine Schwester und eine Tochter sind, so erbt die erstere *neben* der letzteren als allgemeine Erbin, während sie sonst Resterbin ist (s. S. 197); die Tochter erbt als Quoten-Erbin $\frac{1}{2}$, die Schwester den Rest, d. i. $\frac{1}{2}$. Wenn aber die Erben eine Schwester und ein Bruder sind, so verleiht der Bruder der Schwester, die sonst Quoten-Erbin ist, den Charakter einer allgemeinen Erbin (s. § 15), und da ausserdem der männliche Erbe das Doppelte von dem Antheil des weiblichen Erben bekommt, so erbt die Schwester in diesem Fall nur $\frac{1}{3}$ (der Bruder $\frac{2}{3}$), 10 also $\frac{1}{6}$ weniger (in Folge des Vorhandenseins des Bruders) als in dem ersteren Fall.

c) der Erbe bekommt einen allgemeinen (nicht quotisirten) Theil[2]) anstatt einer Quote. Es erbt z. B. die Tochter als Quoten-Erbin $\frac{1}{2}$, wenn sie keinen Bruder hat; dagegen nur $\frac{1}{3}$ als allgemeinen Antheil, wenn sie einen Bruder hat.

d) der Erbe bekommt eine Quote anstatt eines allgemeinen Antheils. Der Grossvater erbt, wenn keine Brüder des Erblassers vorhanden sind, als allgemeiner Erbe; dagegen erbt er als Quoten-Erbe, wenn Brüder des Erblassers vorhanden sind.   20

e) ein Erbe einer Quote erhält deshalb, weil mehrere Erben derselben Art vorhanden sind, weniger als er erhalten würde, wenn er der einzige Erbe der Quote wäre. So erben zwei Töchter als Quoten-Erben $\frac{2}{3}$; die Töchter bekommen aber auch nicht mehr, wenn ihrer noch so viele sind.

f) ein allgemeiner Erbe erhält deshalb, weil mehrere Erben gleicher Art vorhanden sind, weniger als er erhalten würde, wenn er der einzige Erbe seiner Art wäre. Die Söhne z. B. erben als allgemeine Erben dasjenige, was ihnen zukommt, gemeinschaftlich, mögen ihrer auch noch so viele sein.   30

Die in § 3 gegebene Aufzählung der Personen, welche nicht von der Erbschaft ausgeschlossen werden können, bedarf der Erläuterung.

Gatte und Gattin können nie zusammen erben[3]). Die Un-

---

[1]) تعصيب.   [2]) تعصيب.

[3]) Vgl. jedoch Baguri II, 72, 24—28. Wenn der Erblasser ein Vermisster ist, im Uebrigen gänzlich unbekannt; wenn nun eine

möglichkeit der Präclusion bezieht sich daher stets nur entweder auf
den Gatten oder, wenn dieser nicht mehr vorhanden, auf die Gattin.

Die Aufzählung ist besser in folgender Ordnung zu geben:

Vater,

Mutter,

leiblicher Sohn,

leibliche Tochter,

Gatte oder, falls dieser nicht mehr vorhanden, die Gattin.

Diese Personen unterliegen niemals der totalen Präclusion in
Folge des Vorhandenseins eines anderen Erben[1]), wohl aber der
totalen Präclusion in Folge des Vorhandenseins einer Bedingung[2]),
z. B. in Folge von Mord oder Sklaverei, und ferner unterliegen sie
der partiellen Präclusion[3]).

Wenn sämmtliche männliche und weibliche Erben, die in § 1
und 2 aufgezählt sind, mit Ausnahme *der Gattin* existiren, so würden
nur 5 Erben zur Erbschaft berufen, da sie alle anderen präcludiren:

Vater   (er erbt $^6/_{36}$)

Mutter (sie „ $^6/_{36}$)

Sohn   (er   „ $^{10}/_{36}$)

Tochter (sie „ $^5/_{36}$)

Gatte   (er   „ $\underline{^9/_{36}}$)

$^{36}/_{36}$.

Wenn dagegen die sämmtlichen Erben mit Ausnahme *des
Gatten* existiren, so werden nur folgende 5 Erben zur Erbschaft
berufen, da sie alle anderen präcludiren:

Vater   (er erbt $^{12}/_{72}$)

Mutter (sie „ $^{12}/_{72}$)

Sohn   (er   „ $^{26}/_{72}$)

Tochter (sie „ $^{13}/_{72}$)

Gattin (sie „ $\underline{^9/_{72}}$)

$^{72}/_{72}$.

Frau behauptet, die vermisste, als verstorben angesehene Person sei
ihr Mann gewesen, und ein Mann behauptet, die vermisste Person
sei seine Frau gewesen, so ist der Beweisführung des Mannes der
Vorzug vor derjenigen der Frau zu geben.

[1]) حَاجِب الحِرْمان بالشَّخص S. 201.

[2]) حَاجِب الحِرْمان بالوصف.

[3]) حَاجِب النَّقْصان.

Die Rechnung beruht in beiden Fällen darauf, dass Vater, Mutter und Gatte oder Gattin bestimmte Quoten (s. § 7—13) erben, beziehungsweise $\frac{1}{6}$, $\frac{1}{6}$, $\frac{1}{4}$ und $\frac{1}{8}$, dass der Sohn allgemeiner Erbe ist und dass die Tochter *neben dem Bruder* auch als allgemeine Erbin´ erbt und zwar die Hälfte von dem Antheil des Bruders.

Wenn sämmtliche männliche, in § 1 aufgezählte Erben vorhanden sind, also der Erblasser eine Ehefrau ist, werden nur drei von ihnen zur Erbschaft berufen:

> Vater (er erbt $\frac{1}{6} = \frac{2}{12}$)
>
> Sohn (,,   ,, $\frac{7}{12}$)   10
>
> Gatte (,,   ,, $\frac{1}{4} = \frac{3}{12}$)
>
> $\frac{12}{12}$.

Die anderen Erben sind präcludirt, der Sohnessohn durch den Sohn, der Grossvater durch den Vater, alle übrigen durch Sohn und Vater.

Wenn sämmtliche weibliche, in § 2 aufgezählte Erben vorhanden sind, also der Erblasser ein Ehemann ist, werden die folgenden fünf zur Erbschaft berufen:

> Tochter   (sie erbt $\frac{1}{2} = \frac{12}{24}$)
>
> Sohnestochter (,,   ,, $\frac{1}{6} = \frac{4}{24}$)   20
>
> Mutter   (,,   ·· $\frac{1}{6} = \frac{4}{24}$)
>
> Gattin   (,,   ,, $\frac{1}{8} = \frac{3}{24}$)
>
> Soror germana (sie erbt als allgemeine Erbin $\frac{1}{24}$)
>
> $\frac{24}{24}$.

Alle anderen Erbinnen sind durch die genannten fünf ausgeschlossen, die Grossmutter durch die Mutter, die soror uterina durch die Tochter, die soror consanguinea und die Patronin durch die soror germana. Denn die soror germana (sonst Quoten-Erbin s. S. 197) erbt, wenn neben ihr die Tochter oder Sohnestochter des Erblassers vorhanden ist, als allgemeine Erbin, was nach Abzug 30 der Quoten übrig bleibt, sodass die soror consanguinea und die Patronin von der Erbschaft ausgeschlossen sind.

§ 4. Sklave, Mörder (Todschläger) und Apostat können principiell nicht erben, Nicht-Muslims (wie Christ und Jude) können einen Muslim nicht beerben. Vgl. S. 194.

Der Sklave ist Besitz, kann daher nicht selbst ´Besitz z. B. durch Erbschaft erwerben. An dieser Thatsache wird nichts ge-

ändert, wenn der Herr seinem Sklaven für die Zeit nach seinem
Tode die Freiheit verspricht, wenn die Sklavin ihrem Herrn ein
Kind gebärt und dadurch als Muttersklavin das Anrecht auf die
Freiheit für die Zeit nach dem Tode ihres Herrn gewinnt (s.
Buch II § 21), oder wenn der Sklave sich in irgend einem Ueber-
gang zur Freiheit befindet, die Freiheit aber noch nicht erreicht hat.

Der Theil-Sklave[1]), der z. B. zur Hälfte frei ist, gleicht darin
dem Ganz-Sklaven[2]), dass er nicht *erben* kann, ist ihm aber darin
unähnlich, dass er *vererben* kann. Der Theil-Sklave kann einen
Besitz, den er durch seine freie Hälfte erworben hat, auf seine Ver-   10
wandten, seine freie Ehefrau und auf seinen Patron d. h. seinen
früheren Herrn, der die eine Hälfte von ihm freigelassen hat, vererben.

Ein anderer Fall, in dem ein Sklave etwas vererben kann, ist
folgender: Ein unter muslimischem Schutz lebender Christ wird verwundet, er wandert aus in Feindes Land, kommt dann als Kriegs-
gefangener d. i. Sklave in das islamische Gebiet zurück und stirbt
in Folge jener Verwundung. Das für die Verwundung ihm zustehende Sühnegeld vererbt er auf seine Erben; seine sonstige Habe
gehört seinem Herrn.   20

Ad 5. Wer absichtlich oder zufällig einen Anderen tödtet oder
eines Anderen Tod verursacht, ist von dessen Erbschaft ausgeschlossen.

Es ist hierbei einerlei, ob er strafrechtlich für seine That verantwortlich gemacht werden kann, ob er z. B. zur talio oder zur
Zahlung von Sühngeld sammt Busse verurtheilt werden kann, oder
ob er nicht dafür bestraft werden kann wie z. B. Jemand, der in
der Selbstvertheidigung den Angreifer getödtet hat. Ausgenommen
sind hiervon *der Muftî* (ein Rechtsgelehrter, der Rechtsgutachten
ertheilt) und *der Traditionskenner,* der die Tradition lehrt; diese   30
beiden beerben auch denjenigen, den sie tödten, falls sie ein Erbrecht gegen ihn haben.

Umgekehrt beerbt der getödtete, zu Tode verwundete den
Tödter. Wenn z. B. ein Bruder den anderen verwundet, der Atten-

---

[1]) المبعَّض.
[2]) القِنّ.

täter aber zufällig vor dem Verwundeten stirbt, so beerbt ihn der Verwundete.

Mord oder Todschlag heben die Quelle des Erbrechts, d. i. die zwischen dem Tödter und dem Getödteten bestehende Verwandtschaft auf. Wenn daher Jemand durch Mord oder Todschlag sein Erbrecht verliert, so geht dies Erbrecht dadurch auch für alle Erben desjenigen, der getödtet hat, verloren, d. h. das Erbrecht des Mörders geht nicht z. B. auf seinen Sohn oder seinen Vater über.

Ad 6. Der Muslim wird durch Apostasie erbunfähig und bleibt es auch dann, wenn er nach dem Tode eines ihm verwandten Erb- 10 lassers zum Islam zurückkehrt. Er kann weder einen Muslim noch einen Nicht-Muslim beerben.

Wie der Apostat nicht erben kann, kann er auch nicht vererben; seine Hinterlassenschaft fällt dem Fiscus zu.

Nur in einer indirekten Weise ist eine gewisse Art der Beerbung eines Apostaten möglich. Wenn ein Muslim verwundet wird, dann vom Islam abfällt und stirbt, wird der Attentäter verurtheilt Sühngeld zu zahlen. Dies Sühngeld fällt aber nicht dem Apostaten zu, sondern demjenigen, der — wenn der werwundete Muslim geblieben wäre — ihn beerbt haben würde. Jedes andere 20 Sühn- oder Straf-Geld z. B. für Verleumdung würde demselben zufallen.

Die Bestimmung, die für den Apostaten gilt, gilt auch für den Heuchler, der äusserlich den Islam zur Schau trägt, aber eigentlich ein Ungläubiger ist, ferner für den Juden, der Christ wird, und für den Christen, der Jude wird. Keiner von ihnen ist erbfähig. Der Jude gewordene Christ und der Christ gewordene Jude sind zu tödten wie der Apostat, es sei denn dass sie den Islam annehmen.

Ad 7. Der Nicht-Muslim beerbt den Nicht-Muslim nach den Gesetzen seiner Religionsgenossenschaft (Christen und Juden je unter 30 einander oder auch der Christ den Juden und umgekehrt), auch dann wenn er nach dem Tode des Erblassers den Islam annimmt.

Der Nicht-Muslim kann unter keinen Umständen einen Muslim beerben.

Frage: Kann ein Muslim einen Nicht-Muslim beerben? Die Majorität der Rechtsgelehrten verneint dies unbedingt. Auszunehmen ist nur der eben angegebene Fall, dass ein nicht-muslimischer Erbe nach dem Tode des Erblassers Muslim wird, sowie der folgende Fall: Ein Christ (oder Jude) stirbt und hinterlässt eine schwangere christliche Frau; die Regulierung der Erbschaft wird sistirt, bis die Wittwe gebärt. Indessen bevor sie gebärt, tritt sie zum Islam über und nun ist das von ihr geborene Kind Muslim nach dem Gesetze, dass das Kind einer gemischten Ehe, einer Ehe zwischen einem muslimischen Mann und einer nicht-muslimischen Frau oder umgekehrt eo ipso Muslim ist. *Dies muslimische Kind beerbt seinen christlichen Vater,* denn es hatte schon als Embryo *vor* der Conversion der Mutter zum Islam das Erbrecht gegen seinen Vater 10 und verliert es nicht durch später folgenden Uebertritt zum Islam. Die Aehnlichkeit dieses Falles mit dem erstgenannten liegt auf der Hand.

Der Unterthan eines islamischen Staates, sei er Muslim, Christ oder Jude oder ein im Islam lebender Unterthan eines fremden Reiches, das mit dem betreffenden islamischen Lande ein Contraktsverhältniss hat, kann den Unterthan eines Staates, der mit dem Islam nicht in einem Vertrags-Verhältnisse steht, d. i. den *hostis* nicht beerben, welcher Religion er auch angehört, und umgekehrt. Der *hostis* steht ausserhalb aller erbrechtlichen Beziehungen 20 zu dem islamischen Staate und seiner Angehörigen.

Bâgûrî theilt die Menschen mit Bezug auf die Fähigkeit erben oder vererben zu können in vier Kategorien:

I. solche, die erben und vererben können wie z. B. Geschwister, Ehegatten;

II. solche, die weder erben noch vererben können wie z. B. der Sklave und der Apostat;

III. solche, die vererben, aber nicht erben können, wie z. B. der Theil-Sklave (s. S. 21) den Besitz seiner freien Hälfte vererben kann, und wie dasjenige Embryo, das in Folge einer an seiner 30 Mutter verübten Gewaltthat zu früh geboren wird, die für dies Verbrechen zu leistende Sühne (in der Regel einen Sklaven)[1] vererbt,

IV. solche, welche erben, aber nicht vererben, wie die Propheten Gottes, die ihren Besitz als Almosen hinterlassen.

Dass zwischen zwei Eheleuten, deren Ehe durch öffentlichen,

---

[1]) غُرّة

in der Moschee ausgesprochenen Ehebruchs-Fluch gelöst ist, auch
das Erbrecht erlischt, ist bereits oben S. 194 erwähnt. S. ferner über
den das Eherecht aufhebenden circulus legalis S. 194.

§ 5. Die Beziehung der einzelnen allgemeinen Erben[1]) zu dem
Erblasser wird der Reihe nach durch folgende drei Momente bestimmt:

1) durch die *Richtung*[2]), deren Unterarten in folgender Reihenfolge verzeichnet sind:

die Eigenschaft des Sohnes,

            „   „   Vaters,

  „   „   „   Grossvaters (pater patris),

         „   „   Bruders,

         „   „   Neffen (filius fratris),

         „   „   Onkels (frater patris),

         „   „   Vetters (filius fratris patris),

         „   „   Patrons,

  „   „   „   Fiscus.

Wenn zwei Erben dieselbe *Richtung* im Verhältniss zum Erblasser einnehmen, so wird ihr Gesammtverhältniss zu demselben
bestimmt

2) durch die *Nähe*[3]).

Der Sohn und Sohnessohn nehmen dieselbe *Richtung* ein, aber
der Sohn übertrifft den Sohnessohn durch die *Nähe* seiner Beziehung zum Erblasser. Es erbt daher der Sohn, nicht der Sohnessohn. Ebenso übertrifft der Sohn eines Bruders z. B. eines frater
consanguineus den Sohnessohn eines Bruders, selbst wenn dieser
ein frater germanus ist, durch die *Nähe*.

Wenn nun aber zwei oder mehrere Erben vorhanden sind,
welche die gleiche *Nähe* im Verhältniss zum Erblasser haben, so
wird ihr Gesammtverhältniss bestimmt

3) durch die *Intensität*[4]) (der verwandtschaftlichen Beziehung).
Hiernach wird der frater germanus *vor* dem frater consanguineus,
der frater patris germanus *vor* dem frater patris consanguineus zur
Erbschaft berufen, denn der erstere ist durch Vater und Mutter,

---

[1]) عصبات.   [2]) بالجهة.   [3]) بالقرب.

[4]) بالقوّة.

der letztere nur durch den Vater mit dem Erblasser bezw. mit dem Vater des Erblassers verwandt.

Derjenige nun von allen allgemeinen Verwandten, der nach diesen Kriterien dem Erblasser am nächsten steht, wird zur Erbschaft berufen und schliesst alle diejenigen, die dem Erblasser weniger nahe stehen, von der Erbschaft aus — mit einer Ausnahme: *Der Sohn des Erblassers schliesst den Vater desselben* (seinen Grossvater) *nicht von der Erbschaft aus.* Anders ausgedrückt: Der Vater gehört zu den *zweiklassigen* Erben (s. oben S. 199). Er erbt, wenn kein *Sohn* des Erblassers vorhanden, als allgemeiner Erbe; wenn dagegen ein Sohn vorhanden, erbt er als Quoten-Erbe (nämlich $^1/_6$, s. § 13 e).

Die allgemeinen Erben sind lauter männliche Personen, der Mannesstamm, mit einziger Ausnahme der Patronin. Da indessen in gewissen Combinationen auch weibliche Personen (Tochter, Schwester, Sohnestochter, die sonst Quoten-Erben sind) als allgemeine Erben zur Erbschaft berufen werden, so war es nothwendig den Begriff *allgemeiner Erbe* zu strecken, was in der Weise geschehen ist, dass man ihn in folgende drei Theile zerlegt hat:

1) allgemeine Erben *durch sich selbst*[1]), nämlich die in § 5 aufgezählten Personen;

2) allgemeine Erben *durch einen anderen*[2]), d. i. Tochter und Schwester des Erblassers. Wenn er hinterlässt

Tochter und *Sohn*

oder

Schwester und *Bruder*,

so verleiht der Sohn des Erblassers seiner Schwester oder der Bruder des Erblassers seiner Schwester den erbrechtlichen Charakter eines allgemeinen Erben, d. h. sie erbt als solcher, nicht als Quoten-Erbin;

3) allgemeine Erben *zusammen mit einem Anderen*[3]), nämlich Schwestern des Erblassers. Wenn er neben Töchtern oder Sohnestöchtern auch Schwestern hinterlässt, so erben die Schwestern nicht als Quoten-Erbinnen, sondern als allgemeine Erben.

---

[1]) العصبة بنفسه.   [2]) العصبة بغيره.

[3]) العصبة مع الغير.

Sachau, Muhammedanisches Recht.   14

Die Grundsätze, nach denen die allgemeinen Erben zur Erbschaft berufen werden, sind oben S. 199 angegeben. Zu den einzelnen
allgemeinen Erben ist folgendes zu bemerken:

.Ad 1. Das Vorhandensein des Sohnes macht den Vater zum
Quoten-Erben und die Schwester zur allgemeinen Erbin.

Ad 2. Der Sohn des Sohnessohnes oder allgemeiner ausgedrückt:
der männliche Descendent tritt, wenn die früheren Generationen
nicht mehr vorhanden sind, an die Stelle des Sohnessohnes.

Ad 4. Der männliche Ascendent, wie weit er auch zurückgehen mag, tritt, wenn die späteren Generationen nicht mehr vor-   10
handen sind, an die Stelle des Grossvaters.

Ad 5. 6. Das Vorhandensein von Brüdern hat die Folge, dass
eventuell der Grossvater nicht als allgemeiner Erbe, sondern als
Quoten-Erbe zur Erbschaft berufen wird.

Die fratres uterini sind Quoten-Erben (s. § 13 g und § 12^b).

·Ad 12. Die Summe der allgemeinen Erben ist der Mannesstamm in aufsteigender und absteigender Linie. Man könnte also
hier noch hinzufügen:

13) frater avi (= patris patris) germanns,

14) frater avi consanguineus,   20

15) filius fratris avi germani,

16) filius fratris avi consanguinei.

§ 6. Die Patronin ist die einzige weibliche Person unter den
allgemeinen Erben. Was ihr das Erbrecht verleiht, ist die dem
Freigelassenen durch die Freilassung erwiesene Wohlthat, und es
ist einerlei, ob diese von einem Manne oder einem Weibe ausgeht.

Wenn der Patron (oder die Patronin) nicht mehr lebt, so erben
an seiner Stelle seine *allgemeinen* Erben in folgender Reihenfolge:

Sohn,

Vater,   30

Bruder,

Bruderssohn,

Grossvater,

Vatersbruder,

Sohn des Vatersbruders,

Urgrossvater.

Im Gegensatz zu der Erbfolge auf Grund von Blutsverwandtschaft[1]) wird in dieser Erbfolge auf Grund des Patronats[2]) der Bruder und Bruderssohn dem Grossvater, der Onkel und Vetter dem Ur-grossvater vorgezogen. Von den allgemeinen Erben des Patrons können nur die Männer zur Erbschaft des Freigelassenen berufen werden, so dass *die Tochter neben ihrem Bruder*, sowie *die Schwester* des Erblassers *neben seiner Tochter* (s. S. 200) hier von der Erb-schaft ausgeschlossen sind.

Wenn der Patron und seine allgemeinen Erben nicht mehr vorhanden sind, erbt, wenn der Patron selbst ein Freigelassener war, sein Patron, d. i. der Patron des Patrons oder seine allgemeinen 10 Erben u. s. w., eventuell der Patron des Vaters oder Grossvaters des Patrons und ihre allgemeinen Erben.

Wenn allgemeine Verwandtschafts-Erben oder Patronats-Erben nicht vorhanden, wird der Fiscus an ihrer Stelle zur Erbschaft be-rufen, d. h. wenn derselbe richtig (für die öffentlichen Zwecke der muslimischen Gemeinde) verwaltet wird (*sic*)[3]).

Wenn er nicht richtig verwaltet wird, erben die Quoten-Erben durch Rückfall[4]) auch noch dasjenige, was die allgemeinen Erben, wenn solche vorhanden wären, geerbt haben würden.

Hierbei ist aber zu bemerken, dass die Wohlthat der Rück- 20 falls-Erbschaft zweien von den Quoten-Erben, nämlich Gatte und Gattin nicht zu Theil werden kann. Diese können durch Rückfalls-recht nur dann erben, wenn sie nicht als Gatte und Gattin, sondern als *entfernte Verwandte* zur Erbschaft berufen werden.

Die Vertheilung der Erbschaft über die Rückfalls-Erben ge-schieht pro rata ihrer Quoten. Wenn z. B. Tochter und Mutter die Erben sind, so erbt

$$\text{die Tochter } \tfrac{1}{2} = \tfrac{3}{6}$$
$$\text{die Mutter } \quad \tfrac{1}{6}$$
$$\overline{\text{Rest } \tfrac{2}{6}.}$$

30

Wenn nun der Fiscus von der Erbschaft ausgeschlossen wird, so erben sie pro rata ihrer Quoten, nämlich

$$\text{die Tochter noch } \tfrac{3}{4} \text{ des Restes } (\tfrac{2}{6}) = \tfrac{3}{12}$$
$$\text{die Mutter noch } \tfrac{1}{4} \text{ des Restes } \underline{(\tfrac{2}{6}) = \tfrac{1}{12}}$$
$$\tfrac{4}{12} = \tfrac{2}{6}.$$

---

[1]) بالنسب.   [2]) بالولاء.   [3]) Baguri II, 77, 31.
[4]) بالردّ.

Die beiden Erben erhalten $4/_6$ der Masse als die ihnen zustehenden Quoten und $2/_6$ durch Rückfall.

Wenn aber weder allgemeine Erben noch Quoten-Erben, daher auch keine Rückfalls-Erben vorhanden sind, so werden die *entfernten Verwandten* zur Erbschaft berufen, entweder allein oder neben dem Fiscus.

§ 7. Die in diesem § nach Koran 4, 12—16 verzeichneten sechs Quoten werden von den Erbrechtslehrern bezeichnet als

ein Viertel einfach, doppelt $= 1/_2$ und halb $= 1/_8$,

ein Drittel einfach, doppelt $= 2/_3$ und halb $= 1/_6$.

Obwohl nach dem Wortlaut des Korans diese Theile für alle Ewigkeit unveränderlich festgestellt sind, so erfahren sie doch in der Praxis der Erbschaftstheilung zuweilen eine Vermehrung und eine Verminderung,

a) eine Vermehrung durch Rückfall[1] in der auf S. 211 angegebenen Art;

b) eine Verkleinerung[2], die allerdings von einigen Seiten verworfen worden ist, nämlich die unter gewissen Umständen erfolgende Verkleinerung der Sechstel zu Siebentel und der Achtel zu Neuntel.

Die Rechtswissenschaft verwendet ausser den koranischen Quoten auch noch die folgenden:

1) das Drittel des Restes[3]. Diese Rechnung kommt in Anwendung, wenn die Erben sind

ein Grossvater als Quoten-Erbe,

ein Quoten-Erbe und

drei oder mehr Brüder des Erblassers als allgemeine Erben.

Es wird in diesem Fall, nachdem die Quote des einen Quoten-Erben abgezogen, ein *Drittel des Restes* dem Grossvater zuerkannt, während die Brüder sich den Rest theilen:

Die Mutter erbt $1/_6 = 3/_{18}$

Der Grossvater erbt ein Drittel des Restes ($15/_{18}$) d. i. $5/_{18}$

Fünf Brüder erben $10/_{18}$, jeder $2/_{18}$

$$\overline{18/_{18}.}$$

Wenn diese Bestimmung vom *Drittel des Restes* nicht wäre, würde die Vertheilung folgende sein:

---

1) بالرّدّ.   2) بالعول.   3) ثلث الباقى.

Die Mutter erbt nach § 13 a $1/6 = 3/18$

Der Grossvater erbt nach § 13 f. $1/6 = 3/18$

Die 5 Brüder erben als allgemeine Erben den Rest, d. i. $12/18$
$$\overline{18/18.}$$

Vgl. S. 218.

Hierbei ist vorausgesetzt, dass die Brüder germani oder consanguinei sind, denn fratres uterini würden nach § 12 b ein Drittel erben.

2) Das *Rest-Drittel* in zwei besonderen Fällen, welche *die leuchtenden*[1]) genannt werden.

Erster Fall. Die Erblasserin ist eine Ehefrau, die Erben sind Ehemann,

Mutter,

Vater.

Der Ehemann erbt nach § 8 e $1/2 = 3/6$

die Mutter erbt $1/3$ des Restes ($1/2$) d. i. $1/6$

der Vater erbt den Rest $= 2/6$
$$\overline{6/6.}$$

Ohne diese Sonderbestimmung würde die Mutter nach § 12 a $1/3$ erben, sodass sich folgende Vertheilung ergäbe:

Ehemann $1/2 = 3/6$

Mutter $1/3 = 2/6$

Vater als allgemeiner Erbe den Rest $= 1/6$
$$\overline{6/6.}$$

Zweiter Fall. Der Erblasser ist ein Ehemann, die Erben sind Ehefrau,

Mutter,

Vater.

Die Ehefrau erbt nach § 9 a $1/4$

die Mutter erbt $1/3$ des Restes ($3/4$) $= 1/4$

der Vater erbt als allgemeiner Erbe den Rest $= 2/4$
$$\overline{4/4.}$$

Ohne diese Sonderbestimmung würde die Mutter nach § 12 a ein Drittel erben, also die folgende Aufheilung Statt finden müssen:

ثلث ما يبقى فىالغرّاوين (1 Die beiden Fälle werden auch العُمَرِيّتان oder الغريبتان genannt.

$$\begin{aligned}
\text{Ehefrau} \quad &\tfrac{1}{4} = \tfrac{3}{12} \\
\text{Mutter} \quad &\tfrac{1}{3} = \tfrac{4}{12} \\
\text{der Vater erbt den Rest} \quad &= \tfrac{5}{12} \\
\hline
&\tfrac{12}{12}.
\end{aligned}$$

Die Quoten-Verkleinerung[1]) wird nur auf $\frac{1}{6}$ und $\frac{1}{8}$ angewendet. Die Siebentel und Neuntel sind als verkleinerte Sechstel, respective Achtel anzusehen. Die Verkleinerung findet Statt in folgenden zwei Fällen.

Erster Fall. Die Erblasserin ist eine Ehefrau, die Erben sind

> der Ehemann,
>
> soror germana,
>
> soror consanguinea.

Die Erbtheilung ist folgende:

> der Ehemann erbt nach § 8e ein Halb $\qquad = \tfrac{3}{6}$
>
> soror germana ebenfalls ein Halb $\qquad = \tfrac{3}{6}$
>
> die soror consanguinea erbt nach § 13d ein Sechstel $= \tfrac{1}{6}$
>
> $\qquad\qquad\qquad\qquad\qquad$ Summa $\tfrac{7}{6}$.

Diese Erbtheile werden umgewandelt respektive in $\tfrac{3}{7}$, $\tfrac{3}{7}$, $\tfrac{1}{7}$.

Zweiter Fall[2]). Der Erblasser ist ein Ehemann, die Erben sind

> die Ehefrau,
>
> die Eltern,
>
> zwei Töchter.

> Die Ehefrau erbt nach § 10 ein Achtel $\qquad = \tfrac{3}{24}$
>
> die Eltern erben nach § 13a. e zusammen zwei Sechstel $= \tfrac{8}{24}$
>
> die zwei Töchter erben nach § 11a zwei Drittel $\qquad = \tfrac{16}{24}$
>
> $\qquad\qquad\qquad\qquad\qquad$ Summa $\tfrac{25}{24}$.

Anstatt dieser nominalen Werthe erben die Erben realiter respektive $\tfrac{3}{27} = \tfrac{1}{9}$, $\tfrac{8}{27}$, $\tfrac{16}{27}$.

§ 8. Zu § 8a. b ist zu bemerken, dass, während eine einzige Tochter $\frac{1}{2}$ erbt, zwei oder mehr Töchter zusammen $\frac{2}{3}$ erben (s. § 11a). Dasselbe gilt von den Sohnestöchtern (s. § 11b).

Wenn neben der Tochter ein Sohn. ihr Bruder, vorhanden ist, erbt sie als allgemeine Erbin die Hälfte von dem Erbtheil ihres Bruders.

---

[1]) العَوْل.

[2]) Genannt المسألة المنبرِيّة.

Dasselbe gilt von der Sohnestochter. Wenn neben ihr ein Sohnessohn, sei er ihr Bruder oder ihr Vetter vorhanden ist, so erbt sie als allgemeine Erbin die Hälfte von dem Erbtheil des Sohnessohns.

Wenn ein Erblasser eine Sohnestochter und einen Sohn hinterlässt, so schliesst der letztere die erstere von der Erbschaft aus.

Wenn der Erblasser eine eigene Tochter und eine Sohnestochter hinterlässt, so erbt die Tochter $^1/_2$ und die Sohnestochter $^1/_6$ (nach § 13 c), beide zusammen $^2/_3$.

Zu § 8 c. d: Wenn der Erblasser eine Tochter und einen Sohn, also Bruder und Schwester hinterlässt, oder eine Tochter und seinen Vater, so haben diese beiden männlichen Erben die Wirkung, dass die Tochter neben ihnen als allgemeine Erbin erbt, nämlich die Hälfte von dem Antheil des Bruders oder Grossvaters. Vgl. S. 200[1]).

Wenn nicht *eine* Schwester vorhanden ist, sondern mehrere (germanae et consanguineae), so erben sie zusammen $^2/_3$. Vgl. § 11 e. d.

Wenn der Erblasser einen Sohn hinterlässt, so ist seine (des Erblassers) Schwester von der Erbschaft ausgeschlossen.

Wenn der Erblasser neben der Tochter eine Schwester hinterlässt, macht die erstere die letztere zur allgemeinen Erbin. Es erbt also

      die Tochter $^1/_2$

      die Schwester als allgemeine Erbin den Rest.

Zu § 8 e: Wenn neben dem Ehemann Kinder oder Sohneskinder vorhanden sind, so erbt er nicht $^1/_2$, sondern $^1/_4$. Vgl. § 9 a. Es ist in diesem Fall gleichgültig, ob die Kinder von ihm gezeugt sind oder von einem anderen (früheren) Ehemann seiner Frau, also ob sie seine rechten oder seine Stiefkinder sind.

§ 9. Zu § 9 a: Die Erblasserin ist in diesem Fall eine Ehefrau. Bei den Kindern oder Sohnes-Kindern (Tochter-Kinder kommen nicht in Betracht) ist es einerlei, ob sie von dem überlebenden Ehemanne gezeugt sind oder ob sie aus einer früheren Ehe der Erblasserin mit einem anderen Manne herstammen.

---

[1]) Hier ist nur von Geschwistern die Rede, die von denselben Eltern oder demselben Vater abstammen. Die soror uterina erbt $^1/_6$ nach § 13 g.

Wenn das Kind Sklave geworden oder einen Mord begangen, ist es erbrechtlich ein *non ens*; es erbt nicht und präkludirt nicht.

Zu § 9 b: Zwei oder mehr Wittwen erben in diesem Fall das Viertel zu gleichen Theilen.

·Ausser den in diesem § genannten beiden Viertels-Erben kann unter Umständen auch die Mutter, die sonst nach § 12 ein Drittel erbt, als Viertels-Erbin erscheinen, nämlich in dem auf S. 213 beschriebenen *zweiten Fall*, nach dem die folgende Erbtheilung stattfindet:

$$\begin{array}{ll} \text{die Gattin erbt} & {}^1\!/_4 \\ \text{die Mutter } \quad \text{„} & {}^1\!/_4 \\ \text{der Vater } \quad \text{„} & {}^2\!/_4 \\ \hline \text{Summa} & {}^4\!/_4. \end{array}$$

§ 10. Zwei oder mehr Wittwen erben in diesem Falle das Achtel zu gleichen Theilen.

§ 11. Die einzelne Tochter, Sohnes-Tochter, Schwester germana oder consanguinea erbt je $^1\!/_2$. Sind ihrer je mehrere vorhanden, so erben sie zusammen je $^2\!/_3$.

Von dieser Regel wird bezüglich der Sohnes-Töchter eine Ausnahme gemacht: Sie erben nicht $^2\!/_3$, sondern nur $^1\!/_6$, wenn neben ihnen eine rechte Tochter des Erblassers (die $^1\!/_2$ erbt) vorhanden ist. S. § 13 c [1]).

Töchter und Schwestern verlieren ihre Eigenschaft als Quoten-Erben und werden allgemeine Erben, wenn neben ihnen Brüder vorhanden sind. In diesem Fall erbt die Tochter oder die Schwester die Hälfte von dem Antheile ihres Bruders. Wenn ein Sohn und 10 Töchter die Erben sind, so erben

$$\begin{array}{ll} \text{die 10 Töchter zusammen} & {}^{10}\!/_{12} \\ \text{der eine Sohn} & {}^2\!/_{12} \\ \hline \text{Summa} & {}^{12}\!/_{12}. \end{array}$$

Sind die Erben 2 Söhne und 2 Töchter, so erben

$$\begin{array}{ll} \text{die 2 Töchter} & {}^2\!/_6 \\ \text{die 2 Söhne} & {}^4\!/_6 \\ \hline \text{Summa} & {}^6\!/_6. \end{array}$$

[1]) Das Sechstel der Sohnes-Töchter sammt der Hälfte der Tochter macht den Antheil der weiblichen Erben zu voll $^2\!/_3$ (تكملة الثلثين).

Die Erbtheilung würde dieselbe sein, wenn in dem ersteren Falle 10 Schwestern des Erblassers neben 1 Bruder, in dem letzteren 2 Schwestern des Erblassers neben 2 Brüdern von ihm zur Erbschaft berufen würden.

§ 12. Die Mutter erbt $^1/_3$, wenn der Erblasser nicht hinterlässt Kinder,

Sohnes-Kinder oder

zwei oder mehr Brüder oder Schwestern, einerlei ob germani, germanae oder consanguinei oder uterini oder gemischt durch einander.

Wenn aber eine der genannten Kategorien von Personen vorhanden ist, so üben sie eine partielle Präclusion auf die Mutter aus und drücken ihren Erbantheil von $^1/_3$ herab auf $^1/_6$ (s. § 13a).

Wenn die Erben sind: Vater, Mutter und 2 Brüder des Erblassers, so erben sie in folgender Weise:

der Vater erbt $^5/_6$

die Mutter „ $^1/_6$

die 2 Brüder erben 0.

Dieselbe Vertheilung findet statt, wenn die Erben sind: Grossvater, Mutter und 2 Brüder uterini:

der Grossvater erbt $^5/_6$

die Mutter „ $^1/_6$

die 2 Brüder uterini erben 0.

In diesen beiden Fällen sind die Brüder total präkludirt durch Vater und Grossvater. Wenn also die Brüder selbst nicht erben, so hat ihr Vorhandensein doch die Wirkung, dass sie die Mutter partiell präkludiren, d. h. ihren Antheil von $^1/_3$ auf $^1/_6$ herabdrücken.

Für das Erbrecht der Mutter ist zu beachten, dass sie in der Combination mit dem Vater und der Ehefrau des Erblassers nicht als Drittels-Erbin, sondern als *Restdrittels-Erbin* erbt. S. den zweiten Fall auf S. 213.

Die uterinen Geschwister des Erblassers werden nur dann zur Erbschaft berufen, wenn er weder erbberechtigte Ascendenz noch Descendenz hinterlässt. Baguri II, 81, 21—23.

Für die Stellung der uterinen Brüder des Erblassers im Erbrecht ist ferner zu beachten, dass sie nicht die Wirkung ausüben ihre Schwestern zu allgemeinen Erben zu machen, während bekanntlich fratres germani sive consanguinei diese Wirkung ausüben. Vgl. S. 200 Absatz 3. 4[1]).

Ausser den in § 12 aufgezählten Drittels-Erben erbt auch *der Grossvater* als Drittels-Erbe, wenn er neben Brüdern des Erblassers zur Erbschaft berufen wird. Wenn die Erben: ein Grossvater und 3 Brüder des Erblassers sind, so erben sie in folgender Weise:

$$\text{der Grossvater } 1/_3 = 3/_9$$
$$\text{die 3 Brüder } \quad 2/_3 = 6/_9$$
$$\text{Summa } 9/_9.$$

Der Grossvater kann, wenn er will, auch als allgemeiner Erbe zusammen und zu gleichen Theilen mit den Brüdern erben. In dem Falle wäre die Erbtheilung folgende:

$$\text{Grossvater und 3 Brüder erben } 4/_4$$
$$\text{Jeder einzelne erbt } \quad\quad 1/_4.$$

Der Grossvater würde also bei dieser Theilung, d. h. wenn mehr als zwei Brüder des Erblassers vorhanden sind, schlechter fahren als bei der ersten Theilung. Vgl. S. 221.

§ 13. Zu § 13 a: Die hier genannten Personen:

Kinder,

Sohnes-Kinder,

zwei oder mehr Geschwister,

üben eine partielle Präclusion auf die Mutter aus, d. h. ihr Vorhandensein reducirt das Erbtheil der Mutter von $1/_3$ auf $1/_6$. Vgl. § 12 a.

Bei den Geschwistern ist es in diesem Fall einerlei, ob sie germani, consanguinei oder uterini oder von verschiedener Abstammung sind.

Dass die Mutter auch in einem besonderen Fall, wenn Kinder, Sohnes-Kinder oder zwei und mehr Geschwister des Erblassers *nicht* vorhanden sind, als Sechstels-Erbin zur Erbschaft berufen werden kann, ist oben S. 213 (Erster Fall) dargelegt worden.

Zu § 13 b: Unter Grossmutter ist sowohl die Mutter des Vaters wie die Mutter der Mutter zu verstehen, nicht dagegen die *falsche Grossmutter*, die Mutter des Vaters der Mutter.

---

[1]) Eine Notiz über das Erbrecht zusammengewachsener Personen (Siamesischer Zwillinge) s. Baguri II, 81, 10—14.

Die Mutter des Vaters erbt *nicht*, so lange der Vater lebt.

Die Mutter der Mutter erbt *nicht*, so lange die Mutter lebt, dagegen *erbt sie*, wenn auch der Vater des Erblassers noch lebt.

Zwei oder mehr erbende Grossmütter erben das $^1/_6$ zu gleichen Theilen.

Innerhalb jeder Ascendenz, der väterlichen und der mütterlichen, schliesst die näher verwandte die fernere von der Erbschaft aus. Wenn aber beide Ascendenzen durch weibliche Personen vertreten sind, hat die weibliche Ascendenz den Vorzug, das heisst: Die näher verwandte Person der weiblichen Ascendenz schliesst die ferner verwandte Person der männlichen Ascendenz von der Erbschaft aus.

Beispiel:

Die Mutter I

Der Mutter II schliesst aus von der Erbschaft die Mutter I
der Mutter II
des Vaters III.

Dagegen

Die Mutter I

Des Vaters II schliesst *nicht* aus   die Mutter   I
der Mutter II
der Mutter III.

Zu § 13 c: Der Ausdruck *Sohnes-Tochter* ist zu ersetzen durch *eine oder mehrere Sohnes-Töchter.* Ferner ist die Fassung dieses Absatzes wesentlich zu erweitern: „Die Tochter des männlichen Descendenten erbt $^1/_6$, falls eine eigene Descendentin des Erblassers vorhanden ist, welche ihm um eine Generation näher steht als jene."

Wenn zwei oder mehr eigene Töchter des Erblassers vorhanden sind (sie erben $^2/_3$ nach § 11 a), erbt die Sohnes-Tochter oder die Sohnes-Töchter nicht.

Wenn die Sohnes-Töchter einen Bruder (Sohnes-Sohn des Erblassers) oder Vetter (Sohnes-Sohn oder ferneren männlichen Descendenten des Erblassers) haben, so werden sie nicht als Quoten-Erben, sondern als allgemeine Erben zur Erbschaft berufen und alle erben gemeinsam in der Weise, dass die weibliche Erbin die Hälfte von dem Antheil des männlichen Erben bekommt.

Das $^1/_6$, welches die Sohnes-Tochter neben der eigenen Tochter (die $^1/_2$ erbt) erhält, dient „*zur Ergänzung der zwei Drittel.*" Damit soll ausgedrückt sein, dass dies $^1/_6$ keine selbstständige Quote ist, dass sie nur in Verbindung mit der Tochter-Quote ($^1/_2$) vorkommen kann, also nur eine Art Appendix zu der letzteren ist. Zwei eigene Töchter erben $^2/_3$ (s. § 11a); Tochter und Sohnes-Tochter erben *zusammen* den gleichen Betrag, indem nach arabischer Ausdrucksweise die Quote der Sohnes-Tochter $^1/_6$ die Quote der Tochter $^1/_2$ zu $^2/_3$ *ergänzt.*

Zu § 13 d: Unter soror consanguinea ist zu verstehen *eine oder mehrere.* Wenn aber 2 oder mehr sorores germanae vorhanden sind (vgl. § 11 c), erben die sorores consanguineae nichts.   10

Wenn die sorores consanguineae einen Bruder gleicher Abstammung[1]) haben, so macht dieser seine Schwester zu allgemeinen Erben mit der Massgabe, dass die einzelne Schwester die Hälfte von dem Antheil des Bruders erbt.

In diesem Falle ist das $^1/_6$ eine Zweidrittel-Ergänzung, denn auch hier ist das $^1/_6$ keine selbstständige Quote, sondern tritt nur in Verbindung mit der Quote der soror germana ($^1/_2$) auf. Zwei sorores germanae erben $^2/_3$ (nach § 11 c) und derselbe Betrag ergiebt sich durch die Combination der Quoten der soror consanguinea $^1/_6$ und der soror germana $^1/_2$.   20

Zu § 13 e: Mit dem Ausdruck *Kinder oder Sohnes-Kinder* sind gemeint *die Kinder männlicher Descendenten.*

Wenn Jemand einen Sohn und seinen Vater hinterlässt, so erbt

der Vater $^1/_6$

der Sohn   den Rest,

weil e rerum natura die Bedürfnisse des Vaters in diesem Leben geringere sind als diejenigen des Sohnes.

Hinterlässt aber Jemand seinen Vater und eine Tochter, so erbt der Vater zweifach.

Der Vater erbt als Quoten-Erbe $^1/_6$ 30

Die Tochter erbt als Quoten-Erbin $^1/_2$

Der Vater erbt als allgemeiner Erbe auch noch den Rest $^2/_6$.

Zu § 13 f: Unter Grossvater ist die gesammte männliche Ascendenz eines Mannes zu verstehen. Der Vater der Mutter gehört zu den entfernten Verwandten.

Der Vatersvater erbt an Stelle des Vaters $^1/_6$, wenn Kinder

[1]) الاخ المبارك.

oder Sohnes-Kinder des Erblassers vorhanden sind. Er kann aber auch $^1/_6$ erben, wenn ausser Kindern oder Sohnes-Kindern auch noch Brüder des Erblassers vorhanden sind.

Im Allgemeinen kann der Grossvater auf drei verschiedene Weisen erben, und es steht in seinem Belieben diejenige zu wählen, welche für ihn die vortheilhafteste ist:

I. Der Grossvater erbt als Quoten-Erbe $^1/_6$ neben 2 Töchtern und 3 Brüdern:

2 Töchter erben	$^2/_3 = {}^{12}/_{18}$
Grossvater erbt	$^1/_6 = {}^3/_{18}$
3 Brüder erben den Rest =	$^3/_{18}$
	Summa $^{18}/_{18}$.

II. Zwischen dem Grossvater und den Brüdern besteht مشاركة (Baguri II, 76, 36) d. h. der Grossvater kann, wenn er neben Brüdern erbt und *wenn er will,* als allgemeiner Erbe zusammen mit den Brüdern und zu gleichen Theilen erben. Für diesen Fall ergiebt sich folgendes Schema:

2 Töchter erben	$^2/_3 = {}^8/_{12}$
Grossvater und 3 Brüder erben zusammen den Rest =	$^4/_{12}$
	Summa $^{12}/_{12}$.

In diesem Fall würde der Grossvater $^1/_{12}$ erben, also nur die Hälfte von dem, was ihm nach der Theilung sub I zufallen würde.

III. Der Grossvater kann das Rest-Drittel erben (s. § 41. 42). In diesem Fall ergiebt sich folgende Theilung:

Die 2 Töchter erben	$^2/_3 = {}^6/_9$
Der Grossvater erbt das Drittel des Restes ($^1/_3$) =	$^1/_9$
Die 3 Brüder erben den Rest	$= {}^2/_9$
	Summa $^9/_9$.

Der Grossvater würde also auch bei dieser Theilung weniger bekommen als bei der Theilung sub I.

Dass der Grossvater ausserdem, wenn er neben Brüdern erbt, $^1/_3$ erben kann, ist oben S. 218 dargelegt worden.

§ 14. Die Präclusion, von der in diesem § die Rede ist, ist die totale Präclusion in Folge des Vorhandenseins einer Person. Der § giebt Antwort auf die Frage: Welche sind diejenigen Erben, deren Vorhandensein die Wirkung hat, dass andere Erben von der Erbschaft ausgeschlossen sind? —

I. Die Mutter schliesst *sämmtliche* Grossmütter von der Erbschaft aus. Nicht so der Vater. Wenn der Vater des Erblassers lebt, theilen sich die Grossmütter in zwei Klassen:

Die Mutter der Mutter oder ihre weiblichen Ascendenten, und die Mutter des Vaters oder ihre weiblichen Ascendenten. Jene wird zur Erbschaft berufen, diese (die Mutter des Vaters) von der Erbschaft ausgeschlossen. Vgl. S. 219.

II. Wie der Vater den Grossvater, so schliesst der nähere Grossvater den ferneren aus.

III. Die uterinen Geschwister des Erblassers werden ausgeschlossen von der Erbschaft durch seine erbberechtigte Descendenz[1]) (Sohn, Tochter, Enkel, Enkelin) und durch seine erbberechtigte männliche Ascendenz[2]) (Vater, Grossvater), nicht aber durch ihre Mutter und nicht durch einen frater germanus oder consanguineus.

Die erbrechtliche Wirkung des Vaters ist insofern von derjenigen des Grossvaters verschieden, dass jener *sämmtliche* Brüder, seien sie germani, consanguinei oder uterini, von der Erbschaft ausschliesst, während dieser (der Grossvater) nur die fratres uterini ausschliesst.

IV. Der Grossvater schliesst den frater germanus des Erblassers nicht aus. Er kann mit dem frater germanus zu gleichen Theilen erben. Vgl. S. 221, Nr. II.

V. Der frater consanguineus wird ausser von den hier genannten Personen auch von der soror germana, wenn sie als allgemeine Erbin neben der Tochter des Erblassers zur Erbschaft berufen wird (vgl. S. 200, Nr. 4), von der Erbschaft ausgeschlossen.

Der Sohn des frater germanus wird ausgeschlossen durch sechs Personen:

Vater,
Grossvater,
Sohn,
Sohnessohn,
frater germanus,
frater consanguineus.

الفرع الوارث (¹   الاصل الذكر (²

Der Sohn des frater consanguineus wird ausgeschlossen durch die eben genannten 6 Personen und den Sohn des frater germanus.

Der Vatersbruder germanus wird ausgeschlossen durch die eben genannten 7 Personen und den Sohn des frater consanguineus.

Der Vatersbruder consanguineus wird ausgeschlossen durch die eben genannten 8 Personen und den Vatersbruder germanus; der Sohn des Vatersbruders germanus durch die genannten 9 Personen und den Vatersbruder consanguineus.

Der Sohn des Vatersbruders consanguineus durch die genannten 10 Personen und den Sohn des Vatersbruders germanus. 10

Der Patron und seine allgemeinen Erben werden durch die allgemeinen Erben der Blutsverwandtschaft[1]) ausgeschlossen. Es ist hier nur von allgemeinen Erben die Rede, denn die Quoten-Erben eines Mannes haben an seinem aus dem Patronat sich herleitenden Erbrecht keinen Antheil. Vgl. S. 211.

§ 15. Das Erbrecht der hier genannten Personen hat im gewissen Sinne den Charakter der Ausstrahlung; es ist nicht blos den betreffenden Personen selbst eigenthümlich, sondern *strahlt aus* auch auf ihre Schwestern und lässt sie an dem eigenen Erbrecht Theil nehmen. Anders ausgedrückt: Die Schwestern werden in diesen 20 Fällen durch das Vorhandensein von Brüdern aus Quoten-Erben umgewandelt in allgemeine Erben. Vgl. S. 200, Nr. III. IV. Dagegen hat das Erbrecht der uterinen Geschwister diesen *ausstrahlenden* Charakter nicht; sie erben zusammen $1/3$. Vgl. § 12 b.

Der Satz, dass in diesen Fällen die *Erbin* nur die Hälfte von dem Antheil des *Erben* bekommt, wird damit begründet, dass der Erbe ausser sich selbst auch seine Familie zu erhalten hat, während die Erbin, wenn sie verheirathet ist, von ihrem Manne unterhalten wird, und wenn sie ledig bleibt, in der Regel nur sich selbst zu unterhalten hat. 30

---

[1]) Blutsverwandtschaft hat erbrechtlich ein grösseres Gewicht als das Patronat d. h. die durch das Patronat begründete erbrechtliche Beziehung zwischen zwei Personen. Unter Blutsverwandten entsteht unter Umständen die Pflicht Lebensunterhalt zu gewähren, die *talio* findet unter ihnen keine Anwendung und das Zeugniss des einen von ihnen über den andern gilt vor Gericht nicht. Diese Sätze gelten nicht für Patronats-Verwandte.

§ 16. Das Erbrecht der hier genannten Personen hat nicht die Eigenheit der Ausstrahlung, was damit begründet wird, dass während diese Personen allerdings Erben sind, ihre Schwestern überhaupt nicht mehr zu den *Erben* gehören, sondern zu den *entfernten Verwandten*, nämlich

> die Schwester des Vaters,
> die Tochter des Vatersbruders,
> die Tochter des Bruders.

Der erbende Vatersbruder ist nur der frater patris germanus oder consanguineus, denn der frater patris uterinus zählt mitsammt seiner Descendenz zu den entfernten Verwandten.

Unter den Söhnen des Bruders sind zu verstehen die filii fratris germani sive consanguinei, nicht die filii fratris uterini, die ebenfalls zu den entfernten Verwandten zählen. Vgl. S. 196.

Das Erbrecht der entfernten Verwandten[1]) ist bei Abû-Schuǧâʿ übergangen. Es ist nach dem Erbrecht der allgemeinen Erben und der Quoten-Erben an dritter Stelle zu berücksichtigen. Von den beiden über diesen Gegenstand überlieferten Theorien gilt die erstere bei Bâgûri (II, 70, 12) als die richtigere.

I. Erste Theorie[2]).

Wenn allgemeine Erben und Quoten-Erben nicht vorhanden sind, wohl aber entfernte Verwandte, so treten die letzteren erbrechtlich an die Stelle der ersteren, d. h. jeder entfernte Verwandte erbt so, wie derjenige allgemeine Erbe oder derjenige Quoten-Erbe geerbt haben würde, durch den er mit dem Erblasser verwandt ist. Z. B. der Sohn des frater patris uterinus gehört zu den entfernten Verwandten; wenn er trotzdem in Ermangelung eigentlicher Erben zur Erbschaft berufen wird, so erbt er, wie der Vater des Erblassers, wenn er lebte, geerbt haben würde, denn durch den Vater ist er mit dem Erblasser verwandt.

II. Zweite Theorie[3]).

Von den entfernten Verwandten wird derjenige zur Erbschaft

---

[1]) ذوو الارحام Vgl. Baguri II, 70, 12—14; 76, 11—13.
[2]) Diejenige der اهل التنزيل.
[3]) Diejenige der اهل القرابة.

berufen, der dem Erblasser am nächsten verwandt ist, während die ferner verwandten nichts bekommen.

Wenn daher z. B. zwei entfernte Verwandte vorhanden sind, nämlich

> eine Tochter der Tochter und
> eine Tochter der Tochter des Sohnes,

so wird die erstere zur Erbschaft berufen, weil sie dem Erblasser um eine Generation näher verwandt ist als die zweite, die in diesem Falle leer ausgeht.

Derselbe Fall würde nach der ersten Theorie in einer ganz anderen Weise entschieden werden müssen:

A) Die Tochter-Tochter tritt an die Stelle der Tochter, welche erbt $\quad \frac{1}{2} = \frac{3}{6}$

B) Die Tochter-Tochter des Sohnes tritt an die Stelle der Sohnes-Tochter, welche erbt $\quad \frac{1}{6} = \frac{1}{6}$

Summa $\frac{4}{6}$.

Der Rest von $\frac{2}{6}$ fällt den beiden Erbinnen nach dem Rückfallsrecht[1]) zu, und zwar theilen sie sich denselben pro rata ihrer Erbantheile ($\frac{1}{2}$ und $\frac{1}{6}$), sodass A $1\frac{1}{2}$ mal so viel bekommt als B.

Danach erbt durch das Rückfallsrecht

> A $\frac{3}{4}$ von $\frac{2}{6} = \frac{3}{12}$
> B $\frac{1}{4}$ von $\frac{2}{6} = \frac{1}{12}$.

Die Vertheilung der gesammten Erbmasse ist danach folgende:
A erbt $\frac{3}{6}$ als Quote + $\frac{3}{12}$ als Rückfallantheil $= \frac{9}{12} = \frac{3}{4}$
B „ $\frac{1}{6}$ „ „ + $\frac{1}{12}$ „ „ $= \frac{3}{12} = \frac{1}{4}$

Summa $\frac{4}{4}$.

Wenn keinerlei Erben vorhanden sind, auch keine entfernten Verwandten, und wenn ein den Gesetzen des Islams entsprechender oder nach den Gesetzen des Islams richtig verwalteter Fiscus nicht vorhanden ist, darf ein beliebiger Muslim den Besitz an sich nehmen, ihn verwenden, wie ein gerechter Richter ihn (für öffentliche Zwecke) verwenden würde, und sich für seine Mühe daraus bezahlt machen. Wenn dieser Mann einen Anspruch gegen den Fiscus hat (z. B. auf Unterhalt), kann er sich aus dieser Erbschaft bezahlt machen und kann mit sammt seiner Familie sein Leben lang davon zehren.

[1]) ‏ارد‎.

§ 17. Das Objekt einer testamentarischen Verordnung bilde den geraden Gegensatz zu dem Objekt eines Kaufvertrages; während das letztere genau bekannt und bestimmt sein muss, kann das erstere unbekannt, unbestimmt, ja etwas noch nicht einmal in den ersten Anfängen vorhandenes sein, wie z. B. die Milch im Euter, die Frucht eines Baumes vor den ersten Anfängen der Fruchtbildung[1]).

Eine den Bestimmungen des Gesetzes entsprechende testamentarische Zuwendung ist ein empfehlenswerthes, verdienstliches Werk, das von der Religion angelegentlichst empfohlen wird. Doch wird es in seiner Verdienstlichkeit vom Almosengeben zu Lebzeiten übertroffen. Die testamentarischen Bestimmungen werden unterschieden in empfehlenswerthe, erlaubte, widerwärtige, verbotene und nothwendige.

Die Verfügung kann eine mündliche oder schriftliche sein. Der Ausdruck muss eindeutig[2]) sein, wie „ich vermache ihm das und das", wobei es gleichgültig ist, ob der Testator hinzufügt „für die Zeit nach meinem Tode" oder nicht; „gebt dem N. N. das und das nach meinem Tode" u. ä. m.[3]). Als eindeutiger Ausdruck gilt auch die verständliche Geste oder Geberde eines Taubstummen.

Dagegen ist ein mehrdeutiger Ausdruck, der im Sinne einer testamentarischen Zuwendung gebraucht wird,[4]) wie z. B. „ihm gehört von meinem Besitz das und das" oder ähnliches, nicht eine testamentarische Verfügung, sondern ein *Geständniss* (s. Buch IV Kap. 11).

Die Entgegennahme des Legats oder eine diesbezügliche Erklärung muss *nach* dem Tode des Testators erfolgen; sie ist rechtsunwirksam, wenn sie *vorher* erfolgt. Dies gilt nur für den Fall, dass der Legatar *eine bestimmte Person* ist. Wird dagegen ein Legat z. B. den Armen vermacht, so ist die Annahmeerklärung von

---

[1]) Das Verbot des غرر bei Kauf und Verkauf findet keine Anwendung auf die testamentarische Verordnung. S. Buch IV Kap. 1 § 10. und Baguri II, 86, 13. 14.

[2]) صريح.

[3]) Solche Ausdrücke sind هو له بعد اعطوه له بعد موتى oder وهبته له بعد موتى oder موتى.

[4]) كناية مع النيّة.

Seiten der Legatare nicht nöthig; ebenso wenn das Legat in der Freilassung von Sklaven besteht.

Der Testator kann bei Lebzeiten seine testamentarische Verordnung aufheben oder verändern.

Von den Ausführungen über die Qualität des Objekts einer testamentarischen Verfügung ist das folgende zu beachten:

Das Objekt darf etwas nach den Bestimmungen des Islams unreines sein, sofern ein Nutzen daraus gewonnen werden kann, z. B. Mist zum Düngen, Thierhäute zum Gerben, todte Thiere zum Füttern von Raubthieren, ein abgerichteter oder abrichtbarer Hund u. a. 10

Die testamentarische Verfügung kann sich auf einen *servus contractualis*, d. h. einen Sklaven, der auf Grund einer Vereinbarung mit seinem Herrn durch Ratenzahlungen die Freiheit erwirbt[1]), beziehen. Der Herr kann ihm die Ratenzahlungen bezw. den Erlass der Ratenzahlungen vermachen.

Ferner kann der *servus contractualis* selbst Objekt der testamentarischen Verfügung sein, doch ist hierbei zwischen folgenden Fällen zu unterscheiden. Ist die contraktliche Freilassung correkt und gültig[2]), so kann der Sklave in dem Falle *vermacht* werden, wenn er erklärt, dass er nicht im Stande ist die Ratenzahlungen zu 20 leisten; dagegen kann er nicht vermacht werden, wenn er im Stande ist die Ratenzahlungen zu leisten.

Anders bei demjenigen *servus contractualis*, dessen Freilassung zwar gültig, aber inkorrekt[3]) ist. Sein Herr kann ihn unter allen Umständen durch Testament einem Anderen vermachen. Vgl. § 160, 12.

Wenn das Objekt individuell unbestimmt ist, liegt den Erben ob zu bestimmen, worauf die Verfügung bezogen werden soll. Wenn z. B. Jemand *einem seiner beiden Sklaven* durch Testament die Freiheit schenkt, haben die Erben zu bestimmen, welcher von den beiden freigelassen werden soll. 30

Der Testator kann zwischen einer Sache und ihrem Nutzen unterscheiden, er kann dem Einen die Sache, dem Anderen den Nutzen der Sache vermachen, entweder mit zeitlicher Begrenzung oder ohne eine solche.

---

[1]) Vgl. Buch II § 14—19.
[2]) ܐܬܚܪܪܘ.
[3]) ܦܐܣܝܕܐ.

Vom Legats-Drittel.

Aehnlich wie eine testamentarische Zuwendung soll auch ein bedingungsloses[1]) Geschenk, das Jemand in seiner Todeskrankheit[2]) macht, aus dem Dritel der Masse gezahlt werden, sei es ein einfaches Geschenk, der Erlass einer Schuld, eine Stiftung oder eine Freilassung. Eine solche Schenkung ist ungültig in dem Betrage, der das Drittel der Masse überschreitet. Die Ausnahme betreffend die Freilassung der Sklavin-Mutter s. w. u. auf dieser Seite.

Eine im Zustande der Gesundheit gemachte, bedingungslose Schenkung ist, falls der Schenkende stirbt, aus der Masse, nicht aus 10 dem Drittel zu zahlen.

Wenn Jemand in Gesundheit eine Schenkung macht, sie aber erst in seiner Todeskrankheit übergiebt, so ist das Geschenk aus dem Drittel, nicht aus der Masse zu zahlen, weil das Geschenk erst durch die Entgegennahme des Beschenkten perfekt wird.

Wenn Jemand seine Sklavin, die er geschwängert hat oder die ihm ein Kind geboren hat[3]), in seiner Todeskrankheit frei lässt, so wird sie, d. h. der Werth, den sie repräsentirt, unter allen Umständen von der Masse abgerechnet, einerlei ob die Beiwohnung erst während der Todeskrankheit oder schon vorher Statt gefunden hat. 20

Das Legats-Drittel ist zu berechnen von demjenigen Theil der Masse, der nach Bezahlung der Beerdigungskosten und der Schulden des Verstorbenen übrig bleibt.

Wenn die Passiva so gross sind wie die Activa, so werden die Legate nicht ausgezahlt, bleiben aber zu Recht bestehen und würden z. B. zur Ausführung gelangen, wenn die Gläubiger auf ihre Forderungen verzichteten oder Irgendjemand die Schulden des Verstorbenen bezahlte.

Wenn Jemand ein Drittel seines Nachlasses zu Legaten bestimmt und der Nachlass aus Baarbesitz und ausstehendem Besitze[4]) 30 (Forderungen) besteht, so erhalten die Legatare zunächst ein Drittel

---

[1]) منجّز.

[2]) Derjenigen Krankheit, welche die Ursache seines Todes wird: مرض الموت.

[3]) ام الولد) Muttersklavin.

[4]) عين ودين.

des Baarbesitzes und von den Forderungen, je nachdem sie eingehen, allemal ein Drittel.

Wenn Jemand dem X ein Drittel seiner Habe vermacht, nämlich denjenigen Theil, der anwesend ist, während die zwei Drittel seines Besitzes abwesend sind, so erhält X zunächst nichts, weil der abwesende Besitz möglicher Weise zu Grunde gehen kann. Der Erbe muss $^2/_3$ der Masse in Besitz genommen haben, bevor er gehalten werden kann das Legats-Drittel auszuzahlen. Für die Berechnung der Masse und des Drittels ist der Vermögensstand zur Zeit des Todes des Erblassers massgebend. Wenn daher zwischen dem 10 Datum des Testaments und dem Datum des Todes ein Vermögenszuwachs stattgefunden hat, so wird für die Erbschaftstheilung das vermehrte Vermögen zu Grunde gelegt. Wenn Jemand einem Anderen einen Sklaven vermacht, ohne einen solchen zu besitzen, jedoch noch vor seinem Tode einen Sklaven erwirbt, so wird das Legat, soweit es den Werth des Drittels der Masse nicht überschreitet, ausgeführt. In diesem Fall ist der Erbe nicht verpflichtet den betreffenden Sklaven selbst dem Legatar zu übergeben, sondern es steht ihm frei einen Sklaven von gleichem Werth zu kaufen und diesen dem Legatar zu übergeben.   20

Ferner gelten für die Berechnung der in der Todeskrankheit gemachten Schenkung, der Hinterlassenschaftsmasse und des Legats-Drittels die folgenden Bestimmungen:

I. Der Werth einer während der Todeskrankheit gemachten, bedingungslosen Schenkung wird berechnet nach den Preisen derjenigen Zeit, in welcher der betreffende Besitz *den Erben entzogen*[1]) d. h. dem Beschenkten übergeben wird.

II. Das mit dem Tode des Testators für die Auszahlung fällig werdende Legat wird nach den Preisen, wie sie zur Zeit des Todes des Testators[2]) sind, berechnet.   30

III. Der Werth dessen, was den Erben nach Abzug der Legate und der sub I. genannten Zuwendungen verbleibt, wird *nach dem niedrigsten Preise* berechnet, den die betreffenden Objekte zwischen der Zeit des Todes des Erblassers und dem Erbschaftsantritt der Erben[3]) haben.

---

[1]) وقت التفويت.   [2]) وقت الموت.

[3]) وقت القبض Zur Begründung dieser Berechnung vgl. Baguri II 87, 12—14.

Beispiel zu I.

Ein Mann schenkt dem einen seiner 3 Sklaven, seiner ganzen Hinterlassenschaft, in seiner Todeskrankheit die Freiheit in einem Moment, wo der Werth desselben 100 Denare beträgt.

Dieser Werth wird bei der Erbschaftstheilung nach dem Tode des Erblassers zu Grunde gelegt, während der Werth der beiden den Erben verbleibenden Sklaven berechnet wird nach dem niedrigsten Preise, den sie in dem Zeitraum zwischen dem Tode des Erblassers und dem Erbschaftsantritt der Erben repräsentirten.

Wenn hiernach die beiden Sklaven 200 Denare werth sind, 10 ist gegen jene Schenkung von Seiten der Erben nichts einzuwenden, denn ihr Werth überschreitet nicht das Drittel der Masse. Wenn dagegen die beiden Sklaven als gesammte Erbmasse des Verstorbenen nur den Werth von 140 Denaren repräsentirten, würde jene Schenkung in dem Betrage, der das Legats-Drittel überschreitet, rückgängig zu machen sein. Anders ausgedrückt: Die Erbmasse wäre 240 Denare. Der Beschenkte muss von seinem Geschenk im Werthe von 100 Denaren an die Erben 20 Denare zurückzahlen, sodass die Erben 160 Denare erhalten würden, der Beschenkte dagegen nur 80 Denare d. i. ein Drittel der Masse.   20

Beispiel zu II.

Ein Mann vermacht durch Testament dem Zaid einen Sklaven. Der Werth, den dieser zur Zeit des Todes des Testators repräsentirt, sagen wir: 100 Denare, wird für die Erbschaftsregulirung in Rechnung gesetzt.

Der Verstorbene hinterlasst seinen Erben eine Erbschaft bestehend aus zwei Sklaven, welche gemäss dem geringsten Marktpreise zwischen dem Tode des Erblassers und dem Erbschaftsantritt der Erben den Werth von 200 Denaren repräsentiren. In diesem Falle ist gegen das Legat von Seiten der Erben nichts einzuwenden. 30 Wenn aber die Erbschaft weniger werth ist als 200 Denare, so muss von dem Legat so viel abgezogen werden, dass es das Drittel der Masse nicht überschreitet.

Wenn ein Mann durch Testament oder Schenkung in der Todeskrankheit mehreren Sklaven, die er in einer bestimmten Reihenfolge anführt, die Freiheit schenkt, ihr Gesammtwerth aber das Drittel der Masse überschreitet, so sind von den Sklaven nach der vom Testator festgesetzten Reihenfolge so viele freizulassen, deren Werth dem Drittel der Erbmasse entspricht. Ob eventuell die Freilassung über dies Drittel der Masse hinaus fortgesetzt werden soll, hängt vom Belieben der Erben ab.

Wenn der Testator die Reihenfolge der freizulassenden nicht bestimmt hat, wird sie durch das Loos bestimmt.

Es ist bei der Freilassung von Sklaven durch Testament darauf zu sehen, dass die Sklaven sofern möglich ganz freigelassen werden, und die Freilassung von einzelnen Theilen mehrerer Sklaven als gegen den Sinn der Freilassung verstossend zu vermeiden.   10

Wenn ein Mann durch Testament zwei Freilassungen verfügt, eine unbedingte, während der Todeskrankheit verfügte und eine testamentarische, mit dem Tode des Mannes zur Ausführung gelangen sollende, und nur eine einzige innerhalb des Legats-Drittels zur Ausführung gelangen kann, so wird der ersteren der Vorzug gegeben.

Wie bei der testamentarischen Freilassung wird bei den in der Todeskrankheit gemachten Geschenken die von dem Schenkenden bestimmte Reihenfolge beobachtet und werden die Geschenke innerhalb der Grenzen des Drittels der Masse ausgeführt. Wenn aber 20 die Reihenfolge der Beschenkten nicht angegeben ist, wird das Drittel über dieselbe pro rata ihrer Schenkungen ertheilt. Wenn Jemand dem

Zaid 100 Denare,

Amr   50   ,,

Bekr 50   ,,

zuwendet, während das Drittel der Masse nur 100 Denare beträgt, so bekommt

Zaid 50 Denare

Amr   25   ,

Bekr 25   ,

     30

Wenn zwei Verfügungen vorliegen, eine in der Todeskrankheit gemachte Schenkung und eine testamentarische Verfügung, so wird, wenn nur die eine innerhalb des Drittels ausgeführt werden kann, der ersteren der Vorzug gegeben.

Wenn zweierlei Arten von Verfügungen auszuführen sind, sowohl Freilassungen wie Geschenke, einerlei ob sie als Legat im

Testament oder in der Todeskrankheit als Geschenk verfügt worden sind, so sind sie, *falls der Verfügende eine Reihenfolge festgestzt hat*, nach dieser Reihenfolge zur Ausführung zu bringen d. h. bis zur Grenze des Drittels der Masse. Wenn dagegen der Verfügende *die Reihenfolge nicht festgesetzt hat*, wird das Drittel der Masse pro rata der Zuwendungen auf die Beschenkten und Legatare vertheilt.

Wenn Jemand seinem Sklaven, der 100 Denare werth ist, für die Zeit nach seinem Tode die Freiheit schenkt und ihm zugleich 100 Denare vermacht, während das Drittel der Masse nur 100 De- 10 nare beträgt, so wird der Sklave ganz freigelassen und von der testamentarischen Zuwendung abgesehen.

In allen Fällen, wo über die Reihenfolge, in welcher Zuwendungen in der Todeskrankheit oder testamentarische Zuwendungen ausgeführt werden sollen, ein Zweifel entstehen kann, sind die ersteren *vor* den letzteren zur Ausführung zu bringen.

Die Verfügungen in der Todeskrankheit sind entweder

1) Freilassungen, oder

2) geschenkartige Zuwendungen, oder

3) beides gemischt.   20

Jede dieser 3 Verfügungen kann auch durch Testament verfügt werden.

Ferner können diese Verfügungen

1) der Reihenfolge nach bestimmt, oder

2) der Reihenfolge nach nicht bestimmt, oder

3) beides gemischt sein.

Nach Permutationsrechnung ergiebt dies 27 Möglichkeiten.

§ 18. Ein Legat zu machen, das den Werth des Drittels der Masse übersteigt, ist im Sinne der Religion unangemessen, widerwärtig, abgesehen davon, dass es von den Erben angefochten werden 30 kann. Wird ein zu grosses Legat vermacht, während der Fiscus Erbe ist, fällt derjenige Theil des Legats, der das Drittel übersteigt, unter allen Umständen dem Erben zu. Begründung: Wenn die Erben Privatpersonen sind, können sie zu seiner Ueberschreitung des Legats-Drittels ihre Erlaubniss geben oder verweigern; der Fiscus aber oder die Allgemeinheit der Muslims kann nicht gleich einem Individuum eine solche Erlaubniss geben. Vgl. S. 234, 21.

Wenn ein zu grosses Legat gemacht ist und die Erben nicht volle freie Verfügung haben d. i. unter Curatel stehen, so ist zweierlei möglich:

a) Wenn man erwarten darf, dass die Erben z. B. minderjährige oder geisteskranke, die volle freie Selbstbestimmung erlangen oder wieder erlangen werden, so ist bis dahin zu warten und dann von ihnen zu entscheiden, was mit demjenigen Theil, um den das Legat das Drittel der Masse übersteigt, geschehen soll.

b) Wenn man nicht erwartet, dass der Erbe je die volle freie Selbstbestimmung erlangen wird, ist das Legat, soweit es das Drittel überschreitet, ungültig.   Anders ausgedrückt: Ein Vormund oder Curator hat nicht das Recht ein Legat anzuerkennen, welches seinem Mündel mehr als $1/3$ der Masse entzieht.   Vgl. S. 235, 12.

Wenn die Erben ein zu grosses Legat genehmigen, so haben sie nicht das Recht zwischen dem Zeitpunkt ihrer Genehmigung und der Inempfangnahme des Legatars ihre Entscheidung zu widerrufen.[1]

Wenn die Erben eine über das Legats-Drittel hinausgehende Freilassung, sei es ein Geschenk während der Todeskrankheit oder eine testamentarische Verordnung, gut heissen, geht das Patronat über den Freigelassenen auf die männlichen Individuen unter den allgemeinen Erben des Verstorbenen über.

Wenn die Entscheidung der Erben eine getheilte ist, einige den Ueberschuss des Legats gut heissen, andere ihn nicht genehmigen, so wird entschieden pro rata der Erbantheile, d. h. jeder Erbe hat das Recht *für sein Theil* den über das Drittel der Masse hinausgehenden Theil eines Legats für sich zu reklamiren oder dem Legatar zu überlassen.

§ 19.   Dem Erben ein Legat zu vermachen ist im Sinne des Islams ungehörig, widerwärtig.   Hierin gleicht dem Legat zu Gunsten eines Erben eine fromme Stiftung zu seinen Gunsten, eine Kassirung seiner Schuld (Verzichtleistung auf eine von ihm zu zahlende Schuld) und ein Baar-Geschenk, insofern diese drei Dinge in der Todeskrankheit des Testators verfügt worden sind.   Sie müssen auf den Protest der Erben rückgängig gemacht werden, *können* aber mit deren Genehmigung bestehen bleiben.

---

[1] Was z. B. bei einem einfachen Geschenk zulässig ist.

Eine Ausnahme von dieser Regel bildet folgende Bestimmung: Wenn der Werth der gesammten Legate den Werth des Drittels der Masse nicht erreicht, so kann der Testator den durch die Legate nicht beanspruchten Rest des Drittels zu einem Waḳf für seine Erben pro rata ihrer Erbantheile machen. Ein solcher Waḳf ist auch ohne Genehmigung der Erben rechtsgültig.

Ein Kniff aus der Praxis des Erbrechts, wie man eines seiner Kinder gegenüber den anderen bevorzugen kann, ist folgender:

„Ich vermache meinem Nachbar Zaid ein Legat von 1000 De- naren, wenn er meinem Kinde X 500 Denare schenkt." Eine solche 10 testamentarische Verordnung ist gültig.

Seinen Erben durch Testament dasjenige zu vermachen, was ihnen auf Grund des Intestat-Erbrechts zukommt, ist rechtsunwirk- sam. Wenn aber der Testator einem seiner Erben ein bestimmtes Objekt verschreibt, dessen Werth den Werth des Erbantheils des betr. Erben nicht übersteigt, so ist das zulässig, bedarf aber der Genehmigung der übrigen Erben.

Gültig ist auch eine solche testamentarische Verordnung, dass ein bestimmtes Objekt des Nachlasses an den oder den verkauft werden soll.   20

Wenn der Fiscus· der Erbe ist, darf der Erblasser ohne Ge- nehmigung der Erben einer Privatperson ein Legat vermachen, aber nicht mehr als $^1/_3$ der Masse. Vgl. S. 232, 31.

Für die Bestimmung, wer Erbe ist, wer nicht, sind maassgebend die Verhältnisse zur Zeit des Todes des Testators, nicht diejenigen der Zeit, in welcher er sein Testament machte. Wenn Jemand, der keine Kinder hat, seinem Bruder ein Legat vermacht, ihm aber vor seinem Tode noch ein Sohn geboren wird, bleibt das Legat be- stehen, denn es ist nunmehr ein Legat für einen Nicht-Erben. Wenn dagegen Jemand, der einen Sohn hat, seinem Bruder ein 30 Legat vermacht, der Sohn aber vor dem Vater stirbt, wird der Bruder Erbe und das zu seinen Gunsten gemachte Legat ist nur dann gültig, wenn die übrigen Erben es genehmigen.

Die Erben haben ihre Einwilligung zu dem zu Gunsten eines unter ihnen gemachten Legates erst nach dem Tode des Testators auszusprechen, und können dieselbe, nachdem sie sie einmal ge- geben, nicht zurücknehmen. Eine in einem solchen Falle schon vor dem Tode des Testators von den Erben ausgesprochene Genehmigung ist rechtsunwirksam.

Die Erben müssen verfügungsberechtigt sein. Wenn also ein Erbe als Verschwender oder Minderjähriger oder Geisteskranker unter Curatel steht, kann er nicht zu dem Legat zu Gunsten eines Nebenerben eine Einwilligung ertheilen. Wenn man hoffen kann, dass der betreffende verfügungsberechtigt werde oder wieder werden werde, so ist mit der Entscheidung bis dahin zu warten; ist aber diese Hoffnung nicht vorhanden, so ist ein solches Legat hinfällig. Anders ausgedrückt: Der Curator darf nicht für sein Mündel ein 10 Legat genehmigen, welches zu Gunsten einer Person, die Nebenerbe des Mündels ist, gemacht worden ist. Denn ein solches Legat wäre eine Benachtheiligung des Mündels, und zu einer solchen darf ein Curator unter keinen Umständen behülflich sein. Vgl. S. 233, 11.

§ 20. Der Testator muss mündig und bei vollem Verstande sein. Als solcher gilt auch der betrunkene.

Der Testator muss frei sein, ganz oder zum Theil. Danach kann der Theilsklave[1]) über das, was er durch seinen freien Theil erworben, durch Testament verfügen, sogar z. B. eine Freilassung. Dagegen kann *der* Sklave, der nach Vereinbarung mit seinem Herrn 20 durch Ratenzahlungen sich die Freiheit erwirbt, nur dann ein Testament machen, wenn sein Herr es ihm gestattet.

Ein Nicht-Muslim, einerlei ob er Unterthan eines Muslimischen oder eines anderen Staates ist, kann unter dem Schutze des Gesetzes des Islams ein Testament machen.

Auch eine wegen Verschwendung oder Bankrott unter Curatel stehende Person kann ein Testament machen, damit sie des religiösen Verdienstes, das ein Legat mit sich bringt, nicht verlustig geht.

Das Testament eines Apostaten ist ungültig. Wenn er indessen vor dem Tode zum Islam zurückkehrt, ist es gültig. Das Ver- 30 mögen eines Menschen, der als Apostat stirbt, fällt als Waḳf der Allgemeinheit der Muslims zu. Vgl. Baguri II, 89, 21.

Diejenigen Personen, welche nicht im Stande sind ein rechtsgültiges Testament zu machen, sind:

der Sklave,

---

[1]) المبعَّض.

der Geisteskranke;

derjenige, der unter der Wirkung einer Ohnmacht oder eines epileptischen Anfalls steht;

der Minderjährige;

derjenige, der nicht freier Herr seines Willens ist.

§ 21. Der Legatar ist entweder

a) ein Individuum (oder auch mehrere), das bekannt und genau angegeben sein muss, sodass eine Verwechslung ausgeschlossen ist;

b) ein unpersönlicher Zweck, der nicht ein Verstoss gegen die Gesetze des Islams[1]) sein darf. Diese letztere Bestimmung gilt 10 überhaupt von jedem Legat. Denn der Zweck desselben ist, dass der Testator sich durch dasselbe nach seinem Tode ein Verdienst, ein Anrecht auf den Himmel erwerbe, das er zu seinen Lebzeiten sich zu erwerben nicht im Stande war. Entspricht daher die Verwendung des Legats nicht den Gesetzen des Islams, so wird es dadurch hinfällig. Es darf z. B. Niemand einen Muslimischen Sklaven einem Nicht-Muslim vermachen.

Das Individuum muss im Stande sein entweder selbst oder durch seinen Vormund Besitz zu erwerben, also auch der minderjährige, der geisteskranke und das Embryo, wenn es nicht später 20 als 6 Monate nach dem Datum des Testaments geboren wird, anders ausgedrückt: sofern sich durch das Datum der Geburt herausstellt, dass der Embryo zur Zeit, als das Testament geschrieben wurde, schon vorhanden war.

Ein Testament zu Gunsten eines Ganzsklaven ist ungültig. Wird ihm etwas im Allgemeinen verschrieben und nicht bestimmt, dass es ihm persönlich gehören solle, so ist das Legat gültig und fällt dem Herrn des Sklaven zu. Der Sklave bedarf zur Annahme eines solchen Legats nicht der Erlaubniss seines Herrn. Ist der Sklave unmündig, so kann sein Herr es für ihn annehmen, und es 30 braucht auf das Mündigwerden desselben nicht gewartet zu werden.

Ein Legat zu Gunsten eines Nicht-Muslims ist gültig, einerlei ob derselbe Unterthan eines Muslimischen Staates ist oder nicht, oder ob er Apostat ist.

Ein Legat für einen unpersönlichen Zweck ist bestimmt entweder

---

[1]) معصية.

a) für Zwecke des Krieges des Islams gegen die Ungläubigen[1]), oder

b) für einen Zweck der öffentlichen Wohlthätigkeit[2]), der den Gesetzen des Islams nicht widerspricht. Wenn Jemand, sei er Muslim oder Christ (Jude) ein Legat vermacht für die Erbauung oder Erhaltung einer Kirche (Synagoge), für die Herstellung von Abschriften der Thora, des Evangeliums oder Philosophie-Bücher, so ist es ungültig.

Ein Legat *für Gott*[3]) wird den Armen und Zwecken öffentlicher Wohlthätigkeit zugewendet, ein Legat *für die Ulemâs* den Studirenden der Koranwissenschaft, der Tradition und des Rechts 10 (nicht denjenigen, welche Grammatik oder Medicin studiren). Ein Legat *für die Nachbarn* wird über die 160 Häuser, welche das Haus des Testators umgeben, vertheilt .

Ein Legat für die Erbauung einer Moschee kann, wenn dadurch nicht erschöpft, auch für die Ausstattung und Unterhaltung derselben verwendet werden.

Wenn Jemand denjenigen, der ihm ein Legat vermacht hat, aus Versehen oder in einer Weise, die strafrechtliche Ahndung ausschliesst, tödtet, verliert er dadurch nicht das Legat.

Wenn A dem B ein Legat verschreibt und danach B den A 20 ermordet, wird das Legat nicht hinfällig. Wenn dagegen B dem A in unentschuldbarer Weise eine Todeswunde beibringt und nun A, bevor er stirbt, seinem Mörder B ein Legat verschreibt, ist es null und nichtig.

§ 22. Die Verpflichtungen des Testamentsvollstreckers[4]) sind

a) die Bezahlung der Schulden und Erledigung der anderweitigen Verpflichtungen des Verstorbenen;

---

[1]) فى سبيل الله. Ein solches Legat wird denjenigen zugewendet, welche freiwillig in den Krieg gegen die Ungläubigen ziehen, den غُزاة الزكاة.

[2]) فى سبيل البِرّ.

[3]) لله.

[4]) In der Lehre von der Ernennung eines Testamentsvollstreckers sind vier Elemente zu unterscheiden:

1. der Testator,
2. der Testamentsvollstrecker,
3. dasjenige, worauf sich die Thätigkeit des Testamentsvollstreckers bezieht, und
4. die Formel der Ernennung.

b) die Ausführung seiner testamentarischen Verfügungen;

c) die Vormundschaft oder Curatel über seine unmündigen, geisteskranken oder wegen ungenügend entwickelter Geisteseigenschaften (z. B. wegen Verschwendung) unter Curatel zu stellender Kinder.

Zu den fünf Bedingungen, welche der Testamentsvollstrecker erfüllen muss, ist im Einzelnen zu bemerken:

Der Christ (Jude) kann nicht Testamentsvollstrecker für einen Muslim sein, wohl aber für einen Nicht-Muslim. Es ist hierfür irrelevant, ob der Testamentsvollstrecker wie der Verstorbene Unter- 10 than eines Muslimischen Staates ist oder nicht.

Der Sklave kann, solange er nicht ganz frei ist, nicht Testamentsvollstrecker sein.

Unter *vertrauenswürdig* ist zu verstehen *bürgerlich unbescholten.*[1]) Die Unbescholtenheit des Nicht-Muslim ist durch zwei Muslimische Zeugen, welche seine Religion kennen, zu attestiren. Sie muss unter allen Umständen einwandfrei und unbestritten sein.

Zu den genannten Bedingungen kommen noch zwei weitere hinzu:

6) Der betreffende muss körperlich im Stande sein die Pflichten des Amtes zu erfüllen. Dadurch sind kranke oder altersschwache 20 Personen ausgeschlossen, nicht aber der Blinde.

7) Es darf nicht zwischen ihm und derjenigen Person, deren Vormundschaft er übernehmen soll, Feindschaft bestehen.

Die Person, welche zum Testamentsvollstrecker ernannt werden soll, muss die genannten 7 Eigenschaften *zur Zeit des Todes des Erblassers* in sich vereinigen. Es kann also z. B. ein Sklave zum Testamentsvollstrecker ernannt werden, und er übernimmt dies Amt, wenn er *zur Zeit des Todes des Testators* frei ist. Sobald ein rite ernannter Testamentsvollstrecker eine der 7 Eigenschaften verliert, muss er von seinem Amte zurücktreten.   30

Die Mutter eines unmündigen Kindes kann zum Vormund desselben bestimmt werden, wenn sie die genannten Bedingungen erfüllt. Sie kann auch nach der Wiederverheirathung die Vormundschaft behalten, wenn nicht der Verstorbene für diesen Fall in seinem Testament etwas anderes bestimmt hat.

---

[1]) عادل.

Berechtigt, einen Testamentsvollstrecker zu ernennen, ist nur derjenige, der voll verantwortlich, ganz oder theilweise frei ist und nach freiem Willen handelt. Er muss ferner, sofern er eine Vormundschaft bestellen will, eine ursprüngliche (nicht übertragene) Autorität über das Mündel haben.

Das Amt des Testamentsvollstreckers besteht in vermögensrechtlichen Verfügungen; er hat z. B. nicht das Recht minderjährige Kinder des Verstorbenen zu verheirathen[1]) noch von dem Nachlass einen solchen Gebrauch zu machen, der den Gesetzen des Islams widerspricht (z. B. zum Bau einer Kirche).   10

Die Erklärung, ob Jemand das ihm durch Testament übertragene Amt eines Testamentsvollstreckers annehmen will oder nicht, hat nach dem Tode des Testators zu erfolgen.

Der Testator kann das Amt eines Testamentsvollstreckers, das er Jemandem überträgt, zeitlich begrenzen sowie die Uebernahme desselben von einer Bedingung abhängig machen.

Das Verhältniss zwischen Testator und Testamentsvollstrecker ist als ein beiderseits lösbarer Kontrakt[2]) anzusehen. Jeder von ihnen kann zu jeder Zeit durch einseitige Willensäusserung davon zurücktreten.   20

---

[1]) Das ist die Aufgabe des Vaters oder Grossvaters.

[2]) عقد جائر.

ERBRECHT.

NACH DEM MINHÂG.

VERZEICHNISS DER PARAGRAPHEN.

———————

§ 1. Aus der Hinterlassenschaft des Verstorbenen werden zunächst die Kosten seiner Beerdigung, danach seine Schulden bezahlt; dann werden aus dem Drittel des verbleibenden Restes die von ihm verfügten testamentarischen Zuwendungen gezahlt, und der nunmehr noch vorhandene Rest wird über die Erben vertheilt.

§ 2. Wenn ein dingliches Recht an der Substanz der Hinterlassenschaft haftet wie die Verpflichtung zur Zahlung der Gemeindesteuer oder zur Zahlung eines Blutgeldes, die Verpflichtung zur Rückgabe eines Pfandes oder die Rückgabe eines auf Credit gekauften Objektes, sofern der Verstorbene, der Käufer, im Moment 10 seines Todes zahlungsunfähig d. h. den Kaufpreis zu bezahlen unfähig war, sind diese Verpflichtungen aus der Hinterlassenschaft zu erfüllen, bevor noch die Kosten der Beerdigung aus derselben entnommen werden.

§ 3. Die Quellen des Erbrechts sind vier:

1) Verwandtschaft,

2) die Ehe,

3) das Patronat, in Folge dessen der Freilasser seinen Freigelassenen beerbt, während das entgegengesetzte ausgeschlossen ist;

4) der Islam. Wenn kein Erbe vorhanden ist, dessen Erbrecht 20 sich aus einer der Quellen 1—3 ableitet, fällt die Hinterlassenschaft dem Fiscus als Erbschaft zu.

§ 4. Die Erben sind folgende 17 Personen: nämlich 10 männliche:

1) der Sohn,

2) der Sohnessohn oder sein männlicher Descendent;

3) der Vater,

4) der Vatersvater oder sein männlicher Ascendent,

5) der Bruder,

6) der Bruderssohn mit Ausschluss des Sohnes des frater uterinus;

7) der Vatersbruder mit Ausschluss des frater patris uterinus;

8) der Sohn des unter 7 angegebenen Vatersbruders,

9) der Ehegatte,

10) der Freilasser (Patron),

und 7 weibliche:

11) die Tochter,

12) die Sohnestochter oder die Tochter eines männlichen Descendenten des Sohnes;

13) die Mutter,

14) die Grossmutter,

15) die Schwester,

16) die Ehegattin,

17) die Freilasserin (Patronin).

§ 5. a) Wenn sämmtliche männliche Erben vorhanden sind, erben nur

> der Vater,
>
> der Sohn und
>
> der Ehegatte.

b) Wenn sämmtliche Erbinnen vorhanden sind, erben nur

> die Tochter,
>
> die Sohnestochter,
>
> die Mutter,
>
> die soror germana und
>
> die Ehegattin

c) Wenn sämmtliche Erben und Erbinnen, soweit dies möglich ist, vorhanden sind, erben nur

> die Eltern,
>
> der Sohn,
>
> die Tochter,
>
> der Gatte oder die Gattin.

§ 6. Wenn keine Erben im Sinne von § 4 d. h. keine *allgemeinen* Erben vorhanden sind, werden nach der ursprünglichen Lehre Schafii's nicht *die entfernten Verwandten* (s. § 7) zur Erbschaft berufen, auch fällt die Hinterlassenschaft nicht den *Quoten-Erben* (s. § 8) nach dem Rückfallsrecht zu, sondern der Fiscus wird zur Erbschaft berufen.

Dementgegen haben spätere Juristen folgende Regel aufgestellt: Wenn der Fiscus nicht nach den Gesetzen des Islâms verwaltet wird, so fällt die Hinterlassenschaft nach dem Rückfallsrecht den Quoten-Erben mit Ausschluss des Gatten oder der Gattin zu, d. h. was nach Auszahlung ihrer Quoten übrig bleibt, fällt ihnen pro rata ihrer Quoten zu. Wenn dagegen Quoten-Erben nicht vorhanden sind, werden die entfernten Verwandten zur Erbschaft berufen.

§ 7. *Entfernte Verwandte* sind unter den Verwandten folgende 10 Personen oder Personengruppen:

1) jeder männliche und weibliche Ascendent des Erblassers, der nicht natürlicher Erbe ist (s. § 4. 3. 4.);

2) die Kinder der Töchter,

3) die Töchter der Brüder,

4) die Kinder der Schwestern,

5) die Söhne der fratres uterini (s. § 4. 6.),

6) der frater patris uterinus (s. § 4. 7.),

7) die Töchter der Vatersbrüder,

8) die Vaters Schwestern,

9) die Mutter-Brüder,

10) die Schwestern der Mutter, sowie die sämmtlichen Verwandten dieser unter 1)—10) aufgezählten Personen.

§ 8. Die durch den Koran bestimmten Erbschafts-Quoten sind folgende sechs:

1) Die Hälfte.

Diese kommt fünf Personen zu:

a) dem Gatten, wenn seine Gattin, die Erblasserin, nicht ein Kind oder Sohneskind hinterlässt;

b) der einzigen Tochter,

c) der einzigen Sohnestochter,

d) der einzigen soror germana,

e) der einzigen soror consanguinea.

2) Das Viertel.

Dies kommt zwei Personen zu:

a) dem Gatten, wenn die Gattin, die Erblasserin, ein Kind oder ein Sohneskind hinterlassen hat;

b) der Gattin, wenn der Gatte, der Erblasser, weder ein Kind noch ein Sohneskind hinterlassen hat.

3) Das Achtel.

· Dies kommt zwei Personen zu:

a) dem Gatten,

b) der Gattin, wenn respective jener oder diese ein Kind oder ein Sohneskind hinterlässt.

4) Zwei Drittel.

Diese kommen folgenden vier Personen zu: 10

a) zwei oder mehreren Töchtern,

b) zwei oder mehreren Sohnes-Töchtern,

c) zwei oder mehreren sorores germanae,

d) zwei oder mehreren sorores consanguineae.

5) Das Drittel.

Dies kommt folgenden drei Personen zu:

a) der Mutter, wenn ihr Sohn, der Erblasser, weder Kind noch Sohnes-Kind noch zwei Brüder noch zwei Schwestern hinterlässt;

b) zwei oder mehreren fratres uterini oder sorores uterinae,

c) dem Vatersvater, wenn er zusammen mit den Brüdern des Erblassers zur Erbschaft berufen wird.   20

6) Das Sechstel.

Dies kommt sieben Personen zu:

a) dem Vater, wenn der Erblasser Kinder oder Sohneskinder hinterlässt;

b) **dem Vatersvater,** wenn der Erblasser Kinder oder Sohnes-kinder hinterlässt;

c) der Mutter, wenn der Erblasser Kinder oder Sohneskinder oder zwei und mehr Brüder oder Schwestern hinterlässt;   30

d) der Grossmutter (Mutter des Vaters oder der Mutter),

e) der Sohnestochter, wenn sie zusammen mit einer eigenen Tochter des Erblassers zur Erbschaft berufen wird;

f) einer soror consanguinea oder mehreren sorores consanguineae, wenn sie zusammen mit einer soror germana zur Erbschaft berufen wird, resp. werden.

g) dem einzigen frater uterinus oder der einzigen soror uterina.

§ 9. a) Der Vater, der Sohn und der Gatte des Erblassers bezw. der Erblasserin können durch Niemanden von der Erbschaft ausgeschlossen, präcludirt werden.

b) Der Sohnessohn kann nur durch den Sohn, der fernere männliche Descendent nur durch den näheren präcludirt werden.

c) Der männliche Ascendent wird präcludirt durch eine männliche Person, welche in der Generationsreihe zwischen ihm und dem Erblasser steht.

d) Der frater germanus wird präcludirt durch den Vater, den Sohn und dessen männliche Descendenz.

e) Der frater consanguineus wird präcludirt durch dieselben Personen wie der frater germanus und ausserdem durch den frater germanus.

f) Der frater uterinus wird präcludirt durch den Vater, Vatersvater, Kind und Sohneskind.

g) Der Sohn des frater germanus wird präcludirt durch folgende sechs Personen: den Vater, Vatersvater oder seine männliche Ascendenz, den Sohn, die männliche Descendenz des Sohnes, den frater germanus und den frater consanguineus.

h) Der Sohn des frater consanguineus wird präcludirt durch dieselben Personen wie der Sohn des frater germanus und ausserdem noch durch den Sohn des frater germanus.

i) Der frater patris germanus wird präcludirt durch dieselben Personen wie der Sohn des frater consanguineus und ausserdem noch durch den Sohn des frater consanguineus.

k) Der frater patris consanguineus wird präcludirt durch dieselben Personen wie der Sohn des frater patris germanus und ausserdem noch durch den frater patris germanus.

l) Der Sohn des frater patris germanus wird präcludirt durch dieselben Personen wie der frater patris consanguineus und ausserdem noch durch den frater patris consanguineus.

m) Der Sohn des frater patris consanguineus wird präcludirt durch dieselben Personen wie der Sohn des frater patris germanus und ausserdem noch durch den Sohn des frater patris germanus.

n) Der Freilasser oder Patron wird präcludirt durch solche allgemeine Erben, deren Erbrecht sich aus Blutsverwandtschaft ableitet.

o) Die Tochter, die Mutter und die Gattin können durch Niemanden von der Erbschaft ausgeschlossen werden.

p) Die Sohnestochter wird präcludirt durch den Sohn oder durch zwei Töchter, wenn nicht neben ihr ein Erbe vorhanden ist, der ihr den Charakter eines allgemeinen Erben verleiht (s. §§ 15—17) wie z. B. ihr Bruder oder ihr Vetter (Sohn des Bruders ihres Vaters).

q) Die Mutter der Mutter wird präcludirt durch die Mutter.

r) Die Mutter des Vaters wird präcludirt durch den Vater oder durch die Mutter.

s) Die näher verwandte Aeltermutter (Urgrossmutter, Ururgross- 10 mutter u. s. w.) schliesst die ferner verwandte, wenn sie derselben Linie oder Generationsreihe angehört, von der Erbschaft aus.

t) Die näher verwandte Aeltermutter von der Linie der Mutter des Erblassers schliesst die ferner verwandte von der Seite des Vaters aus, während umgekehrt die näher verwandte Aeltermutter von der Linie des Vaters nicht die ferner verwandte von der Seite der Mutter ausschliesst.

u) Die Schwester, sei sie germana, consanguinea oder uterina, wird präcludirt durch dieselben Personen wie der Bruder (vgl. d. e. f.), die sorores consanguineae werden ausserdem präcludirt durch zwei 20 sorores germanae.

v) Die Freilasserin oder Patronin wird präcludirt durch dieselben Personen wie der Patron (vgl. n).

§ 10. Wenn die vereinigten Quoten der Quoten-Erben so gross sind wie die ganze Hinterlassenschaft, sind die allgemeinen Erben von der Erbschaft ausgeschlossen.

§ 11. Hinterlässt der Verstorbene keine anderen Kinder als einen Sohn oder als Söhne, so erbt dieser, resp. erben diese die ganze Erbschaft.

Hinterlässt er von Kindern nur eine Tochter, so erbt sie die 30 Hälfte der Erbschaft. Wenn er dagegen zwei oder mehr Töchter hinterlässt, so erben sie zwei Drittel.

§ 12. Hinterlässt ein Mann mehrere Söhne und Töchter, so erben sie die ganze Erbschaft gemeinschaftlich in der Weise, dass der Sohn das Doppelte von dem Antheil der Tochter bekommt.

§ 13. Hinterlasst ein Mann von Descendenten nur Sohneskinder, so erben sie wie die eigenen Kinder.

§ 14. Für den Fall, dass ein Mann eigene Kinder und Sohneskinder hinterlässt, gelten folgende Regeln:

Der eigene Sohn des X schliesst die Kindeskinder des X von seiner (des X) Erbschaft aus.

Hat X eine eigene Tochter, dagegen keinen Sohn, so erbt sie die Hälfte, während das Uebrige den Sohneskindern zufällt, falls sie männlichen Geschlechts oder gemischt männlichen und weiblichen Geschlechtes sind. Wenn aber die Nachkommenschaft des Sohnes nur aus einer Tochter oder aus Töchtern besteht, so erbt sie, resp. erben sie ein Sechstel.

§ 15. Wenn ein Mann zwei oder mehr eigene Töchter und Sohneskinder hinterlässt, erben sie zwei Drittel, während der Rest den Sohneskindern zufällt, wenn sie entweder männlichen Geschlechts oder gemischt männlichen und weiblichen Geschlechts sind.

Wenn aber die Nachkommenschaft des Sohnes nur aus Mädchen besteht, erben sie nichts, es sei denn, dass der *Gesegnete Bruder* vorhanden ist, dessen Vorhandensein ihnen das Erbrecht allgemeiner Erben verleiht. *Der gesegnete Bruder* ist ein männliches Individuum der männlichen Descendenz des Erblassers, der entweder in dem *gleichen* Abstande von dem Erblasser steht wie die Sohnestöchter (also ihr Vetter ist) oder noch in einem *weitern* Abstande von dem Erblasser steht als die Sohnestöchter oder Enkelinnen (also z. B. der Urenkel in der männlichen Linie des Erblassers).

§ 16. Wenn die Kinder des Sohnessohnes neben den Sohneskindern zur Erbschaft berufen werden, so gelten dieselben Bestimmungen wie für den Fall, dass Sohneskinder neben eigenen Kindern zur Erbschaft berufen werden.

Dieser Satz gilt allgemein für den Fall, dass die Kinder einer ferneren Generation zusammen mit den Kindern einer näheren zur Erbschaft berufen werden.

§ 17. Der Descendent des Erblassers verleiht der Descendentin desselben den Charakter einer allgemeinen Erbin,

a) wenn sie in dem gleichen Abstande von dem Erblasser steht, oder

b) wenn sie in einem näheren Abstande von dem Erblasser steht, ohne von den zwei Dritteln, welche das Erbtheil von zwei oder mehr Töchtern, Sohnestöchtern, sorores germanae et consanguineae sind, etwas zu bekommen.

§ 18. Der Vater des Erblassers erbt

a) als *Quoten-Erbe*, wenn neben ihm ein Sohn oder Sohnessohn des Erblassers zur Erbschaft berufen wird;

, b) als *allgemeiner Erbe*, wenn der Erblasser Kinder oder Sohneskinder nicht hinterlässt;

c) in doppelter Eigenschaft, wenn neben ihm eine Tochter oder Sohnestochter des Erblassers zur Erbschaft berufen wird. In diesem Fall erbt der Vater ein Sechstel als seine Quote und ausserdem noch als allgemeiner Erbe was übrig bleibt nach Abzug der der Tochter oder Sohnestochter zukommenden Quote.   10

§ 19. Die Mutter erbt als Quoten-Erbin

a) *ein Drittel*, wenn der Erblasser weder Kinder noch Sohneskinder noch zwei Geschwister hinterlässt;

b) *ein Sechstel*, wenn der Erblasser Kinder oder Sohneskinder oder zwei Geschwister hinterlässt;

c) sie erbt, wenn sie neben **dem Ehegatten** und **dem Vater** des Erblassers zur Erbschaft berufen wird, ein Drittel desjenigen, was nach Abzug der Quote des Ehegatten übrig bleibt.

$$\text{Der Ehegatte erbt } 1/2 \qquad\qquad = 3/6$$
$$\text{die Mutter erbt } 1/3 \text{ des Restes von } 3/6 = 1/6 \qquad\qquad 20$$
$$\text{der Vater erbt den Rest} \qquad\qquad = 2/6$$
$$\text{Summa } 6/6.$$

d) sie erbt, wenn sie neben der Ehegattin und dem Vater des Erblassers zur Erbschaft berufen wird, ein Drittel desjenigen, was nach Abzug der Quote der Ehegattin übrig bleibt.

$$\text{Die Ehegattin erbt} \qquad\qquad 1/4$$
$$\text{die Mutter ein Drittel des Restes von } 3/4 = 1/4$$
$$\text{der Vater den Rest} \qquad\qquad = 2/4$$
$$\text{Summa } 4/4.$$

§ 20. Der Vatersvater erbt wie der Vater mit folgenden Aus- 30 nahmen:

a) *der Vater* schliesst die Brüder und Schwestern des Erblassers von der Erbschaft aus, während der *Grossvater* zu gleichen Theilen mit den Geschwistern des Erblassers, seien sie vollbürtig oder halbbürtig von Vatersseite, erbt.

b) der Vater des Erblassers schliesst seine eigene Mutter von der Erbschaft aus, nicht aber der Vatersvater d. h. die Grossmutter

des Erblassers (die Mutter seines Vaters) erbt neben dem Grossvater (Vatersvater).

c) das Vorhandensein des Vaters hat den Einfluss, dass die
Quote der Mutter, wenn sie zusammen mit dem Vater und dem
Ehegatten *oder* zusammen mit dem Vater und der Ehegattin zur
Erbschaft berufen wird, von einem Drittel reducirt wird auf ein
Drittel des Restes, der nach Abzug der Quote des Ehegatten oder
ev. der Ehegattin übrig bleibt, während das Vorhandensein des
Grossvaters diesen Einfluss nicht ausübt. (Vgl. § 19 c. d.).

§ 21. Die Grossmutter erbt ein Sechstel, mehrere Grossmütter
erben zusammen ein Sechstel.

Erbberechtigt sind von den Grossmüttern

a) die Mutter der Mutter und ihre Ascendentinnen in der weiblichen Linie;

b) die Mutter des Vaters und ihre Ascendentinnen in der weiblichen Linie;

c) die Mutter des Vatersvaters, sowie die Mutter jedes männlichen Ascendenten des Erblassers in der männlichen Reihe, sowie
deren Mutter.

Anders ausgedrückt erben solche Grossmütter, welche entweder
durch eine rein weibliche oder eine rein männliche Descendenzreihe
mit dem Erblasser verwandt sind, oder die durch eine rein weibliche Descendenzreihe mit solchen männlichen Personen verwandt
sind, welche ein Erbrecht gegen den Erblasser haben.

Dagegen sind diejenigen Grossmütter von der Erbschaft ausgeschlossen, welche durch eine solche Descendenzreihe mit dem Erblasser verwandt sind, in der ein männliches Individuum zwischen
zwei weiblichen erscheint.

§ 22. Vollbürtige Brüder oder Schwestern erben, falls andere
Erben nicht vorhanden sind, ebenso wie eigene Kinder.

Dasselbe gilt von halbbürtigen Brüdern und Schwestern von
Vaters Seite, ausgenommen folgenden Specialfall: Wenn eine Frau
die folgenden Personen zu Erben hat: den Gatten, die Mutter, zwei
Brüder oder Schwestern uterini und einen *frater germanus*, so erbt
dieser Bruder zusammen mit den uterinen Geschwistern und zu
gleichen Theilen ein Drittel der Erbschaft, während in einer solchen
Combination ein frater consanguineus nicht erben würde.

Der Gatte erbt $\frac{1}{2}$ $= \frac{3}{6}$
die Mutter ,, $\frac{1}{6}$
die beiden uterinen Geschwister und der frater germanus $\frac{1}{3} = \frac{2}{6}$
Summa $\frac{6}{6}$

· Ist der Bruder nicht germanus, sondern consanguineus, so erbt er nichts, während die uterinen Geschwister das Drittel allein erben.

§ 23. Wenn vollbürtige Geschwister und halbbürtige von Vatersseite zusammen zur Erbschaft berufen werden, so erben sie nach denselben Bestimmungen wie eigene Kinder und Sohneskinder, abgesehen von folgem Fall: Die Sohnes-Töchter können durch 10 einen Bruder oder Vetter (Sohn des Vaterbruders) oder dessen männliche Descenlenz zu allgemeinen Erben gemacht werden, während die Schwester des Erblassers nur durch ihren Bruder zur allgemeinen Erbin gemacht werden kann

§ 24. Ein frater uterinus oder eine soror uterina erbt ein Sechstel, während zwei oder mehrere von ihnen ein Drittel erben und zwar zu gleichen Theilen ohne Unterscheidung zwischen männlichen und weiblichen Personen.

§ 25. Die sorores germanae oder consanguineae sind, wenn sie neben Töchtern oder Sohnestöchtern des Erblassers zur Erb- 20 schaft berufen werden, allgemeine Erben in gleicher Weise wie ihre Brüder. Wenn eine soror germana neben der Tochter des Erblassers zur Erbschaft berufen wird, schliesst sie die sorores consanguineae von der Erbschaft aus.

§ 26. Die Söhne der fratres germani und consanguinei erben, ob sie nun einzeln oder zu mehreren zur Erbschaft berufen werden, nach denselben Bestimmungen wie ihre Väter, folgende Falle ausgenommen:

a) sie reduciren nicht die Quote der Mutter von $\frac{1}{3}$ auf $\frac{1}{6}$ (s. § 19. b);   30

b) sie erben nicht zusammen mit dem Vatersvater (s. § 20. a); ·

c) sie verleihen nicht ihren Schwestern den Charakter von allgemeinen Erben (s. § 23);

d) sie werden in dem unter § 22 angeführten Specialfall nicht zur Erbschaft berufen. Dies gilt speciell von den Söhnen des frater germanus, denn der frater consanguineus erbt selbst in jenem Fall nicht.

§ 27. Der Vatersbruder germanus oder consanguineus erbt wie ein frater germanus oder consanguineus, einerlei ob sie einzeln oder zu mehreren zur Erbschaft berufen werden.

Nach dieser Analogie werden auch die Söhne des Vatersbruders sowie die übrigen allgemeinen Erben, deren Erbrecht auf Blutverwandtschaft ruht, zur Erbschaft berufen.

§ 28. Allgemeine Erben sind unter allen erbberechtigten Personen diejenigen, für die nicht im Koran eine bestimmte Quote angewiesen ist. Sie erben daher, wenn andere Erben nicht vorhanden sind, die ganze Erbschaft. Wenn aber Quoten-Erben vorhanden sind, erben sie dasjenige, was nach Abzug der Quoten von der Erbschaft übrig· bleibt.

§ 29. Wenn ein Erblasser keine blutsverwandte allgemeine Erben hat, er aber ein Freigelassener ist, dessen Freilasser oder Patron noch lebt, so erbt dieser Patron oder diese Patronin entweder seine ganze Erbschaft oder, falls Quoten-Erben vorhanden sind, denjenigen Theil der Erbschaft, der nach Abzug der Quoten übrig bleibt.

Wenn aber der Patron nicht mehr lebt, so erben seine blutsverwandten allgemeinen Erben, die *an und für sich* allgemeine Erben sind, nicht aber solche, die wie Tochter und Schwester nur durch das Vorhandensein eines Bruders oder Vetters den Charakter und die Rechte von allgemeinen Erben erhalten.

§ 30. Die Reihenfolge der Erben in der Familie des Patrons ist dieselbe wie die Reihenfolge der blutsverwandten allgemeinen Erben eines Mannes, jedoch mit der Ausnahme, dass der Bruder des Patrons sowie sein Brudersohn *vor* dem Vatersvater zur Erbschaft berufen werden.

§ 31. Wenn der Patron keine allgemeinen Erben hat, so wird der Patron des Patrons zu Erbschaft berufen, nach ihm seine allgemeinen Erben.

§ 32. Eine Frau kann als Patronin nur ihren eigenen Freigelassenen beerben oder eine solche Person, welche zu ihrem Freigelassenen in dem Verhältniss eines Blutsverwandten oder eines Freigelassenen steht.

§ 33. Wenn der Vatersvater zusammen mit Brüdern und Schwestern, die vollbürtig oder halbbürtig von Vaters Seite sind, zur Erbschaft berufen wird und *ein Quotenerbe nicht vorhanden ist,* so kann er thun, was ihn das vortheilhafteste dünkt, a) entweder ein Drittel der Erbschaft nehmen oder b) sich mit den Geschwistern, als wäre er selbst ein Bruder, in die ganze Erbschaft theilen.

§ 34. Wenn der Vatersvater neben Brüdern und Schwestern, entweder vollbürtigen *oder* halbbürtigen von   aters Seite, zur Erbschaft berufen wird und *ausser ihnen ein Quoten-Erbe vorhanden ist*, so steht es dem Vatersvater frei von folgenden drei Dingen zu wählen, was ihn das vortheilhafteste dünkt:

a) er kann ein Sechstel der Erbschaft nehmen, oder

b) ein Drittel des Restes, der von der Erbschaft nach Abzug 10 der Quote des Quoten-Erben übrig bleibt, oder

c) er kann mit den Brüdern und Schwestern, als wenn er selbst ein Bruder wäre, sich in diesen Rest theilen.

§ 35. In dem sub § 34 angegebenen Falle sind folgende drei Möglichkeiten zu unterscheiden:

a) *es bleibt von der Erbschaft nichts übrig*, wenn ausser den genannten Erben

$$\left.\begin{array}{l}\text{zwei Töchter}\\ \text{die Mutter und}\\ \text{der Ehegatte}\end{array}\right\}\text{als Quotenerben}$$

20

zur Erbschaft berufen werden.

In diesem Fall werden die Quoten von Zwölftel auf Dreizehntel verkleinert, sodass sich folgende Erbtheilung ergiebt:

Zwei Töchter erben $2/3 = 8/12$, verkleinert zu $8/13$
Der Ehegatte erbt $1/4 = 3/12$ „   „ $3/13$
Die Mutter erbt $\underline{1/6 = 2/12\qquad\quad\text{,,}\qquad\quad\text{„ }2/13}$
             Summa $13/12$, verkleinert zu $13/13$.

In diesem Falle erbt der Vatersvater ein Sechstel $= 2/12$ als Quote, und damit wird eine zweite Bruchverkleinerung (*'aul*) von Zwölftel auf Fünfzehntel nothwendig. Die Erbschaft wird daher 30 in folgender Weise aufgetheilt:

Zwei Töchter erben $8/13$, verkleinert zu $8/15$
Der Ehegatte erbt $3/13$ „   „ $3/15$
Die Mutter erbt $2/13$ „   „ $2/15$
Der Vatersvater erbt $2/13$ $\underline{\text{„}\qquad\text{„ }2/15}$
             Summa $15/15$

während die Brüder leer ausgehen.

b) *es bleibt von der Erbschaft weniger als ein Sechstel übrig*, wenn ausser den in § 34 genannten

$$\left.\begin{array}{l}\text{zwei Töchter und}\\\text{der Ehegatte}\end{array}\right\} \text{als Quoten-Erben}$$

zur Erbschaft berufen werden. In diesem Fall erbt der Vatersvater ein Sechstel, und um dies zu ermöglichen verkleinert man die Brüche.

$$\text{Zwei Töchter erben } 2/3 = 8/12$$
$$\text{Der Ehegatte erbt } 1/4 = 3/12$$

Bleibt als Rest $1/12$ d. i. *weniger als ein Sechstel* oder $2/12$. Die definitive Erbtheilung ist demnach folgende: 10

$$\text{Zwei Töchter erben } 8/12, \text{ verkleinert zu } 8/13$$
$$\text{Der Ehegatte erbt } 3/12 \quad ,, \quad ,, \quad 3/13$$
$$\text{Der Vatersvater erbt } 2/12 \quad ,, \quad ,, \quad 2/13$$
$$\text{Summa } 13/13$$

während die Brüder leer ausgehen.

c) *es bleibt von der Erbschaft ein Sechstel übrig*, wenn ausser den in § 34 genannten Erben zwei Töchter und die Mutter zur Erbschaft berufen werden. Dies Sechstel fällt dem Vatersvater zu, sodass folgende Erbtheilung Statt findet:

$$\text{Zwei Töchter erben } 2/3 = 8/12$$ 20
$$\text{Die Mutter erbt } 1/6 = 2/12$$
$$\text{Der Vatersvater erbt } 1/6 = 2/12$$
$$\text{Summa } 12/12.$$

Auch in diesem Falle gehen die Brüder leer aus.

§ 36. a) Wenn der Vatersvater neben Brüdern und Schwestern, *sowohl* vollbürtigen *als auch* halbbürtigen von Vaters Seite, zur Erbschaft berufen wird, so gelten für den Grossvater die Bestimmungen der §§ 33—35.

b) Wenn er sich entschliesst mit den Brüdern und Schwestern zu theilen (§ 33 b), so werden dabei die halbbürtigen Geschwister 30 ebenso gezählt wie die vollbürtigen.

c) Wenn er sich dagegen entschliesst, ein Drittel der Erbschaft zu nehmen (§ 33 a), so sind zwei Fälle zu unterscheiden:

I. Ist unter den vollbürtigen Geschwistern *ein männliches Individuum*, so erben sie den ganzen Rest, der von der Erbschaft nach Abzug des Drittels des Grossvaters übrig bleibt, während die halbbürtigen Geschwister leer ausgehen.

II. Sind aber die vollbürtigen Geschwister ausschliesslich Schwestern, so erben sie in folgender Weise: eine einzige (d. h. wenn nur eine einzige vollbürtige Schwester vorhanden ist) erbt die Hälfte des Restes, dagegen zwei oder mehr erben $^2/_3$ des Restes.

d) Wenn daher der Grossvater $^1/_3$ und die vollbürtigen Schwestern $^2/_3$ erben, bleibt für die halbbürtigen Geschwister nichts übrig.

e) Wenn dagegen der Grossvater $^1/_3$ und die einzige vorhandene vollbürtige Schwester $^1/_2$ erbt, so fällt der Rest (d. i. $^1/_6$) den halbbürtigen Geschwistern zu.

§ 37. Wenn der Vatersvater neben Schwestern des Erblassers, vollbürtigen oder halbbürtigen, zur Erbschaft berufen wird und er sich dafür entscheidet, mit ihnen sich in die Erbschaft zu theilen, als wenn er ihr Bruder wäre, so wird nicht daneben noch eine Quote für die Schwestern in Anrechnung gesetzt, ausgenommen in folgendem besonderen Fall (الاكدرّية):

Die Erben sind

    der Gatte

    die Mutter

    der Grossvater

    eine vollbürtige oder halbbürtige Schwester.

Es steht von der Quote zu:

dem Gatten	$^1/_2 = {}^3/_6$ verkleinert zu $^3/_9$	
der Mutter	$^1/_3 = {}^2/_6$,, ,, $^2/_9$	
dem Vatersvater	$^1/_6 = {}^1/_6$,, ,, $^1/_9$	
der Schwester	$^1/_2 = {}^3/_6$,, ,, $^3/_9$	

Summa $^9/_6$ verkleinert zu $^9/_9$.

In diesem Falle erben Vatersvater und Schwester zusammen $^4/_9$. Davon erhält der Grossvater zwei Drittel ($^8/_{27}$) und die Schwester ein Drittel ($^4/_{27}$) nach dem Gesetze, dass der männliche Erbe das Doppelte von dem Antheil des weiblichen Erben bekommt.

§ 38. Muslim und Nicht-Muslim können nicht einer den andern beerben.

§ 39. Der Apostat kann weder erben noch beerbt werden.

§ 40. Der Nicht-Muslim kann den Nicht-Muslim beerben, auch wenn sie verschiedenen Religionen angehören, aber eine Beerbung zwischen dem *hostis* und dem christlichen oder jüdischen Unterthan eines Muhammedanischen Staates findet nicht Statt.

§ 41. Der Ganz-Sklave kann nicht erben. Dagegen kann der Theil-Sklave nach Schafii's späterer Lehre beerbt werden, sofern er durch seinen freien Theil Besitz erworben hat.

§ 42. Wer einen Menschen tödtet, kann ihn nicht beerben.

Nach einer Ansicht kann er ihn in dem Falle beerben, wenn er für die Tödtung nicht verantwortlich gemacht werden kann.

§ 43. Wenn zwei in erbrechtlicher Beziehung zu einander stehende Personen zusammen umkommen, sei es durch ein Unglück auf der See oder durch Einsturz eines Hauses, oder wenn sie in der Fremde sterben, und nicht bekannt ist, wer von ihnen zuerst gestorben, so beerben sie sich nicht, sondern das Vermögen jedes einzelnen von ihnen fällt seinen überlebenden Erben zu.

§ 44. Wenn Jemand kriegsgefangen oder vermisst wird, wird sein Vermögen asservirt, bis entweder der Beweis geliefert wird, dass er gestorben, oder bis eine so lange Zeit verstrichen ist, dass nach aller Wahrscheinlichkeit sein Tod angenommen werden muss. Der Richter hat nach bestem Wissen und Gewissen den Tod des betreffenden zu deklariren und die Erbtheilung über die Erben, die zur Zeit der Deklaration vorhanden sind, zu verfügen.

Wenn eine Person stirbt, gegen welche der Vermisste ein Erbrecht hat, so hat der Richter sein Erbtheil an sich zu nehmen und zu asserviren, während bei der Auftheilung der Erbschaft unter den anwesenden Erben verfahren wird, als ob der vermisste Erbe zugegen wäre.

§ 45. a) Wenn bei dem Tode des Erblassers ein schwangeres Weib vorhanden ist, deren Embryo entweder unter allen Umständen oder nur unter gewissen Umständen ihn beerbt, so ist das Erbrecht des Embryo nicht minder als dasjenige der übrigen Erben von Seiten des Richters sorgfältig zu überwachen.

b) Wird das Kind lebend geboren zu einer Zeit, welche beweist, dass es zur Zeit des Todes des Erblassers schon existirte, so erbt es. Im entgegengesetzten Falle erbt es nicht.

c) Die Erbschaft wird sistirt, wenn kein anderer Erbe als das Embryo vorhanden ist, oder aber ein solcher Erbe, der eventuell durch das Kind von der Erbschaft ausgeschlossen wird.

d) Wenn neben dem Embryo ein Quoten-Erbe vorhanden ist, der durch das Kind nicht präcludirt werden kann, so wird diesem

17*

Erben die auf ihn entfallende Quote ausgezahlt, eventuell mit der durch die Rücksicht auf das Kind gebotenen Bruchverkleinerung. Wenn z. B. der Erblasser hinterlässt

> eine schwangere Gattin,
>
> seinen Vater und
>
> seine Mutter

und darauf das Embryo in Gestalt von zwei Mädchen zur Welt kommt, so ist folgende Erbtheilung geboten:

$$\begin{array}{llll}
\text{zwei Töchter erben} & {}^2/_3 = {}^{16}/_{24} & \text{verkleinert zu} & {}^{16}/_{27} \\
\text{die Gattin erbt} & {}^1/_8 = {}^3/_{24} & ,, \quad ,, & {}^3/_{27} \\
\text{der Vater} \quad ,, & {}^1/_6 = {}^4/_{24} & ,, \quad ,, & {}^4/_{27} \\
\text{die Mutter} \quad ,, & {}^1/_6 = {}^4/_{24} & ,, \quad ,, & {}^4/_{27} \\
\hline
\text{Summa} & {}^{27}/_{24} & \text{verkleinert zu} & {}^{27}/_{27}.
\end{array}$$

e) Wenn neben dem Embryo kein Quoten-Erbe, wohl aber ein allgemeiner Erbe, wie z. B. ein Kind des Erblassers, vorhanden ist, so wird die Erbtheilung sistirt bis zur Geburt des Kindes. Nach anderer Ansicht wird auch den allgemeinen Erben ihr Erbtheil ausgezahlt, doch wird dabei die Rechnung so gemacht, als ob das Embryo in Gestalt von vier Kindern zur Welt käme.

§ 46. Der Hermaphrodit, dessen Geschlecht noch nicht zu entscheiden ist, erhält sein Erbtheil, wenn sein Erbrecht ein derartiges ist, dass er denselben Betrag erbt, ob er ein Mann oder ein Weib ist. Dies findet Anwendung z. B. auf einen uterinen Bruder oder Schwester und auf den Patron.

Im entgegengesetzten Fall wird die Erbtheilung sistirt, bis das Geschlecht des Hermaphroditen festgestellt ist, und dann ihm wie den anderen Erben genau dasjenige gegeben, was jedem Einzelnen zukommt.

§ 47. Wer die doppelte Eigenschaft eines Quoten-Erben und eines allgemeinen Erben in sich vereinigt, erbt in beiden Eigenschaften, wie z. B. der Gatte der Erblasserin, der zugleich ihr Patron war oder der zugleich ihr Vetter (Sohn ihres Vatersbruders) war.

§ 48. Wenn in Folge der Ehegebräuche bei Parsen oder aus Irrthum unter Muslims sich der Fall ereignen sollte, dass die Tochter des Erblassers zugleich Schwester ist (wenn Ahmed eine Frau heirathet, die vorher mit seinem Vater verheirathet war, so ist die Tochter, die er mit ihr zeugt, zugleich seine Tochter und uterine

Schwester), so erbt diese Person als Tochter, während nach anderer Ansicht sie sowohl als Tochter wie auch als Schwester erbt.

§ 49. Wenn zwei Personen das gleiche natürliche Erbrecht haben, während der eine in der Verwandtschaft dem Erblasser näher steht als der andere, wie z. B. zwei Vettern (Söhne eines Vatersbruders), von denen der eine zugleich frater uterinus des Erblassers ist, so erbt der letztere ein Sechstel und der Rest wird zu gleichen Theilen über sie **vertheilt.**

Wenn neben den genannten beiden Erben (den zwei Vettern) noch eine Tochter des Erblassers vorhanden ist, so erbt sie die Hälfte und die beiden Vettern zu gleichen Theilen den Rest, während nach anderer Ansicht der Vetter, der zugleich uteriner Bruder des Erblassers ist, alles erbt, was nach Abzug der Quote der Tochter übrig bleibt, sodass in diesem Fall der andere Vetter leer ausgehen würde.

§ 50. Diejenige Person, welche das Anrecht auf zwei verschiedene Quoten hat, erbt nur nach demjenigen Recht, welches das *stärkere* ist.

Von zwei Arten des Quoten-Erbrechts ist diejenige die stärkere, welche entweder das Erbrecht eines Anderen präcludirt oder die nicht präcludirt werden kann oder die nur in einem geringeren Umfange als die andere Art präcludirt werden kann.

Beispiel der ersten Art.

Die Tochter des Erblassers, die zugleich seine uterine Schwester ist. Das Erbrecht der Tochter ist ein derartiges, dass es die uterine Schwester von der Erbschaft ausschliesst. Dieser Fall würde eintreten, wenn Jemand aus Versehen seine Mutter heirathete und mit ihr eine Tochter zeugte.

Beispiel der zweiten Art.

Die Mutter des Erblassers oder der Erblasserin, die zugleich seine oder ihre soror consanguinea ist. Ihr Erbrecht als dasjenige der Mutter kann nie **präcludirt** werden, während die soror **consan**guinea unter Umständen von der Erbschaft ausgeschlossen wird. Dieser Fall würde eintreten, wenn Jemand aus Versehen seine Tochter **heirathete** und mit ihr eine Tochter zeugte.

Beispiel der dritten Art.

Die Mutter der Mutter (Grossmutter) des Erblassers, die zugleich seine soror consanguinea ist. Sie erbt als Grossmutter, denn diese kann nur durch die Mutter präcludirt werden, während die soror consanguinea durch mehrere Personen präcludirt werden kann. Dieser Fall würde eintreten, wenn Jemand aus Versehen zuerst seine Tochter heirathet, darauf die mit ihr gezeugte Tochter heirathet und mit letzterer ein Kind zeugt. Die erste Frau ist die Grossmutter dieses Kindes und zugleich seine halbbürtige Schwester.

§ 51. Wenn nur allgemeine Erben vorhanden sind, wird die Erbschaft zu gleichen Theilen über sie vertheilt, wenn sie entweder ausschliesslich männliche oder ausschliesslich weibliche Personen sind.

Sind aber beide Geschlechter unter ihnen vertreten, so bekommt jeder Erbe das Doppelte von dem Antheil der Erbin.

Bei dieser Erbtheilung wird die Zahl der erbberechtigten Individuen zu Grunde gelegt.

§ 52. Wenn neben allgemeinen Erben ein Quoten-Erbe oder zwei gleichberechtigte Quoten-Erben vorhanden sind, so wird diese Quote oder Bruch bei der Erbtheilung zu Grunde gelegt, und wenn also die Quote $\frac{1}{2}$, $\frac{1}{3}$, $\frac{1}{4}$, $\frac{1}{6}$ oder $\frac{1}{8}$ ist, die Erbschaft respective in 2, 3, 4, 6 oder 8 Theile getheilt.

Kommen aber zwei verschiedene Brüche vor, so werden sie umgewandelt in Brüche mit einem gemeinsamen Nenner, so $\frac{1}{3}$ und $\frac{1}{4}$ zu $\frac{4}{12}$ und $\frac{3}{12}$, $\frac{1}{6}$ und $\frac{1}{8}$ zu $\frac{4}{24}$ und $\frac{3}{24}$, und demgemäss wird die Erbschaft in Zwölftel resp. in Vierundzwanzigstel zertheilt.

§ 53. Von den vorkommenden sieben Brüchen:

$$\frac{1}{2} \quad \frac{1}{3} \quad \frac{1}{4} \quad \frac{1}{6} \quad \frac{1}{8} \quad \frac{1}{12} \quad \frac{1}{24}$$

werden unter Umständen die folgenden verkleinert, nämlich

a) $\frac{1}{6}$ zu $\frac{1}{7}$, $\frac{1}{8}$, $\frac{1}{9}$ und $\frac{1}{10}$;

b) $\frac{1}{12}$ zu $\frac{1}{13}$, $\frac{1}{15}$ und $\frac{1}{17}$;

c) $\frac{1}{24}$ zu $\frac{1}{27}$.

Die Verkleinerung $\frac{1}{6}$ zu $\frac{1}{7}$ tritt ein, wenn der Gatte und zwei Schwestern zur Erbschaft berufen werden; diejenige von $\frac{1}{6}$ zu $\frac{1}{8}$ wenn ausser denselben Personen die Mutter zur Erbschaft berufen wird; diejenige von $\frac{1}{6}$ zu $\frac{1}{9}$, wenn ausser den genannten ein ute riner Bruder zur Erbschaft berufen wird; diejenige von $\frac{1}{6}$ zu $\frac{1}{10}$, wenn ausser den genannten Personen noch ein weiterer uteriner Bruder zur Erbschaft berufen wird.

Die Verkleinerung von $\frac{1}{12}$ zu $\frac{1}{13}$ findet Statt, wenn die Ehegattin, die Mutter und zwei Schwestern zur Erbschaft berufen werden; diejenige von $\frac{1}{12}$ zu $\frac{1}{15}$, wenn ausser den eben genannten Personen ein uteriner Bruder zur Erbschaft berufen wird; diejenige von $\frac{1}{12}$ zu $\frac{1}{17}$, wenn ausser den genannten Personen noch ein weiterer uteriner Bruder zur Erbschaft berufen wird.

Die Verkleinerung von $\frac{1}{24}$ zu $\frac{1}{27}$ findet Statt, wenn zwei Töchter, ₁₀ die beiden Eltern und die Ehegattin zur Erbschaft berufen werden.

§ 54. Wenn nach dem Tode des Erblassers A einer (B) von seinen Erben, bevor noch die Erbtheilung ausgeführt ist, stirbt; wenn ferner B keine anderen Erben hat als A, und die überlebenden Erben sowohl den B wie den A zu gleichen Theilen beerben, so wird bei der Erbtheilung unter den überlebenden Erben verfahren, als ob B nie existirt hätte.

Dieser Fall tritt ein, wenn der Erblasser z. B. nur Brüder und Schwestern oder nur Söhne und Töchter hinterlässt.

Wenn aber B ausser den Erben von A auch noch andere ₂₀ Erben hinterlässt, oder wenn er dieselben Erben hinterlässt wie A, diese aber gegen B einen anderen Erbanspruch haben als gegen A, so wird zuerst die Hinterlassenschaft des A vertheilt, wobei B als lebend angenommen wird, und danach wird die Hinterlassenschaft des B vertheilt.

BUCH IV.

SACHENRECHT.

TEXT.

VERZEICHNISS DER KAPITEL.

KAP. 1.

VERKAUF UND KAUF.

TEXT.

———————

§ 1. Es giebt drei Arten des Verkaufs und Kaufs:
a) den Verkauf einer Sache, welche gegenwärtig und wahrnehmbar ist.

Diese Art ist zulässig.

b) den Verkauf einer Sache, welche nicht gegenwärtig und wahrnehmbar ist, sondern dem Käufer von dem Verkäufer unter seiner Haftung beschrieben wird.

Diese Art ist ebenfalls zulässig.

c) den Verkauf einer Sache, welche abwesend und den Contrahenten nicht durch eigene Wahrnehmung bekannt ist.

Diese Art ist nicht zulässig.

§ 2. Rechtsgültig ist der Verkauf jeder Sache, welche rein, nutzbar und Besitz des Verkaufenden ist, dagegen rechtsungültig der Verkauf einer Sache, die unrein oder nicht nutzbar ist.

§ 3. Das Ribâ (Wucher)- Verbot bezieht sich auf den Austausch von Gold und Silber gegen einander und auf den Austausch von Lebensmitteln gegeneinander.

§ 4. Es ist gestattet, Gold gegen Gold und Silber gegen Silber in gleichen Beträgen bei sofortiger Lieferung zu verkaufen.

§ 5. Der Käufer darf ein gekauftes Objekt nicht eher verkaufen, als bis er es in Besitz genommen hat.

§ 6. Es ist nicht zulässig, Fleisch gegen Vieh zu verkaufen.

§ 7. Es ist gestattet, Gold gegen Silber in ungleichen Beträgen bei sofortiger Lieferung zu verkaufen.

§ 8. Es ist nicht gestattet, eine Art Lebensmittel gegen dieselbe Art zu verkaufen ausser in gleichen Beträgen bei sofortiger Lieferung.

§ 9. Es ist gestattet, eine Art Lebensmittel gegen eine andere in ungleichen Beträgen bei sofortiger Lieferung zu verkaufen.

§ 10. Der Verkauf einer Sache, die im Moment des Vertrags nicht individuell genau bekannt ist und von der es nicht feststeht, dass der Verkäufer sie liefern kann, ist ungültig.

§ 11. Die beiden Contrahenten haben das Recht der optio, solange sie sich noch nicht von einander getrennt haben.

§ 12. Es steht den Contrahenten frei, eine dreitägige Optionsfrist miteinander zu vereinbaren.

§ 13. Wenn an dem verkauften Objekt ein Fehler gefunden wird, kann der Käufer es zurückgeben.

§ 14. Fruchtarten dürfen ohne den Stamm oder Stiel, an dem sie wachsen, und ohne die Clausel, dass der Käufer sie sofort schneiden lässt, nicht eher verkauft werden als nach Beginn der Reife.

§ 15. Es ist nicht gestattet, Ribâ-Objekte (s. § 9) gegen ihresgleichen im frischen Zustande zu verkaufen. Ausgenommen ist hiervon die Milch, deren verschiedene Arten gegen einander verkauft werden dürfen.

KAP. 1.

VOM VERKAUF UND KAUF (KAUF-VERTRAG).

ANMERKUNGEN.

Verkaufen heisst nach Ibn Ḳâsim *ein besitzmässiges Objekt gegen eine Gegenleistung gemäss gesetzlicher Vorschrift in den Besitz eines Anderen übertragen,* oder *einen zulässigen Nutzen gegen einen besitzmässigen Preis in den zeitlich unbeschränkten Besitz eines Anderen übertragen.* Das Darlehnsgeschäft unterscheidet sich vom Verkauf dadurch, dass der Leihgeber von dem Leihnehmer *keine Gegenleistung* bekommt. Durch den Zusatz *gemäss gesetzlicher Vorschrift* ist jede Art von Wuchergeschäft ausgeschlossen. Der Miethscontrakt unterscheidet sich vom Verkauf dadurch, dass der Vermiether nicht einen *Preis,* sondern die Miethe bekommt. Nach ¹⁰ Baguri heisst Verkaufen *ein besitzmässiges Objekt oder einen Nutzen, der Vermögenswerth hat, gegen einen besitzmässigen Preis in den zeitlich unbeschränkten Besitz eines Anderen übertragen.*

Die Elemente des Kaufs- und Verkaufsgeschäfts sind sechs: Verkäufer, Käufer, das Verkaufsobjekt, der Preis, Angebot und Annahme, anders ausgedrückt:

a) *die Contrahenten:* Verkäufer und Käufer,

b) *das Objekt des Vertrages:* Verkaufsobjekt und Preis,

c) *die Form des Vertrages:* Angebot und Annahme.

Es sei hier im Voraus bemerkt, dass das Sachenrecht stark ²⁰ beeinflusst ist von den gesetzlichen Bestimmungen über das, was *rein* oder *unrein* ist, sodass etwas unreines nicht *Besitz* sein kann (z. B. Wein), daher auch nicht das Objekt eines Kaufvertrags.

§ 1. Die Dreitheilung dieses § ist auf den einen Satz zurückzuführen: Das Verkaufsobjekt muss den Contrahenten *bekannt*[1]) sein. Denn jeder Vertrag über etwas den Contrahenten *unbekanntes*[2]) ist null und nichtig.

---

[1]) معروف.   [2]) مجهول.

18*

Ad a: Es genügt nicht, dass die Sache gegenwärtig ist, sondern sie muss auch wahrnehmbar sein, so dass die Contrahenten von ihrem Wesen und Werth sich ein eigenes Urtheil bilden können. Es ist nicht nöthig, dass im Moment des Vertragsschlusses die Sache ihnen sichtbar sei, sondern es genügt, wenn sie dieselbe vorher gesehen haben und sich ihrer erinnern, vorausgesetzt, dass die Sache nicht secundum rerum naturam in der Zwischenzeit in einer den Werth afficirenden Weise sich verändert. Es genügt ferner, wenn sie nur einen Theil der Sache, z. B. eines Haufens Korn, sehen, sofern nach dem Theil das Ganze beurtheilt 10 werden kann.

Bei gemischten oder zusammengesetzten Dingen ist zu unterscheiden: Wenn der Zusatz, d. h. dasjenige, was abgesehen von demjenigen, das der Käufer zu erwerben wünscht, in oder an der Sache sich befindet, mit ihr verbunden ist, secundum rerum naturam zu der Sache selbst gehört, ist der Verkauf gültig, sonst nicht. Der Verkauf von Fleisch, in dem ein Knochen steckt, ist gültig. Dagegen ist der Verkauf von Milch, der Wasser beigemischt ist, ungültig.

Zulässig soll heissen formal richtig, den Gesetzen entsprechend. Doch kann es vorkommen, dass ein solcher Verkauf unter gewissen 20 Umständen verboten,[1] rechtsunwirksam ist, z. B. wenn er abgeschlossen wird in der Zeit des Hauptgottesdienstes am Freitag (um die Mittagszeit).

Damit ein Verkauf rechtskräftig sei, muss er, und nicht allein diese Art, sondern auch die sub b), den folgenden weiteren Bedingungen entsprechen:

a) Das Verkaufsobjekt wie der Preis müssen gesetzlich *rein* sein (§ 2). Eine Sache kann von Natur unrein oder, ursprünglich rein, später unrein geworden sein. Das unrein gewordene kann verkauft werden, wenn es durch Waschen gereinigt werden kann, 30 sofern nicht der Schmutz in alle Poren, Ritzen oder Maschen eingedrungen ist und sie verstopft hat. Auch kann etwas unreines, wenn es mit etwas reinem verbunden ist, verkauft werden, z. B. ein Haus, das aus solchen Ziegeln gebaut ist, die mit Mist vermengt sind, oder ein mit Mist gedüngter Acker.

---

[1]) حرام.

b) Das Objekt muss einen zulässigen, erstrebenswerthen Nutzen gewähren. Weintrauben dürfen zur Weinfabrikation nicht verkauft werden. Spiel- und Musik-Instrumente, Bücher ungläubigen, astrologischen oder philosophischen Inhalts können nicht Objekte eines gesetzlichen Verkaufs sein. Wilde Thiere, zwei Weizenkörner werden als Beispiele von Objekten, deren Nutzen nicht erstrebenswerth ist, angeführt. Ein Objekt gilt auch dann als nutzbar, wenn es nicht gegenwärtig, sondern erst in Zukunft einen Nutzen gewährt, z. B. ein junges Thier oder ein Sklavenkind, sofern es die Mutter ent-behren kann oder falls die Mutter nicht mehr lebt. Vgl. Minhâg 10 I, 365.

c) Das Objekt muss für den verfügungsberechtigten Verkäufer *lieferbar* sein[1]). Es kann also Niemand seinen entflohenen Sklaven verkaufen, da er ihn nicht liefern kann. Verfügungsberechtigt ist der Verkäufer, wenn er Besitzer oder dessen Vormund oder Stellvertreter ist. Wenn Jemand widerrechtlich ein Objekt verkauft, das seinem Verwandten gehört und das er einmal von ihm erben wird, indem er der Meinung ist, dass der betr. Verwandte noch lebt, so wird ein solcher Verkauf rechtsgültig, wenn sich herausstellt, dass der Erblasser zur Zeit des Verkaufs bereits gestorben war, der 20 Verkäufer als Besitzer rechtmässig über das Objekt verfügen konnte.

Es kann Niemand etwas verlorenes verkaufen, auch nicht etwas, das ihm zwar gehört, aber ihm von einem Anderen widerrechtlich vorenthalten wird. Ferner darf er nicht ein Stück eines kostbaren Gegenstandes, einer Vase, eines Schwertes, eines Stoffes verkaufen, wenn die Abtrennung desselben einen Werthverlust zur Folge hat; wohl aber darf er Theile von solchen Stoffen verkaufen, bei denen durch Abtrennung beliebiger Theile kein Werthverlust eintritt. Hierbei ist zu beachten, dass der Besitzer eines kostbaren Schwertes allerdings einen bestimmten Theil (die Hälfte, ein Drittel etc.) des- 30 selben verkaufen darf, aber in diesem Falle hat der Käufer nicht

---

[1]) Von Baguri und Elkhatîb wird diese Bestimmung in zwei zerlegt:

a) Der Verkäufer muss das Recht und die Macht haben, das Objekt *zu liefern*;

b) Der Käufer muss das Recht und die Macht haben, *sich* das Objekt *liefern zu lassen*.

das Recht, die Abtrennung dieses Theils vom Ganzen zu verlangen, sondern er wird durch den Kauf *Mitbesitzer* des Schwertes.

d) Der Verkauf erfordert eine Art Verbindlichkeits-Erklärung des Verkäufers, das Angebot, und eine Einverständnisserklärung des Käufers, die Annahme[1]), in landesüblicher Weise, sei es mündlich oder schriftlich oder durch die verständliche Geste des Taubstummen. Wenn zufällig die natürliche Reihenfolge nicht beobachtet und die zweite vor der ersteren ausgesprochen wird, so ist der Verkauf dennoch rechtsgültig.

Die einfache Uebergabe ohne entsprechende Erklärung[2]) ist nach Baguri nicht genügend für einen rechtskräftigen Verkauf, während es · nach anderen Auctoritäten genügend ist, sofern nach dem lokalen Usus und den Begleitumständen das Einverständniss der beiden Contrahenten ersichtlich ist. Andere wollen den Verkauf mit stillschweigender Uebergabe auf geringere, minderwerthige Objekte, d. i. auf den täglichen Kleinverkehr z. B. mit dem Bäcker beschränkt wissen. Thatsächlich vollzieht sich natürlich Verkauf und Kauf im gewöhnlichen Leben meist durch einfache Uebergabe und Entgegennahme ohne entsprechende Erklärungen.

Ad b: Diese Art ist identisch mit dem Pränumerationskauf, s. Cap. 2. Sie ist rechtsgültig, wenn das Objekt im Moment der Uebergabe der Beschreibung entspricht, welche der Verkäufer bei dem Vertragsabschluss von ihm gegeben hat.

Baguri deutet den Satz in folgender Weise: „Der Verkauf einer (von dem Verkäufer) beschriebenen Sache unter seiner Haftung (für die Ablieferung der Sache in einem der Beschreibung entsprechenden Zustande) ist zulässig“[3]). Ausserdem vertritt er die Ansicht, dass diese Art von Verkauf nicht identisch sei mit dem Pränumerationskauf. S. weiter unten in Cap. 2.

Ad c: Der Blinde kann ein Objekt, zu dessen Beurtheilung das Sehen erforderlich ist, selbst weder verkaufen noch kaufen, wohl

---

[1]) Beide wohl zu unterscheiden von der Uebergabe التسليم und der Besitzergreifung القبض.

[2]) بَيْعُ المعاطاة.

[3]) Er verbindet فى الذمّة mit بيع oder mit شىء in folgender Weise: الشىء الملتزم فى الذمّة, nicht mit موصوف.

aber durch einen Stellvertreter. Dagegen kann er an der sub b)
beschriebenen Verkaufsart als Verkäufer oder Käufer sich betheiligen.
Wenn ein Sehender etwas kauft, aber vor der Entgegennahme erblindet, wird dadurch der Verkauf nicht rückgängig gemacht.

§ 2. Die Zahl der Bedingungen, welche die Gültigkeit des
Verkaufs zur Voraussetzung hat, ist fünf. S. oben S. 276—278
über die ersten vier (a—d). Die fünfte ist die, dass das Objekt
genau bekannt und bestimmt sein muss (vgl. § 10). Von den fünf
Bedingungen sind in diesem § die ersten drei aufgezählt.

Unrein ist der Hund und das Schwein, jedes todte Wesen, ausgenommen Fische, Heuschrecken und Menschen. Der Wein ist
unrein, aber rein, nachdem er zu Essig geworden. Die Häute
todter Thiere sind unrein, werden aber mit Ausnahme der Häute
von Schweinen und Hunden rein durch Gerben. Dem Unreinen
ist gleich das zufällig verunreinigte, das nicht durch Waschung
wieder rein gemacht werden kann.

Wenn das Unreine auch nicht Besitz sein kann, so kann dennoch derjenige, der das Anrecht darauf hat, dies Anrecht gegen
Geld auf einen anderen übertragen. So nach Baguri, I, 355, 24. 25.[1])

Während Skorpionen, Ameisen, Würmer, Ungeziefer, Käfer,
die Raubthiere wie Löwe, Wolf, Panther, als Beispiele nicht nutzbarer Thiere angeführt werden, werden als nutzbar genannt die zu
Jagd und Krieg abgerichteten Thiere, die Katze, der Affe, ferner
der Pfau, die Bienen, die Blutegel, die Seidenraupen.

§ 3. Wucher zählt nach der Dogmatik des Islams zu den
schwersten Sünden (Götzendienst, Mord, Unzucht, Wucher). Er
soll nicht erst durch den Koran verboten worden, sondern schon
vorher in den älteren Religionen verboten gewesen sein. „Gott
verderbe den, der Wucher isst, der Wucher zu essen gibt, der
Wucher schreibt, der Wucher bezeugt" (Muhammed). *Ribâ, Ribê*

---

[1]) Praktisch vollzieht sich der Verkauf einer unreinen Sache
in der Art, dass der Inhaber erklärt: „Ich hebe mein Recht auf
diesen Düngerhaufen zu deinen Gunsten gegen das und das Aequivalent auf", worauf der Käufer erklärt: „Ich nehme dein Angebot an".

Ein ähnliches Rechtsverhältniss (und nicht *Verkauf*) ist es, wenn
ein Beamter sein Amt an einen Anderen gegen einen Vortheil abtritt.

= Wucher ist ein Vertrag betreffend den Umtausch von Edel-
metallen (Gold und Silber) gegen einander und von Lebensmitteln
gegen einander, bei dem

a) entweder nicht feststeht, ob im Momente des Vertrags-
abschlusses die beiden Tauschobjekte, Gold gegen Gold, Silber
gegen Silber, eine Art Lebensmittel gegen dieselbe Art, nach dem
im Islam für die betreffenden Objekte gebräuchlichen Maasssystem
einander gleich sind,

b) oder nach welchem die Uebergabe der beiden Tauschobjekte,
Edelmetall gegen Edelmetall, Lebensmittel gegen Lebensmittel, oder 10
des einen von ihnen nicht sofort nach dem Vertragsabschluss, sondern erst zu einem später fallenden Termin Statt findet.

Unter a) müssen die Tauschobjekte demselben genus rerum
angehören, unter b) können sie demselben genus rerum wie auch
einem anderen angehören, indessen muss der Grund des Wucher-
verbotes für beide Objekte aus derselben Quelle stammen, d. h. entweder aus dem Umstande, dass beide Edelmetalle oder beide
Lebensmittel sind. Denn z. B. der Verkauf von Weizen gegen
Gold- oder Silber-Geld bei späterer Lieferung ist nicht *Ribâ*, wohl
aber der Verkauf von Gold gegen Gold oder Silber bei späterer 20
Lieferung.

Der Zweck der Ribâ-Gesetze ist, den Handel mit den Werth-
messern des Verkehrs (Gold und Silber) sowie mit den Artikeln,
welche die Hauptbedürfnisse der Massen des Volkes sind, zu beschränken. Die Beobachtung des Ribâ-Verbotes ist die Befolgung
einer religiösen Vorschrift wie das Beten, das Fasten im Ramaḍân
und anderes.

Bei Gold und Silber ist es einerlei, ob es geprägt, bearbeitet
ist oder nicht.

Zu den Lebensmitteln gehören auch Trinkwasser, Kaffeebohnen 30
und Lupinen. Im Allgemeinen gehört zu den Lebensmitteln jede
Art menschlicher Kost und Zukost sowie jedes Medicament, also
Weizen, Gerste, Hirse, Datteln, getrocknete Trauben, Feigen, Salz,
Mastix, Ingwer u. s. w., nicht aber Leinsamen, Leinöl, Fischöl. Es
ist dabei einerlei, ob ein Nahrungsmittel, wie z. B. Bohnen, zugleich
auch ein Nahrungsmittel für Thiere ist. Nicht kommt hier in Betracht, was zur Nahrung der Thiere dient (wie Stroh) oder zur

Nahrung der Dämonen[1]) (wie Knochen), oder was überhaupt nicht zur Nahrung dienen kann. Auch Thiere kommen nicht in Betracht, weil sie, wie sie sind, nicht zur Nahrung dienen.

§ 4. Anders ausgedrückt: Es ist nicht erlaubt, d. i. nicht rechtswirksam, vielmehr Wucher, Gold gegen Gold, Silber gegen Silber zu verkaufen, wenn die Beträge ungleich sind und die Uebergabe sowie Entgegennahme nicht sofort nach dem Vertragsabschluss Statt findet. Die Gleichheit oder Ungleichheit der Beträge wird durch Gewicht bestimmt. Es ist dabei gleichgültig, ob das Metall geprägt ist oder nicht. Unter *sofortiger Lieferung* ist zu verstehen, dass, bevor der Verkäufer und Käufer *sich trennen*, oder vor dem Ablauf der Optionsfrist, jener das verkaufte Objekt übergiebt, dieser den vereinbarten Preis zahlt; findet Uebergabe und Besitzergreifung nur in Bezug auf einen Theil des Vertragsobjektes, nicht auf das Ganze statt, so gilt der Vertrag nur für diesen Theil.

Die Trennung der beiden Contrahenten, d. h. ihr Verlassen des Vertrags-Ortes muss ein freiwilliges sein. Ist es ein erzwungenes, so hat es keine Rechtsfolgen.

Ein Kniff für die Umgehung dieses Gesetzes ist folgender: A verkauft dem B einen Betrag Gold, z. B. 10 Denare, gegen ein anderes Objekt, ein Haus, Pferd oder dergleichen. Darauf verkauft A dem B dasselbe Objekt zurück zu einem höheren Preise, als er selbst gezahlt hat, z. B. 15 Denare. So hat er gegen 10 Denare 15 D. eingetauscht.

§ 5. Dieser § steht hier nicht an der rechten Stelle. Er ist inhaltsverwandt mit § 10 und sollte ihm folgen.

Wie man das Gekaufte nicht vor der Besitzergreifung[2]) verkaufen darf, darf man es auch nicht vermiethen, verpfänden oder verschenken, nicht einen gekauften Sklaven durch die manumissio contractualis (Buch II, § 14—19) freilassen.

Dagegen darf man einem gekauften Sklaven, bevor man ihn in Besitz genommen, die Freiheit geben[3]), sei es zur Sühne für ein Verbrechen, sei es aus irgend einem anderen, *den Käufer persönlich* angehenden Grunde. Dagegen ist eine solche Freilassung nicht

---

[1]) الجِنّ.   [2]) قَبْض.

[3]) Die Freilassung gilt in diesem Falle der Besitzergreifung gleich.

gültig, wenn sie zu Gunsten oder auf Veranlassung eines Anderen erfolgt, sei es gegen ein Aequivalent oder ohne ein solches.

Ferner kann der Käufer einer Sklavin noch vor der Besitzergreifung ihr beiwohnen und sie dadurch eventuell zur .Mutter-Sklavin machen, wie man *vor der Besitzergreifung* ein gekauftes Objekt als fromme Stiftung vergeben[1]), eine gekaufte Sklavin verheirathen, durch testamentarische Verfügung auf einen Anderen übertragen, für die Zeit nach dem Tode freilassen kann. Man kann gekaufte Lebensmittel, noch bevor man sie in Besitz genommen, für die Armen bestimmen[2]). Wenn ferner durch gericht- 10 liche Auftheilung z. B. ein Grundstück über zwei Besitzer durch Theilung in gleiche Lose oder durch Werththeilung[3]) vertheilt werden soll, so kann dies ebenfalls noch vor der Besitzergreifung geschehen.

Was von dem gekauften Objekt gilt, gilt auch von dem baar gezahlten (nicht von dem creditirten) Preise wie von der Ehegabe: der Verkäufer oder Empfänger (die Ehefrau) kann erst nach der Besitzergreifung darüber verfügen.

Der Besitz des A, der *in der Hand* (in der faktischen Verfügung) des B ist, kann dreifach verschieden sein:

a) Besitz, für den der derzeitige Inhaber *gemäss einem Kon-* 20 *trakt* haftet, wie z. B. das verkaufte, aber noch nicht gelieferte Objekt, der vereinbarte, aber noch nicht gezahlte Preis, die vereinbarte, aber noch nicht übergebene Ehegabe.

b) Besitz, für den der derzeitige Inhaber *faktisch* haftet, wie z. B. ein Objekt, das ein Mann dem eigentlichen Besitzer rechtmässig vorenthält, oder etwas, das ein Mann als Darlehn erhalten hat.

c) Besitz, für den der derzeitige Inhaber nicht haftet.

Ad a: Eine Verfügung über solchen Besitz ist ungültig, solange die Besitzergreifung (von Seiten des Käufers, Verkäufers oder der 30 Ehefrau) nicht Statt gefunden hat.

Ausgenommen sind die auf S. 281, 31 ff. aufgezählten Fälle.

---

[1]) Die Beiwohnung und die Vergebung als fromme Stiftung ist identisch mit der Besitzergreifung.

[2]) Die Inempfangnahme der Lebensmittel durch die Armen gilt der Besitzergreifung des Käufers dieser Lebensmittel gleich.

[3]) القسمة بالتعديل und القسمة بالاجزاء vgl. Buch V § 12—15.

Ad b: Der rechtmässige Besitzer kann darüber verfügen, bevor er davon wieder Besitz ergriffen hat.

Ad c: Bei der dritten Art von Besitz ist zu unterscheiden. Haftet weder ein *Recht* an dem Objekt noch eine *materielle Verpflichtung* zu einer bestimmten Verarbeitung des Objekts, so darf der Besitzer darüber verfügen, bevor er noch Besitz davon ergriffen, z. B. über gemeinsamen Besitz, der in der Hand seines Mitbesitzers ist; über Besitz, der in der Hand seines Stellvertreters ist; über ein von ihm gegebenes Pfand, nachdem er es ausgelöst hat.

Haftet aber an dem Objekt ein Recht, wie an dem Pfand, be- 10 vor es ausgelöst ist, so kann er nicht darüber verfügen. Ferner wenn Jemand sich die Arbeit eines Schneiders oder Gerbers zur Verarbeitung von Stoffen oder Fellen dingt, kann er nicht eher darüber verfügen, weder vor der Verarbeitung noch nach derselben, als bis er den vereinbarten Lohn (Arbeitslohn) bezahlt hat. Dagegen kann er, nachdem die Bearbeitung Statt gefunden und nachdem er den Lohn gezahlt hat, darüber verfügen. Vgl. Cap. 17.

Die Besitzergreifung eines beweglichen Besitzes, wie eines Thieres oder eines Bootes, das man schleppen kann, geschieht in der Weise, dass der Käufer es transportirt nach einem Orte, der 20 nicht dem Verkäufer gehört, z. B. auf die Strasse. Lässt der Käufer das Gekaufte in dem Raum des Verkäufers, so kann dies nur mit dessen Erlaubniss geschehen. Ferner muss, bevor der Transport beginnen kann, der Verkäufer das Objekt, z. B. ein Boot, ein kleines Schiff, seines Inhaltes entleert haben.

Von einem Stoff od. dgl. nimmt man Besitz, indem man ihn mit der Hand fasst, auch ohne ihn aus dem Raume des Verkäufers fortzuschaffen.

Von einem Immeuble, z. B. einem Acker, Bäumen, einem grossen Schiff, nimmt der Käufer dadurch Besitz, dass ihm der 30 Verkäufer die Verfügung darüber übergiebt, z. B. mit Uebergabe eines Schlüssels, nachdem er vorher den ihm gehörenden Inhalt ausgeleert hat. Wenn jedoch das Verkaufte nicht an dem Vertragsorte *gegenwärtig* ist, sondern anderswo, so ist eine Frist zu vereinbaren, innerhalb welcher die Besitzergreifung Statt zu finden hat. Ist das verkaufte Objekt in der faktischen Verfügung eines Anderen als des Verkäufers, so kann die Uebergabe, respektive

Besitzergreifung erst dann eintreten, nachdem die Entleerung *Statt gefunden*. Hat dagegen der Verkäufer das verkaufte Objekt unter seiner eigenen Verfügung, so kann der Käufer die Besitz-ergreifung dann beanspruchen, wenn seit dem Abschluss des Ver-trages ein Zeitraum verstrichen ist, der für die Entleerung als aus-reichend angesehen wird.

Was nach Maass oder Gewicht verkauft ist, muss vor der Be-sitzergreifung gemessen oder gewogen werden.

Der Käufer hat das Recht der Besitzergreifung des Gekauften, wenn der Preis creditirt ist und zum Termine bezahlt wird, oder 10 wenn er baar bezahlt wird. Anderen Falls hat der Verkäufer das Recht, das Verkaufte zurückzubehalten, bis er den vereinbarten Preis bekommt.

Bevor der Käufer von dem Gekauften Besitz genommen, darf er es nicht weiter verkaufen, weder an den Verkäufer zurück noch an einen anderen.

§ 6. Man darf nicht Lammfleisch gegen ein Lamm, auch nicht Kuhfleisch gegen ein Lamm oder einen essbaren Fisch verkaufen. Was vom Fleisch gesagt ist, gilt auch von Fett, Leber, Herz, Nieren und allen anderen essbaren Theilen des Thieres. Allgemeiner 20 ausgedrückt, darf man nicht einen Artikel gegen einen anderen, der aus dem ersteren gemacht ist, verkaufen, z. B. nicht Weizen gegen Weizenmehl, nicht Sesam gegen Sesam-Oel.

Es ist irrelevant, ob der Preis essbar ist oder nicht, denn es ist in gleicher Weise unzulässig, Lammfleisch gegen einen Esel zu verkaufen.

§ 7. Wie man unter diesen Bedingungen Gold gegen Silber verkaufen kann, kann man auch Silber gegen Gold verkaufen. In jedem Fall muss die Uebergabe und Besitzergreifung Statt finden, bevor die Contrahenten sich von einander trennen oder bevor die 30 Optionsfrist von 3 Tagen abgelaufen ist. Dieser § müsste eigentlich nach § 4 folgen.

§ 8. Die Gleichheit der Beträge ist nach Maass, Gewicht, Zählung, Messung etc., nach der Art metrologischer Bestimmung, welche für das betreffende Objekt Landessitte ist, bestimmt. In dubio gilt zunächst der Usus des Ḥigàz zur Zeit des Propheten, dann der Usus des betreffenden Landes.

Die Bestimmung der Gleichheit der Beträge findet auf den Verkaufs-Artikel nur dann Anwendung, wenn seine natürliche Entwickelung vollkommen abgeschlossen und er fertig für den menschlichen Gebrauch ist, z. B. auf Obst und Kornfrüchte erst dann, nachdem sie getrocknet und gereinigt sind. Man darf daher nicht frisches Obst gegen frisches noch gegen getrocknetes verkaufen[1]), nicht frische Datteln gegen frische oder getrocknete, nicht frische Trauben gegen frische oder Rosinen. Fruchtarten, die nicht trocknen, wie z. B. Gurken, können in frischem Zustande gegen einander abgemessen, abgewogen werden. 10

Mehl, Grütze oder Brod können nicht mit einander verglichen werden, sondern nur die Kornfrüchte, aus denen sie bereitet sind, sofern die Körner noch intakt sind.

Oelhaltige Substanzen können mit einander verglichen werden, wenn die Körner noch intakt sind, oder als ausgepresstes Oel.

Trauben und Datteln können gegen einander abgemessen werden, sowohl im getrockneten Zustande wie als Most und als Essig.

Lebensmittel, die der Wirkung des Feuers ausgesetzt worden sind, können nicht gegen einander abgemessen werden, es sei denn 20 dass die Anwendung des Feuers nur dem Zwecke der Reinigung gedient hat, wie bei dem Honig und zerlassener Butter.

Portionen Milch können gegen einander abgemessen werden, wenn die Milch im rohen Zustande ist, oder als Butter oder als Buttermilch, nicht aber als Käse oder geronnene Milch.

§ 9. Man darf also z. B. Weizen gegen Gerste verkaufen, wenn die Uebergabe und Entgegennahme entweder sofort oder jedenfalls vor Ablauf der Optionsfrist erfolgen. Trennen sich die Contrahenten, bevor jeder von dem Erworbenen Besitz ergriffen hat, ist der Vertrag null und nichtig. Wenn sie sich aber 30 trennen, nachdem sie erst von einem Theil des Erworbenen Besitz ergriffen haben, ist die empfehlenswertheste Ansicht die, dass der Vertrag rechtsgültig ist mit Bezug auf denjenigen Theil, der beiderseits vor der Trennung in Besitz genommen worden ist, nicht aber für den Rest.

---

[1]) Ueber die Ausnahme der العرايا مسألة s. weiter unter sub § 15.

§ 10. *Gharar* wird gedeutet als eine Sache, von der im Moment des Vertrages nicht klar ist, was daraus wird, oder eine Sache, die sich möglicher Weise gut oder schlecht entwickeln kann. indem aber die letztere Chance vorwiegt, etwas unbekanntes, individuell unbestimmtes, zweifelhaftes, dessen gleichen man vor dem Vertragsabschluss nach nicht gekannt hat. Man könnte vielleicht übersetzen „*Hazard-Verkauf*". Als Beispiel wird angeführt der Verkauf *eines von mehreren Sklaven*, indem nicht angegeben wird, welcher gemeint sei, oder der Verkauf eines Vogels in der Luft. Demgemäss ist der Verkauf von Zwiebeln, Rüben, Rettichen etc., 10 solange sie in der Erde verborgen sind, rechtsungültig, während der Verkauf von Salat oder Kohl auf dem Stiel gültig ist.

Eine Ausnahme bilden nur die Bienen, die man verkaufen darf, wenn sie in der Luft herumfliegen, vorausgesetzt dass die Bienenkönigin im Bienenstock ist, da man annimmt, dass sie dorthin zurückkehren.

§ 11. Nachdem zwei Contrahenten rite mit einander einen Verkaufscontrakt abgeschlossen haben, haben sie das Recht, *solange sie an dem Vertragsort verweilen, ihn noch nicht verlassen haben,* durch einfache Erklärung von dem Vertrage zurückzutreten. Der 20 Vertrag ist dadurch aufgehoben. Dies Recht der optio manente consessu ist jedem Verkaufs-Vertrage immanent, so dass wenn zwei Contrahenten einen solchen mit einander *mit der Clausel* vereinbaren, dass die optio manente consessu ausgeschlossen sein soll, der Vertrag null und nichtig ist.

Unter den verschiedenen Arten der optio ist es die *optio manente consessu*, welche durch diesen § garantirt wird. Sie gilt für jede Art Verkauf, z. B. für einen Verkauf, der den Ribâ-Vorschriften (§ 7. 9) unterliegt, ferner für den Pränumerationsverkauf (Cap. 2), für die Ernennung eines Anderen zum Testamentsvollstrecker, zum 30 Compagnon (Mitbesitzer), für den Verkauf eines Sklaven, auch dann wenn durch den Kauf des Sklaven der Käufer den Besitz seines Vaters oder Sohnes erlangen würde, in welchem Falle Vater oder Sohn, Ascendent oder Descendent, eo ipso frei sein würde (vgl. Buch II, § 5).

Dagegen steht die optio nicht dem Käufer, sondern nur *dem Verkäufer* zu, wenn dieser einen Sklaven verkauft, über den der

Käufer ein Geständniss[1]) oder ein Zeugniss ablegt, dass er frei sei. Denn von Seiten des Verkäufers ist das Geschäft ein Verkauf, nichts anderes, dagegen ist es auf Seiten des Käufers nicht ein Kauf, sondern ein *Loskauf*, eine Auslösung[2]).

Die optio steht *weder dem Verkäufer noch dem Käufer* zu bei dem Verkauf eines Sklaven, der direkt und offen oder implicite[3]) die Freilassung eines Sklaven bezweckt, d. h. wenn der Sklave von seinem Herrn seine Freiheit kauft oder wenn z. B. ein Freund oder Angehöriger des Sklaven ihn von seinem Herrn kauft, um ihm die Freiheit zu geben. Die manumissio ist ein Gott gefälliges Werk. 10 Deshalb sucht das Gesetz sie auf jede mögliche Weise zu erleichtern.

Die optio gilt nicht für einseitige Transactionen, wie für das Geschenk. Wenn aber ein Geschenk gegen eine Gegenleistung gegeben wird (was nach anderer Auffassung nicht Geschenk, sondern Verkauf ist), bleibt die optio in Kraft.

Ferner gilt die optio nicht für die Ehe, die zwar ein Contrakt, eine Art *do ut des* ist, für deren Auflösung indessen die besonderen Bestimmungen des Eherechts vorgesehen sind.

Sie gilt ferner nicht für den Miethsvertrag, nicht für die Commandit-Gesellschaft (Cap. 15), nicht für die manumissio contractualis 20 (Buch II, § 14—19), nicht für das Vorkaufsrechts (Cap. 14) und nicht für die Cession einer Forderung (Cap. 6).

Beide Contrahenten haben das Recht der optio manente consessu. Wenn der eine die optio wählt, der andere sich für die Verbindlichkeit[4]) des Vertrages ausspricht, so gilt das Votum des ersteren, d. h. der Vertrag ist damit annullirt, wobei es gleichgültig ist, ob jener oder dieser zuerst gesprochen hat.

Das Recht der optio erlischt *entweder* dadurch, dass die beiden Contrahenten den Ort des Vertragsabschlusses verlassen, *oder* dadurch, dass sie beide sich für die Verbindlichkeit, für die Ausführung 30 des Vertrages aussprechen. Wenn aber der eine sich für die Verbindlichkeit ausspricht, während der andere darauf schweigt, verliert er das Recht der optio, und das Votum des ersteren ist rechtsverbindlich.

---

[1]) اقرار‎ s. Kap. 11.   [2]) افتداء‎.

[3]) بيع ضِمْنِي‎.   [4]) اللزوم‎.

Solange die Contrahenten an dem Ort des Vertrags-Abschlusses bleiben, ob kurze oder lange Zeit, bleibt das Recht der optio bestehen; ebenfalls, wenn sie mit einander reisen, solange als sie sich nicht von einander trennen. Die optio manente consessu kann also unter Umständen viel länger dauern als die weiter unten zu erwähnende gesetzliche optio von drei Tagen.

Wenn Differenzen entstehen über das Sich-trennen der Contrahenten, so ist nach dem lokalen Usus zu entscheiden. In einem grossen Hause besteht die Trennung darin, dass sie z. B. aus dem Hause in den Hof gehen oder umgekehrt, in einem kleinen Hause 10 oder auf einem Schiff dadurch, dass sie oder einer von ihnen das Haus oder das Schiff verlässt; auf freiem Felde oder auf dem Markte dadurch, dass der eine von dem anderen wenigstens etwa 3 Schritte sich entfernt. Wenn zwei durch Zuruf mit einander einen Verkauf vereinbaren, erlischt die optio, sobald einer von ihnen seinen Standort verlässt.

Wenn einer der Contrahenten aus Irrthum oder Unwissenheit sich entfernt, erlischt die optio, sofern es *freiwillig* geschah. Ein erzwungenes Sich-Entfernen oder In loco-Bleiben hat keine Rechtsfolgen. Wenn einer der Contrahenten flieht und der andere ihn 20 nicht verfolgt, ist ihre optio erloschen; wenn aber der eine flieht, während der in loco bleibende schläft, bleibt ihm das Recht der optio gewahrt.

Das Sich-trennen der Contrahenten muss *in Person* geschehen. Wenn daher der eine der Contrahenten am Ort des Vertrags-Abschlusses stirbt, geht seine optio auf seine Erben als ein Allen gemeinsames Recht über. Das Recht der optio erlischt erst dann, wenn *sämmtliche* Erben den Ort, an dem ihnen von der Sache autoritative Mittheilung gemacht worden ist[1]) (also z. B. vor dem Richter), verlassen. 30

Wenn einer der Contrahenten irrsinnig wird, geht die optio auf seinen Vormund über.

Wenn der Vormund einer unter Curatel stehenden Person, z. B. eines Kindes, einen Kaufvertrag abschliesst und das Kind mündig wird, bevor die beiden Contrahenten sich von einander

---

[1]) مجلس العلم.

trennen, so steht die optio dem Vormunde, nicht dem mündig gewordenen zu.

§ 12. Während die optio manente consessu jedem Verkaufs-vertrag eigenthümlich ist, kann, wenn die Contrahenten es wünschen, in dem Vertrag noch eine andere, besondere Art der optio vereinbart werden, die optio e contractu[1]), d. h. der *Verkäufer* oder *Käufer* oder *beide* können sich das Recht ausbedingen: innerhalb dreier auf einander folgender Tage vom Momente des Vertragsabschlusses gerechnet von dem Vertrage zurückzutreten. Der Erfolg dieser optio ist, dass der Vertrag entweder für aufgehoben[2]) oder für verbindlich erklärt[3]) wird. Hat nur einer der Contrahenten sich diese optio mit Einwilligung des anderen ausbedungen, so ent-scheidet sein Votum über das Schicksal des Vertrags. Wenn da-gegen beide Contrahenten diese optio haben und der eine für die Aufhebung des Vertrages, der andere für die Gültigkeit desselben votirt, so gilt das erstere Votum, selbst wenn es später als das zweite ausgesprochen worden sein sollte, weil im Allgemeinen das ganze Institut der optio keinen anderen Zweck hat als den: die Möglichkeit der Aufhebung eines Vertrags zu gewähren. Baguri I, 360, 1. 2.

Die optio e contractu gilt nicht bei denjenigen Kaufverträgen, bei denen sofortige Besitzergreifung (des verkauften Objektes oder des Preises oder beider Dinge) zum Wesen des Vertrags gehört, wie z. B. bei dem Verkauf von Ribâ Objekten (§§ 7. 9) und bei dem Pränumerationskauf (Cap. 2).

Wie die beiden Contrahenten selbst die optio e contractu aus-üben können, kann jeder von ihnen die Ausübung derselben auch *einer dritten Person*, die verantwortungsfähig sein muss, übertragen. Wenn z. B. A dem B seinen Ganzsklaven verkauft, so kann A sich die optio e contractu bedingen, dass der Sklave selbst darüber ent-scheidet, ob der Vertrag ausgeführt werden soll oder nicht. Hat A einmal dem Sklaven diese Befugniss übergeben, kann er sie ihm nicht wieder nehmen, und auch kann der Sklave sich nicht weigern

---

[1]) خيار الشرط oder خيار التروّى

[2]) .الفسخ

[3]) .الاجازة

diese Funktion auszuüben, denn sonst wäre der Contrakt hinfällig. Wenn diese dritte Person stirbt, kehrt das Recht der optio e c. zu A zurück. Die dritte Person entscheidet *nach eigenem Ermessen*, nicht nach dem Interesse des A, und in diesem Punkt unterscheidet sie sich von einem normalen Stellvertreter,[1] weil dieser bei seiner Entscheidung nur das Interesse seines Auftraggebers zu berücksichtigen hat.[2]

Wie man die meisten Geschäfte durch einen Stellvertreter besorgen lassen kann, so auch einen Verkaufsvertrag, indessen gelten für den Stellvertreter mit Bezug auf die optio e contractu folgende 10 Beschränkungen: Der Stellvertreter ist berechtigt, für sich oder seinen Auftraggeber die optio e. c. auszubedingen, dagegen aber darf er dem anderen Contrahenten oder einer dritten Person nur dann die optio e. c. concediren oder übertragen, wenn er dazu die specielle Ermächtigung seines Auftraggebers hat.

Wenn Jemand einen Sklaven, der in Wirklichkeit sein Ascendent oder Descendent ist, kauft, hat er nicht das Recht auf die optio e. c., denn der Sklave wird durch den Kaufvertrag eo ipso frei (Buch II, § 5).

Die optio e contractu kann nur auf solche Vertrags-Objekte 20 Anwendung finden, welche innerhalb der stipulirten drei Tage nicht zu Grunde gehen.

Die 3 Tage werden so gerechnet, dass die auf den 3. Tag folgende Nacht nicht mehr mitgerechnet wird.[3]

Drei Tage sind das Maximum der Options-Frist. Wird eine längere Frist vereinbart, so ist der Vertrag null und nichtig. Dagegen kann jede Frist, welche kürzer ist als drei Tage, als Options-Frist angesetzt werden.

Innerhalb der Grenze von 3 Tagen kann sich jeder der Contrahenten eine längere oder kürzere Optionsfrist wählen. In jedem 30 Fall muss sie genau angegeben werden.

---

[1]) وكيل.

[2]) Nach Baguri ist die Uebertragung der optio e. c. an eine dritte Person nicht ein توكيل, sondern ein تمليك.

[3]) Die Optionsfrist ist $2\frac{1}{2}$ Nychthemera. Hier wird also der Tag als die erste Hälfte des Nychthemeron gerechnet, während im Kalender die Nacht die erste Hälfte ist.

Der Besitz des verkauften Objektes steht demjenigen der beiden Contrahenten zu, der sich die optio e. c. ausbedungen hat, also dem Verkäufer oder dem Käufer. Wenn dagegen beide die optio haben, bleibt die Besitzfrage in suspenso. Wird dann der Vertrag ratihabirt, so gilt der Käufer als Besitzer des Objektes, der Verkäufer als Besitzer des Preises *von dem Datum des Vertrages an;* wird dagegen der Vertrag aufgehoben, so ist das Besitzverhältniss ein umgekehrtes.

Die Vermehrung, das Wachsthum des Objektes sowie die zur Erhaltung desselben nöthigen Auslagen während der Optionsfrist 10 gehören auf das Conto des Besitzers. Wenn daher z. B. der Käufer während der Optionsfrist Besitzer des Objektes gewesen ist und für seine Erhaltung Auslagen gemacht hat, so müssen ihm diese, falls der Vertrag aufgehoben wird, von dem Verkäufer zurückerstattet werden.

Der Besitz während der Optionsfrist ist jedenfalls ein vielfach beschränkter.

Wenn Jemand eine Sklavin mit der optio e. c. *verkauft* und ihr während der Optionsfrist beiwohnt oder sie freilässt, hebt er dadurch den Vertrag eo ipso auf. Die Wirkung ist dieselbe, wenn er das gekaufte Objekt verkauft, vermiethet oder z. B. einen 20 Sklaven verheirathet.

Wenn der Käufer während der Optionsfrist dieselben Handlungen begeht, so spricht er dadurch eo ipso die Ratihabirung des Vertrages aus.

Wenn dagegen der Verkäufer oder der Käufer während der Optionsfrist das in seinem Besitz befindliche Verkaufs-Objekt einem Dritten zum Verkauf anträgt (ohne es zu verkaufen), oder wenn er für die Verwaltung desselben sich einen Stellvertreter bestellt, so gelten diese Akte weder als eine Ratihabirung noch als eine Aufhebung des Vertrages. 30

Eine Entscheidung über das Verkaufs-Objekt ist zugleich eine Entscheidung über den Preis.

§ 13. Die Fehler oder Mängel gekaufter Objekte, wegen deren eine Rückgabe, eine optio propter defectum[1]) Statt finden kann, werden in drei Gruppen zerlegt:

خيار النقيصة oder خيار العيب (1

a) Eigenschaften, welche das verkaufte Objekt nicht hat, die aber der Käufer sich ausbedungen hatte. A kauft einen Sklaven oder eine Kamelin unter der Bedingung, dass jener des Schreibens kundig, diese trächtig sei, während er nach der Besitzergreifung findet, dass der Sklave nicht schreiben kann, die Kamelin nicht trächtig ist. Ein solches Geschäft ist null und nichtig.

b) Eigenschaften, die das verkaufte Objekt nicht hat, welche aber der Verkäufer durch eine dolose Handlung ihm dem Scheine nach zu verleihen bestrebt gewesen ist. A unterlässt es einige Tage lang, seine Kamelin oder Kuh zu melken, um durch das 10 strotzende Euter eine falsche Meinung von ihrem Milchreichthum zu erwecken. Sobald der Käufer seinen Irrthum entdeckt, kann er das Thier sofort zurückgeben und zahlt dabei dem Verkäufer eine Entschädigung für die mittlerweile von dem Thier bezogene Milch, z. B. ein Quantum Datteln, falls sie nichts anderes mit einander vereinbart haben. War das Objekt etwa eine Sklavin oder Eselin, so giebt er sie zurück ohne irgendwelche Entschädigung.

c) Fehler, die in dem verkauften Objekt sich zeigen, deren Abwesenheit der Käufer sich nicht ausbedungen hat, und ohne dass eine dolose Handlung des Verkäufers vorliegt, Fehler, die entweder 20 die Substanz vermindern oder den Werth in einer Weise beeinträchtigen, dass eine normale Nutzanwendung desselben unmöglich wird.

Diese dritte Art von Fehlern ist es, auf welche § 13 Bezug nimmt. Es ist hinzuzufügen, dass was in diesem § von dem verkauften Objekt gesagt ist, in gleicher Weise von dem baar gezahlten Preise gilt. Findet der Verkäufer an ihm einen Fehler, kann er ihn zurückgeben.

Der Fehler muss von dem Verkäufer *vor der Besitzergreifung* bemerkt werden, denn nur bis zur Besitzergreifung durch den 30 Käufer haftet der Verkäufer für. das Objekt. Es ist dabei einerlei, ob der Fehler schon zur Zeit des Vertragsabschlusses vorhanden war oder erst danach entstanden ist.

In zwei Fällen kann die Rückgabe auch dann Statt finden, wenn der Fehler *erst nach der Besitzergreifung durch den Käufer* sich zeigt:

a) wenn der Verkäufer allein die optio e contractu hat, (da

er in diesem Falle nicht bloss bis zur Besitzergreifung, sondern bis zum Ablauf seiner optio e. c. für das Objekt haftet);

b) wenn die Ursache des Fehlers in der Zeit *vor der Besitzergreifung* eingetreten ist. Beispiel: A verkauft einen Sklaven, der ein Verbrechen (Diebstahl) begangen hat, an B. B nimmt ihn in Besitz, und nun wird dem Sklaven auf Grund eines richterlichen Urtheils die rechte Hand abgehauen. Wenn der Käufer keine Kenntniss von dem Verbrechen hatte, kann er den Sklaven zurückgeben; hatte er Kenntniss davon, so kann er ihn weder zurückgeben noch eine Entschädigung für das mangelnde Glied verlangen. 10

Ferner kann die Rückgabe nur Statt finden, wenn der Fehler *zur Zeit der Rückgabe* noch vorhanden ist. Wenn er dagegen vorher wieder verschwindet oder aufhört, ist die Rückgabe ausgeschlossen.

Wenn in den verkauften Objekten nach der Besitzergreifung durch den Käufer ausser dem aus früherer Zeit datirenden Fehler sich noch ein *anderer* Fehler zeigt, d. h. ein Fehler, dessen Ursache nicht in der Zeit *vor* der Besitzergreifung liegt, so ist die Rückgabe de jure ausgeschlossen, indessen steht es den Contrahenten frei die Rückgabe mit einander zu vereinbaren, sei es die Rückgabe pur et simple oder mit einer Entschädigung für den Verkäufer. Wenn 20 sie sich nicht einigen können, überwiegt das Votum desjenigen, der die Aufrechterhaltung des Vertrages verlangt. Hiervon ist auszunehmen eine Differenz über die Rückgabe von Ribâ-Objekten (§ 7. 9): Wenn sich an dem Ribâ-Objekt nach der Besitzergreifung ein neuer Fehler ausser einem aus früherer Zeit herstammenden Fehler zeigt, so findet die Rückgabe d. h. die Annullirung des Verkaufvertrages de jure Statt, wenn der Käufer es verlangt, indessen hat er dem Verkäufer für den neu entstandenen Fehler eine Entschädigung zu zahlen.

Hier ist noch ein anderer Fall zu berücksichtigen: Der Käufer 30 zerbricht ein Straussenei und findet, dass ein Theil desselben verdorben ist; er durchschneidet eine Melone und findet, dass ein Theil derselben von Würmern zerfressen ist. In diesem Fall liegt ein *neuer* Schaden vor, ohne den der *alte* nicht erkannt werden konnte. Der Käufer kann das Gekaufte wegen des *alten* Schadens zurückgeben und ist nicht verpflichtet, für den *neuen*, von ihm angerichteten Schaden Ersatz zu leisten.

Es ist nicht gestattet, wenn sich in dem verkauften Objekt ein Fehler zeigt, einen Theil desselben zurückzugeben und das übrige zu behalten, wenn der Verkauf als ein einziger Vertrag verhandelt worden ist (wenn z. B. die Kuh und ihr Kalb durch einen und denselben Vertrag verkauft worden sind). Denn durch die Rückgabe eines Theils würde das Verkaufsgeschäft für den Verkäufer gespalten, zertheilt werden. In diesem Fall hat daher der Käufer die Alternative, entweder das Ganze zurückzugeben, oder das Ganze zu behalten, aber für den Schaden eine Entschädigung zu beanspruchen. 10

Wenn zwischen Verkäufer und Käufer ein Streit entsteht über die Frage, ob ein Fehler an dem verkauften Objekt schon *vor* der Besitzergreifung durch den Käufer vorhanden gewesen oder erst hinterher entstanden sei, und nach der Natur der Dinge sowohl das eine möglich ist wie das andere, wird dem Verkäufer der Eid aufgegeben und demgemäss entschieden. Ist der Fehler ein solcher, dass er secundum rerum naturam erst seit der Besitzergreifung entstanden sein kann (z. B. eine frische unverharschte Wunde), so wird nach der Aussage des Verkäufers entschieden, auch ohne das ihm der Eid auferlegt wird. Ist dagegen der Fehler ein solcher, dass 20 er aus älterer Zeit herstammen muss, z. B. eine verharschte Wunde eines Sklaven, der erst den Tag vorher verkauft worden, so wird dem Käufer ohne Eid geglaubt.

Im Uebrigen muss der Käufer selbst prüfen, was er kauft, und den Schaden seines Irrtums selbst tragen. Wenn er z. B. ein Stück Glas anstatt eines Edelsteins kauft (wenn er sich nicht im Kaufvertrage die Aechtheit ausbedungen hat), hat er nicht das Recht der Rückgabe.

Der Fehler an dem verkauften Objekt, der zur Rückgabe berechtigt, muss ein solcher sein, dass er seinen Werth oder seine 30 Substanz in einer Weise vermindert, durch welche eine normale, legitime Nutzniessung und Verwendung des Objektes unmöglich gemacht wird. Wenn z. B. eine Sklave, der an einer Hand sechs Finger hat, verkauft wird und der Verkäufer ihm, bevor der Käufer ihn in Besitz nimmt, den überzähligen Finger abschneiden lässt, so berechtigt dies den Käufer nicht zur Rückgabe.

Ferner muss der Fehler ein solcher sein, dass die Abwesenheit desselben in dem verkauften Objekt als Regel gilt, im Gegensatze zu solchen Fehlern, welche in dem Objekt die Regel sind. Es ist z. B. die Regel, dass der alte Sklave nicht mehr alle Zähne hat, dass die Ochsen beschnitten sind, während bei dem männlichen Pferde es als Regel gilt, dass es nicht beschnitten ist; ferner dass frühreife Früchte noch sauer sind. Bei Sklaven gilt als die Regel, dass sie nicht Unzucht treiben, dass sie nicht stehlen, und dass sie nicht Ausreisser sind.

Bei der Rückgabe eines verkauften Objekts können an Stelle von Käufer und Verkäufer deren Vertreter oder Rechtsnachfolger 10 fungiren. Das Objekt kann aber auch anstatt dem Verkäufer *dem Richter* zurückgegeben werden. Das ist *das sicherste*, wenn der Verkäufer in der Stadt anwesend ist, dagegen ist es *nothwendig*, wenn der Verkäufer abwesend ist.

Der Käufer muss, wenn er das Objekt zurückgeben will, aber z. B. durch Krankheit verhindert ist die Rückgabe *sofort* zu effectuiren, vor Zeugen erklären, dass er das Geschäft annullirt; gleichfalls wenn er zu dem Verkäufer oder dem Richter eine längere Reise zu machen hat, oder wenn er die Rückgabe durch einen Stellvertreter effectuiren lassen will. 20

Durch eine solche Erklärung sichert er sich gegen den Verlust des Rückgabe-Rechts, der anderen Falls aus der Bestimmung (s. das folgende), dass die Rückgabe wegen Fehler eine *sofortige* sein muss, resultiren würde.

Wenn der Käufer das gekaufte Objekt zurückgeben will, darf er es nicht mehr brauchen. Wenn er es dann noch braucht, verliert er das Recht der Rückgabe, weil er durch den Gebrauch zu erkennen giebt, dass er mit dem Kauf einverstanden ist. Er darf den Sklaven nicht mehr arbeiten lassen, er darf das Reitthier nicht mehr reiten und muss ihm das Sattelzeug abnehmen. Dagegen darf er ein 30 störriges Pferd, das sich z. B. nicht treiben oder am Zugel führen lässt, reiten.

Die Rückgabe wegen eines Fehlers muss *sofort* geschehen. Ob die Rückgabe *sofort* geschehen kann oder nicht, ist nach dem lokalen Usus zu entscheiden. Eine Verzögerung der Rückgabe ohne genügende Rechtfertigung hat den Verlust des Rückgabe-Rechts zur Folge. Dagegen darf der Käufer vorher ein Gebet verrichten oder eine Mahlzeit einnehmen. Wenn er in der Nacht nicht reisen kann, braucht er die Rückgabe in der Nacht nicht zu vollziehen, indessen die Nächte des Ramaḍân gelten als Geschäftszeit.

§ 14. Bei den Bestimmungen über den Verkauf von Obst-Sorten, Cerealien und ähnlichen Dingen ist zu unterscheiden:

· a) ob Frucht und Stamm demselben Besitzer oder zwei verschiedenen Besitzern gehören;

b) ob die Frucht angefangen hat zu reifen (s. hierüber weiter unten) oder nicht;

c) ob die Frucht verkauft wird mit der Bedingung, dass der Käufer sie sofort schneiden lässt oder nicht;

d) ob die Frucht verkauft wird mitsammt dem Stamm oder ohne ihn.

Der Inhalt dieses § lässt sich in folgende Sätze zerlegen:

1. *Vor* Beginn der Reife dürfen Fruchtsorten ohne den Stamm verkauft werden, wenn der Käufer sie sofort schneiden lässt.

2. Ein Stamm, der abgehauen oder vom Winde ausgerissen oder verdorrt ist, mit der daran befindlichen Frucht darf jeder Zeit verkauft werden ohne die Clausel, dass der Käufer die Frucht sofort schneiden lässt. Dagegen darf der lebende Baum mitsammt den darauf befindlichen Früchten vor Beginn der Reife nur mit der Clausel des sofortigen Abschneidens der Früchte nach Beginn der Reife unter beliebigen Bedingungen verkauft werden.

3. Das noch stehende grüne Korn darf nur mit der Clausel, dass der Käufer es sofort schneiden lässt, verkauft werden.

4. Das Korn mitsammt dem Boden, in dem es steht, oder ohne denselben, aber nach Beginn der Reife, darf verkauft werden ohne die Clausel, dass der Käufer es sofort schneiden lässt.

5. Wenn Jemand Fruchtsorten oder Korn verkauft, nachdem sie angefangen haben zu reifen,[1] hat er die Pflicht das Objekt dermassen zu bewässern, dass es wachsen kann und vor Verderben bewahrt bleibt, wobei es einerlei ist, ob der Verkäufer dem Käufer die Verfügung über dasselbe bereits übergeben hat oder nicht.

Muhammed hat verboten, die Frucht allein (d. i. ohne Stamm) *vor Beginn der Reife* zu verkaufen, weil sie bis zur Reife vielfachen

---

[1] So mit Baguri I, 364, 9 gegen Ibn ḳâsim's Wortlaut.

Gefahren ausgesetzt ist und dadurch zu etwas Unbestimmtem, Un-
bestimmbarem, Hazardmässigem wird. Dagegen *nach Beginn der
Reife* darf man sie beliebig verkaufen, weil sie keinen wesentlichen
Gefahren mehr ausgesetzt sind, sowohl ohne jede Clausel wie mit
der Clausel, dass der Käufer die Frucht sofort schneiden lässt, oder
mit der anderen Clausel, dass die Frucht bis auf Weiteres an dem
Baum belassen wird.

Der Beginn der Reife ist gemäss dem lokalen Usus nach den
Kriterien der Farbe, der Weichheit, des Geschmacks zu beurtheilen.
Dabei gilt der Satz, dass wenn ein Theil der Früchte zu reifen 10
beginnt, dies als massgebend für alle angesehen werden darf.

Wenn A, der Besitzer der *Frucht* eines Baumes, diese Frucht
an B, den Besitzer des *Baumes*, vor Beginn mit der Clausel sofortigen Abschneidens verkauft, so ist dies correct, indessen ist in
diesem Falle der Käufer nicht verpflichtet die Clausel innezuhalten.
Denn nunmehr ist das Ganze sein Eigenthum, mit dem er machen
kann, was er will.

Bei der Bedingung des sofortigen Schneidens ist es einerlei, ob
das Schneiden dem lokalen Usus entspricht oder nicht. Die Sache ist
ferner verclausulirt durch den allgemeinen Satz des Verkaufs-Rechtes, 20
dass das Verkaufs-Objekt *etwas Nutzbares* sein muss. Wenn also
Jemand unreifes, *nicht nutzbares* Obst mit der Bedingung sofortigen
Schneidens verkauft, so ist das rechtsungültig.

Wenn die Fruchtart eine derartige ist, dass die neuen Früchte
von den schon vorhandenen schwer zu unterscheiden sind, wie z. B.
die Feigen, so dürfen sie *vor* Beginn der Reife, wie *nachher* nur
unter der Bedingung sofortigen Schneidens verkauft werden.

Was für das Obst der Baum, auf dem es wächst, ist für die
Cerealien die Erde, aus der sie hervorwachsen. Unter Beginn der
Reife bei Cerealien versteht man, dass das Korn nicht allein anfängt 30
hart zu werden, sondern dass es auch in der Aehre bereits sichtbar ist.

Zu dem Satze 5 oben auf S. 296 ist zu bemerken: wenn Jemand
Korn oder Früchte *nach* Beginn der Reife verkauft, dagegen das
betreffende Feld oder die betr. Bäume in seinem Besitze behält,
so hat er die erforderliche Bewässerung zu veranlassen, nicht bloss bis
zur Besitzergreifung durch den Käufer, sondern noch darüber hinaus

bis zur Ernte. Diese Ausdehnung der Haftpflicht des Verkäufers
für das verkaufte Objekt über den Zeitpunkt der Besitzergreifung
durch den Käufer hinaus erklärt sich daraus, dass der Käufer nicht
das halb reife, sondern nur das völlig reife Korn oder Obst durch
den Kauf zu erwerben gedenkt, dass es völlig reif nur bei der
nöthigen Bewässerung, zu der nur der Besitzer des Bodens oder
des Baumes, also der Verkäufer berechtigt ist, werden kann und
daher die Pflicht der Bewässerung in diesem Falle als ein integrirender Bestandtheil *der Uebergabe des verkauften Objektes durch
den Käufer* erscheint. Wenn der Verkäufer die Bewässerung unter- 10
lässt und das Korn oder Obst vor der Ernte zu Grunde geht,
ist der Verkauf null und nichtig; oder wenn es aus gleichem Grunde
schlecht geräth, steht dem Käufer die optio propter defectum zu.

§ 15. Dieser § ist an § 8 anzuschliessen. Lebensmittel dürfen
gegen dieselbe Art von Lebensmittel nicht *in frischem, unreifem,
noch nicht zubereitetem Zustande* verkauft werden, sondern nur dann,
wenn sie zu vollständiger Reife oder Entwickelung oder zu dem
Stadium, in dem sie gewöhnlich verwendet zu werden pflegen, ge-
dieben sind. Das Verbot ist dasselbe, ob beide Tauschobjekte in
diesem unreifen Zustande sind oder nur das eine, ob also frische 20
Datteln gegen frische Datteln, frisches Hammelfleisch gegen frisches
Hammelfleisch, oder z. B. frische Datteln gegen getrocknete, frische
Trauben gegen getrocknete oder gegen ein Stück gebratenes
Hammelfleisch vertauscht werden. Der Grund dieser Bestimmung
dürfte darin liegen, dass, wenn frische oder unreife, nicht präparirte
Lebensmittel gegen reife, für den Gebrauch fertige in gleichen Beträgen hergestellt werden, dennoch die Aequivalenz eine sehr geringe
sein kann. Wenn aber *eine Art* Lebensmittel gegen *eine andere
Art*, z. B. ein Quantum frischer Datteln gegen frisches oder gebratenes Fleisch ausgetauscht wird, so ist es gleichgültig, ob das eine 30
oder andere Objekt oder beide sich *im frischen*, noch *nicht fertigen
Zustande* befinden, weil hier die Aequivalenz (s. § 9) nicht in Betracht kommt.

Ausgenommen ist von dieser Bestimmung die Milch, deren
verschiedene Arten, wie frisch gemolkene Milch, saure Milch, Buttermilch, Dickmilch oder Setzmilch, *in frischem Zustande*, d. h. bevor
sie zu Käse umgewandelt sind, gegen einander in gleichen Quanti-

täten verkauft werden dürfen. Die Gleichheit der Quantitäten wird durch das Hohlmass bestimmt, nicht durch Gewicht.

Was hier von der Milch gesagt ist, gilt auch von den verschiedenen Arten von Oel und Essig.

Eine zweite Ausnahme von § 15 ist der Verkauf von frischen Datteln am Baum gegen getrocknete Datteln, von Trauben am Weinstock gegen Rosinen, sofern es sich dabei um Quantitäten von weniger als 5 Kamelladungen (Wask) getrockneter Datteln oder Rosinen handelt.[1]) Will man etwas grössere Beträge erstehen, so darf man zwei Käufe machen anstatt eines einzigen, insofern zu jedem einzelnen Kauf nicht mehr als 5 Wask trockener Datteln oder Rosinen erforderlich sind.

---

[1]) مسألة العرايا. Ein *Wask ist gleich* 60 صاع, 1 *ṣâ'* gleich 4 *mudd* und 1 *mudd* gleich 1 ¹/₃ Bagdader *raṭl* S. Baǵuri I, 284, 10—16.

KAP. 2.

VOM PRÄNUMERATIONSKAUF.

TEXT.

---

§ 1. Der Pränumerationskauf sowohl mit sofortiger Lieferung nach Aufhebung des consessus wie mit Lieferung zu einem späteren Termin ist rechtsgültig, wenn das Verkaufsobjekt den folgenden fünf Bedingungen entspricht:

a) es muss genau definirt sein;

b) es muss einem unvermischten genus rerum angehören;

c) es darf nicht einem genus rerum angehören, das behufs Umwandlung seines Zustandes dem Feuer ausgesetzt worden ist;

d) es darf nicht bei der Verhandlung gegenwärtig sein;

e) es darf nicht ein Theil eines bei der Verhandlung gegenwärtigen Objektes sein.

§ 2. Die Gültigkeit des Pränumerationskaufes hat ferner folgende acht Bedingungen zur Voraussetzung:

a) Der Verkäufer muss ausser dem genus et species rei solche Kriterien derselben angeben, nach denen der Preis zu differiren pflegt;

b) er muss das Maass des Objektes in einer solchen Weise angeben, die jede Unklarheit ausschliesst;

c) er muss, wenn für die Lieferung ein Termin vereinbart wird, das Datum desselben angeben;

d) das Objekt muss zur Zeit, wenn die Lieferung fällig ist, secundum rerum naturam vorhanden sein;

e) der Verkäufer muss den Ort der Lieferung genau angeben;

f) der Preis muss den Contrahenten genau bekannt sein;

g) die Uebergabe und Besitzergreifung des Preises muss erfolgen, bevor die beiden Contrahenten den Ort der Sitzung oder Zusammenkunft, in der sie den Vertrag vereinbart haben, verlassen;

h) der Vertrag des Pränumerationskaufs ist insofern definitiv, als bei ihm die optio e contractu ausgeschlossen ist.

VOM ¡PRÄNUMERATIONSKAUF.

ANMERKUNGEN.

Verkaufsobjekte können zweierlei Art sein:

a) solche, die individuell bestimmt sind (z. B. *diese* 10 Denare, *diese* drei Pferde[1]) und

b) solche, die nicht individuell bestimmt sind (z. B. 10 Denare, drei Pferde[2]).

Der Pränumerationskauf bezieht sich nur auf diese zweite Art von Objekten: A verkauft einen abwesenden, genau von ihm zu beschreibenden Besitz an B gegen sofortige Zahlung des Preises, indem er ihn dem Käufer entweder sofort nach Schluss der Verhandlung (nach Aufhebung der Sitzung) oder zu einem zu verein- 10 barenden Termine übergiebt. Abgesehen davon, dass das Verkaufsobjekt hier bei dem Verkauf nicht gegenwärtig sein darf, gelten alle Regeln des einfachen Verkaufs und Kaufs auch für den Pränumerationskauf, z. B. die Vorschrift des Angebots von Seiten des Verkäufers und der Annahme von Seiten des Käufers.[3]

Ibn Kâsim erklärt den Pränumerationskauf für identisch mit der in Cap. I, § 1, b beschriebenen Art des einfachen Verkaufs, was nach Bâgûrî (s. oben S. 278) unzulässig ist. Nach ihm ist bei jener Verkaufsart nur der Ausdruck *Verkauf bai'*, bei dieser nur der Ausdruck Pränumerationskauf *selem* (oder *self*) zulässig. Ferner 20 muss bei dem *selem* die Besitzergreifung des Preises durch den

---

[1) عين. أَعْيَان, معيَّن.

[2) ذَمّة, ذِمَم, دَيْن.

[3) Ein Christ darf weder durch einfachen Kauf noch durch Pränumerationskauf einen Muslimischen oder vom Islam abgefallenen Sklaven erwerben.

20*

Verkäufer in ipso consessu erfolgen, während sie bei dem einfachen Verkauf auch später erfolgen kann; bei dem letzteren darf der Preis in Gestalt einer Forderung gegen eine dritte Person gezahlt werden (s. Kap. 6), nicht so bei dem *selem*, wo der Schuldner nicht für seinen Gläubiger den Preis zahlen darf.

´ Die Elemente des Pränumerationskaufs sind fünf:

a) der Käufer,

b) der Verkäufer,

c) das Verkaufsobjekt,

d) der Preis,   10

e) die Form des Vertrages.[1])   .

§ 1. Die doppelte Art der Lieferung ist eine Eigenthümlichkeit des Schafiitischen Rechts, da die anderen Schulen nur die Lieferung *zu einem Termin* gestatten. Der Unterschied scheint nur gering: Während des consessus darf das Objekt nicht zugegen sein; die Lieferung kann also nur erfolgen entweder unmittelbar nach Schluss des consessus oder später. Wenn von Pränumerationskauf im Allgemeinen die Rede ist, ist nach Ibn Ḳâsim derjenige *mit sofortiger Lieferung* gemeint. Wenn die Contrahenten manente consessu nach Abschluss eines Vertrages *ohne* Termin noch einen Termin 20 hinzufügen, oder wenn sie nach Abschluss eines Vertrages, in dem ein Lieferungstermin vereinbart ist, manente consessu diesen Termin fallen lassen, so ist jenes wie dieses rechtsgültig.

Ad a: Die Definition muss vor allen Dingen klarstellen, in welcher Weise das Objekt verwendet werden kann.

Ausgeschlossen sind Objekte, die sich nicht genau definiren und präcisiren lassen, sowie solche, die von grosser Seltenheit sind, wie z. B. *grosse* Perlen, kostbare Edelsteine, eine Sklavin *sammt* ihrer Schwester, eine Sklavin *sammt* ihrem Kinde. Denn solche Objekte lassen sich gar nicht so genau beschreiben, dass nicht bei 30 dem Lieferungs-Termin die Annahme unter dem Vorwande verweigert werden könnte, dass sie in diesem oder jenem Detail der von dem Verkäufer gegebenen Beschreibung nicht entsprechen. Baguri nimmt auch Felle und mit der Hand geformte (nicht in

[1] مُسْلِمٌ ومُسْلَمٌ اليه ومُسْلَمٌ فيه ورأس مال وصيغة

eine Form gegossene) Gefässe aus. Ein Pr.-Kauf über solche Objekte ist null und nichtig.

Ad b: Das Objekt darf nicht ein mixtum compositum sein, in dem ein genus rerum mit demselben oder einem anderen genus vermischt ist, sodass die componirenden Theile, von denen Werth und Bedeutung der Sache abhängt, nicht mehr zu erkennen, zu bestimmen sind, wie z. B. vermischtes Korn (Weizen und Gerste), Backwerk, manche zubereitete Speisen, Droguen, künstliche Oele, lederne Stiefel u. a.

Wenn dagegen die Mischung eine solche ist, dass die einzelnen 10 Bestandtheile erkannt und von Sachkennern gewürdigt werden können, ist das Objekt möglich für einen Pr.-Kauf, wie z. B. frischer Käse, Butter, Honig, Dattel-Essig, Stoffe, die aus Seide und Wolle[1]) oder solche, die aus Seide und Baumwolle[2]) gewebt sind, u. a.

Ad c: Objekte, Lebensmittel, die durch Braten, Kochen, Rösten, Backen für den Gebrauch präparirt worden sind und eine vollständige Veränderung erfahren haben, wie Fleisch, Eier, Gebackenes etc., sind ausgeschlossen, nicht dagegen solche Objekte, welche durch die Anwendung des Feuers gereinigt, geklärt worden sind, wie z. B. Honig, Zucker, Syrup, Seife, Holzkohlen, gebrannter Thon u. a.   20

Gegenstände, die von der Sonne gedörrt werden, wie Brod in Fladen, letzteres sowohl nach Gewicht wie nach Zahl, können Gegenstände eines Pr.-Kaufes sein.

Ad d, e: Wenn ein Pränumerationskauf über ein gegenwärtiges Objekt vereinbart wird, so ist die Verhandlung null und nichtig, ist weder ein Pr.-Kauf noch ein Kauf überhaupt. Beispiel: „Ich zahle dir praenumerando so und so viel für *dies* Gewand, oder für einen Scheffel von *diesem* Kornhaufen".

Bemerkenswerth ist folgender Fall: Wenn zwei Contrahenten in einem *kleinen* Dorfe oder auf einem Landgut oder in einem 30 Garten sind, und der eine von dem andern die Datteln *dieses* Dorfes, *dieses* Landguts oder *dieses* Gartens kauft, so ist das nicht rechtskräftig. Wenn sie dagegen in einem *grossen* Dorf oder in einer Provinz sind und der eine von dem anderen die Datteln *dieses* Dorfes oder *dieser* Provinz oder *dieses* Theiles der Provinz

---

¹) خَزّ.   ²) عتابى.

kauft, so ist das zulässig. Der Unterschied ist der, dass in jenem Fall das Kaufs-Objekt bis zum Lieferungs-Termin vielleicht noch zu Grunde geht, während dies bei dem letzteren nicht wahrscheinlich ist. Was ein grosses oder kleines Dorf ist, muss nach den lokalen Anschauungen bestimmt werden.

§ 2. Ad a: Bei einem Sklaven muss angegeben werden, aus welchem Lande er stammt, das Geschlecht, das muthmassliche Alter, wie gross er ist und von welcher Farbe; bei Kamelen, Kühen, Schafen, Pferden, Maulthieren, Eseln das Geschlecht, das Alter, die Farbe, die Rasse; bei den Vögeln die Species, die Grösse, das Geschlecht, das Alter, wenn bekannt; bei Kleidungsstücken der Stoff, aus dem sie gemacht, die Species des Stoffes, wie lang und breit, ob der Faden grob oder fein, ob das Gewebe dicht oder lose, weich oder hart. Wenn von Stoff im Allgemeinen die Rede ist, wird angenommen, dass es Rohstoff ist, der die Appretur noch nicht erfahren hat.

Nach einer anderen Lesart ist zu übersetzen: „solche Kriterien desselben anzugeben, nach denen *die Verwendung* eine verschiedene sein kann".

Ein Pränumerations-Kauf ist nicht zulässig mit Bezug auf trächtige Thiere (oder eine schwangere Sklavin).

Fische und Heuschrecken dürfen, wenn lebendig, nach der Zahl, wenn todt, nach Gewicht durch Pr.-Kauf erworben werden, dagegen sind Bienen ausgeschlossen.

Ad b: Massgebend ist das metrologische System des betreffenden Landes und der lokale Usus in Betreff der Frage, was gemessen oder gewogen oder gezählt werden muss. Ein fremdes oder ein willkürlich angenommenes Maass darf nur dann angewendet werden, wenn sein Verhältniss zum Landes-Maasssystem bekannt ist.

Gewisse Objekte dürfen im Pr.-Kauf sowohl nach Maass (Hohlmaass) wie nach Gewicht bestimmt werden, wenn jenes wie dies als eine geeignete Maassbestimmung angesehen wird, z. B. Körnerfrüchte, Nüsse, Mandeln, Pistacien, Kaffeebohnen. Die sorgfaltige Unterscheidung zwischen wägbaren und messbaren Dingen ist hier nicht in dem Grade geboten wie bei dem Verkauf von Ribâ-Objekten (Cap. 1. § 7. 9). Wenn aber die Bestimmung durch Hohlmaass trügerisch ist, muss die Bestimmung durch Gewicht Statt finden.

Gold und Silber dürfen nur gewogen werden.

Eine Combination von Messen und Wägen ist unzulässig, wie auch diejenige zwischen Zählen und Wägen. Beispiel: „Ich zahle dir diesen Denar voraus für eine Lieferung von 100 Melonen, von denen jede einzelne zwei Pfund wiegt". Eine solche combinirte Maassbestimmung ist nur dann zulässig, wenn die Gewichtsbestimmung von den Contrahenten nur als eine approximative aufgefasst ist und das Objekt ein solches ist, dass es zu dem Lieferungs-Termin jeder Zeit zu jedem beliebigen Gewicht vorhanden ist.

Die vier Maassarten sind: Hohlmaass, Längenmaass, Ge- 10 wicht, Zahl.

Ad c: Der Fälligkeitstermin muss so deutlich bestimmt sein, dass ein Zweifel ausgeschlossen. Wenn also die Vereinbarung lautet: „Die Lieferung soll geschehen *vor der Ankunft von Zaid*" oder *„vor der Ernte"*, so ist sie ungültig.

Anstatt nach Monat und Tag zu datiren, kann man die Festtage des Jahres als Datum angeben. Wenn in diesem Zusammenhang von Jahr und Monat im Allgemeinen die Rede ist, sind Mond-Monate und Mond-Jahre gemeint.

Wird die Lieferung fixirt *auf drei Monate de dato*, und dies 20 Datum liegt in der Mitte des Monats (d. h. wenn das Datum nicht *der letzte Tag* des Monats ist), so werden die beiden auf den Vertrags-Monat folgenden Monate nach dem Neumonde berechnet, während der Rest des Vertrags-Monats durch eine entsprechende Anzahl von Tagen des dritten Monats auf 30 Tage ergänzt wird.

Wenn aber der Vertrag *am letzten Tage* des Monats abgeschlossen wurde, so werden einfach die drei folgenden Kalendermonate gerechnet (und der Vertrags-Tag wird nicht mitgerechnet). Hierbei ist indessen eine Ausnahme zu machen: Hat der letzte Monat 30 (nicht 29) Tage, so wird der Vertrags-Tag in der Weise 30 mitgerechnet, dass er, d. h. die Stunden des Tages, die von ihm noch übrig waren, als der Vertrag geschlossen wurde, mit einer entsprechenden Stundenzahl des 30. Tages zu einem ganzen Tage ergänzt wird.[1]

Wenn der Termin in einem am letzten Dhulḥiǧǧe geschlossenen

---

[1] Vgl. El-Khaṭib II, 19 Glosse.

Vertrage lautet *nach drei Monaten*, so sind diese drei Monate Mu-
harram, Ṣafar und Rabiʿ I. Hat der letztere 29 Tage, ist die
Schuld fällig am 1. des Rabiʿ II; hat er dagegen 30 Tage, ist sie
schon am letzten des Rabiʿ I. fällig.

, Lautet das Datum „zu dem und dem Feste" oder „vor Ablauf des und des Monates", so ist allemal das *nächste* Fest oder
der *nächste* Monat des betreffenden Namens gemeint.

Die Datirung ist auch nach dem griechischen oder persischen
Kalender sowie nach den Festen der Griechen oder Perser zulässig,
wenn zwei unbescholtene Muslims oder die beiden Contrahenten 10
sie kennen. Man darf datiren nach Daten der Ungläubigen, welche
die grosse Masse derselben kennt, nicht aber nach solchen, welche
nur bestimmten Ungläubigen bekannt sind.

Ad d: Demnach ist z. B. ein Pränumerationskauf von frischen
Datteln mit Lieferung *im Winter* ungültig. Bei dem gewöhnlichen
Verkauf muss die Lieferbarkeit gleichzeitig mit dem Vertrage vorhanden sein, während sie bei dem Pr.-Kauf *auf Termin* speciell
für den Termin garantirt sein muss.

Wenn Jemand durch Pr.-Vertrag eine Waare zu liefern verspricht, die Waare aber zum Termine nicht zu beschaffen ist, so 20
hat er die optio, ob er den Vertrag annulliren oder solange warten
will, bis der Verkäufer die Waare beschaffen kann. Dagegen steht
ihm *vor* dem Termin, selbst wenn er schon vorher weiss, dass der
Verkäufer nicht liefern kann, diese optio nicht zu.

Wenn ein Muslim von einem Christen einen muslimischen
Sklaven durch Pr.-Kauf erwirbt, so ist dies zulässig, wenn der
Sklave im thatsächlichen Besitz des Verkäufers ist und die Lieferung
als eine sofortige vereinbart ist.[1])

Ad e: Wenn der Verkäufer das Objekt nach einer grossen
Stadt zu liefern hat, braucht er (z. B. ein Beduine) es nicht bis in 30
die Wohnung des Käufers, sondern nur bis an die Peripherie zu
bringen. Wenn der verabredete Lieferungs-Ort, z. B. ein Dorf, zerstört, verschwunden oder aus irgend einem Grunde nicht mehr für
die Ablieferung geeignet ist, findet die Lieferung an dem nächst
gelegenen geeigneten Orte Statt.

[1]) So nach Elkhaṭîb, während Baguri auch diese Form des
Pränumerationskaufs für ungültig erklärt.

Die Angabe des Lieferungs-Ortes ist nicht unter allen Umständen erforderlich, sondern nur dann, wenn der Ort, an dem der
Vertrag geschlossen ist, entweder für die Uebergabe nicht geeignet,
oder zwar geeignet, jedoch derartig gelegen ist, dass die Herbeischaffung des verkauften Objektes bei einem Pr.-Kauf *mit* Lieferungs-
Termin Kosten verursacht.

Wenn der Verkäufer das verkaufte Objekt zur Stelle bringt,
ist der Käufer verpflichtet und kann ev. vom Richter gezwungen
werden es anzunehmen, wenn er nicht einen triftigen Grund zur
Verweigerung der Annahme hat. Er darf die Annahme verweigern, 10
wenn bei einem Pr.-Kauf *mit Lieferung zu einem Termin* der Verkäufer das Objekt *vor* dem Termin bringt und es für seine Unterhaltung oder Unterbringung Auslagen erfordert, oder wenn z. B.
kritische Zeiten des Kriegs oder der Rebellion sind, wo dem Besitze Gefahr droht. Wenn aber solche Gefahren oder Nachtheile
für den Käufer nicht vorhanden sind und der Verkäufer aus einem
legitimen Grunde *vor* dem Termin das Objekt zu übergeben wünscht,
z. B. weil er fürchtet, dass das Objekt *zur Zeit des Termins* nicht
mehr vorhanden sein könne, so kann der Käufer zur Annahme
durch den Richter gezwungen werden, oder eventuell nimmt der 20
Richter das Objekt an sich, als ob der Käufer gar nicht zugegen wäre.

Ist der Pr.-Kauf ein solcher *mit sofortiger Lieferung* oder ist
er zweitens ein solcher *mit Lieferung zu einem Termin* und der
Verkäufer bringt das Objekt, *nachdem* der Termin fällig geworden,
zur vereinbarten Lieferungsstelle, so muss der Käufer es *annehmen*,
ist aber nicht verpflichtet ihm die Quittung für die Lieferung des
gekauften Objektes zu ertheilen,[1]) wenn der Verkäufer das Objekt
bringt, um z. B. ein Pfand auszulösen oder um eine Bürgschaft, die
Jemand für ihn übernommen hat, abzulösen, nicht zu dem Zweck, 30
um sich der durch den Pr.-Verkauf ihm auferlegten Pflicht zu ent-
ledigen. Wenn dagegen der Verkäufer das Objekt bringt, lediglich
um seiner aus dem Pr.-Verkauf entstammenden Pflicht zu genügen,
so hat der Käufer nur die Wahl zwischen zwei Dingen: entweder
muss er das Objekt annehmen oder auf seine Forderung verzichten.

---

[1]) ابراء.

Wenn der Käufer den Verkäufer an einem anderen als dem verabredeten Lieferungsorte trifft und von ihm die Lieferung des Objekts fordert, ist der Verkäufer nicht verpflichtet ihm zu willfahren, falls die Herbeischaffung desselben mit Kosten verbunden ist und der Käufer diese nicht auf sich nehmen will.

Wenn der Verkäufer das Objekt an einem anderen als dem vereinbarten Lieferungsort übergeben, der Käufer es aber nicht annehmen will, so kann der Käufer dazu nicht gezwungen werden, wenn mit der Herbeischaffung des Objekts Kosten verbunden sind und der Verkäufer diese nicht übernehmen will. Wenn indessen 10 der Käufer keinen triftigen Grund[1]) zur Ablehnung hat, kann er durch den Richter zur Annahme gezwungen werden, sofern der Verkäufer die redliche Absicht hat seiner Verpflichtung gegen den Käufer nachzukommen.

Ad f: Der Preis kann Geld oder Waare oder ein Nutzen sein. Der Pr.-Kauf kann unter Umständen zu einem neuen Tausch werden, wenn z. B. A gegen den Preis einer jungen Sklavin eine zu einem späteren Termin zu liefernde ältere Sklavin erwirbt. Die jüngere kann auf diese Weise dasselbe Alter erreichen, das die ältere hatte, als sie als Preis gezahlt wurde. Der Käufer muss sie 20 annehmen, auch dann, wenn der Verkäufer ihr beigewohnt hat, ohne sie indessen zu schwängern.

Ad g: Die Uebergabe und Entgegennahme des Preises muss manente consessu erfolgen, und wenn der Preis ein Nutzen ist, die Uebergabe und Entgegennahme des zu benutzenden Objektes, z. B. eines Sklaven, eines Hauses, eines Reitthieres.

Die Verhandlung erreicht ihr Ende entweder dadurch, dass die beiden Contrahenten den Verhandlungsort verlassen oder dadurch, dass der eine oder der andere oder beide durch die optio manente consessu von der Verhandlung zurücktreten. Wenn ein derartiger 30 Streit entsteht, dass der Käufer behauptet, der Verkäufer habe den Preis erst nach dem Verlassen des Verhandlungsortes in Besitz genommen (mit anderen Worten: der Vertrag sei ungültig), während der Verkäufer behauptet, er habe ihn *vorher* in Besitz genommen, oder umgekehrt, und keiner von ihnen einen Beweis für die Richtigkeit

---

[1]) فرض صحيح.

seiner Aussage beibringen kann, so wird zu Gunsten desjenigen entschieden, der die Gültigkeit des Vertrages behauptet.

Wenn nicht vor dem Verlassen des consessus-Ortes der *ganze* Preis übergeben und in Empfang genommen worden, ist der Vertrag ungültig. Wie aber, wenn *vorher ein Theil* des Preises übergeben und in Empfang genommen worden ist? — Nach einer Ansicht ist dann der ganze Vertrag ungültig, indessen nach der besseren Theorie bleibt der Vertrag für den Theil des Objektes, der bezahlt worden ist, in Kraft bestehen.

Die Besitzergreifung des Preises von Seiten des Verkäufers 10 muss eine *wirkliche* sein. Es kann daher bei einem Pr.-Kauf im Allgemeinen ein Schuldner nicht für seinen Gläubiger eintreten. Wenn aber der Verkäufer dem Käufer gestattet, den Preis nicht ihm selbst, sondern seinem Gläubiger zu zahlen, und diese Zahlung in dem consessus Statt findet, so ist der Vertrag gültig, indem der Gläubiger des Verkäufers bei diesem Geschäft der Preis-Entgegennahme als der Vertreter des Verkäufers angesehen wird.

Wenn dagegen der Käufer dem Verkäufer den Preis nicht selbst zahlt, sondern der Verkäufer ihn in dem consessus aus der Hand des Schuldners des Käufers in Empfang nimmt, so ist dies 20 Verfahren ungültig. Denn der Schuldner zahlt seine Schuld *für sich selbst*, um *sich selbst* von einer Verbindlichkeit zu lösen; seine Zahlung ist daher *in der Sache* nicht die Zahlung eines Preises für ein von seinem Gläubiger durch Pränumeration gekauftes Objekt. Natürlich entfällt dies Verbot, wenn der Käufer in ipso consessu sich von seinem Schuldner übergeben lässt, was er von ihm zu bekommen hat, und dies dem Verkäufer als Preis übergiebt.

Die Klauseln betreffend die Zahlung des Preises haben den Zweck, dass, nachdem bei dem Pr.-Kauf durch die nachfolgende Lieferung des Objektes bereits ein Element der Unsicherheit gegeben 30 ist, jede weitere Unsicherheit möglichst fern gehalten wird.

Ad h: Dagegen ist die optio manente consessu hier wie bei jeder Art von Kauf und Verkauf zulässig. Wenn in einem Pränumerations-Vertrag die optio e contractu vereinbart wird, ist er rechtsungültig.

PFANDRECHT.

TEXT.

---

§ 1. Man darf verpfänden, was man verkaufen darf, zur Sicherstellung für Schulden, deren Verbindlichkeit feststeht.

§ 2. Der Pfandgeber darf sein Pfand zurückziehen, solange der Pfandnehmer noch nicht Besitz davon ergriffen hat.

§ 3. Der Pfandnehmer haftet für das Pfand nur dann, wenn er eine Rechtsverletzung gegen dasselbe begeht.

§ 4. Der Pfandnehmer ist erst dann verpflichtet, dem Pfandgeber das Pfand zurückzugeben, wenn der Pfandgeber ihm die ganze ihm zustehende Schuld bezahlt hat.

KAP. 3.

PFANDRECHT.

ANMERKUNGEN.

Die Elemente des Pfandrechts sind fünf:

das Pfand,

dasjenige, dessentwegen das Pfand gegeben wird, d. i. die Schuld;

der Contrakt,

die beiden Contrahenten, d. i. der Pfandgeber und der Pfandnehmer.

Ein Pfand geben heisst ein besitzmässiges Objekt zur Sicherheit[1]) für eine Schuld machen, durch welches der Gläubiger sich bezahlt machen kann, wenn der Schuldner nicht zum Termin seine 10 Schuld bezahlt, wobei es einerlei ist, ob er zahlen kann oder nicht. Zur Gültigkeit eines Pfandvertrages ist erforderlich das Angebot des Pfandgebers und die Annahme des Pfandnehmers, und beide müssen verfügungsberechtigt sein.

Dem hier beschriebenen Pfande, dem *Faustpfand*,[2]) steht gegenüber das *Rechts-Pfand*,[3]) d. i. die Erbmasse als Pfand de jure für die Schulden des Erblassers. Der Erbe darf nicht eher über die Erbschaft verfügen, als bis er die Schulden des Erblassers bezahlt hat. Wenn der Erbe einer schuldenfreien Erbschaft über dieselbe verfügt, aber nachträglich eine Schuld gegen die Erbmasse entsteht, 20 z. B. dadurch, dass ein Objekt, welches der Verstorbene verkauft hatte, wegen eines Fehlers zurückgegeben wird, und nun der dafür gezahlte Preis dem Käufer zurückzuerstatten ist, so wird vom Richter die bis dahin getroffene Verfügung des Erben über die

---

[1]) Das Gesetz kennt drei Arten der Sicherstellung وثائق, nämlich das Pfand, die Bürgschaft, die Zeugenaussage.

[2]) الرهن الجعليّ.

[3]) الرهن الشرعيّ.

21*

Erbschaft annullirt. Nur die Erbmasse selbst haftet für die Schulden des Erblassers, nicht ihr Wachsthum.

Pfand kann nur dasjenige sein, was nicht nach dem Gesetze als unrein oder verunreinigt gilt, und was einen Werth hat.

‚Wenn in dem Pfandvertrage vereinbart wird, dass der Pfandgläubiger das erste Anrecht auf das Pfandobjekt haben soll, falls mehrere Gläubiger vorhanden sind, oder der Vertrag zu grösserer Sicherheit vor Zeugen abgeschlossen wird, so ist der Vertrag correkt, dagegen heben Abmachungen zum Schaden des Pfandnehmers den Vertrag auf, z. B. die Abmachung, dass das Pfandobjekt nicht 10 verkauft werden soll, falls der Schuldner zum Termin nicht zahlt.

Eine Abmachung zum Nutzen des Gläubigers und zum Schaden des Pfandgebers, wie z. B. diejenige, dass der Nutzen des Pfandobjekts dem Gläubiger gehören soll, ist an und für sich ungültig, rechtsunwirksam, während nach anderer Ansicht der ganze Pfandvertrag dadurch aufgehoben wird.

Eine Abmachung des Inhalts, dass das Wachsthum des Pfandobjekts zusammen mit diesem Pfand sein soll, ist incorrekt[1]) und macht den ganzen Pfandvertrag zu einem incorrekten. Ein solcher incorrekter Vertrag ist nicht null und nichtig, aber er kommt nur 20 soweit und derartig zur Ausführung, als er den Gesetzen entspricht.

Der Pfandgeber muss allgemein verfügungsberechtigt sein, d. i. grossjährig, bei vollem Verstand, nicht unter Kuratel gestellt und nicht unter Zwang handelnd. Ausgeschlossen sind also das Kind, der Geisteskranke, der unter Kuratel gestellte, der unter Zwang handelnde. Der Vormund darf aus dem Vermögen seines Mündels weder ein Pfand geben, noch für eine dem Mündel zustehende Schuld ein Pfand nehmen, ausser in zwei Fällen:

a) im Falle absoluter Nothwendigkeit, wenn er z. B., um den Unterhalt des Mündels zu bestreiten, eine Anleihe aufnehmen und 30 sie durch ein Pfand sicher stellen muss in dem Gedanken, diese Schuld mit künftig fälligen Einnahmen zu zahlen;

b) im Falle, dass ein sicherer Gewinn erzielt wird, wenn er z. B. ein Pfand im Werth von 100 Denaren als Sicherheit für eine auf Kredit gekaufte Waare im Werthe von 200 Denaren giebt.

----

1) فاسد.

Was hier vom Vormund gesagt ist, gilt ebenfalls von dem Richter, sofern er Kraft seines Amtes das Vermögen Anderer verwaltet.

§ 1. Negativ ausgedrückt: Was man nicht verkaufen darf, darf man nicht verpfänden.

Dieser § unterliegt mancherlei Beschränkungen, zunächst solchen, welche an die positive Fassung anzuknüpfen sind:

a) Man darf einen *Nutzen*, z. B. ein Durchgangsrecht verkaufen, nicht aber verpfänden. Wenn z. B. A seinem Gläubiger als Pfand das Recht der Bewohnung seines Hauses während eines Jahres über- 10 geben wollte, so wäre das null und nichtig, denn die Benutzung verringert und vernichtet langsam die Substanz der Sache, wodurch sie aufhören würde *eine Garantie* für die Zahlung der Schuld zu sein.

Dies gilt indessen nur von dem Faustpfand, nicht von dem Rechtspfand, denn wenn Jemand stirbt und Schulden hinterlässt, ist seine Hinterlassenschaft inclusive jede Art von Nutzen ein Pfand für die Bezahlung seiner Schuld.

b) Man kann eine Schuldforderung an den Schuldner verkaufen, sie aber nicht *ab initio als Faustpfand* verpfänden, weder an den Schuldner noch an eine andere Person. Wenn z. B. Zaid dem 20 Ahmed 10 Dirhem schuldet, darauf Ahmed von ihm ein Objekt im Werthe von einem Denar kauft und ihm nun als Sicherheit für diesen Denar seine Forderung von 10 Dirhem als Pfand giebt, so ist das null und nichtig, weil Ahmed nicht im Stande ist dasjenige, was er als Pfand giebt, d. i. die 10 Dirhem, die ihm Zaid schuldet, diesem zu übergeben.

Die oben beigefügte Klausel *ab initio*[1]) bedeutet, dass man nicht ein Pfandgeschäft damit *anfangen* kann, dass man eine Schuld als Pfand giebt. Wenn aber ein Pfandverhältniss bereits existirt,[2]) so kann es allerdings vorkommen, dass eine Schuld ein Pfand 30 bildet. Wenn z. B. ein verpfändeter Sklave getödtet wird, so ist nicht mehr der Sklave das Pfand, sondern die Schuld des Mörders, d. h. seine Verpflichtung zur Zahlung des Werthes des Sklaven, solange der Empfangsberechtigte (d. i. der Inhaber des Blutrechts) die Zahlung noch nicht in Empfang genommen hat.

---

[1]) ابتداء.   [2]) دواما.

Durch die weitere Beschränkung des Satzes b) durch die Klausel *als Faustpfand* ist die Anwendung des Satzes auf das *Rechtspfand* ausgeschlossen. Wenn also Jemand mit Hinterlassung von Schulden stirbt, so ist sein Nachlass inclusive die dem Verstorbenen zustehenden Schuldforderungen Pfand für die Bezahlung seiner Schulden.

'c) Der servus orcinus darf verkauft, nicht verpfändet werden. Denn er ist ein unsicherer Besitz;[1]) wenn z. B. sein Herr plötzlich stirbt, ist er frei und also nicht mehr eine Garantie für die Zahlung einer Schuld.

d) Eine Sklave, dessen Freilassung von einer Bedingung abhängig gemacht ist, kann verkauft, aber nicht verpfändet werden, wenn diese Bedingung vor dem Zahlungs-Termin in Erfüllung gehen kann und in dem Pfandvertrag nicht stipulirt worden ist, dass der Sklave vor dem Eintreten jener Bedingung verkauft werden soll.

Im entgegengesetzten Falle darf ein solcher Sklave verpfändet werden, d. h. wenn die Schuld entweder *sofort* oder *vor* dem Eintreten des Umstandes, der dem Sklaven die Freiheit gewährt, fällig ist.

e) Ein besäetes Kornfeld darf verkauft und verpfändet werden, wenn der Käufer es während des Säens gesehen hat. Sonst nicht.

Zu der negativen Fassung des §, dass man nicht verpfänden darf, was man nicht verkaufen darf, sind folgende Ausnahmen zu merken:

a) Man darf eine Sklavin, welche ein Kind hat von einem anderen Manne als ihrem Herrn, oder dies ihr Kind, jedes Individuum für sich allein, im Allgemeinen nicht verkaufen, wohl aber verpfänden. Wenn die Schuld fällig ist und der Pfandgeber sie nicht bezahlt, werden beide Individuen verkauft, und dann wird abgeschätzt, welchen Theil des Preises das verpfändete Individuum repräsentirt, welchen das nicht verpfändete. Der Werth des verpfändeten Individuums wird aus dem Erlös dem Pfandnehmer übergeben.

Objekte, die weder verkauft noch verpfändet werden dürfen, sind:
der servus contrahens,
das, was als Stiftung gegeben ist;
die Mutter-Sklavin.

---

[1]) غرر.

Was gemeinsamen Besitz[1]) betrifft, so darf ein Mitbesitzer ihn verpfänden, sowohl an einen andern Mitbesitzer wie an Nicht-Mitbesitzer. Der Pfandnehmer nimmt in dem Falle das ganze, ungetheilte Objekt in Besitz, was bei Immobilien durch Ausleerung und Cession,[2]) bei Mobilien durch faktische Uebergabe geschieht. Bei der Uebergabe von Immobilien ist die Einwilligung des oder der Mitbesitzer nicht erforderlich, wohl aber für die Uebergabe von Mobilien. Wenn Jemand beweglichen Besitz ohne Erlaubniss seines Mitbesitzers als Pfand giebt, haftet er für den Antheil des letzteren. Wenn der Besitz in der Hand des Pfandnehmers zu Grunde geht, hat der Geber seinen Mitbesitzer zu entschädigen, während er seinerseits von dem Pfandnehmer, in dessen Hand das Objekt zu Grunde gegangen ist, die Entschädigung fordern kann.

Wenn der Mitbesitzer nicht gestattet, dass ein beweglicher Besitz dem Pfandnehmer übergeben wird und der letztere damit einverstanden ist, dass er in der Hand dieses Mitbesitzers verbleibt, so besteht das Pfandverhältniss zu Recht, indem von einer faktischen Uebergabe an den Pfandnehmer abgesehen wird.

Ist aber der Pfandnehmer nicht damit einverstanden, dass das Objekt in der Hand des Mitbesitzers des Pfandgebers bleibt, kann der letztere von dem Richter verlangen, dass das Objekt einer Vertrauensperson zur Verwaltung übergeben wird. In diesem Falle haben sich der Pfandnehmer und der genannte Mitbesitzer über das Objekt mit einander zu verständigen gleichwie zwei Compagnons.

Zweck des Pfandes ist es, Sicherheit für die Zahlung einer Schuld zu gewähren. Diese Schuld muss

a) feststehen, d. h. vorhanden sein. Ausgeschlossen sind also Verpflichtungen, die im Moment noch nicht zu Recht bestehen, wie z. B. die Verpflichtung des Ehemanns zur Zahlung des Unterhalts an seine Ehefrau in Zukunft.

b) sie muss beiden Contrahenten bekannt sein,

c) sie muss obligatorisch sein oder demnächst von selbst obligatorisch werden,[3]) wie z. B. der Preis für ein verkauftes Objekt während der Zeit, in der dem Käufer die optio zusteht.

[1) المشاع.   [2) التخلية.   [3) آكل الى اللزوم بنفسه.

Der Herr, der mit seinem Sklaven die Vereinbarung trifft, dass er ihm gegen Ratenzahlungen die Freiheit verspricht, kann als Sicherheit für die Raten von dem Sklaven nicht ein Pfand nehmen, weil diese Ratenzahlungen fakultativ, nicht obligatorisch sind, da der Sklave jeden Augenblick, wenn es ihm beliebt, von dieser Abmachung zurücktreten und mit den Ratenzahlungen aufhören kann. Für den Lohn, der einem Menschen versprochen wird für den Fall, dass er einen flüchtigen Sklaven wieder einbringt, kann der betreffende nicht ein Pfand verlangen. Auch kann nicht ein Pfand verlangt werden für die Zahlung des Preises einer verkauften Sache, 10 wenn beide, sowohl Verkäufer wie Käufer, die optio haben, oder wenn der Verkäufer die optio hat, weil in beiden Fällen der Preis nicht *Besitz* ist.

Das Pfand ist eine Garantie für nichts anderes als eine Schuld. Wenn daher Ahmed dem Zaid widerrechtlich seinen Besitz vorenthält, ihm aber ein Pfand giebt als Sicherheit dafür, dass er ihn ihm zurückgeben will, *oder* wenn Ahmed von Zaid ein Buch entleiht und ihm ein Pfand als Sicherheit für die Rücklieferung giebt, oder wenn Jemand auf eine Sache handelt, sie eine Zeit lang zur Prüfung bei sich behält und für die Rücklieferung ein Pfand giebt, 20 so ist das in allen Fällen null und nichtig, d. h. es ist kein Pfand. Ferner darf für ein Depositum von dem Depositar, für das Gesellschaftskapital einer Commandit-Gesellschaft von den Commanditären weder ein Pfand verlangt noch gegeben werden.

Bei einem Pränumerationskauf ist es zulässig, dass der Verkäufer dem Käufer als Sicherheit für die später zu liefernde Waare ein Pfand giebt.[1])

Bei dem gewöhnlichen Verkauf wird, wie schon oben S. 327 angegeben, unterschieden, ob während der Optionsfrist die optio dem Käufer zusteht, oder ob sie andrerseits sowohl Käufer und 30 Verkäufer oder allein dem Verkäufer zusteht. Im ersteren Fall ist der Kaufer der Besitzer des gekauften Objekts, der Verkäufer der Besitzer des Preises; wird der Preis nicht sogleich bezahlt, so existirt er weiter als eine von dem Käufer zu zahlende Schuld, und zur Sicherheit der Bezahlung derselben darf ein Pfand gegeben und

---

[1]) Dieser und der folgende Absatz nach Bâgûrî gegen Ibn Ḳâsim.

genommen werden. Anders in dem zweiten Fall. Hier ist der
Verkäufer noch der Besitzer der Waare, der Käufer der Besitzer
des Preises; es fehlt also eine Schuld, für deren Sicherung ein
Pfand gegeben werden könnte.

§ 2. Solange der Pfandnehmer noch nicht von dem verpfändeten
Objekt Besitz ergriffen, kann der Pfandgeber den Vertrag annulliren
und sein Pfand wieder an sich nehmen.

Der Pfandgeber kann *vor der Besitzergreifung* das Pfandverhältniss aufheben entweder durch eine mündliche oder schriftliche
Erklärung, die verständliche Geste eines Taubstummen, oder durch 10
eine Handlung an dem verpfändeten Objekt, welche dem Pfand-
gesetz widerspricht, z. B. dadurch, dass er dasselbe Objekt an einen
Andern verpfändet oder verschenkt, dass er dem verpfändeten
Sklaven die Freilassung gegen Ratenzahlungen gewährt, dass er
ihn für frei nach seinem Tode erklärt, dass er eine verpfändete
Sklavin schwängert, dass er einen verpfändeten Sklaven freilässt.
Andererseits erlischt das Pfandverhältniss in der Zeit *vor der Besitzergreifung des Pfandes durch den Pfandnehmer* nicht dadurch,
dass der Pfandgeber der verpfändeten Sklavin beiwohnt, ohne sie
zu schwängern, oder dass er den Sklaven oder die Sklavin ver- 20
heirathet, sowie auch nicht durch den Tod des einen der beiden
Contrahenten, denn er wird ersetzt durch seinen Erben; ferner
nicht dadurch, dass einer der beiden Contrahenten geisteskrank
wird, denn dann tritt sein Vormund an seine Stelle.

Wenn in der Gährung begriffener Traubensaft als Pfand gegeben wird, so ist die Besitzergreifung von Seiten des Pfandnehmers
erst dann gültig, nachdem der Saft zu Essig geworden.

Wenn ein Streit über die Besitzergreifung entsteht, wenn der
Pfandgeber behauptet, dass der Pfandnehmer sich das Objekt widerrechtlich angeeignet habe, oder dass er ihm das Objekt nicht als 30
Pfand, sondern als Depot oder als Darlehn übergeben habe, so
wird dem Pfandgeber der Eid aufgetragen und demgemäss entschieden.

Wenn ein Streit entsteht über das Pfandobjekt oder über die
durch das Pfand zu sichernde Schuld, so wird allemal dem Pfandgeber der Eid aufgetragen und demgemäss entschieden. Wenn
aber diese Differenz sich auf ein Pfand bezieht, das zugleich mit

einem Kaufgeschäft stipulirt worden ist, so wird beiden Contrahenten der Eid aufgetragen, und dann, wenn zwei entgegengesetzte Aussagen einander gegenüber stehen, der Vertrag für aufgehoben erklärt. Hiervon ist der Fall auszunehmen, dass der Streit sich im Allgemeinen um die Frage dreht, ob der Pfandvertrag Statt gefunden oder nicht, denn in diesem Fall ist (nach Baguri I, 375, 36) die eidliche Aussage des Pfandgebers entscheidend.

Wenn A behauptet, dass X und Y ihm ihren Sklaven für eine Forderung von 100 Denare verpfändet hätten, während X damit übereinstimmt, aber Y leugnet, so muss Y seine Aussage be- 10 schwören; dann gilt der Antheil des X als Pfand, nicht der Antheil des Y. Wenn indessen der Mitbesitzer X bezeugt vor Gericht, dass auch Y seinen Antheil verpfändet habe, und neben ihm ein zweiter Zeuge dasselbe bezeugt, oder wenn X dies Zeugniss ablegt und daneben der Kläger A seine Aussage beschwört, so wird das Zeugniss des X angenommen und das ganze Objekt gilt als Pfand.

Wenn Jemand 2000 Denare schuldet und für 1000 Denare ein Pfand gegeben hat, wenn er dann 1000 D. zahlt und nun ein Streit entsteht, ob hiermit die durch Pfand gesicherten oder nicht gesicherten 1000 Denare bezahlt seien, so wird nach der eidlichen 20 Aussage des Pfandgebers entschieden. Wenn er bei der Zahlung eine bestimmte Absicht nicht zu erkennen giebt, kann er auch noch nachträglich bestimmen, in welchem Sinne seine Zahlung aufgefasst werden soll.

Pfandgeber und Pfandnehmer können sich bei der Uebergabe und Entgegennahme vertreten lassen, doch dürfen nicht der Gebende und der Nehmende eine und dieselbe Person sein.

Zum Pfandgeben ist berechtigt, wer grossjährig, bei vollem Verstande und im Vollbesitz der bürgerlichen Rechte ist, nicht also das Kind, der Geisteskranke oder der unter Curatel gestellte Ver- 30 schwender. Vgl. S. 324.

Durch die Entgegennahme des Pfandes von Seiten des Pfandnehmers wird der Pfandvertrag obligatorisch nur für den einen Contrahenten, den Pfandgeber, nicht für den Pfandnehmer, denn dieser kann jeder Zeit, wenn es ihm beliebt, von dem Vertrage zurücktreten.

Rücksichtlich der Frage, wie weit der Pfandgeber über das

Pfand nach der Besitzergreifung desselben durch den Pfandnehmer verfügen darf, gelten folgende Bestimmungen:

Er darf nicht über das Pfand verfügen in einer Weise, welche sein Besitzrecht aufhebt oder beeinträchtigt. So darf er es nicht als fromme Stiftung verschenken, er darf den verpfändeten Sklaven nicht verheirathen. Er darf das Pfand nicht vermiethen noch ausleihen, wenn die Schuld, welche durch das Pfand sicher gestellt wird, zahlfällig wird vor Ablauf des Vermiethungs- oder Verleihungs-Termines.

Der Pfandgeber darf nicht ein noch verpfändetes Objekt einem 10 Dritten verpfänden, noch darf er es demselben Gläubiger für eine andere Schuld verpfänden, während es ihm freisteht demselben Gläubiger für ein und dieselbe Schuld nach einander zwei Pfänder zu geben. Er soll der verpfändeten Sklavin nicht beiwohnen, auch nicht in einer Weise mit ihr verkehren, die zur Cohabitation anreizt. Er soll den verpfändeten Sklaven oder Sklavin nicht freilassen. Wenn der Pfandgeber derartige Verfügungen über das Pfand trifft, so sind sie ungültig mit folgender Ausnahme:

Wenn ein *wohlhabender* Mann den verpfändeten Sklaven freilässt, oder die verpfändete Sklavin zur Mutter-Sklavin macht, so 20 muss er dem Pfandnehmer den Werth des Sklaven oder der Sklavin an Pfandes Statt übergeben. Hierbei braucht der Pfandvertrag nicht erneuert zu werden, selbst dann nicht, wenn die Freilassung oder Schwängerung schon vor der Besitzergreifung durch den Pfandnehmer Statt gefunden hat. Das Kind, das unter diesen Umständen geboren ist, ist frei, und der Vater braucht den Werth desselben dem Pfandnehmer nicht zu zahlen.

Wenn dagegen ein *unbemittelter* Mann seinen verpfändeten Sklaven *freilässt*, so ist das rechtsunwirksam, auch wenn das Pfand aus der Pfandverbindlichkeit gelöst würde. Wenn er die verpfändete 30 Sklavin zur Mutter-Sklavin macht, so hat das keine unmittelbare Rechtsfolge; wenn aber diese Sklavin aus der Pfandverbindlichkeit gelöst wird und nun in den Besitz des Pfandgebers zurückkehrt, sei es dass sie vorher an einen Anderen verkauft worden ist oder nicht, so ergiebt sich für sie die Rechtsfolge, dass sie Mutter-Sklavin ist und als solche mit dem Tode ihres Herrn frei wird.

Der Pfandgeber hat das Recht das Pfand zu benutzen, sofern

die Benutzung seinen Werth nicht verringert. So darf er auf einem verpfändeten Pferde reiten, in einem verpfändeten Hause wohnen, aber er darf auf einem verpfändeten Acker weder bauen noch pflanzen.

Kann er das Pfand benutzen, ohne dass er es sich von dem Pfandnehmer zurückerbittet, wie z. B. einen Sklaven, der für ihn schneidert oder schreibt, so verzichtet er darauf ihn zurückzufordern, anderen Falls kann er das Pfand zurückfordern. Wenn er sich das Pfand zurückerbittet, muss er es vor Zeugen thun, wenigstens das erste Mal.   10

Wenn der Pfandgeber das Pfand zum Zweck zulässiger Benutzung von dem Pfandnehmer zurückgeholt hat und es nun in seiner Hand, aber ohne eine Unterlassung von seiner Seite zu Grunde geht, so haftet er nicht dafür. Ferner kann er, wenn der Pfandnehmer dies erlaubt, auch in der oben angegebenen verbotenen Art über das Pfand verfügen, z. B. einer Sklavin beiwohnen; indessen steht dem Pfandnehmer frei, jeden Moment die gegebene Erlaubniss zurückzunehmen.

Der Pfandgeber darf nicht verhindert werden dasjenige zu thun, was dem Pfand zum Heil gereicht, z. B. dem Sklaven einen Ader- 20 lass zu appliciren.

Der Pfandgeber hat die Pflicht das Pfand zu unterhalten, z. B. für einen Sklaven den Unterhalt, für ein Thier das Futter zu gewähren. Wenn der Pfandgeber nicht zugleich der Besitzer desselben ist, wenn er z. B. etwas Geborgtes als Pfand gegeben hat, so liegt die Unterhaltung dem Besitzer ob, nicht dem Pfandgeber.

§ 3. Das Pfand ist nach der Entgegennahme von Seiten des Pfandnehmers etwas ihm auf Treu und Glauben anvertrautes, für das er im Allgemeinen nicht haftet. Indessen werden folgende acht Fälle aufgezählt, in denen der Pfandnehmer für das Pfand haftet: 3

a) für ein Objekt, das seinem Besitzer wiederrechtlich vorenthalten wurde und darauf in der Hand des Usurpators zu einem Pfande wurde;

b) für ein Pfand, das, nachdem es dem Pfandnehmer verpfändet gewesen war, in seiner Hand etwas Usurpirtes wurde;

c) für ein Pfand, das in der Hand des Pfandnehmers die Eigenschaft eines Dahrlehns annahm;

d) für ein Dahrlehn, das in der Hand des Entleihers den Charakter eines Pfandes bekam;

e) für ein Objekt, das Jemand, indem er darauf handelt, in seine
Verfügung bekommt (z. B. um es kennen zu lernen), und das dann
in seiner Hand zu einem Pfande wird;

f) für ein Objekt, das Jemand durch einen incorrekten Kaufvertrag in seine Verfügung bekommen hat, und das in seiner Hand
zum Pfand geworden ist;

g) für ein Objekt, das A an B verkauft hat, dessen Verkauf
er aber darauf rückgängig macht; es ist noch in der Hand des B, 10
und nun verpfändet es ihm A als Sicherstellung für eine Forderung,
die B gegen A hat.

h) für ein Objekt, um welches als Loskaufspreis Jemand seiner
Frau gestattet sich von ihm loszukaufen, und das er ihr dann als
Pfand giebt, bevor er es noch von ihr in Besitz genommen hatte.

In allen diesen Fällen liegt ein Grund für die Haftung vor,
der dadurch, dass das Objekt zugleich Pfand ist, nicht aufgehoben wird.

Wenn Jemand ein Pfand giebt unter der Bedingung, dass der
Pfandnehmer für dasselbe haften soll, ist der Pfandvertrag incorrekt 20
und eine Verpflichtung zur Haftung ist nicht vorhanden. Denn ob
der Pfandvertrag correkt oder incorrekt ist, sie sind sich darin
gleich, dass sie beide dem Pfandnehmer keine Haftung für das
Pfand auferlegen können.

Die faktische Verfügung über das Pfand hat in der Regel der
Pfandnehmer, zuweilen aber auch andere Personen, wenn die Contrahenten mit einander vereinbart haben, dass das Pfand bei einer
dritten Person deponirt werde. Wenn z. B. das Pfand eine schöne
Sklavin ist, der Pfandnehmer ein Fremder, so kann vereinbart
werden, dass sie bei einer weiblichen Vertrauensperson unterge- 30
bracht wird.

Der Pfandnehmer hat, wenn das Pfand ohne sein Verschulden
zu Grunde geht, weder ein gleiches Objekt noch den Werth desselben zu ersetzen, weder vor der Tilgung der Schuld noch nachher.
Wenn indessen nach Tilgung der Schuld der Pfandnehmer sich
weigern sollte das Pfand zurückzugeben, haftet er dafür im ganzen
Umfang.

Das Pfand ist in der Hand des Pfandnehmers ein Depot,[1]) er darf es daher nicht benutzen. Wenn er daher ein verpfändetes Thier zum Reiten oder Lastentragen benutzt, haftet er dafür.

Das Zu-Grunde-Gehen von einem Theil des Pfandes hat keinen Einfluss auf die Schuld; der Pfandgeber muss die ganze Schuld bezahlen, bevor ihm der Rest des Pfandes zurückgegeben wird.

Wenn der Pfandnehmer behauptet, das Pfand sei zu Grunde gegangen, ohne dass er einen Grund angiebt, so wird ihm der Eid aufgetragen, und wenn er seine Aussage beschwört, ist er frei von Verbindlichkeit.

Die Ursache des Zu-Grunde-Gehens kann eine äussere, offenkundige oder eine verborgene, uncontrolirbare sein. Wenn der Pfandnehmer behauptet, das Pfand sei in Folge einer *äusseren* Ursache zu Grunde gegangen, so hat er dafür den Beweis zu erbringen und seine Aussage durch einen Schwur zu erhärten. Wenn er dagegen eine *geheime* Ursache angiebt, z. B. Diebstahl, oder eine äussere Ursache, die in dem speciellen Falle bekannt war, während nicht bekannt, dass sie (z. B. Rinderpest) allgemein verbreitet war, oder schliesslich eine solche, die in dem speciellen Falle bekannt geworden, wie auch ihre allgemeine Verbreitung bekannt war, so kann er nur dann zum Eid gezwungen werden, wenn Verdachtsmomente gegen seine Aussage vorliegen, z. B. der Verdacht, dass der Pfandinhaber das Pfand schon vorher anderswohin geschafft habe und dass es noch unversehrt vorhanden sei. Wenn er schliesslich einen *äusseren* Grund angiebt, der sowohl in dem speciellen Fall unbekannt war, wie er auch als allgemein verbreitet nicht bekaunt war, so muss er für die Thatsache selbst den Beweis erbringen und das Zu-Grunde-Gehen des Pfandes durch diese Thatsache beschwören.

Wenn der Pfandnehmer behauptet das Pfand zurückgegeben zu haben, während der Pfandgeber es leugnet, wird dem Pfandnehmer aufgetragen den Beweis zu liefern, ähnlich wie dem Miether, der behauptet das gemiethete Objekt dem Vermiether zurückgegeben zu haben, während der letztere das Gegentheil behauptet.

· **§ 4.** Wenn der Pfandgeber seinem Gläubiger *einen Theil* seiner

---

[1]) امانة.

Schuld bezahlt, so wird dadurch ein entsprechender Theil der
Schuld nicht aus der Pfandverbindlichkeit frei. Was von dem
Pfandgeber und Pfandnehmer gilt, gilt in gleicher Weise von ihren
Erben.

Ausser durch die Bezahlung der Schuld kann die Pfandverbindlichkeit auch dadurch erlöschen, dass z. B. der Gläubiger dem
Schuldner seine Schuld erlässt, dass er das Pfand als Aequivalent
gegen eine Leistung des Schuldners in seinen Besitz bekommt, oder
dass der Schuldner das Pfand von seinem Gläubiger als Erblasser erbt.   10

Wenn Jemand die eine Hälfte eines Sklaven wegen einer
Schuld, die andere Hälfte wegen einer zweiten Schuld demselben
Gläubiger verpfändet, und er die eine Schuld getilgt hat, wird die
eine Hälfte des Sklaven aus der Pfandverbindlichkeit entlassen.

Wenn zwei Personen ihren Sklaven wegen einer und derselben
Schuld verpfänden, und einer von ihnen seinen Theil der Schuld
tilgt, wird sein Theil des Sklaven aus der Pfandverbindlichkeit
entlassen.

Wenn Jemand zwei Gläubigern seinen Sklaven verpfändet gegen
eine Schuld, welche er beiden zugleich schuldet, und seine Schuld 20
gegen den einen der Gläubiger wird getilgt, wird sein Theil des
Sklaven aus der Pfandverbindlichkeit entlassen.

KAP. 4.

VERMÖGENS-SEQUESTRATION.

TEXT.

---

§ 1. Wessen Vermögen sequestrirt wird.

§ 2. Sequester über den Minderjährjgen, den Geisteskranken und den Verschwender.

§ 3. Ueber den Bankrotten.

§ 4. Ueber den Kranken.

§ 5. Ueber den Sklaven.

§ 1. Die Vermögens-Sequestration findet Anwendung auf sechs Personen:

a) den Minderjährigen,
b) den Geisteskranken,
c) den Verschwender,
d) den Bankrotten,
e) den Kranken, sofern er über mehr als ein Drittel seines Vermögens verfügt;
f) den Sklaven, sofern er nicht mit Erlaubniss seines Herrn Geschäfte macht.

§ 2. Die Verfügung des Minderjährigen, des Geisteskranken und des Verschwenders ist null und nichtig.

§ 3. Die Verfügung des Bankrotten ist null und nichtig, sofern sie seine Activa betrifft, nicht aber, sofern sie seinen Credit belastet.

§ 4. Die Verfügung des Kranken über mehr als ein Drittel seines Vermögens hängt ab von der Genehmigung seiner Erben nach seinem Tode.

§ 5. Die Verfügung des Sklaven geschieht zu seinen Lasten, d. h. er haftet für dieselbe, falls er frei wird.

KAP. 4.

VERMÖGENS-SEQUESTRATION.

ANMERKUNGEN.

Unter Vermögens-Sequestration ist die Aufhebung der freien Verfügung über das eigene Vermögen zu verstehen. Die Sequestration über den Verschwender und den Bankrotten muss vom Richter festgesetzt werden, während diejenige über andere Personen (s. § 1) eo ipso vorhanden ist, d. h. zu Recht besteht, auch ohne vom Richter verfügt worden zu sein.

Drei Arten von Sequestration dienen dem Interesse der unter Sequester gestellten Personen, diejenige über Minderjährige, Geisteskranke und Verschwender, während die übrigen Arten, wie z. B. die Sequestration über den Bankrotten, den Interessen *anderer* 10 Personen dienen.

§ 1. Der Entmündigte darf nicht über sein Vermögen verfügen, aber einige Arten von Entmündigten dürfen Rechtsgeschäfte vornehmen, in denen Vermögens-Fragen eine Rolle spielen. So z. B. dürfen der Verschwender, der Bankrotte, der Kranke und der Sklave die Ehescheidung[1]) vornehmen; sie dürfen ein Geständniss ablegen, das eine Bestrafung zur Folge hat. Sie sind competent, die religiösen Vorschriften des Islams zu erfüllen; nur die Armensteuer (Zekât) wird nicht von ihnen selbst, sondern von ihrem Curator für sie gezahlt (Minhâg II, 21), oder aber von ihnen selbst 20 mit Erlaubniss ihres Curators (Manhag S. 51, 11).

Die Zahl der Klassen der entmündigten oder unter Sequester stehenden Personen ist bei Ibn Ḳâsim sechs, bei Bâgûrî acht, bei anderen bis zu 70.

Ad a: Wenn das Kind mündig wird, erlischt der Sequester über den Unmündigen eo ipso, d. i. ohne richterliche Entscheidung.

---

[1]) خلع, ايلاء, ظهار, طلاق.

Ist es mit erreichter Mündigkeit im Stande, der Pflicht des Lebens und der Religion zu genügen,[1]) so erreicht es damit das volle freie Selbstverfügungsrecht; ist es nicht bis zu dem angegebenen Grade entwickelt, so bleibt es unter Sequester, indem dann an die Stelle des Sequesters *über einen Unmündigen* der Sequester *über den stultus* tritt.

Der Unterschied zwischen dem infans und dem stultus (hier *Verschwender* übersetzt) ist folgender: Der stultus darf für die Zeit nach seinem Tode seine Sklaven freilassen, heirathen mit Genehmigung seines Vormundes, sich von seiner Frau scheiden und eine testamentarische Verfügung treffen, während alle diese Dinge bei dem Kinde ausgeschlossen sind.

Die Bestimmungen über die Mündigkeitsgrenze sind oben im Eherecht S. 26 mitgetheilt. Der Knabe ist mündig mit vollendetem 15. Lebensjahr, oder mit erreichter Mannbarkeit, d. i. nach dem vollendeten 9. Jahr. Das Mädchen ist mündig, sobald sie menstruirt, was um das 9. Lebensjahr einzutreten pflegt.

Die Frage der Zurechnungsfähigkeit[2]) ist auf doppelte Weise zu entscheiden. Es ist zu prüfen, ob das Kind die Pflichten der Religion in entsprechender Weise erfüllen kann. Was Vermögens-verwaltung betrifft, so ist zu prüfen, ob der Knabe mit Geld umzugehen weiss, wie es etwa in dem Berufe seines Vaters Usus ist, und ob das Mädchen die ihm zufallenden häuslichen Arbeiten mit Vernunft auszuführen weiss.

Der Vater oder, falls dieser nicht mehr lebt, der Grossvater darf sich der Dienste des stultus neglectus (vgl. S. 345) bedienen, ihn auch ausleihen, aber in beiden Fällen nicht zu gewöhnlicher Lohn-Arbeit, dagegen darf er ihn an einen Mann, von dem er etwas nützliches lernen kann, z. B. einen Handwerksmeister auch zu solcher Arbeit ausleihen, die sonst Lohnarbeit zu sein pflegt. Ferner darf der Vater seine Dienste vermiethen, damit er seinen Unterhalt verdient. Wenn der Vater selbst den Unterhalt für ihn zahlt, kann er sich diese Auslagen von dem stultus zurückzahlen lassen, nachdem derselbe zurechnungsfähig geworden; in dem Fall

---

[1]) رشيد.

[2]) رُشْد.

aber muss er, wenn er sich der Dienste des stultus bedient, ihm so lange, bis er zurechnungsfähig wird, Lohn zahlen.

Ad b: Das Gesetz kennt kein gerichtliches Entmündigungs-Verfahren in Bezug auf den Geisteskranken. Wahnsinn ist eine Krankheit; wer an ihr erkrankt, steht unter Sequester, und der Sequester ist aufgehoben, sobald der Patient wieder gesund ist, beides ohne richterliche Verfügung.

Ad c: Die wörtliche Uebersetzung ist *stultus*, gemeint ist aber in der Regel *der Verschwender*.[1]) Man kann drei Kategorien solcher stulti unterscheiden: 10

a) Wer in zurechnungsfähigem Zustande mündig geworden, sich dann zum stultus entwickelt hat und darauf durch richterliche Verfügung unter Sequester gestellt ist;

b) wer in nichtzurechnungsfähigem Zustande, d. i. als stultus die Mündigkeitsgrenze erreicht, bleibt eo ipso d. i. ohne richterliche Entscheidung unter Sequester;

c) wer in zurechnungsfähigem Zustande mündig geworden, dann sich zum Verschwender entwickelt, aber nicht durch richterliche Entscheidung unter Sequester gestellt wird. Diese dritte Kategorie von stulti gehört eigentlich nicht hierher, denn sie stehen nicht unter 20 Sequester und ihre sämmtlichen vermögensrechtlichen und anderweitigen Verfügungen sind rechtsgültig, obwohl sie im Sinne des Gesetzes nicht als völlig *rašîd* d. h. im Vollbesitz aller bürgerlichen Rechte befindlich gelten. Diese dritte Art heisst stultus neglectus d. h. ein stultus, den man gewähren lässt[2]). Wird der stultus neglectus auf Antrag seines Vaters oder Grossvaters von dem Richter unter Sequester gestellt, so kann dieser Sequester auch nur durch richterliche Entscheidung wieder aufgehoben werden.

Ein Verschwender ist, wer sein Gut ausgiebt für Dinge, für die es nach Gesetz und Sitte nicht verwendet werden soll, es aus- 30 giebt in einer Weise, die ihm weder für dies noch für jenes Leben einen Nutzen bringt, wer also sein Geld mit Weintrinken und Hurerei verthut, es auf die Strasse oder in das Meer wirft, wer sein Geld verraucht oder es zu betrügerischen Zwecken verwendet. Dagegen

---

[1]) المبذّر Minhâg II, 16, 5.

[2]) So nach Al-Khaṭib II, 25 Rand.

gelten Ausgaben für fromme Zwecke, für Essen, Trinken, Kleidung und für den Ankauf von vielen Sklavinnen nicht als Verschwendung.

Ad d: Bankrott ist derjenige, dessen Vermögen für die Bezahlung einer momentan fälligen Schuld nicht ausreicht. Der Richter verhängt über ihn oder über seinen Vormund, wenn der Bankrotte unmündig ist, die Sequestration entweder auf Verlangen der Gläubiger oder auf Verlangen des Bankrotten selbst. Ex officio muss der Richter die Sequestration verhängen, wenn der Gläubiger selbst unter Sequester steht oder abwesend ist, und in loco keinen Vertreter (Vormund) hat.   10

Der Bankrotte ist gehalten seine Zahlungsunfähigkeit durch einen Eid zu erhärten, wenn von irgendwelchem ihm gehörigen Besitze nichts bekannt ist. Weiss man aber, dass er etwas besitzt, so muss er für seine Zahlungsunfähigkeit den Beweis liefern. Derjenige, dessen Zahlungsunfähigkeit nicht auf diese Weise festgestellt ist, wird gefangen gesetzt und hat dem Gefängniss und dem Gefangenwärter Miethe zu zahlen.

Diese Art Schuldhaft ist aber unzulässig, wenn der Schuldner ein Ascendent väterlicher oder mütterlicher Seite von dem Gläubiger ist, ferner wenn der Schuldner krank, ein Kind, ein Geisteskranker, 20 ein Reisender oder ein weibliches Wesen ist, die nicht gewohnt war, für ihren Unterhalt das Haus zu verlassen.

Der Gefangene hat für seine Haft Miethe zu zahlen, wenn er noch Besitz hat; anderenfalls zahlt der Fiscus für ihn oder, wo ein solcher nicht vorhanden ist, die reichen Mitglieder der Muslimischen Gemeinde.

Die Schuld, wegen deren eine Bankrott-Erklärung eintreten kann, muss *fällig*, bereits fällig sein; sie ist nicht möglich wegen einer in Zukunft fälligen Schuld.

Ferner muss diese Schuld *verbindlich*, obligatorisch sein, nicht 30 eine solche, von der der Schuldner jeden Moment nach Belieben zurücktreten kann, wie z. B. die von dem servus contrahens zu leistenden Terminzahlungen (Buch II § 15).

Ferner muss der Gläubiger ein Mensch sein, nicht Gott. Denn Niemand wird für bankrott erklärt, wenn er z. B. die Armen-Steuer oder eine in Folge einer Auflehnung gegen Gottes Gesetz zu leistende Sühne nicht aufbringen kann.

Die Schuld, wegen deren Bankrott-Erklärung erfolgen kann, muss unter allen Umständen *grösser* sein als das Vermögen des Schuldners.

Wenn Jemand wegen einer sofort zahlbaren Schuld für bankrott erklärt wird, hat das nicht die Wirkung, dass er eine andere *künftig* fällige Schuld *sofort* zu zahlen hat. Das gleiche gilt, wenn z. B. der Schuldner wahnsinnig wird.

Dagegen wird eine künftig zahlbare Schuld zu einer sofort zahlbaren in folgenden drei Fällen:

a) Wenn der Schuldner stirbt,

b) wenn der Schuldner vom Islam abfällt, und darauf stirbt (oder getödtet wird);

c) wenn der Schuldner in die Gefangenschaft bei den Feinden des Islams geräth.

Zu b) ist zu bemerken, dass nicht die Apostasie im Allgemeinen, sondern die Apostasie, in deren Gefolge der Tod (entweder gemäss dem Strafgesetz oder aus natürlichen Ursachen) eintritt, die hier angegebene Wirkung hat. Beispiel: Wenn ein Apostat verfügt, dass das Vermögen, was er hat, an einen seiner Gläubiger ausgezahlt werden soll, und er darauf stirbt (natürlichen Todes oder durch Hinrichtung), so ist jene Verfügung null und nichtig, denn sein Verfügungsrecht war bereits mit dem Datum seiner Apostasie erloschen.

Wenn der Apostat zu seiner Frau spricht: „Du bist entlassen, wenn meine Schuld fällig ist", und er darauf stirbt, so datirt die Ehescheidung nicht erst vom Datum seines Todes, sondern bereits vom Datum seiner Apostasie.

Eine sofort zahlbare Schuld kann zu einer künftig zahlbaren werden durch die Verfügung des Gläubigers, sei es eine testamentarische Verfügung oder ein Gelübde.

Nach der Bankrott-Erklärung lässt der Richter den Besitz des Schuldners verkaufen, sein Haus, sein Reitthier, seine Sklaven u. s. w., selbst wenn er wegen Kränklichkeit oder zur Ausübung seines Berufes dergleichen bedarf. Wenn er sich das nöthige nicht miethen kann, muss der Fiscus es ihm gewähren oder, falls ein solcher nicht vorhanden, die reichen Mitglieder der Muslimischen Gemeinde. Bei der Versteigerung kommt zuerst derjenige Besitz an die Reihe, der verderben kann, dann die Thiere, dann der übrige bewegliche Besitz, dann der unbewegliche Besitz. Die Versteigerung findet statt in Gegenwart des Bankrotten und seiner Gläubiger gegen Baarzahlung in Landesmünze.

Wenn bei der Versteigerung ein Gläubiger ein Objekt oder einen Theil eines Objektes findet, für das der Bankrotte ihm den Kaufpreis schuldig geblieben ist, so wird es ihm, wenn mehrere dasselbe bieten, per préférence zugesprochen.

Die Gläubiger haben für den Unterhalt des Bankrotten und seiner Familie zu sorgen.   10

Dem Bankrotten wird von seiner Habe ein jahreszeitgemasser Anzug belassen, dagegen nicht Bettzeug und Teppiche, wohl aber ein Filzteppich und eine Strohmatte. Dem Gelehrten werden seine Bucher belassen, wenn er sie nicht entbehren kann, dem Soldaten seine Waffen und Pferde, falls er nicht freiwillig dient.

Alles, was dem Bankrotten gelassen werden muss, muss für ihn, falls es in seiner Habe nicht vorhanden ist, auf Kosten der Gläubiger angeschafft werden. Nach der Versteigerung und Vertheilung seiner Habe unter seine Gläubiger ist der Schuldner nicht verpflichtet für den unbezahlten Rest seiner Schuld etwas zu ver- 20 dienen, ausgenommen wenn es sich um eine solche Schuld handelt, welche er durch Ungehorsam gegen das Gesez Gottes sich zugezogen hat. Eine solche muss er auch nach der Vertheilung seiner Habe noch abzahlen, damit er von der Schuld, die er sich durch jenen Ungehorsam zugezogen, frei werde.

Unter der Habe des Bankrotten ist zu verstehen

sein nicht belasteter Baarbesitz;

seine ausstehenden Forderungen;

Miethe für Nutzniessung, die ihm zusteht;

laufende Einnahmen.   30

Dagegen wird nicht hierher gerechnet ein Nutzen, von dem er keine Miethe bezieht, oder sonstige Arten des Besitzes, wie z. B. das widerrechtlich ihm vorenthaltene, das er nicht die Macht hat dem Usurpator abzunehmen, und abwesender Besitz, wenn er auch etwas weniger als zwei Tagereisen a loco entfernt ist, oder solcher Besitz, der ihm bestritten wird, und auf den er sein Besitzrecht nicht beweisen kann. Auch ausstehende Forderungen gegen insolvente Gläubiger werden nicht berücksichtigt. Alle diese Besitzarten werden nicht berücksichtigt bei der Frage, wie weit die Passiva durch Activa gedeckt sind, während selbstverständlich die über den Bankrotten zu verhängende Sequestration sich über alle und jede Arten seines Besitzes, so auch über die zuletzt angeführten, erstreckt.

Ad e: Der Sequester über einen Kranken ist ein partieller, sofern er sich im Allgemeinen nur auf zwei Drittel desjenigen Vermögens, das er nach seinem Tode hinterlässt, bezieht. Ihm ist nicht seine gesammte Vermögensverfügung entzogen, sondern nur diejenige, die *in spontanen Zuwendungen*: Almosen, Geschenken, testamentarische Zuwendungen und Freilassung besteht. Wenn Jemand über eine solche Zuwendung in der Krankheit verfügt, so kann seine Verfügung, einerlei ob er an dieser Krankheit oder aus einer anderen Ursache stirbt, von seinen Erben angefochten werden, falls sie einen höheren Werth als den dritten Theil seines gesammten Nachlasses repräsentirt. Anderweitige Vermögensverfügungen, die Jemand in seiner Krankheit trifft, wie z. B. die Bezahlung von Schulden, Kauf und Verkauf u. s. w., sind rechtskräftig und können nicht nachträglich von den Erben angefochten werden.

Der Sequester über einen Kranken, Anfang und Ende desselben, bedarf nicht der Declarirung durch den Richter.

Zuwendungen der Kranken, die sich innerhalb der Drittels-Grenze bewegen, sind rechtskräftig. Dagegen grössere Zuwendungen sind nur dann rechtskräftig, wenn die Erben sie nachträglich genehmigen.

Der Krankheit gilt gleich ein jeder Zustand, in dem Jemand dem Tode verfallen ist oder zu sein glaubt. Wenn also Jemand zur Zeit von Cholera oder Pest, im Sturm auf der See, im Krieg oder Gefangenschaft, oder Jemand, der zum Tode verurtheilt ist, eine Zuwendung macht, so gelten hierfür dieselben Bestimmungen wie für die in der Krankheit gemachten Zuwendungen.

Für die Berechnung des Vermögens und ev. des Drittels ist derjenige Zustand desselben massgebend, in dem es sich nach dem Tode des betreffenden befindet.

Hat der Kranke Schulden, die den Betrag seines Vermögens nicht erreichen, so erstreckt sich der Sequester auf die $^2/_3$ des Nachlasses, gleich wie in dem Falle, wo er gar keine Schulden hat.

Wenn dagegen seine Passiva ebenso gross sind wie seine Activa, erstreckt sich der Sequester über den *ganzen* Nachlass des Kranken.

Ad f: Der Sklave, der verantwortungs- und zurechnungsfähig ist, kann vermögensrechtliche Abmachungen nur mit Erlaubniss, d. h. im Auftrage seines Herrn zu dessen Gewinn oder Last treffen. Der Sklave, der nicht verantwortungs- und zurechnungsfähig ist, kann auch mit Erlaubniss seines Herrn vermögensrechtliche Verbindlichkeiten nicht eingehen.

Eine Sonderstellung nimmt der servus contrahens ein: Er darf Zuwendungen an Andere nicht machen, aber alle anderweitigen Geschäfte sind ihm erlaubt.

Der Sklave, wenn er stultus, ein Verschwender ist, darf Geschenke oder testamentarische Zuwendungen annehmen, auch gegen das Verbot seines Herrn, indessen solche Zuwendungen fallen nicht dem Sklaven zu, sondern seinem Herrn.

Anderweitige Arten des Sequesters sind folgende:

Der Herr kann nicht frei verfügen über seinen servus contrahens (denn er hat ihm gegen Ratenzahlungen die Freiheit zugesichert);

der Verkäufer eines Objektes kann über dasselbe, solange es der Käufer noch nicht in Besitz genommen hat, nicht verfügen,

der Besitzer einer Sache, die ihm widerrechtlich von einem Anderen vorenthalten wird, sowie über einen flüchtigen Sklaven nicht verfügen;

der Apostat vom Islam kann nicht über sein Vermögen verfügen. Wenn er stirbt, gehört sein Vermögen dem Muhammedanischen Fiscus. Indessen ist gültig eine solche vermögensrechtliche Verfugung von ihm, welche als fromme Stiftung fortbestehen kann. wie z. B. die Freilassung eines Sklaven, sei es für sofort, sei es für die Zeit nach seinem Tode. Der von einem Apostat freigelassene Sklave wird als fromme Stiftung z. B. einer Moschee überwiesen;

der Pfandgeber darf über das verpfändete Objekt, nachdem der Gläubiger es in Empfang genommen, nicht verfügen ausser mit Erlaubniss desselben.

§ 2. Bei einem Kinde wird unterschieden, ob es schon Unterscheidungsgabe [1]) besitzt oder nicht. Ein Kind von nicht-muslimi-

---

[1]) تمييز

schen Eltern kann nicht den Islam annehmen, selbst wenn es schon Unterscheidungsgabe besitzt; es muss damit warten bis zur Mündigkeit.

Was das Kind und der Geisteskranke durch Holz-Sammeln, Auflesen von Halmen, Gras oder Stroh, sowie durch die Jagd erwerben, wird ihr Eigenthum.

Kind und Geisteskranker haften für den Schaden, den sie einem Anderen zufügen.

Wenn der Geisteskranke seine Sklavin zur Mutter-Sklavin macht, so ist das rechtskräftig, und erzeugt er in Unzucht ein Kind, so ist das Kind *sein* Kind.

Wenn eine wahnsinnige Frau ein Kind unter zwei Jahren von ihrer Milch trinken lässt, so entsteht dadurch Milchverwandtschaft und das daraus hervorgehende Ehehinderniss.

Der Verschwender kann selbst mit Erlaubniss seines Curators keinerlei vermögensrechtliche Verfügung treffen. Wenn er ein Geständniss ablegt, das eine strafrechtliche Ahndung zur Folge haben würde, ist es null und nichtig. Er darf aber mit Erlaubniss seines Curators sich verheirathen, sich von seiner Frau scheiden, sie vor Ablauf der Wartezeit wieder zu sich nehmen, und die besonderen Arten der Ehelösung vornehmen (s. Buch I § 26. 38. 39. 41). Treibt er es zu arg im Ehescheiden, giebt ihm sein Curator eine Sklavin zum Kebsweib.

Vormund des Kindes ist sein Vater oder Grossvater oder deren Testaments-Executor, dann der Richter, niemals ein Weib. Er verwaltet die Habe des Mündels zu dessen Vortheil, veräussert seine Liegenschaften nur im Fall der Noth oder bei Sicherheit des Gewinnes. Er darf verkaufen gegen Tausch wie auf Credit, letzteres nur in Gegenwart von Zeugen und gegen Pfand. Er kann ein vorhandenes Vorkaufsrecht geltend machen oder nicht. Er zahlt die Armensteuer für den Mündel und giebt ihm angemessenen Unterhalt.

Wenn der Mündel nach erreichter Mündigkeit den Vater oder Grossvater wegen Missverwaltung verklagt, so wird ihnen der Eid angetragen und demgemäss entschieden. Richtet sich diese Klage gegen den Testaments-Executor oder einen vom Richter eingesetzten Vormund, so wird dem Kläger der Eid angetragen und demgemäss entschieden. (Minhâg II, 22. 23).

§ 3. Der Bankrotte darf mit seinem Credit operiren, z. B. einen

Pranumerationsverkauf abschliessen, indem er gegen sofortige Zahlung ein bestimmtes Objekt zu einem Termin zu liefern verspricht.
Ebenso darf er auf Credit kaufen, ein Darlehen aufnehmen, etwas
miethen gegen creditirte Miethe. Dagegen darf der Bankrotte über
seine Activa nicht verfügen, denn diese gehören seinen Gläubigern
und sind vom Richter sequestrirt. Genauer ausgedrückt: er darf
nicht über seine Activa eine für seine Lebenszeit gültige Verfügung
treffen, durch welche er, indem er unabhängig von vergangenen
Dingen einen neuen Zustand schafft, die Activa oder einen Theil
von ihnen seinen Gläubigern entzieht. Hierzu folgende Bemerkungen: 10

Der Bankrotte kann z. B., wenn er Jemanden beerbt und der
Erblasser · testamentarische Zuwendungen gemacht hat, die den
Werth des Drittels der Masse weit übersteigen, seine Einwilligung
dazu geben, ohne dass die Gläubiger es verhindern können.

Der Bankrotte darf eine Freilassung für die Zeit nach seinem
Tode verfügen, sowie ein Testament machen.

Er darf ein *Bekenntniss* ablegen. Bekennt er eine Schuld oder
Forderung aus der Zeit vor seiner Bankrott-Erklärung, so ist das
Bekenntniss gültig und der betreffende Plus- oder Minus-Betrag
wird auf das Conto der Gläubiger verrechnet.   20

Bekennt er ein von ihm begangenes Verbrechen, einerlei ob
aus der Zeit vor oder nach der Bankrotterklärung, so tritt derjenige, der in Folge jenes Verbrechens eine Forderung gegen ihn
hat, in die Rechte der Gläubiger ein.

Bekennt er dagegen eine Schuld, die aus Handel und Verkehr
aus der Zeit *nach* der Bankrott-Erklärung herstammt, so wird diese
nicht auf das Conto der Gläubiger übernommen, und derjenige, der
mit ihm das Geschäft abgeschlossen, hat den Schaden selbst und
allein zu tragen.

Wenn der Bankrotte vor seiner Bankrott-Erklärung etwas ge- 30
kauft hat, nach derselben an der Waare einen Fehler findet, und
die Ruckgabe für ihn vortheilhaft ist, darf er das gekaufte zurückgeben trotz des Sequesters.

Wenn der Richter dem Bankrotten etwas aus seiner Habe
übergiebt zum Unterhalt für ihn und seine Familie, so darf er sich
dafur kaufen, was er braucht.

Der Bankrotte darf sich weder verheirathen, noch von seiner

Frau scheiden, noch ihr gestatten sich von ihm loszukaufen. Er
darf auch dann nicht heirathen, wenn die Frau ihm die Ehegabe
creditiren will. Er darf weder Sühnegeld, das ihm zugesprochen
worden ist, in Empfang nehmen, noch auf solches verzichten. Er
darf durch den Ehebruchs-Schwur (s. Eherecht I § 41—44) weder die
Vaterschaft eines Kindes leugnen noch ein solches Kind, nachdem
er es einmal verleugnet, wieder an Kindes Statt annehmen.

Wenn eine bankrotte Frau sich durch Loskauf von ihrem
Manne trennt gegen einen Preis, der ihr creditirt wird, so ist die
Scheidung rechtskräftig; bezahlt sie ihm aber etwas von ihren Activa, 10
so ist sie ungültig.

§ 4. Unter der Verfügung ist hier, wie schon unter § 1 ad e
angegeben, eine Zuwendung zu verstehen, welche nicht durch ein
gleichwerthiges Aequivalent ausgeglichen wird, also ein Schuld-Erlass,
eine fromme Stiftung, Geschenk, Almosen, Freilassung, ein Verkauf, der mehr den Charakter eines Geschenkes an den Käufer hat.
Der Kranke darf bekanntlich seinen Erben eine solche Zuwendung,
einerlei ob ihr Werth innerhalb der Drittelsgrenze liegt oder nicht,
nicht machen, d. h. wenn er es thut, hängt sie ab von der Genehmigung der übrigen Erben.   20

Wenn der Kranke über mehr als ein Drittel verfügt und stirbt,
so bleibt seine Verfügung in Kraft, wenn *sämmtliche* Erben sie genehmigen; wenn aber Einige sie genehmigen, Andere sie verwerfen,
so bleibt so viel von ihr in Kraft, als den Erbantheilen der ge-
nehmigenden entspricht, während das übrige zur Erbmasse geschlagen wird.

Ein Vormund von Erben oder ein Richter als Vertreter von
Erben hat nicht das Recht, zu einer solchen Verfügung des Erblassers, die über den Werth des Drittels des Nachlasses hinausgeht,
seine Einwilligung zu geben. Nach anderer Ansicht ist die Ent- 30
scheidung zu verschieben, bis die Mündel mündig sind und selbst
entscheiden können; ist aber nicht zu erwarten, dass sie je verfügungsberechtigt werden, steht die Entscheidung pro oder contra bei
dem Vormund oder dem Richter.

Solange der Kranke noch lebt, kommen Einwilligung oder Ablehnung von Seiten der Erben nicht in Betracht, sondern erst nach
seinem Tode.

Wenn ein Erbe zuerst seine Einwilligung giebt, dann aber sie zurücknehmen will, da er geglaubt habe, die Erbschaft sei gross, während sie thatsächlich gering ist, so muss er dies beschwören. Damit ist dann seine Einwilligung zu einer Zuwendung, die den Werth des Drittels der Masse übersteigt, wieder aufgehoben.

§ 5. Wer mit einem Sklaven sich in Geschäfte einlassen will, muss sich vorher genau informiren, ob derselbe im Auftrage seines Herrn handelt oder nicht, und darf sich nicht mit einer diesbezüglichen Erklarung des Sklaven begnügen.

Der Auftrag des Herrn an seinen Sklaven zur Führung von Geschäften muss explicite[1]) mündlich oder schriftlich gegeben sein.

Wenn ein Objekt, das einem Anderen gehört, in Folge eines Geschäftes des Sklaven, zu dem er von seinem Herrn nicht beauftragt war, in *der Hand des Sklaven* verloren oder zu Grunde geht, so kann der Besitzer von dem Sklaven oder von seinem Herrn es zurückverlangen d. h. Entschädigung fordern; ist es in *der Hand des Herrn* verloren gegangen, so kann der Besitzer den Herrn haftbar machen, weil er das Objekt an sich genommen hat, wie er auch von dem Sklaven, nachdem er etwa frei und wohlhabend geworden, Entschädigung verlangen kann.

Geht in der Hand des Sklaven ein Objekt zu Grunde, das er mit Einwilligung des Besitzers, aber ohne Erlaubniss seines Herrn an sich genommen hatte, so bleibt dies auf seinem Credit stehen, d. h. wenn er frei wird und Etwas erwirbt, hat er diese Schuld zu zahlen. Hat er dagegen das Geschäft im Auftrage seines Herrn gemacht, so haftet er dafür mit seinem Credit sowie mit dem, was er (als Beauftragter seines Herrn) erwirbt, und mit seiner Handelswaare.

Anderen Falls, wenn der Sklave das Objekt *ohne Einwilligung des Besitzers* in seiner Hand hatte, wie z. B. etwas usurpirtes, und es in seiner Hand zu Grunde ging, haftet er *mit seiner Person* dafur, nicht mit seinem Credit und seinem Erwerb.

Die Haftung des Sklaven ist demnach eine Dreifache:

a) mit seinem Credit (nach seiner Freilassung);

b) mit seinem Credit, seinem Erwerb und seiner Handelswaare oder Geschäfts-Kapital;

---

[1]) ‎صريحا.

c) mit seiner Person. In diesem Fall wird, nachdem die Klage rechtskräftig entschieden ist, der Sklave verkauft und der Erlös zur Befriedigung des Klägers verwendet.

Alle religiösen Leistungen des Sklaven, wie Waschung, Gebet und Fasten, sind gültig, auch ohne Ermächtigung seines Herrn.

Der Sklave kann nicht Vormund oder Curator sein, weder mit Erlaubniss seines Herrn noch ohne dieselbe.

Rechtskräftig dagegen ist ein von dem Sklaven abgelegtes Bekenntniss, auch wenn es eine strafrechtliche Ahndung zur Folge hat, z. B. das Geständniss, dass er gestohlen hat. Er unterliegt in 10 dem Falle der körperlichen Strafe, nicht aber der Geldstrafe.

Wenn der Sklave im Auftrage seines Herrn Geschäfte macht, so sind seine Verfügungen rechtskräftig, soweit und sofern sie jenem Auftrage entsprechen. Wenn ihn sein Herr beauftragt, Handel für ihn zu treiben, so hat er damit nicht die Ermächtigung sich zu verheirathen oder geschenkartige Zuwendungen zu machen. Er darf nicht sich selbst vermiethen, er darf nicht mit seinem Herrn oder mit einem andern Sklaven seines Herrn, auch wenn dieser gleichfalls im Auftrage seines Herrn Handel treibt, Geschäfte oder geschäftliche Vereinbarungen machen.   20

Ausgenommen ist hiervon der *servus contrahens,* denn diesem steht es frei, mit seinem Herren geschäftliche Abmachungen zu vereinbaren. Wenn er ein Geständniss betreffend geschäftliche Schulden ablegt, so ist das rechtsverbindlich.

Ein Sklave kann nicht Besitz erwerben, weder dadurch, dass ihm sein Herr, noch dadurch, dass ihm ein Anderer etwas giebt. Er ist nicht besitz-fähig, „weil er nach seiner Natur als Besitz-Objekt dem Vieh ähnlich ist und daher wie das Vieh verkauft und gekauft wird."

Kap. 5.

VERGLEICH UND BAUPOLIZEILICHES

TEXT.

———

§ 1. Der Vergleich unter Anerkennung der Verpflichtung von Seiten des Schuldners oder Verklagten ist zulässig bei Besitz-Streitigkeiten und bei solchen, die durch Besitz zum Austrag gebracht werden können.

§ 2. Es giebt zwei Arten des Vergleichs:

a) die Reduction, die darin besteht, dass der Forderungsberechtigte auf einen Theil seiner Forderung verzichtet, und die nicht von einer Bedingung abhängig gemacht werden darf.

b) den Zahlungs-Tausch, der darin besteht, dass der Forderungsberechtigte etwas Anderes als dasjenige, was er zu fordern hat, an Zahlungs Statt annimmt. Auf diesen Tausch finden die Regeln des Verkaufs und Kaufs Anwendung.

§ 3. Es darf Jemand ein Balkonzimmer in seinem Hause so bauen, dass es in die *nach beiden Seiten offene Strasse* hineinragt, sofern dadurch die Passanten nicht geschädigt werden.

Er darf dasselbe in einer Sackgasse nur dann thun, wenn die sämmtlichen Besitzer derselben ihre Einwilligung dazu geben.

§ 4. Der Besitzer eines in einer Sackgasse gelegenen Hauses darf eine neue Hausthür so bauen, dass sie der

Strassen-Oeffnung näher liegt als die bis dahin vorhandene, während er eine neue Thür, die dem *Strassen-Ende* näher liegt als die bis dahin vorhandene, nur dann bauen darf, wenn sämmtliche Besitzer der Gasse ihre Einwilligung dazu geben.

VERGLEICH UND BAUPOLIZEILICHES.

ANMERKUNGEN.

§ 1. Der Vergleich hat eine Differenz um eine Forderung zur Voraussetzung, wobei es einerlei ist, ob über diese Differenz vor dem Richter oder privatim unterhandelt wird.

Er hat ferner zur Voraussetzung, dass diese Forderung von Seiten desjenigen, gegen den sie erhoben wird, *anerkannt wird*.

Der Anerkennung der Forderung von Seiten des Angeklagten kommt gleich:

a) der Beweis, d. h. wenn die Forderung vor dem Richter als zu Recht bestehend nachgewiesen ist;

b) der Eid, d. h. wenn die Forderung vor dem Richter durch [10] einen Eid festgestellt ist, sei es, dass der Geforderte ihn geschworen, sei es, dass der Forderer, nachdem der Geforderte sich geweigert hat zu schwören und den Eid dem Forderer zugeschoben hat, ihn geschworen hat.

Wenn die Forderung nicht anerkannt, vielmehr geleugnet wird oder wenn der Geforderte schweigt, d. h. die Forderung weder anerkennt noch leugnet, so ist ein Vergleich nicht möglich. Hiervon sind aber folgende Fälle auszunehmen:

a) der Vergleich unter Erben rücksichtlich eines Theils der Erbschaft, der für künftige Entscheidung zu asserviren ist. Wenn [20] Jemand einen Sohn und ein Kind, das Hermaphrodit ist, hinterlässt, so erben sie, wenn der Hermaphrodit sich als männlich erweist, zwei gleiche Theile; erweist er sich als weiblich, so erbt der Knabe zwei, das Mädchen einen von drei gleichen Theilen. Solange aber die Natur des Hermaphroditen zweifelhaft ist, muss die Erbschaft in sechs gleiche Theile getheilt werden, von denen der Knabe drei, der Hermaphrodit zwei bekommt, während ein Sechstel

asservirt wird, entweder solange bis das Geschlecht des Hermaphroditen klar wird oder bis die Erben einen Vergleich eingehen,
dass z. B. jeder von ihnen die Hälfte des asservirten Theiles bekommt (also der eine $3^1/_2$, der andere $2^1/_2$ Theile).

b) Wenn Jemand, z. B. ein Heide, mehr als vier Frauen hat,
den Islam annimmt und dann stirbt, bevor er noch die Wahl getroffen, welche vier von ihnen seine rechtmässigen Frauen sein sollen,
so wird die Erbschaft asservirt, bis sie einen Vergleich schliessen.

c) Wenn Jemand sich von *einer* seiner zwei Ehefrauen scheidet
und stirbt, bevor er noch angegeben, welche von den beiden gemeint ist, geschieht dasselbe.

d) Wenn jede von zwei oder mehreren Personen ein Objekt
beansprucht, das sich bei einer dritten Person als Depot in Ver-
wahrung befindet, und der Depositar nicht weiss, wem es gehört,
so können sie sich mit einander vergleichen. Ist dieser Vergleich
zu Stande gekommen, sei es, dass sie beiderseits ihre Forderungen
anerkennen oder leugnen, und es entsteht hinterher über diesen
Ausgleich eine Differenz, so ist massgebend die Aussage derjenigen
Partei, welche die Rechtmässigkeit der Forderung der anderen
Partei bestritten hat.

Das Objekt des Ausgleichs ist Besitz, individuell bestimmter oder
nicht individuell bestimmter, der Nutzen einer Sache, oder Dinge, wie
z. B. unreine (Hunde, Häute von todten Thieren), die zwar nicht Besitz
sind, trotzdem aber Jemandem gehören[1]), denn zwei Personen können
sich darüber vergleichen, unter welchen Bedingungen der eine auf
sein Verfügungsrecht über diese Dinge zu Gunsten des andern
verzichten will.

Dem Besitz ist in dieser Beziehung gleich eine Sache, Streit-
sache, *welche schliesslich zu Besitz führen kann,* d. h. welche durch
Besitz erledigt werden kann. Demnach kann z. B. die auf Verleumdung wegen Unzucht verhängte Strafe (s. Strafrecht II. Theil
§ 6—8) nicht durch Vergleich aus der Welt gebracht werden.
Wenn dagegen Jemandem wider einen Anderen das jus talionis
zusteht und der Schuldige sich mit dem Forderungsberechtigten
durch Geld vergleicht, so ist das ein rechtsgültiger Vergleich.

---

[1]) Dies Verhältniss heisst احتصاص.

§ 2. Der Vergleich kann Statt finden nicht bloss zwischen dem Fordernden und demjenigen, gegen den die Forderung gerichtet ist, sondern auch zwischen dem Fordernden und einer dritten Person als Vertreter desjenigen, gegen den die Forderung gerichtet ist. Wenn er sich als Vertreter legitimirt und im Namen des Vertretenen die Berechtigung der Forderung anerkennt, ist der zu Stande kommende Vergleich rechtskräftig und wenn er in diesem Falle mit eigenen Mitteln den Vergleich zu Stande bringt, ist er ebenfalls rechtskräftig und es ist, als ob er sich das Streitobjekt gekauft habe, d. h. die Forderung des A gegen B ist erledigt; wenn aber B das Objekt zurückhaben will, muss er es von seinem Stellvertreter C zurückkaufen.

Wenn derjenige, gegen den die Forderung gerichtet ist, dieselbe leugnet und nun trotzdem sein Stellvertreter mit dem Fordernden einen Vergleich eingeht, so ist dieser Vergleich null und nichtig. Wenn dagegen der weitere Fall eintritt, dass derjenige, gegen den die Forderung gerichtet ist, dieselbe leugnet (B), dagegen sein Stellvertreter erklärt: „Mein Mandant ist im Unrecht, indem er die Forderung leugnet", d. h. wenn der Stellvertreter für sich die Forderung als zu Recht bestehend anerkennt, und nun mit dem Fordernden (A) einen Vergleich zu Stande bringt, so hat dieser Vergleich die Bedeutung des Kaufes einer usurpierten Sache, d. h. er ist gültig, wenn C, der Stellvertreter, sich das streitige Object von seinem Mandanten übergeben lassen kann, dagegen ungültig, wenn C es sich nicht von seinem Mandanten übergeben lassen kann.

Diese Regeln über die Verhandlung des Fordernden mit dem Mandatar desjenigen, gegen den die Forderung erhoben wird, aus dem Minhâg II S. 27, 28 beziehen sich auf den Fall, wo das geforderte Objekt eine individuell bestimmte Sache (*áin*) ist. Für den Fall, dass das geforderte Objekt ein *dain* d. i. ein nicht individuell bestimmtes Objekt ist, vgl. Baguri I, 385, 24—26; Bagirmi III, S. 7, Nihâje III, 368 und Šarḳâwî II, 73.

Der Vergleich auf Grund einer Herabsetzung der Forderung, die *Reduction*, wird auch der *Vergleich des Herabsetzens*[1]) genannt,

---

[1]) صلح الحطيطة.

wobei es gleichgültig ist, ob die Forderung ein individuell bestimmtes oder nicht bestimmtes Objekt ist.

Die zweite Art, der *Tausch*, begreift auch solche Fälle, in denen ein individuell bestimmtes Objekt an die Stelle eines individuell unbestimmten gesetzt wird oder umgekehrt, oder in denen ein individuell unbestimmtes Objekt an die Stelle eines anderen, ein Individual-Objekt an die Stelle eines anderen gesetzt wird.

Kommt auf diese Weise ein Tausch von Ribâ-Objekten zu Stande, indem z. B. der Fordernde Silber statt Gold, Gerste statt Weizen nimmt, so ist erforderlich, dass die Uebergabe manente [10] consessu vollzogen wird. Wenn dagegen das im Austausch gegebene nicht ein Ribâ-Objekt ist, so ist die Besitzergreifung desselben manente consessu nicht erforderlich. Ist es dagegen ein individuell unbestimmtes Objekt, so muss manente consessu die genaue Feststellung desselben erfolgen.

Wenn A bekennt, dem B 10 Denare (Goldstücke) zu schulden und sie sich dahin vergleichen, dass B dem A 5 Denare und 200 halbe Silberstücke[1]) zahlen soll, ist der Vergleich rechtskräftig.

Ad a) Die *Reduction* kann nur Statt finden, wo eine Schuld vorhanden ist. A schuldet dem B 1000 Denare, indessen nach [20] Vereinbarung zahlt A dem B 500 Denare, wogegen B auf die übrigen 500 Denare verzichtet. Dieser Vergleich ist perfekt, wenn B die Zahlung in Empfang genommen hat.

Der Reductions-Vertrag darf nicht von einer Bedingung abhängig gemacht werden, denn ein Vertrag kann nicht conditional sein[2]). Daher ist eine Abmachung wie folgende: Wenn der erste des Monats kommt oder: wenn Du das oder das thust, mache ich einen Vergleich mit Dir —, rechtsunwirksam.

Ad b) Zahlungstausch. Beispiel: Wenn A dem B ein Haus oder einen Theil eines Hauses schuldig zu sein bekennt und B [30] anstatt dessen von A ein anderes Objekt, z. B. ein Pferd als Zahlung annimmt, so ist das rechtsgültig.

Das Tauschobjekt kann entweder individuell bestimmt sein, in welchem Falle das Geschäft sich nach den Regeln des Verkaufs und

---

1) فضّة.

2) والعقود لا تعلّق.

Kaufs vollzieht, oder es kann nicht individuell bestimmt sein, aber von dem Schuldner auf Treu und Glauben genau beschrieben sein, in welchem Falle die Regeln des Pränumerationskaufs anzuwenden sind. Vgl. S. 307.

Wenn das Tauschobjekt ein auf eine gewisse Zeit limitirter *Nutzen* einer Sache ist, wenn A anstatt einer anderen gegen B zuständigen Forderung als Zahlung die Benutzung des Sklaven des B während eines Monats annimmt, oder wenn die Forderung selbst in dem Nutzen einer Sache besteht, wenn z. B. A von B den Nutzen eines Hauses während eines Monats zu fordern hat und statt dessen einen Sklaven des B von B als Zahlung annimmt, so ist dies Geschäft nach den Regeln des Miethsvertrages auszuführen.

Wenn B (der Schuldner) dem A (dem Gläubiger) als Zahlungs-Tausch die Rücklieferung eines flüchtigen Sklaven offerirt, so ist das ein Vertrag über eine von einer Bedingung abhängige Belohnung[1]). (Cap. 18).

Wenn B dem A für eine anderweitige Schuld als Zahlungs-tausch den Nutzen derselben Sache, z. B. anstatt eines Hauses das Recht der Benutzung desselben übergiebt, so ist das Geschäft ein Darlehns-Vertrag, der zeitlich begrenzt oder unbegrenzt sein kann.

Wenn B dem A ein ganzes Haus schuldet und A anstatt des ganzen Hauses einen Theil desselben als Zahlung annimmt, so ist das Geschäft eine Schenkung[2]).

Wenn eine Ehefrau gegen Verzicht einer gegen ihren Ehe-mann zuständigen Schuld von ihm die Scheidung erlangt, so ist das ein ehelicher Loskauf (Eherecht I § 26—28).

Wenn A dem B eine Schuld erlässt, wogegen B sich ver-pflichtet, einen Kriegsgefangenen freizulassen, so ist das ein Freikauf.

Wenn in einem Pränumerationsgeschäft A auf die Lieferung der bereits gezahlten Waare verzichtet, wogegen B, der Verkäufer, ihm den gezahlten Preis zurückzahlt, so ist das eine Annullirung eines Pränumerationskaufs.

Wie hier ausgeführt, kann der Ausgleich durch Zahlungstausch den Charakter verschiedener Geschäfte, des Kaufes, des Geschenks

---

[1]) جعالة.

[2]) Ein صلح الحطيطة.

etc., annehmen, und in jedem einzelnen Falle sind die Regeln, welche sich auf diese besondere Art von Geschäften beziehen, in Anwendung zu bringen. Wenn ein Gläubiger anstatt eines Hauses ein Pferd an Zahlungs Statt annimmt, so sind die Regeln des Kaufes und Verkaufes zu beachten, d. h. es steht ihm zu die optio propter defectum, die optio manente consessu und die optio e contractu, ferner darf er über das gekaufte Objekt nicht eher verfügen, als bis er es in Besitz genommen.

Wenn Jemand ein ganzes Haus zu fordern hat, sich aber mit einem Theil desselben begnügt, so liegt ein Geschenk vor, d. h. [10] das Geschäft bedarf des Angebots des Gläubigers, der nicht mehr davon zurücktreten kann, nachdem der Beschenkte das Geschenk in Empfang genommen, ausgenommen den Fall, dass der Schenkende der Vater (oder Grossvater), der Beschenkte sein Kind ist.

§ 3. Die beiden folgenden Paragraphen einer Bauordnung bilden in einigen Handschriften ein Kapitel für sich. Meist aber sind sie mit den beiden §§ über den Vergleich verbunden, wohl hauptsächlich wegen § 4, da in einer Sackgasse gewisse bauliche Veränderungen nur auf dem Wege des Vergleichs zu Stande kommen können.

Der Muslim darf einen Theil seines Hauses, ein Fenster, eine [20] Balustrade, einen Balkon, ein Wasserleitungsrohr in die Strasse hinausragen lassen, vorausgesetzt, dass diese Dinge so hoch sind, dass ein ausgewachsener Mann darunter passieren kann oder, wo viel Verkehr ist, ein bepackter Lastträger oder ein beladenes Kameel darunter passieren kann und die Passanten nicht geschädigt werden. Dagegen darf er in das Gebiet einer Moschee, eines Khans, einer Medrese, eines Kirchhofs und der See nichts hinausragen lassen.

Die an einem freien Platz gelegenen Häuser dürfen so gebaut sein, dass einzelne höhere Theile derselben in den Platz hinausragen.

Diese Art Bauvergünstigung wird nur den Muslimen gewährt, [30] nicht Christen und Juden, d. i. den nicht-muslimischen Unterthanen des Muslimischen Staates, sofern ihre Häuser in Strassen liegen, in denen neben ihnen Muslime wohnen. Dagegen in Strassen, wo nur Christen und Juden wohnen, können sie bauen nach denselben Besimmungen wie die Muslims.

Der Hauptsatz der Strassenordnung ist der, dass die Strasse wenigstens sieben Ellen breit sein soll. Der Adjacent darf von dem Strassenterrain nichts für seinen Bau benutzen, d. h. er darf auf dem Strassenterrain weder eine Estrade noch einen Pilaster anbauen, noch einen Baum pflanzen, weil dergleichen den Verkehr stört und im Laufe der Zeit leicht den Schein aufkommen lässt, als gehörte das betreffende Terrain dem Adjacenten. Dagegen darf Jemand vor seinem Hause in der Strasse einen Brunnen anlegen, wenn er für die Oeffentlichkeit bestimmt ist und der Landesfürst, d. i. die Verwaltungsbehörde es erlaubt.

Man darf in der Strasse vor dem eigenen Hause Thonarbeiten machen, Steine abladen, Thiere anbinden, mit Wasser sprengen, 10 soweit dies dem Usus entspricht und den Verkehr nicht stört. Dagegen ist es nicht erlaubt, Kehricht, Unrath, Ausgusswasser etc. auf die Strasse vor dem Hause zu werfen noch in derselben zu graben. Der Richter ist befugt, Uebelstände dieser Art abstellen zu lassen.

Anders sind die Baubestimmungen für eine Sackgasse. In dieser ist das Hinausragen irgend eines Theiles des Hauses in die Strasse nur dann gestattet, wenn *sämmtliche der in Frage kommenden Adjacenten* (s. weiter unten) sich damit einverstanden erklären. Die Adjacenten, d. h. diejenigen, aus deren Häusern sich eine Thür in 20 die Sackgasse hinein öffnet, haben das Anrecht auf die Benutzung der Gasse von ihrer Thür bis zur Oeffnung, dem Ausgang derselben, nicht auf die Benutzung des Theils, der zwischen ihrer Thür und dem Ende der Sackgasse liegt. Wenn aber in der Sackgasse eine Moschee oder öffentlicher Brunnen liegt, so ist die Gasse von der Oeffnung bis dahin eine öffentliche Strasse, dagegen von diesem Gebäude bis zum Ende der Sackgasse Privatstrasse.

Unter den *sämmtlichen Adjacenten* sind auch eventuell Miether zu verstehen, dagegen nicht derjenige, der ein Haus in dieser Sackgasse als Darlehn zu seiner Verfügung hat. Uebrigens kommen 30 in Frage nur diejenigen Adjacenten, deren Häuser weiter rückwärts, d. i. weiter gegen das Ende der Sackgasse liegen, während diejenigen Adjacenten, deren Häuser näher gegen die Oeffnung der Sackgasse liegen, bei dieser Sache nicht befragt werden.

Wenn Jemand (A) in einer Sackgasse ein Haus mit einer Auskragung mit Erlaubniss der stimmberechtigten Adjacenten gebaut hat und nun nachträglich diese Adjacenten die Sache rückgängig zu machen wünschen, ist ein doppelter Fall zu unterscheiden:

a) das Rückgängigmachen ist unmöglich, wenn der Inhaber des Baues zu den Mitbesitzern der Gasse gehört;

b) wenn dagegen der Inhaber des Baues nicht zu den Mitbesitzern der Gasse gehört, ist das Rückgängigmachen zulässig, aber nur in der Weise, dass sie dem betreffenden für die Entfernung des auskragenden Theils Schadenersatz leisten.

Wenn Jemand, der nicht zu den Mitbesitzern der Sackgasse gehört, z. B. Jemand, dessen Haus mit einer thürlosen Wand an die Sackgasse grenzt, in seine Mauer eine Thür brechen lässt, um durch die Sackgasse zu passieren, nachdem er durch Vergleich mit sämmtlichen Mitbesitzern sich die Erlaubniss dazu verschafft hat, so können sie dennnoch nachträglich ihre Erlaubniss zurückziehen, sofern sie dieselbe nicht gegen Geld oder Gut gegeben haben, ohne dass dem Besitzer der Thür ein Anrecht auf Schadenersatz zusteht.

Ein Hausbesitzer darf in seine Mauer ein Loch oder Fenster brechen lassen, wodurch er einen Blick auf den Hof seines Nachbars gewinnt, und dem Nachbar steht es frei, wenn er verhindern will, dass jener seinen Hof übersieht, eine dies verhindernde Mauer aufzuführen.

Ein Hausbesitzer darf nicht solche Handlungen vornehmen, welche den Besitz seiner Nachbarn gefährden. Er darf z. B. nicht in seinem Boden graben lassen, wenn dadurch die Mauer des Nachbars mit Einsturz bedroht wird.

Wenn zwei Nachbarn sich streiten um den Besitz einer Mauer oder eines Daches, das ihre Häuser mit einander verbindet, so wird das Objekt entweder demjenigen zugesprochen, von dem bekannt ist, dass er es erbaut, oder dem, der sein Besitzrecht beweisen kann, oder schliesslich dem Verklagten, wenn er den von dem Kläger ihm zugeschobenen Eid schwört. Andernfalls ist das betreffende Objekt als gemeinsamer Besitz der beiden Parteien zu erklären.

§ 4. Wenn der Besitzer eines Hauses in einer Sackgasse eine vorhandene Thür schliesst, dagegen eine neue Thür näher gegen den Ausgang der Gasse anlegt, so ist das zulässig, denn er verzichtet damit nur auf ein ihm zustehendes Recht (die Benutzung

der Sackgasse von dem Ausgang bis zu seiner Thür) und ausserdem wird der Verkehr in der Sackgasse dadurch erleichtert.

Will er dagegen eine neue Thür näher gegen das Ende der
Sackgasse anlegen, so kann er das nur thun mit Einwilligung
aller derjenigen Adjacenten, deren Häuser dem Ende der Sackgasse näher liegen, er kann ihnen durch Vergleich ein solches
Recht entweder abkaufen oder abmiethen. Das Vorrücken einer
Thür gegen das Ende der Sackgasse hat ein Steigen des Verkehrs, grösseres Gedränge in dem rückwärtigen Theil derselben zur
Folge, wenn z. B. die Heerden zur Weide hinaus gehen oder von 10
dort zurückkommen, weshalb eine solche Maassregel nur mit Genehmigung der Besitzer des weiter rückwärtigen Theiles der Sackgasse ausgeführt werden darf.

KAP. 6.

CESSION

D. I. DIE BEZAHLUNG EINER SCHULD DURCH UEBERWEISUNG
EINER FORDERUNG.

TEXT.

---

§ 1. Von den Bedingungen der Cession.

§ 2. Von ihrer Wirkung.

§ 1. Die Cession ist rechtskräftig, wenn folgende vier Bedingungen erfüllt sind:

1. 2. Der Cedirende muss mit der Cession einverstanden sein und sein Gläubiger sich bereit erklären sie anzunehmen (d. h. sie müssen einen regulären Vertrag mit einander abschliessen).

3. Die Schuld, welche cedirt wird, muss von feststehender Verbindlichkeit sein.

4. Die Schuld des Cedirenden muss mit der Schuld des Cessionars in Art, Species und Zahlungstermin übereinstimmen.

§ 2. Durch die Cession erlischt die Verpflichtung des Cedirenden gegen seinen Gläubiger.

KAP. 6.

C E S S I O N

D. I. DIE BEZAHLUNG EINER SCHULD DURCH UEBERWEISUNG
EINER FORDERUNG.

ANMERKUNGEN.

A hat eine Schuld gegen B und eine Forderung gegen C. Er bezahlt seine Schuld gegen B dadurch, dass er ihm seine Forderung gegen C cedirt.

Die Elemente der Cession sind sechs:

1. der Cedirende (A);

2. derjenige, der die Cession annimmt (B), der Gläubiger des A;

3. der Cessionar (C), der· Schuldner des A, auf den A seine Verpflichtung gegen B überträgt;

4. 5. zwei Schulden, eine, welche A dem B, und eine zweite, die C dem A zu zahlen hat.

6. der Vertrag.

Wenn zwei Personen einen Cessions-Vertrag mit einander geschlossen haben, können sie ihn nicht annulliren, denn wer die Cession annimmt, wird angesehen wie Jemand, der die Zahlung seiner Schuld in Empfang genommen hat.

Eine Cession *muss* angenommen werden z. B. von dem Vormund eines Kindes, wenn es keine andere Möglichkeit giebt, eine dem Kinde zustehende Forderung bezahlt zu bekommen.

§ 1. Die Bedingungen 1. und 2. sind zu vereinigen und bezeichnen, was bei jedem Vertrage erforderlich ist, das Angebot (des Cedirenden) und die Annahme (seines Gläubigers)[1].

Die Formulirung der Bedingung 1. ist ungeschickt. Der Schuldner kann seine Schuld bezahlen, wie er will, durch eine Cession oder auf andere Weise. Will man aber die Worte so deuten, dass der Cedirende nur mit eigenem Einverständniss, d. h.

[1) الايجاب والقبول.

nicht gezwungen, einen Cessions-Vertrag abschliessen kann, so ist das überflüssig, weil es sich aus der Natur jedes Vertrages von selbst ergiebt.

Für die Gültigkeit der Cession ist die Einwilligung des Cessionars nicht erforderlich (erforderlich bei den Hanefiten). Derjenige, auf den die Forderung übergegangen ist, hat das Recht, in eigener Person oder durch einen Stellvertreter sich die Schuld von dem Cessionar bezahlen zu lassen.

Man kann eine Forderung gegen einen Todten cediren, denn für seine Schulden haftet sein Nachlass, dagegen ist die Cession 10 einer Forderung gegen den Nachlass eines Todten nicht gültig, weil in dem Falle die Person des Cessionars fehlt.

Wenn ein Streit entsteht, indem A behauptet, er habe B, seinen Gläubiger, zu seinem Vertreter mit der Aufgabe: seine (des A) Forderung gegen C von diesem einzutreiben, ernannt, während B behauptet, dass A ihm seine Forderung gegen C cedirt habe, so wird, wenn der von A. gebrauchte Ausdruck sowohl als eine Uebertragung der Vertretung, wie als eine Cession aufgefasst werden kann, zu Gunsten des A entschieden, weil er am besten wissen muss, was er mit seinen Worten beabsichtigt hat.   20

Wenn dagegen der Ausdruck nicht mehrdeutig war, sondern nur von der Cession gesprochen ist, und trotzdem A behauptet, dass er den B nur zu seinem Stellvertreter habe machen wollen, so wird dem B der Eid angetragen und demgemäss entschieden.

Wenn der Streit sich in entgegengesetzter Richtung bewegt, indem A behauptet, er habe B seine Schuld (gegen C) cedirt, während B behauptet, von ihm zum Vertreter gemacht worden zu sein, so wird, wenn der gebrauchte Ausdruck mehrdeutig war, dem B der Eid angetragen und demgemäss entschieden. Wenn dagegen der gebrauchte Ausdruck nur auf die Cession bezogen werden 30 konnte, wird gemäss der eidlichen Aussage des A entschieden.

Nachdem durch die Cession des A an B der letztere Gläubiger des C geworden, kann er seine Forderung gegen C an andere Personen weiter cediren.

Ferner steht es B frei, sich von C in der Weise bezahlt zu machen, dass C eine ihm (dem C) zustehende Forderung gegen eine andere Person an Zahlungs Statt ihm cedirt.

Ad 3) Von den beiden Schulden, der Schuld des A gegen B und derjenigen des C gegen A, gilt dasselbe, was von derjenigen Schuld gesagt worden ist, die durch ein Pfand sicher gestellt wird (S. 327), d. h. sie müssen von feststehender Verbindlichkeit sein, obligatorisch, zahlbar, momentan oder zu einem bereits festgesetzten Termin, wie z. B. der Preis für eine gekaufte Waare *nach Ablauf der Optionsfrist*. Oder sie müssen zweitens im Begriffe sein, demnächst von selbst obligatorisch, zahlbar zu werden, wie z. B. der Preis für eine gekaufte Waare *während der Dauer der Optionsfrist*.

Wenn Jemand den von ihm zu zahlenden *Preis* für eine von ihm gekaufte Waare während der Optionsfrist mit der Cession einer ihm gegen eine dritte Person zustehenden Schuld bezahlt, so begiebt er sich damit des Rechtes der Option.

Wenn der Verkäufer die verkaufte Sache noch nicht übergeben hat und während der Optionsfrist eine dritte Person sich substituiren will, indem er dem Käufer anstatt der Waare eine Forderung gegen den Dritten cedirt, so begeben sich Verkäufer und Käufer damit des Rechtes der Option, der Käufer deshalb, weil die Cession seine Einwilligung voraussetzt.

Der servus contrahens kann seinem Herrn anstatt einer Raten- zahlung eine Forderung gegen einen Dritten cediren. Dagegen darf der Herr nicht seine Schuld gegen X mit der Cession einer Ratenzahlung seines servus contrahens bezahlen, denn die Ratenzahlung ist keine *verbindliche* Schuld des servus contrahens, da er jeden Augenblick erklären kann, dass er sie nicht zahlen will. Wenn dagegen der Herr gegen seinen servus contrahens eine aus Handel und Verkehr herstammende Schuld hat, so kann er durch Cession derselben an X seine Schuld gegen X bezahlen.

Eine von einer Bedingung abhängige Belohnung (s. Kap. 18) kann der Empfangsberechtigte, solange sie noch nicht fällig geworden, nicht cediren, d. h. nicht als Zahlungsmittel benutzen, wie anderseits die Forderung einer solchen Belohnung nicht geeignet ist, durch Cession einer fälligen Schuld bezahlt zu werden.

Ad 4) Die cedirte Schuld, wie die durch die Cession bezahlte Schuld müssen einander gleich sein in Genus, Species, Maass, rücksichtlich der Fälligkeit, ob sofort fällig oder zu einem Termin, auch in Betreff der Geldsorten.

Es ist nicht gestattet, in einem Cessions-Vertrage eine Sicherstellung der cedirten Schuld durch ein Pfand oder einen Bürgen zu
vereinbaren. Wenn A dem B seine Schuld durch die Cession
einer Forderung an C bezahlt, hat B nicht das Recht, für die Zahlung des C eine Sicherheit in Gestalt eines Pfandes oder eines
Bürgen zu verlangen.

Ferner ist es nicht gestattet, in einem Cessions-Vertrage eine
optio manente consessu oder eine optio e contractu zu vereinbaren.
Denn das Cessions-Geschäft hat nicht den Charakter eines Verkaufs
und Kaufs, sondern den einer Gefälligkeit von Seiten des Gläubigers 10
B gegen seinen Schuldner A.

Wenn Jemand eine Schuld cedirt, an der ein Pfand haftet,
d. h. zu deren Sicherheit er dem Gläubiger ein Pfand gegeben, so
erlischt mit der Cession die Verpfändung. Wenn A von seinem
Schuldner C zur Sicherstellung der Schuld ein Pfand erhalten hat
und darauf durch Cession auf ihn seine Schuld gegen B bezahlt,
so hat A dem C das Pfand zurückzugeben, denn wenn A seine
Forderung gegen C cedirt, ist es als hätte er seine Schuld zurück-
bezahlt erhalten.

Ebenfalls erlischt eine an einer Schuld haftende Bürgschaft 20
mit der Cession.

Ob eine z. B. mündlich contrahirte Schuld durch Zeugen sichergestellt ist oder nicht, ist für die Cession gleichgültig. Man kann
also eine durch Zeugen sichergestellte Schuld bezahlen durch die
Cession einer Forderung, die nicht durch Zeugen sichergestellt ist,
und umgekehrt.

Was von der cedirten Schuld gesagt ist, gilt ebenfalls von der
Schuld, die durch die Cession bezahlt wird, d. h. die an der Schuld
haftende Verpfändung oder Bürgschaft erlischt mit der Cession.
Wenn A seinem Gläubiger B zur Sicherstellung der Schuld ein 30
Pfand gegeben hat und darauf ihm die Schuld durch die Cession
einer Forderung an C bezahlt, so hat B dem A das Pfand zurückzugeben.

Eine Schuld kann zum Zwecke der Cession getheilt werden.
Wenn A dem B 5 Denare schuldet, während er bei C ein Gut-
haben von 10 Denaren hat, kann er den B bezahlen durch
Cession von 5 Denaren seiner Forderung gegen C. Und umge-

kehrt, wenn A dem B 10 Denare schuldet, während er bei C ein
Guthaben von 5 Denaren hat, kann er dem B einen Theil der
Schuld durch die Cession seiner Forderung gegen C bezahlen.

Zu den im Text aufgeführten vier Bedingungen sind noch zwei
weitere hinzuzufügen:

5. Beide Contrahenten müssen eine genaue Kenntniss haben
sowohl von der Schuld, die cedirt, wie von der Schuld, die durch
die Cession bezahlt wird, ähnlich wie die Contrahenten eines Pränumerationskaufes eine genaue Kenntniss von dem Objekte ihres
Vertrages haben müssen, das hier wie dort eine Schuld, d. h. ab- 10
wesender, ausstehender Besitz ist.

6. Das Objekt der Cession muss ein solches sein, für das es
erlaubt ist, ein Aequivalent zu geben und zu nehmen. Wenn daher ein Objekt durch Pränumerations-Vertrag verkauft ist, kann
weder die verkaufte Waare noch der gezahlte Preis, solange der
Käufer noch nicht Besitz von der gekauften Waare ergriffen hat,
das Objekt einer Cession sein. Ferner kann nicht eine an den
Staat oder die Gemeinde zu zahlende Steuer durch die Cession
einer Schuld bezahlt werden.

Durch die Cession erlischt die Verpflichtung des Cedirenden 20
A gegen seinen Gläubiger B und die Verpflichtung des C gegen
seinen Gläubiger C. Der Anspruch, den B bis dahin gegen A hatte,
wird umgewandelt in einen Anspruch des B gegen C. Wenn der
neue Schuldner C seine Schuld an B nicht zahlen *kann*, z. B. wegen
seines nach der Cession eingetretenen Bankrotts, oder nicht zahlen
will, indem er die Schuld leugnet und diese Aussage durch einen
Eid erhärtet, hat B kein Regressrecht gegen den Cedirenden A.

B hat das Recht zu verlangen, dass der Cedirende A schwört,
es sei ihm nicht bekannt, dass der Cessionar seiner Schuld gegen
ihn (A) ledig geworden sei. In dem Falle bleibt die Cession in 30
Kraft, und B hat kein Regressrecht gegen A. Wenn aber A sich
weigert zu schwören, so beschwört B seine Forderung gegen A.
Dadurch wird die Cession aufgehoben, und A hat dem B die
Schuld zu zahlen.

B hat aber auch in dem Fall kein Regressrecht gegen A,
wenn C schon im Moment der Cession bankrott war, ohne dass B
es wusste. Die Annahme der Cession hat für B gleichsam die

Wirkung der Besitzergreifung (z. B. eines gekauften Objekts), der
Einkassierung einer Schuld, wodurch die contraktlichen Verhältnisse
zwischen den beiderseitigen Schuldnern, dasjenige zwischen B und
A und dasjenige zwischen A und C, zum Abschluss gebracht sind.

§ 2. Wenn in einem Cessions-Vertrag vereinbart wird, dass
der Gläubiger das Regressrecht gegen den Cedirenden haben soll,
ist eine solche Stipulation null und nichtig. Wenn ferner im
Cessions-Vertrage erwähnt wird, dass der Cessionar zahlungsfähig
sei, und hinterher das Gegentheil sich herausstellt, so hat der
Gläubiger den Schaden zu tragen und hat kein Regressrecht gegen 10
den Cedirenden, denn er hätte sich besser informiren können.

Dem Gläubiger steht das Regressrecht gegen den Cedirenden
zu, wenn der Cessionar nachweisen kann, dass er seine Schuld
gegen den Cedirenden bereits bezahlt hatte.

Wenn der Käufer einer Waare den (ihm creditirten) Preis
cedirt, dann aber die Waare wegen eines Fehlers zurückgiebt, ist
die Cession null und nichtig. Wenn dagegen der Verkäufer den
(von ihm creditirten) Preis der verkauften Waare cedirt und darauf
die Waare wegen eines Fehlers zurückgegeben wird, bleibt die
Cession zu Recht bestehen.   20

Wenn Jemand einen Sklaven verkauft und den von ihm
creditirten Preis cedirt, darauf aber bewiesen wird, dass der ver-
meintliche Sklave frei ist, so ist die Cession ungültig. Wenn aber
der Gläubiger, der die Cession an Zahlungs Statt angenommen hat,
leugnet, dass der Sklave frei sei, und Verkäufer und Käufer es
nicht beweisen können, so muss der Gläubiger beschwören, dass er
von der eigentlichen Natur des als Sklaven verkauften Individuums
keine Kenntniss gehabt habe, worauf seine Forderung von dem
Käufer des Sklaven honorirt werden muss, während der Käufer ein
Regressrecht gegen den Verkäufer hat.   30

BÜRGSCHAFT.

TEXT.

---

§ 1. Eine Bürgschaft ist rechtsgültig, wenn die Schuld von feststehender Verbindlichkeit ist und der Bürge ihren Betrag kennt.

§ 2. Dem Gläubiger steht es frei sich seine Schuld von dem Schuldner oder von dessen Bürgen zahlen zu lassen.

§ 3. Wenn der Bürge die Schuld bezahlt, kann er den Betrag von dem Schuldner zurückfordern, falls er mit dessen Einwilligung die Bürgschaft übernommen und die Schuld gezahlt hat.

§ 4. Die Bürgschaft für eine Schuld, deren Betrag dem Bürgen nicht bekannt ist, ist incorrekt.

§ 5. Die Bürgschaft für eine Schuld, deren Verbindlichkeit im Moment des Contrakt-Abschlusses nicht feststeht, ist incorrekt, ausgenommen in folgenden zwei Fällen:

a) wenn ein Bürge dem Käufer den von ihm für eine später zu liefernde Waare baargezahlten Preis verbürgt, oder

b) wenn ein Bürge dem Verkäufer die gegen einen creditirten Preis von ihm sofort gelieferte Waare verbürgt. Der Bürge kann zur Zahlung herangezogen werden, wenn in jenem Fall nicht die Waare, in diesem nicht der Preis den Bedingungen des Contraktes entspricht.

KAP. 7.

BÜRGSCHAFT.

ANMERKUNGEN.

Bürgschaft leisten heisst: sich durch einen Contrakt mit B verpflichten, ihm die Schuld seines Schuldners C zu bezahlen. Sie
ist eine Sicherstellung für die Bezahlung einer Schuld oder auch
für die Rückgabe eines z. B. entliehenen oder usurpirten Objekts.
Die Bürgschaft für die Herbeischaffung einer Person an einen bestimmten Ort zu einem bestimmten Termin, d. i. die *persönliche*
Bürgschaft wird in einem besonderen Kapitel (Kap. 8) behandelt.

Die Elemente der Bürgschaft sind fünf:

    der Bürge,

    der Schuldner,

    der Gläubiger,

    die Schuld,

    der Vertrag.

Der Bürge muss den Gläubiger, dem er Bürgschaft leistet,
oder seinen Stellvertreter in der Sache kennen. Es ist nicht erforderlich, dass der Gläubiger zu der Bürgschaft, welche für seinen
Schuldner Jemand zu übernehmen sich erbietet, seine Einwilligung
giebt, denn die Bürgschaft ist ein einseitiges Sich-Erbieten.

Es ist nicht erforderlich, dass der Schuldner, für den Jemand
Bürgschaft leistet, davon Kenntniss hat und dazu seine Einwilligung
giebt. Denn es ist im Princip zulässig, dass Jemand die Schulden
eines Anderen ohne dessen Wissen und Einwilligung zahlt. Dagegen ist bei der persönlichen Bürgschaft (Kap. 8) erforderlich,
dass derjenige, für den die Bürgschaft geleistet wird, sich damit
einverstanden erklärt.

In dem Ausdruck, durch den sich Jemand zum Bürgen erklärt,
muss deutlich angegeben sein, dass er die betreffende Leistung als

eine für ihn verbindliche auf sich nimmt, ohne Bedingung und ohne Ansetzung eines besonderen Termins. Wenn Jemand erklärt: „Ich will nach einem Monat die Bürgschaft übernehmen", so ist das rechtsunwirksam.

Dagegen ist es gültig, wenn sich Jemand verpflichtet einen Anderen zu einem bestimmten Termin zur Stelle zu schaffen, wie es gültig ist, wenn ein Bürge sich verpflichtet eine momentan fällige Schuld zu einem bestimmten Termin zu bezahlen.

Wenn der Bürge sich verbürgt: eine sofort fällige Schuld *zu einem späteren Termin* zu zahlen, gilt der Termin nur für den 10 Bürgen, nicht für den Schuldner. Wenn daher der Schuldner stirbt, kann der Gläubiger sich *sofort* aus seinem Nachlass bezahlt machen, er kann aber nicht den Bürgen zwingen *vor dem Termin* zu zahlen.

Wenn dagegen der Bürge sich verbürgt: eine zu einem späteren Termin zahlbare Schuld *sofort* zu zahlen, kommt der dem Schuldner gewährte Termin auch dem Bürgen zu Gute und der Bürge kann trotz seines Versprechens nicht gezwungen werden *vor* dem Termin zu zahlen. Wenn aber der Schuldner stirbt, ist die Schuld *sofort* zahlbar sowohl für den Bürgen wie für den Nachlass des Schuldners.

Bürge kann nur sein, wer verfügungsberechtigt ist, ferner wer 20 das Recht hat eine Zuwendung ohne Aequivalent zu machen, selbst wenn er betrunken, ein stultus neglectus (s. S. 345 c.) oder bankrott ist, letzterer nur zu Lasten seines Credits und unter der Voraussetzung, dass die Zahlung, zu der er sich verpflichtet, nicht vor seiner Entlassung aus dem Vermögens-Sequester fällig wird.

Personen, die nicht Bürgen sein können, sind das Kind, der Geisteskranke, der unter Sequester stehende Verschwender, der Kranke in seiner Todeskrankheit, der ebenso viele Schulden wie Activa hat, ein Gezwungener, z. B. ein von seinem Herrn gezwungener Sklave. 30

Dagegen kann der Sklave mit Erlaubniss seines Herrn oder seiner Herren sich für eine fremde Person zu Guhsten eines fremden Gläubigers verbürgen, (natürlich zu Lasten des Herrn). Nach *einer* Ansicht kann der Sklave mit Erlaubniss seines Herrn auch für seinen Herrn zu Gunsten eines fremden Gläubigers Bürge sein.

Ein als fromme Stiftung vergebener Sklave kann Bürge sein, wenn derjenige, zu dessen Gunsten die Stiftung gemacht ist, es erlaubt. Ein Sklave, der dem X gehört, während dem Y sein Usus durch Testament vermacht ist, kann Bürge sein mit Erlaubniss des Y, wenn das Objekt nicht seinen regulären Erwerb überschreitet; andern Falls nur mit Erlaubniss des X.

Der servus contrahens darf sich für einen Fremden zu Gunsten seines Herrn mit dessen Erlaubniss verbürgen. Wenn der Sklave frei wird, bleibt die Bürgschaft in Kraft; wenn er dagegen seine Ratenzahlungen nicht zu Ende führt, d. h. nicht frei wird, ist nach einer Ansicht die Bürgschaft null und nichtig, während sie nach anderer Ansicht bestehen bleibt nach dem Grundsatze, dass in einem Dauerzustande tolerirt werden darf, was bei der Einleitung desselben unmöglich ist. Von vornherein kann ein Sklave nicht Bürge sein; wenn er aber vorher als ein contraktlich die Freiheit sich erwerbender Sklave Bürge sein konnte und darauf wider Erwarten wieder Ganzsklave wird, so wird in diesem Falle ausnahmsweise tolerirt, dass er Bürge sei.

Ein Theilsklave kann Bürge sein, wenn seine Zeit zwischen ihm und seinem Herrn getheilt ist (er also z. B. abwechselnd einen Tag für sich und einen Tag für seinen Herrn arbeitet) und er mit der ihm zustehenden Zeit (und Arbeit) bürgt; er bedarf in diesem Falle nicht der Erlaubniss seines Herrn. Wenn er aber mit Erlaubniss seines Herrn sich verbürgt mit der Zeit (und der Arbeit), die seinem Herrn gehört, so hat der Herr zu bestimmen, was von seinem Erwerb oder sonstigen Einnahmen als Bürgschaft dienen soll. . Thut er das nicht, so gilt dasjenige als Bürgschaft, was der Sklave erwirbt, von dem Moment ab, wo ihm sein Herr die Uebernahme der Bürgschaft gestattet hat, oder was er nach diesem Moment in seiner Hand (Verfügung) hat, sofern er im Auftrage seines Herrn Handel treibt.

§ 1. Die §§ 1, 4, 5 gehören zusammen. Das Objekt der Bürgschaft ist eine Schuld, nicht ein gegenwärtiger Baarbesitz; ausgenommen wenn es sich um die Rückgabe einer geborgten oder usurpirten Sache an den Besitzer handelt. In diesem Falle erlischt die Haftung des Bürgen mit der Rückgabe; wenn aber das Objekt vorher zu Grunde geht, haftet er nicht mehr dafür.

Der Ausdruck „von feststehender Verbindlichkeit" bedeutet nach einer Ansicht „solche Schulden, die nicht verfallen können", die also unter allen Umständen von dem Schuldner bezahlt werden müssen, wie z. B. der Ehemann seiner Frau unter allen Umständen die Ehegabe zahlen muss, nachdem er die Cohabitation vollzogen, und wie der Miether, nachdem er den gemietheten Usus ganz genossen, unter allen Umständen die Miethe zahlen muss.

· Nach Baguri ist eine Schuld *von feststehender Verbindlichkeit* eine solche, deren rechtliche Zahlungsverbindlichkeit schon im Moment des Contrakt-Abschlusses feststeht, oder welche in demselben Moment im Begriff (in der Entwickelung) ist zahlungspflichtig zu werden. In letzterem Sinne gilt z. B. der dem Käufer von dem Verkäufer 10 creditirte Preis einer gekauften Waare schon während der Dauer der optio als *eine Schuld* des Käufers *von feststehender Verbindlichkeit,* und eine solche Schuld kann das Objekt einer Bürgschaft sein. Dagegen können die Ratenzahlungen des servus contrahens nicht das Objekt einer Bürgschaft bilden, weil derselbe jeden Moment diese Zahlungen einstellen (d. h. auf die Erlangung der Freiheit auf diesem Wege verzichten) kann; ebensowenig eine gegen eine Bedingung zugesicherte Belohnung (z. B. für die Einbringung eines flüchtigen Sklaven), solange diese Bedingung nicht erfüllt ist. Vgl. S. 327 (Pfandrecht), S. 346 (Vermögens-Sequestration), S. 381 20 (Cession).

Der Bürge muss das Maass, das Genus und die Art der Schuld genau kennen. Demnach ist z. B. die Bürgschaft für das Sühngeld (das in Kameelen zu zahlen ist) rechtskräftig, denn wenn der Bürge auch nicht jedes Kameel kennt, das er ev. zu zahlen hat, so genügt die Bestimmung, dass das Sühngeld in Kameelen *der im Lande vorherrschenden Art* gezahlt werden muss, und der Umstand, dass das Alter und die Zahl der Kameele im Strafgesetz von vornherein genau bestimmt ist.

Die Schuld muss genau definirt sein, sodass eine Verwechselung 30 unmöglich ist.

Wenn Jemand erklärt: ,,Ich bürge für die Schuld des A bis zu 10 Dirhem",[1]) so ist er Bürge fur 9 Dirhem. Wenn er erklärt bürgen zu wollen für das, was zwischen 1 Dirhem und 10 Dirhem ist, so bürgt er für 8 Dirhem.

---

[1]) الى عشرة.

Wie die Bürgschaft für eine unbekannte Schuld ungültig ist, ebenso ist ein Schulderlass ungültig, wenn der Erlassende die Schuld weder nach Genus, Maass noch Eigenschaft kennt. Wenn der Schulderlass gegen ein Aequivalent geschieht, wenn z. B. eine Ehefrau sich dadurch die Trennung von ihrem Manne erkauft, dass sie ihm eine Schuld erlässt, so ist zur Gültigkeit erforderlich, dass nicht bloss der *Erlassende*, sondern auch *derjenige*, dem die Schuld erlassen wird, genau Kenntniss davon hat. Wenn aber der Schulderlass nicht gegen ein Aequivalent geschieht, muss zwar der Erlassende genaue Kenntniss von der Schuld haben, dagegen 10 ist dies für den, dem sie erlassen wird, nicht erforderlich.

Wenn A zu seinem Schuldner B spricht: „Ich erlasse Dir Deine Schuld für das jenseitige Leben", so ist das rechtlich wirkungslos.

§ 2. Der Gläubiger oder sein Erbe, allgemeiner ausgedrückt: der Forderungsberechtigte.

Ein Bürgschaftsvertrag, in dem vereinbart wird, dass der Gläubiger nicht von dem Schuldner seine Forderung einfordern kann (sondern nur von dem Bürgen), ist null und nichtig.

Der Gläubiger kann die ganze Schuld von dem Bürgen wie von dem Gläubiger fordern, oder auch den einen Theil der 20 Schuld von dem einen, den anderen von dem anderen. Es ist hierbei gleichgültig, ob der Bürge ein einziger ist oder mehrere. Wie der Gläubiger sich an den Bürgen halten kann, kann er sich auch an den Bürgen des Bürgen halten.

Die verbürgte Schuld hat gleichsam mehrere Zahlungsstellen; wird sie an der einen Stelle gezahlt, so ist sie damit zugleich für die anderen getilgt. Dieselbe Wirkung wie die Zahlung hat es, wenn der Gläubiger die Schuld *dem Schuldner*, nicht dem Bürgen erlässt. Also ein Verzicht des Gläubigers auf die Bürgschaft ist nicht gleich seinem Verzicht auf seine Schuld bei seinem Schuldner. 30

§ 3. Der Bürge fordert, was er dem Gläubiger gezahlt, von dem Schuldner zurück, sei es dieselbe Sache oder ihren Werth. Die von ihm gemachte Zahlung ist gleich einem dem Schuldner zur Verfügung gestellten Darlehn.

Wenn der Bürge den Gläubiger herunterhandelt, sodass er sich mit weniger zufrieden giebt, als er thatsächlich zu fordern hat, so hat der Bürge von dem Schuldner nur so viel zurückzufordern, als er in Wirklichkeit verauslagt hat.

Wenn ein Christ für einen Muslim bei einem Christen bürgt, und die beiden Christen sich dahin vergleichen, dass der Bürge dem Gläubiger an Zahlungs Statt eine Lieferung Wein übergiebt, so ist ein solches Geschäft wirkungslos, und die Schuld bleibt unverändert bestehen.

Wenn der Bürge den Gläubiger zahlt, so muss er wenigstens einen Zeugen haben, damit dieser zusammen mit ihm selbst die Thatsache beschwören kann, oder er muss zahlen in Gegenwart des 10 Schuldners. Wenn aber weder ein Zeuge noch der Schuldner zugegen ist, muss der Bürge sich von dem Gläubiger die Zahlung der Schuld bestätigen lassen.

Das Regressrecht des Bürgen gegen den Schuldner hat zur Voraussetzung die Einwilligung des Schuldners sowohl zu der Bürgschaft wie zu der Zahlung. Indessen besteht das Regressrecht auch dann, wenn der Schuldner nur zu der Bürgschaft und nicht auch zu der Zahlung seine Einwilligung gegeben hat; dagegen besteht es nicht, wenn der Schuldner wohl zu der Zahlung, nicht aber zu der Bürgschaft seine Einwilligung gegeben hat. Es kann Jemand eine 20 Bürgschaft für einen Schuldner ohne dessen Wissen und Willen übernehmen; wenn er aber unter diesen Umständen den Gläubiger bezahlt, hat er keinen Regress gegen den Schuldner.

Wer die Schuld eines Anderen bezahlt, ohne Bürge zu sein, mit Ermächtigung des Schuldners, hat den Regress gegen ihn, selbst wenn dieser nicht vereinbart worden ist. Wer die Schuld eines Anderen ohne seine Ermächtigung zahlt, hat nichts von ihm zu fordern.

§ 4. Wenn A zu B spricht: „Verkauf dem X, was du willst, und ich bürge dir für den Preis", so ist das null und nichtig, weil 30 das Objekt nicht genau bekannt ist und weil in dem Moment der Preis nicht *eine Schuld von feststehender Verbindlichkeit* bildet.

§ 5. Eine Bürgschaft kann sich nicht auf Schulden beziehen, die etwa in Zukunft vorhanden sein werden, wie z. B. nicht auf den Unterhalt, den der Ehemann seiner Frau in Zukunft schuldet, ferner nicht auf die Uebergabe eines Pfandes an den Pfandnehmer, weil der Pfandgeber *vor* der Entgegennahme des Pfandes von Seiten des Pfandnehmers allezeit von dem Pfandvertrage zurücktreten kann, das Pfand also keine Schuld von feststehender Verbindlichkeit darstellt.

Eine Ausnahme von dieser Regel bildet die folgende Species von Bürgschaft[1]), bei der zwei Fälle zu unterscheiden sind:

a) Wenn Jemand eine Waare gegen Baarzahlung kauft, die Waare aber erst zu einem späteren Termine zu liefern ist, so kann ein dritter gegenüber dem Käufer die Bürgschaft für den Preis übernehmen, d. h. sich verpflichten ihm den Preis zurückzuzahlen, falls die Waare bei der Lieferung nicht den Bedingungen des Contraktes 10 entspricht. Der Zweck ist die Sicherung des *Käufers*.

b) Wenn Jemand eine Waare gegen einen creditirten Preis dem Käufer sofort übergiebt, so kann ein Dritter gegenüber dem Verkäufer die Bürgschaft für die gelieferte Waare übernehmen, d. h. sich verpflichten ihm dieselbe zurückzugeben oder zu ersetzen, falls der Preis, wenn er fällig ist, nicht den Bedingungen des Contraktes entspricht. Hier wird die Sicherstellung des *Verkäufers* bezweckt.

Diese Bürgschaft kann insofern eine partielle sein, als der Bürge sich z. B. speciell dafür verpflichten kann, dass die Waare oder der Preis die in dem Contract angegebenen Eigenschaften oder aber 20 das vereinbarte Maass und Gewicht haben soll.

---

[1]) ضمان درك المبيع oder ضمان العهدة.

KAP. 8.

PERSÖNLICHE BÜRGSCHAFT.

TEXT.

---

§ 1. Unter welchen Umständen die persönliche Bürgschaft zulässig ist.

§ 1. Die persönliche Bürgschaft ist zulässig, wenn auf dem Schuldigen eine Verpflichtung gegen Menschen (nicht gegen Gott) ruht.

KAP. 8

PERSÖNLICHE BÜRGSCHAFT.

ANMERKUNGEN.

26*

§ 1. Durch die persönliche Bürgschaft verpflichtet sich der Bürge gegenüber dem Forderungsberechtigten (dem Richter, dem Gläubiger, dem Inhaber des Blutrechts) zu bewirken, dass der Schuldige zu einer bestimmten Zeit an einem bestimmten Orte gegenwärtig sei. Ist der Schuldige dann thatsächlich nicht gegenwärtig, sei es dass er gestorben, sei es aus einer andern Ursache, so ist die Bürgschaft damit erledigt, denn der Bürge ist nicht verpflichtet, für den Schuldigen die Strafe zu erleiden oder das Sühngeld zu zahlen. Und sollte in der Vereinbarung über die Bürgschaft bestimmt sein, dass der Bürge eventuell die Zahlung zu leisten habe, so ist diese 10 Abmachung null und nichtig.

Der Schuldige muss mit der Bürgschaft einverstanden sein, entweder er selbst oder sein Vormund, wenn der Schuldner ein Kind oder wahnsinnig ist, oder sein Erbe, falls der Schuldner todt ist, wenn es sich um eine Identitätsfrage bei einem Todten handelt. Bei einer solchen Untersuchung darf aber ein Todter, wenn er einmal im Grabe liegt, nicht wieder herausgenommen werden.

Derjenige, für den Jemand die Bürgschaft übernimmt, muss *ein Anrecht des Menschen (nicht ein Anrecht Gottes) gegen ihn* zu erfüllen haben, z. B. dem jus talionis unterliegen oder Sühngeld zu 20 zahlen haben oder zur Strafe für Verläumdung verurtheilt worden sein, oder er muss eine Schuld zu zahlen oder ein individuell bestimmtes Objekt zu liefern haben, sei es ein solches, für das er haftet, oder ein solches, für das er nicht haftet[1]). Es ist dabei nicht erforderlich, dass der Bürge von dem Objekte der Bürgschaft, z. B. von der Höhe des Sühngeldes, Kenntniss habe.

---

[1]) Elkhaṭîb II, 37 Glosse.

Es wird unterschieden zwischen einem *reinen* Anrecht Gottes gegen den Menschen und *einem* gemischten. Zu letzterer Kategorie gehört die Verpflichtung des Muslims zur Zahlung der Armensteuer, seine Verpflichtung zur Zahlung oder Leistung der Busse (z. B. für Tödtung, s. Buch VI, I, § 23). Für den, der eine Verpflichtung dieser Art zu erfüllen hat, kann ebenfalls die Bürgschaft geleistet werden.

Dagegen kann persönliche Bürgschaft nicht geleistet werden für solche Personen, welche zu der Strafe für Diebstahl, für Weintrinken oder für Unzucht bestraft worden sind; denn in diesen Fällen 10 handelt es sich nach dem Strafrecht des Islams um ein *Anrecht Gottes* gegen den Schuldigen.

Die Pflicht des Bürgen erlischt, wenn er den Schuldigen zur Stelle schafft, so dass der Forderungsberechtigte ihn erreichen kann; sie erlischt ferner, wenn der Schuldige erscheint und sich unter Berufung auf den Bürgen präsentirt.

Wenn der Schuldner sich verbirgt, so muss der Bürge ihn herbeischaffen, sogar aus einer Entfernung von anderthalb Tagereisen, wenn er seinen Versteck kennt und er die Reise ohne Gefahr unternehmen kann. Für diesen Zweck wird ihm eine Frist von 20 drei Tagen gewährt. Schafft er ihn nicht zur Stelle, so wird er gefangen gesetzt, wenn er die Schuld nicht zahlt. Wenn er die Schuld bezahlt und darauf der Schuldner ankommt, muss der Bürge das von ihm gezahlte oder ev. den Ersatz von demjenigen zurückfordern, der es empfangen hat, nicht von dem Schuldner.

Wenn der Bürge nicht die Schuld bezahlt, wird er so lange gefangen gehalten, bis sich herausstellt, dass der Schuldner unmöglich zur Stelle kommen kann, sei es weil er gestorben oder weil er durch force majeure zurückgehalten wird, oder dass er deshalb nicht zur Stelle geschafft werden kann, weil sein Aufenthaltsort un- 30 bekannt ist.

Der Ort, an dem die Bürgschaft vereinbart worden ist, gilt als Stellungs-Ort, wenn derselbe nicht besonders verabredet worden ist. Mit dem Stellungs-Ort, d. h. dem Ort, wo der Bürge den Schuldner zu präsentiren verspricht, muss der Schuldner einverstanden sein. Wenn der Bürge den Schuldner an einem anderen Ort, als bisher angegeben, präsentirt, so kann der Schuldner da-

gegen protestiren, und im Streitfall wird zu seinen Gunsten entschieden, wenn er einen ausreichenden Grund anführen kann.
Andern Falls gilt die Stellung oder Präsentation des Schuldners
als rechtmässig, und falls er sich weigert, seiner Pflicht zu genügen,
kann er von dem Bürgen vor den Richter gebracht werden. Ist
ein Richter nicht vorhanden, so verschafft der Bürge sich zwei
Zeugen, um durch ihr Zeugniss zu beweisen, dass er seiner Bürgen-
Pflicht genügt hat.

KAP. 9.

COMPAGNIE-GESCHAEFT.

TEXT.

§ I. Das Compagnie-Geschäft ist rechtskräftig, wenn es folgenden fünf Bedingungen entspricht:

a) Das Gesellschaftskapital (joint stock) muss aus couranter Landesmünze bestehen.

b) Die Münzsorten müssen je von derselben Art und Güte sein.

c) Das Gesellschaftskapital muss einen einzigen ungetheilten Fonds bilden.

d) Jeder einzelne Compagnon muss dem andern das Verfügungsrecht über seinen Antheil gewähren.

e) Gewinn und Verlust wird pro rata der Antheile berechnet.

§ 2. Jeder der Compagnons kann von dem Compagniegeschäft zurücktreten, wann er will.

§ 3. Wenn einer der Compagnons stirbt, ist der Compagnie-Vertrag erloschen.

KAP. 9.

COMPAGNIE-GESCHAEFT.

ANMERKUNGEN.

Compagnie¹) bedeutet, dass zwei oder mehr Personen ein und dasselbe Objekt besitzen, z. B. in Folge einer Erbschaft. Sie kann durch Vertrag hergestellt werden von solchen Personen, welche nach dem Gesetze befähigt sind, einen Stellvertreter für sich zu ernennen oder von einem Anderen zum Stellvertreter ernannt zu werden (s. Kap. 10).

Es giebt mehrere Arten des Compagniegeschäfts:

1. Die gesetzmässige Art²), diejenige, welche in den 3 §§ dieses Kapitels beschrieben ist.

2. Die persönliche Compagnie³, die darin besteht, dass zwei oder mehr Personen sich zu gemeinsamer Arbeit vereinigen und den Gewinn unter sich theilen, einerlei ob sie z. B. dasselbe Handwerk haben oder verschiedenen Handwerken angehören.

3. Eine Art,⁴ welche darin besteht, dass zwei oder mehr Personen sich mit ihrer Arbeit oder ihrem Gelde vereinigen, um Gewinn oder Verlust mit einander zu theilen, ohne indessen ein Gesellschaftskapital zu bilden.

4. Eine Art⁵), die darin besteht, dass zwei angesehene Personen, oder eine angesehene und eine obscure sich zu dem Zwecke vereinigen, dass jeder von ihnen Geschäfte macht und sie den beiderseitigen Profit sich theilen. Z. B. beide kaufen zu einem Termin, suchen mit Vortheil zu verkaufen und theilen sich den Gewinn; oder

---

¹) شركة.

²) شركة العِنان oder الشركة الصحيحة.

³) شركة الأبدان.

⁴) شركة المعاوضة.

⁵) شركة الوجوه.

ein angesehener Mann kauft auf Credit, lässt das Objekt durch eine unangesehene Persönlichkeit wieder verkaufen, und beide theilen sich den Gewinn; oder ein unbemittelter Angesehener und ein bemittelter Unangesehener verbinden sich mit einander in der Art, dass der erstere mit dem Gelde des letzteren Geschäfte macht, ohne dass ihm das Geld übergeben wird, und sie den Gewinn sich theilen.

Die Arten 2. 3. und 4. sind im Schafiitischen Recht nicht anerkannt.

Die Elemente des Compagnie-Vertrages sind fünf:

die beiden Contrahenten,   10

die beiderseitigen Einzahlungen,

der Vertrag.

§ 1. Ad a: Das Gesellschaftskapital (joint stock) kann aus Geld oder Waare bestehen.

Das Geld muss courante Landesmünze sein, entweder Silbermünzen oder Goldmünzen, nicht aber eine Vereinigung von beiden Sorten. Das Geld darf allenfalls von schlechter Legirung sein, sofern es nur als Landesmünze gilt und angenommen wird. Dagegen darf das Gesellschaftskapital nicht aus Roh-Silber oder Roh-Gold oder aus bearbeitetem Edelmetall, Schmucksachen oder dgl. be- 20 stehen. Diese letztere Bestimmung wird von den meisten Commentatoren angefochten. Entscheidend ist, ob diese Objekte fungibel[1]) sind oder nicht-fungibel[2]), und die richtige Ansicht ist, dass sie zu einem Gesellschaftskapital vereinigt werden können, sofern sie fungibel sind, nicht also kunstvoll verarbeitete Objekte aus Gold oder Silber.

Allgemeiner ausgedrückt, sollte der Absatz a) lauten: Fungible Objekte, Geld wie Waare, können das Gesellschaftskapital bilden, nicht aber nicht-fungible, d. h. solche Dinge, die jeder Zeit durch andere derselben Art ersetzt werden können, wie Geld oder Getreide; 30 nicht solche, wie z. B. Kunstwerke, die nicht jeder Zeit beliebig ersetzt werden.

Wenn indessen zwei oder mehr Personen durch Erbschaft oder Kauf in den gemeinsamen Besitz nicht-fungibler Objekte gelangen,

---

[1]) مثلى.

[2]) متقوّم.

dürfen sie ein Compagnie-Geschäft damit betreiben, indem sie sich gegenseitig die volle Freiheit, Handel damit zu treiben, gewähren.

Die Bestimmung, dass nicht-fungible Dinge nicht das Gesellschaftskapital bilden können, lässt sich durch einen Kauf und Verkauf umgehen: Wenn A ein Haus und B einen Garten hat, so verkauft A dem B einen Theil seines Hauses und B dem A einen Theil seines Gartens. Dann sind Haus und Garten gemeinsamer Besitz von A und B und als solcher ihr Gesellschaftskapital.

Ad b: Die fungiblen Objekte, welche den joint stock bilden, müssen derselben Art und Species sein. Man kann also nicht Silber- geld mit Goldgeld, nicht weissen Weizen mit rothem Weizen zu einem joint stock vereinigen. Dagegen steht es jedem einzelnen Compagnon frei, viel oder wenig zu dem Gesellschaftskapital bei- zusteuern.

Ad c: Die Beiträge oder Zahlungen der einzelnen Compagnons bilden ein einziges, ungetheiltes Gesellschaftscapital. Die Bildung desselben muss abgeschlossen sein, bevor der Compagnie-Vertrag geschlossen werden kann.

Ad d: Die unter den Compagnons gegenseitig concedirte Actions- freiheit ist durch folgende Bestimmungen beschränkt:

Keiner der Compagnons darf auf Credit verkaufen. Jeder von ihnen darf nur gegen Landesmünze verkaufen und darf sich keines Betruges schuldig machen. Er darf auf Kosten des joint stock nur dann reisen, wenn der andere Compagnon seine Einwilligung dazu giebt. Wenn der Compagnon A etwas thut, wozu er nicht be- rechtigt ist, so hat das keine Wirkung auf B's Antheil an dem Gesellschaftskapital, während es nach der vorherrschenden Ansicht für seinen eigenen Antheil in Kraft bestehen bleibt.

Es ist nicht nöthig, dass alle Compagnons an der Geschäfts- führung Theil nehmen. Wenn z. B. zwei Compagnons vorhanden sind, so kann A für sein Theil dem B die Actionsfreiheit gewähren, so dass B der einzige Geschäftsführer ist.

Die gegenseitige Gewährung der Actionsfreiheit unter den Com- pagnons muss in unzweideutigen Worten und nach der Constituirung des Gesellschaftskapitals erfolgen, nicht vorher.

Der Compagnon muss nach dem Gesetze verfügungsberechtigt, und darf allenfalls Christ oder Jude sein. Doch soll der Muslim lieber nicht mit Christen und Juden ein Compagniegeschäft machen, wie er besser thut, nicht die von ihnen zubereitete Speise zu essen, ferner nicht mit Leuten, die gern Wucher- und andere schlechte Geschäfte machen.

Die Gewährung der Actionsfreiheit muss eine allgemeine und nicht etwa bloss auf Kauf und Verkauf beschränkt sein. Indessen kann sie, wenn zwei Personen einen aus mehreren Arten von Objekten bestehenden Gemeinbesitz haben, auf eine bestimmte Art dieser Objekte beschränkt werden.

Der eine Compagnon ist im Verhältniss zum andern eine Vertrauensperson, und seine Aussagen über Gewinn und Verlust, sowie z. B. darüber, dass ein Theil des joint stock dem ursprünglichen Contribuenten zurückgegeben ist, und über ähnliche Dinge sind verbindlich. Wenn er behauptet, dass ein Theil des joint stock verloren gegangen sei, so gelten hierfür die Bestimmungen des Depot-Gesetzes (s. Kap. 25).

Wenn ein Compagnon A behauptet, dass ein in seiner Macht befindliches Objekt ihm persönlich gehöre, während der Compagnon B behauptet, dass es ein Theil des joint stock sei, oder wenn A das zweite, B das erstere behauptet, so wird demjenigen, der das Objekt unter seiner Hand hat, der Eid aufgegeben und demgemäss entschieden.

Wenn dagegen A, der das Objekt in seiner Macht hat, behauptet, er habe sich Etwas mit B getheilt und das in seiner Macht befindliche Objekt sei ihm zugefallen, während B behauptet, dass es ein Theil des joint stock sei, so wird B der Eid aufgegeben und demgemäss entschieden.

Wenn der eine Compagnon behauptet, einen Kauf *für das Compagniegeschäft* gemacht zu haben, so wird, falls dies bestritten wird, *seiner* Aussage Glauben geschenkt, auch wenn Verlust damit verbunden war. Das gleiche geschieht, wenn er behauptet, das Objekt *für sich*, nicht für das Compagnie-Geschäft gekauft zu haben, auch wenn Gewinn damit verbunden war.

Der Compagnon ist Vertrauensperson, wenn er nicht das Gesellschaftskapital für seine eigenen Zwecke verwendet. Thut er das mit Erlaubniss des Compagnons, so ist er ein Entleiher; thut er es ohne dessen Erlaubniss, ist er ein Usurpator. Ein Pferd, das den beiden Compagnons A und B gehört, stirbt, während es bei A ist.

War es deshalb bei ihm, weil B ihm gestattet hatte, es für seine persönlichen Zwecke zu brauchen, so hat A dem B für dessen Antheil an dem Pferde Schadenersatz zu leisten wie für ein Darlehn.

Hatte A das Pferd bei sich ohne Erlaubniss des B, so hat er Schadenersatz zu leisten wie für etwas Usurpirtes, selbt wenn er es nicht für seine persönlichen Zwecke benutzt hat.

Wenn dagegen A das Pferd mit Erlaubniss des B bei sich hatte und es nicht für seine persönlichen Zwecke verwendet hatte, so ist er zu keinem Ersatz verpflichtet, ausgenommen den Fall, dass das Pferd durch eine Unterlassung des A zu Grunde gegangen ist. 10

Wenn der Compagnon B das ihm und A gemeinsam gehörige Pferd dem A überlässt mit den Worten: «Füttere es, je nachdem Du es brauchest», so ist das ein incorrekter Miethsvertrag, und wenn das Pferd zu Grunde geht, ist A nicht verantwortlich, ausser im Falle einer Pflichtverletzung.

Wenn der Compagnon A seinen Antheil an einem Pferde verkauft und das Pferd dem Käufer ohne Erlaubniss des Compagnons B übergiebt, so haften beide, der Verkäufer wie der Käufer, für das Pferd, und derjenige, bei dem es zu Grunde geht, ist zu Schadenersatz verpflichtet. 20

Die Geschäftsgebahrung jedes Compagnons muss beflissen sein, nicht bloss Schaden zu vermeiden, sondern Gewinn zu erzielen.

Wie der geschäftsführende Compagnon nicht auf Credit verkaufen soll, soll er nur gegen baares Landesgeld verkaufen, *nicht gegen Waare.*

Wenn die Geschäftsführung an einem Orte Statt finden muss, der von dem Orte des Contraktschlusses weit entfernt ist, so bedarf der geschäftsführende Compagnon, wenn er auf Kosten des joint stock dorthin reisen will, dazu der Genehmigung des Compagnons, wobei es besonders zu erwähnen ist, wenn es sich um eine Reise über See handelt. 30

Ad e: Gewinn und Verlust trifft die Compagnons pro rata ihrer Antheile. Wenn daher der Compagnie-Vertrag so abgefasst ist, dass Gewinn und Verlust gleich sein sollen bei Verschiedenheit der Antheile, oder umgekehrt, dass sie ungleich sein sollen bei Gleichheit der Antheile, so ist der Vertrag null und nichtig.

Die Basis der Berechnung von Verlust und Gewinn ist der Werth der Bestandtheile des Gesellschaftskapitals, sowohl des fungiblen wie des nicht-fungiblen, wie er war zur Zeit der Bildung des Gesellschaftskapitals. Wenn daher A eine Tonne Getreide im Werthe von 100 Dirhem, B dagegen eine Tonne Getreide im Werthe von 50 Dirhem beisteuerte, so ist A mit $^2/_3$, B mit $^1/_3$ am Gewinn und Verlust betheiligt.

Es ist bei der Gewinn- und Verlust-Vertheilung gleichgültig, ob der eine Compagnon einen grösseren Antheil an der Geschäftsführung gehabt hat als der andere. Wird ein Compagnie-Vertrag so formulirt, dass derjenige, der den grösseren Antheil an der Geschäftsführung hat, den grössten Antheil an dem Gewinn haben soll, ist 10 diese Clausel rechtsunwirksam, d. h. das Compagnie-Geschäft oder die von den Compagnons getroffenen Verfügungen bestehen zu Recht, aber die Gewinn- bezw. Verlust-Berechnung geschieht nach dem Gesetz, d. i. pro rata der Einlagen, während die Compagnons ihre beiderseitigen Ansprüche auf Honorar für die von ihnen gehabte Mühewaltung gegeneinander ausgleichen. A besitzt 2000 Denare von dem Compagniekapital, B 1000. Die Arbeit, die jeder der Compagnons aufgewendet hat, repräsentirt den Werth von 100 Denaren. Ein Drittel der von A geleisteten Arbeit ist dem B zu Gute gekommen, während von der Arbeit des B zwei Drittel dem 20 A zu Gute gekommen sind; sie vergleichen sich also darauf, dass A dem B ein Drittel Honorar ($33^1/_3$ Denare) zahlt.

§ 2. Von dem Compagnie-Vertrage kann jeder der Contrahenten jeder Zeit zurücktreten, auch dann, wenn die Geschäftsführung bereits begonnen hat.

Wenn der Compagnon A dem Compagnon B das Geschäft kündigt, kann B nur noch über seinen eigenen Antheil des joint stock verfügen. Dagegen kann der kündigende A über den ganzen stock verfügen, solange ihm nicht auch B seinerseits den Compagnie-Vertrag gekündigt hat.   30

§ 3. Tod oder Wahnsinn des einen oder beider Contrahenten hebt den Compagnie-Vertrag auf, ebenso leichtere oder schwerere Ohnmachtsanfälle (Epilepsie). Wenn durch dergleichen der Vertrag aufgehoben ist, dennoch aber die Contrahenten oder ihre Vertreter die Fortdauer desselben wünschen, muss ein neuer Vertrag geschlossen werden.

§ 1. Mandant kann nur derjenige sein, der selbst die freie Verfügung über die res mandanda hat; Mandatar nur derjenige, der selbst verfügungsberechtigt ist.

§ 2. Der Mandatsvertrag ist einseitig lösbar.

Jeder der Contrahenten kann ihn aufheben, wann er will.

Er wird aufgehoben durch den Tod eines der beiden Contrahenten.

§ 3. Der Mandatar handelt[1]) als Vertrauensperson.

Er kann nur dann für das Mandat verantwortlich gemacht werden, wenn er sich eine Unterlassung zu Schulden kommen lässt.

§ 4. Der Mandatar kann über das mandatum durch Kauf und Verkauf nur unter folgenden drei Bedingungen verfügen:

a) Er darf nicht gegen einen geringeren als den Durchschnittspreis verkaufen;

b) er darf nur gegen Baarzahlung verkaufen und

c) nur gegen currente Landesmünze.

§ 5. Der Mandatar darf nichts von dem mandatum an sich selbst verkaufen.

§ 6. Der Mandatar darf nicht zu Lasten des Mandanten ein Bekenntniss machen, es sei denn mit dessen Erlaubniss.

---

[1]) Eine Lesart fügt hinzu: „rücksichtlich dessen, was er empfängt und dessen, was er ausgiebt."

KAP. 10.

M A N D A T.

ANMERKUNGEN.

Der Mandats- oder Vollmachts-Vertrag besteht darin, dass A eine Sache, welche durch einen Stellvertreter erledigt werden kann, dem B zur Erledigung während seiner (des Mandanten) Lebenszeit übergiebt. Dadurch, dass die Erledigung *zu Lebzeiten des Mandanten* geschieht, unterscheidet sich dieser Vertrag von der Einsetzung eines Testaments-Vollstreckers, durch welche die Erledigung einer Sache *nach dem Tode des Mandanten* vereinbart wird. Es ist für das Wesen des Mandatsvertrages gleichgültig, ob der Mandatar von dem Mandanten ein Honorar empfängt oder nicht.

Die Elemente der Lehre vom Mandat sind vier: 10

    a) der Mandant,

    b) der Mandatar,

    c) das Mandat,

    d) der Vertrag.

Die Uebernahme eines Mandats ist *verboten*, wenn sie in der Sache eine Hülfeleistung zu etwas Verbotenem ist; sie ist *Pflicht*, wenn durch sie ein anderer Mensch vor Schaden bewahrt werden kann.

Wenn A den B mündlich oder schriftlich zu seinem Mandatar erklärt, so gilt das Nicht-Ablehnen des Mandats gleich Annahme, 20 und es bedarf nicht mehr einer ausdrücklichen Annahme-Erklärung. Wenn A zu B spricht: «Mach mich zu Deinem Mandatar in der und der Sache» und B übergiebt sie ihm ohne weitere Erklärung, so ist dies eine gültige Form der Mandatsertheilung, wobei es einerlei ist, ob die Mandatsertheilung sofort oder später erfolgt.

Das Mandat kann auf eine bestimmte Zeitdauer beschränkt sein. «Ich mache Dich zu meinem Mandatar in dieser Sache für

die Dauer eines Monats». Dagegen darf man nicht die Mandatsertheilung von dem Eintreffen einer Bedingung abhängig machen,
also nicht sagen: «Wenn der Ramaḍân kommt, mache ich Dich zu
meinem Mandatar.» Wenn aber trotzdem, nachdem der Ramaḍân
gekommen, der Angeredete in der Sache etwas verfügt, ist seine
Verfugung rechtskräftig, weil angenommen wird, dass der Sprechende
seine Erlaubniss dazu in jenen Worten ertheilt habe. Wenn Jemand
in definitiver Form einem Anderen ein Mandat ertheilt, aber die
zu treffende Verfügung von dem Eintreffen einer Bedingung abhängig macht, so ist das rechtlich zulässig. Beispiel: «Ich mache 10
Dich zum Mandatar über die und die Sache, und wenn der Ramaḍân kommt, verkaufe sie.»

Wenn der Mandatar einen Vertrag abschliesst, so gelten die
Bedingungen desselben für ihn, nicht für den Mandanten, z. B. bei
dem Kauf die Bestimmungen über das Inaugenscheinnehmen des
gekauften Objektes, über das Verlassen des Verhandlungsortes u. s. w.
Wenn während der Optionsfrist der Mandatar den Vertrag aufhebt,
so bleibt er aufgehoben, selbst wenn der Mandant ihn für gültig
erklärt.

Der Verkäufer hat das Recht, den Preis einer von dem Man- 20
datar ihm abgekauften Sache von dem Mandatar zu fordern, a) falls
dieser ihn von dem Mandanten empfangen hat, und b) wenn er
ihn nicht empfangen hat, aber der Preis nicht ein individuell bestimmtes Objekt (also z. B. nicht *bestimmte* individuell bezeichnete
zwanzig Denare) ist, sondern ein nicht individuell bestimmtes Objekt (wie z. B. zwanzig Denare im Allgemeinen). Ist dagegen der
Preis ein individuell genau bestimmtes Objekt, so darf der Verkäufer
es von dem Mandatar nicht fordern, wenn dieser es nicht von dem
Mandanten empfangen hat.

Wenn A behauptet, er habe als Mandatar des B eine Schuld 30
von X einzukassiren, so ist X nur dann zur Zahlung *verpflichtet*,
wenn A den Beweis für sein Mandat vorbringt; es steht ihm aber
frei, die Zahlung zu leisten, wenn er das Mandat nicht bezweifelt,
weil in dem Fall auch nach seiner Ansicht A zu der Forderung
berechtigt ist. Anders dagegen liegt die Sache in folgendem Fall:
Wenn A behauptet, als Mandatar des B eine Schuld von X ein-
kassiren zu sollen, indem er behauptet, dass dem B die Schuld

cedirt worden sei oder dass B sie geerbt oder als Legat bekommen habe, so *muss* X die Zahlung leisten, wenn er die Aussage des A für wahr hält, weil er damit anerkennt, dass das Besitzrecht an dem Objekt auf B übergegangen ist.

§ 1. Wer nicht verfügungsberechtigt ist, wie z. B. ein Kind oder ein Wahnsinniger, kann nicht Mandant, nicht Mandatar sein. Dasselbe gilt von dem Ohnmächtigen, demjenigen Betrunkenen, der unabsichtlich betrunken geworden, sowie von demjenigen, der nicht gesetzlich unbescholten ist. Wenn daher ein Weib, das eine Ehe eingehen will, einen Mann, der nicht gesetzlich unbescholten ist, zu 10 ihrem Brautanwalt macht, so ist eine unter dessen Vermittelung abgeschlossene Ehe null und nichtig. Vgl. Buch I § 6. 6.

Der Mandant muss die Verfügung über die res mandanda haben, sei es als Besitzer, sei es als Vormund. Der Vormund kann sich in den Geschäften der Vormundschaft für Unmündige, Geisteskranke und Verschwender vertreten lassen.

Die *positive* Definition des Mandanten (wer verfügungsberechtigt über eine Sache ist, kann sie einem Mandatar übergeben) erleidet folgende Ausnahmen:

a) Wer ein Blutrecht gegen einen Anderen hat, darf, um zu 20 ihm zu gelangen, die Thür seines Hauses einschlagen oder ein Loch in die Mauer desselben reissen, er darf sich aber hierin nicht vertreten lassen.

b) Wenn ein rite constituirter Mandatar im Stande ist, ein Mandat auszuüben, und die Ausübung desselben nicht unangemessen für ihn ist, darf er sich in der Ausübung seines Mandats nicht vertreten lassen. Dagegen darf er sich vertreten lassen, wenn er nicht im Stande ist, das Mandat auszuüben, oder wenn die Ausübung desselben für ihn nicht angemessen ist.

c) Der mit Erlaubniss seines Herrn Handel treibende Sklave 30 (vgl. S. 354. 355) ist selbst verfügungsberechtigt, darf sich aber nicht vertreten lassen.

d) Der unter Curatel stehende Verschwender darf mit Erlaubniss seines Vormundes sich verheirathen und in dieser Sache frei verfügen, darf sich aber in ihr nicht vertreten lassen.

Die *negative* Definition des Mandanten (wer nicht verfügungsberechtigt ist, darf nicht u. s. w.) erleidet folgende Ausnahmen:

a) Der Blinde darf über seinen Besitz nicht verfügen, falls zu dieser Verfügungsart das Sehen erforderlich ist, er darf sich aber vertreten lassen.

b) Wer als Pilger im heiligen Gebiete von Mekka weilt, darf nicht heirathen noch sich scheiden, darf aber einen Mandatar ernennen, damit er als gültig für die Zeit, wo der Mandant nicht mehr als Pilger im heiligen Gebiete weilt, eine Ehe oder Scheidung für ihn verfüge. Ausserdem darf ein nicht im heiligen Gebiet weilender Muslim (A) einem in demselben weilenden Pilger (B) das Mandat geben, dass er eine ausserhalb des heiligen Gebietes weilende Per- 10 son (C) zu seinem (des A) Mandatar für die Vereinbarung eines Ehevertrages für A ernenne.

Alle Dinge, die Jemand für sich verfügen darf, darf er auch als Vertreter eines Anderen verfügen. Die negative Fassung dieser Erklärung (alle Dinge, die Jemand nicht für sich selbst verfügen darf, darf er auch nicht als Vertreter eines Anderen verfügen) erleidet folgende Ausnahmen:

a) Eine Ehefrau kann nicht für die Scheidung ihrer Ehe einen Mandatar bestellen, sie kann aber für eine andere Ehefrau (z. B. auf Veranlassung ihres Vormundes) bei deren Ehescheidung als Mandatar fungiren. 20

b) Der Verschwender und der Sklave können als Mandatare fungiren bei der Entgegennahme eines Ehe-Versprechens auch ohne Erlaubniss des Vormundes resp. des Herrn, nicht aber bei dem Angebot desselben.

c) Ein Kind, das als wahrhaftig bekannt ist, darf Mandatar sein, indem es z. B. einer fremden Person erlaubt, das Haus seiner Eltern zu betreten, oder indem es ein Geschenk überbringt. Wenn ein unfreies Mädchen zu A spricht: „Mein Herr schickt mich Dir als Geschenk" und er ihre Aussage für wahr hält, darf er (A) über sie verfügen. Wenn ein Kind seinen Auftrag nicht auszurichten 30 vermag, darf es seinen Auftrag an eine dritte Person weitergeben.

Die zum Mandatar zu machende Persönlichkeit muss individuell genau angegeben werden, so dass eine Personen-Verwechslung ausgeschlossen ist.

Das Mandat muss genau bekannt sein und genau angegeben werden. Es muss ferner derartig sein, dass es durch Stellvertretung erledigt werden kann, also z. B. jede Art von Vertrag wie Verkauf und Geschenk, die Annullirung von Verträgen, die Uebernahme oder Uebergabe von Dingen, ein Rechtsstreit, die Entgegennahme eines vom Gericht dem Mandanten zugesprochenen Sühne- oder Entschädigungs-Geldes u. a.

Religiöse Verpflichtungen wie Gebet und Fasten können nicht durch einen Mandatar erledigt werden, ebensowenig der Eidschwur, Zeugniss, Gelübde, ferner die beiden Formen der Ehelösung *îlâ* und *zihâr* (s. Buch I §§ 38. 39). Ausgenommen sind die Wallfahrt nach Mekka, die grössere wie die kleinere ('umra), und die Vertheilung von Armensteuer, welche beide durch Stellvertretung erledigt werden können; ebenso die vorschriftsmässige Behandlung der Leiche eines Angehörigen mit Ausnahme des Gebets über dieselbe, das nicht durch Procura erledigt werden kann.

Die res mandata muss sich im Moment der Mandatsertheilung im Besitz des Mandanten befinden. Ein Mandat über ein in Zukunft dem Mandanten zukommendes Objekt oder betreffend die Scheidung von einer Frau, die der Mandant erst zu heirathen gedenkt, ist ungültig.

§ 2. Der Mandatsvertrag ist einseitig lösbar, auch dann, wenn der Mandatar von dem Mandanten irgend eine Art Entgelt bekommt, und ist deshalb wohl zu unterscheiden von dem Mieths- oder Lohn-Vertrage, der *nicht* einseitig lösbar ist.

Der Mandatsvertrag wird gelöst:

a) Durch eine Willensäusserung des Mandanten oder des Mandatars. Wenn der *Mandant* das Mandat aufhebt, ist der Effekt ein sofortiger, einerlei ob der Mandatar bei der Aufhebung zugegen ist oder nicht, also erst später davon erfährt. Hierbei ist aber die Bestimmung zu beachten, dass, wenn der res mandata ein Schaden droht, der Mandatar nicht eher den Vertrag kündigen noch die Kündigung des Mandanten annehmen darf, als bis der Mandant oder sein Bevollmächtigter sich eingefunden hat. Die letztere Bestimmung gilt auch für den Testamentsvollstrecker (Nihâje IV, S. 39, 3—6).

Nach dem Minhâg II, 67.68 hat die Kündigung des Mandanten nach einer Ansicht sofortigen Effekt, nach anderer Ansicht hebt sie den Vertrag erst in dem Moment auf, wo die Nachricht der

Kundigung den Mandatar erreicht. Dagegen hat die Kündigung des Mandatars sofortigen Effekt (Nihâje IV, 41, 1).[1]

b) durch den Tod des Mandanten oder des Mandatars.

c) Dadurch, dass der eine der Contrahenten aufhört verfügungsberechtigt zu sein, indem er z. B. wahnsinnig, ohnmächtig, Sklave, unter Curatel gestellt wird, oder indem er aufhört bürgerlich unbescholten zu sein; andererseits auch dadurch, dass der Mandant durch irgendeine Handlung sich des Verfügungsrechts über die Sache oder ihre Nutzung begiebt, indem er sie z. B. verkauft, als Stiftung fortgiebt oder sie vermiethet, verpfändet.   10

d) Dadurch, dass Jemand bona fide leugnet Mandant oder Mandatar zu sein. Wenn aber Jemand aus nachweislicher Vergesslichkeit oder Absicht (z. B. der Absicht einer Verschleierung des Thatbestandes) einen Mandatsvertrag leugnet, wird derselbe durch eine solche Leugnung nicht aufgehoben.

Wenn zwischen zwei Personen ein Streit entsteht über das Objekt eines zwischen ihnen abgeschlossenen Mandatsvertrags oder über diese oder jene Modalität der Ausführung des Mandats, wird dem Mandanten der Eid auferlegt und demgemäss entschieden. (Nibâje IV, 42,8—10).   20

§ 3. Der Mandatar ist Vertrauensperson, Depositar, einerlei, ob er honorirt ist oder nicht, und seine durch einen Eid bekräftigte Aussage ist entscheidend, wenn er behauptet, dass die res mandata bei ihm zu Grunde gegangen, gestohlen sei oder dass er sie *dem Mandanten* zurückgegeben habe. Behauptet er dagegen sie *einem Andern als dem Mandanten* zurückgegeben zu haben, z. B. dessen Boten oder Erben, so muss er den Beweis dafür liefern. Diese Bestimmung gilt für Jeden, der auf Treu und Glauben etwas von einem Anderen übernimmt, ausgenommen den Pfandnehmer (Kap. 3. § 3. Anm.) und den Miether (Kap. 17, § 5. Anm.).   30

Der Mandatar haftet nicht für die res mandata, ausser im Fall eines Pflichtversäumnisses, sei es beabsichtigt oder unbeabsichtigt

---

[1] Unter allen Umständen bleibt die res mandata unter der Verfügung des Mandatars, bis er die Aufhebung des Mandatsvertrages erfährt, mit welchem Moment er verpflichtet ist das Objekt dem Mandanten zurückzugeben. Was er bis dahin verfügt, ist gültig; seine Verfügung ist die eines Depositars, nicht die eines Mandatars.

gewesen,[1]) wenn er z. B. aus Vergesslichkeit ein ihm übergebenes Pferd des Mandanten reitet oder sein Gewand trägt und es dadurch zu Grunde geht.

Wenn der Mandatar ein solches Pflichtversäumniss begeht, hört er dadurch nicht auf Mandatar zu sein, so dass er auch noch in der Folgezeit über die res mandata verfügen darf. Wenn dagegen der Depositar ein Pflichtversäumniss begeht, hört er dadurch eo ipso auf Depositar zu sein. Vgl. Kap. 25 Anm. zu § 2.

Als ein Pflichtversäumniss ist es anzusehen, wenn der Mandatar ohne ausreichenden Grund den Mandanten verhindert, sich 10 seines Besitzes, der res mandata, zu bedienen; ferner wenn der Mandatar etwas für seinen Mandanten Verkauftes, bevor er noch den Preis empfangen hat, dem Käufer übergiebt, sofern er dies nicht mit specieller Erlaubniss des Mandanten oder auf speciellen Befehl des Richters thut.

Wenn der Mandatar die res mandata verkauft, sie ihm aber wegen eines Fehlers zurückgegeben wird, haftet er weiterhin dafür, d. h. seine *Haftung* dauert dadurch fort (bis zur Rückgabe), nicht aber seine *Verfügungsberechtigung*. Will er über das zurückerhaltene Objekt weiter verfügen, so bedarf es dazu einer neuen Ermächti- 20 gung von Seiten des Mandanten. Wenn der Mandatar eine Sache für den Mandanten verkauft und darauf der Verkaufsvertrag aus irgendeinem Grunde (nicht wegen Rückgabe wegen eines Fehlers) annullirt wird, kann er sie zum zweiten Mal verkaufen, weil die Berechtigung als in Folge des ersten Mandats noch vorhanden angesehen wird.

Ein Pflichtversäumniss des Mandatars liegt nur dann vor, wenn er die verkaufte Waare vor Empfangnahme des Preises verkauft, sofern dieser Preis *sofort zahlbar* war. Hat er dagegen auf Credit gegen Zahlungsleistung zu einem bestimmten Termine verkauft, so 30 darf er die verkaufte Waare dem Käufer übergeben, bevor er den Preis empfangen, aber den fällig gewordenen Preis darf er nur dann in Empfang nehmen, wenn ihm dazu eine neue Ermächtigung von Seiten des Mandanten gegeben worden ist.

---

[1]) Dem تفريط steht gegenüber التعدّى d. i. *absichtlich* begangenes Unrecht.

§ 4. Vom Mandat betreffend Verkauf oder Kauf. Die folgenden Bestimmungen betreffend das Verkaufsmandat gelten sensu inverso auch von dem Kaufsmandat. Wenn der Mandatar bei dem Verkauf einer Sache gegen die Bestimmungen dieses § verstösst, ist der Verkauf ungültig. *Ist das Objekt noch vorhanden,* kann der Verkäufer es von dem Käufer zurückfordern und dann ohne neue Vollmacht es zum zweiten Mal verkaufen; *ist das Objekt nicht mehr vorhanden* (d. h. existirt es in der Hand des Käufers nicht mehr), so hat der Mandant ein Anrecht auf Ersatz seines Werthes und kann dies Recht geltend machen je nach Belieben gegen seinen Mandatar 10 oder gegen den Käufer. Zwingt er den Mandatar, ihm den Ersatz zu leisten, so kann der Mandatar sich schadlos machen durch den Käufer.

Ein Verkaufsmandat kann ganz allgemein gehalten sein, — für dies gelten die Bestimmungen dieses § —, oder es ist verklausulirt. Der Mandant kann den Preis bestimmen, gegen den das Objekt verkauft werden soll; er kann auch bestimmen, dass es auf Credit verkauft werden soll. Wenn er den Termin, zu dem der Preis gezahlt werden soll, nicht fixirt, so bestimmt der Mandatar einen der im lokalen Gebrauch üblichen Termine, oder wenn ein solcher Gebrauch nicht vorhanden, bestimmt er den Termin so, wie es für 20 seinen Mandanten das vortheilhafteste ist, muss aber sich dies von Zeugen bezeugen lassen.

Wenn der Mandant den Termin der Preiszahlung festsetzt, hat der Mandatar ihn innezuhalten. Wenn er aber in Abweichung von dieser Bestimmung gegen Baar verkauft oder mit einem kürzeren Zahlungstermin, als der Mandant angesetzt hatte, z. B. mit dem Termin *nach 1 Monat*, während der Mandant die Zeit 2 Monate nach dem Verkaufscontrakt als Termin bestimmt hatte, so ist ein solcher Verkauf gültig, sofern nicht der Mandant ein Veto einlegt, ihm nicht ein Schaden daraus erwächst, wie z. B. eine Herab- 30 drückung des Preises[1]) oder eine Verlängerung der Zeit, während der er das Objekt zu unterhalten und aufzubewahren hat[2]) und sofern

---

[1]) Wer etwas verkaufen will, rechnet vielleicht darauf, dass er nach *zwei* Monaten einen höheren Preis erzielen wird, als nach *einem* Monat.

[2]) Wer am 1. Februar Weizen verkauft gegen einen zum 1. April zu zahlenden Preis in Gestalt eines Pferdes, wird geschädigt, wenn

er nicht eine bestimmte Person als den von ihm gewollten Käufer
bezeichnet hat. Wenn diese Bedingungen nicht erfüllt sind, nimmt
man an, dass der Mandatar nicht den Vortheil seines Mandanten,
sondern den Vortheil der mit ihm contrahirenden Person im Auge
gehabt hat, und das Geschäft ist null und nichtig.

Ein Verkaufsmandat kann lauten:

a) „Verkauf gegen was Du willst." In diesem Falle hat der
Mandatar das Recht, als Preis etwas anderes als die Landesmünze
anzunehmen; indessen ohne irgendwelche Verkleinerung und nicht
auf Credit zahlbar.   10

b) „Verkauf gegen wie viel Du willst." In diesem Falle muss
der Mandatar gegen Landesmünze verkaufen, aber nicht auf Credit,
im Uebrigen darf der Preis unanständig gering sein. Der Verkauf
gilt auch dann, wenn ein Käufer vorhanden sein sollte, der einen
höheren Preis zu zahlen bereit ist.

c) „Verkauf, wie Du willst." In diesem Falle kann der Mandatar gegen Baar wie auf Credit verkaufen, aber nicht gegen einen
ungebührlich geringen Preis, und nur gegen Landesmünze.

d) „Verkauf gegen Grosses oder Geringes." In diesem Fall
kann der Mandatar gegen irgendein Objekt verkaufen zu einem   20
ungebührlich niedrigen Preise, nicht aber auf Credit.

Zu den einzelnen Bedingungen dieses § ist folgendes zu bemerken:

Ad a: Der Durchschnittspreis soll innegehalten und nicht um einen
solchen Betrag unter denselben heruntergegangen werden, dass man
nach lokalem Usus das Verfahren des Mandatars als ein betrüge-
risches bezeichnen muss. Dagegen darf der Mandatar bei dem Verkauf einen höheren Preis nehmen, bei dem Kauf einen niedrigeren
Preis geben.

Wer ein Kaufmandat hat, darf nur eine fehlerfreie Waare   30
kaufen.

Ein Verkauf des Mandatars zu einem ungebührlich geringen
Preise ist ungültig, während eine geringe Abweichung von dem

---

sein Mandatar sich den Preis schon zum ersten März zahlen lässt,
da er (der Mandant) nun gezwungen ist, das Pferd während eines
ganzen Monats, in dem er des Pferdes vielleicht gar nicht bedarf,
füttern zu müssen.

Durchschnittspreise nicht in Betracht kommt. Wenn der Mandatar zum Durchschnittspreise verkauft, während ein Käufer da ist, der einen höheren Preis zu zahlen sich erbietet, selbst wenn er erst dann auftritt, nachdem der Mandatar schon den Verkaufscontrakt abgeschlossen, aber noch seinerseits das Recht der optio hat, so ist der Verkauf ungültig, wenn die Differenz so gross ist, dass das Verfahren des Mandatars als betrügerisch angesehen werden muss. Er muss zunächst das Objekt dem höher bietenden verkaufen; thut er das nicht, so bleibt auch der zuerst von ihm verabredete Verkaufscontrakt nicht in Kraft, sondern ist null und nichtig.   10

Welche Preisdifferenz zulässig, welche ungebührlich ist, kann nur nach dem lokalen Usus bestimmt werden.

Ad b: Verkauf auf Credit ist ausgeschlossen, zulässig nur derjenige gegen Baàrzahlung, wobei es indifferent ist, wenn etwa durch Creditirung ein höherer Verkaufspreis erzielt werden kann.

Ad c: Der Preis muss in Landesmünze gezahlt werden, d. h. in der Münze des Landes, in dem der Verkauf Statt findet, nicht des Landes, in dem der Auftrag gegeben ist. Hat das Land zwei Münzsysteme, so ist der Preis nach dem vorherrschenden zu bestimmen, oder falls sie einander gleichstehen, nach demjenigen, der 20 für den Mandanten der vortheilhafteste ist.

In den älteren Rechtsbüchern gelten nur Gold- und Silber-Münzen als Landesmünze, nicht Kupfermünzen, selbst wenn sie amtlichen Curs hatten. Richtiger bestimmt sind alle diejenigen Werthobjekte zulässig, welche in dem Verkehr des Landes gewohnheitsmässig als Werthmesser gebraucht werden, sei es Geld oder Geldes Werth.

§ 5. Wer ein allgemeines Verkaufsmandat hat, darf die res mandata oder einen Theil derselben nicht an sich selbst noch an sein unmündiges Kind, überhaupt nicht an ein seiner Vormundschaft 30 unterstehendes Wesen (einen Wahnsinnigen oder Verschwender) verkaufen, selbst dann nicht, wenn der Mandant es ausdrücklich erlaubt hat. Wenn der Mandant den Preis bestimmt mit dem Zusatz, dass unter keinen Umständen ein höherer Preis genommen werden soll, so darf auch unter diesen Umständen, wo eine Beeinträchtigung des Mandanten ausgeschlossen ist, der Mandatar dennoch weder an sich selbst noch an sein Mündel verkaufen. Wenn

jedoch der Mandant den Preis fixirt, der Mandatar für sein Mündel
einen besonderen Mandatar bestellt, und der Mandant den Verkauf
an das Mündel genehmigt, ist der Verkauf an dasselbe correkt, und
sein Special-Mandatar muss die gekaufte Sache in Empfang nehmen.

Dementgegen darf der Mandatar die res mandata an seinen
männlichen Ascendenten sowie an seinen *erwachsenen* männlichen
Descendenten, sofern dieser nicht als Verschwender oder Wahnsinniger unter seiner Vormundschaft steht, verkaufen. Mit specieller
Erlaubniss des Mandanten darf indessen der Mandatar auch an
solche von seinen erwachsenen männlichen Descendenten verkaufen, 10
die unter seiner Vormundschaft stehen.

§ 6. Der Mandatar z. B. als Vertreter seines Mandanten vor
Gericht darf nicht zu Lasten des Mandanten ein Geständniss ablegen, er darf weder eine seinem Mandanten zustehende Schuld erlassen noch durch Vergleich eine Ermässigung derselben dem
Schuldner concediren.

Der Zusatz des Textes „es sei denn mit dessen Erlaubniss"
fehlt in manchen Handschriften und muss nach Ibn Ḳâsim fehlen,
da man nur in eigener Person, nicht durch einen Mandatar ein Geständniss vor Gericht ablegen kann (vgl. Kap. 11), wie man nur in 20
Person vor Gericht Zeugniss ablegen kann.   Nach Baguri kann allerdings ein Mandatar für einen Mandanten vor Gericht ein Geständniss ablegen, wenn die Vollmacht in folgenden Worten ertheilt ist:

„Ich gebe Dir das Mandat, dass Du *für mich* das Geständniss
ablegst, dass *ich* dem N. N. 1000 Denare schulde", d. h. wenn genau
ausgedrückt ist, dass das Geständniss *für den Mandanten* abgelegt
wird und dass *der Mandant* der Schuldner ist.

GESTAENDNISS.

TEXT.

---

§ 1. Das Geständniss kann sich auf zweierlei Dinge beziehen:

    a) auf Rechte, die Gott zustehen, und

    b) auf Rechte, die Menschen zustehen.

§ 2. Man kann ein auf ein Recht Gottes bezügliches Geständniss zurücknehmen, nicht aber ein auf das Recht eines Menschen bezügliches.

§ 3. Das Geständniss ist rechtskräftig, wenn es folgenden Bedingungen entspricht:

    a) wenn der Geständige grossjährig ist;

    b) wenn er im Vollbesitz der Geisteskräfte ist;

    c) wenn er nach freiem Willen handelt.

Falls sich das Geständniss auf Besitz bezieht, muss noch eine vierte Bedingung erfüllt sein:

    d) wenn er allgemein verfügungsberechtigt ist.

§ 4. Wenn Jemand ein Geständniss über eine unbekannte Sache macht, ist er verpflichtet, nähere Auskunft über dieselbe zu geben.

§ 5. Der Geständige kann von seinem Geständniss etwas ausnehmen, wenn er die Ausnahme unmittelbar an das Geständniss anschliesst.

§ 6. Das Geständniss ist gültig, einerlei ob der Geständige es in gesundem oder krankem Zustande gemacht hat.

GESTAENDNISS.

ANMERKUNGEN.

Das Geständniss ist die Aussage eines Menschen, dass einem Anderen ein Recht gegen den Aussagenden zusteht, während das *Zeugniss* eine Aussage des Inhalts ist, dass dem A ein Recht gegen B zusteht. Der *Rechtsanspruch* oder die *Klage* ist, insofern sie eine dahin lautende Aussage ist, dass dem Sprechenden ein Recht gegen einen Anderen zusteht, das gerade Gegentheil von einem Geständniss.

Die Hauptgegenstände der Lehre vom Geständniss sind vier:

1. der Geständige;
2. derjenige, zu dessen Gunsten das Geständniss abgelegt wird; 10
3. das Objekt des Geständnisses und
4. Die Form desselben.

Von dem Geständigen ist in § 1 die Rede. Ueber denjenigen, zu dessen Gunsten das Geständniss gemacht wird, gelten folgende Bestimmungen:

Er muss genau angegeben, individuell bekannt sein, da eventuell von ihm erwartet wird, dass er einen Process erhebt, um zu seinem Rechte zu gelangen. Wenn A spricht: „Der einen von diesen drei Personen schulde ich das und das", ist das Geständniss gültig, nicht dagegen, wenn er sagt „einem von den Bewohnern des Ortes", 20 ausgenommen in dem Fall, wenn die Zahl derselben sehr gering ist.

Er muss im Stande sein, das Objekt des Geständnisses für sich in Anspruch zu nehmen, es zu seinem Recht zu machen. Ein Geständniss zu Gunsten eines Thieres ist ungültig, ausgenommen ein Geständniss, z. B. für Pferde, die für Zwecke des Glaubenskrieges *gestiftet* sind. Ein Geständniss zu Gunsten eines Embryo ist ungültig.

Wenn Zaid, zu dessen Gunsten das Geständniss gemacht ist,
die Richtigkeit desselben leugnet, also auch sich weigert es anzunehmen, ist dasselbe null und nichtig, und hieran wird auch dann
nichts geändert, wenn Zaid seine Ansicht ändert und das Geständniss, für richtig erklärt. Wenn indessen das Objekt des Geständnisses
das Aequivalent für eine Gegenleistung ist, so bleibt das Geständniss auch dann in Kraft, wenn Zaid es zuerst für unrichtig, darauf für
richtig erklärt hat. Wenn z. B. eine Frau zu ihrem früheren Ehemann
spricht: „Du hast die Ehe mit mir gelöst, nachdem ich mich von Dir
losgekauft habe, und ich bekenne, dass ich Dir das und das schulde", 10
und wenn der Ehemann dies Geständniss zuerst für falsch und
darauf für richtig erklärt, so fällt ihm das Objekt des Geständnisses
zu, und es bedarf dazu nicht, wie in jedem andern Falle erforderlich
sein würde, eines zweiten Geständnisses. (Es ist in diesem Falle
die Präsumption dafür, dass das Objekt zu der Loskaufssumme gehört, mit der die Frau ihre Scheidung von dem Manne erkauft hat,
oder damit irgendwie zusammenhängt).

Für das Objekt des Bekenntnisses gelten folgende Bestimmungen:

Das Objekt darf nicht Besitz des Geständigen sein. Wenn 20
aber Jemand erklärt: „Dies gehört dem Zaid; es war mein Besitz
bis zum Moment dieses Geständnisses" oder „Dies ist mein Besitz,
er gehört von jetzt ab dem Zaid", so ist das Geständniss rechtskräftig.

Ferner muss das Objekt in der Hand oder Verfügung des Geständigen sein, wenn auch nicht im Moment des Geständnisses, so
doch im Moment der Ausführung des Geständnisses. Wenn Jemand
gesteht, dass der Sklave seines Nachbars frei ist, und darauf ihn
kauft, so gelangt das Geständniss zur Ausführung. Dieser Kauf
ist auf Seiten des Geständigen der Loskauf eines Gefangenen aus 30
der Gefangenschaft, von Seiten des Verkäufers ein einfacher Verkauf. Daher steht letzterem die optio zu, nicht dem ersteren.

Die Formel des Geständnisses muss ein Ausdruck sein, der
eine Verpflichtung auf Seiten des Geständigen ausdrückt;[1]) genügend
ist auch die verständliche Geste eines Taubstummen. Ist der ge-

---

لِزَيدٍ عَلَيّ كذا (¹.

wählte Ausdruck derartig, dass er auch noch etwas anderes bezeichnen kann, so muss der Geständige eventuell erklären, dass er
ein Geständniss und nichts anderes beabsichtigt habe.

Wenn der Ausdruck für die Verpflichtung des Geständigen
fehlt, ist das Geständniss nur dann gültig, wenn das Objekt genau
angegeben ist.[1]) Anderweitige, mehr umschreibende oder indirekte
Ausdrucksweisen für ein Geständniss sind mit Bezug auf ihre Gültigkeit nach dem lokalen Usus zu prüfen.

§ 1. Die Rechte Gottes sind entweder rein, ungemischt oder
mit menschlichen Interessen vermischt. Zu jener Art gehört das 10
Anrecht Gottes auf die Bestrafung des Diebes, der Unzucht
oder des Weintrinkens; zu dieser Art sein Anrecht auf die
Armensteuer (*Zakât*) und auf die Busse (s. z. B. Buch VI, Theil 1,
§ 23), weil diese Leistungen verschiedenen Menschen zu Gute kommen.
Ein Geständniss über ein reines Gottesrecht darf zurückgenommen
werden, nicht aber ein Geständniss über ein gemischtes Gottesrecht.

Das Anrecht des Menschen kann ein doppeltes sein, ein Anrecht auf Besitz oder ein Anrecht auf die Bestrafung eines Andern
z. B. wegen Verleumdung (Buch VI, Theil II, § 6—8). Ein Bei- 20
spiel der ersteren Art ist z. B. das Geständniss Jemandes, dass er
einem Anderen Geld schuldet.

§ 2. Beispiel: Jemand bekennt, Unzucht, Diebstahl oder dgl.
begangen zu haben. Später erklärt er, seine erste Aussage sei nicht
richtig oder Lüge gewesen, oder er habe das, was er gethan, nicht
für Unzucht gehalten oder er sei dazu gezwungen worden, so wird
durch das zweite Geständniss das erstere aufgehoben, einerlei ob er
das zweite Geständniss vor der Bestrafung, welche ihm dasselbe zu-
zieht, oder während derselben oder nachher ablegt.[2]) Wenn der
Betreffende an den Folgen der Bestrafung stirbt, nachdem er *wäh-* 30
rend oder *nach* derselben sein Geständniss zurückgenommen, haben
seine Angehörigen nicht das Blutrecht gegen denjenigen, der die

---

[1]) ‎.هذا الثوبُ لفلان‎

[2]) Die Strafe kann nur vollzogen werden, wenn das Delikt
völlig klar bewiesen ist; wenn dagegen noch irgendwelche Unklarheit
oder Unsicherheit ‎شبهة‎ über den Thatbestand vorhanden ist, darf
sie nicht vollzogen werden.

Bestrafung ausgeführt, wohl aber haben sie einen Anspruch auf das Sühnegeld oder einen entsprechenden Theil desselben.

Besser sei es, meint Baguri, ein solches Geständniss überhaupt nicht zu machen, sondern in sich zu gehen, Busse zu thun und sich an Gottes Gnade zu wenden. Ebenso darf der Zeuge sein Zeugniss verweigern, wenn er es für gut befindet. Der Richter soll den Gestandigen darauf hinweisen, dass er sein Geständniss zurücknehmen darf, er soll ihn aber nicht verleiten oder gar auffordern, die Unwahrheit zu sagen.

Wenn das Delikt, z. B. Unzucht, *bewiesen* ist, bleibt eine nach- 10 trägliche Aufhebung des Geständnisses von Seiten des Schuldigen wirkungslos. Wenn das Delikt durch einen Beweis festgestellt ist und nun der Schuldige die That gesteht, sie darauf aber widerruft, so ist der Widerruf wirkungslos, falls er *vor* der Verkündigung des Urtheils erfolgt ist; wenn er dagegen *nachher* erfolgt, ist er insofern zu berücksichtigen, als der Richter bei der Formulirung des Urtheils auf das Geständniss Rücksicht genommen hatte.

Ein Bekenntniss betreffend Rechte Gottes kann widerrufen werden, nicht ein Bekenntniss betreffend Rechte von Menschen, denn Gott ist nachsichtig und verzeihend, aber der Mensch ist hab- 20 süchtig und rechthaberisch.

§ 3. Das Geständniss eines Kindes, selbst eines solchen, das der Mündigkeitsgrenze nahe ist oder das mit Genehmigung seines Vormundes spricht, ist ungültig. Wenn der Geständige bereits neun Lebensjahre vollendet hat und behauptet, mannbar zu sein oder die reguläre Menstruation zu haben, wird diese Aussage ohne Schwur angenommen. Wenn dagegen die Mündigkeit nur mit der Behauptung, dass der Geständige neun Jahre alt sei, begründet wird, muss diese Angabe durch einen Beweis sicher gestellt werden. Wenn der Geständige ohne irgendwelche Begründung behauptet, 30 mündig zu sein, wird diese Angabe ohne weitere Prüfung angenommen.

Die Reden und Thaten des Kindes sind rechtlich wirkungslos, und es soll nach erlangter Mündigkeit für ein vorher gemachtes Geständniss nicht verantwortlich gemacht werden. Gültig dagegen ist das Geständniss, das die betreffende Person, nachdem sie es als Kind gemacht, als erwachsene Person wiederholt. Wenn sie ein

Geständniss macht zu einer Zeit, wo noch über die Frage, ob sie mündig oder unmündig sei, unterhandelt wird, und sie behauptet mündig zu sein, so wird ihr der Eid aufgegeben, sofern die materielle Möglichkeit, dass sie mündig sei, vorhanden ist.

Das Geständniss des Wahnsinnigen, des Epileptikers ist ungültig. Wenn Jemand behauptet ein Geständniss im Wahnsinn gemacht zu haben, wird diese Behauptung angenommen, wenn anderweitig bekannt ist, dass er damals wahnsinnig war.

Auch das Geständniss desjenigen, der nicht ganz bei Verstand ist, wie z. B. des Schlafenden, des Fieberkranken, ist ungültig. Der 10 betreffende Zustand darf aber nicht selbstverschuldet sein; wenn daher Jemand sich betrinkt und im Rausch ein Geständniss macht, ist es gültig. Wer dagegen ohne eigenes Wollen und Wissen berauscht wird und in diesem Zustande ein Bekenntniss ablegt, wird nicht dafür verantwortlich gemacht.

Ein erzwungenes Geständniss ist ungültig, d. h. ein widerrechtlich erzwungenes. Diese Bestimmung steht nicht in Widerspruch mit § 4, weil dort nicht die Gültigkeit eines erzwungenen *Geständnisses*, wohl aber die Gültigkeit der kraft des Gesetzes erzwungenen *Erklärung* zu einem bereits gemachten Geständniss gelehrt wird. 20

Wenn Jemand geprügelt wird, damit er *gesteht*, und er gesteht, so ist ein solches Geständniss null und nichtig. Wenn er aber geprügelt wird, *damit er die Wahrheit spricht*, und er nun während des Prügelns oder hinterher etwas gesteht, so ist dies Geständniss gültig, weil nicht erzwungen. Denn da er so oder anders aussagen konnte, für sich oder gegen sich, so hatte er freie Wahl und kann daher nicht als *gezwungen* angesehen werden. Uebrigens ist dies Beispiel nicht als eine Empfehlung des Prügelns zur Ermittelung der Wahrheit gemeint.

Wenn Jemand, der ein Geständniss abgelegt hat, hinterher be- 30 hauptet, dass er gezwungen worden sei, so wird ihm der Eid aufgegeben und demgemäss entschieden, falls Nebenumstände für die Richtigkeit seiner Aussage sprechen, z. B. die Thatsache, dass er gefangen gehalten wurde. Sind solche Nebenumstände nicht vorhanden, wird seine Aussage nicht angenommen.

Wenn die Beweise für Zwang und für freien Willen sich die Wagschale halten, wird das erstere angenommen. Wenn aber bewiesen wird, dass der Zwang aufgehört habe zu existiren und der betreffende darauf das Geständniss gemacht habe, wird angenommen, dass er es in voller Freiheit gemacht habe.

Wenn sich das Geständniss auf Besitz, Halbbesitz[1]) oder Verheirathung bezieht, ist es nur dann gültig, wenn der Geständige, abgesehen von den bisher genannten drei Eigenschaften, noch die vierte hat, dass er allgemein verfügungsberechtigt[2]) ist. Wenn daher eine wegen ungenügend entwickelter geistiger Fähigkeiten unter Curatel stehende Person, z. B. ein Verschwender, entweder bevor sie unter Curatel gestellt wird oder nachher bekennt, dass sie etwas 10 schuldig sei oder einen Besitz zerstört habe, hat ein solches Bekenntniss keine rechtlichen Folgen, während nach der Ansicht anderer Rechtslehrer ein solches Geständniss insofern gültig ist, als der Geständige nach Aufhebung der Curatel die aus dem Geständniss sich ergebenden Pflichten erfüllen muss.

Das Geständniss des Bankrotten ist gültig, wenn er gesteht eine Schuld zu haben, die aus der Zeit, bevor sein Vermögen unter Sequester gestellt wurde, herstammt. Ist sie erst entstanden nach der Sequestration, so wird sie nicht unter die Forderungen der Gläubiger aufgenommen, aber sie ist rechtskräftig und wird so be- 20 handelt, dass der Geständige, nachdem er aus dem Vermögens-Sequester wegen Bankrott entlassen ist, die eingestandene Verpflichtung zu erfüllen gebunden ist. Es ist selbstverständlich, dass der Bankrotte, solange er unter Vermögenssequester ist, nicht ein gültiges Geständniss machen kann, in Folge dessen irgendeine Verfügung über seine Activa getroffen werden müsste, da er während dieser Zeit über seine Activa überhaupt nicht verfügen kann.

Als eine allgemein verfügungsberechtigte Person wird hier auch der stultus neglectus (s. Kap. 4, Anm. S. 345), z. B. ein erwachsener Verschwender, der aber nicht unter Curatel steht, angesehen. 30 Dagegen ist der Vormund als solcher nicht allgemein verfügungsberechtigt, d. h. er darf kein Bekenntniss zu Lasten des Besitzes seines Mündels machen.

Bekenntnisse über andere Dinge als Besitz, Halbbesitz und Verheirathung sind gültig, z. B. ein Bekenntniss über Ehescheidung,

---

[1]) اختصاص.
[2]) رشيد. Vgl. Kap. 4 Anm. zu § 1. S. 344

wenn sie auch von solchen Personen gemacht werden, die nicht allgemein verfügungsberechtigt sind, wohl aber die erst genannten drei
Eigenschaften haben, also auch ein Bekenntniss über ein Verbrechen,
das eine strafrechtliche Ahndung zur Folge hat. Denn eine solche
Ahndung kann zwar zum Austrag in der Form einer Zahlung von
Besitz kommen, indessen kommt die Besitzfrage hier nicht ab initio
in Betracht, sondern erst in zweiter Instanz.

§ 4. Beispiel: Jemand (A) bekennt, dass er dem Zaid *Etwas* schuldet. Zaid meldet die Sache dem Richter, der Richter fordert den Geständigen auf sich zu erklären. Wenn nun A irgend etwas angiebt, 10
was Besitz sein kann, sei es auch noch so geringwerthig, wie etwa
ein Pfennig, so ist das Geständniss gültig; ebenfalls, wenn er etwas
angiebt, was zwar nicht Besitz sein kann, wohl aber zur Kategorie
der besitzbaren Dinge gehört, wie z. B. ein Weizenkorn, oder
schliesslich etwas, das zwar nicht zur Kategorie der besitzbaren
Dinge gehört, doch aber (zu Halbbesitz) erworben werden kann,
wie z. B. Thierhäute, ein abgerichteter Hund oder ein Düngerhaufen. Schliesslich ist das Geständniss auch dann gültig, wenn A
erklärt, er habe sagen wollen, dass er dem Zaid eine talio oder die
Strafe für Verläumdung oder ein Mitbesitzer-Recht schulde.   20

Wenn dagegen A erklärt, dass er habe sagen wollen, er schulde
dem Zaid einen Krankenbesuch oder einen Gruss oder etwas Unreines, das nicht (einmal zu Halbbesitz) erworben werden kann,
wie z. B. ein Schwein oder einen nicht abgerichteten Hund, so ist
das Geständniss ungültig und wird nicht angenommen.

Wenn das Geständniss lautet, dass er dem Zaid nicht Etwas
oder eine Sache, sondern *ein Recht* schulde, und er hinterher erklärt, er habe damit einen Krankenbesuch oder einen Gruss gemeint,
so wird das Geständniss angenommen.

Wenn im Uebrigen der etwa dunkle oder mehrdeutige Sinn 30
eines Geständnisses nachträglich zu interpretiren ist, soll nur dasjenige angenommen werden, was absolut klar und sicher ist; un-
klare, zweifelhafte Ausdrücke sollen unberücksichtigt bleiben, und
die Interpretation soll nicht darauf ausgehen die Verpflichtung zu
Lasten des Geständigen zu aggraviren.[1])

---

[1]) Baguri II, 5, 24—33; Minhâg II, S. 81—83.

Wenn der Geständige, von Zaid zu einer Deklaration aufgefordert, eine solche Deklaration giebt, mit der Zaid einverstanden
ist, so ist die Sache erledigt. Wenn dagegen Zaid behauptet, dass
mit dem Geständniss etwas Anderes gemeint gewesen sei, so muss
A᾿ (oder eventuell sein Erbe), wenn er dies leugnen will, seine Aussage beschwören; dann ist sie rechtskräftig.

Verweigert A auf die Aufforderung das Richters die erforderliche
Auskunft, so kann ihn der Richter einsperren lassen und so lange
gefangen halten, bis er sich deklarirt.

Stirbt A, bevor er sich deklarirt hat, so geht seine Verpflich- 10
tung auf seinen Erben über. Nach der einen Ansicht kann auch
der Erbe gefangen gehalten werden, bis er erklärt, was das Objekt des Geständnisses seines Erblassers gewesen sei, und die Ausführung der Erbschaftsregulirung wird bis dahin sistirt, da die Erbschaft als mit einem Rechtspfand (s. Kap. 3 S. 323) belastet
angesehen wird. Nach der anderen milderen Ansicht kann der Erbe
nicht gefangen gehalten werden, weil nicht *er* das Geständniss gemacht, doch ist er auch nach dieser Ansicht nicht eher berechtigt
die Erbschaftsregulirung vorzunehmen, als bis er die erforderliche
Auskunft über das Objekt des Geständnisses des Erblassers ge- 20
geben hat.

Hierbei ist bisher vorausgesetzt, dass der Erbe Kenntniss von
dem Objekt des Geständnisses hat. Für den Fall, dass der Erbe
davon nichts weiss,[1]) gelten folgende Bestimmungen:

Wenn der Erbe sich weigert zu beschwören, dass das Objekt
des Geständnisses des Erblassers dasjenige sei, was Zaid behauptet,
da er keine Kenntniss von der Sache habe, wird dem Zaid der Eid
aufgegeben und demgemäss entschieden, d. h. es wird ihm zugesprochen, was nach seiner Behauptung das Objekt des Geständnisses
des A gewesen ist.   30

Wenn weder der Erbe noch Zaid anzugeben vermag, was das
Objekt des Geständnisses gewesen sei, so befiehlt ihnen der Richter
sich zu vergleichen, damit die Hinterlassenschaft von der Belastung
frei wird und die Erbschaftsregulirung erfolgen kann.

---

[1]) Nihâje IV, 73, Rand I.

§ 5. Die Ausnahme muss unmittelbar auf das Geständniss folgen und darf nicht von ihm durch ein längeres Stillschweigen oder durch einen längeren Satz von irgend etwas ganz Anderem getrennt sein. Dagegen darf zwischen dem Geständniss und der Ausnahme sehr wohl ein kürzeres Schweigen wie zum Athemholen oder weil der Redende stottert oder weil er ermüdet ist oder weil er sich etwas überlegt oder ihm die Stimme versagt, in der Mitte liegen. Die Ausnahme kann auch dem Geständniss unmittelbar vorausgehen.[1])

Die Ausnahme muss fünf Bedingungen entsprechen: sie muss an das unde excipitur unmittelbar angefügt werden, sie muss *aus-* 10 *gesprochen* werden,[2]) sie muss so deutlich ausgesprochen werden, dass wenigstens der Sprechende selbst sie hört; ferner muss der Sprechende die exceptio bereits intendirt haben, bevor er mit dem Aussprechen dessen, unde excipitur, fertig ist, und schliesslich darf die res excipienda nicht ebenso gross sein, wie das unde excipitur, oder gar noch grösser. Wenn die exceptio nicht diesen fünf Bedingungen entspricht, ist sie ungültig. Wenn daher Jemand gesteht, dass er dem Zaid zehn Denare schulde, *ausgenommen zehn Denare*, so wird angenommen, dass er dem Zaid zehn Denare schuldet, und die von ihm gemachte Ausnahme ist null und nichtig. Ferner gilt 20 die Regel, dass nur die einzelne Zahl an und für sich gilt, und dass eine Addition der einzelnen Zahlen zu einer Summe nicht zulässig ist, d. h. sofern es sich um die Ausnahme-Rechnung handelt.

Baguri giebt drei Typen der Ausnahme-Formel:

1. „Ich schulde dem Zaid drei Dirhem ausser 2 + 1." In diesem Falle beträgt die Schuld 1 Dirhem. Die beiden Posten der Ausnahme werden nicht addirt, sondern jeder kommt für sich in Betracht. 3—2 = 1, aber 1—1 ist unmöglich, weil das eine so gross wie das andere ist.

2. „Ich schulde dem Zaid einen Dirhem und einen Dirhem und 30 einen Dirhem ausser 1 Dirhem". In diesem Falle beträgt die Schuld 3 Dirhem. Denn der auszunehmende Dirhem ist abzuziehen von dem nächst vorhergehenden, und in diesem Fall ist die eine Zahl

---

[1]) Verschiedene, zum Theil sehr künstliche Arten der Ausnahme s. bei Baguri II, 6, 17—29.

[2]) Also keine reservatio mentalis.

so gross wie die andere. Ferner dürfen in der Ausnahme-Rechnung die einzelnen Ziffern des numerus de quo excipitur nicht als addirt, als eine Summe gelten.

3. „Ich schulde dem Zaid einen Dirhem und *zwei* Dirhem ausser 1 Dirhem und 2 Dirhem". In diesem Fall beträgt die Schuld 2 Dirhem. Wenn der 1 Dirhem von den vorher genannten 2 Dirhem abgezogen wird, bleibt 1. Wenn von dieser 1 die 2 der Ausnahme abgezogen würden, wäre so die abzuziehende Zahl grösser als diejenige, von der sie abgezogen werden soll,[1] weshalb diese Subtraktion null und nichtig ist.   10

§ 6. Der Erbe kann ein den Erblasser belastendes Geständniss machen, das dieselbe Geltung hat wie das Geständniss des Erblassers selbst. Wenn A gesund oder krank gesteht dem Zaid etwas zu schulden, und sein Erbe nach ihm gesteht, dass der Erblasser auch dem Ahmed etwas schuldete, so haben beide Geständnisse gleiche Geltung.

Nach einer Ansicht kann Jemand in seiner Krankheit ein Geständniss zu Gunsten seines Erben wie zu Gunsten irgend eines Fremden machen, und der mögliche Verdacht, dass er einen seiner Erben habe benachtheiligen wollen, soll nicht berücksichtigt werden. 20 Nach anderer Ansicht ist ein solches Geständniss nicht zulässig. Die richtige Ansicht ist die, dass, wenn das Objekt des Bekenntnisses *Besitz* ist und der Verdacht vorliegt, dass der Geständige dadurch einen seiner Erben verkürzen will, das Geständniss nicht zulässig, und es dem, zu dessen Gunsten es gemacht ist, nicht gestattet ist das Objekt des Geständnisses anzunehmen. Wenn es sich dagegen auf etwas Anderes als Besitz bezieht, ist das Geständniss eines Mannes zu Gunsten seines Erben unter allen Umständen gültig, selbst ein solches, das wie ein Geständniss über ein begangenes Verbrechen, für das eine Entschädigung zu zahlen ist, also in fine 30 doch zu einer Zahlung von Geld oder Gut führt.

Wenn Jemand in Gesundheit gesteht dem Zaid etwas zu schulden, und in Krankheit gesteht dem Amr etwas zu schulden, so ist zwischen der Gültigkeit der beiden Geständnisse kein Unterschied, und wenn das Vermögen oder der Nachlass des Geständigen nicht

---

[1] ‏مستغرق‎.

ausreicht beide Schulden zu zahlen, so wird sein vorhandenes Vermögen unter Zaid und Amr pro rata der Schulden getheilt.

Wenn Jemand bekennt dem Zaid z. B. Geld, dagegen dem Amr ein Objekt, z. B. ein bestimmtes Pferd zu schulden, so wird Amr zuerst befriedigt, auch dann, wenn kein weiteres Vermögen als dies Pferd vorhanden ist, denn das Bekenntniss einer Schuld des A hat nicht die Folge, dass sein Activ-Vermögen mit Sequestration belegt wird.

Wenn Jemand in Gesundheit gesteht, dass sein Sklave frei ist, und der Geständige ebenso viele Passiva wie Activa hat, wird der Sklave frei, d. h. scheidet aus seinen Activa aus, denn das Geständniss ist eine *Aussage*, nicht eine geschenkartige Zuwendung, die in diesem Falle unzulässig wäre (s. Kap. 4 S. 352)

KAP. 12.

DARLEHN.

TEXT.

§ 1. Leihobjekt kann alles dasjenige sein, was bei Fortdauer seiner Substanz einen Nutzen gewährt, sofern dieser Nutzen eine Function, nicht eine Substanz ist.

§ 2. Das Darlehn darf zeitlich begrenzt oder unbegrenzt sein.

§ 3. Der Leihnehmer haftet für das Darlehn und zwar für denjenigen Werth, den es am Tage des Zugrundegehens hatte.

KAP. 12.

DARLEHN.

ANMERKUNGEN.

Ein Darlehn geben heisst: in wohlthätiger Gesinnung (wie bei dem Schenken, · nicht um dadurch ein Aequivalent zu gewinnen) einem Anderen den Niessbrauch eines Objektes, das gebraucht werden kann, ohne dass der Gebrauch in der Vernichtung der Substanz besteht, gegen die Verpflichtung zur Rückgabe des Objektes gestatten. Der Leihgeber muss berechtigt sein eine solche geschenkartige Zuwendung zu verfügen, und muss der Besitzer des Nutzens des Objektes, das er ausleiht, sein, falls er nicht zugleich auch der Besitzer der Substanz ist. Wer daher nicht über eine geschenkartige Zuwendung verfügen darf, wie ein Kind oder ein Geistes- 10 kranker, darf auch nicht ein Darlehn geben. Ebenso kann derjenige, der nicht den Nutzen einer Sache *besitzt*, wie z. B. ein Leihnehmer, nicht dieselbe als Darlehn ausleihen, ausgenommen in dem Fall, dass der Leihgeber es gestattet. Dagegen darf der *Miether* das gemiethete Objekt ausleihen.

Ein Darlehn zu geben ist im Sinne der Religion empfehlenswerth, denn Muhammed hat sich einmal ein Pferd zum Reiten und einen Panzer am Tage der Schlacht von Ḥunain geborgt; empfehlenswerth, wenn der Leihnehmer das Objekt nicht für eine solche Zeitlänge benutzen will, welche es mehr angezeigt erscheinen lässt, 20 eine Sache *zu miethen* und nicht als Darlehn zu nehmen. Es ist *verboten* eine Sklavin an einen fremden Mann, einen Sklaven an ein fremdes Weib auszuleihen, denn das Alleinsein des Entleihers mit der Sklavin wie der entleihenden Frau mit dem Sklaven ist verboten. Es ist *widerwärtig*, wenn ein Sohn, z. B. ein servus contrahens (s. Buch II, § 14—19), seinen ihm gehörigen unfreien Vater ausleihen wollte, oder wenn ein Sohn seinen unfreien Vater von

einem Anderen entleihen wollte, um sich seiner Dienste zu bedienen.
Dagegen darf er allerdings seinen Vater entleihen, wenn er es thut,
um demselben angenehme Tage zu bereiten. Es ist ferner *wider-wärtig*, wenn Jemand seinen muslimischen Sklaven an einen Nicht-Muslim ausleihen wollte.

Die Elemente der Lehre vom Darlehn sind:

a) der Leihgeber,

b) der Leihnehmer,

c) das Leihobjekt,

d) die Form des Uebereinkommens, das ein mündliches oder 10
schriftliches sein kann. Auch der Taubstumme, der sich durch eine
Geste verständlich machen kann, ist ein vollgültiger Contrahent. Ein
solches Uebereinkommen gilt als perfekt, wenn der Ausleihenwollende
spricht:

„Ich leihe Dir das und das" oder wenn der Entleihenwollende
spricht: „Leih' mir das und das", und wenn darauf der andere Contrahent durch Wort oder That zu erkennen giebt, dass er mit der
Sache einverstanden ist.

Die Kosten der Rückgabe des Leihobjekts sind von dem Leihnehmer zu bestreiten, nicht die Kosten für das Objekt, d. h. für die 20
Unterhaltung des Objekts, denn diese sind von dem Besitzer zu
bestreiten. Wenn A zu B spricht: „Ich leihe Dir mein Pferd, damit Du es fütterst" oder „Ich leihe Dir mein Pferd, damit Du mir
das Deinige leihst", so ist das nicht ein Darlehns-Vertrag, sondern
ein Miethsvertrag, und zwar ein incorrekter,[1]) weil die Dauer der
Benutzung sowie das Aequivalent (die Miethe) nicht genau fixirt ist.
In diesem Fall hat B die Durchschnittsmiethe zu zahlen, während
B von A den Werth der Fütterung zurückfordern kann und für das
Objekt nicht haftbar ist, selbst nicht in dem Fall, wenn es durch
etwas anderes als den zugestandenen Gebrauch, indessen ohne Pflicht- 30
versäumniss des B bei ihm zu Grunde gegangen ist. B ist ausserdem
nicht verpflichtet das Objekt zurückzugeben noch die Kosten der
Rückgabe zu tragen.

Der Leihnehmer muss individuell bestimmt, bekannt sein, ferner
allgemein verfügungsberechtigt, nicht also ein Kind, Geisteskranker

---

[1]) فاسد.

oder unter Curatel stehender Verschwender. Ein Vormund kann für
sein Mündel ein Darlehn nehmen, aber nur ein solches, für das er
keine Haftung übernimmt, wie z. B. ein Darlehn von Jemandem,
der das Leihobjekt gemiethet hat. Vgl. Minhâg II, 95 Z. 7.

Der Leihnehmer darf sich des Nutzens des Leihobjekts sowohl in
eigener Person wie durch Vermittelung eines Stellvertreters bedienen.

Der Leihgeber muss nach freiem Willen handeln. Er muss,
wenn er nicht die Substanz einer Sache besitzt, wenigstens ihren
Nutzen besitzen, wie z. B. derjenige, der eine Sache gemiethet hat,
oder Jemand, dem durch Testament der Niessbrauch einer Sache, 10
nicht ihre Substanz vermacht worden ist. Die Bestimmung, dass
ein Kind, Geisteskranker oder unter Curatel stehender Verschwender
nicht ein Darlehn geben kann, erleidet die Ausnahme, dass ein Darlehn, das von einer Person dieser drei Arten gegeben wird, immerhin zulässig ist, wenn das Objekt ein werthloses ist, für dessen Benutzung nach der Gewohnheit des Landes eine Miethe nicht gegeben zu werden pflegt.

Wenn A ein Objekt von B entliehen hat und es mit Erlaubniss
des B an C weiter ausleiht, so ist ein solches Darlehn rechtsgültig.
Wenn A dem Besitzer B die Person des C angiebt, so hört A auf 20
Leihnehmer zu sein, und C haftet dem B gegenüber für das Leihobjekt. Wenn A dagegen dem Besitzer B die Person des C nicht
angiebt, bleibt A der Leihnehmer und ist dem B gegenüber verantwortlich, aber auch C haftet gegenüber dem A und wird erst
mit der Rückgabe von dieser Haftung frei.

§ 1. Das Leihobjekt muss derartig sein, dass es einen nach
dem Gesetze zulässigen, erstrebenswerthen[1]) Nutzen gewährt, ohne
dass diese Nutzung identisch ist mit der Vernichtung der Substanz,
wie z. B. ein Sklave oder ein Kleidungsstück. So darf eine Wachskerze für Beleuchtungszwecke nicht ausgeliehen werden, da sie, in- 30
dem sie den Nutzen der Beleuchtung gewährt, sich consumirt; ebenso darf nicht eine Speise zum Essen, Seife zum Waschen ausgeliehen werden. Wohl aber darf man eine Speise entleihen, wenn
man sie als Muster benutzt und nach ihrer Art selbst eine Speise

---

[1]) مقصود.

bereiten will. Musikinstrumente sollen nicht ausgeliehen werden, weil ihre Nutzniessung verboten (sic).

Das Leihobjekt kann seinen Nutzen entweder *sofort* gewähren oder *in der Folgezeit*. So kann ein Eselfüllen ausgeliehen werden, wenn das Darlehn entweder zeitlich unbegrenzt ist oder wenn ein so fern liegender Rückgabetermin bestimmt ist, dass innerhalb desselben das Eselfüllen nutzbar wird. Ein dauernd kränklicher Esel darf nicht ausgeliehen werden, da er nicht nutzbar ist.

Der Zusatz „sofern dieser Nutzen eine Function, nicht eine Substanz ist" bedeutet nach Ibn Ḳâsim, dass ein Objekt nicht aus- 10 geliehen werden kann, wenn sein Nutzen ein Objekt ist, das secundum rerum naturam aus demselben hervorgeht. So ist das Ausleihen eines Schafes zum Zweck der Benutzung seiner Milch, das Ausleihen eines Obstbaumes zur Benutzung seiner Frucht an und für sich nicht rechtsgültig. Wenn daher ein solches Ausleihen in aller Form Rechtens geschehen soll, muss der Leihgeber ausdrücklich erklären: „Ich leihe Dir das Schaf, indem ich Dir gestatte, über seine Milch und seinen Nachwuchs zu verfügen."

Der Nutzen eines Objekts ist hiernach

a) entweder eine Substanz, die aus dem Objekt hervorgeht, 20 wie die Milch des Schafes oder die Frucht des Obstbaumes;

b) oder eine Function, wie z. B. das Bewohnen eines Hauses, das Reiten eines Pferdes.

Der genannte Zusatz fehlt im Minhâg und wird von Baguri verworfen (II, 9, 30. 32. 33.). Nach ihm kann das Schaf wie der Obstbaum Leihobjekt sein, denn mit dem Darlehn wird zugleich die freie Verfügung über den Nutzen gegeben, wobei es einerlei ist, ob dieser Nutzen eine Substanz oder eine Function ist. Ebenso Nihâje IV, 89, 10—13.

Das Leihobjekt ist also nicht das *Schaf* allein, sondern *das* 30 *Schaf sammt dem von dem Leihgeber dem Leihnehmer gewährten Verfügungsrecht über einen Nutzen desselben.*[1])

---

[1]) Hiernach sollte mit jedem Dahrlehn eigentlich eine Declaration der von dem Leihgeber gestatteten Benutzungs-Art verbunden sein. Indessen diese Folgerung ist nur für *ein* Objekt gezogen: Wer ein Stück Land ausleiht, soll allemal genau angeben, in welcher Weise der Leihnehmer es benutzen darf. Minhâg II, 96. 97.

§ 2. Wenn der Leihgeber das Leihobjekt für eine bestimmte Zeit, z. B. für einen Monat oder ohne irgendwelche zeitliche Beschränkung ausgeliehen hat, können in jenem Fall wie in diesem beide Contrahenten jeder Zeit, wann es ihnen beliebt, von dieser Abmachung zurücktreten, d. h. der Leihgeber das Objekt zurückfordern, der Leihnehmer es zurückgeben. Denn der Darlehns-Vertrag ist einseitig lösbar, ähnlich wie der Mandats-Vertrag (Kap. 10), wird also aufgehoben durch den Tod des einen der beiden Contrahenten, durch sein Wahnsinnigwerden, einen längeren Ohnmachtsanfall und anderes.

Bei der *terminlosen* Verleihung darf der Leihnehmer den Nutzen, 10 um dessen Willen er das Objekt geliehen hat, nur ein einziges Mal für sich in Anspruch nehmen, z. B. einen entliehenen Acker nur *einmal* besäen und abernten, sofern ihm nicht die wiederholte Nutzniessung von dem Leihgeber ausdrücklich gestattet worden ist. Dagegen bei einer Verleihung mit *einem bestimmten Termin* steht es dem Leihgeber frei, sich so oft des Nutzens des geliehenen Objektes zu bedienen, als die Zeit bis zum Ablauf des Termins gestattet.

Die Regel, dass beide Contrahenten jeder Zeit beliebig von dem Vertrage zurücktreten können, erleidet folgende Ausnahmen:

a) Wenn A dem B ein nothwendiges Kleidungsstück borgt, 20 damit dieser ein für jeden Muslim verbindliches Gebet verrichten kann, darf er es nicht eher zurückfordern, als bis B sein Gebet vollendet hat.

b) Wenn A dem B einen Acker zum Besäen geliehen hat, darf er ihn nicht früher zurückfordern, als bis das Korn erntereif geworden. Hierbei wird vorausgesetzt, dass der Leihnehmer nicht durch eigene Nachlässigkeit ein zu spätes Reifen der Frucht verschuldet hat. Wenn dagegen der Leihnehmer den Acker ungenügend gepflegt hat, kann der Leihgeber ihm einen Termin bestimmen; ist dann zu diesem Termin das Korn in Folge der Nach- 30 lässigkeit des B nicht erntereif, so ist der Leihnehmer verpflichtet auf seine eigenen Kosten das Korn ausreissen zu lassen.[1]

c) Wenn A dem B ein Leichentuch borgt, um einen Todten darein zu hüllen, kann er es, sobald es auch nur auf den Todten gelegt worden ist, nicht mehr zurückfordern.

---

[1] Vgl. Nihâje IV, 103.

d) Wenn A dem B ein Stück Land borgt, damit B seinen muslimischen Todten darin beerdige, so kann er das Land zurückfordern, solange die Beerdigung noch nicht stattgefunden; hat aber die Beerdigung stattgefunden, kann er es nicht fruher zurückfordern als bis der Leichnam vollständig verwest ist.[1])

Wenn der Leihgeber das Ausgeliehene reklamirt, haftet der Leihnehmer für den Nutzen, den ihm das Objekt gewährt, erst von dem Momente ab, wo er die Reklamation erfahrt, d. h. für jede über diesen Moment hinausgehende Benutzung schuldet er dem Leihgeber Entschädigung.

Sobald der Leihnehmer die Reklamation des Leihgebers erfährt, muss er das Entliehene zurückgeben.

Wenn der Leihnehmer stirbt oder geisteskrank wird, muss der Erbe oder der Vormund das Entliehene sofort dem Leihgeber zurückgeben, wobei es einerlei ist, ob dieser die Rückgabe fordert oder nicht. Wenn Erbe oder Vormund nicht sofort zurückgeben, haben sie den Leihgeber zu entschädigen, es sei denn, dass sie eine triftige Entschuldigung für ihr Zaudern angeben können.

Wenn das Leihobjekt durch den dem Leihnehmer zustehenden Gebrauch zu Grunde geht, z. B. ein Kleid dadurch, dass es getragen wird, ist der Leihnehmer nicht zur Ersatzleistung verpflichtet. Er ist aber dazu verpflichtet, wenn das Objekt durch etwas anderes als den ihm zustehenden Gebrauch durch seine Schuld oder ohne dieselbe, z. B. durch ein Naturunglück, zu Grunde geht. Wenn Jemand sich einen Zugochsen geliehen hat zum Treiben eines Wasserrades und der Ochse bei dieser Arbeit in einen Brunnen fällt und ertrinkt, so hat der Leihnehmer Schadenersatz zu leisten, weil das Leihobjekt zwar *bei* der zuständigen Nutzung, aber nicht *durch* dieselbe umgekommen ist.

Wenn sich Jemand einen Krug voll Wasser oder eine Tasse voll Kaffee zum Trinken borgt, bezieht sich die Haftung des Leihnehmers auf den Krug oder die Tasse, nicht auf das Wasser oder den Kaffee.

---

[1]) Der Prophet, der Theologe, der Märtyrer, der Koranleser und derjenige, der ohne Lohn an den Grenzen des Islams für den Islam Wache hält, diese fünf Personen werden nach dem Glauben des Islams niemals verwesen.

Wenn er aber sich die Tasse voll Kaffee geborgt und dafür ein Aequivalent gezahlt hat, so bezieht sich seine Haftung *auf den Kaffee*, weil er ihn durch *einen incorrekten Kaufvertrag* bekommen hat, nicht *auf die Tasse*, weil er sie *durch einen incorrekten Miethsvertrag* erhalten hat. Ob nun ein Contrakt correkt[1]) oder incorrekt[2]) ist, alle Contrakte sind einander gleich in Bezug auf die Frage, wann die Ersatzpflicht eintritt, wann nicht.

Unter den Bauern Aegypten's kommt es vor, dass A von B Geld entleiht, wogegen B dem A ein Thier, eine Kuh leiht, damit er ihre Milch geniesse, sie aber auch füttere. In diesem Falle ruht die Haftung nicht auf der Kuh, denn sie ist nicht *ein Darlehn*, sondern sie ist von B durch *einen incorrekten Miethsvertrag* übernommen; vielmehr ist die Milch das Objekt der Haftung, denn B hat sie durch einen incorrekten Kaufvertrag bekommen. Dies Geschäft ist daher in der Weise aufzulösen, dass B dem A ein Aequivalent für die genossene Milch giebt, während er von A den Werth der von ihm gelieferten Fütterung sowie das Geld, was er jenem zur Verfügung gestellt hat, zurückfordert. Was von der Haftung für das Thier gilt, gilt in gleicher Weise von der Haftung für sein Sattelzeug,[3]) nicht aber für das junge Thier, das Kalb oder Füllen.

Wenn Jemand sich einen Sklaven leiht, so haftet er nicht für die Kleidung, die der Sklave trägt.

Es giebt eine Reihe von Fällen, in denen die von § 3 geforderte Haftung für das Leihobjekt nicht geleistet zu werden braucht:

a) Wenn Jemand in Folge eines Gelübdes ein Thier zum Opfer schlachtet und die Haut desselben ausleiht, so haftet der Leihnehmer nicht dafür, falls sie in seiner Hand zu Grunde geht.

b) Wenn A sich von B ein Objekt leiht mit der Erklärung, *dass er es dem C verpfänden will,* und dies Objekt in der Hand des Pfandnehmers C zu Grunde geht, so haftet weder der Leihnehmer A noch der Pfandnehmer C für dasselbe.[4])

c) Wenn ein Pilger, der noch ausserhalb des heiligen Gebiets

---

[1]) صحيح.
[2]) فاسد.
[3]) und seine Wolle oder Haare,
[4]) Wohl nach dem Grundsatz, dass der Pfandnehmer nicht für das Pfand haftet. Vgl. Kap. 3 § 3.

von Mekka ist, von einem innerhalb desselben befindlichen ein Stück
Wildpret leiht und es in seiner Hand zu Grunde geht, haftet er
nicht dafür. Denn die Präsumption ist dafür, dass das Wildpret
unrechtmässig erworbenes Gut ist, da der Pilger innerhalb des heiligen Gebietes kein Wild tödten darf. Wenn dagegen ein innerhalb des heiligen Gebietes befindlicher Pilger von einem ausserhalb
desselben befindlichen Wildpret entleiht und es in seiner Hand zu
Grunde geht, haftet er dafür. Er muss dem Leihgeber den Werth
ersetzen und Gott eine Sühne zahlen, weil er das Gebot, im heiligen
Gebiet nicht Wild zu tödten, übertreten hat.   10

d) Wenn der Landesherr ein Objekt des Fiscus einem Menschen leiht, der ein Recht gegen den Fiscus hat, so haftet der
Leihnehmer nicht dafür. Aehnlich ist der Fall, wenn ein Gelehrter
sich ein Buch entleiht, das als Stiftung *für die Muslims*, z. B.
einer Moschee, verliehen worden ist, so haftet der Leihnehmer nicht
dafür, weil er zu denjenigen gehört, für welche die Stiftung gemacht
worden ist.

Wenn für ein Darlehn Schadenersatz geleistet werden muss,
ist derjenige Werth zu ersetzen, den das Objekt am Tage, d. i. zur
Zeit, als es zu Grunde ging, hatte, und zwar nach mittlerer Schätzung, 20
wobei es einerlei ist, ob das zu Grunde gegangene Objekt ein fungibles (nach Zahl, Maass oder Gewicht bestimmbares) war oder ein
nicht-fungibles.[1]) Der Abnutzungs-Werth darf unter keinen Umständen ersetzt werden, denn die Abnutzung war dem Leihnehmer
von dem Leihgeber gestattet. Wenn also das Leihobjekt bei der
Uebernahme durch den Leihnehmer 100 Dirhem werth war, während es, als es zu Grunde ging, nur noch 70 Dirhem werth war, so
hat der Leihnehmer, sofern er Schadenersatz zu leisten hat, dem
Leihgeber nicht 100, sondern nur 70 Dirhem zu zahlen.

Der Werth eines zu ersetzenden Leihobjektes soll nicht nach 30
dem höchsten der möglichen Curse berechnet werden, im Gegensatz zu einer zu ersetzenden *res usurpata*, deren Werth allemal nach dem
höchsten der zur Zeit möglichen Curse abgeschätzt werden muss.

---

[1]) Nach anderer Ansicht muss das fungible Objekt nach seinem
Werth, das nicht fungible Objekt durch ein gleiches ersetzt werden.
In letzterem Fall käme das nicht-fungible Objekt nur in Betracht
in *dem Zustande*, in dem es am Tage des Zugrundegehens war.

Wird ein entliehenes Gewand dadurch, dass der Leihnehmer
es trägt, zerschlissen und vernichtet, oder geht ein zum Reiten oder
Lasttragen entliehenes Thier bei dieser Thätigkeit oder ein für den
Kampf geborgtes Schwert im Kampf zu Grunde, so ist dies alles
rechtmässige Verwendung des Leihobjekts, und der Leihnehmer ist
nicht zu Ersatz verpflichtet. Wohl aber, wenn z. B. das entliehene
Kleid verbrennt oder gestohlen wird.

Wenn ein Streit entsteht über die Frage, ob der von dem
Leihnehmer gemachte Gebrauch eines zu Grunde gegangenen Leih-
objekts ein zulässiger war oder nicht, so wird nach der Aussage des 10
Leihnehmers entschieden. Wenn indessen beide Parteien Beweise
für ihre Behauptungen beibringen, so gebührt dem Beweise des
Leihgebers der Vorzug.[1])

Wenn ein Streit entsteht über die Frage, ob der Leihnehmer
das Leihobjekt dem Leihgeber zurückgegeben oder nicht, wird dem
Leihgeber der Eid aufgetragen und gemäss seinem Eide entschieden, es sei denn, dass der Leihnehmer seine Aussage beweisen
kann.

---

[1]) Es wird dem positiven Beweise der Vorzug gegeben vor
dem negativen.

Kap. 13.

USURPATION.

TEXT.

---

§ 1. Von den allgemeinen Pflichten des Usurpators.
§ 2. Von der Ersatzpflicht desselben.

§ 1. Wer etwas einem Anderen Gehöriges usurpirt, hat

a) es seinem Besitzer zurückzugeben und

b) für die Verminderung oder Verringerung, welche das Objekt während der Usurpation erfahren hat, seinem Besitzer Entschädigung zu zahlen, und

c) dem Besitzer für die Dauer der Usurpation eine Durchschnittsmiethe zu zahlen.

§ 2. Wenn das usurpirte Objekt in der Hand des Usurpators zu Grunde oder verloren geht, hat der Usurpator dem Besitzer ein gleiches Objekt, wenn es ein solches giebt, zu ersetzen; wenn es ein solches nicht giebt, hat er ihm den Werth des usurpirten Objektes zu ersetzen und zwar den höchsten Werth, den es in der Zeit zwischen der Usurpation und dem Zugrundegehen gehabt hat.

Kap. 13.

USURPATION.

ANMERKUNGEN.

Usurpiren heisst: sich widerrechtlich und offenkundig mit der Absicht, eventuell Gewalt anzuwenden, des Rechtes eines Anderen bemächtigen. Es ist dabei nicht nöthig, dass das Objekt der Usurpation von seinem Platz fortgenommen wird; so ist es unter Umständen eine Usurpation, wenn sich Jemand auf den Teppich eines Anderen setzt, auch ohne dass er den Teppich von seiner Stelle bewegt. Ist der Teppich klein, haftet er für den ganzen Teppich; ist er gross, haftet er nur für den Theil, den er usurpirt hat. Wenn, nachdem der erste Usurpator aufgestanden, ein Anderer sich auf dieselbe Stelle setzt, so haftet dieser in gleicher Weise, und wenn, 10 nachdem beide fortgegangen, die Stelle zu Grunde geht, so haften beide für den angerichteten Schaden, ohne dass einer von ihnen ein Regressrecht gegen den Anderen hätte. Wenn jemand zusammen mit einem Anderen widerrechtlich auf dessen Pferd reitet, gilt er als Usurpator der Hälfte desselben.

Das Objekt der Usurpation ist das Recht eines Anderen, also nicht bloss sein Besitz, sondern auch das Verfügungsrecht über ihm gehörige gesetzlich unreine Dinge wie Mist, Thierhäute, Wein etc., das dem Inhaber derselben zusteht,[1] ferner der ihm zustehende Nutzen und sein Einfriedigungs-Recht (s. Kap. 20, Anm. zu § 2). 20 Wer einen Anderen, der in einer Moschee oder auf einem Markt oder auf Oedeland sitzt, zwingt aufzustehen, oder wer einen Anderen verhindert sich in einem Khan an der Landstrasse niederzulassen, während dieser berechtigt ist sich dort niederzulassen, ist ein Usurpator.

---

[1]) الاختصاص.

Die Widerrechtlichkeit des Sich-Bemächtigens muss eine offenkundige sein; ist sie eine geheime, so qualificirt die That sich als
Diebstahl. Ferner gehört zum Begriff der Usurpation die Absicht
der Anwendung von Gewalt; denn wenn der Betreffende die Absicht des Davonlaufens hat, qualificirt sich seine That als *pilfering*[1])
(s. Buch VI, Theil 2, Anm. zu § 11).

Wenn Jemand einem Anderen sein Gut abnimmt in der Mei-
nung, dass es sein eigenes Gut sei, so ist das zwar thatsächlich
Usurpation; indessen fehlt die widerrechtliche Absicht, d. i. die
Schuld.   10

Man kann die Usurpation in drei Arten zerlegen:

a) Wenn A sich widerrechtlich desjenigen bemächtigt, was in
juridischem Sinne *Besitz* des B ist, so liegt eine Usurpation vor,
die mit *Schuld* und *Haftpflicht* verbunden ist.

b) Wenn A sich widerrechtlich desjenigen bemächtigt, was
dem B eigenthümlich, aber nicht in juridischem Sinne sein Besitz
ist (z. B. ein Düngerhaufen, ein Schwein, ein Hund), so ist diese
Usurpation nicht mit Haftpflicht, wohl aber mit einer Schuld verbunden.

c) Wenn A sich desjenigen bemächtigt, was in juridischem 20
Sinne Besitz des B ist, in dem Glauben, dass es sein (des A) Besitz sei, so ist diese Usurpation wohl mit der Haftpflicht, nicht aber
mit einer Schuld verbunden.

Von anderer Seite wird noch eine vierte Art hinzugefügt:

d) Wenn A sich desjenigen bemächtigt, was dem B eigenthümlich ist, aber nicht in juridischem Sinne seinen Besitz bilden kann,
in der Meinung, dass es sein (des A) eigener Besitz sei, so ist diese
Usurpation weder mit Haftpflicht noch mit einer Schuld verbunden.
(Es ist aber dennoch eine Usurpation.)

Der Sinn des Sich-Bemächtigens ist nach dem lokalen Usus zu 30
bestimmen. Im Allgemeinen wird eine Locomotion des Objektes
damit verbunden sein; dass dies aber nicht immer der Fall ist, haben
wir oben an dem Beispiel vom Teppich und Reitthier gezeigt. Dem
widerrechtlichen Sich-Bemächtigen steht gegenüber das Sich-Be-

---

[1]) اختلاس.

mächtigen des Rechtes eines Anderen *auf Grund eines Vertrages*, z. B. eines Miethsvertrages.

§ 1. Abgesehen von den hier genannten drei Bestimmungen trifft den Usurpator auch noch die strafrechtliche Ahndung nach dem Ermessen des Richters,[1]) da durch die Usurpation zugleich ein Recht Gottes verletzt worden ist. Diese Strafe tritt auch dann ein, wenn der Beschädigte darauf verzichtet.

Wenn Jemand eine Sklavin usurpirt und diese in Folge einer Cohabitation aus Versehen, während sie in der Hand des Usurpators ist, mit einem freien Kinde schwanger wird, muss der Vater des Kindes dem Besitzer der Sklavin die Ehegabe sowie den Werth des Kindes zahlen, weil der Besitzer durch dessen Thun das Anrecht auf den Besitz des Kindes verloren hat. Wäre sie während der Zeit bei ihrem Herrn gewesen, so hätte sie ihm ein Sklavenkind gebären können.

Wenn der Usurpator diese Sklavin in schwangerem Zustande ihrem Besitzer zurückgiebt, muss er ihm ausser der Sklavin auch noch den Werth derselben zahlen. Denn die Schwängerung hat für den Besitzer die Folge, dass er sie, so lange sie schwanger ist, nicht verkaufen darf, da eine Sklavin, die mit einem freien Kinde schwanger ist, nicht verkauft werden darf. Wenn sie das Kind gebiert und am Leben bleibt, muss ihr Herr dem Usurpator den Werth der Sklavin zurückgeben; wenn sie dagegen bei der Geburt stirbt, verbleibt dieser Werth dem Besitzer.

Der Besitzer der usurpirten Sache kann ein Muslim oder ein nicht-muslimischer Unterthan des islamischen Staates sein, verantwortungsfähig oder nicht. Was ein hostis usurpirt, kann als verloren gelten, da Jeder, der es ihm abnimmt, es als Kriegsbeute erwirbt.

Wenn der Usurpator unter Curatel steht, hat sein Vormund für ihn die Forderungen des Gesetzes zu erfüllen. Im Uebrigen muss der Usurpator, sofern er dazu fähig ist, selbst das Usurpirte zurückgeben und darf sich hierzu nicht der Verrmittelung eines Mandatars bedienen.

Die Rückgabe der usurpirten Sache muss eine sofortige sein, ausgenommen in den beiden folgenden Fällen:

---

[1]) التعزير.

I. Jemand usurpirt eine Bohle von Schiffsbauholz und fügt sie in sein Schiff ein. Das Schiff geräth auf seiner Fahrt in einen Sturm; das Herausreissen der Bohle würde Menschen und Dinge dem Untergange aussetzen. In diesem Falle muss mit der Rückgabe gewartet werden, bis das Schiff einen Strand erreicht. Wenn dagegen Jemand einen Steinblock usurpirt und ihn in die Basis eines Thurmbaues einfügt, muss er den Stein sofort zurückgeben, weil hier ein Grund für das Warten nicht vorliegt.

II. Der Usurpator darf die Rückgabe zu dem Zweck, um sich dieselbe von Anderen bezeugen zu lassen, verzögern, auch dann, 10 wenn der Besitzer die sofortige Rückgabe fordert. Eine solche Verzögerung ist deshalb zulässig, weil möglicher Weise der Besitzer leugnet das Usurpirte zurückerhalten zu haben, und die diesbezügliche Aussage des Usurpators nur dann gilt, wenn er sie beweisen kann. Zu diesem Zweck muss ihm die Zeit gewährt werden sich Zeugen zu suchen.

Der Usurpator muss das usurpirte Objekt *an jene Stelle* zurückgeben, von der er es weggenommen hat. Die Rückgabe kann aber auch in der Weise Statt finden, dass er es vor den Besitzer hinstellt, *vorausgesetzt*, dass dem Besitzer aus dem Transport des Ob- 20 jektes nach seinem Wohnsitz keine Kosten erwachsen. Wenn der Usurpator dem Besitzer in der Steppe begegnet und dieser von ihm die sofortige Rückgabe verlangt, kann der Usurpator es ihm zurückgeben, ohne dass er zur Zahlung der Kosten des Transportes nach dem Wohnsitz des Besitzers verpflichtet ist. Wenn der Besitzer an solcher Stelle sich sein Gut zurückgeben liesse und wollte dann dem Usurpator noch die Kosten des Transports nach seinem Wohnsitz auferlegen, so wäre das unstatthaft.

Wenn Jemand ein usurpirtes Thier in den Stall des Besitzers zurückliefert, ist die Rückgabe perfekt, vorausgesetzt, dass der Be- 30 sitzer durch Augenschein oder die Nachricht einer glaubwürdigen Person Kenntniss davon genommen hat. Dagegen ist ohne Kenntnissnahme des Besitzers die Rückgabe nicht perfekt.

Die Rückgabe erfolgt unter Umständen nicht an den Besitzer, sondern an den zeitweiligen Nutzniesser. Wer einem Depositar das Depot, einem Miether das Gemiethete, einem Pfandnehmer das Pfand usurpirt, muss es an den Depositar etc. zurückgeben (nicht

an den Besitzer). Wer eine geliehene Sache dem Leihnehmer usurpirt, muss sie an ihn zurückgeben; wer eine Sache, die Jemand auf
Probe bei sich hat, um sie eventuell zu kaufen, usurpirt, muss sie
ihm zurückgeben. Wenn dagegen Jemand eine Sache, die N gefunden hat, usurpirt, erfüllt er nicht das Gesetz, indem er sie dem
Finder zurückgiebt, sondern er muss sie, falls der Besitzer schon
ermittelt ist, dem Besitzer zurückgeben.

Die Rückgabe geschieht auf Kosten des Usurpators, auch wenn
sie den Werth des Objektes vielfach übersteigen.

Ad b: Der Usurpator muss den Werth der Abnutzung dem 10
Besitzer ersetzen, überhaupt den Betrag jeder während der Usurpation erfolgten Werthverminderung, wie z. B. wenn ein usurpirter
Sklave während der Usurpation ein Glied verliert oder eine Kunst,
die er früher konnte, vergisst. Dagegen ist der Usurpator nicht
verpflichtet, einen Curs-Niedergang, den das Objekt während der
Usurpation erfahren hat, zu ersetzen. Wenn Jemand ein Paar Schuhe
im Werthe von 10 Dirhem usurpirt und den einen Schuh verliert
oder vernichtet, so dass der vorhandene Schuh nur noch 2 Dirhem
werth ist, hat der Usurpator dem Besitzer abgesehen von der Rückgabe des einen Schuhs noch 8 Dirhem zu ersetzen. 20

Ad c: Da dem Besitzer während der Usurpation der Nutzen
des Objektes entzogen ist, hat der Usurpator, als hätte er das Objekt während der Zeit in Miethe gehabt, dem Besitzer eine Durchschnittsmiethe zu zahlen, wobei es einerlei ist, ob er das Objekt
benutzt hat oder nicht. Wenn das Objekt während der Usurpation
sich änderte in seinem Werthe, so variirt demgemäss die zu zahlende Miethe. Wenn der Sklave während eines Theils der Usurpation gesund, darauf krank war, z. B. eine Hand verlor, so hat
der Usurpator bei der Rückgabe für die Zeit, in der der Sklave
gesund war, die Miethe für einen gesunden Sklaven, dagegen für 30
die Zeit, in der der Sklave nicht gesund war, die Miethe für einen
kranken Sklaven zu zahlen.

§ 2. Usurpirte Dinge, die verloren gehen, müssen von dem Usurpator ersetzt werden, fungible Dinge (z. B. Weizen) durch die
gleichen Beträge derselben Dinge, nicht-fungible (z. B. ein kunstvoll
gesticktes Kleid) durch Erstattung ihres Werthes.

Während die Bestimmungen von § 1 sich auf jede usurpirte

31*

Sache beziehen, auf solche Dinge, die im juridischen Sinne Besitz sein können, wie auf solche, die nicht Besitz sind (wie Wein, ein Weizenkorn, Thierhäute), hat die in § 2 gelehrte Haftung des Usurpators nur solche Dinge zum Gegenstand, die Besitz sein können.[1]) Wenn also Jemand den Wein eines Anderen usurpirt, so ist er zwar verpflichtet ihn zurückzugeben, haftet aber nicht für den Wein, falls er während der Usurpation zu Grunde geht. Wenn also der Usurpator in diesem Falle straflos ausgeht, so ladet er doch durch solches Benehmen eine Schuld auf sich, d. h. er ist danach nicht mehr bürgerlich unbescholten.

Die Haftung des Usurpators ist dieselbe, ob das Objekt durch ein Naturereigniss zu Grunde gegangen ist, oder ob ein nicht verantwortlicher hostis oder der Usurpator selbst oder eine verantwortliche dritte Person es zu Grunde gerichtet hat. Die Haftung ruht auf dem Usurpator; es steht ihm aber frei, falls ein Anderer als er das Objekt vernichtet hat, diesen dafür verantwortlich zu machen.

Dagegen haftet der Usurpator nicht, wenn der Besitzer selbst oder ein nicht mit Verstand begabtes Wesen[2]) oder Jemand, der im Auftrage des Besitzers handeln zu sollen glaubt, es zu Grunde richtet. Jedoch aber, wenn ein usurpirter Sklave seinen Besitzer angreift und dieser in der Selbstvertheidigung ihn tödtet, haftet der Usurpator für den Sklaven. Es ist in diesem Falle einerlei, ob der Herr seinen Sklaven erkannte oder nicht; die Sache wird so angesehen, als ob der Sklave durch ein Naturunglück zu Grunde gegangen sei.

Wenn ein usurpirter Sklave getödtet wird wegen eines Actes der Rebellion oder wegen eines Verbrechens aus der Zeit *vor der Usurpation*, so haftet der Usurpator nicht für ihn. Dagegen haftet er, wenn die Rebellion oder das Verbrechen, das der Sklave begangen hat, *während der Zeit geschah*, als er bereits usurpirt war; ja er haftet sogar in dem Fall, wenn der Sklave wegen des angegebenen Verbrechens *erst dann* getödtet wird, nachdem ihn der Usurpator dem Besitzer bereits zurückgegeben hat. Geht dagegen der Sklave, nachdem ihn der Usurpator seinem Herrn zurück-

---

[1]) المتموّل.

[2]) من لا يعقل.

gegeben, aus irgend einem anderen Anlass als den eben ange-
führten zu Grunde, ist der Usurpator nicht mehr haftpfllichtig.
Haftpflichtig würde er nur dann sein, wenn der Besitzer, dem der
Sklave zurückgegeben wird, nicht weiss, dass dieser Sklave sein
Eigenthum ist, sondern wenn er ihm in irgend einer anderen
Form übergeben wird, z. B. in Miethe oder als Pfand oder als
Depot.

Der Usurpator muss, wenn das Usurpirte zu Grunde geht, es
durch gleiches ersetzen, in jedem Orte, wohin er das Usurpirte
mitgenommen hat, je nach dem Verlangen des Besitzers. Wenn 10
z. B. Jemand einen Scheffel Weizen in Cairo usurpirt, ihn dann
nach Bulak und weiter nach Ḳaljûb schafft, der Weizen dort verloren geht und nun der Besitzer des Usurpators habhaft wird, so
muss der letztere den Scheffel Weizen ersetzen, wo der Besitzer es
verlangt, entweder in Kairo oder in Bulak oder in Ḳaljûb.

Diese Erstattung des Gleichen kann nur dann Statt finden,
wenn dies Simile am Ort und zu der Zeit, wo es zu erstatten ist,
überhaupt noch einen Werth hat. Anderen Falls ist der *Werth*
der usurpirten Sache zu ersetzen. Beispiel: Wenn Jemand in der
Wüste ein Quantum Wasser (z. B. drei Bälge Wasser) usurpirt und 20
darauf Usurpator und Besitzer am Ufer eines Stromes zusammenkom-
men, so kann von einem Ersatz von Wasser nicht die Rede sein, denn
unter diesen Umständen ist Wasser völlig **werthlos**; es hat daher der
Usurpator dem Besitzer denjenigen Werth zu ersetzen, den das usurpirte
Quantum Wasser in der Wüste hatte. Aehnliches Beispiel: Wenn
Jemand das Eis eines Anderen im Sommer usurpirt und darauf
Usurpator und Besitzer im Winter zusammentreffen, hat der Usurpator denjenigen Werth zu erstatten, den das Eis im Sommer
hatte.

Die Frage, ob es ein Simile des usurpirten Objekts giebt, will 30
besagen: ob es an dem Orte, wo der Usurpator seine Haftpflicht
erfüllen soll, oder innerhalb zweier Tagereisen davon[1]) ein ähnliches,
zu einem Durchschnittspreise zu erstehendes Objekt giebt. Ist innerhalb solcher Grenzen ein Simile nicht vorhanden oder ist es nur
um einen Preis, der höher ist als der Durchschnittspreis, zu haben,

---

فى دون مسافة القصر ([1]

so kann der Besitzer verlangen, dass der Usurpator ihm nicht ein
Simile, sondern den Werth der usurpirten Sache ersetzt, und zwar
den höchsten Werth, den es gehabt hat zwischen dem Datum der
Usurpation und dem Zeitpunkt, wo das Simile vermisst wurde.

ʹ Wenn unter diesen Umständen der Usurpator den genannten
Werth zahlte und darauf ein Simile gefunden würde, so hätte der
Usurpator kein Regressrecht gegen den Besitzer. Im Uebrigen steht
es in der Wahl des Besitzers, ob er, falls ein Simile nicht vorhanden ist, die Zahlung des Werthes annehmen oder warten will,
bis ein Simile gefunden wird.   10

Der Ausdruck *eine fungible Sache*[1]) wird erklärt als eine Sache,
die gewohnheitsgemäss durch Maass oder Gewicht bestimmt wird
und die man durch einen Pränumerationskauf (s. Kap. 2) erwerben
kann, wie z. B. Kupfer, Baumwolle, Weizen, Hirse, Gerste, dagegen
nicht Droguen, Latwergen, weil sie res compositae sind. Ferner
sind solche Dinge, die gewohnheitsgemäss gemessen oder gezählt
werden, nicht-fungibel.[2])

Eine Ausnahme von dieser Erklärung der *fungiblen Sache* liegt
in folgendem Falle vor: Ein Gemenge von Weizen und Gerste
kann nicht durch Pränumerationskauf erworben werden, während es 20
im Falle einer ·Usurpation durch ein Simile ersetzt werden muss.
Hierzu bemerkt Baguri: Gerste und Weizen in separatem Zustande
können das Objekt eines Pränumerationskaufes bilden, aber in ihrer
Vermischung liegt der Grund des Verbotes desselben. Dagegen bei
der Usurpation handelt es sich nur um den Ersatz der beiden Dinge,
während der Zustand der Vermischung kein Hinderniss bildet. Allerdings wird hierbei der Usurpator, wenn ein Zweifel über das Maass
der Mischung vorliegt, Vorsichts halber mehr ersetzen müssen, als
sonst von ihm verlangt werden könnte. Wenn z. B. zweifelhaft ist,
ob das Gemenge $1/_3$ Weizen und $2/_3$ Gerste oder je zur Hälfte 30
Weizen und Gerste enthält, muss der Usurpator $1/_2$ Weizen und .
$2/_3$ Gerste ersetzen, wodurch erzielt werden soll, dass er sicher nicht
weniger ersetzt, als er usurpirt hat.

ʹ Während der Text von dem Ersatz einer zu Grunde gegangenen

---

[1]) مثليّ.

[2]) متنقّوم.

usurpirten Sache handelt, wird im Commentar hier eine Bemerkung eingefügt über den Ersatz, der eventuell für eine zu Grunde ge‧gangene *nicht-usurpirte* zu leisten ist. Im Allgemeinen muss derjenige, der zum Ersatz verpflichtet ist, denjenigen Werth ersetzen, den sie zur Zeit des Zugrundegehens hatte. Denn die Bestimmung, dass er den höchsten Werth erstatten soll, den das Objekt zwischen dem Datum des Verbrechens und dem Datum des Untergangs gehabt hat, ist eine Verschärfung *ab irato*, die nur dann am Platze ist, wenn in der That ein Verbrechen vorliegt und in Folge dessen die zu ersetzende Sache zu Grunde gegangen ist.   10

Wenn ein Thier seinen Kopf in einen Krug steckt und der Kopf nicht wieder herausgezogen werden kann, ohne dass der Krug zerbrochen wird, so zerbricht man den Krug, tödtet aber nicht das Thier, ausgenommen wenn es ein unreines ist. Wenn bei dem Anstiften des Schadens der Besitzer des Thieres zugegen war, hat er für den zerbrochenen Krug Schadenersatz zu leisten. Wenn er nicht zugegen war, wohl aber der Besitzer des Kruges und dieser insofern ein Unrecht begangen hat, als er entweder den Krug hingestellt hatte, wo er ihn nicht hinstellen durfte, oder insofern er zwar den Krug an eine Stelle gestellt hatte, wo er berechtigt war 20 ihn hinzustellen, dagegen unterlassen hatte, das Thier abzuwehren, obwohl er dazu im Stande war, so hat er (der Besitzer des Kruges) keinen Anspruch auf Entschädigung. Wenn ferner beide ein Unrecht begangen haben, der Besitzer des Thieres wie der Besitzer des Kruges, so müssen sie sich den Verlust theilen, d. h. der Besitzer des Thieres bezahlt dem Besitzer des zerbrochenen Kruges die Hälfte des Werthes.

Aehnlich ist das Beispiel vom Denar, der in das Tintenfass gefallen und den man nicht herausnehmen kann, ohne es zu zerbrechen. Geschah es durch eine Nachlässigkeit des Besitzers des 30 Tintenfasses, hat er keinen Anspruch auf Ersatz; haben beide Besitzer sich in der Sache nachlässig erwiesen, so theilen sie sich den Verlust.

Verschluckt ein Thier einen Edelstein, so wird es zum Behuf der Wiedergewinnung desselben nicht geschlachtet, vielmehr hat der Besitzer des Thieres den Werth des Steins zu ersetzen, weil er den Besitzer des Steines an der Benutzung desselben verhindert,

falls er bei der Behütung des Thieres sich ein Pflichtversäumniss
hat zu Schulden kommen lassen; hat er dagegen pflichtmässig gehandelt, ist er nicht zum Schadenersatz verpflichtet.

Wenn ein Thier etwas verschluckt, was durch das Verschlucken
zu Grunde geht, hat der Besitzer des Thieres den Werth zu ersetzen, wenn ihm bei der Behütung des Thieres ein Pflichtversäumniss
nachgewiesen werden kann.

Wir kehren zurück zu der Frage des Ersatzes für ein usurpirtes
Objekt, das während der Usurpation zu Grunde gegangen ist. Ist
es ein *nicht-fungibles Objekt,* so hat der Usurpator den Werth zu 10
ersetzen in der Münze des Ortes, an dem es zu Grunde gegangen
ist, wenn er das Objekt nicht von einem Ort zum andern umher-
geschleppt hat; ist letzteres geschehen, so kann der Besitzer die
Zahlung des Ersatzes in der Münze desjenigen Ortes verlangen,
dessen Münze den höchsten Curs hat.

Die Haftpflicht des Usurpators ist für den Fall, dass nicht die
ganze usurpirte Sache zu Grunde gegangen ist, sondern nur ein
Theil oder einzelne Theile, in der Weise geregelt, dass für die Berechnung allemal *der höchste Werth,* den das Objekt zwischen dem
Datum der Usurpation und dem des Zugrundegehens gehabt hat, 20
zu Grunde gelegt und hiervon ein dem zu Grunde gegangenen
Theile entsprechender Werth-Bruchtheil abgezogen wird.

Eine abweichende Bestimmung gilt nur für einen Fall, in dem
eine Complication mit dem Strafrecht betreffend Zerstörung einzelner
Gliedmaassen (s. Buch VI, Theil 1 § 7—9) vorliegt, wenn nämlich

a) ein Theil des usurpirten Objekts absichtlich vernichtet worden ist;

b) wenn das usurpirte Objekt ein Sklave war, und

c) wenn der vernichtete Theil des Sklaven (z. B. Hand und Fuss)
ein solcher ist, für dessen Vernichtung das Strafgesetz ein 30
Sühnegeld angesetzt hat, das in einem bestimmten Theilverhältniss zu demjenigen Strafgeld, das für die Vernichtung des
Gliedes eines freien Menschen zu zahlen ist, steht. In diesem
Falle ist allemal der höchste von zwei Werthen als Ersatz zu
zahlen, entweder *die* vom Strafrecht bestimmte *Sühne* für das
zu Grunde gerichtete Glied oder *die Hälfte* des Werthes des
Sklaven.

Wenn der Usurpator dem Sklaven eine Hand und einen Fuss
vernichtet und dadurch der Werth desselben um $^2/_3$ verringert
worden ist, so hat er bei der Rückgabe $^2/_3$ vom Werthe des Sklaven
dem Besitzer zu ersetzen, weil $^2/_3$ mehr ist als die Hälfte. Wenn
dagegen der Besitzer dem Sklaven die Hand und den Fuss vernichtet, während der Sklave in der Hand des Usurpators ist und
der Werth des Sklaven dadurch um $^2/_3$ verringert wird, hat der
Usurpator nur $^1/_6$ zu zahlen; denn der Besitzer selbst hat den vom
Strafrecht bestimmten Werth des von ihm zerstörten Gliedes zu
tragen, er hat den Werth des Sklaven um $^1/_2$ verringert, daher bleibt 10
nur $^1/_6$ des Gesammtverlustes übrig, das der Usurpator zu zahlen hat.

Wenn das usurpirte Objekt während der Usurpation ein Wachsthum erfährt, sei es ein solches, das mit dem Objekt naturgemäss
zusammenhängt, wie z. B. wenn ein usurpirtes Thier fett wird, sei
es ein solches, das eine Sonderexistenz hat, wie z. B. das Kind,
das eine Sklavin während der Usurpation zur Welt bringt, so haftet
der Usurpator in gleicher Weise für das Wachsthum wie für das
Objekt selbst, einerlei ob der Besitzer es verlangt oder nicht.

Der Ersatz des *Werthes* für ein zu Grunde gegangenes nicht-
fungibles usurpirtes Objekt ist ebenfalls verbindlich   20

a) für ein fungibles Objekt, dessen Simile nicht zu beschaffen ist;

b) für ein solches fungibles Objekt, das nur zu einem solchen
   Preise zu beschaffen ist, der über den Durchschnittspreis
   hinausgeht.

Eine weitere Frage betreffend die Haftpflicht des Usurpators
betrifft den Fall, dass das usurpirte Objekt während der Usurpation
sich verändert hat. Dass der Usurpator ausser dem Objekt zugleich auch das Wachsthum desselben zu ersetzen hat, ist bereits
angegeben. Es sind folgende Fälle zu unterscheiden:

a) Das usurpirte fungible Objekt wird in ein anderes fungibles 30
   Objekt verwandelt, Sesam in Sesam-Oel;

b) ein fungibles Objekt in ein nicht-fungibles, Mehl in Brod;

c) ein nicht-fungibles Objekt in ein fungibles, ein Schaf in Fleisch.

Geht eines dieser Objekte während der Usurpation zu Grunde, so
hat der Usurpator im Falle a den Sesam durch sein Simile zu ersetzen, in dem Falle b und c respektive das Mehl und das Fleisch
durch die Similia, nicht durch Werthzahlung zu ersetzen. Jedoch,

wenn im Falle a das Sesam-Oel einen höheren Werth hat als das Sesam, oder wenn im Falle b das Brod einen höheren Werth hat als das Mehl, im Falle c das Schaf einen höheren Werth hat als das Fleisch, hat er allemal dasjenige zu ersetzen, was den höchsten Werth hat, das fungible durch ein Simile, das nicht-fungible durch die Werthzahlung.

Wenn dagegen in jedem Falle die beiden Objekte den gleichen Werth repräsentiren (Sesam und Sesam-Oel, Mehl und Brod, Schaf und Schaffleisch), so kann der Besitzer wählen, welchen Ersatz er haben will.

Wenn ein nicht-fungibles Objekt sich während der Usurpation 10 in ein anderes nicht-fungibles Objekt verwandelt, wenn z. B. ein Gefäss aus Bronce umgewandelt wird zu einzelnen Ornamenten aus Bronce, und sie darauf zu Grunde gehen, so hat der Usurpator den höchsten Werth zu ersetzen, den das Gefäss zwischen dem Datum der Usurpation und dem des Zugrundegehens gehabt hat.

Die Entschädigung ist in der currenten Landesmünze zu leisten. Hat das Land zwei gleichberechtigte Münzsorten oder Münzfüsse, so bestimmt der Richter, dass die Entschädigung in derjenigen Münzsorte oder nach demjenigen Curs gezahlt wird, der für den Besitzer der vortheilhafteste ist.   20

KAP. 14.

VORKAUFSRECHT.

TEXT.

————

§ 1. Die Quelle des Vorkaufsrechts ist gemeinsamer Besitz, nicht Nachbarschaft.

Es ist nur auf theilbaren Immobiliarbesitz anwendbar.

Der Rückkauf erfolgt durch Zahlung des Preises, um den der Mitbesitzer seinen Antheil verkauft hat.

§ 2. Das Vorkaufsrecht muss sofort geltend gemacht werden. Anderen Falls wird es hinfällig.

§ 3. Wenn ein Mitbesitzer einem Weibe, das er heirathet, seinen Antheil an einem gemeinsamen Besitz als Ehegabe übergiebt, kann der Inhaber des Vorkaufsrechts diesen Antheil durch Zahlung einer Durchschnitts-Ehegabe an die Frau zurückerwerben.

§ 4. Wenn der Mitbesitzer mehrere sind, haben sie das Vorkaufsrecht pro rata ihrer Antheile.

KAP. 14.

VORKAUFSRECHT.

ANMERKUNGEN.

Die Elemente der Lehre vom Vorkaufsrecht sind drei:

a) Der Inhaber des Vorkaufsrechts, [1] der mit einem oder mehreren zusammen ein Objekt in der Weise besitzt, dass ihre respektiven Antheile nicht äusserlich geschieden sind. Er ist *der Nehmende*, d. h. der sein Vorkaufsrecht Ausübende, falls er nicht auf dasselbe verzichten will. Wenn der eine Besitzer seinen Antheil verkauft, so *nimmt* der Inhaber des Vorkaufsrechtes das Verkaufte *von dem Käufer*, nimmt es ihm ab wider dessen Willen, reklamirt, erwirbt es für sich. Der ältere Mitbesitzer nimmt es dem jüngeren resp. jüngsten Mitbesitzer wieder ab, denn dadurch, dass der Käufer den 10 Antheil eines Mitbesitzers erwirbt, wird er selbst Mitbesitzer, oder anders ausgedrückt: der von ihm gekaufte Antheil hört nicht auf, Theil des gemeinschaftlichen Besitzes zu sein. Beachtenswerth ist hierbei, dass der Mitbesitzer, der seinen Antheil verkauft, nicht verpflichtet ist, davon dem anderen resp. den anderen Mitbesitzern Anzeige zu machen.

2) Das Objekt, auf welches das Vorkaufsrecht angewendet wird, [2] theilbarer Immobiliarbesitz.

3) Der Käufer, der einen Theil eines theilbaren Immobiliarbesitzes von dem Besitzer desselben gekauft hat. [3] *Die Ursache* 20 *seines Besitzrechts* liegt in einer späteren Zeit als die Ursache des Besitzrechtes des Inhabers des Vorkaufsrechtes, während es immerhin möglich ist, dass *der Besitz* des Käufers der Zeit nach dem Besitze des Inhabers des Vorkaufsrechtes vorausgeht.

Beispiel:

Einer (A) von zwei socii verkauft seinen Antheil an Zaid mit der Bedingung, dass dem Verkäufer allein oder dem Verkäufer und

---

[1]) الشفيع.   [2]) المشفوع.   [3]) المشفوع منه.

dem Käufer die optio zustehen soll. Darauf verkauft der andere socius B seinen Antheil an 'Amr durch einen bedingungslosen Verkauf. Nun hat Zaid das Vorkaufsrecht gegen 'Amr, denn *die Quelle* seines Besitzrechtes ist älter als die Quelle des Besitzrechtes des 'Amr, wenn auch umgekehrt *der Besitz* des 'Amr älter ist als derjenige des Zaid.

Die Folge dieser Bestimmung ist, dass wenn z. B. zwei Mitbesitzer ihr Haus oder ihre Antheile an einem Hause *zu gleicher Zeit* verkaufen, keiner von ihnen ein Vorkaufsrecht gegen den anderen hat, weil die Besitztitel der Käufer keine zeitliche Differenz aufweisen.   10

Das Vorkaufsrecht wird durch eine einseitige Willensäusserung[1]) geltend gemacht, indem zugleich der Käufer den Preis von dem Inhaber des Vorkaufsrechts in Empfang nimmt, oder indem er dem Inhaber des Vorkaufsrechtes den Preis creditirt, oder indem der Richter die Ausführung des dem N. N. zustehenden Vorkaufsrechts decretirt, wenn dieser sich an ihn wendet, sein Vorkaufsrecht beweist und die Befriedigung desselben verlangt.

Das Vorkaufsrecht wird definirt als das Recht des A auf die Erwerbung eines Besitzes von B wider dessen Willen, ein Recht, das dem älteren Mitbesitzer gegen den jüngeren zusteht, das sich 20 gründet auf den gemeinschaftlichen Besitz eines Objektes, ein Recht auf eine Erwerbung vermittelst Zahlung desjenigen Preises, um den B das Objekt erworben hat.

Baguri meint, es stehe dem Menschen besser an sein Vorkaufsrecht nicht auszuüben, es sei denn dass etwa der Käufer seinen Kauf bereue oder sich übervortheilt erachte.

Das Vorkaufsrecht steht einem nicht-muslimischen Unterthan eines muslimischen Staates gegen einen Muslim zu wie auch umgekehrt, dem servus contrahens gegen seinen Herrn und umgekehrt.

Der Verwalter einer Moschee darf, wenn jemand seinen Antheil 30 an einem ihm und der Moschee gemeinschaftlich gehörigen Lande verkauft, sofern es sich nicht um Stiftungsgut (Waḳf) handelt, diesen Antheil für die Moschee erwerben. Ist dagegen der Antheil der Moschee Stiftungsgut, hat der Verwalter nicht das Vorkaufsrecht.

Wenn der Fiscus zusammen mit einer Privatperson A ein Stück

---

[1]) تَمَلَّكْتُ oder اخذتُ بالشفعة.

Land gemeinschaftlich besitzt, darf der Verwalter des Fiscus es Kraft des Vorkaufsrechtes erwerben. Fiscalisches Vermögen unterscheidet sich also in dieser Hinsicht vom Stiftungs-Vermögen.

Wenn ein Stück Land zu drei gleichen Theilen je zwei privaten Besitzern und einem Waḳf gehört und einer der beiden Privatbesitzer seinen Antheil verkauft, so darf der zweite Privatbesitzer von dem Käufer diesen Antheil Kraft seines Vorkaufsrechtes reklamiren,[1] nicht aber der Nutzniesser des immobilisirten Drittels (des Waḳf). Denn derjenige Antheil, dessen Besitzer das Vorkaufsrecht geltend machen will, muss *sein freier Besitz* sein, nicht immobilisirter Besitz oder *Waḳf*. Anders ausgedrückt: Nur ein wirklicher Besitzer hat das Vorkaufsrecht, nicht der Inhaber des Nutzungsrechtes eines immobilisirten Gutes.

Das Gesetz über das Vorkaufsrecht hat die Bestimmung, Schaden abzuwehren. Wenn zwei Mitbesitzer eines und desselben Hauses es zusammen bewohnen (wie z. B. zwei Brüder, die das Haus von ihrem Vater geerbt haben), mit einander in Streit gerathen und nun die Entscheidung des Richters anrufen, so kann dieser genöthigt sein um des Friedens Willen zu bestimmen, dass das Haus räumlich zwischen den beiden socii getheilt wird. Eine solche Theilung macht Kosten, denn während bis dahin *eine* Treppe, *ein* Luftschacht, *ein* Abflussrohr genügte, müssen nun, wo zwei Familien darin wohnen sollen, *zwei* Treppen, *zwei* Luftschachte, *zwei* Abflussrohre hergestellt werden. Diese Anlagen sind auf gemeinsame Kosten der beiden Mitbesitzer auszuführen. Wenn nun einer der socii-Brüder seinen Antheil verkaufen will, so wäre es Pflicht des Anstandes, ihn *an seinen socius* (B) zu verkaufen, damit Kosten vermieden werden, die unnöthig sind, falls nur einer von beiden in dem Hause wohnt. Nimmt er indessen diese Rücksicht nicht, sondern verkauft seinen Antheil *an einen Fremden*, so gewährt dem B das Gesetz durch das Vorkaufsrecht die Möglichkeit, jenen Antheil für sich zu erwerben, um Kosten zu vermeiden, die er nicht

---

[1] Weil es erlaubt ist, Waḳf-Besitz von Privat-Besitz äusserlich abzutrennen. Nach anderen Rechtslehrern ist dies unstatthaft, und würde daher in diesem Falle der zweite Privatbesitzer nicht ein Vorkaufsrecht ausüben können.

wünscht, ihn zu erwerben auch wider den Willen seines socius oder desjenigen, der den Antheil von letzterem erworben hat.

§ 1. Die einzige Quelle des Vorkaufsrechtes ist bei den Schafiiten der gemeinsame Besitz oder Mitbesitz[1]) (bei den Hanefiten ausserdem auch noch die Nachbarschaft), und zwar eine solche Form des gemeinsamen Besitzes, bei der eine räumliche Sonderung der Besitzantheile nicht vorhanden ist, bei der vielmehr der Besitz des einen Mitbesitzers wie des anderen sich ununterscheidbar über das ganze Objekt erstreckt.[2])

Der Nachbar meines Hauses oder Feldes hat nicht ein Vor- 10 kaufsrecht gegen mich, und wenn ein Hanefitischer Richter auf Grund des von ihm angenommenen Vorkaufsrechtes *des Nachbars* ein Urtheil fällt, so ist es selbst dann nicht gültig, wenn es einem Schafiiten zum Vortheil gereicht.

Das Recht des Vorkaufs ist latent, solange das Objekt sich im gemeinsamen Besitz der beiden oder mehrerer Mitbesitzer befindet; es wird activ in dem Moment, wo ein Mitbesitzer seinen Besitzantheil verkauft, also durch den Verkaufsvertrag.

Das Objekt, worauf das Verkaufsrecht Anwendung findet, ist *theilbarer Immobiliarbesitz.* Das Objekt muss in der Weise theilbar 20 sein, dass seine Nutzbarkeit dadurch nicht verloren geht, genauer ausgedrückt: dass der Theil nach der Auftheilung noch denselben Nutzen (wenn auch in geringerem Masse) gewährt, den das ganze ungetheilte Objekt gewährte. Eine Mühle oder ein Bad, die so gross sind, dass sie, wenn getheilt, auch noch als Mühle oder Bad dienen können, können das Objekt eines Vorkaufsrechtes sein. Wenn dagegen ein Bad so klein ist, dass nach der Zertheilung immerhin noch etwas Nutzbares (wie z. B. Baumaterial), nicht aber ein nutzbares Bad übrig bleiben würde, kann es nicht der Gegenstand eines Vorkaufsrechtes sein.   30

Wenn A und B ein kleines Haus in der Weise gemeinschaftlich besitzen, dass A $^1/_{10}$, B $^9/_{10}$ besitzt und B seinen Theil verkauft, hat A das Vorkaufsrecht. Denn wenn der Käufer, der den Antheil des B erworben hat, die Auftheilung verlangt, so muss die Theilung

---

[1]) مُشْتَرَك, شِرْكَة.
[2]) خَلْطه الشُّيوع.

Statt finden, da die 9/10 des Hauses, getrennt von dem letzten Zehntel, ein an und für sich nutzbares Haus ergeben. Dagegen hat B nicht das Vorkaufsrecht, wenn A seinen Antheil verkauft.

Denn wenn der Käufer, der das eine Zehntel des kleinen Hauses von A gekauft hat, die Auftheilung verlangt, wird ihm (vom Richter) die Theilung nicht gestattet, da in Anbetracht des Umstandes, dass dies Zehntel nach der Theilung nicht mehr ein nutzbares Haus sein würde, die Forderung auf Theilung nur als eine vexatorische angesehen werden kann. In diesem Falle würde nur dann ein Vorkaufsrecht ausgeübt werden können, wenn dem Käufer 10 das Nachbarhaus gehört; der Richter würde die Erlaubniss zur Auftheilung geben, da das Zehntel des gekauften Hauses in Verbindung mit dem Hause des Nachbarkäufers im Sinne des Gesetzes etwas Nutzbares ist und dadurch der Antrag des Käufers auf Theilung von dem Charakter des Vexatorischen frei wäre.

Zweitens muss das Objekt des Vorkaufsrechtes *Immobiliarbesitz* sein, also ein Terrain *allein* oder ein Terrain *mit* einem darauf stehenden Hause oder *mit* darauf stehenden Bäumen, der Boden und alles, was zusammen mit dem Boden verkauft zu werden pflegt, nicht aber das Haus oder die Pflanzung *ohne* das Terrain, auf dem sie stehen. 20 Zu dem Hause gehören auch die Thüren, Fenster und ähnliches, zu der Pflanzung die Frucht, ausgenommen diejenige, welche durch künstliche Befruchtung gewonnen wird.

Ausgenommen ist der *immobilisirte* Immobiliarbesitz, die Stiftung (Waḳf), denn sie ist zwar Besitz, aber nicht persönlicher Besitz.[1] Der Besitz eines Nutzens kommt hier nicht in Betracht; wenn mehrere Personen einen und denselben Nutzen besitzen, so hat nicht der eine von ihnen ein Vorkaufsrecht gegen den anderen.

Hier ist noch eine besondere Art von Grund und Boden zu erwähnen, die entweder Stiftung oder persönlicher Besitz ist, solches 30 Land, das gegen eine perennirende Miethe vermiethet ist. Der Verwalter eines Waḳf (eines gestifteten Terrains) oder der Besitzer eines Terrains vermiethet es an einen Miether, z. B. zu einem Hausbau gegen eine perennirende Pacht von so und so viel pro Jahr. Diese

---

[1] مِلْك الرقبة.

Art von Grund und Boden[1]) kann nicht das Objekt eines Vorkaufsrechtes sein.

Wenn von zwei Mitbesitzern A und B jener seinen Theil an
eine dritte Person P verkauft, hat B das Recht, diesen Theil von
P zurückzukaufen gegen Zahlung des *Aequivalents,* das A von P
erhalten hat, einerlei ob dasselbe aus Geld oder Waare, fungibler
oder nicht fungibler besteht.

Das Vorkaufsrecht wird aber nicht allein dann activ, wenn der
eine Mitbesitzer seinen Theil verkauft, sondern auch bei folgenden
Arten der Veräusserung: 10

a) Wenn A seinen Antheil an einem Hause einem Weibe als
Ehegabe giebt, kann sein Mitbesitzer B diesen Theil durch Zahlung
einer Durchschnittsehegabe an die Frau für sich erwerben. S. § 3.

b) Wenn eine Frau sich dadurch von ihrem Ehemanne loskauft,
dass sie ihm einen Theil an einem Hause, das sie gemeinschaftlich
mit B besitzt, zahlt, kann B diesen Theil gegen Zahlung einer
Durchschnittsehegabe an den Ehemann für sich erwerben.

c) Wenn derjenige, der eine absichtliche Tödtung begangen
hat, sich mit dem Inhaber des Blutrechts dadurch vergleicht, dass
er ihm einen Theil eines Hauses, das er gemeinschaftlich mit B   20
besitzt, zahlt, so kann B diesen Theil dadurch für sich erwerben,
dass er das vom Strafgesetz vorgeschriebene Sühngeld (Buch VI
Theil 1 § 11—13) an den Inhaber des Blutrechts zahlt, d. i. die
gesetzliche Anzahl von Kameelen, nach anderer Ansicht den Geldwerth dieser Kamele.

Das Objekt des Vorkaufsrechts muss ferner ein solcher Besitz[2])
sein, den sein Besitzer (der Käufer) *um ein Aequivalent* erworben
hat. Wenn von zwei Mitbesitzern A und B jener seinen Theil nicht
durch Zahlung eines Aequivalents, sondern ohne dies, also *durch
Erbschaft, testamentarische Zuwendung* oder *Geschenk* erworben hat, 30
so hat B nicht das Vorkaufsrecht, falls A seinen Theil verkauft.
Wenn ein Mann stirbt und hinterlässt seinem Erben einen Antheil
an einem Grundstück, das er gemeinsam mit B besitzt, so hat B
nicht das Vorkaufsrecht auf diesen Theil gegen den Erben. Wenn
aber beide Mitbesitzer ihre Antheile ohne Zahlung eines Aequivalents

---

[1]) ‏الارض المعتكرة‎.
[2]) Auf *künftigen* Besitz findet das Vorkaufsrecht keine Anwendung.

erworben haben, wie z. B. wenn ein Erblasser ein Grundstück zwei Brüdern hinterlässt, und der eine von ihnen seinen Theil verkauft, so hat der andere das Vorkaufsrecht gegen den Käufer, denn dieser hat den Theil gegen Zahlung eines Aequivalents erworben.

Mit Hülfe der Bestimmungen dieses Absatzes lässt sich in vielen Fällen das Vorkaufsrecht illusorisch machen. Kniffe dieser Art sind folgende:

A, der ein Grundstück mit B zusammen besitzt, *schenkt* seinen Antheil einer dritten Person C, und diese *schenkt* ihm soviel, als der Antheil werth ist; oder A verkauft einen *geringen Bruchtheil* seines Antheils um den Preis des *ganzen* Antheils und schenkt ihm den Rest desselben. In beiden Fällen kann B kein Vorkaufsrecht ausüben.

A und C machen eine Verabredung mit einander betreffend den von C zu zahlenden Preis. Nun verkauft A seinen Antheil an C zu einem Preise, der um vieles zu hoch ist. Darauf nimmt der Verkäufer von dem Käufer an Preises Statt ein Objekt (z. B. ein Pferd, ein Schiff oder dgl.), das den Werth des vereinbarten Preises hat, an, oder aber der Verkäufer verzichtet nach Ablauf der Optionsfrist auf einen Theil des Preises (falls dieser creditirt war).

Wenn A seinen Antheil gegen ein nicht fungibles Objekt von unbekanntem Werth, z. B. einen Edelstein verkauft und darauf den Edelstein verliert oder das fungible Objekt mit etwas anderem vermischt, so dass sein Werth nicht mehr festzustellen ist, oder wenn A seinen Antheil gegen ein Objekt verkauft, das in jeder Beziehung unbestimmt, unbemessen ist, kann B sein Vorkaufsrecht nicht ausüben, denn der Preis, den er eventuell dem Käufer zahlen müsste, ist nicht mehr festzustellen. Indessen kann B verlangen, dass der Käufer gezwungen wird zu beschwören, er kenne den Werth des als Preis gezahlten Objektes nicht. B spricht zum Käufer: „Hast Du das Objekt gekauft um 100 Dirhem?" Erklärt der Käufer das nicht zu wissen, muss er es beschwören. Darauf B: „Hast Du es gekauft um 90 Dirhem?" Wenn der Käufer leugnet, muss er es wieder beschwören, und dies kann so lange fortgesetzt werden, bis der Käufer entweder gesteht oder sich weigert weiter zu schwören. Dann wird dem B aufgegeben, seine Behauptung zu beschwören, und dem-

gemäss entscheidet der Richter, dass B den von A verkauften Antheil von C zu dem Preise, den B beschworen hat, zurückkaufen kann.

Wenn B behauptet, dass der Käufer den Preis kenne, während
er (B) nicht eine bestimmte Höhe des Preises anzugeben weiss, ist
eine solche Behauptung wirkungslos, da sich seine Behauptung auf
etwas bezieht, was nicht sein Recht ist.

Solche Praktiken sind *verabscheuenswerth*, wenn sie in dem
Vertrage, den A, der eine Mitbesitzer, mit seinem Käufer C macht,
vereinbart werden, d. i. zu einer Zeit, wo das Vorkaufsrecht des B
noch latent ist; sie sind *gesetzwidrig*, wenn sie nach Abschluss des 10
Vertrages vereinbart werden, d. i. zu einer Zeit, wo das Vorkaufsrecht des B bereits activ ist.

Wenn A seinen Antheil an C verkauft um einen Preis, der bei
dem Abschluss des Vertrages *individuell bestimmt* wird, wenn z. B.
der Käufer erklärt „Ich kaufe den Antheil um *diese* 100 Denare
oder um *dies* Objekt"; wenn dieser Kauf zu Stande kommt und
nun B den Antheil von dem Käufer zurückkauft; wenn darauf sich
herausstellt, dass *jene* 100 Dirhem Kupfer waren statt Gold oder
jenes Objekt mit fremden Rechten belastet war, so ist sowohl der
Kauf wie der Rückkauf ungültig.   20

Anderer Fall: A verkauft seinen Antheil an C um einen Preis,
der bei dem Abschluss des Vertrages *nicht individuell bestimmt*
wird, indem z. B. der Käufer erklärt: „Ich kaufe den Antheil um
100 Mark". Der Antheil wird dem Käufer übergeben, er zahlt
darauf den Preis. Nun kauft B, der Inhaber des Vorkaufsrechts,
den Antheil von dem Käufer zurück. Wenn sich dann herausstellt,
dass der vom Käufer gezahlte Preis falsches Geld oder ein mit
fremden Rechten belastetes Objekt war, so bleiben Kauf und Rückkauf in Kraft, indessen ist der Käufer gehalten, den incorrekten
Preis durch einen correkten zu ersetzen.   30

Wenn B (der Inhaber des Rückkaufsrechts), indem er den Antheil von dem Käufer C zurückkauft, ihm einen Preis zahlt, der sich
nachträglich als falsches Geld oder ein mit fremden Rechten belastetes Objekt herausstellt, so bleibt der Rückkauf dennoch in
Kraft, selbst wenn B von der Natur des von ihm gezahlten Preises
unterrichtet war; jedoch hat B den incorrekten Preis durch einen
correkten zu ersetzen. Ist der Preis *ein individuell bestimmtes Objekt*

und es stellt sich später, nachdem B bereits von dem Antheil Besitz genommen, heraus, dass der gezahlte Preis falsch oder mit fremdem Recht belastet war, so muss, wenn nun der incorrekte Preis durch einen correkten ersetzt wird, eine neue Besitzübergabe stattfinden, d. h. der Käufer muss nun zum zweiten Mal dem B den Antheil übergeben, weil die erste Uebergabe ihrem Wesen nach incorrekt gewesen war.[1])

Wenn der Käufer (C) des Antheils irgend eine Verfügung über denselben trifft, so steht dem B (dem Inhaber des Vorkaufsrechts) das Recht zu, wenn er den Antheil zurückkauft, die Verfügung des 10 C aufzuheben, einerlei ob C den Antheil verkauft oder zu einer Stiftung gemacht oder ohne Gegenleistung verschenkt hatte. Denn das Recht des B ist älter als die Verfügung des C. In dieser Verfügung sind zwei Arten zu unterscheiden:

a) Eine Verfügung[2]), welche dem Mitbesitzer das Recht giebt sein Mitbesitzerrecht auszuüben, z. B. Verkauf. In diesem Fall hat B nach seinem Belieben und seinem Vortheil das Recht, den Antheil zurückzukaufen von dem Käufer C oder auch von einem weiteren Käufer, an den ihn C weiterverkauft hat.

b) Eine Verfügung, welche dem Mitbesitzer nicht das Recht 20 giebt sein Mitbesitzerrecht auszuüben, z. B. eine Stiftung (Waḳf) oder Schenkung (ohne Gegenleistung).[3]) Wenn B den Antheil zurückkauft, ist eine solche Verfügung des C null und nichtig.

Wenn der eine Mitbesitzer seinen Antheil an dem Gemeinbesitz zugleich mit etwas anderem, z. B. einem Kleide, das ihm allein gehört, gegen einen und denselben Preis verkauft, so kann B Kraft seines Vorkaufsrechts jenen Antheil gegen Zahlung eines Preises erwerben, der gleich dem auf den verkauften Antheil entfallenden Bruch des Gesammtwerthes ist. Der Antheil ist 80 Denare werth, das Kleid 20 Denare. Gesammtwerth 100 Denare, wovon ⁴/₅ den 30

---

[1]) War der Preis dagegen *nicht individuell bestimmt*, so hat nur der Austausch des incorrekten Preises gegen einen correkten Statt zu finden.

[2]) تصرّفٌ مُوجِبُ الشفعةِ d. h. ein تصرّفُ شُفعةٍ.

[3]) Wenn von zwei Mitbesitzern der eine seinen Antheil zu einem Waḳf macht, so kann der andere dagegen nicht sein Besitzerrecht geltend machen. تصرّفٌ غيرُ موجِبِ الشفعة.

Werth des Antheils repräsentiren. Der Gesammtpreis, den der
Käufer gezahlt hat, ist 200 Denare. Wenn B hiervon $^4/_5$ zahlt
(also 160 Denare), kann er den Antheil Kraft seines Vorkaufsrechtes
für sich erwerben.

⸱ Wenn der Preis, den C für den Antheil gezahlt hat, Geld oder
fungible Waare, z. B. Weizen, ist, so muss der Inhaber des Vorkaufsrechts das gleiche zahlen, wenn er den Antheil für sich erwerben
will, vorausgesetzt dass er das zu Zahlende aus einer Entfernung
von weniger als zwei Tagereisen[1]) herbeischaffen kann. Ist dies
nicht möglich, so kann er verlangen, dass der Käufer *den Werth* 10
des Objektes von ihm als Preis annimmt.

Ist dagegen der Preis, den C für den Antheil gezahlt hat, etwas
nicht Fungibles, wie z. B. ein Sklave, ein Kleid, so hat der Inhaber
des Vorkaufsrechts den Werth des Preises zu zahlen, wenn er den
Antheil für sich erwerben will, und zwar denjenigen Werth, den der
Preis zu der Zeit hatte, als A seinen Antheil an C verkaufte, oder
als Ehegabe fortgab und, wenn A eine verheirathete Frau war, als
Preis für den Loskauf ihrer eigenen Person aus der Ehe mit ihrem
Manne verausgabte, d. i. zu der Zeit, da das Vorkaufsrecht activ
wurde, nach Abschluss des Vertrages. Wenn eine Differenz ent- 20
steht über die Höhe des Preises, wird dem Käufer C der Eid aufgegeben und demgemäss entschieden.

§ 2. Wenn der Mitbesitzer A seinen Antheil verkauft, hat er
nicht die Pflicht dem Mitbesitzer B davon Anzeige zu machen.
B aber muss, sobald er von dem Verkaufe hört, sich beeilen sein
Vorkaufsrecht geltend zu machen.[2]) Unterlässt er dies, obwohl er
dazu im Stande war, so ist sein Vorkaufsrecht hinfällig.

Sobald B von dem Verkaufe hört, d. i. sobald er die Nachricht
von einer Vertrauensperson[3]) erhält, sei sie frei oder unfrei, Mann
oder Weib. Ist dagegen der Bote nicht eine Vertrauensperson, 30
z. B. Jemand, der gesetzlich nicht unbescholten ist, oder ein Kind,

---

[1]) مسافة القصر.

[2]) Wie man, wenn man ein gekauftes Objekt wegen eines an
demselben entdeckten Fehlers zurückgeben will, es *sofort* zurückgeben
soll.

[3]) ثقة.

und unterlässt B aus diesem Grunde sein Recht zu fordern, so ist das ein ausreichender Grund, und sein Recht verfällt nicht.

Die erste Nachricht, die B erhält, besagt, dass A seinen Antheil für 1000 Denare verkauft habe, für einen Preis, der so hoch ist, dass B darauf verzichtet sein Vorkaufsrecht geltend zu machen. Hinterher stellt sich heraus, dass A seinen Antheil nur für 500 Denare verkauft hat. Nunmehr steht es dem B immer noch frei sein Recht geltend zu machen, wenn er will; es ist nicht verfallen.

Im umgekehrten Fall, wenn B die Nachricht bekommt, dass A seinen Antheil für 500 Denare verkauft habe, und nun sein Vorkaufsrecht nicht geltend macht, so ist es damit verfallen, auch wenn er etwa hinterher erfahren sollte, dass A nicht 500, sondern 1000 Denare erhalten hat. Denn es ist anzunehmen, dass, wenn er das Objekt nicht um den geringeren Preis erwerben wollte, er es erst recht nicht um den höheren erwerben will.

Wenn B dem Käufer, der von A dessen Antheil erworben, begegnet und nun ihn begrüsst oder ihn fragt, was er dafür gezahlt habe, oder zu ihm spricht: „Gott gebe dir seinen Segen zu deinem Kauf", so dürfen diese Aeusserungen nicht so gedeutet werden, als ob B dadurch auf sein Vorkaufsrecht verzichte. . Es bleibt vielmehr in Kraft.

Weitere Bedingung ist, dass B von dem ihm zustehenden Vorkaufsrecht Kenntniss hat, und dass er weiss, dass ein solches *unverzüglich* geltend gemacht werden muss. Wenn er mit plausiblen Gründen Unwissenheit in dieser Hinsicht plädirt, muss er dies durch einen Eid erhärten, und dann wird ihm sein Vorkaufsrecht gewahrt.

Es ist ferner zu unterscheiden, ob A seinen Antheil gegen sofortige Zahlung oder auf Credit verkauft hat. In letzterem Falle hat der Inhaber des Vorkaufsrechts die Wahl, ob er den Antheil sofort für sich erwerben und sofort zahlen will, oder ob er mit dem Geltendmachen seines Anspruches warten will bis zu dem gesetzlichen Eintreten des Zahlungstermines (z. B. in Folge des Todes des Käufers). Indessen wenn man auf Credit verkauft, verlangt man einen höheren Preis, als wenn man gegen Baarzahlung[1]) ver-

---

[1]) ‏الاجل يقابله قسط من الثمن‎ d. i. die *Baarzahlung* ist nur der Preis für das gekaufte, dagegen der *creditirte Preis* ist das Gleiche

kauft; durch den Verkauf des Antheils *auf Credit* würde daher B geschädigt. Dies soll verhindert werden durch die Bestimmung, dass wenn B für die sofortige Reklamirung des Antheils optirt, er nicht verpflichtet ist, den hohen Creditpreis zu zahlen, sondern einen solchen Betrag, den der Käufer C zu bezahlen gehabt haben würde, wenn A Baarzahlung von ihm verlangt hätte.

Wenn B von C den gekauften Antheil zurückkauft, ihn aber nicht baar bezahlen kann, sondern gegen das Versprechen späterer Zahlung erwirbt, so kann er das Objekt sofort an sich nehmen, muss aber unter allen Umständen den creditirten Preis zahlen. 10 Wenn er dagegen das Objekt nicht sofort an sich nimmt, erlischt sein Vorkaufsrecht.

In der Geltendmachung des Rückkaufsrechtes ist zweierlei zu unterscheiden, die Vereinbarung, der Vertrag mit dem Käufer C wegen des Rückkaufes, und die Besitzergreifung[1]) des zurückgekauften Objektes durch den Inhaber des Vorkaufsrechts. Letztere braucht nicht unmittelbar auf erstere zu folgen, sondern kann durch Vereinbarung auf einen späteren Termin verschoben werden.

Wenn B keine Nachricht davon erhält, dass sein Mitbesitzer A seinen Antheil verkauft hat, bleibt sein (des B) Vorkaufsrecht 20 intakt, selbst wenn Jahre darüber vergehen.

Der Inhaber des Vorkaufsrechts soll, sobald er erfährt, dass sein Mitbesitzer seinen Antheil verkauft hat, sich beeilen sein Recht geltend zu machen. Wenn er sich beeilt, braucht er es sich nicht von Anderen bezeugen zu lassen, dass er seinen Anspruch *sofort* erhoben hat. Wenn er aber z. B. mitten im Gebete oder im Bade ist, darf er in Ruhe sein Geschäft vollenden. Er braucht nicht zu laufen, zu stürzen und kann sich ruhig für den Ausgang ankleiden. Erfährt er die Nachricht in der Nacht, so kann er warten bis zum Morgen; wenn er aber ein mächtiger Mann ist, der sich in der 30 Nacht schützen kann, oder wenn es in den Nächten des Ramaḍàn ist, muss er sofort in der Nacht sein Recht fordern. Wenn er dagegen, nachdem er die Nachricht erhalten, sich in einer Weise benimmt, welche nach der Sitte des Landes als eine absichtliche

---

und ausserdem noch der Preis für das Hinausschieben der Zahlung. Wörtlich übersetzt: „Dem Termin entspricht ein Bruchtheil des Preises."

[1]) التملّك.

Verschleppung angesehen werden muss, geht damit sein Vorkaufsrecht verloren.

Wenn er dagegen ernstlich krank ist oder verreist, so dass er
weder den Käufer erreichen noch seinen Anspruch vor dem zuständigen Richter zu Protokoll geben kann, oder im Gefängniss
oder sich fürchtet vor einem Feinde, so dass er sich nicht getraut
sein Haus zu verlassen, muss er einen Mandatar bestellen und
durch diesen sein Recht fordern. Ist er dazu nicht im Stande,
muss er sich Zeugen verschaffen und vor diesen seinen Anspruch
declariren; dadurch wird ihm sein Recht gewahrt, und er kann es 10
späterhin, sobald die Umstände es gestatten, geltend machen, d. h.
den von seinem Mitbesitzer verkauften Antheil zurückkaufen.

§ 3. Wenn der Mitbesitzer A seinen Antheil an dem gemeinsamen Besitz dem Weibe, das er heirathet, als Ehegabe überweist,
kann der Mitbesitzer B jenen Antheil dadurch für sich erwerben,
dass er der Frau eine Durchschnittsehegabe zahlt (s. Buch I. Anm.
zu § 15—19). Die Ehe ist Kauf, der Mann verkauft der Frau die
Ehegabe, die Frau bezahlt sie mit Uebergabe des Nutzungsrechtes
ihres arvum natale. Der Werth dieses von ihr gezahlten Preises
ist die Durchschnittsehegabe. Wenn der Mann der Frau seinen 20
Anteil als *Mut'a* (s. Buch I. Anm. zu § 19) übergiebt, kann B
den Antheil an sich nehmen gegen Zahlung einer Durchschnitts-
Mut'a an die Frau.

Wenn eine Ehefrau sich gegen Zahlung eines Preises von
ihrem Mann loskauft (Buch I. § 26—28) und dieser Preis ein Theil
eines gemeinsamen Besitzes ist, hat ihr Mitbesitzer das Recht den
Theil an sich zu nehmen, muss aber dem Manne den Preis in
Gestalt einer Durchschnittsehegabe zahlen.

§ 4. Wenn der Mitbesitzer eines Grundstücks mehrere sind, so kann
jeder von ihnen das Vorkaufsrecht *pro rata seines Antheils* aus- 30
üben. Wenn A $\frac{1}{2}$, B $\frac{1}{3}$ und C $\frac{1}{6}$ besitzt, so kann, wenn A seinen
Theil verkauft, B $\frac{2}{3}$ und C $\frac{1}{3}$ des verkauften Theiles von dem
Käufer zurükkaufen. Wenn B sein Drittel verkauft, so kaufen A
und C es zurück, A $\frac{3}{4}$ und C $\frac{1}{4}$; und wenn C sein Sechstel verkauft, so kaufen A und B es zurück, A $\frac{3}{5}$ und B $\frac{2}{5}$.

Nach einer anderen, von Baguri verworfenen Ansicht hätte
jeder einzelne das Vorkaufsrecht auf den *ganzen* Antheil, den einer

der Mitbesitzer verkauft hat. Es wäre dann nur die *Kopfzahl* der Mit-besitzer massgebend, nicht die Grösse ihrer Antheile. Wenn daher *mehrere*, etwa 7 Personen, Inhaber des Vorkaufsrechts waren, und sie sämtlich ihr Recht forderten, würde jeder von ihnen je $1/_7$ des verkauften Antheils zurückkaufen können.

Von dem Kaufer, der zugleich socius ist.

Bisher ist nur die Rede gewesen von dem Falle, dass der Käufer C nicht zugleich zu den Mitbesitzern des von ihm gekauften Objektes gehört. Wenn letzteres der Fall ist, so hat der Käufer-Mitbesitzer das gleiche Recht auf den verkauften Antheil wie die 10 übrigen Mitbesitzer. Beispiel: Drei socii besitzen ein Haus zu-sammen, jeder ein Drittel. Einer (A) von ihnen verkauft seinen Antheil an den einen andern (B), so hat der dritte socius C das Vorkaufsrecht in dem gleichen Maasse wie B (der Käufer-Mitbesitzer). In Folge dessen theilen sie sich das erkaufte Drittel, d. h. B be-hält das eine Sechstel, das er gekauft hat, C erwirbt das andere Sechstel Kraft seines Vorkaufsrechts. Das Resultat ist also das-selbe, als wenn der Käufer ein Fremder (nicht ein Mitbesitzer) ge-wesen wäre.

Zwei Mitbesitzer A und B besitzen ein Grundstück gemein- 20 schaftlich. A verkauft die eine Hälfte seines Antheils an einen Mann M, darauf die andere Hälfte an N. Dann hat B allein das Vorkaufsrecht an den erst verkauften Antheil, er kauft ihn zurück. Darauf hat er auch das Vorkaufsrecht gegen die zweite Hälfte, und nachdem er diese erworben hat, besitzt er das Ganze, den ganzen Antheil, der früher seinem socius A gehört, und ist damit Alleinbesitzer des ganzen ungetheilten Grundstücks geworden.

Wenn dagegen B auf sein Vorkaufsrecht verzichtet und den ersten Käufer M im Besitze des von ihm gekauften belässt, haben er und M zusammen das Vorkaufsrecht gegen den zweiten Käufer 30 N, da sie schon vor dem zweiten Kauf socii geworden sind.

Von der Untheilbarkeit des Vorkaufsrechtes und dass der Kauf für den Käufer nicht zertheilt werden soll.

Wenn ein Mitbesitzer *auf einen Theil seines Vorkaufsrechtes* verzichtet, verzichtet er damit *auf das ganze*, wie Jemand, der auf einen Theil der ihm zustehenden talio verzichtet, damit auf die

ganze talio verzichtet (s. Buch VI. Theil 1). Wenn auf diese Weise
von drei Mitbesitzern A sich seines Vorkaufsrechts begiebt,
geht das ganze auf B über, so dass, wenn C seinen Antheil verkauft, B das Recht hat, nicht bloss für seinen eigenen Antheil,
sondern zugleich auch für den Antheil des A das Vorkaufsrecht
auszuüben. Anders ausgedrückt: B kann den ganzen von C
verkauften Antheil von dem Käufer zurückkaufen. Durch diese
Massregel soll verhütet werden, dass der Kauf für den Käufer nicht
zu sehr zertheilt, zerstückelt wird[1]). Wenn B das Recht hätte nur
für seinen ursprünglichen Antheil das Vorkaufsrecht auszuüben, und   10
wenn er ferner das Recht hätte einen Bruchtheil seines Vorkaufsrechtes auszuüben, dagegen auf einen andern Theil zu verzichten,
so würde eventuell der für den Käufer mögliche Kauf sehr minimal
und damit gegenstandslos werden. B hat das Vorkaufsrecht für
sich und für seinen ursprünglichen socius A, er kann es *ganz*
ausüben oder ganz darauf verzichten, einen Mittelweg giebt es
nicht.

Wenn von zwei Inhabern des Vorkaufsrechts A und B der
erstere abwesend ist, so hat, falls der dritte socius seinen Antheil
verkauft hat, B die Wahl zwischen zwei Dingen: entweder mit seiner   20
Entscheidung zu warten, bis A zurückkommt, oder sofort *für sich,
wie für* A das Vorkaufsrecht auszuüben, d. h. sofort den ganzen von
C gekauften Antheil ihm wieder abzukaufen. Wählt er das letztere,
so wird das Zurückgekaufte nach der Rückkehr von A zwischen
den beiden (A und B) getheilt, während der Nutzen, den das Objekt an Renten und Früchten bis zur Rückkehr von A trägt, allein
dem B zufällt, ohne dass der abwesende A irgendwelches Anrecht
darauf hätte. Dem anwesenden B steht nicht der Mittelweg offen,
nur für seinen eigenen Antheil das Vorkaufsrecht auszuüben. Wenn
er dies thäte und A nach seiner Rückkehr für sein Theil auf den   30
Rückkauf verzichtete, würde der Käufer nur die Hälfte von dem
Antheil, den er von dem dritten socius C gekauft hat, behalten,
während die andere Hälfte durch Rückkauf in den Besitz von B
übergehen würde, vorausgesetzt, dass die Antheile der drei socii
gleich waren. Auf diese Weise würde das von dem Käufer er-

تبعيض الصفقة على المشتري (١)

worbene Loos zertheilt werden, und es ist sehr wohl möglich, dass das
ganze Loos nutzbar war, während das zertheilte Loss gänzlich werthlos sein kann. Auf diese Weise sucht das Gesetz den Käufer durch
den Satz „der Kauf des Käufers soll nicht zertheilt werden" zu
schutzen.

*Falle, in denen eine Zertheilung des Kaufes für den Kaufer
nicht eintritt.*

Eine Mehrzahl von Vorkaufsrechten ergiebt sich (wird aktiv),
wenn mehrere Verkaufsgeschäfte abgeschlossen werden entweder
dadurch a), dass mehrere socii ihre Antheile verkaufen, oder b) dass 10
zwei Käufer von einem und demselben socius dessen Antheil
kaufen, oder c) dass fur die einzelnen Bruchtheile eines Looses
verschiedene Preise gezahlt werden; schliesslich dadurch d) dass
mehrere Loose zugleich verkauft werden. Beispiele:

a b) Wenn zwei socii A und B einen Antheil an *einen* Käufer
verkaufen oder wenn zwei Käufer M und N von *einem* socius einen
Antheil kaufen, so steht es dem Inhaber des Vorkaufsrechts frei,
nur *ein* Loos, also entweder den von A verkauften Theil oder den
von M gekauften Theil zurückzukaufen (er ist nicht verpflichtet, das
ganze verkaufte Objekt zurückzukaufen). Denn von einer Zertheilung 20
des Kaufes[1]) kann hier nicht die Rede sein, da in jedem Fall zwei
separate Käufe vorliegen.

c) Wenn der eine Mitbesitzer A das eine Viertel des Hauses
um 100 Denare, das andere Viertel um 80 Denare verkauft und der
Käufer die beiden Viertel unter dieser Bedingung kauft, so steht
es dem Inhaber des Vorkaufsrechtes frei nur das eine der beiden
Viertel zuruckzukaufen, weil auch hier von einer Zertheilung des
Kaufes nicht die Rede sein kann, da zwei verschiedene Preise gezahlt worden sind und demgemäss angenommen wird, dass zwei
separate Kaufverträge abgeschlossen seien.   30

d) Wenn ein Mitbesitzer zwei Antheile an zwei verschiedenen
Häusern durch einen einzigen Verkaufscontract verkauft, so steht
es in dem Belieben des Inhabers des Vorkaufsrechts, nur den einen
Haus-Theil zurückzukaufen, denn dies hat nicht zur Folge, dass
ein einziges Objekt, das in einem einzigen Kauf gekauft ist, zertheilt wird, da eben zwei Objekte vorhanden sind.

---

[1]) تبعيض الصفقة على المشترى.

KAP. 15.

COMMANDIT-GESELLSCHAFT.

TEXT.

---

§ 1. Eine Commandit-Gesellschaft muss folgenden vier Bedingungen entsprechen:

a) das Gesellschaftskapital muss aus Baargeld, Denaren und Drachmen bestehen.

b) Der Commanditär muss dem Gerenten eine Vollmacht zu freier Verfügung geben, entweder eine ganz allgemeine oder eine solche, die, sofern sie beschränkt ist, doch den Gerenten zur Verfügung über Dinge und Verhältnisse ermächtigt, die secundum rerum naturam allzeit vorhanden sind.

c) Der Commanditär muss dem Gerenten einen bestimmten Antheil an dem Gewinn zusichern.

d) Der Commanditär darf seine Theilnahme an dem Geschäft nicht auf eine bestimmte Zeit limitiren.

§ 2. Der Gerent haftet nicht für das Gesellschaftsvermögen ausser im Falle einer Pflichtverletzung.

§ 3. Wenn sich Gewinn und Verlust ergiebt, ist der letztere durch den ersteren zu decken.

COMMANDIT-GESELLSCHAFT.

ANMERKUNGEN.

Durch den Commandit-Gesellschaftsvertrag[1]) verpflichtet sich A, dem B ein Kapital zur Verfügung zu stellen, verpflichtet sich B, mit diesem Kapital Geschäfte zu machen, und bestimmen beide, dass der Gewinn zwischen ihnen getheilt werde. Die Gegenstande der Lehre von diesem Vertrage sind sechs:

    a) der Besitzer des Kapitals, der Commanditar,
    b) der Gerent,
    c) das Kapital,
    d) die Geschäftsfuhrung,
    e) der Gewinn,
    f) die Form des Vertrages.

Für den Commanditär und den Gerenten gelten dieselben Bestimmungen wie für den Mandanten und den Mandatar (Kap. 10). Sowohl der Commanditär wie der Gerent kann je aus einer Mehrheit von Personen bestehen. Wenn zwei Commanditäre vorhanden sind, von denen A 200 Denare, B 100 Denare hergegeben hat, und sie dem Gerenten die Hälfte des Gewinnes zugestanden haben, so bekommt bei der Abrechnung nach Abzug der Hälfte des Gewinnes für den Gerenten A $^2/_3$ und B $^1/_3$ von der anderen Gewinnhalfte. Ferner kann ein Commanditär einen Commandit-Gesellschaftsvertrag mit zwei Gerenten abschliessen und zwar so, dass diesen beiden entweder gleiche oder ungleiche Gewinnantheile zugesichert werden, wobei es irrelevant ist, ob zugleich bestimmt wird, dass die beiden Gerenten ein Regressrecht gegen einander haben oder nicht.

---

[1]) Auch مضاربة genannt.

Der Gerent darf keine Geschäfte mit dem Commanditär oder dessen Vertreter machen, wohl aber mit seinem servus contrahens (Buch II § 14—19). Ferner darf er nicht die Kosten für seinen Unterhalt dem Gesellschaftskapital entnehmen. Seine Geschäftsführung muss dem lokalen Brauch entsprechen, und für die einfachen und gewöhnlichen Handlungen oder Verrichtungen seines Geschäfts[1]) hat er keinen Anspruch auf ein Aequivalent oder Lohn.

§ 1. a) Das Gesellschaftskapital muss aus baar gezahlter, einwandfreier Landesmünze in genau fixirten Beträgen bestehen. Die Denare und Dirhems dürfen nicht eine unterwerthige Legirung 10 haben. Man darf also nicht aus Bruchgold oder Bruchsilber, nicht aus goldenen oder silbernen Geräthen und nicht aus Waaren ein Gesellschaftskapital bilden. Zu den Waaren werden auch die Kupfermünzen[2]) gerechnet. Allgemeiner gefasst will dieser Absatz besagen, dass das Kapital aus couranter Landesmünze bestehen muss, also eventuell aus Muscheln (Kauris) und Glasperlen. Der Commanditär muss das Geld baar und richtig dem Gerenten vorzählen und übergeben, damit es zu dessen ständiger und sofortiger Verfügung sei. Ein Nutzen oder ein Guthaben kann nicht eine Einzahlung für ein Gesellschaftskapital sein.   20

b) Der Commanditär muss dem Gerenten vollkommen freie Verfügung über das Kapital geben, d. h. die Ermächtigung *Handel* damit zu treiben. Der Commanditär darf nicht zum Gerenten sprechen: „Du darfst nicht eher kaufen, als bis Du mich um Rath gefragt hast", oder „Du darfst nur mit Zaid Handel treiben" oder „Wenn Du Weizen kaufst, darfst Du nur die und die Sorte kaufen".

Indessen über den einfachen Handel, d. i. Verkauf und Kauf darf der Gerent nicht hinausgehen. Wenn er also Getreide kaufen wollte, um Brod daraus backen zu lassen und es dann zu verkaufen, oder Garne kaufen wollte, um Stoffe daraus weben zu lassen und 30 sie dann zu verkaufen, so wäre das ungesetzlich, weil hierzu noch anderweitige geschäftliche Transactionen, wie z. B. das Miethen des Bäckers, des Webers erforderlich wären, welche ausserhalb der Grenzen der Vollmacht liegen.

---

[1]) Wie für das Zusammenfalten eines Stoffes oder das Abwiegen von einem Pfund Butter.

[2]) ‏فلوس‎.

Die Vollmacht zum Handel kann entweder ganz unbeschränkt oder insofern beschränkt sein, als abgemacht wird, dass der Gerent nur mit einem bestimmten Artikel, z. B. mit Getreide Handel treiben darf. Bei einer solchen Limitirung verlangt das Gesetz, dass das Handelsobjekt ein solches sei, das secundum rerum naturam immer und in den nöthigen Quantitäten vorhanden ist. So darf die Vollmacht z. B. nicht auf Handel *mit scheckigen Pferden* lauten, oder auf Handel mit *weissem* Weizen in einem Lande, wo er nur selten oder gar nicht vorkommt. Dagegen in Oberägypten, wo weisser Weizen ganz gewöhnlich ist, kann er als Handelsobjekt für den Gerenten 10 einer Commandit-Gesellschaft bestimmt werden. Wenn das Objekt vorhanden ist, aber plötzlich aufhört zu existiren, ist dadurch der Contrakt nicht nothwendig annullirt.

c) Der dem Gerenten zugesicherte Antheil am Gewinn muss genau fixirt werden. Mangel an Präcision in diesem Punkte hebt eventuell den Vertrag auf. Wenn die Abmachung so lautet, dass entweder der Commanditär oder der Gerent *den ganzen Gewinn* haben solle, so ist sie ungültig, und bei einer eventuellen Auflösung des Geschäfts wird in *jedem* Fall der ganze Gewinn dem Commanditär zugesprochen, während der Gerent im ersteren Fall nichts, dagegen 20 im zweiten Fall ein Durchschnittshonorar bekommt.

Es ist nicht zulässig, in dem Vertrage einem Anderen als den beiden Contrahenten einen Gewinnantheil zuzusichern, ausgenommen dem Sklaven des Commanditärs oder des Gerenten, weil dies doch wieder seinem Herrn zufliesst. Auch darf in dem Vertrage bestimmt werden, dass der Gerent den Sklaven des Commanditärs unterhalten soll, wobei das Maas des Unterhalts entweder speciell fixirt werden muss oder nach dem lokalen Usus bestimmt werden kann.

Der Antheil des Gerenten darf nur in Theilen *des allgemeinen* 30 *Gewinns* fixirt werden, nicht auf irgend eine andere Weise. Also die Ansetzung eines festen Honorars für ihn ist unzulässig, ebenso wie z. B. eine solche Bestimmung, dass der Gewinn aus dem Handel *mit dieser* oder *jener Species* des vereinbarten Handelsartikels dem Gerenten zufallen solle. Lautet die Abmachung „Wir wollen den Gewinn unter uns theilen", so ist darunter die Theilung zu *gleichen* Theilen zu verstehen.

Wenn ein Commandit-Gesellschaftsvertrag, weil incorrekt, aufgelöst wird, steht dem Gerenten der Anspruch auf ein Durchschnittshonorar zu, selbst wenn er wusste, dass der Vertrag incorrekt
war. Ueber den Fall, in dem der Gerent nichts bekommt, s. oben
(zu Anfang von c).

Wenn Commanditär und Gerent mit einander über die Höhe des
dem letzteren zugesicherten Gewinnantheils streiten, werden beide
zum Schwur zugelassen, und wenn Aussage gegen Aussage steht,
wird dem Gerenten ein Durchschnitts-Honorar zuerkannt.

d) Der Commandit-Gesellschaftsvertrag darf nicht auf eine ·be- 10
stimmte Zeit, z. B. auf ein Jahr beschränkt und im Gegensatz zum
Mandatsvertrage (Kap. 10, § 4) nicht von einer Bedingung abhängig gemacht werden. Eine solche Abmachung wie „Wenn der
Monatsanfang kommt, mache ich mit Dir einen Commandit-Gesellschaftsvertrag" ist ungültig. Gültig ist dagegen folgende Abmachung:
„Ich mache mit Dir einen Commandit-Gesellschaftsvertrag, aber
Du darfst nach einem Jahr keine Einkäufe mehr machen" oder „Ich
mache mit Dir einen Commandit-Gesellschaftsvertrag, aber Du darfst
den Handel nur *hier am Orte* treiben."[1])

§ 2. Das Gesellschaftskapital d. h. das Kapital, das der Com- 20
manditär dem Gerenten zur Verfügung gestellt hat, ist etwas ihm
auf Treu und Glauben anvertrautes. Er ist Vertrauensperson gegenüber dem Commanditär als seinem Vertrauensgenossen und geniesst
als solcher dasselbe Vorrecht wie der Depositar, dass seine Aussagen über folgende Dinge vor Gericht als entscheidend angenommen
werden: wenn er behauptet, das anvertraute Kapital dem Vertrauensgenossen zurückgegeben zu haben, oder behauptet, dass es verloren
gegangen sei; seine Aussage über Gewinn und Verlust und die
Höhe derselben; seine Aussage, dass er *für seine eigene Rechnung*
gekauft habe, auch wenn er dabei gewann, und dass er *für Rech-* 30
nung der Commandit-Gesellschaft gekauft habe, auch wenn er dabei verlor.

Wenn das Kapital verloren geht und der Besitzer A behauptet,
er habe es dem B *geliehen*, und dieser hafte dafür, während B be-

---

[1]) Baguri II, 23, 16—18. Diese beiden Formen der Vereinbarung sind mit den sub b) gegebenen Regeln schwer in Einklang
zu setzen.

hauptet, er habe es als unverantwortliches Commandit-Gesellschafts-Kapital bekommen, so wird dem Besitzer der Eid aufgetragen und demgemäss. entschieden. Falls aber beide Parteien den Beweis für ihre Behauptung erbringen sollten, wird dem Beweise des Besitzers der Vorzug gegeben.

Folgende Differenz bezieht sich auf den Fall, dass das Kapital vorhanden und Gewinn damit erzielt ist. Wenn der Besitzer behauptet, das Kapital habe den Charakter eines Commandit-Gesellschafts-kapitals, so dass ihm ein Gewinn-Antheil zukommt, während B be- hauptet, jener habe ihm das Kapital *geborgt*, so dass ihm der *ganze* 10 Gewinn gehören würde, so wird dem B (dem Gerenten) der Eid aufgetragen und demgemäss entschieden.

Die Uebersetzung, ,,Pflichtverletzung",[1]) Pflichtversäumniss stutzt sich auf Baguri. Das Textwort würde besser zu übersetzen sein ,,absichtlich begangenes Unrecht."[2]) Jene Uebersetzung ist zu eng ebensowohl wie diese. Gemeint ist *jedes Unrecht*, das der Gerent in dieser seiner Eigenschaft begeht, sei es ein aggressives, hervor-gehend aus der bewussten Absicht Schaden zu stiften, sei es eine Unterlassung oder Vergesslichkeit irgendwelcher Art. Wenn der Gerent mit dem Kapital eine Reise machen will, so bedarf er wegen 20 der damit verbundenen Gefahr der Ermächtigung des Commanditärs. Will er eine Seereise machen, so bedarf er dazu der schriftlichen Genehmigung des Commanditärs. Wenn der Gerent das Kapital verliert, indem er diese Vorschriften nicht beachtet hat, haftet er (ev. seine Erbmasse) für den Verlust.

§ 3. Wenn die Commandit-Gesellschaft Gewinn und Verlust hat, so ist zunächst der Verlust, soweit möglich, durch den Gewinn zu decken, und der dann etwa noch verbleibende Rest des Gewinns nach dem in dem Contract bestimmten Verhältniss über Comman-ditär und Gerent zu vertheilen.   30

Der Gewinn muss hervorgehen *aus der Geschäftsführung des Gerenten.* Denn wenn z. B. mit dem Gesellschaftskapital Objekte gekauft sind, die im natürlichen Verlauf der Dinge sich mehren, so ist dieser Zuwachs Besitz des Commanditärs. Solcher Zuwachs ist

---

[1]) تفريط.
[2]) عدوان.

z. B. das Erträgniss von Grund und Boden, von Kühen die Kälber, von Schafen die Wolle, von Sklaven das, was sie verdienen, von einer Sklavin die Ehegabe, die Jemand, der sie heirathet, zu zahlen hat, und die Kinder, die sie gebärt, sowie anderes mehr. Jedoch wenn der Gerent aus Versehen einer Sklavin, die zum Gesellschafts-Kapital gehört, beiwohnt, gehört die von ihm zu zahlende Ehegabe *zum Gewinn*, nicht zum Besitz des Commanditärs.

Der Gerent hat das Besitzrecht auf seinen Gewinn-Antheil nicht von dem Moment ab, wo der Gewinn erzielt wird, sondern im Allgemeinen erst *von dem Momente der Vertheilung*,[1]) aber nur dann, wenn das Gesellschaftskapital wieder in Baargeld umgesetzt ist und die Gesellschaft aufgelöst wird. Anderen Falls hat er das Besitzrecht noch nicht, so dass z. B., wenn nach erfolgter Vertheilung noch ein Verlust eintritt, dieser Verlust noch durch den bereits vertheilten Gewinn gedeckt werden muss. Eventuell hat der Gerent das Anrecht auf seinen Gewinn-Antheil, auch ohne dass eine Vertheilung Statt gefunden hat, wenn sie aus irgend einem Grunde unterlassen worden ist, nämlich von dem Moment ab, wo das Kapital wieder in Baargeld umgesetzt und der Vertrag aufgelöst ist.

Verlust kann dadurch entstehen, dass die Marktpreise sinken, dass Waaren oder Theile der Waaren sich deterioriren oder zu Grunde gehen. Wenn ein solcher Verlust *während der Geschäftsführung* des Gerenten entsteht, muss er durch den etwaigen Gewinn gedeckt werden; wenn er dagegen entsteht, *bevor* noch der Gerent irgendeine Disposition getroffen (z. B. durch das Sinken der Valuta), so ist dieser Verlust nicht durch den Gewinn zu decken, sondern fällt dem Commanditär zur Last, d. h. das von ihm gezahlte Kapital ist um so viel kleiner geworden.

Der Verlust ist durch den Gewinn zu decken, einerlei, ob er *vor* oder *nach* dem Gewinn eingetreten ist. Wenn indessen ein Verlust erlitten wird und darauf der Commanditär einen Theil seines Kapitals zurückzieht, wird die auf den zurückgezogenen Theil entfallende Verlust-Rate nicht gedeckt. Beispiel: Das Gesellschafts-Kapital ist 100 Denare. 20 Denare gehen verloren und darauf zieht

---

[1]) d. h. Vertheilungs-Berechnung (nicht Uebergabe des betreffenden Antheils an den berechtigten Empfänger).

der Commanditär weiter 20 Denare aus dem Gesellschaftskapital zurück. Nun wird nur der Verlust über 80 Denare (nicht über 100) repartirt, sodass auf je 20 Denare Kapital je 5 Denare Verlust entfallen. Die 5 Denare Verlust, welche den zurückgezogenen 20 Denaren entsprechen, dürfen nicht durch den Gewinn gedeckt werden, dagegen müssen die 15 Denare Verlust, falls Gewinn erzielt wird, durch den Gewinn gedeckt werden, so dass, wenn diese Deckung erfolgt ist, das Gesellschaftskapital von 60 wieder auf 75 Denare angewachsen ist. Wenn mit diesem Kapital nun weitere 5 Denare verdient werden, müssen sie zum Kapital geschlagen werden, damit auf diese Weise der ganze Verlust von 20 Denaren wieder eingebracht ist.

Wenn der Commanditär, nachdem Gewinn erzielt worden, einen Theil seines Kapitals zurückzieht, so bekommt er zugleich mit dem Kapital auch den entsprechenden Antheil am Gewinn. Beispiel: Das Gesellschaftskapital ist 100 Denare, der erzielte Gewinn 20 Denare. Nun zieht der Commanditär 20 Denare (d. i. $^1/_6$ des Ganzen) zurück und dieser Betrag repräsentirt 16 $^2/_3$ Denare Kapital und 3$^1/_3$ Denare Gewinn. Wenn also die Contrahenten die Halbirung des Gewinnes vereinbart haben, muss der Commanditär dem Gerenten die Hälfte des Gewinns abgeben, d. h. er bekommt von jenen 20 Denaren 18$^1/_3$, während er 1$^2/_3$ an den Gerenten abgeben muss.

Wenn der Commanditär einen Theil seines Kapitals zurückzieht, bevor noch Gewinn und Verlust eingetreten sind, so ist das Gesellschaftskapital um diesen Betrag verringert.

Der Commandit-Gesellschaftsvertrag ist einseitig lösbar, d. h. jeder der Contrahenten kann ihn jeder Zeit lösen, falls nicht mit der Auflösung Kapitalsverlust verbunden ist. Er wird wie der Mandats-Vertrag aufgehoben durch den Tod oder das Wahnsinnigwerden eines der Contrahenten oder beider. Nach der Aufhebung des Gesellschafts-Vertrages hat der Gerent die Schulden der Gesellschaft einzukassiren, das Kapital wieder in Baargeld umzuwandeln und dem Besitzer desselben plus Gewinn oder minus Verlust zu übergeben.

Wenn ein Commandit-Gesellschaftsvertrag dadurch aufgelost wird, dass z. B. der Landesherr die Munze, welche das Kapital bildet, abschafft, so muss der Gerent, einerlei ob Gewinn erzielt worden ist oder nicht, das Kapital in demjenigen Gelde, in dem er es erhalten, zurückzahlen, falls der Commanditär es verlangt.   Gehört das Kapital einer unter Curatel stehenden Person, so ist es unter allen Umständen in derjenigen Münzsorte zuruckzugeben, in der der Gerent es empfangen hat.

KAP. 16.

LANDARBEIT

GEGEN EINEN ANTHEIL AN DEM ERTRAEGNISS.

TEXT.

— ————

§ 1. Der Landarbeits-Vertrag ist nur in der Anwendung auf Palmen- oder Wein-Pflanzungen gültig.

§ 2. Der Landarbeits-Vertrag ist rechtskräftig,

a) wenn der Besitzer die von dem Arbeiter zu leistende Arbeit auf eine bestimmte Zeit limitirt, und

b) wenn er dem Arbeiter einen bestimmten Theil des Erträgnisses als Aequivalent zusichert.

§ 3. Die Landarbeit ist eine doppelte:

a) solche, die der Frucht zu Gute kommt. Diese ist von dem Arbeiter zu leisten.

b) solche, die dem Boden zu Gute kommt. Diese ist von dem Besitzer zu leisten.

LANDARBEIT
GEGEN EINEN ANTHEIL AN DEM ERTRAEGNISS.

ANMERKUNGEN.

34*

Die Vereinbarung, genannt *musâḳât*, besteht darin, dass Jemand eine Pflanzung von Dattelpalmen oder Weinstöcken einem Anderen übergiebt, der sich verpflichtet für ihre Bewässerung und Wachsthum zu sorgen, wogegen ihm ein bestimmter Bruchtheil des Erträgnisses zufallen soll. Die Bezeichnung *musâḳât* ist abgeleitet von einer Wurzel, die *bewassern* bedeutet, weil das Bewässern der nützliehste Theil dieser Art Arbeit ist, wenn auch keineswegs der einzige.

Die Lehre von diesem Vertrage hat sechs Objekte: Den Besitzer, den Arbeiter, die Arbeit, das Arbeitsobjekt, das Erträgniss 10 an Frucht und die Form des Vertrages.

Die Pflanzung muss als solche schon vorhanden sein. Man darf daher nicht junge Palmreiser einem Anderen zum Pflanzen übergeben, weil das Pflanzen nicht zu denjenigen Arbeiten gehört, die Jemand durch den Musâḳât-Vertrag auf sich nimmt. Die Pflanzung muss genau angegeben sein, so dass eine Verwechslung ausgeschlossen ist. Die Pflanzung muss für die Contrahenten sichtbar sein; sie muss unter die Verfügung des Arbeiters gestellt werden, indem sich der Besitzer der Verfügung über dieselbe begiebt. Ferner muss die Frucht in dem Stadium sein, dass sie noch nicht angefangen 20 hat zu reifen; denn wenn die Frucht so weit gediehen ist. ist der grösste Theil der Arbeit bereits gethan.

Die Arbeit beschränkt sich auf die Sorge um die Bewasserung und das Wachsthum. Es kann also durch den Musâḳât-Vertrag weder der Arbeiter sich verpflichten eine Mauer zu bauen. noch der Besitzer sich verpflichten einen Canal rein zu halten.

Das dem Arbeiter zukommende Aequivalent muss angegeben

werden in Bruchtheilen des Gesammterträgnisses, also $1/_4$ oder $1/_3$ der Gesammternte oder ähnlich. Dagegen ist es nicht zulässig, dies Aequivalent nach Maass oder Gewicht zu bestimmen. Ferner muss die ganze Ernte über den Besitzer und den Arbeiter vertheilt werden, und es ist nicht zulässig, dass einer dritten Person ein Antheil daran zugesichert werde, noch dass der Besitzer allein die ganze Ernte bekomme. Wenn Letzteres geschähe, hätte der Arbeiter keinen Anspruch auf einen Lohn, denn er hätte freiwillig seine Arbeit geleistet.

Die Dattelpalme und der Weinstock unterscheiden sich in vier 10 Dingen von den übrigen Bäumen:

a) in den Bestimmungen über den Zakât (Gemeinde- oder Armensteuer);[1]

b) in der Art und Weise der Abschätzung;[2]

c) in dem Verkauf von frischen Datteln oder Trauben gegen getrocknete[3] (s. Cap. 1 § 15, Anm. S. 299).

d) in dem Musâkât-Vertrage.

Die Beschränkung des Musâkât-Vertrages auf Dattelpalmen und Weinstöcke unter Ausschluss aller anderen Obst- und Gemüse-Pflanzungen, wie Feigen-, Aprikosen-, Melonen-, Pfirsich-, Nuss-, 20 Mandel-, Apfel-, Johannisbrod-, Quitten-Bäume u. s. w., beruht darauf, dass in der ältesten Steuergesetzgebung (vom Zakât) von dieser Art von Gewächsen nur die genannten beiden herangezogen worden sind, und weil, wie Baguri meint, jene im Allgemeinen auch ohne Pflege wüchsen.

Nur derjenige kann diesen Vertrag abschliessen, der verfügungsberechtigt ist, also auch der Vormund eines Kindes oder eines Geisteskranken, wenn es im Interesse des Mündels liegt.

Dieser Vertrag wird abgeschlossen durch Angebot und Annahme, unterscheidet sich aber dadurch von dem Kaufvertrage, dass 30

---

[1] Trauben und Datteln sind die einzigen Frucht- oder Obst-Sorten, von denen diese Steuer erhoben wird, s. Van den Berg, Fatḥ-alqarîb S. 229, 1—8.

[2] الخَرْص Die Regeln über die Abschätzung von Datteln am Baum, von Trauben am Stock s. bei Baguri I, 283, 34 ff.

[3] بيع العرايا. S. 299.

er nicht sogleich in Wirksamkeit treten muss. Denn der Arbeiter kann seine Arbeit beginnen, wenn er es für angezeigt halt.

§ 2. Die beiden Contrahenten dürfen ihre Vereinbarung nur über eine genau bestimmte Zeitdauer, wie z. B. uber die Dauer eines Mondjahres erstrecken. Daher wäre ein Musâkât-Vertrag *ohne Zeitbegrenzung* oder *für immer* rechtsunwirksam. Die stipulirte Zeitdauer muss eine solche sein, dass erfahrungsgemäss während derselben der Baum Frucht zu tragen pflegt; anderen Falls ist der Vertrag ungültig. Wenn der Arbeiter wissen musste, dass in der stipulirten Zeit der Baum unmöglich Frucht tragen konnte, hat er keinen Anspruch auf Lohn (Miethe). Wenn er es dagegen nicht wissen konnte oder ihm die Sache zwar zweifelhaft, doch aber möglich erscheinen konnte, so hat er Anspruch auf Lohn (Miethe), wenn auch der abgeschlossene Musâkât-Vertrag ungültig ist.

Der Musâkât-Vertrag darf nicht limitirt werden durch die Bestimmung „bis dann, wenn die Frucht reif wird", weil das kein bestimmter Termin ist, da sie bald früher, bald spater reif wird.

Wenn bestimmt wird, dass dem Arbeiter die Frucht eines oder mehrerer Bäume oder ein bestimmtes Maass Frucht zukommen oder dass der eine von ihnen (Arbeiter oder Besitzer) die ganze Frucht oder dass ein Dritter einen Theil der Frucht bekommen soll, so ist das alles ungultig. Ausgenommen ist der Fall, dass dem Diener des Arbeiters oder des Besitzers ein Theil der Frucht zugesichert wird; eine solche Bestimmung ist gültig.

Die residua der Dattelernte gehören zum Theil dem Besitzer[1]), zum Theil dem Besitzer und dem Arbeiter zu gleichen Theilen[2]). Eine jede hiervon abweichende Stipulation ist ungültig und hebt den Vertrag auf.

Das dem Arbeiter zukommende Aequivalent darf nicht in etwas anderem als einem Fruchtantheil bestehen. Wurde als Aequivalent etwas Anderes, z. B. Geld bestimmt, so würde weder ein Musâkât-Vertrag noch ein Miethsvertrag vorliegen. Will man einen Miethsvertrag abschliessen, so müssen die einzelnen von dem Arbeiter zu leistenden Arbeiten genau specificirt werden.

----

[1]) .الجريد ,الليف ,النخوص الكرناف ,العرجون

[2]) .الڧنو ,الشمـريـخ

Lautet die Abmachung so, dass Besitzer und Arbeiter sich die Frucht theilen wollen, so ist sie gültig und ist so zu verstehen, dass jeder von ihnen die Hälfte des Ertrages bekommt.

§ 3. Der Arbeiter hat die Bäume zu bewässern, ausserdem die weiblichen Palmen zu befruchten. Er hat die Wassergräben rein zu halten; die den Stamm umgebenden Wasserlöcher im Stand zu halten; alles zu entfernen, was das Wachsthum beeinträchtigen kann; er muss die Frucht gegen Vögel und Diebe bewachen, muss sie schneiden und trocknen, die Trauben an Holzgestellen aufhängen. Es ist nicht nöthig diese Arbeiten im Vertrag zu specificiren, denn 10 was zu dieser Arbeit gehört oder nicht, muss nach dem lokalen Gebrauch entschieden werden. Ist ein solcher lokaler Gebrauch nicht vorhanden oder kennen die Contrahenten ihn nicht, so ist es geboten die einzelnen von dem Arbeiter zu leistenden Arbeiten im Vertrage genau anzugeben.

Sämmtliche für diese Arbeit erforderliche Geräthe und sonstige *Requisiten* sind von dem Besitzer zu liefern, also auch z. B. das Thier, welches das Wasserrad treibt, der männliche Palmensame, mit dem die weiblichen Rispen zu befruchten sind. Ferner hat der Besitzer das Wasserrad aufzustellen, die Einfriedigung oder Mauer der 20 Pflanzung sammt den Thoren zu beschaffen, auch die Wasserläufe, sofern sie verfallen sind, auszubessern.

Wird durch den Vertrag eine andere Arbeit als eben angegeben auferlegt, so wird dadurch der Vertrag hinfällig, aber der Arbeiter kann einen Lohn (Miethe) für seine Arbeit fordern, auch wenn er wusste, dass der Vertrag ungültig sei. Dagegen hat, wie schon bemerkt, der Arbeiter keinen Anspruch auf Lohn, wenn der Besitzer sich das ganze Fruchterträgniss ausbedingt.

Der Arbeiter muss sich verpflichten, seinerseits die Arbeit zu leisten. Wenn daher der Besitzer in dem Vertrage bestimmt, dass 30 sein Sklave zusammen mit dem Arbeiter die Arbeit leisten soll, so ist das gültig, wenn damit gemeint ist, dass der Sklave dem Arbeiter helfen soll, dagegen ungültig, wenn damit gemeint sein sollte, dass der Sklave mit dem Arbeiter an der Verfügung über die Pflanzung Theil haben soll.

Der Musâḳât-Vertrag ist wie der Miethsvertrag beiderseitig

verbindlich und kann nicht durch die Willensäusserung des einen
der beiden Contrahenten gelöst werden.

Wenn der Arbeiter in *eigener Person* die Arbeit zu leisten verspricht und dann stirbt, ist der Vertrag erloschen. Wenn dagegen
der Arbeiter die Arbeit übernimmt, ohne dass er sich verpflichtet
sie *in eigener Person* zu leisten, und vor dem Ende der Arbeit
stirbt, tritt sein Erbe an seine Stelle; er kann entweder selbst die
Arbeit übernehmen oder sie von einem Anderen machen lassen
auf seine Kosten oder aus dem Erbtheil, den er geerbt hat. Indessen kann der Besitzer den Erben des Arbeiters nicht zwingen, 10
mit den Mitteln seiner Erbschaft ihm einen Arbeiter zu stellen, wie
er ihn auch nicht zwingen kann die Arbeit zu übernehmen, wenn
keine Erbschaft vorhanden ist.

Der Besitzer ist nicht verpflichtet dem Erben des Arbeiters
selbst die Arbeit zu übertragen, ausser wenn dieser Erbe eine vertrauenswürdige und der betreffenden Arbeit kundige Person ist.

Wenn der Arbeiter vor Ende der Arbeit flieht oder z. B.
durch Krankheit arbeitsunfähig wird, kann der Vertrag in Kraft
bleiben, wenn ein Anderer für ihn die Arbeit leistet oder leisten
lässt, wie A die Schulden des B bezahlen darf. 20

Wenn dagegen der Arbeiter arbeitsunfähig wird und kein Anderer die Arbeit für ihn übernimmt, wird die Sache vor den Richter
gebracht. Der Richter miethet dann einen stellvertretenden Arbeiter
auf seine Kosten, wenn er Vermögen hat. Hat er kein Vermögen,
so miethet der Richter, wenn möglich, einen Arbeiter gegen ein in
Zukunft zu zahlendes Aequivalent. Ist auch dies nicht möglich, so
macht der Richter eine Anleihe und bezahlt damit den stellvertretenden Arbeiter, indem er diese Schuld seiner Zeit mit dem, dem
kranken Arbeiter zukommenden Antheil von dem Fruchtertragniss
bezahlt. Kann der Richter eine solche Anleihe nicht machen, so 30
macht der Besitzer die Arbeit selbst und fordert den Lohn seiner
Arbeit von dem Arbeiter zurück, oder aber der Besitzer lässt die
Arbeit auf eigene Kosten von einem Anderen machen, indem er
sich dies bezeugen lässt, und fordert seine Auslagen später von dem
Arbeiter zurück.

Wenn dagegen der Vertrag so abgeschlossen ist, dass der Arbeiter sich verpflichtet hat *in eigener Person* die Arbeit zu leisten,

und er sie z. B. in Folge von Krankheit nicht leistet, so steht es
dem Besitzer frei den Vertrag zu lösen.

Wenn sich herausstellt, dass das Fruchterträgniss, von dem ein
Theil dem Arbeiter zugesichert ist, bereits mit fremden Rechten
belastet war, wenn z. B. der Besitzer bereits durch Testament
darüber verfügt hatte, so steht dem Arbeiter gegen den Besitzer
oder dessen Erben der Anspruch auf einen Durchschnittslohn für die
geleistete Arbeit zu.

MIETHSVERTRAG.

TEXT.

———————

§ 1. Jede Sache, die einen Nutzen gewährt, ohne dadurch zu Grunde zu gehen, kann vermiethet werden, wenn die Nutzung nach Zeitdauer und Art bestimmt wird.

§ 2. Die Miethe ist im Allgemeinen sofort nach Abschluss des Miethsvertrages zu zahlen, es sei denn, dass im Vertrag die Zahlung zu einem anderen Termin vereinbart wird.

§ 3. Der Miethscontrakt erlischt nicht durch den Tod des einen der beiden Contrahenten.

§ 4. Der Miethsvertrag erlischt durch das Zugrundegehen des vermietheten Objekts.

§ 5. Der Lohnarbeiter haftet für das ihm zur Bearbeitung übergebene Objekt nur im Fall einer absichtlichen Beschädigung.

MIETHSVERTRAG.

ANMERKUNGEN.

Der Miethsvertrag bezieht sich auf einen genau bekannten, an und für sich erstrebenswerthen Nutzen von solcher Art, dass er verschenkt und seine Nutzung gegen ein bestimmtes Aequivalent gestattet werden kann. Vermiether und Miether müssen im Vollbesitz der bürgerlichen Rechte sein und ihre Handlung muss aus freiem Willen, nicht aus einem widerrechtlichen Zwange hervorgehen. Der Miethsvertrag unterscheidet sich dadurch von der *Ga'âle* (dem kontraktlich zugesicherten Lohn, s. Kap. 18), dass das Objekt der letzteren ein Nutzen ist, von dem nicht bekannt ist, ob er vorhanden sein wird oder nicht, wie z. B. bei der Abmachung über 10 die Wiedereinbringung eines entlaufenen Sklaven. Der Nutzen soll *erstrebenswerth* sein, d. h. der Miethsvertrag soll sich nicht auf Quisquilien beziehen[1]) Der Nutzen muss der Art sein, dass er verschenkt und einem Andern zur Verfügung gestellt werden kann, wodurch ein Miethsvertrag über das arvum genitale eines Weibes, einer Freien oder einer Sklavin ausgeschlossen ist. Hierbei ist indessen zu bemerken, dass der Ehevertrag sich streng genommen nicht auf *den Nutzen*, sondern nur auf *die Nutzung* des arvum genitale bezieht, denn wenn der Ehefrau des A von einem anderen Manne aus Versehen beigewohnt wird, kommt 20 die zu zahlende Ehegabe *der Frau* zu, nicht ihrem Ehemanne. Wäre der Ehemann *Besitzer* des Nutzens des arvum g., so würde *ihm* die Ehegabe gebühren, nicht seiner Ehefrau. — Ferner unterscheidet sich der Miethsvertrag von dem Darlehn dadurch, dass

---

[1]) Sich einen Apfel miethen, um daran zu riechen, ist juristisch kein Miethsvertrag, weil der Nutzen eine Quisquilie ist.

das letztere *ohne Aequivalent* gegeben wird, und von dem Musâḳât-Vertrage (betreffend Bearbeitung von Dattelpalmen und Weinstöcken gegen einen Frucht-Antheil, Kap. 16) dadurch, dass das Aequivalent, das dieser vorschreibt, nicht genau bekannt und bestimmt, vielleicht gross, vielleicht gering ist.

Der Miethsvertrag ist durch Angebot und Annahme rite zu vollziehen. Korrekt ist sowohl die folgende Formel der Vermiethung: „Ich vermiethe dir das und das Objekt“ wie die andere: „Ich vermiethe dir den Nutzen des und des Objektes“.

Die Objekte der Lehre vom Miethsvertrag sind vier: 10
    a) die beiden Contrahenten, Vermiether und Miether,
    b) der Nutzen,
    c) die Miethe,
    d) die Form des Vertrages, d. i. Angebot und Annahme.

Der Nutzen kann zweierlei Art sein, entweder

a) ein im Moment der Vereinbarung für die Okularinspection vorhandenes, individuell bestimmtes Objekt (res individualis): „Ich vermiethe dir *dies Reitthier* gegen einen Denar.“ Oder

b) eine Verpflichtung zu künftiger Leistung, entweder der Gewährung des Nutzens eines auf Treu und Glauben beschriebenen 20 Objekts (res generali)s oder der Leistung künftiger Arbeit. Beispiele: „Ich vermiethe dir *ein Reitthier*, das so und so beschaffen sein soll“, oder „Ich verpflichte mich, dich gegen einen Denar nach Mekka zu bringen.“

Bei a) ist nicht erforderlich, dass die Miethe in consessu contrahentium gezahlt wird. Der Vermiether kann sein Recht auf die ausstehende Miethe auf einen Anderen (B) cediren, d. h. er kann mit dieser Forderung seine Schuld gegen B bezahlen. Auch kann diese Schuld (die Miethe) von dem Miether durch Cession einer ihm zustehenden Forderung gegen einen Anderen gezahlt werden. 30 Ferner kann die Miethe jeder Zeit nach gegenseitiger Uebereinkunft durch etwas anderes ersetzt werden.

Bei b) (einer Art des Miethsvertrages, die eine gewisse Aehnlichkeit mit dem Pränumerationskauf hat) muss die Miethe manente consessu contrahentium gezahlt werden wie der Preis bei dem

Pränumerationskauf, und die sub a) angegebenen Bestimmungen betreffend Cession und Umtausch sind hierfur nicht gültig[1]).

§ 1. Von dem Nutzen. Bei einem Vertrage über eine res individualis muss die Nutzung unmittelbar nach dem Abschluss des Vertrages beginnen können, bei einem Vertrage über etwas Anderes zu dem vereinbarten Termin. Die Nutzung muss gesetzlich zulässig sein, kann sich also z. B. auf gewisse Musikinstrumente[2], die vom Gesetz verboten sind, nicht beziehen. Das Objekt, dessen Nutzen vermiethet wird, muss ein solches sein, dass seine Substanz *wahrend der Vermiethungs-Dauer* nicht zu Grunde geht. Ob im 10 Vertrage das Objekt selbst oder der Nutzen desselben angegeben ist, er bezieht sich stets nur auf *den Nutzen*, wie schon oben gesagt, also z. B. auf das Bewohnen eines Hauses, das Reiten eines Reitthieres, den Nutzen eines in Zukunft laut Beschreibung zu liefernden Objekts, den Nutzen einer in Zukunft zu entfaltenden Thätigkeit.

Fur die Vermiethung von Immobilien gilt folgende Bestimmung: Ein bestimmtes Haus oder Feld, das bei dem Vertragsabschluss *gegenwärtig* ist (also von den Contrahenten inspicirt werden kann), darf ohne Beschränkung ganz oder zum Theil vermiethet werden. 20 Wenn es dagegen bei der Verhandlung nicht gegenwärtig ist, wenn also wie bei dem Pränumerations-Verkauf über ein abwesendes oder noch nicht vorhandenes Objekt verhandelt wird, darf nicht das ganze Haus oder Feld, auch nicht mehr als die Halfte davon ver-

---

[1]) Das Verständniss der Commentare über die *Igâre* wird dadurch sehr erschwert, dass die Bestimmungen über die *locatio rerum* und die *locatio operarum* nicht getrennt von einander behandelt werden. Im Juristen-Arabisch heisst der Lohnarbeiter, der gedungene, gemiethete Arbeiter (wie z. B. der Schneider) اجير, der Auftraggeber, der dem Schneider den Stoff zur Bearbeitung übergiebt, مستأجر. Der Miether eines Hauses heisst مستأجر oder مُكتر, der Vermiether des Hauses مُوجر oder مُكر. Vgl. Elkhatîb II. S. 68. Rand med.

[2]) الدريكة والزمّارة d. i. die kleine Trommel, die unter dem Arm gehalten und mit den Fingern geschlagen wird, und die kleine Flöte, welche die Derwische bei ihren Uebungen brauchen. Dagegen die Trommeln und grossen Pauken, die geschlagen werden, wenn man in den Krieg zieht, sind erlaubt.

miethet werden, denn ein solches Immobile hat kein Simile[1]) (es lässt sich daher nicht mit ausreichender Genauigkeit bestimmen). Wohl aber darf die Hälfte oder ein geringerer Theil desselben vermiethet werden, denn die Hälfte hat ein Simile an der anderen Hälfte (es kann daher durch Vergleichung mit letzterer unter allen Umständen näher bestimmt werden).

Bei der Vermiethung einer res individualis ist die Okular-inspection nothwendig, bei der Vermiethung einer res generalis die genaue Angabe des Genus, der Species und der charakteristischen Eigenschaften. Wer ein Pferd zum Reiten vermiethet, muss auch 10 Zügel und Sattelzeug liefern, sofern nicht der lokale Usus etwas anderes bestimmt.

Es giebt Arten der Vermiethung, die zwar rechtlich unanfecht-bar sind, aber dennoch perhorrescirt werden. Der Muslim soll dem Christen nichts vermiethen, weder eine Sache noch seine Arbeit, denn es ist absolut unstatthaft, dass der Muslim dem Christen dient. Hat er seine Arbeit einem Christen vermiethet, so mag er einen anderen Christen miethen, damit dieser für jenen die Arbeit leiste.

Als Beispiel eines Objektes, das nicht vermiethet werden kann, 20 da die Nutzung desselben identisch ist mit der Vernichtung seiner Substanz, wird die Wachskerze angeführt. Vgl. die Lehre vom Darlehn Kap. 12 Anm. zu § 1.

In dem Vertrage muss die Dauer der Vermiethung angegeben sein: „Ich vermiethe dir dies Haus auf ein Jahr" oder „Ich miethe dich für Schneiderarbeit oder für Bauarbeit auf einen Monat". Bei der Bemessung der Dauer muss darauf Rücksicht genommen werden, ob das Objekt secundum rerum naturam solange dauern, existiren kann oder nicht. Manche Arten des Nutzens lassen sich nicht nach Quantität und Qualität, sondern nur nach der Zeitdauer bemessen, 30 wie z. B. die Ernährung durch Ammenmilch, die Bewässerung des Bodens. Wenn Jemand seine Dienste für eine gewisse Zeitdauer vermiethet, darf ihm die für die vorgeschriebenen religiösen Pflichten erforderliche Zeit, bei Christen der Sonntag, bei Juden der Sonn-abend, bei der Lohnberechnung nicht in Abzug gebracht werden.

---

[1]) Aus diesem Grunde darf man es auch nicht ausleihen.

Wenn Jemand seine Arbeit vermiethet, muss in dem Vertrag die Art der Thätigkeit und ihr Locale[1]) genau angeben werden. „Ich miethe dich, damit du mir dies Kleid nahest." Auch ist an-zugeben, aus welchem Stoff und mit welchem Stich das Kleid ge-macht werden soll. Wenn daher Jemand spricht: „Ich miethe dich, dass du mir ein Kleid nähest" ohne weiteren Zusatz, so ist das ungültig.

Das Objekt eines Miethsvertrages, das nicht durch die Art der Arbeit bestimmt werden kann, muss *nach der Zeit* bestimmt werden. Was nach der Art der Arbeit bestimmt werden kann, kann sowohl 10 *nach der Zeit* bestimmt werden, z. B. „Ich vermiethe dir dies Pferd, damit du es *einen Monat* lang reitest", wie es auch *nach dem Locale* der Arbeit oder Thätigkeit bestimmt werden kann, z. B. „Ich vermiethe dir dies Pferd, damit du es reitest bis nach Mekka".

Die Bestimmung des Objekts des Miethsvertrages nach beiden Kriterien zugleich d. i. nach der Zeit und der Art der Arbeit, ist nicht zulässig, hebt vielmehr den Vertrag auf. Man darf also nicht sagen: „Ich miethe dich, dass du mir *dies Kleid heute nähest*", denn man kann nicht wissen, ob nicht dies oder jenes eintreten 20 wird, das den Schneider verhindern kann den Vertrag auszuführen. Eine solche Formulirung ist daher nur dann gültig, wenn sie zu verstehen ist in dem Sinne einer Aufforderung zur Beschleunigung: „Ich miethe dich, dass du noch heute anfängst mir dies Kleid zu nähen". Aus demselben Grunde ist ungültig z. B. die folgende Formel: „Ich miethe dich, dass du mir dies Haus in einem Monat bauest."

§ 2. Der Miethsvertrag legt dem Miether die Pflicht der *sofortigen Zahlung* der Miethe auf, wenn nichts anderes stipulirt wird. Die Miethe wird Besitz des Vermiethers, aber nicht von vornherein *fest-* 30 *stehender*[2]) Besitz, sondern eine Art *conditionaler* Besitz[3]). Wenn das vermiethete Objekt fortfährt dem Miether den bedungenen Nutzen zu gewähren, wird mit dem Fortschreiten der Zeit der Ver-

---

[1]) مَحَلّ عَمَل.

[2]) مستقَرّ.

[3]) ملك مُراعًى.

miethung der zu Anfang *ganz conditionale* Besitz mit dem Ende der Vermiethungsdauer zu einem *ganz feststehenden*. Anders ausgedruckt: Wenn das gemiethete Haus in der Mitte der Vermiethungsdauer abbrennt, hat der Vermiether dem Miether die Hälfte der antecipando erhaltenen Miethe zurückzuzahlen. Es ist hierbei einerlei, ob der Miether das Objekt, nachdem er es in Empfang genommen, benutzt hat oder nicht, ob er, nachdem es ihm zur Entgegennahme offerirt worden, sich geweigert hat es entgegenzunehmen oder nicht. Denn in jenem Falle ist der Nutzen in seiner Hand unbenutzt geblieben, und in diesem hat er sich 10 einer Pflichtversäumniss schuldig gemacht. In beiden Fällen hat er kein Recht auf Rückzahlung der Miethe oder eines Theiles derselben.

Wenn das gemiethete Objekt während der Vermiethungs-Dauer zu Grunde geht, ist damit der Miethsvertrag erloschen, und dem Vermiether gebührt nur derjenige Bruchtheil der Miethe, welcher dem Theil der Vermiethungs-Dauer, während welcher er faktisch die Nutzung des Objektes gehabt hat, entspricht.

Ist der Miethsvertrag ein *incorrekter*, wie wenn z. B. die Miethe nicht vorschriftsmässig festgesetzt worden ist, so tritt die Durch- 20 schnitts Miethe[1]) an die Stelle der contraktlich festgesetzten Miethe[2]). Auch die Durchschnitts-Miethe, wenn antecipando bezahlt, entwickelt sich bis zum Ende der Vermiethungs-Dauer zu *feststehendem* Besitz des Vermiethers. Sie unterscheidet sich aber dadurch von der contraktlich festgesetzten, dass der Miether nur dann verpflichtet ist sie zu zahlen, wenn er das gemiethete Objekt *benutzt hat*. Hat dagegen die Benutzung von seiner Seite nicht Statt gefunden, ist er zur Zahlung der Miethe nicht verpflichtet, wobei es gleichgültig ist, ob er das Objekt übernommen, aber nicht benutzt und vor dem Ende der Vermiethungs-Dauer zurückgegeben hat, oder ob er, nach- 30 dem es ihm angetragen worden, die Entgegennahme *bis zum Ende der Vermiethungs-Dauer* verweigert hat. Wenn er dagegen das Objekt entgegengenommen und bis zum Ende der Ver-

---

[1]) اجرة المثل.

[2]) المسمّى.

miethungs-Dauer behalten hat, muss er die Durchschnitts-Miethe zahlen, selbst wenn er das Objekt nicht benutzt hat.

Die Miethe muss genau bekannt und bestimmt sein, eine res individualis durch Okular-Inspection, eine res generalis durch Beschreibung auf Treu und Glauben. Die Miethe muss ferner etwas derartiges sein, was sofort übergeben werden kann. Daher kann z. B. ein *Haus sammt Instandhaltung, ein Pferd sammt Fütterung* nicht Miethe sein, da beide Werthe incommensurabel sind. So kann man nicht einen Mann zum Häuten eines Schafes gegen die Haut als Miethe, nicht zum Mahlen von Weizen gegen etwas von dem 10 Weizenmehl oder von der Kleie miethen, da man nicht weiss, wie dick die Haut sein wird, wie viel Mehl es giebt, und der Miether nicht im Stande ist, sofort d. h. sofort nach Abschluss des Contraktes diese Dinge zu übergeben.

Wenn Jemand sich eine Amme miethet für die Ernährung eines unfreien Säuglings, so kann er ihr als Miethe einen Theil des Kindes geben, d. h. er muss ihr diesen Theil *sofort* zu ihrem Besitz übergeben.

Der Inhalt dieses Paragraphen bedarf weiterer Zerlegung:

a) Bei einem Miethsvertrag über eine res individualis ist nicht 20 Bedingung, dass die Miethe sofort fällig ist und manente consessu dem Vermiether übergeben werden muss (wie der Preis bei dem Verkauf), einerlei ob der Preis eine res individualis oder generalis ist. Ist die Miethe das erstere, so wird nicht erst ein Termin für die Uebergabe derselben angesetzt, sondern die Uebergabe findet sofort Statt. Ist dagegen die Miethe das letztere, so kann sowohl Zahlung zu einem Termin wie sofortige Zahlung Statt finden. Falls der Contract keine hierauf bezügliche Bestimmung enthält, ist sofortige Zahlung erforderlich.

b) Bei einem Miethsvertrag über eine res generalis ist die 30 Miethe (wie der Preis bei dem Pränumerationskauf, Kap. 2) sogleich fällig und manente consessu zu bezahlen. Es ist nicht zulässig, einen Termin für die Zahlung derselben anzusetzen oder sie erst dann zu zahlen, nachdem der consessus contrahendi bereits aufgelöst ist.

Demnach ist Abu Šugâ's Paragraph nur gültig für den Miethsvertrag sub a).

§ 3. Der Miethsvertrag erlischt nicht mit dem Tode eines Contrahenten oder beider Contrahenten, sondern geht über auf seine
oder ihre Erben. Er ist wie der Kaufvertrag für beide Theile verbindlich und gestattet nicht eine einseitige Lösung.

Der Miethsvertrag wird *nicht aufgehoben* in folgenden Fällen:

1. Wenn Jemand einen Acker zum Besäen miethet und nun
der Fall eintritt, dass der Acker nicht mehr bewässert werden
kann, so ist nicht schon dadurch allein der Vertrag aufgehoben, 10
da es unter Umständen möglich ist auch ohne solche Bewässerung
den Acker zu bebauen. Indessen steht dem Miether die optio zu,
und wenn sich nun herausstellt, dass der Acker ohne die Bewässerung nicht anbaufähig ist, ist der Miethsvertrag aufgehoben.

2. Der Verkauf eines gemietheten Objekts hebt die Vermiethung nicht auf, einerlei ob der Vermiether es an den Miether
verkauft hat oder ohne des Miethers Genehmigung an einen
Anderen. Dem Käufer, der ein vermiethetes Objekt gekauft hat,
steht nicht die optio zu, wenn er wusste, dass das Objekt vermiethet war. Er hat eben eine Sache gekauft, deren Nutzen 20
während der Vermiethungs-Dauer nicht ihm, sondern dem Miether
gehört. Wenn er dagegen nicht wusste, dass das Objekt vermiethet war, hat er das Recht der optio.

3. Ein Miethsvertrag kann nicht dadurch rückgängig gemacht werden, dass während der Vermiethungsdauer die entsprechenden Miethspreise steigen, auch dann nicht, wenn es sich ·
um eine Miethe handelt, die einer Stiftung (Waḳf) zukommt. Wer
vermiethet, hat Gelegenheit bei Abschluss des Miethsvertrages seinen
Vortheil zu wahren, später aber nicht mehr.

4. Wenn Jemand seinen vermietheten Sklaven freilässt, wird 30
dadurch der Miethsvertrag nicht aufgehoben, und der Freigelassene
hat nicht das Recht, von seinem Freilasser die Miethe für die Zeit
vom Moment seiner Freilassung bis zum Ende der Vermiethungsdauer zu fordern. Der Herr hat ihn freigelassen in dem Zustande,
dass sein Nutzen (seine Arbeit) während der Vermiethungsdauer
dem Vermiether gehörte. Der servus libertus muss während des
angegebenen Zeitraums, da er von seinem frühern Herrn nicht

mehr unterhalten wird und selbst sich nicht ernähren kann, weil seine Arbeit dem Miether gehört, von dem Fiscus oder von den reichen Leuten der Gemeinde unterhalten werden.

Wenn andererseits der Herr seinem Sklaven die Freilassung bei Eintreten dieser oder jener Bedingung verspricht, er ihn darauf vermiethet und nun während der Vermiethungsdauer jene Bedingung eintritt, sodass der Sklave frei wird, ist mit seinem Frei-Werden auch der Miethsvertrag erloschen, weil der libertus schon ein Anrecht auf die Freiheit hatte, als der Miethsvertrag noch nicht existirte.   10

Der Miethsvertrag über eine res individualis mit bestimmter Vermiethungsdauer gilt als erloschen, wenn und solange sie von anderer Seite widerrechtlich dem Miether vorenthalten wird (s. Usurpation Kap. 13). Der Miether zahlt nur die Miethe entsprechend der Dauer der von ihm genossenen Nutzung, und er hat das Recht der optio, falls ihm nicht das gemiethete Objekt in einiger Zeit zurückerstattet wird.

Ist dagegen in dem Vertrag nicht die Vermiethungsdauer, sondern die lokale Ausdehnung der zu leistenden Arbeit[1] fixirt („Ich miethe dies Pferd, um auf demselben nach Mekka zu reiten"),   20 so wird der Vertrag durch die widerrechtliche Vorenthaltung des Pferdes nicht aufgehoben, da man, falls diese Usurpation nur eine zeitweilige ist, nach dem Ende desselben den intendirten Nutzen von dem Pferde noch haben kann.

Der Tod eines der Contrahenten hebt den Miethsvertrag nicht auf, auch dann nicht, wenn dies der Verwalter einer frommen Stiftung (Waḳf) ist, dessen Verwaltung durch die Stiftung selbst nicht zeitlich begrenzt ist. Wenn aber der Verwalter eines Waḳf, das ihm persönlich vermacht ist, gegen weniger als Durchschnittsmiethe vermiethet und er nun während der Vermiethungsdauer   30 stirbt, so ist damit der Miethsvertrag erloschen.

Wenn der Stifter eines Waḳf die Verwaltung je einer Generation, je einem Geschlecht einer bestimmten Sippe von Menschen auf Lebenszeit übertragen hat mit der Maassgabe, dass sie nur je für ihre Zeit Verfügungen treffen dürfen, und nun die erste Gene-

----

[1]) محلّ العمل.

ration den Waḳf vermiethet, aber vor Ablauf der Vermiethungsdauer ausstirbt, ist der Miethsvertrag erloschen.

Wenn Jemand seine Arbeit einem Anderen vermiethet und
darauf stirbt, ist der Miethsvertrag erloschen.

. Wenn Jemand seinen Sklaven vermiethet, dem er unter einer
gewissen Bedingung die Freiheit versprochen hat, und diese Bedingung mit dem Tode des Herrn erfüllt wird oder eintrifft, so ist
der Vertrag aufgehoben. Wenn Jemand seinen servus orcinus oder
seine Mutter-Sklavin vermiethet und darauf stirbt, ist der Miethsvertrag aufgehoben, da das Verfügungsrecht des Vermiethers in 10
diesem Fall mit seinem Tode erlischt.

§ 4. Das Zugrundegehen des gemietheten Objekts hebt den
Miethsvertrag auf für denjenigen Theil der Vermiethungsdauer, der
dem Momente des Zugrundegehens folgt.

Ueber das Zugrundegehen gelten folgende Bestimmungen:

a) Es muss ein wirkliches Zugrundegehen sein, nicht ein
Schadhaftwerden. Wird das Vermiethete schadhaft, das dem
Miether übergebene Pferd lahm, ein Haus unbewohnbar, so steht
dem Miether (wie dem Käufer) die optio zu.

b) Das *ganze* Objekt muss zu Grunde gegangen sein. Wenn 20
nur ein Theil des Hauses zu Grunde geht, aber der Rest noch bewohnbar ist, ist der Miethsvertrag nicht annullirt, indessen steht
dem Miether die optio zu.

c) Der Miethsvertrag muss sich auf eine individuell bestimmte
Sache beziehen. Bezieht er sich auf eine nicht individuell bestimmte Sache und diese geht zu Grunde oder ergiebt sich als
schadhaft, so kann mit Genehmigung des Miethers ein anderes ein-
wandfreies Objekt an die Stelle gesetzt werden, wie dies Um-
tauschen auch dann zulässig ist, wenn das in erster Instanz vermiethete Objekt weder zu Grunde gegangen noch schadhaft ge- 30
worden ist.

Nach der vorherrschenden Ansicht gilt der Miethsvertrag, wenn
das gemiethete Objekt zu Grunde geht, nicht mehr für den Rest der
Benutzungsdauer, wohl aber für denjenigen Theil derselben, während
dessen der Vermiether den Nutzen gehabt hat.

Nach einer anderen Ansicht hebt das Zugrundegehen des gemietheten Objekts den Miethsvertrag auf und hat der Miether für

die bis dahin verflossene Dauer der Vermiethung dem Vermiether den entsprechenden Bruchtheil *der Durchschnitts-Miethe* (nicht der contraktlich vereinbarten) zu zahlen.

Bei der Berechnung der Miethe, welche dem Vermiether für die Zeit, während welcher der Miether das Objekt, bevor es zu Grunde ging, benutzt hat, wird *die Durchschnitts-Miethe* zu Grunde gelegt. A vermiethet ein an dem Kairo durchschneidenden Kanal gelegenes Haus für 30 Piaster auf ein Jahr. Es geht nach 6 Monaten zu Grunde. Nehmen wir an, die Durchschnittsmiethe fur diese 6 Monate war 30 Piaster, etwa weil dies die Zeit *vor* der Ueber- 10 schwemmung des Nils und bei völligem Austrocknen des Kanals das Haus minder werthvoll war als zur Hochwasserzeit, und die Durchschnittsmiethe für die übrigen 6 Monate ist 60 Piaster, etwa weil dies die Zeit der Ueberschwemmung des Nils ist, so dass die Summe von 90 Piastern die Durchschnittsmiethe fur ein Jahr ist. Bei dieser Rechnung betragt die Durchschnittsmiethe für die fraglichen Monate $^1/_3$ der Jahresmiethe, d. i. 10 Piaster, demgemäss kommt in diesem Falle dem Vermiether $^1/_3$ der contraktlich vereinbarten Miethe zu. Es wird also der contraktlich bestimmte Nutzen, wie er in dem abgelaufenen Theil der Vermiethungsdauer 20 war, von Sachverständigen nach dem Durchschnittswerthe abgeschätzt; sodann auch der Nutzen des Objekts fur die noch nicht abgelaufene Vermiethungsdauer abgeschätzt. Nach dem Verhältniss der beiden Werthe zu einander in seiner Anwendung auf die contraktlich stipulirte Miethsumme wird die Theilmiethe bestimmt, welche der Miether zu zahlen hat, nämlich einen entsprechenden Bruchtheil der im Contract angegebenen Miethe. Vgl. Nihâje IV, 230, 1—5.

Wenn ein Schiff, das A für den Transport einer Ladung gemiethet hat, zu Grunde geht, während die Ladung gerettet wird, 30 so hat er dem Schiffer den entsprechenden Theil der Miethe für die Zeit bis zum Verlorengehen des Schiffes zu zahlen. Wenn dagegen die Ladung verloren gegangen, aber das Schiff gerettet ist, ist zweierlei zu unterscheiden:

a) Wenn dss Schiff keinerlei Spuren von dem Unglück zeigt, dem die Ladung zum Opfer gefallen, und der Miether nicht persönlich dabei zugegen gewesen ist, hat der Schiffer nicht den ent-

sprechenden Theil der in dem Contrakt vereinbarten Miethe zu
fordern, d. h. der Vertrag gilt für erloschen.

b) Wenn aber das Schiff Spuren des Unglücks zeigt und das
Unglück in Gegenwart des Miethers passirt ist, bleibt der Vertrag
in Kraft für den Theil der bis dahin geleisteten Arbeit, und der
Schiffer hat den entsprechenden Theil der Miethe zu fordern. Es
ist derselbe Fall, wenn A einen Schneider dingt, ihm aus einem
Stoff ein Kleid zu machen. Der Schneider näht einen Theil des
Kleides in Gegenwart des Besitzers oder in seinem Hause. Darauf
wird es gestohlen oder verbrannt. In diesem Fall bleibt für die ge- 10
leistete Arbeit der Contrakt bestehen, und der Schneider kann den
entsprechenden Lohntheil fordern.

Bei der Aufhebung eines Miethsvertrages ist zu beachten, dass
er für den abgelaufenen Theil der Vermiethungsdauer nur dann in
Kraft bleibt, wenn

a) der Miether das gemiethete Objekt thatsächlich in Empfang
genommen hat, die Verfügung darüber bekommen hat, wobei es
einerlei ist, ob er das Objekt benutzt hat oder nicht; und

b) wenn von der Vermiethungsdauer immerhin schon ein solcher
Zeitraum verstrichen ist, für den Miethe gezahlt werden muss. 20
Erlischt der Contrakt, ohne dass diese beiden Bedingungen erfüllt
sind, so ist er ungültig sowohl für den abgelaufenen Theil der Vermiethungsdauer wie für den noch nicht abgelaufenen Theil.

Ferner gilt die Bestimmung, dass der Miethsvertrag durch das
Zugrundegehen des gemietheten Objekts erlischt, nur für den Fall,
dass das Objekt nach dem Vertragsschluss sofort dem Miether übergeben worden ist, sich also nicht auf einen Vertrag über eine künftige
Leistung bezieht. Wenn A durch einen Miethsvertrag dem B ein
Pferd zur Verfügung zu stellen verspricht, A das Pferd herbeiholen
lässt, dasselbe aber während dessen stirbt, so ist der Vertrag nicht 30
erloschen, sondern bleibt in Kraft, indem der Vermiether verpflichtet
ist das zu Grunde gegangene Pferd durch ein anderes zu ersetzen.
Dazu ist er ebenfalls verpflichtet, wenn das gelieferte Pferd sich als
der gegebenen Beschreibung nicht entsprechend herausstellt.

§ 5. Der Miether ist im Verhältniss zu dem gemietheten Objekt
wie der gemiethete Arbeiter gegenüber dem ihm zur Bearbeitung
übergebenen Stoff Vertrauensperson, Depositar, wie der Leihnehmer

gegenüber dem Darlehn (Kap. 12, § 3) und der Mandatar gegenüber dem Mandat (Kap. 10, § 3). Sie haften im Allgemeinen nicht
für das Objekt, wohl aber dann, wenn ihnen ein Pflichtversäumniss
oder absichtliches Unrecht gegen dasselbe nachgewiesen werden
kann, wie z. B. wenn Jemand ein gemiethetes Pferd über das gewöhnliche Maass hinaus misshandelt oder einen Mann auf dem
Pferde reiten lässt, der für dasselbe zu schwer ist.

Der gemiethete Arbeiter kann von einem einzelnen Arbeitgeber
oder von mehreren gemiethet sein; er arbeitet entweder allein bei
sich oder in Gegenwart des Besitzers, ev. in dessen Haus. Wächter, 10
die engagirt werden, das Haus, das Vieh, ein öffentliches Badehaus
zu hüten, haften nur dann für das ihnen Anvertraute, wenn sie ein
Pflichtversäumniss begehen. Wenn Wächter und Herr differiren über
das Maass eines angerichteten Schadens, z. B. ob der Wolf zwei
Schafe von der Herde gefressen hat oder nur eins, wird nach der
eidlichen Aussage des Wächters entschieden.

Die Stellung des Miethers als des Depositars gegenüber dem
gemietheten Objekt, z. B. einem gemietheten Pferde, erlischt mit
dem Ende der Vermiethungsdauer, wenn sie zeitlich begrenzt war
(für die Dauer von 2 Monaten), oder wenn sie lokal begrenzt war 20
(z. B. bei der Miethe eines Pferdes für die Reise nach Mekka).
Der Miether hat nicht die Pflicht das Objekt dem Vermiether
zurückzugeben, wohl aber es wieder seiner Verfügung zu überlassen
und dafür frei zu machen, z. B. eine gemiethete Wohnung auszu-
räumen, wenn er es verlangt. Der Miether ist aber auch noch über
das Ende der Vermiethungsdauer hinaus der Depositar des gemietheten Objekts, falls der Vermiether es nach dem Ende der Vermiethungsdauer nicht sofort wieder an sich nimmt.

Die Haftung des Miethers bezieht sich nicht bloss auf das gemiethete Objekt selbst, sondern auch auf solches Zubehör, das zum 30
Behuf der Nutzung stets mit dem Objekt verbunden zu sein pflegt,
z. B. auf den Schlüssel eines gemietheten Hauses, den Zügel eines
gemietheten Pferdes. Wenn dem Miether eines Hauses ohne seine
Schuld der Hausschlüssel verloren geht, muss ihm der Vermiether
einen Ersatz liefern.

Die Instandhaltung des gemietheten Objekts liegt dem Vermiether ob. Thut er nicht seine Pflicht, so steht dem Vermiether

die optio zu, d. h. er kann von dem Miethsvertrage zurücktreten. Der Vermiether des Hauses hat das Dach von Schnee frei zu halten und die Entleerung der Senkgruben zu besorgen. Er hat für die Uebergabe den Hof des Hauses von Schnee oder Schmutz rein zu halten, während späterhin dies die Pflicht des Miethers ist. Mit Ablauf des Miethstermins hat der Miether den Hof frei von Kehricht und Schmutz abzuliefern, d. h. er muss den Schmutz nach einem dafür bestimmten Ort zusammenfegen, dagegen braucht er den Schnee, wenn solcher gerade gefallen ist, nicht fortzuschaffen.   10

Wenn zwischen Miether und Vermiether ein Streit entsteht, indem der Miether behauptet, das Gemiethete dem Vermiether zurückgegeben zu haben, während dieser das Gegentheil behauptet, wird dem Miether nur dann geglaubt, wenn er seine Aussage beweisen kann. Im Allgemeinen wird jedem Depositar auf seine Aussage betreffend die Rückgabe des ihm anvertrauten Gutes geglaubt, nicht aber dem Pfandnehmer (Kap. 3, Anm. zu § 3) und nicht dem Miether, welche beide ihre Aussage beweisen müssen.

Wenn ein gemietheter Arbeiter behauptet, dass er die ihm aufgegebene Arbeit, z. B. ein genähtes Kleid dem Besteller abgeliefert 20 habe, während dieser das Gegentheil behauptet, wird seiner einfachen (nicht eidlichen) Aussage Glauben beigemessen.

Der Miether oder gemiethete Arbeiter haftet für das Objekt nur dann, wenn er es absichtlich zu Grunde gerichtet oder beschädigt hat, oder wenn er in Bezug auf dasselbe ein Pflichtversäumniss begangen hat. Wenn der Vermiether behauptet, dass der Miether nicht seine Schuldigkeit gethan habe, während der Miether das Gegentheil behauptet, so wird dem Miether oder gemietheten Arbeiter der Eid aufgetragen und demgemäss entschieden. Wenn aber zwei unbescholtene Männer bezeugen, dass die Handlungsweise des 30 Miethers ein Unrecht (z. B. eine absichtliche Beschädigung) war, so wird gemäss ihrem Zeugniss entschieden.

Wenn der Besteller behauptet, er habe den Schneider beauftragt ihm aus einem Stoff ein Hemd zu schneidern, während der Schneider behauptet, dass die Bestellung auf einen Rock gelautet habe, so wird der Besteller zum Eide zugelassen und demgemäss entschieden.

Das gleiche Verfahren ist innezuhalten, wenn der Schneider behauptet, der Besteller habe ihm einen Stoff übergeben und ihn ermächtigt denselben zu zerschneiden, während der Besitzer des
Stoffes behauptet, er habe diese Ermächtigung nicht ertheilt,
vielmehr den Stoff dem Schneider als Depot übergeben. In diesen
beiden Fällen hat der Schneider keinen Anspruch auf Lohn und
hat ausserdem als Schadenersatz dem Besteller diejenige Werth-
differenz zu zahlen, welche zwischen dem Stoff zugeschnitten als Rock
und demselben Stoff zugeschnitten als Hemd existirt. Sind daher
diese beiden Werthe gleich, oder ist der Werth des Stoffes in der 10
nicht bestellten Form grösser als in der bestellten Form, so ist
der Schadenersatz Null.

Wenn Jemand einem Anderen einen Dienst erweist, etwa auf
dessen Bitte, ohne sich einen Lohn auszubedingen, so kann er einen
solchen nicht fordern. Hat dieser Andere ihm dagegen einen
Lohn in allgemeinen unbestimmten Worten zugesagt, so ist im
Streitfall ein Durchschnittslohn zu zahlen. Dasselbe gilt für den
Fall, wenn Jemand, der nicht verfugungsberechtigt ist, z. B. ein
Geisteskranker, einem Anderen einen Dienst erweist, eine Arbeit
für ihn verrichtet.   20

Wenn Jemand ohne Erlaubniss ein öffentliches Bad benutzt
oder in einem Schiffe fährt, muss er die Miethe dafür zahlen, denn
er hat sich den Nutzen der Sache zugewendet, ohne dazu berechtigt
zu sein, und ist daher einem Usurpator (Kap. 13) ähnlich.

Wenn Jemand mit einem Anderen einen Vertrag wegen Leistung
ländlicher Arbeiten (s. Kap. 16) geschlossen hat, und mit Erlaubniss
des Besitzers etwas anderes arbeitet als dasjenige, zu dem er verpflichtet ist, z. B. den Bau einer Mauer, so hat er dafür einen besonderen Anspruch auf Lohn.

Der Miether haftet nicht für das gemiethete Pferd, wenn es 30
ohne sein (des Miethers) Verschulden zu Grunde geht. Er haftet
aber dafür, wenn es z. B. durch den Einsturz eines Stalles zu Grunde
geht zu einer Zeit, wo es nicht in dem Stalle hätte stehen können,
wenn der Miether den contraktmässigen Gebrauch davon gemacht hätte.

Der Miether eines Hauses haftet nicht dafür, wenn es ohne seine
Schuld abbrennt. Wohl aber haftet er fur das Haus, wenn er es

einem Schmied oder Walker in Aftermiethe giebt und es dadurch
beschädigt oder vernichtet wird.

Wer ein Lastthier miethet, darf ihm kein grösseres Gewicht
aufladen, als dem Usus entspricht, darf aber innerhalb dieser
Gewichtsgrenze die Ladung wechseln, sowie auch eine an Volumen
verschiedene Ladung dem Thiere aufladen.

KAP. 18.

DAS AUSSETZEN EINER BELOHNUNG.

TEXT.

———————

§ 1. Das Aussetzen einer Belohnung in der Form, dass Jemand ein bestimmtes Aequivalent z. B. demjenigen zusichert, der ihm etwas, das er verloren, wiederbringt, ist zulässig.

§ 2. Wenn Jemand dem Besitzer das Verlorene wiederbringt. hat er das Anrecht auf das zugesicherte Aequivalent.

———————

KAP. 18

DAS AUSSETZEN EINER BELOHNUNG.

ANMERKUNGEN.

Das Aussetzen einer Belohnung (ǧaʿâle) bedeutet, dass sich eine verfügungsberechtigte Person verpflichtet, einer bestimmten oder unbestimmten Person für eine bestimmte oder unbestimmte Leistung ein genau angegebenes Aequivalent zu zahlen.[1]) Sie unterscheidet sich von der Miethe durch fünf Dinge:

a) Die ǧaʿâle bezieht sich auf eine Leistung, von der schwer zu wissen ist, ob sie gelingt oder nicht, z. B. auf das Wiederfinden einer verlorenen Sache, das Wiedereinbringen eines entflohenen Sklaven.

b) Das Aequivalent kann für eine ganz unbestimmte Person ausgesetzt werden. Beispiel: „Wer mir das, was ich verloren habe, wiederbringt, dem gebe ich so und so viel."

c) Derjenige, der die Belohnung ausgesetzt hat, kann durch eine einseitige Willensäusserung von der übernommenen Verpflichtung zurücktreten.

d) Derjenige, für den die Belohnung ausgesetzt ist, hat erst nach vollendeter Leistung ein Anrecht auf die Belohnung.

e) Es ist nicht erforderlich, dass derjenige, der die Belohnung gewinnt, das Angebot desjenigen, der den Preis ausgesetzt, *angenommen* habe.

Ein weiterer Differenzpunkt zwischen der ǧaʿâle und der Miethe ist auch der, dass hier unter Umständen das Aequivalent etwas Unbekanntes, Unbestimmtes sein kann, wie z. B., wenn ein muslimischer Heerführer einem Barbaren oder Unglaubigen, falls er ihm den Zu-

---

[1]) Diese weitere Fassung der *Gaʿâle* wird durch Ibn Ḳâsim und Bâǧûrî vertreten, während Abû Šuǧâʿ nur von der Restitution einer verlorenen Sache spricht.

gang zu einer feindlichen Burg verräth, als Belohnung *ein Mädchen aus der Burg* verspricht.[1])

Der Vergleich mit der Miethe bezieht sich auf diejenige Art der Miethe, dass A dem B dafür, dass B ihm ein Haus baut, ein Aequivalent zahlt, während hier A dem B oder jedem Anderen, der ihm den entlaufenen Sklaven zurückbringt, ein Aequivalent zu zahlen verspricht.

Die Elemente der Lehre von der Belohnung sind vier:

1. Die beiden Contrahenten, zunächst der die Belohnung versprechende. Er muss mit freiem Willen handeln und verfügungsberechtigt sein; er darf nicht unter einem widerrechtlichen Zwange handeln, darf nicht ein Kind, nicht wahnsinnig, nicht als Verschwender unter Curatel gestellt sein. Dabei ist einerlei, ob er, wenn es sich z. B. um das Wiederbringen einer verlorenen Sache handelt, Besitzer derselben ist oder nicht.

Der andere Contrahent ist derjenige, der die Leistung vollbringt. Dieser muss von der Verpflichtung zur Zahlung einer Belohnung, welche der erstgenannte Contrahent auf sich genommen hat, Kenntniss haben. Denn wenn Jemand dem A seinen entlaufenen Sklaven zurückbringt, ohne Kenntniss davon zu haben, dass A für die Zurückbringung desselben eine Belohnung ausgesetzt hat, so hat er keinen Anspruch auf die Belohnung. Wenn die Belohnung für *eine bestimmte Person* ausgesetzt wird,[2]) so kann sie frei oder unfrei, grossjährig oder minderjährig, geisteskrank, unter Curatel stehend sein. Dagegen darf man nicht für ein ganz kleines Kind eine Belohnung aussetzen, denn dies wäre so sinnlos, als wollte man einen Blinden zum Wächter miethen.

2. Der Ausdruck, durch den sich A zu der Zahlung der Belohnung verpflichtet. Er darf keine Zeitbestimmung enthalten, d. h. er darf für die zu leistende Handlung nicht eine bestimmte Zeit oder Zeitdauer festsetzen. Es ist einerlei, ob Jemand die Belohnung

---

[1]) مسألة العِلْج.

[2]) Beispiel: A spricht zu Zaid: „Schaff mir meinen Sklaven wieder, und ich gebe dir das und das.“

Beispiel des entgegengesetzten Falles: A spricht: „Wer mir meinen Sklaven wieder herbeischaft, dem zahle ich das und das.“

in seinem eigenen Interesse oder für einen Anderen aussetzt, sofern er die Wahrheit spricht und vertrauenswerth ist.

3. Von *der Belohnung* gelten dieselben Bestimmungen wie vom Preis bei dem Verkauf. Es gilt also eine unbekannte oder unreine Sache in diesem Falle nicht als Belohnung, und wenn trotzdem etwas derartiges versprochen ist, hat derjenige, der die Leistung vollbringt, Anspruch auf eine Durchschnitts-Belohnung. Dies gilt, sofern unreine Dinge in Frage kommen, nur von solchen, welche erstrebenswerth[1]) sind, wie z. B. Wein oder Thierhäute. Wenn dagegen solche unreine Dinge versprochen sind, die nicht als er-strebenswerth gelten, wie z. B. Blut, so bekommt derjenige, der die Leistung leistet, nichts.

4. *Die Leistung* muss mit einer Muhe verbunden und darf nicht etwas derartiges sein, wozu derjenige, der die Belohnung fordert, de jure verpflichtet war. Wenn daher A erklärt: „Wer mir mein Geld zurückgiebt, bekommt so und so viel", und nun B ihm sein Geld, das er ihm in Folge einer Usurpation (Kap. 13) vorenthalten hat, zurückgiebt, hat er keinen Anspruch auf die Belohnung. Wenn Jemand widerrechtlich gefangen gehalten wird, und für den, der ihn befreit, eine Belohnung aussetzt, ist das rechtskräftig. Denn ihn zu befreien ist zwar die Pflicht der Gemeinde des Islams, aber nicht individuelle Verpflichtung der einzelnen Muslims; man kann diese That nicht von dem Einzelnen als eine de jure ihm obliegende Pflicht verlangen.

Die Leistung kann ihrer Art nach bekannt sein oder auch un-bekannt, etwas, das schwer zu erfahren oder zu bestimmen ist. Je nach Bedürfniss kann sich die Abmachung auf dies wie auf jenes beziehen (ähnlich wie bei der Commandit-Gesellschaft Kap. 15). Ist dagegen die Leistung nicht schwer zu bestimmen, so muss sie genau specificirt werden. Wenn daher Jemand für den, der ihm eine Mauer baut, eine Belohnung aussetzt, ist genau anzugeben, welcher Art die Mauer sein soll. Beispiel: „Wer mir an der und der Stelle eine Mauer von der und der Art und Grösse baut, dem zahle ich etc."

§ 1. Wie die Aussetzung einer Belohnung vom Standpunkte

[1]) مقصود.

des Gesetzes zulässig[1]) ist (nach dem Texte), so ist sie nach Ibn Ḳàsim auch einseitig kündbar[2]), d. i. *vor der Vollendung* der Leistung. Wenn A, der den Preis ausgesetzt hat, oder B, der individuelle Unternehmer, dem der Preis versprochen worden ist, von der Sache zurücktritt, bevor noch mit der Leistung ein Anfang gemacht worden, ist die Sache damit erledigt.

Wenn der Unternehmer B, einerlei, ob ihm *persönlich* der Lohn versprochen worden ist oder nicht, von der Sache zurücktritt, nachdem er mit der Arbeit begonnen, ohne sie indessen zu vollenden, hat er keinen Anspruch auf die Belohnung. Wenn dagegen unter diesen Verhältnissen A von seinem Versprechen zurücktritt, hat er dem B eine entsprechende Durchschnittsmiethe, Durchschnittslohn für die bis dahin geleistete Arbeit zu zahlen.

Während nach dem Text das zu Leistende das Zurückbringen einer Sache, die der den Preis Aussetzende verloren hat, ist, führt Baguri aus, dass dies nur ein Beispiel sei, dass die *Ga'âle* sich auf viele andere Dinge beziehen könne, z. B. auf das Nähen eines Gewandes, auf das Bauen einer Mauer, auf das Befreien eines Besitzes oder auch solcher Dinge, wie z. B. unreiner Dinge, die nicht Besitz, wohl aber eine Art Halbbesitz[3]) bilden, aus der Hand eines Usurpators, ferner auf das Befreien eines unschuldig Eingekerkerten aus dem Kerker u. s. w.

Die Belohnung muss genau angegeben werden. Wenn A die Belohnung nur im Allgemeinen angiebt und B die Leistung vollbringt, ist A verpflichtet ihm einen Durchschnittslohn zu zahlen, sofern das Objekt der Leistung aus Besitz oder *begehrenswerthen* unreinen Dingen besteht. Handelt es sich um unreine Dinge, die nicht begehrenswerth sind, ist A nicht zur Auszahlung der versprochenen Belohnung verpflichtet.

§ 2. Wenn B ein Stück Vieh, das sich verlaufen hat, aus dem Orte, den A angegeben hat, herbeischafft, bekommt er die ganze Belohnung; er bekommt auch dann nicht mehr, wenn er das Thier aus noch weit grösserer Entfernung herbeiholt. Wenn er es dagegen aus einer geringeren Entfernung herbeischafft als derjenigen,

---

[1]) جائزة.
[2]) جائزة.
[3]) اختصاص.

welche A angegeben hatte, hat er nur den entsprechenden Bruchtheil der Belohnung zu fordern.

Der Anspruch auf die ganze Belohnung ist erst dann rechtskräftig, wenn B dem A das Objekt *übergeben* und A es *in Empfang genommen* hat. Wenn z. B. B den entlaufenen Sklaven des
A zurückbringt, ihn in das Haus des A fuhrt, nun aber der Sklave
wieder entspringt oder von anderer Seite usurpirt wird oder stirbt,
getödtet *nicht* von der Hand des Besitzers, bevor A ihn in Empfang genommen, so hat B keinen Anspruch auf die Belohnung.

Wenn A behauptet, dass B nicht ihm den Sklaven zurückge- 10
geben habe, sondern dass der Sklave von selbst zurückgekehrt sei,
wird dem A der Eid aufgegeben und demgemass entschieden. Dasselbe geschieht, wenn B behauptet, dass A ihm die Belohnung versprochen habe, während A es leugnet.

Wenn A und B, nachdem die Leistung vollbracht, sich streiten
über die Höhe der Belohnung, werden beide zum Schwur zugelassen.
Wenn auf diese Weise Aussage gegen Aussage steht, wird die
Vereinbarung als annullirt angesehen und dem A auferlegt einen
Durchschnittslohn an B zu zahlen.

B darf nicht das gefundene Objekt dem A vorenthalten, wenn 20
A etwa mit der Belohnung zurückhält, denn erst nach ausgeführter
Uebergabe hat B das Anrecht auf die Belohnung. B darf dem A
das gefundene Objekt auch nicht aus dem Grunde vorenthalten,
weil er die von ihm gemachten Auslagen von A zurückerstattet
haben will. Wegen seiner Auslagen hat er nur dann ein Regressrecht gegen A, wenn er sie mit specieller Erlaubniss des A oder
des Richters gemacht hat. Ist er nicht im Stande sein Regressrecht sofort geltend zu machen, muss er sich die Thatsache, dass
er die und die Auslagen gemacht hat, von Anderen bezeugen
lassen und kann dann in der Folgezeit sein Recht geltend machen. 30
Ohne solche Bezeugung verliert er sein Regressrecht.

Wenn nicht eine einzige Person die Leistung vollbracht hat,
sondern mehrere, theilen sie sich die Belohnung nach der Kopfzahl, wenn sie gleichen Antheil an der Leistung hatten; anderen
Falls findet eine Vertheilung pro rata der Leistung statt.

Nach vollbrachter Leistung ist A zur Zahlung der *ganzen* Belohnung verpflichtet. Eine Aenderung der Belohnung darf er nur

so lange, als noch nicht mit der Arbeit begonnen worden ist, verfügen. Wenn indessen B, der die Arbeit unternimmt, erst dann
von der Aenderung der Belohnung erfährt, nachdem er bereits mit
der Arbeit begonnen hat, tritt in jedem Fall der Durchschnittslohn
an. die Stelle der zuerst versprochenen Belohnung.

Wenn A die versprochene Belohnung ändert, nachdem bereits
mit der Arbeit begonnen ist, z. B. wenn die Belohnung herab-
gesetzt wird, einerlei, ob B sofort oder erst nachträglich von dieser
Aenderung erfährt, hat B ein Anrecht auf den Durchschnittslohn.

Wenn zwei Personen gemeinschaftlich die Arbeit unternehmen, 10
von denen die eine M nicht von der ursprünglich ausgesetzten Belohnung, die andere N nur von der nachträglich geänderten Belohnung Kenntniss hat, so haben sie nach Vollendung der Arbeit
verschiedene Ansprüche gegen A, nämlich M den Anspruch auf
einen halben Durchschnittslohn und N den Anspruch auf die Hälfte
der nachträglich geänderten Belohnung.

KAP. 19.

LANDPACHT.

TEXT.

———————

§ 1. Von der Landpacht gegen Antheil am Erträgniss.
§ 2. Von der Landpacht gegen Geld oder Lebensmittel.

§ 1. Wenn Jemand einem Anderen einen Acker zum Besäen übergiebt und ihm als Aequivalent einen Antheil an dem Erträgniss zusichert, ist eine solche Abmachung ungültig.

§ 2. Wenn Jemand einem Anderen einen Acker mit der Bedingung verpachtet, dass der Pächter ihm als Aequivalent entweder eine Summe Geldes (Gold oder Silber) zu zahlen oder ihm ein bestimmtes Quantum von Lebensmitteln zu liefern verspricht, ist eine solche Abmachung gültig.

KAP. 19.

LANDPACHT.

ANMERKUNGEN.

Es giebt drei Arten agrarischer Verträge:

a) Jemand *besäet* mit eigener Saat und bearbeitet das Feld eines Anderen gegen einen Antheil am Erträgniss. [1]

b) Jemand bearbeitet das Feld eines Anderen, *das dieser Andere mit eigener Saat besäet hat*, gegen einen Antheil am Erträgniss. [2]

c) Jemand pachtet sich den Acker eines Anderen gegen Zahlung einer bestimmten Geldsumme oder einer Waare oder gegen das Versprechen der Leistung eines bestimmten Quantums von Lebensmitteln. [3]

d) Jemand übernimmt das Terrain eines Anderen, das zum 10 Theil eine Palmenpflanzung, zum Theil Ackerland ist, indem er mit diesem über die Palmenpflanzung den Musâḳât-Vertrag (s. Kap. 16), über das Ackerland den Vertrag b abschliesst. [4]

Die Verträge c und d sind erlaubt, diejenigen unter a und b verboten.

§ 1. Der Vertrag a ist nach Abû Šuǧâʿ und Ibn Ḳâsim unzulassig. Es wird angenommen, dass der dem Arbeiter zugesicherte Antheil ein bestimmter Bruchtheil, z. B. $1/2$, $1/3$, $1/4$, der Gesammternte sei.

Der Grund dieses Verbotes ist folgender: Wer einen Acker besitzt und ihn nicht selbst bearbeiten kann, kann dadurch den 20 Nutzen desselben gewinnen, dass er ihn vermiethet, verpachtet

[1] المخابرة.

[2] المزارعة.

[3] كراء الأرض.

[4] Der Vertrag b. المزارعة gilt hier *nur im Anschluss* an den Musâḳât-Vertrag تَبَعًا للمساقاة, weil er als selbstständiger Vertrag verboten ist.

37*

(s. Contrakt c). Dass dem, der das Feld bearbeitet, als Aequivalent ein Theil des Erträgnisses zugesichert wird, ist deshalb unzulässig, weil dies Aequivalent etwas Unsicheres, Riskirtes, Hazardmässiges ist, da Niemand wissen kann, ob der Acker überhaupt etwas trägt oder wie 'viel er trägt. Aehnlich steht es mit dem Ueberlassen von Vieh. Wenn A sein Maulthier dem B überlässt, damit dieser etwas damit verdiene, indem er einen Theil des Verdienstes für sich behält, während er das Uebrige an den Besitzer abliefert, so ist dieser Vertrag aus gleichem Grunde ungültig. Denn A kann, um sein Maulthier auszunutzen, es vermiethen, und es liegt kein Grund vor 10 einen Contract abzuschliessen, in dem das hazardmässige Aequivalent allen Grundanschauungen des Islamischen Obligationenrechts widerspricht.

Dagegen dürfen Baumpflanzungen (Dattelpalmen, Weinstöcke) nicht vermiethet werden, weshalb für diese der Musâkât-Vertrag (Kap. 16) verordnet worden ist.

Wenn der Vertrag a, obwohl er ungesetzlich ist, dennoch abgeschlossen wird, gehört das Korn dem Arbeiter; wenn dagegen der Vertrag b abgeschlossen wird, gehört das Korn dem Besitzer, nach dem Grundsatze, dass das Korn demjenigen gehört, der es 20 gesäet hat. Nach dem ersteren hat der Arbeiter dem Besitzer eine Durchschnittsmiethe für den Grund und Boden, nach dem letzteren der Besitzer dem Arbeiter einen Durchschnittslohn für seine Arbeit, die Arbeit seiner Thiere, die Benutzung seiner Geräthschaften zu zahlen, selbst wenn keinerlei Erträgniss erzielt worden ist.[1])

Wenn zwischen Besitzer und Arbeiter das Erträgniss eines Ackers einfach getheilt werden soll, ohne dass von der einen oder anderen Seite irgend eine Zahlung geleistet wird, muss das in folgender Weise geschehen:

1) Der Besitzer A vermiethet die eine Hälfte des Ackers an B 30 gegen die Besäung und Bestellung der anderen Hälfte sowie die Stellung der nöthigen Thiere und Geräthschaften. Nun bestellt B den ganzen Acker, und nach der Ernte fällt die eine Hälfte derselben dem A, die andere dem B zu.

----

[1]) Aehnlich der Antheil des Gerenten bei der Auflösung einer incorrekten Commandit-Gesellschaft, s. oben Kap. 15. Anm. S. 522.

2) Gemäss dem Grundgedanken des Vertrages b: Der Besitzer A miethet sich den Arbeiter B sowie seine Thiere und Geräthschaften, indem er ihm als Miethe (Lohn) die Hälfte der Besäung und die Hälfte des Nutzens des Ackers gewahrt, oder indem er ihm die Hälfte der Besäung als Miethe giebt und ihm ausserdem die Hälfte des Ackers als Darlehn fur die Dauer der Bebauungsfrist (d. i. vom Säen bis zum Ernten) giebt. Dann gehört das Ertragniss des Ackers den Beiden zu gleichen Theilen. In beiden Fallen muss das Miethen allen Anforderungen der Lehre vom Miethscontrakt entsprechen. ₁₀

Im Gegensatz zu der hier vorgetragenen Ansicht haben einige namhafte Schafiitische Rechtslehrer beide Vertragsarten a und b fur zulässig erklärt.

§ 2. Wenn der Pächter dem Besitzer die Lebensmittel *aus dem Ertragniss des gepachteten Bodens* verspricht, ist das unzulässig und macht den ganzen Vertrag hinfällig.

Wenn der Besitzer des Ackers sich einen Mann miethet gegen einen Lohn in Gestalt von Geld oder Waare oder das Versprechen der Gewährung von Lebensmitteln, damit er den Acker mit den ₂₀ Thieren und Geräthen des Besitzers oder auch mit eigenen Thieren und Geräthschaften bearbeite, so ist das zulässig.

Der Vertrag b¹) im Anschluss an einen Musâkât-Vertrag (Kap. 16) ist zulässig, wenn folgende vier Bedingungen erfüllt sind:

1) Der Vertrag b muss *vor* dem Musâkât-Vertrage abgeschlossen werden, d. h. muss in der Vertrags-Urkunde an erster Stelle genannt werden.

2) Der Contrakt ist ein einziger, bezieht sich zugleich auf beide Gegenstände. ₃₀

3) Der Arbeiter, der als der eine Contrahent diesen Contrakt abschliesst, muss eine und dieselbe Person sein. Oder wenn dieser Contrahent aus einer Mehrzahl von Arbeitern besteht, so müssen sich beide in einem Contrakt vereinigte Abmachungen auf dieselben Arbeiter beziehen. Wenn man also mit diesen Arbeitern den

---

¹) المزارعة.

Musâkât-Vertrag, mit jenen den Vertrag b abschliesst, so wäre
das ungültig.

4) Die Verhältnisse müssen so sein, dass es nicht möglich ist
die Bäume allein zu pflegen. Ist es dagegen möglich die Bäume
und den Acker, jedes besonders zu pflanzen, ist diese combinirte
Form des Contraktes unzulässig.

URBARMACHUNG VON OEDELAND.

WASSERRECHT.

TEXT.

--- ———

§ I. Oedeland urbar zu machen ist erlaubt,

a) wenn der Urbarmachende Muslim ist, und

b) wenn das Land besitzerlos (herrenlos) ist.

§ 2. Die Urbarmachung von Oedeland ist dasselbe, was gewohnheitsmässig unter der Cultivation des Landes verstanden wird, wenn es Culturland ist (und zu dem gleichen Zwecke wie dies bearbeitet wird).

§ 3. Der Besitzer von Wasser ist verpflichtet von seinem Wasser gratis an einen Anderen (oder mehrere Andere) abzugeben, wenn folgende drei Bedingungen erfüllt sind:

a) wenn er mehr Wasser hat, als er braucht;

b) wenn der Andere des Wassers für sich oder sein Vieh bedarf;

c) wenn das Wasser Brunnen- oder Quellwasser ist, das sich von selbst ersetzt.

KAP. 20.

URBARMACHUNG VON OEDELAND.
WASSERRECHT.

ANMERKUNGEN.

Unter Urbarmachung, Cultivation, Anbau [1]) ist zu verstehen ein In-Gebrauch-nehmen oder ein Wieder-in-Gebrauch-nehmen, sei es für die Zwecke der Land-, Vieh- oder Gartenwirthschaft, für Hausbau oder andere Zwecke.

Oedeland soll heissen Land, *das keinen Besitzer* hat und *das nicht benutzt wird.* Der Besitzer darf nicht bekannt, nicht nachweisbar sein. Danach wäre Oedeland auch solches, auf dem die Spuren früherer Benutzung, wie Pflanzungsreste, Mauerreste, Zeltreste od. dgl. vorhanden sind, vorausgesetzt, dass der Besitzer desselben nicht nachzuweisen ist. 10

Nach anderer Ansicht ist Oedeland solches, das überhaupt nie einen Besitzer gehabt hat. Danach würde ein Land, auf dem sich Spuren früherer Benutzung finden, nicht Oedeland sein. Nach Mâwardî ist Oedeland dasjenige, das nie cultivirt, in dem eben angedeuteten Sinne nie benutzt gewesen und niemals für den Anbau, die Benutzung in Besitz genommen worden ist, d. h. nicht während der Herrschaft des Islams in dem Lande. Denn was früher geschehen ist, bevor der Islam in das Land einzog, kommt nicht in Betracht.

Alles Land ist entweder freier Privatbesitz oder immobilisirter Besitz [2]), nämlich 20

a) solcher, der *offentlichen* Zwecken dient, wie Strassen, öffentliche Stiftungen wie Moscheen, Festungen und Khans, sofern sie nicht besonderen Genossenschaften gehören;

b) solcher, der *privaten* Zwecken dient, wie ein Platz in einem Dorf und private Stiftungen;

---

[1]) احياء = عمارة.

[2]) محبوسة.

Solches Land aber, das ohne Privatbesitz zu sein weder öffentlichen noch privaten Zwecken dient, ist Oedeland

Das Oedeland muss aber nicht bloss besitzerlos, sondern zugleich *unbenutzt* sein. Denn es giebt besitzerloses Land, das aber
dennoch benutzt wird, wie die heiligen Orte ʾArafa, Muzdalifa und
Minâ bei Mekka und die öffentlichen Plätze des Culturgebiets. An
ʾArafa haftet das Recht, dass die Pilger dort stehen dürfen, während
es nicht zu den öffentlichen Plätzen gehört; an Muzdalifa und Minâ,
die zu den öffentlichen Plätzen gehören, haftet das Recht, dass die
Pilger dort übernachten dürfen. An diesen drei Orten darf keinerlei 10
Urbarmachung stattfinden. [1])

Ein öffentlicher Platz im Culturgebiet wird nicht durch Urbarmachung zum Privatbesitz erworben, denn der Besitzer des Cultur-
landes hat im Gefolge dieses seines Besitzes das Recht auf die Benutzung des öffentlichen Platzes, weil die Nutzung des Privatbesitzes
ohne Nutzung des öffentlichen Platzes keine vollkommene sein kann.

Zu dem *ḥarîm* [2]) eines Dorfes gehört ein Versammlungsplatz,
ein Reitplatz, ein Platz für das Lagern der Kamele und Schafe,
ein Platz für Asche und Mist, ein Spielplatz für die Kinder.

Der *ḥarîm* eines Schöpfbrunnens ist der Platz für ein Brunnen- 20
rad, für den Schöpfenden, der Platz für das Hin- und Hergehen
eines Thieres, wenn das Rad durch ein Thier in Bewegung gesetzt
wird; ein Platz (Trog), in den das Wasser gegossen werden kann
(zur Tränke der Thiere), sowie auch ein Platz, wo die Stoffe hingeworfen werden, die bei der Reinigung der Tränke zu entfernen sind.

Der *ḥarîm* eines Kanals ist ein gewisser Raum in seiner Nähe,
in dem nicht gegraben werden darf, weil sonst ein Abnehmen des
Wassers oder ein Einstürzen des Kanals zu befürchten ist. Was
als zum *ḥarîm* eines Schöpfbrunnens gehörig bezeichnet ist, gehört 30
nicht zum *ḥarîm* dieser Art Brunnen, denn aus diesen wird das
Wasser durch einen Kanal abgeleitet.

Zum *ḥarîm* eines alleinstehenden Hauses gehört ein Zugangsort,

---

[1]) Dagegen gilt für Elmuḥaṣṣab zwischen Mekka und Minâ die
Bestimmung, dass dort ein Muslim Oedeland durch Cultivation zum
Eigenthum erwerben kann.

[2]) *ḥarîm*-gesetzmässiges Zubehör.

ein Hofraum und eine Düngerstelle. Dagegen hat ein von andern Häusern eingefasstes Haus, wenn alle diese Häuser zugleich gebaut worden sind, kein specielles *ḥarîm*, sondern die ganze Hausergruppe hat ein gemeinsames *ḥarîm*.

Zum *ḥarîm* eines Flusses oder Kanals gehört ein Raum, wo dasjenige, was aus dem Flusse herausgeholt wird, hingeworfen werden kann.

Alles, was auf solchem *ḥarîm* gebaut worden ist, muss abgerissen und fortgeschafft werden, sogar eine Moschee.

§ 1. Dieser Paragraph bestimmt, unter welchen Bedingungen es erlaubt ist, dass Jemand Oedeland in Cultur nimmt, um es zum Besitz zu erwerben.

Ad a) Der Cultivirende muss Muslim sein, wobei es einerlei ist, ob er mündig oder unmündig, zurechnungsfähig oder nicht. Gemeint ist hier das Oedeland *in Islamischem Gebiet* inclusive das heilige Gebiet von Mekka. Von letzterem sind auszunehmen die Ortschaften 'Arafa, Muzdalifa und Minâ, weil ewige Servitute zu Gunsten aller Muslims auf ihnen ruhen (s. oben S. 590). Das Oedeland ist Besitz des Propheten, dieser aber hat es seinem Volke zur Verfügung gestellt.

Die Cultivation von Oedeland ist nicht abhangig von der Genehmigung des Landesherrn; sie kann mit derselben oder ohne sie Statt finden.

Ausgenommen ist von diesem Oedeland, was der Landesfürst z. B. für Weidezwecke sich reservirt, für ein Reservat-Gebiet erklärt. Wenn Jemand solches Gebiet in Cultur nimmt, wird es nicht sein Eigenthum, es sei denn dass der Landesfürst es ihm gestattet und damit sein Reservatrecht aufhebt.

Nicht-Muslims dürfen nicht auf Muslimischem Gebiet Oedeland in Cultur nehmen. Der Muslimische Landesfurst ist nicht befugt ihnen das zu gestatten und damit ein den Muslimen reservirtes Privilegium preiszugeben. Aus besonderer Gnade wird es indessen den nicht-muslimischen Unterthanen des muslimischen Staates, den im Islam lebenden Unterthanen eines mit dem muslimischen Lande in einem Vertragsverhaltniss stehenden fremden Landes und den anderweitigen im Islam lebenden und seinen Schutz geniessenden Fremden gestattet auf dem Oedeland sich Holz und Gras zu holen und daselbst zu jagen, dagegen darf der *hostis* dort sich höchstens etwas Holz holen.

Ad b) Diese Bedingung ist insofern hier nicht am Platz, als sie schon in dem Begriffe von Oedeland vorhanden ist. Im Einzelnen ist zu unterscheiden wie folgt:

1) Dasjenige Land, sei es bebaut oder öde liegend, das bekannter Maassen einen Besitzer hat, sei er Muslim oder Nicht-Muslim, kann niemals durch die Cultivation allein in den Besitz eines Anderen übergehen. Auszunehmen ist hiervon der Besitz des *hostis*, denn dieser ist von Rechts wegen die Beute des Muslim. 10

2) Dasjenige Land, das früher einmal cultivirt gewesen, jetzt öde liegt, von dem ein Besitzer nicht nachweisbar ist, steht zur Verfügung des Landesherrn, falls die frühere Cultur eine muslimische, d. h. eine von Muslimen ausgeführte war. Der Landesherr kann es asserviren oder verkaufen und den Erlös asserviren, bis sich der Besitzer meldet. Bis dahin ist es ein dem Fiscus geborgtes Gut. Wenn aber auf das Erscheinen eines Besitzers nicht mehr zu hoffen ist, wird das Land Besitz des Fiscus, und der Landesfürst verwendet es nach Belieben.

3) Wenn das sub 2 beschriebene Oedeland in früherer Zeit 20 nicht von Muslims, sondern von Nicht-Muslims in einer Zeit vor dem Entstehen des Islam cultivirt war, so erwirbt es derjenige, der es in Cultur nimmt, zu seinem Eigenthum.

§ 2. Wie muss die Cultivation beschaffen sein, damit sie als solche anerkannt wird und dem Cultivirenden das Besitzrecht einträgt? — Wenn Jemand anfängt ein Gebiet zu cultiviren und das von ihm beabsichtigte Gebiet durch Steine oder ähnliches markirt, oder wenn der Landesfürst ihm ein Gebiet zur Cultivation anweist, so hat er ein gewisses Einfriedigungsrecht darauf, jedenfalls mehr Anrecht darauf als ein Anderer. Indessen wenn vor ihm ein Anderer 30 es cultivirt, erwirbt dieser es zum Besitz.

Wenn die Einfriedigung lange dauert, ohne dass der Betreffende cultivirt, so stellt ihm der Landesfürst die Wahl zwischen sofortiger Cultivation oder Verzichtleistung auf das Gebiet. Wenn er indessen mit guten Gründen um einen Aufschub bittet, kann ihm der Landesfürst auch dann noch einen kurzen Aufschub gewähren.

Wenn Jemand in dem Lande, das er cultivirt, Metalle oder

Kohlen etc. findet, ist dies sein Eigenthum, denn diese Dinge sind ein Theil des Bodens, den er durch die Cultivation zu Eigenthum erworben hat. Hierbei wird vorausgesetzt, dass das Vorhandensein dieser Dinge in dem Boden nicht schon vorher bekannt war. Ist letzteres der Fall, so erwirbt er sie nicht durch seine Cultivation, weder die Mineralien, Metalle noch das Terrain, in dem sie gefunden worden sind. Denn die in diesem Falle vorliegende Absicht entspricht nicht der Absicht der Cultivation, und Schätze suchen ist etwas anderes als in Oedeland einen Acker oder Garten anlegen. Es ist dabei einerlei, ob diese Schätze der Erde so gebraucht 10 werden können, wie sie vorkommen, oder ob sie durch ein technisches Verfahren gewonnen werden. Wer nicht weiss, dass dergleichen Dinge in dem Boden vorhanden sind, erwirbt den Boden wie auch diese Dinge dadurch, dass er den Boden cultivirt, zum Eigenthum, nicht aber, falls er von ihrem Vorhandensein Kenntniss gehabt hat.

Als *aussere* Erdschätze, d. h. solche, die so, wie sie in der Natur vorkommen, gebraucht werden, gelten Naphtha, Schwefel, Pech, Harz, Thonerde; als *innere*, d. h. solche, die nur auf technischem Wege gewonnen werden können, gelten Gold, Silber, Kupfer, Blei.

Will Jemand eine Wohnung auf Oedeland bauen, muss er das 20 Grundstück mit einer Hausmauer von gebrannten oder ungebrannten Ziegeln, Steinen, Rohr oder Holz oder dergi. umgeben, wenigstens einen Theil des Raumes überdachen und eine Thur anbringen.

Wer auf Ackerland eine Viehhürde oder einen Ort fur die Aufbewahrung von Getreide oder Fruchten anlegen will, muss das Terrain einfriedigen, braucht aber nichts davon zu überdachen, und muss ein Thor herstellen. Die Einfriedigung darf nicht bloss aus in die Erde gesteckten Palmenzweigen und aus übereinander geschütteten Steinen bestehen, sondern muss ein regularer Mauerbau sein.   30

Wer ein Kornfeld anlegen will, muss rings um dasselbe den Boden anhöhen, im Inneren den Boden nivelliren, indem er die Hebungen abträgt und die Senkungen ausfullt; er muss ferner Fursorge treffen für die Bewässerung, falls nicht der Regenfall oder z. B. das Nil-Wasser genugt, und muss den Boden pflugen, wenn

die Besäungsart das Pflügen erfordert.   Dagegen ist nicht Bedingung, dass der Cultivirende das Terrain besäet.[1])

Wer in Oedeland einen Brunnen gräbt in der ausgesprochenen
Absicht ihn zu besitzen, erwirbt den Brunnen und sein Wasser zu
seinem Eigenthum.   Gräbt er ihn auf seinem eigenen Gebiet, so ist
das Wasser sein Eigenthum wie die Früchte seiner Bäume und die
Milch seiner Schafe.   Wenn Jemand in Oedeland einen Brunnen
gräbt, um ihn nur zu benutzen, so lange er dort verweilt, hat er,
so lange er dort verweilt, mehr Anrecht auf den Brunnen als ein
Anderer; dagegen hat er, wenn er später dorthin zurückkehrt, 10
keinerlei Anrecht mehr.   Wenn viertens Jemand in Oedeland einen
Brunnen gräbt zum Besten der Passanten oder der Muslims im
Allgemeinen oder ohne besondere Zwecke, so hat er ebenso wenig
ein besonderes Anrecht darauf wie ein Anderer.

Wer in Oedeland einen Garten anlegen will, muss die Grenze
des Terrains anhöhen, auch es anderweitig einfriedigen, wenn die
Sitte das verlangt, und ausserdem es bepflanzen.

§ 3.   Der Besitzer von Wasser ist im Allgemeinen nicht verpflichtet es für das Vieh eines Anderen gratis herzugeben.

Von vier Arten von Brunnen und dem Recht des Brunnen- 20
gräbers ist soeben die Rede gewesen.   Als eine weitere Art
von Wasser ist das *öffentliche Wasser* anzusehen, das Wasser
des Nil, des Euphrat etc., die Quellen in den Bergen und anderswo
und die Regenbäche.   Denn „Alle Menschen haben miteinander
Theil an drei Dingen, Wasser, Weide und Feuer" (Tradition), d. h.
am *öffentlichen* Wasser, der *öffentlichen* Weide und dem Feuer, das
mit *öffentlichem* Holz entzündet ist.   Wenn dagegen Jemand mit
seinem eigenen Holze Feuer macht, darf er Andere verhindern
etwas davon wegzunehmen, doch muss er ihnen gestatten sich daran zu wärmen und ihre Lampe oder Kerze daran anzuzünden.   30

Wenn mehrere Personen ihr Land mit öffentlichem Wasser bewässern wollen und nun das Wasser knapp wird, während das
Verhältniss der Adjacenten ein solches ist, dass sie nicht zugleich,
sondern einer nach dem anderen das Land cultivirt haben, so bewässern sie ihr Land nach der Reihenfolge der Cultivation, der

---

[1]) Ein solches Feld heisst مَزْرَعَة, auch wenn es nicht besäet wird.

älteste Ansiedler zuerst, dann der zweite u. s. w.[1]) Haben die Adjacenten aber zu gleicher Zeit das Land cultivirt oder weiss man nicht mehr, wer der frühere, wer der spätere war, so muss das Loos zwischen ihnen entscheiden und dann darf nach der durch das Loos bestimmten Reihenfolge jeder Einzelne seinen nach dem lokalen Usus zu bemessenden Bedarf entnehmen.[2])

Das Wasser, was Jemand von öffentlichem Wasser nimmt durch ein Gefäss oder indem er es sich in einen Graben oder Teich ablenkt oder auf andere Weise, ist sein Eigenthum wie das Holz und Gras, das Jemand auf Oedeland aufliest und wie das Wild, das ein Jäger auf Oedeland erjagt.

Es ist den Menschen gestattet zu trinken und ihre Reitthiere zu tränken aus den Bächen wie aus den Brunnen in Privatbesitz, sofern dadurch dem Besitzer kein Schaden entsteht, was nach lokalem Usus zu bestimmen ist.

Wenn eine Quelle gemeinsames Eigenthum mehrerer Personen ist und das Wasser knapp wird, müssen sie über die Benutzung der Quelle unter Berücksichtigung der einzelnen Antheile einen Akkord mit einander machen.

Wenn Jemand seine Saat mit Wasser, dessen er sich widerrechtlich bemächtigt, bewässert, so gehört ihm allerdings die Ernte, aber er muss für das Wasser dem Besitzer desselben Ersatz leisten.

Die in dem Text angegebenen drei Bedingungen werden von Baguri um drei weitere vermehrt. Wenn diese 6 Bedingungen sämmtlich erfüllt sind, ist der Wasser-Besitzer verpflichtet Anderen die Benutzung seines Wassers gratis zu gestatten. Damit ist nicht gesagt, dass er ihnen seinen eigenen Eimer oder Brunnenstrick zur Verfügung stellen muss.

Was vom Wasser gilt, gilt nicht von der Weide. Die Weide ersetzt sich nicht so schnell wie das Wasser, und die Weidebenutzung dauert in der Regel längere Zeit; ausserdem ist es Usus, dass der Besitzer einer Weide einem Anderen die Benutzung derselben nur gegen ein Acquivalent gestattet.

---

[1]) سَقْیُ الاعلی فالاعلی.
[2]) Vgl. Nihâje IV, 256 Rand.

Ad a: Wenn der Wasserbesitzer mehr Wasser hat, als er braucht fur sich, sein Vieh, seine Pflanzungen und Saaten, mehr als er *momentan* braucht ohne Rücksicht auf die Zukunft. Dies ist aber so zu verstehen, dass das Bedürfniss der Menschen in erster Linie zú befriedigen ist, dann das Bedürfniss der Thiere und darauf erst dasjenige der Pflanzungen und Saaten. Wenn daher Wassernoth vorhanden ist, werden die einzelnen wasserbedürftigen Personen und Thiere in folgender Reihe mit Wasser versorgt: Zuerst der Besitzer des Wassers (mit seinen Angehörigen); dann eventuell, d. h. wenn noch mehr Wasser vorhanden ist, derjenige, der kein Wasser hat (mit den Seinigen); dann das Vieh des Wasserbesitzers, dann das Vieh desjenigen, der kein Wasser hat.

Ad b: Derjenige, der Wasser verlangt, muss es brauchen für sich und sein Vieh, soweit Personen oder Vieh sich des Schutzes des Islamischen Gesetzes erfreuen. Dagegen wird sein Bedürfniss nach Wasser für *seine Pflanzungen und Saaten* nicht berücksichtigt.

Wenn der Wasserbesitzer mehr Wasser hat, als er · für sich und sein Vieh braucht, kann er dem Anderen für seine Pflanzungen und Saaten *nach Maass oder Gewicht* Wasser verkaufen. Dagegen ist es nicht gestattet und ungültig, Wasser *mit der Bedingung* zu verkaufen, dass Pflanzungen und Saaten damit *gesättigt* werden.

Ad c: Das Wasser, das der Wasserbesitzer hat, muss das Wasser eines Brunnens oder einer Quelle sein, das sich im natürlichen Verlauf der Dinge ersetzt. Wenn er dagegen Wasser in einem Krug hat, braucht er nichts davon gratis abzugeben. Wohl aber muss er auch von diesem Wasser demjenigen, der in Wassernoth ist, gegen ein Aequivalent abgeben.

Wenn der Wasserbesitzer verpflichtet ist von seinem Wasser abzugeben, so wird dabei vorausgesetzt, dass ihm aus der Zulassung des fremden Viehes zu seinem Wasser kein Schaden erwächst. Wenn aber dies der Fall sein würde, kann er dem fremden Vieh den Zugang zu seinem Wasser verweigern, muss dann aber gestatten, dass die fremden Hirten das Wasser, das sie für ihre Heerden brauchen, holen.

Wenn ein Wasserbesitzer verpflichtet ist von seinem Wasser abzugeben, darf er es nicht verkaufen und gegen irgend ein Aequivalent hergeben.

Diesen Bedingungen fügt Baguri folgende drei hinzu:

d) Die öffentliche Weide, auf der das zu tränkende Vieh weidet, muss in der Nähe des Wassers des Wasserbesitzers liegen.

e) Die Umstände müssen derartig sein, dass der Besitzer des zu tränkenden Viehes in der Nähe des Weidegebiets nicht irgend ein *öffentliches* Wasser für seinen Bedarf auffinden kann.

f) Dass der Wasserbesitzer nicht durch das Herankommen des fremden Viehes zu seinem Wasser geschädigt wird, weder seine Saat noch sein Vieh.   S. sub c.

KAP. 21.

STIFTUNG (WAḲF).

TEXT.

§ 1. Eine Stiftung ist rechtskräftig, wenn sie folgenden drei Bedingungen entspricht:

a) das Gestiftete muss nutzbar sein, ohne dass die Nutzung ein Sich-selbst-verzehren ist;

b) die Bestimmung des Beneficiars muss derartig sein, dass nicht bloss im Moment der Stiftung, sondern auch für alle Folgezeit ein Beneficiar vorhanden ist;

c) die Stiftung darf nicht einem Zwecke dienen, der den Gesetzen des Islams widerspricht.

§ 2. Die Bestimmungen des Stifters über die Reihenfolge, in der die Beneficiare in den Genuss der Stiftung eintreten sollen, sowie seine Bestimmungen über die Antheile der einzelnen Beneficiare sind rechtsverbindlich.

STIFTUNG (WAḲF).

ANMERKUNGEN.

Waḳf oder fromme Stiftung, d. h. eine Stiftung, durch welche der Stifter das Wohlgefallen Gottes zu erlangen sucht. Da indessen das Gesetz eine andere Art als diese nicht kennt, mag als Uebersetzung das Wort *Stiftung* genügen.

Stiften heisst, einen Besitz immobilisiren, der individuell bestimmt ist, ferner übertragbar, der benutzt werden kann, ohne dass seine Substanz zu Grunde geht, damit sein Nutzen für einen frommen Zweck[1]) verwendet wird, indem der Stiftende dadurch Gottes Wohlgefallen zu erlangen sucht.

Die Hauptelemente der Lehre von der Stiftung sind vier: 10

        Der Stifter,
        das Gestiftete,
        der Beneficiar,
        das Stiftungs-Formular.

Das Gestiftete muss genau bekannt und individuell bestimmt sein. Man kann also nicht eine Sache, die nicht individuell genau fixirt ist, zum Objekt einer Stiftung machen. Das Gestiftete muss *übertragbarer* Besitz sein. Dadurch ist ausgeschlossen die

---

[1]) Der Muslim soll nach seinem Tode in drei Dingen weiterexistiren: in fortdauernden Werken der Wohlthätigkeit, in der von ihm geförderten Verbreitung nützlicher Kenntnisse und im Gebet seines Kindes. In anderer Fassung: Der Muslim soll 10 Dinge hinterlassen: das Verdienst nützliche Kenntnisse verbreitet zu haben, ein Kind, das für ihn betet, das Verdienst Palmen-Pflanzungen angelegt, fortdauernde Werke der Wohlthätigkeit geschaffen, einen Koran hinterlassen, eine Grenzfestung gegen die Ungläubigen erbaut, einen Brunnen oder Kanal gegraben, einen Khan für die Zuflucht der Fremden und Reisenden oder ein Haus der Andacht erbaut und den Koran gelehrt zu haben.

Muttersklavin, denn sie ist zwar Besitz ihres Herrn für die Dauer
seines Lebens, kann aber nicht von ihm veräussert, verkauft oder
verschenkt werden (Buch II, § 20—22). Ausgeschlossen ist auch
der servus contrahens, falls der zwischen ihm und seinem Herrn
abgeschlossene Vertrag *correkt* ist; ist dagegen der Contrakt ein
incorrekter (Buch II, S. 158 ff), so ist der Sklave veräusserlich, kann
verkauft wie auch zum Objekt einer Stiftung gemacht werden.

Das Gestiftete muss nutzbar sein, sei es sofort, sei es in Zukunft,
wie z. B. ein unfreies kleines Kind. Die Nutzbarkeit dessen muss
eine gewisse Zeit lang dauern, mindestens so lange wie ein normaler 10
Miethstermin, falls das Objekt vermiethet würde. Der Nutzen, den
es gewährt, darf ferner nicht darin bestehen, dass es sich selbst
consumirt, dass seine Substanz zu Grunde geht, wie z. B. eine
Wachskerze, eine Speise.

Immobilisiren heisst sich der Verfügung über das Objekt ent-
äussern. Der fromme Zweck kann jeder sein, der nach den Gesetzen
des Islams nicht verboten [1]) ist; er muss genau angegeben werden.
Man kann wohl bei einer testamentarischen Zuwendung den Legatar
in sehr allgemeiner Weise bezeichnen, z. B.: „Ich vermache Gott
ein Drittel meiner Habe", in welchem Falle das Legat für die 20
Armen und öffentliche Wohlthätigkeit verwendet wird; wenn dagegen
bei einer Stiftung der Zweck nicht genau angegeben ist, ist sie null
und nichtig (s. § 1 Anm. zu e).

Der Stifter muss berechtigt sein, eine geschenkartige Zuwendung [2])
zu machen.

Der Wortlaut seiner Stiftung kann entweder eindeutig oder
mehrdeutig sein, bedarf in letzterem Falle eventuell der nachträglichen
Erläuterung. Der Vertrag bedarf der Annahme des Beneficiars,
sofern dieser eine einzelne vorhandene Person oder Gruppe von
Personen ist, nicht aber wenn die Stiftung einem öffentlichen Zwecke [3]) 30
gewidmet ist. Die Stiftung muss *definitiv* sein; wenn also jemand
erklärt: „Wenn der Monatsanfang kommt, stifte ich dies den Armen",
ist die Stiftung ungültig, d. h. sofern sie sich bezieht auf Dinge, die

---

[1]) حرام.
[2]) تبرّع.
[3]) جِهَة.

keine innere Verwandtschaft mit der manumissio haben. (Das Nähere s. in den Anmerkungen zu § 1 d). Als Dinge, die der Freilassung verwandt sind, werden angeführt, z. B. eine Moschee, ein Begräbnissplatz; bezieht sich die Stiftung auf diese Dinge, so ist sie auch dann gültig, wenn sie in einer *nicht definitiven* Form ausgesprochen worden ist.

Wenn Jemand die Stiftung in definitiver Form ausspricht, dagegen die Uebergabe des Objekts an den Beneficiar von seinem Tode abhängig macht, so ist das zulassig.

Im Allgemeinen muss die Dauer der Stiftung *zeitlich unbegrenzt* 10 sein. Wenn daher Jemand erklart: „Ich stifte dies den Armen für ein Jahr", so ist das ungültig. Wenn dagegen auf eine solche zeitlich begrenzte Verwendungsart eine zeitlich unbegrenzte folgt, ist die Stiftung gültig. Beispiel: „Ich stifte dies dem Zaid für ein Jahr, dann den Armen". Bezieht sich indessen die Stiftung auf Dinge, die eine Aehnlichkeit mit der Freilassung haben, wie auf eine Moschee, so ist die Stiftung gültig, während die Zeit-Clausel null und nichtig ist. Beispiel: „Ich stifte eine Moschee fur ein Jahr lang".

Es dürfen dem Stiftungs-Formular keine Bedingungen beigefügt werden. Wenn Jemand erklärt: „Ich stifte dies dem X mit der Be- 20 dingung, dass mir die optio zusteht", so ist das null und nichtig.

Wenn der Beneficiar ein Individuum oder eine Zahl von Individuen ist, so muss er im Stande sein das Gestiftete zur Zeit, wo es gestiftet wird, in Besitz zu nehmen. Man darf also nicht einem Christen einen Muslimischen Sklaven oder einen Koran stiften, denn er darf beide nicht in Besitz nehmen. Aus gleichem Grunde kann nicht ein Embryo Beneficiar sein. Wenn daher Jemand seinen Kindern etwas stiftet und nach der Stiftung ihm ein neues Kind geboren wird, hat dies an der Stiftung keinen Antheil. Auch einem Verstorbenen kann man nichts vermachen, auch nicht dem Sklaven, weil er keinen 30 Besitz erwerben kann. Wenn also Jemand einem Sklaven etwas stiftet, so fällt die Stiftung seinem Herrn zu. Eine solche Stiftung darf aber nur dem Sklaven eines Anderen gemacht werden; denn wenn Jemand seinem eigenen Sklaven etwas stiften wollte, so ist es, als hätte er sich selbst etwas gestiftet, was ungesetzlich ist.

Wenn einem Theil-Sklaven etwas gestiftet wird, so bekommt der freie Theil von ihm die entsprechende Rate der Stiftung.

während die auf den unfreien Theil entfallende Rate dem Besitzer desselben zufällt. Wenn der Besitzer des unfreien Theiles eines solchen Sklaven seinen Theil dem freien Theil, d. h. dem Sklaven, soweit er frei ist, stiftet, so ist das zulässig. Wenn eine Vereinbarung darüber besteht, dass der Theil-Sklave zu Zeiten frei, zu Zeiten Sklave ist, so geht eine Stiftung, die ihm in jener Zeit zukommt, in seinen Besitz über, während sie, wenn sie in letzterer Zeit ihm gestiftet wird, in den Besitz seines Herrn übergeht.

Eine Stiftung zu Gunsten des servus contrahens ist rechtskräftig und bleibt in Kraft, wenn der Sklave frei wird. War die Stiftung auf die Zeit, solange er noch servus contrahens sein werde, beschränkt, so ist die Stiftung *ohne Schluss*, d. h. sie kann nicht in perpetuum fortdauern, weil der Beneficiar doch einmal aufhören muss servus contrahens zu sein. Daher ist die Stiftung ungültig (s. Anm. zu § 1, b). Wenn der Sklave den zwischen ihm und seinem Herrn abgeschlossenen Vertrag aufgiebt, ist die Stiftung *ohne Anfang*, d. h. der servus contrahens, dem die Stiftung vermacht worden war, existirt nicht mehr, sondern ist wieder ein einfacher Sklave geworden. Daher ist die Stiftung ungültig (s. Anm. zu § 1, b).

Ein Apostat oder ein *hostis* können nicht Beneficiar sein, wohl aber ein dem Islamischen Staate angehöriger Christ, sofern das Objekt Besitz eines Christen werden kann.

Es kann Niemand sich selbst etwas stiften. So Schâfiî, während Abû Hanifa es erlaubt. Doch kann diese Bestimmung umgangen werden. Wenn Jemand erklärt: „Ich stifte dies dem gebildetsten der Kinder meines Vaters", und er selbst der gebildetste ist, so ist die Stiftung zulässig.

Man kann nicht dem Vieh, das gewöhnlichen Besitz bildet, etwas stiften, wohl aber solchen Thieren, welche eine Stiftung bilden, wie z. B. Pferden, die für den Dienst an der Grenze zum Kriege gegen die Ungläubigen gestiftet sind. Ebenso darf man denjenigen Sklaven etwas stiften, welche ihrerseits z. B. für den Dienst im Mekkanischen Heiligthum, an dem Grabe Muhammed's in Medina gestiftet sind.

Der Stiftende muss verfügungsberechtigt sein. Daher können ein Kind oder ein Geisteskranker nichts stiften. Ferner muss der

Stiftende im Besonderen berechtigt sein, eine geschenkartige Zuwendung zu machen. Es können daher die folgenden Personen
nicht Stifter sein: der einem widerrechtlichen Zwang unterworfene,
der servus contrahens, der unter Curatel stehende Verschwender,
auch nicht mit Genehmigung des Vormundes.

Eine Stiftung machen darf der Nicht-Muslim, sogar zu Gunsten
einer Moschee, ferner der Theil-Sklave mit dem Besitz, den er hat,
soweit er frei ist.

Der Stifter kann nur stiften, was er *besitzt*, nicht also z. B.
einen Hund, denn als etwas Unreines kann der Hund nicht Besitz 10
bilden. [1])

Nach Ansicht einiger Rechtslehrer darf das Staatsoberhaupt mit
den Mitteln des Fiscus eine Stiftung machen, sogar zu Gunsten
seiner eigenen Kinder.

§. 1. Eine Stiftung zu machen ist empfehlenswerth im Sinne
der Religion. Sie soll stets bezwecken dem Stifter Gottes Wohlgefallen zu gewinnen, aber dies braucht sich nicht äusserlich zu
zeigen, denn in erster Linie ist die Stiftung ein vermögensrechtlicher
Verfügungsakt.

Ad a) Der Besitz, der gestiftet wird, kann ein unbeweglicher 20
(ein Haus) oder ein beweglicher (ein Sklave, Bücher) sein, Besitz
eines Besitzers oder mehrerer Besitzer. Wird ein Theil eines Gemein-
besitzes gestiftet, so muss er abgesondert werden, sofern er ohne
Zerstörung des Ganzen abgesondert werden kann.

Ein servus orcinus wie ein Sklave, dessen Freilassung von dem
Eintreten einer Bedingung abhängig gemacht ist, können gestiftet
werden, indessen jener wird frei mit dem Tode seines Herrn, dieser
mit dem Eintreten der gestellten Bedingung.

Man kann ein Haus oder eine Pflanzung auf einem *belasteten*
Terrain stiften, z. B. ein Haus auf einem Terrain, das Besitz eines 30
Anderen ist, oder das gemiethet ist, auch dann wenn nach Ablauf
des Mieth-Termins das Haus (die Pflanzung) entfernt werden muss.
Wenn nach dem Abbruch des Hauses, dem Ausreissen des Ge-
pflanzten noch ein *nutzbarer Rest* von Dingen übrig bleibt, ist dies

---

[1]) Doch steht der Hund oder jedes andere unreine Objekt wie
ein Düngerhaufen unter der Verfügung (تصرّف ,سلطنة) des Inhabers.
Diese Art Inhaberschaft oder Halbbesitz heisst اختصاص.

als Stiftung anzusehen. Ist der Rest nicht mehr *nutzbar*, so bleibt er nach der besseren Ansicht ebenfalls Stiftung.

Die Nutzbarkeit des gestifteten Objekts braucht nicht eine sofortige zu sein; sie kann eine solche sein, die erst in Zukunft eintritt. Nicht nutzbar ist ein kränklicher Sklave, auf dessen Gesundung nicht zu hoffen ist. Das Objekt muss ein solches sein, dass es benutzt werden kann, ohne dass seine Substanz dadurch zu Grunde geht, indem seine Substanz weiter existirt, d. h. naturlich eine Zeit lang, die nicht kürzer sein soll als etwa der kürzeste für das Objekt gebräuchliche Miethstermin (denn nur Gott allein dauert 10 ewig). Gesäete, gepflanzte, im Beet stehende Blumen kann man stiften, nicht frische, gepflückte.

Die Nutzung des Objekts muss allgemein zulässig und begehrenswerth sein. So darf man keine Musikinstrumente (wie die kleine Handtrommel und die Pfeife der Mönche) stiften, auch keine Dirhems zu Schmuckzwecken. Wohl aber darf man Dirhems stiften mit der Bestimmung, dass Schmucksachen daraus gegossen werden. Wenn aber die Dirhems mit einem kleinen Griff oder Häkchen am Rande versehen sind, gelten sie als Schmucksachen und können gestiftet werden.   20

Ad b: Da die Stiftung in aeternum bestehen soll, muss stets ein Beneficiar (einerlei, ob eine Person oder eine Anzahl von Personen oder ein öffentlicher Zweck) vorhanden sein. Der Text zerlegt die hierauf bezügliche Bestimmung in zwei Theile:

1. Der Beneficiar muss schon im Moment der Stiftung vorhanden sein. Wie schon oben angegeben, kann ein Embryo nicht Beneficiar sein. Ist er eine bestimmte Person oder Individuum, so muss er sofort erklären, ob er die Stiftung annehmen will. Ist es dagegen ein öffentlicher Zweck,[1] wie die Moschee, die Armen, die Gelehrten, so ist eine sofortige Erklärung über die Annahme nicht 30 nothwendig.

2. Der Beneficiar muss sich fortsetzen, muss weiter existiren in der Zukunft.

Wenn Jemand erklärt, dass er ein Objekt *einem Kinde, das ihm etwa geboren werden wird, danach den Armen stiftet*, so ent-

---

[1]) جهة.

behrt die Stiftung *des Anfangs*, d. i. eines ersten oder Anfangs-
Beneficiars und ist daher null und nichtig. Ebenfalls, wenn die
Stiftung lautet „*für mein Kind*", falls der betreffende kein Kind
hat. Hat er dagegen ein Kindeskind, so wird dies für das eigene
Kind substituirt und die Stiftung ist gültig. Wenn darauf dem
Stifter noch ein Kind geboren wird, so hat jenes mit dem eigenen
Kinde des Stifters gleichen Antheil an der Stiftung.

Eine Stiftung *für die Armen unter meinen Kindern* ist ungültig,
wenn unter den Kindern des Stifters keine Armen vorhanden sind.
Finden sich aber Arme und Reiche unter ihnen, so ist die Stiftung 10
rechtskräftig und wird den *armen* Kindern des Stifters zugewendet.

Anderweitige Stiftungs-Ausdrücke, wie „ich stifte dies *auf was
Gott will*" oder *„auf was Zaid will*", sind ungültig.

Wenn die Beneficiare drei aufeinander folgende Generationen
sind und die mittlere nicht so bezeichnet ist, wie das Gesetz vorschreibt, so ist die Stiftung dennoch rechtskräftig. Beispiel: „Ich
stifte dies dem Zaid, dann *einem Manne* (oder einem Sklaven für
dessen eigene Person oder einem bestimmten Stück Vieh), dann
den Armen." In diesem Falle wird nach Zaid's Tode die Stiftung
der dem Stifter nächst verwandten Person für ihre Lebensdauer zu- 20
gewendet und nach deren Tode dem dritten Beneficiar. Eine
solche Stiftung wird genannt *ohne mittleren Beneficiar.* Der secundo
loco genannte Beneficiar geht, weil nicht den gesetzlichen Vorschriften entsprechend, leer aus.

Zweifelhaft ist diejenige Stiftung, welche *ohne letzten Beneficiar* ist. Während Abû Šuǵâ' sie für nichtig erklärt, ist sie nach
Baguri rechtskräftig. Beispiel: „Ich stifte dies dem Zaid, dann
seiner Nachkommenschaft." Zu der Nachkommenschaft[1]) gehören
auch die Tochter-Kinder. Lautet aber der Ausdruck „dann für
meine Verwandten", so sind die Tochter-Kinder nicht einbegriffen, 30
wenn der Stifter ein Mann ist, dagegen einbegriffen, wenn
der Stifter eine Frau ist. Wenn Kindeskinder vorhanden sind,
kommen sie erst dann in den Genuss der Stiftung, nachdem die
Kinder gestorben sind; wenn aber noch Kinder geboren werden,
nehmen sie zugleich mit den genannten Kindeskindern an der

نسل, عقب, ذُرِّيّة (1

Stiftung Theil. Ist der Sohn als Beneficiar bestimmt, so erstreckt
sich sein Anrecht nicht etwa auch auf seine Schwester und umgekehrt. Ist *das Kind* als Beneficiar angegeben, so kann es männlich, weiblich oder Hermaphrodit sein, nicht aber Embryo oder
Kindeskind.[1]) Ist der Beneficiar als *maulâ* bezeichnet, so ist damit
sowohl der Freilasser wie der Freigelassene gemeint;[2]) sind beide
vorhanden, so participiren sie zu gleichen Theilen an der Stiftung;
ist aber nur der erstere vorhanden, während der zweite erst nach
der Stiftung geboren wird, so ist der erstere der einzige Nutzniesser
der Stiftung.

Die letztgenannte Art der Stiftung, diejenige *ohne Ende* ist
gültig und in der Weise auszuführen, dass nachdem Zaid und sein
Geschlecht ausgestorben ist, sie denjenigen Menschen zugewendet
wird, welche dem Stifter am nächsten verwandt sind, nämlich blutsverwandt, nicht verwandt gemäss den Satzungen des Erbrechts.
Hier also hat der Tochter-Sohn den Vorzug vor dem Sohn des
Vaterbruders. Wenn aber überhaupt keine Verwandten des Stifters
mehr vorhanden sind, wird die Stiftung auf die wichtigsten öffentlichen Interessen der Muslims und auf die Armen verwendet.

Ad c: Wenn das Objekt, der Zweck der Stiftung, nicht mit den
Gesetzen des Islams vereinbar ist, ist sie ungültig, wie z. B. eine Stiftung
für die Erbauung oder Erhaltung eines Gotteshauses für Christen oder
Juden, eines Klosters, die Stiftung von Lampen, Matten, Dienern für ein
solches Haus, die Stiftung einer Thora oder eines Evangeliums, denn
nach der Lehre des Islams sind diese Bücher zwar göttlichen Ursprungs,
aber ihr Wortlaut ist an manchen Stellen von Juden und Christen
gefälscht. · Wenn dagegen eine Kirche als Herberge am Wege für
die Reisenden dient, so darf man eine Stiftung zu ihren Gunsten
machen, einerlei ob die dort einkehrenden Reisenden Muslims oder
Nicht-Muslims sind.

Wenn eine dem Gesetz entsprechende Stiftung an und für sich
stets ein Mittel zur Werbung um die Gunst Gottes ist, so braucht
dies nicht allemal äusserlich zu Tage zu treten. Man kann also

---

[1]) Nach oben S. 611 sub 2. darf das Kindeskind in die Rechte
eines Kindes eintreten, wenn ein solches nicht oder nicht mehr vorhanden ist.

[2]) Al-Khaṭîb II, 78, 22. 23.

für die Reichen so gut etwas stiften wie für die Armen. Das aber muss unter allen Umständen vollkommen deutlich sein, dass die Stiftung nicht irgendwelchen Zwecken der Opposition gegen den Islam dienen darf.

Was eine Stiftung für die Armen betrifft, so wird Jeder zur Theilnahme zugelassen, der behauptet arm zu sein, von dem nicht bekannt ist, dass er Besitz hat, ohne dass er seine Behauptung zu beweisen braucht. Wenn dagegen ein Reicher an einer Stiftung für Reiche Theil nehmen will, muss er seinen Reichthum beweisen. Bei der Vertheilung der Armen-Steuer[1]) gilt auch derjenige als 10 arm, der zwar verdient, was er braucht, aber im Uebrigen kein Vermögen hat.

Den drei für die Gültigkeit einer Stiftung erforderlichen Bedingungen fügt Alkhaṭîb[2]) vier weitere hinzu, welche wir nach seiner Darstellung unter partieller Wiederholung und weiterer Ausführung der Bemerkungen auf S. 605 ff. hier anfügen.

d) Die Stiftung muss in aeternum, für die Ewigkeit, d. h. bis zum Tage des jüngsten Gerichts bestimmt sein.[3]) Daher ist ungültig die Formel: „Ich stifte dies dem N. N. *auf ein Jahr.*"

Gültig ist sie aber, wenn eine andere Bestimmung hinzugefügt 20 wird: „Ich stifte dies dem N. N. *auf ein Jahr, dann den Armen*", denn die Armen werden bis zum jüngsten Gericht nicht verschwinden. Eine solche Stiftung wird genau gemäss der Stiftungsurkunde ausgeführt.

Der obige Satz von der Ungültigkeit einer Stiftung auf ein Jahr erleidet aber noch weitere Ausnahmen. Zunächst jedoch ist der in diesem Zusammenhang vorkommende Ausdruck *„Dinge, die nicht der Freilassung gleichen"* zu erklären.

Es giebt zweierlei Arten von Rechtsgeschäften:

A) solche, bei denen das Interesse des Gesetzgebers[4]) sich 30 darauf beschränkt lediglich eine correkte Ausführung zu sichern. Zu diesen gehört z. B. Verkauf und Kauf. Wenn der Kauf allen ein-

---

[1]) زكوة.

[2]) II, 77. Nihâje IV, 270.

[3]) التأبيد.

[4]) الشارع.

zelnen Bestimmungen des Gesetzes entspricht, so ist er *correkt*[1]) und damit rechtskräftig.

B) solche, bei denen der Gesetzgeber ein doppeltes Interesse verfolgt, erstens eine correkte Ausführung zu sichern, zweitens aber auch sie so viel als möglich zu erleichtern und zu fördern, weil er (d. i. Gott) solche Geschäfte liebt und empfiehlt und ein möglichst häufiges Vorkommen derselben anbahnen und erleichtern will. Zu solchen Geschäften gehört z. B. die Freilassung eines Sklaven,[2]) das Sich-Trennen oder Sich-Loskaufen einer Ehefrau von ihrem Manne.[3]) Wenn bei den Geschäften der Klasse A auch nur eine einzige Bedingung nicht dem Gesetze entspricht, sind sie null und nichtig. Wenn dagegen ein Geschäft der Klasse B im Allgemeinen den Anforderungen des Gesetzes entspricht, dagegen in Einzelheiten *incorrekt*[4]) ist, so ist es *trotzdem* rechtskräftig, weil der Gesetzgeber es, z. B. die Freilassung, durchaus befördern will und gegen die Nicht-Erfüllung vieler Einzelbestimmungen eine weitgehende Connivenz an den Tag legt. Beispiel: Wenn bei dem Kauf das Aequivalent (der Preis) incorrekt ist, ist das ganze Geschäft null und nichtig. Ist dagegen bei dem Sich-Loskaufen der Ehefrau das Aequivalent incorrekt, so ist der Loskauf dennoch rechtskräftig, sofern die Frau den Ausweg einschlägt, den ihr der Gesetzgeber eröffnet hat, d. h. wenn sie eine Durchschnitts-Ehegabe an die Stelle des Aequivalentes setzt.[5])

Der besondere Charakter der Geschäfte dieser Klasse ist aus gewissen Texten des Korans oder der Tradition abgeleitet. Die Differenz der beiden Klassen wird auch in folgender Art dargestellt:[6]) Die manumissio ist eine Aufhebung eines Besitzes

---

[1]) صحيح.
[2]) تحرير. Wenn Jemand die Hand des Sklaven oder die Hälfte des Sklaven freilässt, wird eo ipso der ganze Sklave frei. Beispiel der سراية. Kap. II § 3.
[3]) خلع. Kap. I § 26—28.
[4]) فاسد.
[5]) Bei dem خلع überwiegt der Charakter der جعالة (der Ehemann spricht zu der Frau: Wenn du mir das und das thust, leistest, giebst, so bist du der Ehe mit mir ledig, s. Kap. 18) über den Charakter des Tauschgeschäftes, Baguri II, 47, 7. Beispiel des تغليب.
[6]) Al-Khaṭīb II, 77, Rand 1—4.

nicht zu Gunsten eines anderen Besitzers. Dasselbe ist die Stiftung einer Moschee. Dem entgegen ist der Verkauf *die Aufhebung eines Besitzes zu Gunsten eines anderen Besitzers,* und das gleiche ist die Stiftung eines Hauses für die Nachkommen des Stifters, denn dies ist die Aufhebung eines Besitzes *zu Gunsten eines anderen Besitzers,* als welcher in diesem Fall der Beneficiar gilt, dem der Nutzen des gestifteten Objekts zufällt.

Um nun zu der vierten Bedingung der Stiftung zurückzukehren, haben wir zu constatiren, dass die Beschränkung der Stiftung auf eine bestimmte Zeit zulässig ist, wenn sich die Stiftung auf Ge-   10 schäfte der Klasse B bezieht, also auf die Erbauung einer Moschee, die Anlage eines Kirchhofs. Wenn daher Jemand erklärt *„Ich stifte diese Moschee auf ein Jahr",* so ist die Stiftung gültig in aeternum, denn die beschränkende Clausel ist zwar incorrekt, hat aber nicht die Wichtigkeit, dass sie die ganze Stiftung null und nichtig machen könnte.

Lautet die Stiftung *„für Zaid, dann für seine Nachkommenschaft",* so ist sie correct. Zwar ist nicht angegeben, wer Beneficiar sein soll, nachdem die Nachkommenschaft des Zaid ausgestorben sein wird,[1] aber es genügt, wenn nur zunächst eine erste   20 und zweite Schicht von Beneficiaren angegeben ist, da es in Zukunft nicht schwer ist die Stiftung einem wohlthätigen Zwecke zuzuwenden und so in aeternum fortzuführen. In diesem Falle würde die Stiftung nach dem Aussterben der genannten Beneficiare zunächst demjenigen zugewendet werden, der die nächste verwandtschaftliche Beziehung zu dem Stifter nachweisen kann.

Bei einer Stiftung *für die Armen* einer Familie wird derjenige zunächst berücksichtigt, der die nächste Verwandtschaft mit dem Stifter nachweisen kann, nicht derjenige, der das nächste Erbrecht gegen ihn hat. So wird der Tochtersohn dem Sohn des Onkels   30 (Vatersbruders) vorgezogen.

e) In der Stiftungsurkunde muss die Verwendungsart angegeben werden.[2] Die Stiftung von Dirhems zu dem Zweck, dass sich der Beneficiar damit schmückt, ist unzulässig; wird aber ein

---

[1] Die Stiftung ist منقطع الآخر.

[2] بيان المصرف.

anderer, dem Gesetz entsprechender Zweck angegeben, ist sie rechtskräftig.

f) Die Stiftung muss bedingungslos sein.[1]) Also eine von einer
Bedingung abhängig gemachte Stiftung ist null und nichtig, wie z. B.
folgende: *„Wenn Zaid kommt, stifte ich dem N. N. das und das."*
Dies gilt indessen nur in Anwendung auf die Klasse A der oben
S. 613 beschriebenen Geschäfte.[2])

Gültig, rechtskräftig dagegen ist diese conditionelle Form der
Stiftung, wenn sie sich bezieht auf Geschäfte der Klasse B, solche,
welche in ihrem durch Gottes besonderes Interesse bevorzugten   10
Charakter der Freilassung von Sklaven verwandt sind. Wenn also
Jemand erklärt: *„Ich stifte dies Haus zu einer Moschee, wenn der
Ramaḍân kommt"*, so ist das gültig. Mit dem betreffenden Datum
wird das Haus zur Moschee, und bis dahin ist es unveräusserlich,
weil das Recht der Stiftung bereits darauf ruht.

Die conditionelle Form der Stiftung ist auch dann gültig, wenn
der Stifter das Inkrafttreten der Stiftung von seinem Tode abhängig macht. Beispiel: *„Ich stifte mein Haus den Armen nach
meinem Tode"*. Eine solche Transaction hat in sofern den Charakter einer *testamentarischen Verfügung*, als das Haus aus dem 20
Drittel des Nachlasses des Stifters bestritten werden muss, als der
Stifter zu seinen Lebzeiten die Stiftung rückgängig machen kann
und der Beneficiar, *sofern er ein Erbe des Stifters ist*, nur mit
Erlaubniss der Miterben in den Genuss der Stiftung gelangen
kann; dagegen insofern den Charakter *der Stiftung*, als der Stifter
das Haus nicht mehr verkaufen oder verschenken oder vererben
kann.

g) Das Stiftungsformular muss in allen Theilen definitiv verbindlich sein.[3]) Wenn also Jemand dem N. N. etwas stiftet, indem
er stipulirt, dass er sich das Recht die Stiftung aufzuheben vor- 30
behält, oder dass ein Anderer das Recht, die Stiftung aufzuheben,
haben soll, oder wenn er sich eine weitere Ingerenz auf das Objekt

---

[1]) التنجيز.

[2]) Diese Geschäfte werden bezeichnet als ما لم يُبْنَ على التغليب
والسراية.

[3]) الإلْزام.

vorbehält, z. B. das Recht das Objekt zu verkaufen oder in einem gestifteten Haus nach Belieben zu verkehren, so ist eine solche Stiftung null und nichtig. Sie unterscheidet sich in dieser Hinsicht von der Freilassung, denn diese ist rechtskräftig, selbst wenn der Freilasser sie von solchen incorrekten Bedingungen abhangig macht.

§ 2. Die Bestimmungen des Stifters betreffend den Modus der Nutzung des gestifteten Objekts müssen befolgt werden. „Die Bestimmung des Stifters ist wie der Gesetzesparagraph des Gesetzgebers." Es handelt sich dabei hauptsächlich um die beiden Fragen, wer berechtigt ist, an der Nutzung Theil zu nehmen, und wie 10 die Erträgnisse der Stiftung zu verwenden sind.

Der Besitzer des immobilisirten Gutes ist Gott, nach anderer Ansicht der Stifter oder der Beneficiar.

Der Stifter kann sich selbst oder einen Anderen zum Verwalter[1]) der Stiftung einsetzen. Thut er weder das eine noch das andere, so ist der Richter der Verwalter. Der Verwalter, der zugleich der Stifter ist, kann sich in der Verwaltung der Stiftung durch einen Anderen nach Belieben vertreten lassen. Der Verwalter muss in jeder Beziehung bürgerlich unbescholten und im Stande sein die Verwaltung, die von ihm gefordert wird, zu leisten. Sein Amt ist, 20 den Grundstock der Stiftung zu erhalten, die Erträgnisse zu sammeln und über die berechtigten Beneficiare zu vertheilen. Sind mehrere Verwalter eingesetzt, so hat jeder nur dasjenige Amt zu verwalten, das ihm übertragen ist.

Die Kosten der Erhaltung und Verwaltung der Stiftung sind je nach der Bestimmung des Stifters entweder aus seinem Vermögen oder aus der Stiftung selbst zu entnehmen. Hat er hierüber nichts bestimmt, wird ein Theil der Erträgnisse der Stiftung darauf verwendet, z. B. ein Theil des Erwerbes des Sklaven oder der Erträgnisse eines Grundbesitzes. Wenn solche Erträgnisse nicht 30 mehr vorhanden sind, hat der Fiscus die Stiftung zu erhalten, z. B. einen gestifteten Sklaven zu unterhalten, dagegen ist er nicht verpflichtet ein verfallendes Haus zu restauriren.

Die Bestimmungen können sich darauf beziehen, dass der eine der Beneficiare früher, der andere spater an dem Nutzen der Stiftung

---

[1]) ناظر.

Theil haben soll. Beispiel: „Ich stifte dies meinen Kindern, dann meinen Kindeskindern", d. h. solange noch ein Kind des Stifters vorhanden ist, kommt kein Kindeskind in den Genuss der Stiftung, falls er nicht im Besonderen bestimmt hat, dass mit dem Tode eines Kindes dessen Antheil sofort auf sein (des Verstorbenen) Kind übergehen soll. Verschiedene Generationen von Beneficiaren können entweder nacheinander oder zugleich mit einander an der Stiftung Theil nehmen. Wenn die Stiftungsurkunde lautet: „Ich stifte dies meinen Kindern und ihren Kindern, und dann wann sie ausgestorben sind, ihren Kindeskindern", so geniessen zunächst zwei 10 Generationen (die Kinder und Kindeskinder) zusammen die Stiftung; nach ihrem Ableben aber allemal je eine Generation nach der andern.

Wenn die Stiftungsurkunde lautet: „Ich stifte dies meinen Kindern, den armen unter ihnen" oder „den Wittwen unter ihnen", so würde der Arme, beziehungsweise die Wittwen aus der Stiftung quantum satis[1]) erhalten und der Rest den übrigen Kindern des Stifters zufallen. Wenn kein Armer oder keine Wittwe mehr unter den Kindern des Stifters vorhanden ist, würden sämmtliche Kinder zugleich an der Stiftung Theil haben.   20

Die gleiche oder ungleiche Betheiligung der Beneficiare kann z. B. darin bestehen, dass Söhne des Stifters je das Doppelte von dem Antheil einer Tochter bekommen (wie im Erbrecht). Enthält die Stiftungsurkunde keine Bestimmung über das Maass der Betheiligung der einzelnen Beneficiare, so geniessen sie die Stiftung alle zu gleichen Theilen. Wenn je zwei oder mehr Beneficiare in der Stiftungsurkunde je mit der Partikel *und*[2]) miteinander verbunden sind, so wird angenommen, dass sie *zugleich* die Stiftung geniessen sollen, nicht *nach einander*.

Wenn ein Streit entsteht über die Frage, ob die Nennung der 30 Beneficiare in einer Stiftungsurkunde so zu verstehen sei, dass sie

---

[1]) Al-Khaṭīb II, 78 Glosse Z. 5. Wer dies quantum satis im Streitfall bestimmen soll, ist nicht angegeben; ich nehme an, der Richter.

[2]) الواو لمطلق الجمع لا للترتيب.

entweder zusammen oder nacheinander die Stiftung geniessen sollen,
so wird nach der Aussage des Verwalters oder überhaupt dessen,
der die Stiftung in der Hand hat, entschieden. Ist eine solche Person
nicht vorhanden, so haben die Parteien ihre Ansprüche zu beschwören und wird ihnen demgemäss ein Antheil an dem Genusse
der Stiftung eingeräumt.

KAP. 22.

G E S C H E N K.

TEXT.

———————

§ 1. Geschenkt kann werden, was gekauft werden kann.

§ 2. Die Schenkung wird perfekt durch die Besitzergreifung des Geschenkes durch den Beschenkten.

§ 3. Wenn der Beschenkte von dem Geschenk Besitz
ergriffen hat, kann der Schenkende die Schenkung nicht
mehr rückgängig machen, ausgenommen in dem Fall, wenn
er Vater oder Grossvater des Beschenkten ist.

§ 4. Wenn Jemand eine Sache einem Anderen für die
Dauer seines (des Beschenkten) Lebens schenkt, so gehört
sie nicht allein dem Beschenkten, solange er lebt, sondern
nach seinem Tode seinen Erben.

KAP. 22.

G E S C H E N K.

ANMERKUNGEN.

Schenken ist eine definitive und allgemeine Verfügung, durch welche A verfügt, dass eine Sache während seiner Lebenszeit in den Besitz des B übergeht, ohne dass B ein Aequivalent leistet. Durch diese Definition ist ausgeschlossen

a) eine von einer Bedingung abhängig gemachte[1]) Zuwendung, denn eine solche Verfügung ist nicht *definitiv*;

b) eine testamentarische Zuwendung, denn bei dieser wird der Besitzübergang erst nach dem Tode des Verfügenden perfekt;

c) eine Besitzübertragung pro tempore wie z. B. das Vermiethen, denn eine solche Verfügung ist keine *allgemeine*;

d) die Besitzübertragung eines *Nutzens* wie z. B. das Leihgeben, denn in diesem Fall ist das Objekt der Uebertragung nicht eine Sache, sondern ein Nutzen.

Das Schenken ist eine Besitzübertragung. Die Ausübung der Gastfreundschaft ist nicht Schenken, sondern ein Zur-Verfügung-Stellen; das gleiche gilt von der Stiftung, denn Stiften heisst den *Nutzen* einer immobilisirten Sache zur Verfügung stellen (Kap. 21).

Das Schenken einer *Schuld* ist eine Verzichtleistung[2]). Nach einer Ansicht kann man eine Schuld nur dem betreffenden Schuldner schenken, d. h. erlassen, denn wollte man eine Schuld einem Anderen als dem Schuldner schenken, so würde der Umstand, dass der Beschenkte die Sache nicht sofort in Empfang nehmen kann, dem Begriff des Schenkens widersprechen. Nach anderer Ansicht

---

[1]) المعلّق بصفة. Beispiel: „Wenn Zaid kommt, gebe ich dir das und das." Eine solche Verfügung ist null und nichtig.

[2]) إِبْرَاء.

40*

ist es zulässig, eine Schuld auch einem Anderen als dem betreffenden Schuldner zu schenken.

Die Besitzübertragung des Schenkens findet Statt *ohne Aequi-valent.* Wenn der Uebertragende sich eine Gegenleistung ausbe-dingt, so sind zwei Fälle möglich:

a) Ist die Gegenleistung unbestimmt ausgedrückt z. B. *ein Kleid,* so ist eine solche Verfügung null und nichtig. Denn sie ist kein Verkauf, weil das Aequivalent unbestimmt ist, und keine Schenkung, weil diese eine Gegenleistung ausschliesst. Eine solche Transaktion würde anzusehen sein als ein *incorrekter* Verkauf, und derjenige, der das Objekt an sich genommen hat, würde für dasselbe haften wie für etwas usurpirtes (Kap. 13).

b) Ist aber die Gegenleistung etwas Bestimmtes, Bekanntes, so ist die Transaktion ein Verkauf und unterliegt allen Regeln des-selben (Kap. 1).

Der Charakter einer Schenkung wird dadurch nicht verändert, dass der Beschenkte gesellschaftlich einen höheren Rang einnimmt als der Schenkende, wenn auch gewohnheitsmässig durch eine solche Gabe die Erlangung einer Gegengabe beabsichtigt wird.

Das Schenken erfordert Angebot und Annahme sei es durch mündliche oder schriftliche Aeusserung oder durch die verständliche Geste eines Taubstummen. Die Annahme eines Geschenkes für ein Kind, einen Geisteskranken oder eine unter Kuratel gestellte Person erfolgt durch den Vormund.

Wenn Jemand seine Tochter aussteuert und nachträglich be-hauptet, dass er ihr die Aussteuer nur als Darlehn gegeben habe, muss er eventuell diese seine Aussage durch einen Eid erhärten, wenn keine Schenkungsurkunde vorhanden ist.

Wenn Jemand seine Tochter mit der Aussteuer in das Haus ihres versprochenen Gemahls entsendet, so gilt die Aussteuer als Besitz der jungen Frau, sofern der Vater nicht eine dem wider-sprechende Erklärung abgiebt.

Wenn ein Ehemann für seine Frau Schmucksachen kauft, da-mit sie sich damit schmückt, so erwirbt sie dieselben zu ihrem Eigentum nur durch eine förmliche Schenkung des Mannes. Falls er späterhin eine solche Schenkung bestreiten sollte, hat ihre ein-fache Aussage Beweiskraft.

Wenn ein Vater sein minorennes Kind mit Schmucksachen schmückt, so gehen diese dadurch nicht in den Besitz des Kindes über. Wenn daher das Kind stirbt, so gehört solcher Schmuck nicht zu der Hinterlassenschaft des Kindes, gegen welches seine Mutter ein Erbrecht hätte, vielmehr ist er nach wie vor Besitz des Vaters.

Die Paragraphen dieses Kapitels beziehen sich auf das eigentliche Geschenk, nicht auf das Almosen und eine Attention (eine mit Geschenk verbundene Ehrenerweisung[1]). Jedes Almosen und jede Attention ist ein Geschenk, aber umgekehrt ist nicht jedes Geschenk ein Almosen oder eine Attention. Man giebt ein Almosen, um Gottes Lohn zu verdienen oder weil der, dem es gegeben wird, es nothwendig braucht; man giebt eine Attention, um damit dem betreffenden eine Ehre zu erweisen.

Die Hauptobjekte der Lehre vom Geschenk sind vier:

> der Schenkende,
> der Beschenkte,
> das Geschenkte,
> das Schenkungsformular.

Der Schenkende kann nur verschenken, was er besitzt und über das er die volle freie Verfügung hat. Wenn Jemand Gott ein Opferthier schlachtet, so ist der Besitz des ganzen Thieres in Folge des Gelübdes eigentlich auf Gott übertragen, trotzdem kann er die Wolle des Thieres verschenken, denn wenn er es auch nicht mehr besitzt, steht er doch *in einer speciellen Beziehung*[2]) zu ihm. Die Art der Berechtigung (nicht ملك, sondern اختصاص). die Jemand dadurch gewinnt, dass er sich z. B. ein Stück herrenloses Land einfriedigt, kann er verschenken. Ebenfalls kann eine Ehefrau ihr Anrecht auf das Beisammensein mit ihrem Mann in einer bestimmten Nacht einer Collegin schenken.

Personen, die nicht schenken können, sind der unter Kuratel stehende, der Vormund, sofern er nichts von dem Vermögen seines Mündels verschenken darf, der servus contrahens, sofern er

---

1) هَدِيَّة.
2) اختصاص.

nichts ohne die Erlaubniss seines Herrn verschenken darf (s. Buch II § 14—19).

Der Beschenkte muss entweder selbst oder eventuell durch seinen Vormund Besitz zu erwerben im Stande sein. Man kann daher einem Embryo kein Geschenk machen, ebensowenig dem Sklaven selbst. Denn ein einem Sklaven gemachtes Geschenk gehört seinem Herrn.

Das Geschenkte muss etwas bestimmtes, bekanntes, gesetzlich reines, nutzbares, etwas das der Beschenkte in Empfang nehmen kann, dem Schenkenden als Besitz angehöriges sein.   10

Die Form der Schenkung ist bedingt durch dieselben Regeln wie die Form des Verkaufs. So müssen Angebot und Annahme mit einander übereinstimmen. Wenn daher A dem B zwei Dinge offerirt und B nur eines annimmt, oder wenn A dem B eine ganze Sache offerirt und B nur einen Theil der Sache annimmt, so ist die Schenkung nicht rechtsgültig.

§ 1. Wie man am Freitag während des Gottesdienstes in der Moschee nicht verkaufen soll, wie man an Jemand, der sich eines zu kaufenden Objects zu einem gottlosen Zwecke bedienen will, nichts verkaufen soll, so soll man auch unter gleichen Umständen nichts schenken.[1])   20

Die Regel, dass das Verkaufbare auch verschenkbar ist, erleidet einige Ausnahmen:

a) Eine verpfändete Sklavin kann, falls sie ein *unbemittelter* Pfandgeber (ihr Herr) schwängert d. h. sie zur Muttersklavin macht (Buch II § 20—22) oder ihr die Freiheit giebt, von dem Pfandnehmer verkauft werden, falls ihm die Schuld, zu deren Sicherstellung die Sklavin dient, nicht bezahlt wird, aber verschenkt werden kann sie nicht.

b) Der servus contrahens (Buch II § 14—19) kann verkaufen, was er erwirbt, nicht aber verschenken, es sei denn mit Erlaubniss   30
seines Herrn.

c) Man kann den Nutzen einer Sache durch die Vermiethung verkaufen, man kann aber nicht einen Nutzen verschenken.

---

[1]) d. h. die genannten beiden Geschäfte sind gültig, aber *ḥarâm*, gegen die Religion verstossend.

Die Regel, dass das nicht verkaufbare nicht verschenkbar ist erleidet gleichfalls einige Ausnahmen:

a) Wenn man ein Stück Oedeland einfriedigt, ohne es zu bebauen, gewinnt man dadurch einen Anspruch auf das betreffende Oedeland. Diesen Anspruch kann man verschenken, nicht aber verkaufen.

b) Die Wolle und Haut eines Opferthieres kann man verschenken, nicht verkaufen.

c) Feldfrüchte können vor Beginn der Reife ohne die Bedingung sofortigen Schneidens verschenkt, nicht aber verkauft werden. 10 Vgl. Kap. 1 § 14.

d) Ein werthloses, nicht nutzbares Objekt wie z. B. zwei Weizenkörner kann nicht verkauft, wohl aber verschenkt werden. Vgl. Kap. 1 § 2.

Etwas unbestimmtes wie z. B. *einen von diesen beiden Sklaven*, etwas gesetzlich unreines, etwas verlorenes, einen flüchtigen Sklaven kann man weder verkaufen noch verschenken. Dagegen darf A eine ihm gehörige Sache, die ihm von B widerrechtlich vorenthalten (usurpirt) wird, wohl verkaufen oder verschenken, aber nur an denjenigen, der die Macht hat das Objekt aus der Hand des Usur- 20 pators zurückzunehmen.

§ 2. Die Schenkung wird perfekt durch die mit Erlaubniss des Schenkenden erfolgende Besitzergreifung[1]) von Seiten des Beschenkten. Anders ausgedrückt: Der Schenkende muss übergeben[2]), der Beschenkte entgegennehmen. Wenn vor erfolgter Besitzergreifung der Schenkende oder der Beschenkte stirbt und die Schenkung nicht zurückgenommen wird, geht sie ohne Weiteres auf den Erben oder die Erben des Schenkenden über. Was hier von dem Geschenk gesagt ist, gilt in gleicher Weise vom Almosen, wie von der Attention, ebenso von der Schenkung eines Vaters an sein 30 unmündiges Kind. Erst durch die Besitzergreifung wird das Geschenkte Besitz des Beschenkten.

Ausgeschlossen ist dies bei einem implicite-Geschenk. Wenn A zu B spricht: „Lass um meinetwillen deinen Sklaven umsonst

---

[1]) قَبْض

[2]) إِقْبَاض

frei" und B ihn freilässt, so ist das eine manumissio, implicite aber auch eine Schenkung, die perfekt wird, ohne dass eine Besitzer-ergreifung von Seiten des Beschenkten Statt findet.

Bei einer incorrecten Schenkung d. h. einer Schenkung mit vereinbarter Gegenleistung gelten die Regeln des Verkaufs und Kaufs. Eine solche Transaction wird definitiv allein durch den Vertrag nach Ablauf der Optionsfrist.

Die Besitzergreifung einer gekauften Sache differirt in einigen Beziehungen von der Besitzergreifung eines Geschenks. Es genügt nicht, dass das geschenkte Objekt z. B. ein Schiff ausgeleert und 10 damit implicite dem Beschenkten zur Verfügung gestellt wird; es genügt nicht, dass das Geschenk vor den Beschenkten hingestellt wird, dass der Beschenkte das Geschenk einfach in Gebrauch nimmt und consumirt. Der Käufer hat in diesen Fällen *Kraft des Vertrages* das Recht das Objekt in seinen Besitz zu nehmen, der Beschenkte dagegen nur dann, wenn *die Erlaubniss des Schenkenden* damit verbunden ist. Hiervon sind zwei Fälle auszunehmen: Wenn der mit einer Esswaare beschenkte sie mit Erlaubniss des Schenken-den verspeist, so ist die Schenkung perfekt. Wenn A dem B einen Sklaven schenkt und B mit Erlaubniss des Schenkenden den 20 Sklaven sofort freilässt, so gilt diese Freilassung als Besitzergreifung. In diesen beiden Fällen wird fingirt, dass kurz vorher d. h. eben vor dem Verspeisen und eben vor der Freilassung die Besitzer-greifung erfolgt sei.

Die Erlaubniss des Schenkenden ist identisch mit seiner Ueber-gabe des Geschenks an den Beschenkten. Wer etwas Geschenktes in seinen Besitz nimmt, ohne dass es ihm vom Schenkenden übergeben worden ist, ist dafür verantwortlich, muss es eventuell zurückgeben oder, wenn es zu Grunde geht, ersetzen. Wenn der Schenkende vor der Besitzergreifung des Geschenks durch den 30 Beschenkten seine Schenkung zurücknimmt, ist die Schenkung null und nichtig.

Wenn ein Streit darüber entsteht, ob der Schenkende das Ge-schenkte übergeben resp. seine Erlaubniss zur Besitzergreifung von Seiten des Beschenkten gegeben habe oder nicht, so wird nach der Aussage des Schenkenden entschieden.

Wenn beide Parteien darin übereinstimmen, dass der Schenkende die Erlaubniss zur Besitzergreifung gegeben, aber darüber streiten, ob der Schenkende vor der Besitzergreifung durch den Beschenkten seine Schenkung rückgängig gemacht habe oder nicht, so wird nach der Aussage des Beschenkten entschieden.

Tod oder Wahnsinn ändern nichts an der Schenkung; eventuell tritt der Erbe an die Stelle. Wenn der Schenkende oder Beschenkte epileptisch wird, so soll gewartet werden, ob er sich erholt; eventuell wird er als geisteskrank behandelt.

§ 3. Nach erfolgter Besitzergreifung des Geschenkes durch den Beschenkten kann der Schenkende nur in dem einen Falle die 10 Schenkung rückgängig machen, wenn der Beschenkte sein Descendent ist. Dies gilt von dem eigentlichen Geschenk, wie von dem Almosen und der Ehrengabe (Attention), und gilt auch dann noch, wenn der Schenkende sich von seinem Kinde (Descendenten) losgesagt hat, wenn die beiden verschiedenen Religionen angehören.

Der beschenkte Descendent muss frei sein. Ist er unfrei, so nimmt er gegenüber dem Schenkenden die Stellung eines Fremden ein.

Ferner ist zu unterscheiden, ob das Geschenkte eine res oder 20 eine Schuld ist. Schenkt der Vater seinem Kinde eine Schuld, welche das Kind ihm schuldet, so darf er die Schenkung nicht zurücknehmen.

Er darf auch dann die Schenkung nicht aufheben, wenn er seinem Kinde eine res geschenkt hat und diese in der Hand desselben verloren gegangen ist.

Bedingung für die Revocation des Geschenkes ist, dass das Geschenk noch *unter der Verfügung*[1]) des beschenkten Kindes ist. Es gilt als *unter seiner Verfügung stehend* auch dann noch, wenn es von einem Dritten usurpirt worden und wenn es wie ein flüchtig 30 gewordener Sklave abhanden gekommen ist; wenn es verpfändet ist; wenn es weiter verschenkt worden ist, bevor noch dieser zweite Beschenkte Besitz davon ergriffen hat. Ist der Beschenkte ein Sklave oder eine Sklavin, so steht er auch dann noch unter der Verfügung des beschenkten Kindes, wenn dies ihn zum servus

___
[1]) ‏ةبلاطم‎.

orcinus gemacht, ihm die von einer Bedingung abhängige Freilassung versprochen hat, oder wenn er die Sklavin verheirathet hat. Ist das Geschenk ein Acker und hat der Beschenkte ihn beackert und besäet, oder ist es ein Haus und hat der Beschenkte es bewohnt, so steht es *unter der Verfügung* des Beschenkten und dem Schenkenden, d. i. dem Vater steht immer das Recht der Aufhebung der Schenkung zu. Wenn in solchen Fällen der Vater die Schenkung aufhebt, so bleibt trotzdem die Vermiethung des Hauses oder die Verheirathung der Sklavin in Kraft.

Dagegen kann der Vater die Schenkung *nicht* rückgängig 10 machen, das Geschenkte steht nicht mehr *unter der Verfügung* des beschenkten Descendenten, wenn dieser es verkauft hat, sogar dann nicht, wenn das Kind es an seinen eigenen Vater, den donator, verkauft hat; wenn er es zu einer Stiftung gemacht, oder, falls das Geschenk ein Sklave war, er ihn freigelassen oder ihn zum servus contrahens oder die Sklavin zur Muttersklavin gemacht hat; wenn der Beschenkte bankrott oder unter Curatel gestellt wird.

Wenn das Geschenkte ein Sklave ist und dieser ein Blutverbrechen begeht, kann der Schenkende nur dann die Schenkung rückgängig machen, wenn der Beschenkte erklärt, dass er das 20 Sühnegeld für den Attentäter zahlen will.

Wenn das beschenkte Kind das Geschenk verpfändet hat, so ist zwischen zwei Fällen zu unterscheiden: Hat das Kind das Geschenk in Besitz genommen und dann verpfändet, so kann der Vater die Schenkung nicht rückgängig machen; dagegen hat das Kind es verpfändet *vor* der Besitzergreifung, so hat der Vater das Recht die Schenkung zu revociren.

Besteht das Geschenk aus Saatkorn, das unter der Pflege des Beschenkten schon aufgegangen ist, oder aus Eiern, aus denen die jungen Vögel ausgekrochen sind, so ist eine Revocation des Ge- 30 schenkes ausgeschlossen.

Wenn ein dem Kinde geschenktes Objekt z. B. durch Verkauf in fremden Besitz übergeht, späterhin aber auf irgend eine Weise in den Besitz des Beschenkten zurückkehrt, so ist das Recht des Vaters, der es geschenkt hat, auf Revocation der Schenkung erloschen.

Wenn das geschenkte Objekt sich mehrt, so kann der Vater

mit dem Geschenk das Wachsthum reclamiren, das mit dem Objekt
zusammenhängt, nicht dagegen dasjenige, das ein selbstständiges
Dasein hat wie z. B. das Lamm eines Schaafes. Wenn indessen
eine geschenkte Sklavin im Moment der Schenkung schwanger war,
so kann nach der Geburt des Kindes der Mann, der die Sklavin
seinem Sohne geschenkt hat, Sklavin sammt Kind reclamiren.

Die Zurücknahme der einem Descendenten gemachten
Schenkung von Seiten des schenkenden Ascendenten bedarf einer
ausdrücklichen deutlichen Erklärung, die nicht durch eine sachliche
Verfügung, z. B. nicht etwa dadurch, dass der Schenkende das 10
Objekt verkauft, ersetzt werden kann.

Die Gunst der Eltern soll gleichmässig über die Kinder vertheilt werden, sofern sie nicht durch Unbotmässigkeit das natürliche Anrecht auf diese Gunst verscherzen. Anderer Seits sollen
auch die Kinder ihre beiden Eltern gleichmässig beschenken,
eventuell die Mutter bevorzugen, denn „der Mutter gebühren zwei
Drittel der Pietät" (Tradition). Verwandtenliebe wird empfohlen;
sie zu zerstören gilt als eine Todsünde.

§ 4. Wenn A dem B *auf Lebenszeit* eine Sache schenkt[1]), so ist
die Schenkung rechtskräftig und durch Uebergabe und Entgegen- 20
nahme wird sie definitiv, dagegen ist die beigefügte Clausel *auf
Lebenszeit* null und nichtig, d. h. das geschenkte Objekt gehört
dem B nicht bloss für die Dauer seines Lebens, sondern seinen
Erben nach ihm. Wird eine solche Schenkung von dem Eintreffen
einer Bedingung abhängig gemacht, z. B. „ich schenke dir, wenn
das und das geschieht, das Haus für die Zeit deines Lebens", so
ist die Schenkung ungültig, s. S. 627 sub a.

---

[1]) „Ich schenke Dir dies Haus auf Lebenszeit; wenn du vor mir
stirbst, fällt es an mich zurück; sterbe ich vor dir, so bleibt es in
deinem Besitz."

DAS FINDEN VERLORENER SACHEN.

TEXT.

---

§ 1. Von dem Fundort.
§ 2. Von der Pflicht des Finders.
§ 3. Von der Erwerbung des Fundobjektes durch den Finder.
§ 4. Von den vier Arten der Fundobjekte.

§ 1. Wenn Jemand ein Fundobjekt auf Oedeland oder auf einer Strasse findet, kann er es an sich nehmen oder liegen lassen; angemessener indessen ist das erstere, falls der Finder sich getraut für das Objekt sorgen zu können.

§ 2. Wenn der Finder das Fundobjekt an sich nimmt, muss er sechs Dinge constatiren: In welchem Geräth oder Beutel es sich befand, mit welcher Schnur der Beutel zugebunden war, welcher Art das Objekt ist (ob z. B. von Silber oder von Gold), wie es nach Zahl oder Gewicht beschaffen ist. Ausserdem muss er es in einem entsprechenden Aufbewahrungsgeräth aufbewahren.

§ 3. Wenn der Finder das Fundobjekt zu besitzen wünscht, muss er seinen Fund ein Jahr lang sowohl vor den Moschee-Thüren wie an der Fundstelle bekannt machen (ausrufen). Wenn sich der Besitzer nicht einfindet, hat er nach Ablauf des Jahres das Recht das Fundobjekt in Besitz zu nehmen, jedoch mit der Maassgabe, dass er für dasselbe haftet.

§ 4. Das Fundobjekt kann viererlei Art sein:

a) etwas dauerndes (wie Gold und Silber). Hierfür gelten die Bestimmungen von § 1—3.

b) etwas nicht dauerndes wie z. B. eine frisch bereitete Speise. Diesem gegenüber hat der Finder die Wahl, ob er es essen und den Werth dem Besitzer schuldig bleiben will, oder ob er es verkaufen und den Erlös (bis zum Erscheinen) des Besitzers aufbewahren will.

c) etwas, das nur bei einer gewissen Behandlungsart von Dauer ist wie z. B. frische Datteln oder Weintrauben. Diesem gegenüber hat der Finder die Wahl, ob er sie verkaufen und den Erlös aufbewahren oder ob er sie trocknen und getrocknet (bis zum Erscheinen des Besitzers) aufbewahren will.

d) etwas, dessen Unterhalt Kosten verursacht wie z. B. Thiere. Hier sind zweierlei Arten zu unterscheiden:

1. Thiere, die sich nicht selbst vertheidigen können (wie Schaafe und Kälber). Diesen gegenüber hat der Finder die Wahl, ob er sie verzehren und den Werth dem Besitzer schuldig bleiben will oder ob er sie an sich nehmen und freiwillig für ihren Unterhalt sorgen will oder ob er sie verkaufen und den Erlös (bis zum Erscheinen des Besitzers) aufbewahren will.

2. Thiere, die sich selbst vertheidigen können (wie z. B. das Pferd, das Kameel). Wenn der Finder sie im Culturgebiet findet, so hat er dieselben drei Möglichkeiten wie sub 1. Wenn er sie dagegen in der Wüste findet, muss er sie sich selbst überlassen.

DAS FINDEN VERLORENER SACHEN.

ANMERKUNGEN.

Verlorene Sachen an sich zu nehmen und aufzubewahren wird von der Religion als ein Werk der Humanität empfohlen. „Helfet Euch untereinander in Pietät und Gottesfurcht" (Koran) und „Gott hilft dem Menschen, so lange dieser seinem Nächsten hilft."

Fundobjekt[1]) ist Besitz oder Halbbesitz,[2]) wie z. B. Dünger, Thierhäute und dergl., den *der Besitzer* auf irgend eine Weise verloren hat, wenn er das Objekt z. B. hat fallen lassen oder vergass sich darum zu kümmern. Fundobjekt ist auch, was dem Besitzer z. B. während des Schlafes abhanden kommt, was er, wenn er flieht, zurücklassen muss, oder was er, wenn sein Thier es nicht länger tragen kann, auf der Strasse liegen lassen muss.

Dagegen ist nicht als Fundobjekt anzusehen ein Stoff, den der Wind in mein Haus weht, oder eine Geldbörse, die ein unbekannter Fliehender mir zuwirft; ferner sind *nicht* Fundobjekte Deposita unbekannter Besitzer, welche mir ein Erblasser unter der Nachlass-Masse hinterlässt, nicht Strandgut und nicht, was etwa im Neste eines Raubvogels gefunden wird. Alle diese Dinge gelten als herrenloser Besitz, über den nur der Fiscus verfügen darf. Ist der Fiscus nicht in Ordnung, d. h. entspricht er nicht den Gesetzen des Islams, so hat der Finder solche Objekte auf einen Wohlthatigkeits-Zweck zu verwenden, wenn er einen solchen Zweck weiss; weiss er aber keinen, so soll er das Objekt einem unbescholtenen Muslim zu solcher Verwendung übergeben.

Es ist nicht wesentlich in dieser Definition des Fundobjekts. dass derjenige, der es verloren hat, der Besitzer sei. Die Folgen

---

[1]) لُقَطَة = ملقوط.
[2]) اختصاص.

sind dieselben, wenn derjenige, der das Objekt verloren hat, es geborgt oder gemiethet oder usurpirt hatte. Anstatt Besitzer sollte
es daher heissen „derjenige, der zeitweilig das Objekt in seiner
Verfugung hat."

§ 1. Der Finder muss *frei* sein. Der Finder ist in gewissem Sinne
eine Vertrauensperson, mit einer gewissen Autorität versehen, und
die Entwickelung der Sache kann dahin führen, dass aus dem
Finder ein Besitzer wird. Ein Sklave kann aber weder Vertrauensperson noch Besitzer sein. Wenn daher ein Sklave etwas findet,
so gilt derjenige als der Finder, der es ihm abnimmt, einerlei ob   10
es sein Herr ist oder ein Fremder. Der Herr kann das Objekt,
das der Sklave gefunden, in dessen Hand und Obhut belassen, falls
derselbe vertrauenswerth ist, und kann durch ihn eine rechtskräftige
Fundanzeige machen lassen.

Wenn der Sklave ohne specielle Erlaubniss seines Herrn ein
Fundobjekt an sich nimmt, so gehört es nicht ihm, sondern seinem
Herrn, und eine Fundanzeige, die ein Sklave nicht im Auftrage
seines Herrn macht, ist ungültig.

Im Gegentheil hierzu kann der servus contrahens Finder sein,
eine rechtskräftige Fundanzeige machen und eventuell das Fund-   20
objekt zum Besitz erwerben, aber nur derjenige servus contrahens,
dessen Vertrag mit seinem Herrn allen Anforderungen des Gesetzes
entspricht. Ist dagegen sein Freilassungscontrakt incorrekt, wird er
in dieser Angelegenheit angesehen wie ein Ganzsklave.

Wenn der servus contrahens von seinem Contrakte zurücktritt oder als Sklave stirbt, so nimmt der Richter sein Fundobjekt
an sich und asservirt es für den eventuell sich meldenden Besitzer;
denn dies Fundobjekt fällt nicht dem Herrn des servus contrahens zu, da dieser selbst *Finder* sein und Besitz erwerben konnte.

Wenn ein Theilsklave in den Verhältnissen lebt, dass er z. B.   30
je einen Tag als frei für sich, dagegen den folgenden Tag als Sklave
für seinen Herrn arbeitet, so kann er in jener Zeit *Finder* sein,
in dieser als Sklave nicht. Ist das Verhältniss ein anderes, etwa
ein derartiges, dass der Sklave zu einem Drittel frei, zu zwei Dritteln
Sklave ist, so wird, falls er etwas findet, die Sache so angesehen,
als seien zwei Finder vorhanden, d. h., der Sklave gilt als Finder
in Rücksicht auf $^1/_3$, sein Herr als Finder in Rücksicht auf $^2/_3$ des

Fundobjektes. Dieselbe Bestimmung gilt in Bezug auf das, was er erwirbt und was er zu seinem Lebensunterhalt braucht. Ein Sühnegeld wegen Todtung oder Verwundung, das der Theilsklave entweder zu zahlen oder das er (resp. seine Erben) zu bekommen hat, wird unter allen Umständen zwischen ihm und seinem Herrn repartirt, einerlei ob das Verbrechen geschah zu einer Zeit, wo der Sklave als frei für sich arbeitete oder ob er als Sklave im Dienste seines Herrn beschäftigt war. Denn das Sühnegeld haftet an der Person d. i. an der ganzen ungetheilten Person.

Im Uebrigen kann der Finder erwachsen sein oder minder- 10 jährig, Muslim oder Nicht-Muslim, bescholten oder unbescholten. Der Finder kann auch ein Geisteskranker oder ein unter Curatel stehender Verschwender sein, aber mit dem Unterschiede, dass die Fundangabe des Verschwenders gültig ist, nicht dagegen die Fundangabe des Wahnsinnigen, wie auch die Fundangabe des Kindes ungultig ist. Was den Apostaten betrifft, so ist zwar seine Fundangabe rechtskräftig, aber er kann das Fundobjekt nicht zum Besitz erwerben, wenn er nicht zum Islam zurückkehrt.

Was den Fundort betrifft, so kann er Ackerland sein, die Landstrasse, die städtische Strasse, die Moschee, der Khan, die Schule, 20 jeder öffentliche Ort. Wenn dagegen ein Objekt gefunden wird an einem Ort, der Besitz Jemandes ist, so ist das nicht ein Fundobjekt, sondern gehört dem Besitzer des Ortes, oder wenn er es nicht haben will, demjenigen, von dem er den Besitz übernommen hat, oder dessen Vorgänger u. s. w., schliesslich wenn keiner in der Reihe der Besitzer es haben will, demjenigen, der die betreffende Stelle zuerst in Cultur genommen hat (s. Kap. 20), ob er es haben will oder nicht. Nach anderer Ansicht fallt es dem ersten Cultivator nur dann zu, wenn er es haben will, während es anderen Falls als Fundobjekt angesehen wird, d. h. eventuell dem Finder zufällt. 30

Wer sich nicht getraut ein Fundobjekt an sich zu nehmen, hat es dem Richter zu übergeben. Ein Fundobjekt an sich zu nehmen ist dann Pflicht, wenn man die Ueberzeugung hat, dass es anderen Falls zu Grunde geht. Wer ein Fundobjekt liegen lasst, *haftet nicht dafür*, er begeht aber eine Sunde in dem einen Falle, wo er die Ueberzeugung hat, dass es zu Grunde geht, falls er es liegen lässt.

Für den Finder ist es zwar nicht gesetzliche Vorschrift, wohl aber empfehlenswerth sich seinen Fund bezeugen zu lassen. Er soll dabei dem Zeugen einige Eigenschaften desselben mittheilen, dagegen ist es nicht empfehlenswerth, dass er *alle* Eigenschaften und Merkmale mittheilt, weil sonst ein Betrüger unter ihnen behaupten kann, dass er gerade ein Objekt der beschriebenen Art verloren habe, und der Finder, wenn er nicht irgendwelche Besonderheiten des Objekts verschwiegen hat, kein Mittel besitzt die Berechtigung jenes Anspruches zu prüfen. Doch ist der Finder nicht für die Folgen verantwortlich, wenn er sämmtliche Merkmale den 10 Zeugen mittheilt, weil sie in der Regel wenige und verdachtfrei sind. Der Finder kann von der Bezeugung seines Fundes absehen, wenn er fürchtet, dass nach dem Bekanntwerden seines Fundes Andere auf den Gedanken kommen könnten ihn ihm zu rauben (Nihâje IV, 311, 9).

Wenn der Finder eine nicht unbescholtene Persönlichkeit ist oder ein Nicht-Muslim oder ein Apostat, nimmt ihm der Richter das Objekt ab und deponirt es bei einer Person, welche sich im Vollbesitz aller bürgerlichen und Ehren-Rechte befindet. Denn alle diese drei Personen sind nicht im Sinne des Gesetzes Vertrauens- 20 personen.

Wenn der Finder eine nicht unbescholtene Person ist, muss der Richter ihm, solange das Objekt öffentlich annoncirt ist, eine unbescholtene Person als Aufseher an die Seite stellen. Denn der Finder ist keine Vertrauensperson, und deshalb muss dieser Aufseher darüber wachen, dass jener nicht eine betrügerische Handlung gegen das Fundobjekt begeht.

Wenn ein Kind oder Geisteskranker etwas gefunden hat, nimmt der Vormund es dem Mündel ab und annoncirt es öffentlich. Nach Ablauf der Annoncirungsfrist und wenn der Besitzer sich nicht ge- 30 meldet hat, kann der Vormund das Objekt in den Besitz des Mündels übernehmen, wenn er findet, dass das dem Interesse des Mündels entspricht. Wenn durch die Schuld des Vormundes etwas an dem Fundobjekt zu Grunde geht, haftet er dafür mit seinem eigenen Vermögen. Die Kosten der Annoncirung dürfen nicht aus dem Vermögen des Mündels genommen werden; sie sind in der Weise aufzubringen, dass der Richter entweder zu Lasten des Besitzers eine Anleihe macht oder einen Theil des Fundobjektes verkauft.

Wenn der Vormund das Objekt nicht in den Besitz seines Mündels übernehmen will, kann er es weiterhin asserviren oder dem Richter übergehen.

§ 2. Der Inhalt dieses § ist nach Baguri nicht eine Gesetzes-Vorschrift, wohl aber empfehlenswerth.

Der Finder muss unter anderen Dingen auch constatiren, ob das Fundobjekt ganz und unversehrt oder ob es zerbrochen, verdorben ist.   10

Das als *Beutel* übersetzte Wort[1]) wird von anderer Seite erklärt als ein Stück Leder, womit der Kopf einer Flasche umwickelt wird.

Es ist gesetzliche Vorschrift (nicht bloss empfehlenswerth), dass der Finder das Objekt entsprechend aufbewahrt, nämlich für den Besitzer bis zu seinem Erscheinen. Der Finder ist zunächst eine Art Vormund und Vertrauensperson, darauf (wenn ihm das Objekt verbleibt) ein Erwerbender, aber die Natur des Erwerbenden ist in dem Wesen des Finders die vorwiegende. Wäre die Stellung des Vormundes oder des Depositars das vorwiegende, so könnte ein 20 Mann, der nicht unbescholten ist, sowie ein nicht-muslimischer Unterthan des muslimischen Staates nicht Finder sein, da sie nicht Vormund und nicht Depositar sein können, während sie thatsächlich als Finder vom Gesetze anerkannt werden.

§ 3. Der Finder, der das Fundobjekt an sich genommen, *muss* es annonciren. Haben zwei Personen zusammen es gefunden, annonciren sie es zusammen ein Jahr lang, entweder nach Tagen, Wochen oder Monaten mit einander abwechselnd. Die Anzeige jedes einzelnen von ihnen bezieht sich auf das *ganze* Objekt.

Der Finder kann die Fundanzeige selbst machen oder durch einen Vertreter besorgen lassen. Er braucht indessen die Anzeige 30 nicht zu machen, wenn er es für wahrscheinlich hält, dass die Regierung ihm den Fund, wenn er ihn bekannt macht, wegnimmt. In dem Falle bleibt das Objekt als Depositum (s. Kap. 25) in seiner Hand.

---

[1]) غفاص.

Die Jahresdauer der Anzeige ist nur für den Fall verbindlich, wenn das Objekt nicht ein geringwerthiges ist. Wenn innerhalb dieses Jahres der Finder stirbt, tritt sein Erbe an seine Stelle in allen Rechten und Pflichten des Finders.

 Die Ankündigung muss geschehen *vor* den Thoren der Moschee (nicht *in* den Thoren), wenn die Menschen vom Gottesdienst herauskommen, wie auch an solchen öffentlichen Stellen, Plätzen, wo die Menschen sich zu versammeln pflegen. Eine Ausnahme bildet nur das grosse Heiligthum[1]) in Mekka, wo in den Thoren selbst etwas Verlorenes ausgerufen werden darf. 10

Wenn Jemand innerhalb des heiligen Gebietes von Mekka ein Fundobjekt an sich nimmt, darf er es nie zu seinem Besitze erwerben; er darf es in seine Hut nehmen, muss es aber beständig annonciren. Einige beziehen diese Bestimmung auch auf die heiligen Gebiete von Medina und Jerusalem.

Wenn der Finder, der das Fundobjekt an sich genommen hat, verreisen will, muss er es dem Richter oder einer Vertrauensperson übergeben. Nimmt er es mit auf die Reise, so haftet er dafür, es sei denn, dass ihm der Richter das Mitnehmen erlaubt hat.

Wenn Jemand innerhalb der Moschee das Fundobjekt gefunden 20 und aufgenommen hat, soll er es in derselben Weise bekannt machen wie jeden anderen Fund.

Wer in der Wüste etwas findet und an sich nimmt, braucht es nicht in der Wüste zu verkünden. Er kann es allenfalls einer vorbeiziehenden Karawane mittheilen oder in der nächsten Niederlassung, die er erreicht, verkündigen. Jedenfalls ist er deshalb nicht gezwungen von seinem Wege abzuweichen und den Fund etwa in der Niederlassung, die der Fundstelle am nächsten gelegen, bekannt zu geben.

Im Allgemeinen muss die Ankündigung in Bezug auf Zeit, Ort 30 und Art dem lokalen Usus entsprechen.

Wenn der Finder das Fundobjekt an sich nimmt, braucht er nicht sofort mit der Ankündigung zu beginnen. Wenn er aber einmal mit der Ankündigung begonnen hat, muss er sie von da an ein Jahr lang fortsetzen. Nach Baguri's schärferer Fassung

---

[1]) المسجد الحرام.

beginnt das Jahr der Anzeigepflicht mit dem Moment, wo der Finder den Entschluss fasst das Objekt zu seinem Besitze zu erwerben (und nicht es aufzubewahren bis zum Erscheinen des Besitzers oder es abzugeben an den Richter).

Der Finder ist nicht verpflichtet ohne Unterbrechung das ganze Jahr hindurch den Fund zu annonciren, sondern zuerst zwei Mal am Tage, bei Tages-Anfang und Ende, dagegen nicht Nachts und nicht während der Zeit der Siesta, später jede Woche ein oder zwei Mal. Indessen die genauere Bestimmung lautet: Der Finder soll zunächst eine Woche lang jeden Tag zwei Mal, bei Tages-Anfang und -Ende annonciren; darauf eine oder zwei Wochen lang jeden Tag ein Mal, nämlich bei Tages-Ende; später 7 Wochen lang jede Woche ein Mal oder zwei Mal; schliesslich bis zum Ende des Jahres jeden Monat ein Mal oder zwei Mal.[1]

Es ist empfehlenswerth für den Finder bei seiner Ankundigung einige der Eigenschaften des Fundobjektes zu erwähnen, dagegen verboten sie alle zu erwähnen, denn wenn er alle Eigenschaften angiebt, kann ein Betruger das Objekt als sein Eigenthum fordern, indem er behauptet, dass er ein Objekt der angegebenen Art verloren habe, und wenn der Finder keine der Eigenschaften der Sache verschwiegen hat, bleibt kein Kriterium übrig, mit Hülfe dessen man den Anspruch eines Betrügers prüfen kann. Wenn daher Jemand die sämmtlichen Eigenschaften des Fundobjektes angiebt und damit die Möglichkeit der Prüfung schwindelhafter Ansprüche zerstört, ist er für die Folge seines Thuns *verantwortlich*. Entgegengesetzt die Bestimmung oben S. 646, wenn der Finder, um sich seinen Fund bezeugen zu lassen, den Zeugen sämmtliche Eigenschaften und Merkmale des Fundobjektes mittheilt.

Der Finder hat nicht die Kosten der Annoncirung zu tragen, wenn er das Objekt nur für den Besitzer aufheben will, aber er muss es annonciren und der Richter bestreitet die Kosten aus dem Staatsschatz ohne Anspruch auf Ersatz oder er macht eine Anleihe zu Lasten des Besitzers. Eventuell kann auch der Richter den

---

[1] Eine andere, weniger gut beglaubigte Art der Vertheilung der Anzeigepflicht über das Jahr s. bei Baguri II, 57, 13—15.

Finder ermächtigen etwas von dem Objekt zu verkaufen, um damit die Kosten der Ankündigung zu decken.

Will dagegen der Finder das Objekt zum Besitz erwerben, muss er es annonciren und selbst die Kosten der Ankündigung tragen, einerlei ob definitiv das Objekt in seinen Besitz übergeht oder nicht. Dasselbe gilt für den Fall, dass das Fundobjekt nicht Besitz, sondern Halbbesitz ist, also z. B. etwas unreines. Wenn der Finder eine unter Curatel stehende Person ist, so darf aus ihrem Vermögen nichts für die Kosten der Ankündigung entnommen werden, sondern ihr Vormund ist gehalten den Richter um Be- ¹⁰ schaffung der erforderlichen Mittel anzugehen.

Ist das Objekt geringwerthig, so braucht der Finder es nicht ein Jahr lang anzukündigen, sondern nur eine Zeit lang, nach deren Ablauf in aller Wahrscheinlichkeit das Objekt für den Besitzer kein Interesse mehr hat. Ist es etwas allgemein werthloses, so kann der Finder frei darüber verfügen.

Nach Ablauf der Ankündigungsfrist kann der Finder das Fundobjekt in Besitz¹) nehmen, bleibt aber dafür haftbar. Es gilt als sein Erwerb, über den er verfügen darf.

Wenn der Besitzer sich einfindet, *nachdem* der Finder das Ob- ²⁰ jekt in Besitz genommen, und das Objekt noch existirt, können sie sich dahin einigen, dass der Finder es dem Besitzer zurückgiebt oder dass er dem Besitzer irgend ein Aequivalent zahlt.

Wenn der Besitzer das Fundobjekt reklamirt, muss er sein Besitzrecht beweisen, es sei denn, dass er als Besitzer der Sache dem Finder bekannt ist, in welchem Falle sie ihm ohne Beweis übergeben werden muss.

Wenn Jemand A, der behauptet Besitzer des Fundobjekts zu sein, es beschreibt, so dass der Finder seinen Anspruch für begründet hält, darf er ihm das Objekt übergeben. Wenn nun, nach- ³⁰ dem er es ihm übergeben, sich herausstellt, z. B. durch eine Urkunde, dass das Objekt doch nicht dem A, sondern einem Anderen B gehört, so muss es B übergeben werden, und wenn es bei A Schaden gelitten hat oder zu Grunde gegangen ist, hat B das Recht sowohl den Finder wie A verantwortlich zu machen. Wenn

---

¹) oder in اختصاص, wenn z. B. das Objekt etwas unreines ist.

er den Finder verantwortlich macht, würde dieser durch Regress gegen A sich schadlos halten.

Der Besitzer, der das Fundobjekt reklamirt, nachdem der Finder es in Besitz genommen, kann es nur dann wiederbekommen, wenn es noch so ist, wie es war, dagegen *nicht*, wenn der Finder durch Freilassung, Stiftung oder Verpfändung in einer Weise darüber verfügt hat, dass es nicht mehr verkauft werden kann. Der Finder hat in diesem Falle dem Besitzer das Aequivalent zu zahlen, wenn das Fundobjekt etwas fungibles war, ein ähnliches Quantum; war es etwas nicht-fungibles, den entsprechenden Preis.   10

Wenn der Finder dem Besitzer das gefundene Objekt selbst zurückgiebt, hat er ihm auch das Wachsthum desselben zurückzugeben, sowohl das mit dem Objekt zusammenhängende wie das eine Sonderexistenz führende (z. B. die von einem Schaf geborenen Lämmer), falls dies Wachsthum *vor* der Besitzergreifung des Objekts durch den Finder in das Dasein getreten ist.

Wenn der Finder und Besitzer sich streiten, indem der Besitzer das Objekt selbst zurückhaben will, während der Finder ihm nicht das Objekt zurückgeben, wohl aber ein Aequivalent zahlen will, so wird dem Anspruch des Besitzers der Vorzug gegeben.   20

Wenn das Fundobjekt zu Grunde geht, nachdem der Finder es in Besitz genommen, und nun der ursprüngliche Besitzer erscheint und es reklamirt, ist der Finder verpflichtet, wenn es ein fungibles Objekt war, ein gleiches Quantum oder wenn es etwas nicht fungibles war, den Werth zu zahlen, und zwar denjenigen Werth, den es hatte, als der Finder es in Besitz nahm. Hat das Objekt in der Hand des Finders d. h. nachdem er es in Besitz genommen, einen Schaden gelitten, so kann der Besitzer ausser der Rückgabe auch noch einen Schadenersatz beanspruchen, oder kann ein unversehrtes, unbeschädigtes Exemplar verlangen. Wenn 30 der Finder das Objekt, wie es ist, mit Schadenersatz zurückzugeben wünscht, dagegen der Besitzer ein Aequivalent verlangt, wird dem Wunsche des Finders der Vorzug gegeben.

§ 4. Zu der ersten Art rechnet Baguri auch Kleidungsstücke. Der Finder hat die Wahl, ob er nach ausgeführter Ankündigung das Objekt unter der Bedingung fortdauernder Haftung gegenüber dem, der es verloren hat, zum Besitz erwerben, oder ob er es

aufbewahren will (wie der Depositar das Depositum aufbewahrt),
bis der Besitzer sich einfindet.

Zu der zweiten Art gehören auch Gemüsearten, die sich nicht
aufbewahren lassen. Wenn der Finder das Objekt verzehrt, hat
er, ein gleiches Quantum zu ersetzen, falls es ein fungibles war,
dagegen den Werth desselben, falls es ein nicht-fungibles war.
Will dagegen der Finder das Objekt verkaufen, muss er, falls
ein Richter vorhanden ist, dazu dessen Erlaubniss einholen. Will
er ferner den Erlös zu seinem Eigenthum erwerben, muss er seinen
Fund vorher nach Vorschrift annonciren.   10

Nach Baguri soll der Finder von den zur Wahl gestellten
Dingen stets dasjenige thun, was nach dem Urtheil des Richters
für denjenigen, der das Objekt verloren hat, das vortheilhafteste
ist. Wenn der Finder sich entschliesst das Fundobjekt c), um
es zu erhalten, dem Bearbeitungsprocess zu unterwerfen, z. B.
frische Trauben zu Rosinen zu machen, und dies Kosten verursacht,
so kann er mit Genehmigung des Richters einen Theil des Fundobjekts verkaufen und den Erlös dazu verwenden, oder er macht
zu dem Zwecke eine Anleihe zu Lasten des Besitzers.

Ad d. Wenn der Finder oder ein Anderer die Mittel für die 20
Unterhaltung des Objekts nicht aus Eigenem hergeben will, kann
er sich die zu machenden Ausgaben entweder vom Richter oder
von Anderen bezeugen lassen, um sich für späterhin schadlos zu
halten.

Zu den Fundarten dieser Kategorie kann auch der Sklave gehören, nämlich ein Sklaven-Kindlein, das noch nicht nach dem
Wege fragen kann, oder auch ein anderer Sklave zu einer Zeit,
wo Krieg und Raub an der Tagesordnung sind. Dagegen kann
eine Sklavin nicht Fundobjekt sein, *falls sie der Finder zum Besitz
erwerben will*, wenn sie *de lege* für den Finder heirathbar ist. 30
Denn ein Objekt auf Grund des Finder-Rechts in Besitz zu nehmen
bedeutet dasselbe, als wenn man es auf Borg nimmt. Nun aber
darf sich ein Muslim nicht eine Sklavin, die *de lege* für ihn heirathbar ist, entleihen, zu Leih nehmen, weil das so gedeutet werden
könnte, als würde die Sklavin zum Zwecke der Cohabitation ausgeliehen. Anders liegt die Sache, wenn die Sklavin für den Finder
nicht heirathbar ist d. h. wenn sie z. B. eine Feueranbeterin oder

in einem solchen Grade mit ihm verwandt ist, der es ihm unmöglich
macht sie zu heirathen.   Dagegen kann eine Sklavin unter allen
Umständen Fundobjekt sein, *wenn der Finder sie an sich nimmt,
um sie für ihren Besitzer aufzubewahren.*

Wer einen gefundenen Sklaven an sich nimmt, bestreitet seinen
Unterhalt aus dem Erlös der Arbeit des Sklaven.   Bleibt dann
etwas übrig, wird es für den Besitzer reservirt.   Wenn der Sklave
nichts erwerben kann, erhält ihn der Finder aus Eigenem, lässt sich
aber seine Auslagen von dem Richter oder Anderen bezeugen.
Wenn der gefundene Sklave verkauft würde, darauf der Besitzer 10
sich einfände und behauptete, dass er den Sklaven freigelassen
habe, würde der Verkauf rückgängig gemacht werden müssen.

Soweit hier von dem Sich-Vertheidigen-Können die Rede ist, soll
es bedeuten sich vertheidigen können gegen kleinere Raubthiere
z. B. den Wolf.   Der Finder kann das Thier an sich nehmen, um
es für den Besitzer aufzubewahren, wenn er es findet, sei es zur
Zeit der Ruhe, sei es in Zeiten des Krieges und Raubes, sowohl
in der Wüste wie im Kulturgebiet; dagegen es an sich nehmen, um
es zum Besitz zu erwerben, darf er nur dann, wenn er zur Zeit
der Unsicherheit es in der Wuste findet.   20

Ad 1.   Will der Finder das Thier verspeisen, muss er es
vorher in Besitz nehmen; er darf es sofort in Besitz nehmen und
sofort verspeisen, d. i. ohne es angekündigt zu haben.   Hierbei ist
Voraussetzung, dass der Finder das Thier *in der Wüste* gefunden
hat.   Wenn er es degegen *im Kulturland* gefunden hat, hat er
kein Recht es zu verspeisen, da er dort es leicht verkaufen kann.

Ist das Thier ein nicht-essbares, so reduciren sich natürlich die
sub 1 gegebenen Möglichkeiten auf zwei.

Wenn der Finder das Thier an sich nimmt und auf seine
Kosten unterhält, kann er sich seine Auslagen vom Richter oder 30
Anderen bezeugen lassen und nach dem Erscheinen des Besitzers
von diesem die Rückerstattung fordern.

Wenn der Finder das Thier verkauft, so muss er nach dem
Verkauf ein Jahrlang den Fund verkündigen und darf dann den
Preis in Besitz nehmen (natürlich unter Haftung gegen den, der
das Thier verloren hat).

Mâwardî fügt den sub 1 gegebenen Möglichkeiten noch eine

vierte hinzu: Der Finder darf das gefundene Thier sofort in Besitz
nehmen, nicht bloss um es zu verspeisen, sondern auch um es zu
erhalten, damit es ihm Milch giebt und auch Junge wirft.

Ad 2. Zu diesen Thieren gehören alle diejenigen, die sich
durch ihre Kraft oder ihre Schnelligkeit den Angriffen kleiner Raubthiere entziehen können.

Wenn der Finder ein solches Thier in der gefahrlosen Wüste
findet, muss er es sich überlassen, denn es ist vor Thieren geschützt und braucht, bis der Besitzer es wiederfindet, nicht gehütet
zu werden, und ausserdem pflegen keine Menschen in der Wüste 10
zu verkehren, sodass es nicht vor bösen Menschen geschützt zu
werden braucht. Allenfalls darf er es an sich nehmen, um es für
den Besitzer aufzubewahren. Wenn er indessen das Thier an sich
nimmt, um es zum Besitz zu erwerben, ist er für dasselbe verantwortlich. Will er sich dieser Verantwortung entziehen, so kann
er es dem Richter übergeben, während er dadurch, dass er das
Thier an die Stelle, wo er es gefunden, zurückführt, von seiner
Verantwortung nicht frei wird.

Wenn aber der Finder das Thier in der Wüste unter Umständen, wo Raub und Krieg wahrscheinlich ist, findet, darf er es 20
an sich nehmen, sowohl um es zum Besitz zu erwerben wie um es
für den Besitzer aufzubewahren:

Während der Finder in dem Kulturgebiet ein solches
Thier in ruhigen Friedenszeiten an sich nehmen darf, um es zum
Besitz zu erwerben, ist ihm dies nicht gestattet, wenn er unter friedlichen Verhältnissen das Thier in der Wüste findet. Der Grund
ist der, dass im Kulturgebiet das Thier den Anschlägen betrüge-
rischer Menschen ausgesetzt ist, während dies in der friedlichen
Wüste, in der selten Menschen passiren, nicht zu befürchten ist.

DAS FINDELKIND.

TEXT.

§ 1. Wenn ein Findelkind auf offener Strasse gefunden wird, ist es eine solidarische Verpflichtung der betreffenden Gemeinde, dasselbe an sich zu nehmen, zu erziehen und für dasselbe zu sorgen.

§ 2. Ein Findelkind darf von der Gemeinde nur einer solchen Person übergeben werden, die vertrauenswürdig ist.

§ 3. Wenn bei dem Findelkinde Geld gefunden wird, verwendet es der Richter in seinem Interesse.

Wird dagegen bei dem Findelkind kein Geld gefunden, so werden die für dasselbe nothwendigen Ausgaben aus dem Fiscus bestritten.

KAP. 24.

DAS FINDELKIND.

ANMERKUNGEN.

Unter Findelkind ist ein Kind, Knabe oder Mädchen, zu verstehen, das irgendwo z. B. an den Eingang einer Moschee hinge-
legt ist und das entweder thatsächlich keinen Angehörigen hat, der
zur Pflege desselben verpflichtet wäre, oder von dem wenigstens
zur Zeit nicht bekannt ist, dass es einen zu seiner Pflege verpflichteten Angehörigen hat. Nach Baguri ist auch eine erwachsene
geisteskranke Person, die unter den gleichen Umständen gefunden
wird, als Findelkind anzusehen. Die Hauptgegenstände dieses
Kapitels sind drei: die Fundumstände, der Finder und das Findelkind.

§ 1. Wenn mehrere Personen das Findelkind bemerken, müssen
sie es an sich nehmen; aber auch ein Einziger, der es bemerkt,
hat die gleiche Pflicht[1]).

Wenn eine Person, die nach dem Gesetz zur Pflege des Kindes
verpflichtet ist (s. Buch I § 58—63), es an sich nimmt, ist die Verpflichtung der Gemeinde damit erloschen; nicht dagegen, wenn die
Person, welche das Kind aufgenommen hat, eine dem Kinde fremde
ist. Wenn Niemand das Findelkind aufnimmt, begeht die Gemeinde,
in der es bemerkt worden (und eventuell zu Grunde gegangen ist),
eine schwere Sünde.

Wer ein Findelkind aufnimmt, soll sich die Thatsache bezeugen lassen, damit die Freiheit und Abstammung des Kindes
vor etwaigen Anfechtungen gesichert bleibe, z. B. gegen ein be-
trügerisches Vorgehen des Finders selbst. Die Bezeugung muss
sich in gleicher Weise auf das Geld und Gut, das bei dem Kinde

---

[1]) Es ist für ihn eine فَرْض عَيْنِيّ. Wenn mehrere es finden, ist
es ein فرض كفاية.

gefunden wird, beziehen. Die Bezeugung ist nothwendig, weil ein Findelkind im Gegensatz zu einem anderweitigen Fundobjekt nicht öffentlich annoncirt wird.

Wenn der Finder diese Bezeugung unterlässt, hat er nicht das Recht das Kind zu behalten, sondern es wird auf Befehl des Richters ihm abgenommen, dagegen haben die einzelnen Mitbürger nicht das Recht es ihm abzunehmen. Wenn aber der Finder seine Unterlassung bereut und nachträglich sich seinen Fund bezeugen lässt, kann der Richter das Kind in seiner Obhut belassen.

Wenn Jemand aus der Hand des Richters ein Findelkind zur 10 Pflege übernimmt, ist es zwar für ihn nicht nöthig, wohl aber empfehlenswerth sich die Thatsache bezeugen zu lassen.

§ 2. Derjenige, der ein Findelkind in Pflege behalten will, muss vertrauenswürdig, frei, Muslim und verfügungsberechtigt sein. Wer diese Eigenschaften nicht in sich vereinigt, kann nicht Pfleger des Kindes sein; der Richter lässt ihm das Kind abnehmen und verfügt anderweitig darüber. Indessen kann ein Sklave, der nicht servus contrahens ist, die Pflege eines Findelkindes übernehmen, wenn sein Herr ihn damit beauftragt und ihn in dieser Sache zu seinem Stellvertreter macht; nicht aber der Ganz-Sklave oder der 20 Theil-Sklave.

Wenn zwei Personen ein Findelkind *finden* und beide es an sich zu nehmen wünschen, entscheidet der Richter, indem er es einem von Beiden oder einer dritten Person übergiebt, denn erst das An-sich-nehmen des Kindes gewährt ein Anrecht auf die Pflege desselben.

Im Allgemeinen hat derjenige das grösste Anrecht auf das Kind, der es zuerst *aufnimmt*. Wenn zwei Personen zusammen es *aufheben*, soll der Richter dem Reicheren vor dem Aermeren oder demjenigen, der offenkundig unbescholten ist, vor demjenigen, dessen 30 Unbescholtenheit nicht ganz einwandfrei ist, den Vorzug geben. Sind beide Finder in jeder Beziehung gleich, muss das Loos zwischen ihnen entscheiden.

Man darf das Findelkind von dem Fundort fortbringen zu einem Ort, der besser ist, nicht zu einem, der schlechter ist, also nicht aus dem Kulturgebiet in die Wüste, nicht aus der Stadt in ein Dorf, wohl aber umgekehrt, weil das Kind im Kulturgebiet und in der Stadt am meisten Gelegenheit hat die Religion und sonstige nützliche Dinge zu lernen. Doch ist es gestattet ein Findelkind aus Dorf oder Stadt in die Wüste mitzunehmen, wenn die Wüste so nahe ist, dass das Kind und sein Pfleger stets leicht zu erreichen sind.

Der Nicht-Muslim kann nicht Pfleger eines Findelkindes sein, ausgenommen in folgendem Fall: der Nicht-Muslim kann ein nicht-muslimisches Kind pflegen, wenn er es auf nicht-muslimischem Boden, wo kein Muslim wohnt, gefunden hat.

§ 3. Was bei oder an dem Kinde gefunden wird wie Geldstücke unter oder auf ihm, wenn auch verstreut, oder Kleidungsstücke, die um das Kind gewickelt sind, in die es gekleidet ist, mit denen es zugedeckt ist oder die unter ihm ausgebreitet sind. Wenn es in einem verlassenen Hause gefunden wird, gehört ihm das Haus, oder ein entsprechender Antheil, wenn mehrere Kinder in dem Hause gefunden sind. Dagegen wird das Geld, was unter dem Kinde vergraben ist, nicht als der Besitz des Kindes angesehen, selbst dann nicht, wenn sich an dem Vergrabenen oder dem Kinde selbst ein Zettel mit der Notiz findet, dass das Vergrabene ihm gehört[1]). Wenn indessen entschieden wird, dass die ganze Oertlichkeit, wo das Kind gefunden ist, ihm gehört, gehört ihm auch das dort vergrabene. Ebenso wird Geld oder Gut, das in der Nähe des Kindes liegt, nicht als sein Besitz angesehen, während z. B. Gold und Geld, das in der Nähe einer zurechnungsfähigen (z. B. todt aufgefundenen) Person liegt, als deren Besitz gilt, weil es als unter der Obhut derselben befindlich gewesen anzusehen ist.

Nur der Richter hat das Recht, das bei dem Kinde gefundene Gut für dasselbe zu verwenden; ein Anderer (der z. B. das Kind in Pflege hat) darf es für den gleichen Zweck nur mit Genehmigung des Richters ausgeben.

Wenn der Richter von dem bei dem Kinde gefundenen Gelde etwas für dasselbe ausgiebt, muss er es sich *jedes Mal* von Anderen bezeugen lassen, während nach anderer Ansicht er es nur das erste Mal sich bezeugen lassen soll.

---

[1]) Näheres in Nihâje IV, 330, Text Z. 2. 3, und erster Rand Z. 1. 2.

Ebenso soll, falls ein Richter nicht vorhanden ist, der Finder des Kindes, wenn er etwas von dem Gelde des Kindes für dasselbe ausgiebt, sich dies bezeugen lassen. Wenn diese Bezeugung unterbleibt, sind Richter und Finder für eine solche Verfügung dem Kinde gegenüber haftbar.

Wenn das Kind kein Vermögen hat, fällt es dem Fiscus zur Last, falls nicht öffentliche z. B. Stiftungs - Mittel oder testamentarische Zuwendungen für Findelkinder zur Verfügung stehen.

Wenn der Fiscus kein Geld hat, macht der Richter eine Anleihe. Ist auch dies unmöglich, so haben die reichen Leute der Ge- 10 meinde dem Finder den Unterhalt für das Kind zu gewähren als einen Vorschuss, den das Kind, nachdem es erwachsen, zurückzuzahlen hat.

Der Ortsvorstand repartirt die Kosten über die wohlhabenden Gemeinde-Mitglieder, oder wenn dies nicht ausführbar ist, bestimmt er ex aequo et bono ein Gemeindemitglied, das den Vorschuss zu leisten hat.

Ist das Findelkind unerwachsen, hat es Anspruch auf den Theil des Fiscus, der die *portio rerum publicarum* genannt wird; ist es erwachsen, hat es Anspruch gegen denjenigen Theil, der die *portio* 20 *pauperum s. debitorum* genannt wird.

Ein Findelkind, das in *Muslimischem Lande* gefunden wird, ist Muslim. Es ist Nicht-Muslim, wenn ein Nicht-Muslim den Beweis liefert, dass das Kind nicht-muslimischer Abstammung ist; wenn er aber ohne solchen Beweis das Kind reklamirt, ist dem nicht Folge zu geben, sondern das Kind ist Muslim.

Muslimischem Lande wird solches von Nicht-Muslims bewohntes Land gleichgeachtet, in dem Muslims leben, wenn auch nur als zerstreute Gefangene oder als Händler, von denen das Kind abstammen könnte; nicht aber solches nicht-muslimisches Land, das 30 z. B. muslimische Händler gelegentlich einmal durchziehen.

Wird das Findelkind in einem nicht-muslimischen Lande gefunden, wo kein Muslim wohnt, ist das Kind Nicht-Muslim.

Sofern die Religion von Kindern oder Geisteskranken, die nicht Findlinge sind, in Frage kommt, ist jedes Wesen der Art Muslim, wenn eines der Eltern Muslim ist oder war.

Wenn ein Muslim mit einem nicht-muslimischen Weibe in Hurerei ein Kind zeugt, ist es Nicht-Muslim. Denn in diesem Fall sind Vater und Kind nicht mit einander verwandt.

Wenn ein muslimischer Krieger ein fremdes Kind gefangen nimmt, ist es Muslim. Wenn aber in demselben Kampf eines der Eltern des Kindes gefangen wird, behält es die Religion seiner Eltern. Ist dagegen der Krieger, der das Kind gefangen nimmt, selbst Christ, so ist auch das Kind Christ.

Wenn ein Kind von zwei Kriegern, einem Muslim und einem Christen gefangen genommen wird, ist es Muslim.   10

Ein fremdes Kind ist nicht berechtigt proprio Marte den Islam anzunehmen.

Wenn ein mündiges Wesen, das als Kind Muslim geworden, entweder weil eines seiner Eltern den Islam annahm oder weil es von einem muslimischen Krieger gefangen genommen wurde, den Islam verleugnet, ist es ein Apostat; wenn es dagegen als Kind Muslim geworden, weil es auf muslimischer Erde gefunden wurde, gilt es als ursprünglicher Kâfir[1]).

Das Findelkind gilt a priori für frei, selbst wenn der Finder oder Andere das Gegentheil behaupten. Dagegen ist es Sklave, 20 wenn jemand dies beweisen und zugleich beweisen kann, auf welche Weise das Kind Sklave geworden. Er muss beweisen können, dass das Kind Sklave des N. N. ist und zugleich, dass N. N. es z. B. gekauft oder geerbt hat; denn wenn er weiter nichts beweisen kann, als dass das Kind Sklave des N. N. ist, ist das Kind trotzdem frei. Wenn Jemand bezeugt, dass ein Haus oder ein Pferd dem N. N. gehört, so sichert ihm das das Eigenthumsrecht; handelt es sich aber um ein menschliches Wesen, so bedarf eine solche Zeugenaussage einer weiteren Verstärkung. Ausserdem ist dadurch ein Irrthum leicht möglich, dass der Zeuge das Kind im Hause 30 des N. N. gesehen hatte und es für seinen Sklaven hielt, während es z. B. sein Mündel war.

Wenn indessen ein solches Wesen X nach erlangter Mündigkeit behauptet, dass es Sklave des N. N. sei, ist es Sklave, wenn N. N.

---

١) تَبَعِيَّةُ الدار ضعيفة.

die Aussage durch Worte oder Stillschweigen bestätigt, und wenn
das betreffende Wesen nicht schon vorher ebenfalls nach erlangter
Mundigkeit das Gegentheil behauptet hat. Wenn dagegen N. N.
die Aussage des X bestreitet, bleibt X frei; und wenn N. N. später
seine Aussage zurücknimmt und nun behauptet, dass X doch Sklave
sei, so bleibt das wirkungslos. Ebenso ist auch die Aussage des
X, dass er Sklave sei, wirkungslos, wenn er vorher, aber schon als
erwachsener Mensch bekannt hat, dass er frei ist.

KAP. 25.

DEPOSITUM.

TEXT.

---

§ 1. Ein Depositum ist etwas dem Depositar auf Treu und Glauben anvertrautes. Ein solches anzunehmen ist empfehlenswerth für denjenigen, welcher glaubt den Pflichten des Depositars genügen zu können.

§ 2. Der Depositar haftet nicht für das Depositum ausgenommen im Fall absichtlich gegen dasselbe begangenen Unrechts.

§ 3. Wenn der Depositar behauptet, das Depositum dem Deponenten zurückgegeben zu haben, ist seine Aussage entscheidend.

§ 4. Der Depositar ist verpflichtet das Depositum an einem entsprechendem Aufbewahrungsort aufzubewahren.

§ 5. Wenn der Deponent sein Depositum von dem Depositar zurückverlangt, der Depositar aber es nicht eher zurückgiebt, als bis es zu Grunde geht, obwohl er im Stande war es früher zurückzugeben, so haftet er für dasselbe.

DEPOSITUM.

ANMERKUNGEN.

Durch den Hinterlegungsvertrag verpflichtet sich A etwas von B ihm übergebenes für ihn aufzubewahren. Die Lehre vom Depositum hat Parallelen mit der Lehre vom Pfand (Kap. 3) und von den gefundenen Dingen (Kap. 23, 24), und hat folgende vier Hauptobjekte:

> Deponent,
> Depositar,
> Depositum [1]),
> Vertrag.

Für den Vertrag gelten dieselben Bestimmungen wie bei dem Mandatsvertrage (Kap. 10). Mündliche Offerte und Annahme genügen; als Annahme genügt auch, wenn der betreffende das Depositum stillschweigend in Empfang nimmt.

Deponent und Depositar müssen verfügungsberechtigt sein. Wenn daher ein Kind einem Anderen, der verfugungsberechtigt oder nicht verfügungsberechtigt ist, eine Sache übergiebt, so ist das kein Depositum, und derjenige, der das Objekt an sich genommen hat, ist dafür verantwortlich. Wenn dagegen ein Verfügungsberechtigter einem Kinde oder Geisteskranken ein Objekt übergiebt, so haftet der letztere nur dann für das Objekt, wenn er es vernichtet.

§ 1. Der Zweck der Deposition ist die Aufbewahrung. Auch das Pfand ist etwas auf Treu und Glauben anvertrautes, aber nur in zweiter Linie, in erster Linie eine Sicherstellung für eine Schuld.

---

[1]) موْدَع oder وَديع. Das Wort وَديعة bedeutet sowohl den Hinterlegungsvertrag wie die res deposita selbst.

Wenn der Depositar behauptet das Depositum zurückgegeben zu haben, so hat seine Aussage Beweiskraft, und wenn er sich ein Vergehen gegen das Depositum zu Schulden kommen lässt, kann *sofortige* Rückgabe verlangt werden, denn die bona fides des Deponenten existirt nicht mehr. Dagegen hat die Behauptung des Pfandnehmers, der aussagt das Pfand zurückgegeben zu haben, nicht Beweiskraft, und wenn er sich ein Vergehen gegen das Pfand zu Schulden kommen lässt, hat damit der Pfandnehmer noch keineswegs das Recht auf sofortige Rückgabe, denn das Pfand ist und bleibt Sicherstellung für eine Schuld, auch dann, wenn die bona 10 fides des Pfandgebers auf die Zuverlässigkeit des Pfandnehmers nicht mehr existirt.

Für die rechtliche Beurtheilung des Hinterlegungsvertrages ist es gleichgültig, ob mit dem Depositum ein Honorar, irgend eine Art Gegenleistung verbunden ist oder nicht.

Ein Depositum kann einer einzelnen Person wie mehreren anvertraut sein.

Es ist allgemein *empfehlenswerth* ein Depositum anzunehmen für denjenigen, der glaubt es übernehmen zu können, wenn ausser ihm noch andere Personen, die es übernehmen könnten, vorhanden 20 sind; dagegen ist es *Pflicht* für ihn' das Depositum anzunehmen, wenn ausser ihm kein anderer vorhanden ist, indessen darf er in diesem Falle für seine Mühe und Zeit nachträglich ein Honorar verlangen.

Baguri bemerkt hierzu: Es ist *empfehlenswerth* das Depositum anzunehmen, wenn innerhalb einer Entfernung von 14 Kilometern[1]) eine anderweitige Person vorhanden ist, die Depositar sein kann. Dagegen ist es individuelle *Pflicht*, wenn innerhalb dieser Entfernung eine zum Depositar geeignete Person nicht vorhanden ist *und wenn er fürchtet, dass das zu deponirende Objekt sonst zu Grunde* 30 *gehen würde;* wenn er dagegen nicht das Zugrundegehen des Objekts befürchtet, ist die Uebernahme des Depositums zwar nicht für ihn eine individuelle Pflicht, wohl aber individuell empfehlenswerth und verdienstlich. Wenn mehrere Personen vorhanden sind, die Depo-

---

[1]) مسافة العدوى. Vgl. Buch V, Anmerkungen, Einleitung und Anm. zu § 11.

sitar sein können, und Einer nicht das Vertrauen hat, dass er der
Aufgabe gerecht werden kann, ist es ihm verboten das Depositum
zu übernehmen; wenn Jemand wohl momentan ein Depositum be-
hüten zu können glaubt, dagegen in Betreff der Zukunft Bedenken
hat, wird ihm empfohlen es nicht zu übernehmen.

§ 2. Ein vom Depositar begangenes Unrecht gegen das Depositum hebt das Verhältniss bonae fidei zwischen den beiden Contrahenten auf. Baguri definirt dies Unrecht als *eine Pflichtversäumniss bei Aufbewahrung des Depositums*, während der Ausdruck
des Textes[1]) ebensowohl *ein aggressives, bewusst rechtswidriges* 10
Vorgehen gegen das Depositum bezeichnen kann.

Es werden folgende Fälle aufgezahlt, in denen der Depositar
für das Depositum haftet:

1. Wenn er das Depositum einem Anderen, dem Richter,
seinem Sohne, seiner Frau, seinem Diener etc. ubergiebt ohne Genehmigung des Besitzers und ohne ausreichenden Entschuldigungsgrund. Er darf sich bei der Aufbewahrung gemäss der Sitte des
Landes von Anderen helfen lassen, aber die Verantwortlichkeit
bleibt ungetheilt auf ihm ruhen.

Wenn dagegen der Depositar das Depositum mit Genehmigung 20
des Besitzers einem Anderen übergiebt, so wird dieser Andere
Depositar, ohne dass der erstere aufhört es zu sein, sofern nicht
der Deponent den ersten Depositar seiner Pflicht entbindet. Wenn
auf diese Weise zwei Personen gemeinschaftlich ein Depositum aufbewahren, so können sie entweder gemeinschaftlich die Aufbewahrung dirigiren, indem z. B. jeder von ihnen einen Schlüssel zu
dem Aufbewahrungsorte hat, oder der eine kann mit Genehmigung
des anderen die Aufbewahrung besorgen, indem beide zu gleichen
Theilen haften. Wenn aber der eine ohne Genehmigung des
anderen allein die Aufbewahrung besorgt, ist *er allein* verant- 30
wortlich.

Es giebt gewisse Dinge, welche dem Depositar *zur ausreichenden Entschuldigung* gereichen, wenn er das Depositum einem
Anderen übergiebt, z. B. wenn er verreisen will, wenn er gefährlich
krank wird, wenn es in der Nähe brennt. In einem solchen Falle

---

[1]) التعدّى.

ist die erste Pflicht des Depositars das Objekt dem Besitzer oder dessen Mandatar zurückzugeben; ist das nicht möglich, muss er es dem Richter übergeben, der seinerseits verpflichtet ist es anzunehmen; ist auch dies unmöglich, muss er es irgendeiner Vertrauensperson übergeben. Ein Depositar ist durch seine Pflichten gegen das Depositum z. B. nicht verpflichtet eine beabsichtigte Reise zu verschieben.

2. Wenn der Depositar das Depositum mit auf die Reise nimmt, obwohl er in der Lage war es einer der sub 1. genannten Personen übergeben zu können, denn jedes Aufbewahrungsmittel 10 ist auf Reisen minder sicher als in der Heimath.

3. Wenn der Depositar das Objekt aus einem sicheren Aufbewahrungsort nach einem anderen, der weniger sicher ist, überführt. Indessen wenn der zweite Aufbewahrungsort gewohnheitsmässig für die Aufbewahrung des betreffenden Objekts benutzt zu werden pflegt, haftet der Depositar für eine Ueberführung dahin auch dann nicht, wenn dieser Ort weniger sicher sein sollte als der erstere. Die Ueberführung von einem Zimmer oder Raume innerhalb desselben Hauses oder Khâns gilt nicht als Ueberführung von einem Ort zum anderen. Wenn der Deponent einen Platz- 20 wechsel verbietet, muss er unterbleiben; geschieht er ohne seine Genehmigung, so ist der Depositar verantwortlich.

Wenn ein Depositar ein Depositum aus einem Raum in einen anderen schafft in der irrthümlichen Ansicht, dass es sein Eigenthum sei, er sich aber den Nutzen der Sache nicht zuwendet, ist er nicht verantwortlich dafür.

4. Wenn der Depositar das Depositum, nachdem der Deponent es zurückgefordert hat, leugnet ohne ausreichenden Entschuldigungsgrund. Dagegen darf er es verleugnen, wenn der Deponent es nicht zurückgefordert hat, sofern er dadurch Schaden fernhalten kann. 30

5. Wenn der Depositar es unterlässt, falls er krank wird oder auf Reisen geht, einem Anderen eine *Vollmacht* über das Depositum zu geben, d. h. ihn unter genauer Angabe des Objektes mit der Rückgabe an den Deponenten zu beauftragen. Ist der Besitzer oder sein Mandatar nicht vorhanden, kann der Depositar dem Richter oder falls auch kein Richter vorhanden ist, einer Vertrauensperson entweder das Objekt zurückgeben oder ihm eine solche *Vollmacht*

ertheilen. Thut er weder das eine noch das andere, so ist er für
das Objekt verantwortlich, denn er setzt es dem Verderben aus,
sowie auch der Gefahr, dass, wenn der Depositar stirbt, es von
seinen Erben als Erbschaft beansprucht wird. Er ist auch dann
verantwortlich, wenn er das Objekt vergräbt und dann auf Reisen
geht, ohne eine Vertrauensperson mit dem Wächterdienste beauftragt zu haben. Vorausgesetzt wird in diesen Fällen, dass der
Depositar *im Stande war*, die Rückgabe oder die Vollmachts-Er-
theilung auszuführen. Wenn er also plötzlich stirbt oder getödtet
wird, haftet er, d. h. seine Erbmasse, nicht für das Depositum.   10

6. Wenn der Depositar es unterlässt verderbliche Einflüsse
von dem Depositum abzuwenden, wenn er z. B. wollene Kleider
nicht vorschriftsmässig lüftet, sodass sie gegen Motten geschützt
bleiben, oder sie nicht zuweilen trägt, sofern ihre Conservirung das
erfordert. Wer ein Thier als Depositum übernommen hat, muss
es vorschriftsmässig füttern. Wenn der Besitzer ihm kein Futter
giebt, muss er es von ihm oder seinem Mandatar fordern oder das
Thier zurückgeben. Ist beides unmöglich, so hat er sich an den
Richter zu wenden, der zu Lasten des Besitzers das nöthige Futter
beschafft. Ist auch dies nicht möglich, so muss der Depositar das   20
Thier aus Eigenem füttern, muss sich dies aber von Anderen bezeugen lassen, damit er später seine Auslagen von dem Besitzer
zurückfordern kann. Wenn der Besitzer die Fütterung verbietet
und in Folge dessen das Thier zu Grunde geht, ist der Depositar
ohne Verantwortung; wenn aber der Besitzer die Fütterung verbietet, etwa weil das Thier an Indigestion leidet, der Depositar es
aber trotzdem füttert und das Thier in Folge dessen zu Grunde
geht, ist der Depositar verantwortlich, wenn er von der Krankheit
wusste und absichtlich gegen die Instruction des Besitzers handelte,
dagegen nicht verantwortlich, wenn ihm die Krankheit des   30
Thieres nicht bekannt war und er bona fide seine Pflicht zu thun
glaubte.

7. Wenn der Depositar, nachdem der Deponent das Depositum zurückgefordert hat, ohne ausreichenden Entschuldigungsgrund die Ruckgabe desselben verweigert. Wenn Jemand z. B.
eines der täglichen kanonischen Gebete verrichtet oder wenn er bei
dem Essen oder im Bade ist, oder wenn es Nachtzeit und der be-

treffende Aufbewahrungsort um diese Zeit nicht zugänglich ist, so ist das ein genügender Grund, um die Rückgabe zu verschieben.

Unter Rückgabe ist nicht zu verstehen, dass der Depositar das Objekt wieder dem Deponenten bringt oder zuführt, sondern *dass er es zu seiner Verfügung hält*[1]).

8. Wenn der Depositar das Objekt verliert, sei es weil er es an einem ungeeigneten Aufbewahrungsort aufbewahrt oder es vergessen oder seinen Aufbewahrungsort einem bösen Menschen angegeben oder es einem bösen Menschen übergeben hatte, einerlei ob gezwungen oder freiwillig. Er muss dem Deponenten das Objekt 10 ersetzen, fordert aber seinerseits Schadenersatz von dem Diebe. Wenn indessen ein Dieb dem Depositar das Objekt mit Gewalt entreisst, trägt er keine Verantwortung für dasselbe. Ferner auch in dem Falle nicht, wenn er zwar dem Dieb gesagt hat, dass das Objekt sich bei ihm befinde, ihm aber nicht den speciellen Aufbewahrungsort angegeben hat.

9. Wenn der Depositar das Depositum benutzt, wenn er z. B. ein ihm anvertrautes Pferd ohne genügenden Grund reitet. Dagegen ist er nicht verantwortlich, wenn er das Pferd reitet, weil es für die Erhaltung desselben nothwendig ist.   20

10. Wenn der Depositar den von dem Deponenten für die Aufbewahrung des Objekts gegebenen Bestimmungen zuwiderhandelt und es dadurch zu Grunde geht. Wenn indessen die Abweichung des Depositars von den Instructionen des Deponenten darin besteht, dass er eine noch grössere Sicherheit der Aufbewahrung zu erzielen sucht und trotzdem das Objekt zu Grunde oder verloren geht, so ist er nicht verantwortlich.

§ 3. Der Depositar hat als Vertrauensperson[2]) das Recht, dass seine Aussage d. h. seine *eidliche* Aussage, er habe das Objekt *dem, der ihn damit betraut*, zurückgegeben, vor Gericht als entscheidend 30 angenommen werden muss und dass er nicht verpflichtet ist einen Beweis dafür beizubringen.

Der Depositar theilt dies Recht mit mehreren Arten von *Vertrauenspersonen*, dem Mandatar, dem Mitbesitzer, dem Geschäfts-

---

[1]) التخلية.
[2]) امين.

führer einer Commanditgesellschaft (vgl. S. 522,) demjenigen der im
Solde eines Anderen Steuern oder Schulden einkassirt, einem
Verwaltungsbeamten, wenn er das ihm anvertraute seiner vorge-
setzten Behörde zurückgiebt, nicht dagegen mit dem Pfandnehmer
und dem Miether, denn diese haben das ihnen anvertraute *in eigenem
Interesse* übernommen, müssen daher ihre Aussage betreffend
Rückgabe desselben *beweisen.*

Unter *Vertrauenspersonen* sind solche zu verstehen, *welche
einem Anderen gegenüber für ein Objekt haften*[1]), also nicht derjenige, der einem Anderen sein Eigenthum widerrechtlich vorent- 10
hält (Usurpator), nicht der Leihnehmer, nicht derjenige, der während
des Handels um ein Objekt es für eine Zeitlang auf Probe zu sich
nimmt. Diese müssen, wenn sie behaupten das Objekt zurückgegeben zu haben, den Beweis liefern.

In allen diesen Fällen ist unter *Rückgabe* zu verstehen die
Rückgabe an den *Vertrauens-Genossen*, d. h. diejenige Person selbst,
welche den Depositar, den Mandatar u. s. w. mit dem Objekte
betraut hat. Diese Regel muss indessen noch verallgemeinert
werden. Wenn der *Vertrauensmann* dem *Vertrauensgenossen* das
Objekt zurückgegeben zu haben behauptet, so genügt seine eid- 20
liche Aussage; wenn dagegen der *Stellvertreter* oder der *Erbe* oder
sonst jemand *für die Vertrauensperson* das Objekt an den *Vertrauensgenossen* oder dessen *Stellvertreter* oder *Erben* oder *sonst
Jemand für den Vertrauensgenossen* zurückgegeben zu haben behauptet, so muss für eine solche Behauptung allemal der Beweis
erbracht werden. Das Vertrauensverhältniss bezieht sich auf A und
B und geht über sie in keinem Punkte hinaus.

Die bisher gegebenen Regeln beziehen sich auf den Fall, dass
eine Differenz entsteht über die Frage, *ob etwas anvertrautes zurückgegeben sei oder nicht.*   30

Etwas anders lauten die Bestimmungen für den Fall einer
Differenz über die Frage, *ob etwas anvertrautes zu Grunde, verloren gegangen sei oder nicht.* Wenn Jemand vom Genus der Vertrauenspersonen behauptet, dass das ihm anvertraute zu Grunde
gegangen sei, so ist seine eidliche Aussage entscheidend,

---

[1]) الضّامن.

a) wenn er keine Ursache angiebt, oder

b) wenn er eine *geheime* (nicht controlirbare) Ursache angiebt, z. B. dass das Objekt durch Diebstahl oder Usurpation ihm entwendet sei, oder

c) wenn er eine *aussere* (controlirbare) Ursache angiebt. Hierbei ist aber des Weiteren zu unterscheiden.

Wenn die Ursache bekannt ist, während nicht bekannt ist, dass es ein allgemeines Unglück war, das auch Andere betroffen hat, wie z. B. Brand oder Plünderung, oder wenn die Ursache bekannt ist, ferner bekannt ist, dass das Unglück ein allgemeines war und *wenn gegen den Vertrauensmann Verdachtsgründe vorliegen*, muss er seine Aussage *durch einen Eid* bekräftigen, während seine einfache Aussage *ohne Eid* genügt, falls keine Verdachtsgründe gegen ihn vorliegen.

Wenn dagegen die Ursache nicht bekannt ist, auch nicht bekannt, dass es ein allgemeines Unglück gewesen sei, so muss der Vertrauensmann *beweisen*, dass das Unglück Statt gefunden, und *beschwören*, dass das Objekt durch dies Unglück zu Grunde gegangen ist.

Wenn Feuer entsteht und der Vertrauensmann seine eigene Habe rettet, bevor er das Depositum zu retten sucht und dies zu Grunde geht, oder wenn er von mehreren Deposita, die er hat, einige rettet, während andere verbrennen, so ist er dafür nicht verantwortlich.

§ 4. Der Depositar muss das Depositum in einem seinem *genus rerum* entsprechenden Aufbewahrungsorte aufbewahren. Wenn er daher Kleider in einem Pferdestall und Geld in einer Falte seines Turbans nicht gehörig befestigt aufbewahrt und es geht verloren oder zu Grunde, muss er das Objekt ersetzen. Vgl. Anm. zu § 2 nr. 8.

§ 5. Wenn der Deponent oder sein Mandatar oder nach seinem Tode sein Erbe von dem Depositar oder dessen Erben das Depositum zurückverlangt, muss es ihm sofort zur Verfügung gestellt werden; widrigen Falls, wenn durch eine Verzögerung in dieser Sache ein Schaden oder Verderben entsteht, ist die Seite des Depositars dafür verantwortlich. Die Kosten der Rückführung des Objekts in die Hand des Deponenten sind von diesem zu bestreiten. Die Haftung des Depositars erlischt mit dem Moment, wo er dem Deponenten das Objekt zum Zwecke der Rucknahme zur Verfügung stellt, denn zu einer eigentlichen Rückgabe ist, wie schon oben S. 678 bemerkt, der Depositar nicht verpflichtet. Hierbei wird vorausgesetzt, dass der Depositar *im Stande ist* das Objekt zur Verfügung zu stellen.

Die Haftung des Depositars bedeutet, dass er eventuell ein gleiches Objekt oder den Werth des Depositums zahlen muss und zwar, falls dieser Werth schwankt, *den höchsten Werth,* den das Depositum *zwischen der Zeit der Rückforderung, welcher der* 10 *Depositar entsprechen konnte,* und *der Zeit des Verloren- oder Zugrundegehens* hatte.

ıₐ ʻ Der Hinterlegungsvertrag kann jeder Zeit von jedem der Contrahenten gelöst werden. Wenn aber Jemand ein Depositum übernehmen *muss,* wenn es z. B. einer unter Curatel stehenden Person gehört (und eine andere zum Depositar geeignete Person nicht vorhanden ist), so darf er, falls Raub und Plünderung droht, es nicht zurückgeben; thut er es dennoch und das Objekt geht in Folge dessen zu Grunde, haftet er dafür.

Wenn der Depositar dem Deponenten das Objekt zur Rück- 20 nahme zur Verfügung stellt, wo dieser betrunken ist, so haftet der Depositar nicht für einen etwa daraus entstehenden Schaden. Wenn er aber einem Kind oder Geisteskranken ein Depositum, das er freiwillig übernommen, gegen den Willen desselben zurückgiebt, so haftet er allerdings für etwa aufkommenden Schaden.

Der Depositar hat nicht das Recht die Rückgabe des Depositums aus dem Grunde, weil er sich Zeugen dafür verschaffen will, zu verzögern, da eine Bezeugung zwecklos ist, weil seine eidliche Aussage über die Rückgabe genügt. Eine solche Verzögerung ist aber dann gerechtfertigt, wenn derjenige, der die Rückgabe fordert, 30 nicht der Deponent selbst ist, sondern sein Mandatar oder sein Erbe, denn in diesem Falle muss der Depositar seine Behauptung, dass er das Objekt zurückgegeben habe, beweisen, da seine eidliche Aussage nicht genügt.

Wie der Mandatsvertrag erlischt auch der Hinterlegungsvertrag durch den Tod eines der beiden Contrahenten, durch Geisteskrankheit, Epilepsie oder ähnliche Dinge, welche dem Menschen die volle freie Verfügung über sich und seinen Besitz nehmen.

Die schriftliche Notiz eines Sterbenden, dass irgend etwas ein Depositum des N. N. sei, ist rechtsunwirksam. Der Erbe darf ein von anderer Seite als Depositum beanspruchtes Objekt nur dann herausgeben, wenn der Fordernde die Richtigkeit seiner Forderung beweisen kann oder wenn der Erbe oder der Erblasser vor seinem Tode ein hierauf bezügliches, rechtskräftiges Geständniss abgelegt hat (Kap. 11).

ICHTER und GERICHTSVERFAHREN.

TEXT.

VERZEICHNISS DER PARAGRAPHEN.

§ 1. Der Richter muss folgende fünfzehn Bedingungen in sich vereinigen:

a) Er muss Muslim sein, ferner
b) volljährig,
c) im Vollbesitz der Geisteskräfte,
d) frei,
e) männlichen Geschlechts,
f) unbescholten,
g) kundig des Korans und der Tradition,
h) kundig der Uebereinstimmung der Genossen,
i) kundig der unter den Juristen bestehenden Lehrdifferenzen,
k) kundig der Methode der Anwendung der Rechtssätze,
l) kundig der arabischen Grammatik und der Koran-Exegese,
m) hörend,
n) sehend,
o) des Schreibens kundig,
p) aufgeweckten Geistes.

§ 2. Der Richter soll nicht in der Moschee, sondern mitten in dem Orte auf einem offenen Platze, wo ihn Jedermann ohne Hinderniss erreichen kann, seine Sitzung halten.

§ 3. Der Richter soll die beiden Parteien völlig gleich behandeln, ihnen gleiche Plätze anweisen, den Einen ebenso anhören wie den Anderen, den Einen nicht anders ansehen als den Anderen.

§ 4. Der Richter darf von den Leuten seines Sprengels kein Geschenk annehmen.

§ 5. Der Richter soll nicht sein Urtheil sprechen, wenn er

a) zornig ist,

b) hungrig,

c) durstig,

d) von heftiger Begierde erregt,

e) traurig,

f) übermässig froh oder

g) krank, oder

h) wenn er den Drang ein körperliches Bedürfniss zu verrichten empfindet, oder

i) bei übermannender Müdigkeit oder

k) bei übermässiger Hitze und Kälte.

§ 6. Der Richter verhört den Angeklagten erst dann, nachdem die Klage vollständig vorgetragen worden ist.

§ 7. Der Richter darf den Angeklagten nur dann zum Schwur verpflichten, wenn der Kläger es verlangt.

§ 8. Der Richter darf keiner Partei ein Argument suppeditiren noch ihre Aussage nach irgend einer Richtung zu beeinflussen suchen.

§ 9. Der Richter darf keinen Zeugen grob anfahren.

§ 10. Der Richter darf nur das Zeugniss einer solchen Person annehmen, deren Unbescholtenheit feststeht, nicht dasjenige eines Feindes gegen seinen Feind, nicht dasjenige eines Vaters für sein Kind und nicht dasjenige eines Kindes für seinen Vater.

§ 11. Das Urtheil eines Richters, das dem Richter eines anderen Sprengels zur Vollstreckung zugeschickt wird, ist nur dann rechtskräftig, wenn es die Unterschrift zweier Zeugen trägt.

§ 12. Der *Auftheiler* muss Muslim, erwachsen, im Vollbesitz der Geisteskräfte, frei, männlichen Geschlechts, unbescholten und mathematisch gebildet sein.

§ 13. Wenn die Besitzer des aufzutheilenden Besitzes sich selbst einen Auftheiler wählen, sind sie an die Bestimmungen des § 12 nicht gebunden.

§ 14. Wenn in Verbindung mit der Auftheilung eine Abschätzung irgendwelcher Art erforderlich ist, muss sie wenigstens von zwei Personen vorgenommen werden.

§ 15. Wenn einer der Mitbesitzer eines gemeinsamen Besitzes, der ohne Schaden getheilt werden kann, die Auftheilung verlangt, muss der andere Mitbesitzer sich diesem Verlangen fügen.

§ 16. Wenn der Kläger seinen Anspruch beweisen kann, giebt ihm der Richter Gelegenheit den Beweis zu führen und spricht ihm demgemäss das streitige Objekt zu.

§ 17. Kann der Kläger seinen Anspruch nicht beweisen, so wird dem Verklagten Gelegenheit gegeben den Anspruch des Klägers eventuell durch einen Eid zu widerlegen.

Wenn er sich weigert zu schwören, wird der Eid dem Kläger aufgetragen. Wenn dieser ihn schwört, wird ihm das streitige Objekt zugesprochen.

§ 18. Wenn zwei Personen eine Sache beanspruchen, welche sich im faktischen Besitz der einen von beiden befindet, so muss der faktische Inhaber seinen Anspruch eventuell durch einen Eid bestätigen.

Wenn beide Parteien gemeinsam das Objekt im faktischen Besitz haben, wird jeder von ihnen die Gelegenheit gegeben eventuell durch einen Eid ihren Anspruch zu beweisen. Und wenn dann beide Parteien schwören, dass es ihnen gehört, wird es unter sie getheilt.

§ 19. Wer einen auf sein eigenes Thun bezüglichen Eid schwört, schwört einen definitiven Eid.

§ 20. Wenn Jemand einen auf das Thun eines Anderen

bezüglichen Eid schwört, so ist zwischen zwei Fällen zu unterscheiden:

a) Behauptet er, dass der Andere etwas *gethan habe*, so schwört er einen definitiven Eid;

b) Behauptet er, dass der Andere etwas *nicht* gethan habe, so beschwört er nur, dass er keine Kenntniss davon habe.

§ 21. Zeugniss vor Gericht wird nur von einer solchen Person angenommen, welche

> Muslim,
>
> grossjährig,
>
> im Vollbesitz der Geisteskräfte,
>
> frei und
>
> unbescholten ist.

§ 22. Unbescholten ist,

wer keine Todsünde begangen hat,

wer nicht wiederholt Verstösse gegen das Recht und die Sitte des Islams begangen hat und begeht;

wer rechtgläubig ist,

wer das Vertrauen geniesst, dass auch Zorn und Leidenschaft ihn nicht zu einem Unrecht verleiten, und

wer seine Standesehre wahrt.

§ 23. Es giebt zwei Arten von Rechten, göttliche und menschliche.

§ 24. Die menschlichen Rechte sind dreifach verschieden:

a) solche, bei deren gerichtlicher Verhandlung nur zwei männliche Zeugen zugelassen werden.

Dies bezieht sich auf Processe, deren Objekt nicht Hab und Gut ist und im Allgemeinen nur von Männern beurtheilt werden kann.

b) solche, bei deren Verhandlung entweder zwei männliche Zeugen oder ein Mann und zwei Weiber oder ein Zeuge und der Schwur des Klägers zugelassen werden.

Dies bezieht sich auf Processe, deren Objekt aus-schliesslich Hab und Gut ist.

c) solche, bei deren Verhandlung ein Mann und zwei Weiber oder vier Weiber als Zeugen zugelassen werden.

Dies bezieht sich auf Processe, deren Objekt im All-gemeinen nicht von Männern beurtheilt werden kann.

§ 25. Die göttlichen Rechte, bei deren Verhandlung vor Gericht das Zeugniss von Weibern niemals zugelassen wird, sind dreifach verschieden:

a) solche, bei deren Verhandlung das Zeugniss von wenigstens vier Männern erforderlich ist, d. i. bei einer Verhandlung wegen Unzucht oder Ehebruch.

b) solche, bei deren Verhandlung das Zeugniss zweier Männer erforderlich ist.

Dies bezieht sich auf sämmtliche im Strafrecht (Buch VI. II. Theil) behandelte Verbrechen und Vergehen mit Ausnahme der Unzucht (und des Ehebruchs).

c) solche, bei deren Verhandlung das Zeugniss eines einzigen Mannes genügt, wie z. B. für die Frage des ersten Sichtbarwerdens des Mondes zu Anfang des Fastenmondes Ramaḍân.

§ 26. Das Zeugniss eines Blinden wird nicht an-genommen, ausser wenn es sich bezieht

a) auf den Tod einer Person oder

b) auf ihr verwandtschaftliches Verhältniss oder

c) auf allgemeine Besitzfragen oder

d) auf die Ueberbringung einer mündlichen Botschaft oder

e) auf etwas, das er gesehen, bevor er erblindet, oder

f) auf eine Person, die er in flagranti ertappt.

§ 27. Das Zeugniss eines Menschen, der durch dasselbe einen Vortheil erzielt oder einen Nachtheil von sich abwehrt, wird nicht angenommen.

RICHTER und GERICHTSVERFAHREN.

ANMERKUNGEN.

Richter zu sein, Recht zu sprechen, den Streit der Parteien durch das Gesetz Gottes zu entscheiden, ist die *allgemeine* Pflicht der muslimischen Gemeinde, beziehungsweise der Bewohner eines Gerichtssprengels.[1])

Es ist die *individuelle* Pflicht des Landesherrn den Richter anzustellen und zwar eine den Forderungen des Gesetzes entsprechende Person. Entspricht der angestellte Richter nicht dem Gesetze, so ist seine Anstellung null und nichtig, der Anstellende und der Angestellte begehen eine Sünde (d. i. verlieren ihre Unbescholtenheit vor dem Gesetze und können z. B. nicht Zeuge sein 10 vor Gericht), und das Urtheil eines solchen Richters ist selbst dann, wenn es richtig ist, nicht gültig. Dieser Satz bedarf indessen der Beschränkung. Wenn ein mächtiger, unbestrittener Landesfürst einen übel beleumundeten oder einen zu selbständiger Rechtsprechung unfähigen Muslim zum Richter macht, so müssen seine Urtheile schon als gültig angesehen werden, damit nicht die öffentlichen Verhältnisse der Muslims der Rechtsordnung ermangeln; sie müssten selbst dann gelten, wenn ausgezeichnete Juristen für das Amt zur Verfügung stehen. Dagegen fällt das Odium einer solchen Anstellung weg, wenn bessere Kandidaten nicht vorhanden sind, 20 wobei es einerlei ist, ob der Anstellende in der That der allmäch-

---

[1]) Auf jede مسافة العدوى soll je ein Richter, auf jede مسافة قصر الصلوة je ein Mufti kommen. Ueber jene Entfernung s. Anm. zu § 11, über diese S. 108 Anm. Ein Beispiel jener ist die Strecke von Kairo nach Ḳaljûb d. i. 14 Kilometer, ein Beispiel dieser die Strecke von Kairo nach Maḥallet-Elkubrâ nördlich von Ṭanṭâ d. i. 98¹/₂ Kilometer.

tige Landesfürst oder ob seine Autorität eine geringere ist. Wenn dagegen der Landesfürst, auch der mit souveräner Macht bekleidete, einen Nicht-Muslim zum Richter macht, sind dessen Urtheile null und nichtig, während nach der Ansicht eines Rechtslehrers, wenn der Landesfürst ein Weib oder ein Kind zum Richter machte, dessen Urtheile als gültig hingenommen werden müssten.

Wenn ein Richter nicht vorhanden ist oder ein vorhandener Richter unerschwingliche Gebühren verlangt, können zwei oder mehr Personen, einerlei ob sie zum Richteramt qualificirt sind oder nicht, als Schiedsgericht fungiren über Sachen, bei denen eine Bestrafung *nomine dei* nicht in Frage kommen kann. Ihr Spruch ist verbind- 10 lich, wenn die Parteien sich vor der Verkündigung desselben verpflichtet haben ihn anzuerkennen. Wenn eine der streitenden Parteien selbst Richter ist, ist ihr Spruch auch dann gültig, wenn die Parteien sich nicht vorher zur Anerkennung desselben verpflichtet haben.

Wenn Jemand zum Richter ernannt ist, sollen zwei Zeugen der Ernennung ihn in seinen Sprengel begleiten und dort einführen; indessen kann er sich auch allein und ohne Zeugen einführen, wenn die Thatsache seiner Ernennung anderweitig bekannt geworden ist.

Es ist empfehlenswerth, dass der Landesfürst den Richter durch 20 eine schriftliche Urkunde ernenne, wie Muhammed gethan. Der Richter soll seinen Einzug halten, ein schwarzes Kopftuch tragend, am Montag, Donnerstag oder Sonnabend. Er soll sich nach den Personal-Verhältnissen des Sprengels erkundigen, wenn möglich, vor seinem Einzuge, wenn nicht anders möglich, jedenfalls sofort nach demselben.

Der Landesherr kann an einem Ort mehr als einen Richter anstellen, aber jeder Richter bleibt Einzelrichter und der Landesherr kann sie nicht verpflichten gemeinschaftlich zu urtheilen.

Es ist empfehlenswerth für den Landesherrn dem Richter zu 30 gestatten, dass er sich selbst einen Stellvertreter[1]) zu seiner Hülfe annehme. Wenn der Landesherr diese Erlaubniss von Bedingungen abhängig macht, müssen sie erfüllt werden; wenn er dagegen in

---

[1]) Nâ'ib.

dieser Sache nichts verfügt, kann sich der Richter nach Bedürfniss einrichten.

Wenn ein amtirender Richter amtsunfähig wird, indem er z. B. dem Wahnsinn oder der Epilepsie anheimfallt, ist er abzusetzen. Wenn er wieder gesund wird, bedarf es, wenn er wieder als Richter fungiren soll, einer neuen Anstellung.

Es steht dem Richter frei von seinem Amte zurückzutreten und das erhaltene Mandat in die Hände des Landesherrn zurückzulegen. Andererseits steht es dem Landesherrn frei ihn abzusetzen, wenn, der Richter sich etwas hat zu Schulden kommen lassen oder wenn ein fähigerer Richter zur Verfugung steht oder wenn die salus rei publicae es erfordert. Aus anderen Gründen als diesen soll die Absetzung nicht verfügt werden, d. h. eine solche Absetzung ist *verboten* nach dem Gesetz. Diese Absetzung tritt sofort in Kraft, wenn eine andere, zum Richteramt geeignete Person in loco vorhanden ist; dagegen tritt sie nicht in Kraft, d. h. der abgesetzte Richter amtirt weiter, wenn keine zum Richteramt in loco geeignete Person vorhanden ist.

Die Absetzung des Richters ist perfekt mit dem Moment, wo er die Absetzungsurkunde erhält, wenn nicht in derselben verfügt ist, dass sie erst perfekt werden soll mit dem Moment, wo sie dem Richter vorgelesen wird oder er selbst sie liest.

Die Absetzung des Richters involvirt die Absetzung seines Stellvertreters. Dagegen werden solche Personen, die der Richter in ein Amt eingesetzt hat, wie z. B. der Vormund von Waisenkindern, der Verwalter einer Stiftung, oder ein solcher stellvertretender Richter, den der Richter auf speciellen Befehl des Landesherrn angestellt hat, durch die Absetzung des Richters nicht beeinflusst.

Richter (sowie Administrativbeamter) werden durch einen Wechsel in der Person des Landesherrn nicht beeinflusst.

Wenn die Verhältnisse in einem Gebiete so liegen, dass nur eine einzige für das Richteramt geeignete Person vorhanden ist, so liegt es dieser als eine individuelle Pflicht ob des Richteramtes zu walten, doch muss sie vorher den Landesherrn um die Bestallung zum Richter bitten. Diese Obliegenheit erstreckt sich indessen nur auf den Sprengel, in dem der betreffende wohnt, nicht darüber hinaus.

§ 1. Ad a: Der Kafir kann nicht Richter sein, nicht über den Muslim, aber auch nicht über den Kafir d. i. seinesgleichen. Wenn daher ein muslimischer Fürst z. B. einen seiner christlichen Unterthanen, einen Bischof zum Oberhaupt seiner Glaubensgenossen macht, so macht er ihn damit nicht zum Richter über sie im Sinne des Muslimischen Gesetzes, sondern zu ihrem Oberhaupt und Schiedsmann mit der Maassgabe, dass seine Unterordneten nur insoweit durch sein Erkenntniss gebunden sind, als sie sich selbst durch 10 dasselbe gebunden erachten. Anders ausgedrückt: Der Christ kann, wenn er mit dem Urtheil seines Bischofs nicht zufrieden ist, seine Sache vor den muslimischen Richter bringen, der sie nach dem Gesetze des Islams entscheidet.

Ad b c: Ein Kind kann nicht Richter sein, auch nicht ein Wahnsinniger, einerlei ob der Wahnsinn andauernd ist oder intermittirend.

Ad d: Ein Sklave kann nicht Richter sein, weder der Theilsklave noch der Ganzsklave.

Ad e: Ein Weib kann nicht Richter sein, auch nicht ein 20 Hermaphrodit. Wenn ein Hermaphrodit, dessen Geschlecht unbestimmbar ist, als Richter fungirt, so sind seine Urtheile null und nichtig, selbst dann wenn sich hinterher herausstellen sollte, dass er männlichen Geschlechtes ist.

Ad f: Wer nicht unbescholten ist, kann nicht das Richteramt noch irgend ein Ehrenamt, z. B. eine Vormundschaft führen. Man darf nicht einen Menschen zum Richter machen, der ein Unrecht begangen hat, eine Handlung, über deren Gesetzwidrigkeit er nicht im Zweifel sein konnte, z. B. etwas, was gleichmässig von allen vier Rechtsschulen verboten ist. Wenn er dagegen etwas gethan 30 hat, was z. B. Abû Ḥanifa für erlaubt, aber Alschâfi'î für verboten erklärt hat, so dass die Sache als controvers erscheinen konnte, kann er als Richter angestellt werden. So nach einer Ansicht. Dagegen nach Baguri und Elkhaṭib ist in dem letzteren Falle eine Anstellung als Richter unzulässig.

Ad g: Er braucht nicht alle auf das Recht bezüglichen Stellen des Korans und der Tradition auswendig zu wissen, doch muss er sie so gründlich kennen, dass er sie für die Rechtssprechung richtig anzuwenden weiss. Er muss wissen, welche Stellen generell, welche speciell sind, welche bedingungslos, welche bedingt sind, welche Stellen zusammenfassender, welche detaillirender Natur sind, welche Stellen durch die ipsissima verba über einen Fall definitiv entscheiden und welche Stellen dem offenkundigen Sinne nach die Entscheidung über einen Fall ergeben. Er muss wissen, welche Verfügungen abrogirt worden sind, welche nicht.

Er muss ferner mit der Kritik der Tradition und der Ueber-lieferer vertraut sein. Er muss die einzelnen Satzungen richtig 10 gegen einander abzuwägen wissen, der Specialsatzung den Vorzug geben vor der generellen, der bedingten vor der bedingungslosen, der detaillirten vor der generalisirenden, den ipsissima verba der ent-scheidenden Satzung vor solchen Stellen, deren offenkundiger Sinn in derselben Richtung liegt.

Die Erfordernisse g, h, i, k, l gelten nur für denjenigen, der im Allgemeinen selbständig aus Koran und Sunna Rechtssätze ab-leiten will[1]), sei es über das ganze Rechtsgebiet, sei es über einzelne Kapitel desselben (z. B. über Eherecht).

Eine solche Person (einen generellen *Muǧtahid*) kann es zu 20 jeder Zeit geben, ausser kurz vor dem jüngsten Gericht. So nach Ibn Daḳiḳ Elʾîd. In seinem Sinne erklären einige hervorragende Juristen: „Wir folgen nicht dem Schâfiʿî (d. h. wir sind nicht seine Nachbeter), sondern *unsere* Ansicht stimmt mit der *seinigen* überein." Auch Baguri ist dieser Ansicht.

Die entgegengesetzte Lehre, diejenige des Ghazâli dagegen, geht dahin, dass es nach den vier Imamen (Abû Ḥanîfa, Mâlik, Schâfiʿî, ʾAḥmad Ibn Ḥanbal) einen *Muǧtahid* überhaupt nicht mehr giebt. Nach dieser Theorie hat der einzelne Jurist weiter nichts zu thun als jurare in verba magistri (des Abû Ḥanîfa oder des Mâlik 30 etc.), d. h. er muss die Grundsätze seines Meisters kennen, wie dieser Meister die letzten Quellen des Rechts kennen musste.

Der Richter hat danach die Wahl, er kann entweder als *Muǧ-tahid* auftreten, wenn er allen in diesem § angegebenen Bedingungen entspricht, oder aber sich darauf beschränken die Grundsätze eines

---

[1]) D. i. für den المجتهد المطلق.

der genannten vier Meister zu vertreten. Im letzteren Falle kann
er nicht gezwungen werden nach einer anderen Lehre zu entscheiden als nach derjenigen seines Meisters.

Die hauptsächlichsten Traditionswerke, die der Richter kennen
soll, sind diejenigen von Bukhâri, Muslim und Abû Dâʾûd.

Ad h: Die Lehre von der communis opinio oder dem con-
sensus der massgebenden Personen in der Gemeinde Muhammed's
lässt sich schwer umgrenzen. Uebrigens braucht der Richter nicht
jede einzelne Bestimmung zu kennen, die unter diesem Titel über-
liefert wird; er muss aber so weit mit diesem Theil der juristischen 10
Ueberlieferung vertraut sein, dass er in seinen Entscheidungen nicht
gegen dieselbe verstösst.

Ad i: Der Richter muss eine genügende Kenntniss haben von
der Differenz der Vier, d. h. den Verschiedenheiten in den Systemen
der Begründer der vier Rechtsschulen, aber auch von denjenigen
Fragen, über welche innerhalb je einer Rechtsschule differirende
Ansichten bestehen.

Ad k: Er muss die Rechtssätze nach den verschiedenen Arten
der Analogie auf die Casuistik des Lebens richtig anzuwenden
wissen, wie er über die Methoden der Rechtsanwendung, über welche 20
die Gründer der Rechtslehre verschiedener Ansicht waren, unterrichtet sein muss.

Ad m—o: Der Schwerhörige wie der Einäugige können Richter
sein, nicht der Taube und Blinde. Wenn aber ein Richter, nachdem er das Verhör in einem Process abgehalten hat, erblindet,
kann er in dieser Sache noch ein rechtskräftiges Urtheil fällen.
Ein Taubstummer kann nicht Richter sein. Die Forderung, dass
er des Schreibens kundig sein muss, wird von anderer Seite
mit dem Hinweis darauf bekämpft, dass Muhammed nicht schreiben
(noch lesen) konnte.   30

Wer notorisch stumpfsinnig ist, sei es in Folge von Alter
oder Krankheit oder aus irgend einem anderen Grunde, soll nicht
zum Richter gemacht werden.

§ 2. Der Richter soll an einem öffentlichen Orte, der bequem
für Jeden zu erreichen und gegen die grösste Hitze und Kälte je
nach der Jahreszeit geschützt ist, amtiren. Er soll reitend zum
Gerichtsort kommen, die Menschen rechts und links grüssen und

auf einer etwas erhöhten Estrade oder auf einem Sessel Platz nehmen. Er soll von allen Anderen zu unterscheiden sein durch den Teppich, auf dem er sitzt, wie durch sein Gewand und seine Kopfbedeckung. Er soll so sitzen, dass er das Gesicht nach Mekka richtet und soll, nachdem er Platz genommen, zunächst Gottes Hülfe für die bevorstehende Verhandlung anrufen.

Der Richter soll bei schwierigen Rechtsfällen vertrauenswürdige Rechtskenner, einerlei ob freie oder unfreie, Mann oder Weib, consultiren.

Dem Richter untersteht das Gefängniss. Er muss sich über die Gefangenen genau unterrichten, er muss ihre Reklamationen berücksichtigen und eventuell auf Grund des Geständnisses eines Gefangenen ein neues Verfahren einleiten.

Ferner muss der Richter sich über die Verhältnisse derjenigen Personen in seinem Sprengel unterrichten, welche als Vormünder oder Curatoren oder Testamentsvollstrecker fungiren, denn er führt die Aufsicht über sie; ferner über die öffentlichen Stiftungen, über das von dem Richter zu verwaltende herrenlose Gut sowie über die gefundenen Gegenstände.

Er muss einen Gerichtsschreiber anstellen, eine unbescholtene Person, wenn möglich einen Juristen, der die Protokolle führen, die Urtheile ausfertigen und die anderweitigen gerichtlichen Urkunden schreiben kann, ferner in mehrsprachigen Gegenden auch zwei Gerichtsdolmetscher. Und wenn der Richter schwerhörig ist, muss er sich ausserdem zwei gut hörende Assistenten halten. Dolmetscher und Assistenten müssen in jedem Falle solche Personen sein, welche nach der Lehre von der Zeugenschaft eventuell in der betreffenden Sache als Zeugen fungiren könnten, denn ihre Mittheilungen an den Richter haben rechtlich den Charakter von Zeugenaussagen und sind in der Form von Zeugenaussagen vorzutragen.

Die Aussagen der Parteien und die Zeugenaussagen müssen dem Richter wenigstens von zwei Dolmetschern bezw. von zwei Assistenten mitgetheilt werden, während die Rede des Richters an die Parteien oder ein Wort der einen Partei an die andere nur von *einem* Dolmetscher wiedergegeben zu werden braucht.

Der Richter muss zwei Executoren halten (s. weiter unten).

Er muss für ein geeignetes Gefängniss sorgen¹). Der Gefangene hat während seines Aufenthalts im Gefängniss Miethe zu zahlen, dagegen ist der Lohn für den Gefangenwärter von demjenigen zu zahlen, auf dessen Veranlassung der betreffende in das Gefängniss gesetzt worden ist, von dem Kläger.

Zu dem Ausdruck *ohne Hindernisse* (im Text) ist folgendes zu bemerken: Nach meiner Ansicht ist gemeint, dass der Richter sich nicht hinter einen Vorhang setzen, überhaupt sich nicht durch irgendeine Scheidewand von dem rechtsuchenden Publikum absondern soll²). Die Tradition fasst die Stelle anders. Danach soll 10 er nicht durch einen *ḥâǧib* (Kammerherrn) das Publikum von sich fern halten oder verhindern ihn aufzusuchen. Dagegen darf er einen Gerichtsdiener³) halten, der für die Ordnung im Gerichtssaal zu sorgen hat, sowie auch einen Thürhüter, falls ein solcher nothwendig ist.

Der Richter soll nicht in der Moschee Gericht halten, damit sie nicht durch das übliche Geschrei der Parteien entweiht wird. Er soll in der Moschee auch keine Strafe vollziehen lassen. Dagegen kann er, wenn er grade in der Moschee weilt und ein Streit vor ihm entsteht, ihn sofort in loco entscheiden, wie er auch dann 20 in der Moschee Gericht halten darf, wenn er durch besondere Umstände z. B. Regen oder Sturm oder anderes genöthigt worden ist sich in die Moschee zurückzuziehen.

§ 3. Die Gleichheit vor dem Gericht wird so aufgefasst, dass der Richter zwei Parteien (Personen) oder eventuell deren Vertreter, falls die Parteien den gleichen Rang einnehmen, *in jeder Beziehung* (also nicht bloss in den drei in diesem Paragraphen genannten Dingen) völlig gleich behandeln soll. Alle freien Muslims sind, sofern sie bürgerlich unbescholten, dem Range nach einander gleich. Dagegen nimmt der Unfreie und der christliche oder jüdische 30 Unterthan des Islamischen Staates einen geringeren Rang ein⁴). Der

---

¹) Der erste, der die Peitsche im Islam brauchte, war Omar. Er hatte sie sich aus einem Schuh Muhammed's gemacht.

²) Ich lese daher ولا حاجب دونه.

³) نقيب.

⁴) „Der Islam ist das höchste und wird von nichts überragt" الاسلام يعلو ولا يعلى عليه.

Christ sitzt im Gerichtssaal *unter* dem Muslim. Es besteht aber eine Meinungsverschiedenheit unter den Juristen darüber, ob der Richter den Christen unter den Muslim placiren *muss* oder es ihm *erlaubt ist;* die letztere Ansicht ist die vorherrschende.

Der Richter soll die eine Partei anhören wie die andere (audiatur et altera pars). Er soll auch beide Parteien gleich an-sehen, und nicht etwa den einen ansehen und den anderen wie Luft behandeln.

§ 4. Der Richter darf kein Geschenk von den Insassen seines Sprengels annehmen, aber er darf ein Geschenk aus einem fremden Sprengel annehmen, wenn der Schenkende nicht zu den Insassen seines (des Richters) Sprengel gehört.

Wenn der Richter ein verbotenes Geschenk annimmt, wird es, weil gesetzwidrig, nicht sein *Besitz.* Er muss es zurückgeben, oder falls dies nicht oder nicht mehr möglich ist, es dem Fiscus übergeben.

Der Richter darf Geschenke von seinen Verwandten annehmen, da er über sie nicht zu Gericht sitzen darf.

Der Richter soll, bevor es zum Process kommt, eine gütliche Einigung der Parteien anstreben. Er soll Kranke besuchen, den Begräbnissen beiwohnen, die von der Reise ankommenden be-suchen.

Er soll sich nicht von Parteien, deren Sache vor ihm ver-handelt wird, zu Diners etc. einladen lassen, wie er sie auch seiner-seits nicht einladen soll. Der Richter soll nicht Handel oder anderweitige Geschäfte treiben.

Der Richter soll nicht allein kein Geschenk annehmen, sondern auch keine anderweitige Zuwendung irgendwelcher Art, für die man sonst eine Miethe zu zahlen pflegt. Wohl aber darf er sich kleine Gefälligkeiten erweisen lassen.

Wenn Jemand (A) einen Process hat oder in Sicht hat, darf der Richter kein Geschenk von ihm annehmen, auch dann nicht, wenn der Richter irgendwo in der Fremde (ausserhalb seines Amts-sitzes und Sprengels) ist und wenn A mit dem Richter, bevor er Richter wurde, so verkehrte, dass er ihm Geschenke zu machen pflegte.

Wenn Jemand (B) weder einen Process hat noch zu haben erwartet, und dem Richter ein Geschenk machen will, so darf der Richter es nicht annehmen, wenn er in seinem Amtsorte weilt, wenn B nicht schon vorher mit ihm so verkehrte, dass er ihm Geschenke zu machen pflegte, oder wenn B zwar vorher schon mit dem Richter in der genannten Weise zu verkehren pflegte, dann aber seine (des B) Geschenke eine quantitative oder qualitative, daher tendenziös erscheinende Steigerung erfahren. Dagegen darf der Richter von B ein Geschenk annehmen, wenn er ausserhalb seines Amtssitzes weilt, oder aber wenn er zwar in seinem Amtssitze weilt, wenn aber 10 B schon früher ihm Geschenke zu machen pflegte und diese Geschenke quantitativ und qualitativ nicht grösser sind als früher.

§ 5. Wenn der Richter sich in einer Lage oder Verfassung befindet, welche sein Urtheil zu trüben oder zu schwächen geeignet ist, soll er nicht ein Urtheil abgeben. Thut er es dennoch, so ist zwar das Urtheil gültig, aber sein Thun im Sinne der Religion widerwärtig. Natürlich bezieht sich dies nicht auf solche Fälle, in denen ein sofortiges Urtheil geboten ist.

Bei dem Zorn des Richters ist es einerlei, ob er aus Rachsucht oder aus heiliger Entrüstung hervorgeht.   20

§ 6. Nachdem der Richter dem Kläger Gelegenheit gegeben seine Klage vorzubringen, spricht er zum Verklagten: „Mach dich frei von seiner Klage".

Wenn dann der Verklagte die Forderung des Klägers zugesteht, hat er sie zu befriedigen, und an dieser Verpflichtung wird auch dann nichts geändert, wenn er nachträglich sein Geständniss zurücknehmen sollte.

Wenn dagegen der Verklagte die Berechtigung der Forderung in Abrede stellt, spricht der Richter zum Kläger: „Hast du einen Beweis oder kannst du einen Zeugen stellen und ausserdem noch 30 einen Eid[1]) schwören?", falls die durch den Process zu entscheidende Frage eine solche ist, dass sie durch Zeugen und den Eid des Klägers entschieden werden kann.

---

[1]) Der Eid und ein Zeuge sind ein Beweismittel im Civilprocess, vgl. § 24 b. Dieser Eid, der Zeugnisseid des Klägers, ist der suppletorische oder Ergänzungseid.

Dieselbe Bedeutung wie das Geständniss des Verklagten hat der folgende Vorgang: Wenn der Richter den Verklagten auffordert seine Aussage zu beschwören, dieser sich weigert und dem Kläger den Eid zuschiebt und nun der Kläger den Eid[1]) schwört. Dieser Eid des Klägers hat dieselbe Bedeutung wie das Geständniss des Verklagten.

Wenn der Verklagte gesteht, hat er die Forderung des Klägers zu erfullen, auch ohne dass der Richter ein Urtheil fällt. Wenn dagegen der Process durch einen Beweis entschieden wird, muss der Richter ein Urtheil sprechen, damit der Verklagte die 10 Forderung des Klägers befriedigt.

Wenn der Verklagte gesteht oder der Kläger den ihm vom Verklagten zugeschobenen Eid schwört oder wenn die Sache durch einen Beweis entschieden wird, und nun der Kläger den Richter bittet, ihm diese Dinge schriftlich zu bezeugen oder auch das von ihm gefällte Urtheil schriftlich und mit dem Zeugniss von Zeugen ausfertigen zu lassen, so muss der Richter diesem Verlangen entsprechen, damit der Kläger in Zukunft gesichert sei. Denn vielleicht leugnet der Verklagte hinterher, dass er gestanden hat, und möglicher Weise wird auch, nachdem z. B. der Richter abgesetzt 20 worden, geleugnet, dass er jenes Urtheil gefällt habe, oder aber der Richter vergisst, dass er das Urtheil gefallt hat.

Andererseits muss der Richter auch dem Verklagten willfahren, wenn dieser sich durch einen Eid von der Forderung des Klägers freigemacht hat und eine schriftliche Bezeugung dieser Thatsache verlangt. Dadurch sichert sich der Verklagte gegen die Eventualität, dass der Kläger etwa zum zweiten Mal dieselbe Klage gegen ihn erheben könnte.

Wenn der Verklagte den Anspruch des Klägers leugnet und nun der Kläger erklärt, er habe den Beweis für seine Behauptung 30 zur Hand oder er könne ausser seinem Eide einen Zeugen zur Verfügung stellen, aber er ziehe vor, dass der Kläger seine Aussage beschwöre (vgl. § 7), so giebt der Richter dem Folge. Denn vielleicht gesteht der Verklagte, wenn ihm der Eid auferlegt werden soll, und in dem Falle wird eine Beweisfuhrung von Seiten des

---

[1]) اليمين المردودة) der zurückgeschobene Eid oder يمين الرّد.

Klägers entbehrlich. Wenn indessen der Verklagte nicht gesteht, vielmehr seine Aussage beschwört und nunmehr der Kläger mit seinem Beweise hervortritt und beweist, dass der Verklagte falsch geschworen hat, so ist ein solches Verfahren deshalb zu gestatten, weil dadurch ein doppelter Zweck erreicht werden kann, erstens der Zweck, dass der Kläger zu seinem Rechte kommt, und zweitens dass er den Verklagten als einen Lügner erweist, wodurch dieser die bürgerliche Unbescholtenheit verliert, so dass er z. B. nicht mehr Zeuge vor Gericht sein kann.

Wenn der Kläger erklärt: „Ich habe keinen Beweis", er aber 10 in der Folgezeit in die Lage kommt einen Beweis beibringen zu können, so wird dieser Beweis angenommen, einerlei ob der Verklagte den ihn zugeschobenen Eid bereits geschworen hat oder nicht, und wird gemäss diesem Eide entschieden, ev. die erste Entscheidung aufgehoben und durch eine zweite ersetzt. Denn es kann vorkommen, dass ein Kläger seine Beweismittel zur Zeit nicht kennt oder dass er sie vergessen hat, sich aber später ihrer wieder erinnert.

Die Bestimmungen, die unter diesem Paragraphen von Baguri gegeben werden, gelten nicht im Allgemeinen, gelten nicht z. B. 20 für den Fall, dass der Kläger bloss aus Eigensinn sich weigert den Beweis für seine Behauptung zu liefern, sondern gelten *nur für die besonderen Fälle*, wo die Weigerung des Klägers einen nach der Ansicht des Richters berechtigten Grund oder Zweck hat.

§ 7. Der Richter darf erst dann dem Verklagten den Eid auferlegen, wenn der Kläger es verlangt. Wenn der Richter den Verklagten schwören lässt, bevor der Kläger es verlangt hat oder wenn der Verklagte schwört, nachdem der Kläger es verlangt, aber bevor der Richter dem Verklagten den Schwur auferlegt hat, ist der Schwur null und nichtig. 30

Der Richter darf ferner nur dann das Urtheil sprechen, wenn der Kläger es verlangt.

§ 8. 9. Der Richter soll in dem Verhör der Partei nicht eine Antwort suggeriren, ihr nicht suggeriren, in welcher Weise sie etwa ihre Sache zu führen habe. Auch die Aussage der Zeugen darf er nicht beeinflussen, wohl aber sie instruiren über die Art und Weise, in der man vor Gericht Zeugniss ablegt.

Vor Beginn des Prozesses soll der Richter den Parteien rathen sich gütlich zu vertragen. Er kann auch mit Einwilligung der Parteien den Urtheilsspruch um einen oder zwei Tage verschieben.

Der Richter soll Parteien und Zeugen nicht anfahren. Der Zeuge wird dadurch vielleicht abgeschreckt sein Zeugniss abzulegen, wodurch diese oder jene Partei geschädigt werden kann.

Wenn der Richter den Zeugen als unbescholtenen Bürger kennt, nimmt er sein Zeugniss als vollgultig an; wenn er dagegen weiss, dass der Zeuge nicht unbescholten ist, lehnt er sein Zeugniss ab. Wenn dagegen der Zeuge dem Richter gänzlich unbekannt 10 ist, fordert der Richter ihn auf ein Leumundszeugniss beizubringen.

Ueber den Begriff der Unbescholtenheit, s. § 22. Die Unbescholtenheit des Zeugen muss feststehen nach der Ansicht irgend eines Richters, sei es desjenigen, vor dem der Process verhandelt wird, sei es eines anderen. Wer nach dem Urtheil des Richters unbescholten ist, heisst *innerlich unbescholten*[1]); wer dagegen dem Aeusseren nach unbescholten ist, ohne dass der Richter von ihm Kenntniss hat, heisst *äusserlich unbescholten*[2]).

Es ist dem Richter verboten immer nur *gewisse* Personen als Zeugen zuzulassen, andere dagegen abzuweisen, weil dadurch das 20 Publikum beeinträchtigt wird.

Wenn der Richter den Zeugen als unbescholten kennt, kann er sein Zeugniss annehmen und bedarf nicht des Beweises seiner Unbescholtenheit, selbst dann nicht, wenn die Gegenpartei einen solchen verlangt.

Wenn der Zeuge ein Ascendent oder Descendent des Richters ist, darf der Richter sein Zeugniss nicht annehmen. Nach anderer Ansicht kann er sein Zeugniss annehmen, darf ihn aber nicht selbst für unbescholten erklären.

Wenn der Richter einen Zeugen nicht für unbescholten hält, 30 z. B. nach dem Rufe, den er unter den Menschen hat, ist er nicht verpflichtet Recherchen über ihn anzustellen, sondern kann sein Zeugniss ohne Weiteres ablehnen.

Ist der Charakter eines Zeugen unbekannt, so muss seine Un-

---

[1]) عدل باطن.
[2]) عدل ظاهر.

bescholtenheit bewiesen werden, einerlei ob der Verklagte den
Zeugen für bescholten erklärt oder nicht. Denn die Entscheidung
auf der Grundlage seines Zeugnisses hat seine Unbescholtenheit zur
Voraussetzung und diese kann für den Richter, wenn er sie nicht
kennt, nur durch einen Beweis festgestellt werden. Wenn ein
Zeuge auf Grund bewiesener Unbescholtenheit in einem Processe
Zeugniss ablegt und er kurz darauf in einem anderen Processe wieder
als Zeuge gestellt wird, so bedarf es keines neuen Beweises für
seine Unbescholtenheit. Wenn dagegen zwischen beiden Processen
ein langer Zeitraum in der Mitte liegt, kann der Richter einen neuen 10
Beweis seiner Unbescholtenheit von ihm fordern. Was als langer
Zeitraum anzusehen ist oder nicht, entscheidet der Richter. Uebrigens kann dieser zweite Unbescholtenheitsbeweis nur von solchen
Personen verlangt werden, welche nicht wiederholt Zeugniss vor
dem betreffenden Richter abgelegt haben.

Es ist keine genügende Legitimation für einen Zeugen, wenn
die Gegenpartei, diejenige Partei, gegen welche er Zeugniss ablegen
will, ihn für unbescholten erklärt, sondern eine anderweitige Person
muss vor dem Richter die Unbescholtenheit des Zeugen bezeugen.
Dieselbe wird nicht im Interesse des Verklagten gefordert, sondern
für Gott, denn die Unbescholtenheit des Zeugen gehört zu dem, 20
was Gott zukommt, zum Rechte Gottes.

Nach Ibn Ķâsim muss der Richter verlangen, dass Jemand vor ihm
erscheint, der die Unbescholtenheit des Zeugen bezeugt. Dies ist
nach Baguri und Anderen nicht richtig, vielmehr durch folgende
Bestimmung zu ersetzen:

Der Richter wählt zwei Personen zu Leumundszeugen[1]) und
theilt jedem von ihnen schriftlich mit, wer der Zeuge sei, wer der
Kläger und der Verklagte, sowie das Objekt des Processes. Dann
schickt er jede dieser beiden Personen, ohne dass die eine von der

---

[1]) Der Leumundszeuge heisst المزكّى. Es ist zu unterscheiden
zwischen a) den beiden amtlichen oder sekundären Leumundszeugen
صاحبا مسألة, die vom Richter beauftragt werden, und b) den primären
oder privaten Leumundszeugen d. i. den Bekannten und Nachbaren
derjenigen Person, von der mit Bezug auf einen bestimmten Process
festgestellt werden soll, ob sie nach dem Gesetze die Zeugen-Qua-
lität habe oder nicht.

anderen Kenntniss hat, aus, damit jede sich über den Zeugen bei
Bekannten und Nachbarn erkundige, speciell darüber, ob der betreffende das Zeugniss auf sich nehmen könne, und ob zwischen
ihm und dem Verklagten oder ihm und dem Kläger ein solches
Verhältniss (z. B. Verwandtschaft oder Freundschaft) bestehe,
welche ihn zur Zeugnissablegung incapacitirt. Die beiden Boten
kehren dann zum Richter zurück und berichten über das Erkundete
in der Form eines Zeugnisses, d. h. jeder von ihnen erklärt: „Ich
bezeuge nach dem Zeugniss der Leumundszeugen (d. i. der Bekannten und Nachbaren des Zeugen), dass der Zeuge unbescholten 10
ist."

Gegen dies Verfahren hat man eingewendet, dass dies Zeugniss
dasjenige eines Zeugen zweiter Hand ist, und dass ein solches nicht
angenommen werden soll, so lange ein Zeuge erster Hand vorhanden ist. Darauf ist zu erwidern, dass in diesem Falle diese
Art Zeugniss gelten muss, weil man die Leumundszeugen erster
Hand nicht zwingen kann vor dem Richter zu erscheinen.

Für den primären Leumundszeugen gelten dieselben Vorschriften
wie für den Zeugen im Allgemeinen. Vgl. § 21. So kann ein
Ascendent nicht gegen seinen Descendenten, ein Descendent nicht 20
gegen seinen Ascendenten als Leumundszeuge fungiren.

Abgesehen von den Erfordernissen eines Zeugen muss der
primäre private Leumundszeuge auch Kenntniss von denjenigen
Gründen haben, wegen deren das Zeugniss eines Mannes für gesetzlich oder für ungesetzlich zu erklären ist, sowie eine intime
Kenntniss von dem betreffenden Zeugen, sei es dass er dieselbe
aus freundschaftlichen, nachbarlichen oder geschäftlichen Beziehungen
zu ihm geschöpft hat.

Wenn er einen Zeugen für nicht unbescholten erklärt, muss
er seine Gründe angeben, dass er z. B. Unzucht oder Diebstahl 30
begangen hat. Wenn er dagegen einen Zeugen für unbescholten
erklärt, braucht er keine Gründe anzugeben. Wenn er von dem
Zeugen behauptet, dass er Unzucht begangen habe, so kann er
nicht als Verleumder verklagt werden.

Das bisher Gesagte gilt von demjenigen (primären) Leumundszeugen, der zu den Nachbarn oder Bekannten des Zeugen gehört,
und seine Aussage macht, ohne vom Richter mit der Ermittelung

des Leumundes amtlich beauftragt worden zu sein; es gilt aber
nicht von denjenigen, die der Richter damit beauftragt hat   Wenn
diese letzteren einen Zeugen für nicht unbescholten erklaren, sind
sie nicht verpflichtet ihre Gründe anzugeben.   Wenn der Richter
eine solche nicht-motivirte Belastungsaussage nicht annehmen will,
hat sie wenigstens die Folge, dass der Richter mit der Zulassung
des Zeugen zur Zeugenschaft so lange warten muss, bis er die
Sache näher untersucht hat.

Wenn unter den Nachbarn und Bekannten des Zeugen der
eine ihn für bescholten, der andere ihn für unbescholten erklärt, so 10
gilt fur den Richter die erstere Aussage, d. h. er lässt ihn als Zeugen
nicht zu.   Wenn dagegen ein anderer Nachbar aussagt, dass der
Zeuge, nachdem er früher dies oder jenes begangen, sich seitdem
vollständig bekehrt habe, lässt der Richter sein Zeugniss zu.

Die intime Kenntniss von den Verhältnissen des Zeugen ist
eine Bedingung für den privaten Leumundszeugen, nicht für den
amtlichen, weil dessen Aussage ohne Motivirung angenommen
wird.

Das Zeugniss eines Menschen *gegen* seinen notorischen Feind
ist ungültig.   Die Feindschaft muss eine solche sein, dass sie an 20
äusseren Dingen zu erkennen ist; ferner darf sie nicht religiöser
Natur sein.   Denn der Muslim hasst den Nicht-Muslim, und doch
kann er gegen ihn Zeugniss ablegen, während natürlich der Nicht-
Muslim nicht Zeuge sein kann gegen den Muslim.

Der Sunnite kann Zeuge sein gegen den Muslimischen Sektirer.
Dagegen ist bei dem Zeugniss des Sektirers gegen den Sunniten
zu unterscheiden; steht der Sektirer noch innerhalb der Grenzen
des Islams, wird sein Zeugniss angenommen, sonst nicht.

Das Zeugniss eines Menschen *zu Gunsten* seines notorischen
Feindes wird angenommen.   30

§ 11.   Das Zeugniss eines Ascendenten für seinen Descendenten
oder umgekehrt ist nicht gültig.   Ausgenommen wird hiervon der
folgende Fall: Wenn der Landesfürst von Jemandem (A) etwas
verlangt, was dem Fiscus gehört, und dessen Ascendent oder Descendent dem A bezeugt, dass er das Objekt hat, so wird dies
Zeugniss angenommen, weil ein öffentliches Interesse im Spiel ist.

Wenn Jemand ein Zeugniss ablegt für zwei Personen, von denen die eine sein Ascendent oder Descendent ist, so gilt sein Zeugniss nur so weit, als es den Fremden betrifft.[1])

Wenn Jemand ein Zeugniss ablegt, das zugleich den einen Ascendenten oder Descendenten entlastet, während es den anderen belastet, wird es nicht angenommen.

Das Zeugniss eines Menschen *gegen* seinen Ascendenten oder Descendenten ist gültig, natürlich sofern nicht notorische Feindschaft unter ihnen besteht. Es wird ausdrücklich bemerkt, dass hier die Seitenverwandten[2]) und die durch Heirath mit einander verwandten Personen nicht einbegriffen sind. Es kann daher der Bruder für oder gegen seinen Bruder zeugen, der Ehemann für oder gegen die Ehefrau und umgekehrt. Wenn indessen der Ehemann für seine Frau bezeugt, dass X sie der Unzucht beschuldet habe, wird sein Zeugniss (wenigstens nach einer Lehrmeinung) nicht angenommen; gleichfalls wird es nicht angenommen, wenn er wider seine Frau zeugt, dass sie Unzucht begangen habe.

Selbstverständlich kann der Freund für oder gegen seinen Freund Zeugniss ablegen.

Wenn Ahmed in Bagdad einen Civilprocess gegen den in Damascus wohnenden Muhammed anstrengt und das streitige Objekt, z. B. eine Summe Geldes, dem Ahmed zugesprochen wird, so bestimmt der Richter, dass dem Kläger, falls der Verklagte in Bagdad Besitz hat, aus diesem Besitz die fragliche Summe gezahlt wird. Wenn indessen der Verklagte keinen Besitz in Bagdad hat, sondern nur in Damascus, so muss der Richter in Bagdad, der den Process entschieden hat, wenn der Kläger es verlangt, das schriftlich ausgefertigte Urtheil von zwei Zeugen unterschreiben lassen und es an den Richter von Damascus schicken. Damit übernimmt der Richter in Damascus die Verpflichtung, das Urtheil seines Bagdader Collegen zu vollstrecken.

Formular eines solchen Schreibens ausser den Curialien:

---

[1]) Nach der richtigeren Ansicht, obgleich in diesem Falle eventuell eine Zertheilung des streitigen Objektes Statt findet. Nach der anderen Ansicht gilt sein Zeugniss in diesem Falle überhaupt nicht, weil eine Zertheilung des streitigen Objektes vermieden werden soll.

[2]) الحواشى.

„Ahmed, wohnhaft zu Bagdad, ist vor uns erschienen und hat den Muhammed in Damascus wegen 1000 Denare, die er dem Kläger schuldet, verklagt. Der Kläger hat zwei Zeugen gestellt, M und N, die ich als gesetzmässige Zeugen anerkannt habe. Ich habe ausserdem den Kläger seine Aussage durch einen Hülfseid beschwören lassen, und ihm den Gegenstand seiner Forderung zugesprochen. Ich habe ferner die Zeugen X und Y dies Urtheil unterschreiben lassen."

Bedingung ist für diese Unterzeichner des Urtheils, dass der Richter, dem es zur Vollstreckung zugeschickt wird, sie als unbe- 10 scholtene Männer anerkennt, und es genügt nicht, dass der Richter, der das Urtheil gesprochen hat, sie als solche anerkennt.

In einem geschriebenen, von zwei Zeugen unterschriebenen Urtheil ist das Zeugniss der Zeugen in dubio das massgebende. Geht das Schriftstück verloren, so tritt ihr Zeugniss an die Stelle desselben. Wird die Schrift verwischt oder sonst zerstört, wird es nach ihrem Zeugniss wiederhergestellt, und wenn sie behaupten, dass in dem Wortlaut, seitdem sie ihn unterschrieben, etwas geändert worden sei, ist ihre Aussage entscheidend.

Ein Urtheil kann in jede beliebige Ferne verschickt werden; 20 auch das Protokoll einer Beweisaufnahme kann verschickt werden, was indessen nur dann geschehen soll, wenn der betreffende Ort mehr als einen Tagesmarsch entfernt ist,[1] da im Allgemeinen angenommen wird, dass innerhalb einer so geringen Entfernung das Bedürfniss nach einer Verschickung nicht vorliegt. In besonderen Fällen dagegen, wenn z. B. in Folge von Krankheit oder anderen Umständen an dem Gerichtsorte selbst die Beweisaufnahme nicht Statt finden kann, vielmehr an einem weniger als einen Tagesmarsch von dort entfernten Orte Statt finden muss, kann eine Verschickung der Beweisaufnahme von einem Richter zum andern innerhalb dieser 30 Entfernung stattfinden.

Das, was die beiden Zeugen bezeugen sollen, ist das Urtheil über einen Abwesenden. Der Richter liest es in Gegenwart des

---

[1] Die مسافة العدوى Vgl. oben S. 695. Sie heisst so سمّيت كذلك لانّ القاضى يُعْدِى من طلب احضار خصمه منها اى يعينه الى احضاره. Baguri II, 348. 349.

Klagers den beiden Zeugen vor, untersiegelt es und spricht dann:
„Ich bezeuge, dass ich so an den Richter dort und dort geschrieben
habe, wie ihr gehört habt", falls die Zeugen bei dem Urtheilsspruch
nicht zugegen waren. Waren sie aber zugegen, so ist diese Bezeugung durch den Richter entbehrlich. Darauf setzen auch die
beiden Zeugen ihren Namen unter das Urtheil. Ausserdem ubergiebt der Richter ihnen eine nicht untersiegelte Abschrift des Urtheils, damit sie sich dessen nach Bedürfniss bedienen. Wenn aber
der Richter das Urtheil in Gegenwart der beiden Zeugen gefällt
hat, sie indessen das Urtheil nicht unterschreiben lässt, so können 10
sie dennoch im Bedarfsfall als Zeugen des Urtheils fungiren.

Die Abwesenheit des Verklagten kann eine solche sein, dass
er entweder in einem anderen Orte wohnt als in demjenigen, wo
der Kläger wohnt und die Klage anhängig macht; sie kann aber
auch darin bestehen, dass der Verklagte, der in demselben Orte
wohnt wie der Kläger, sich verborgen hält oder zu hochmüthig ist,
um vor Gericht zu erscheinen. In diesem Falle wird das Urtheil
von zwei Zeugen unterschrieben und dann zu geeigneter Zeit dem
Verurtheilten zugestellt.

Ueber den Process gegen einen abwesenden Verklagten wird 20
folgendes bemerkt: Er ist zulässig, wenn der Kläger seine Forderung
beweisen kann und wenn der Verklagte den Anspruch des Klägers
leugnet, sowie auch dann, wenn der Kläger seinen Anspruch beweisen kann, sich aber nicht darüber äussert, ob der Verklagte
seinen Anspruch leugnet oder zugesteht.

Wenn dagegen der Kläger erklärt, dass der Verklagte die
Rechtmässigkeit seines Anspruches anerkennt, wird der Kläger zu
der Beweisführung gegen den abwesenden Verklagten nicht zugelassen, da sie gegenstandslos ist. Wenn aber der abwesende Verklagte an dem Gerichtsorte Besitz hat und der Kläger beweist, dass 30
jener ihm diesen Besitz ganz oder zum Theil schuldet, wenn er
diesen Beweis führt nicht zu dem Zweck, dass der Richter sein
Urtheil an den Richter in den Wohnort des Verklagten verschicke,
sondern damit er ihn aus dem anwesenden Besitz des Verklagten
bezahlt mache, ist eine solche Verhandlung zulässig und rechtskräftig auch dann, wenn von vornherein der Verklagte den Anspruch des Klägers als rechtmässig anerkennt.

Die Verhandlung ist gleichfalls zulässig, wenn der Kläger erklärt, dass der Verklagte zwar seine Forderung anerkenne, sich aber weigere sie zu erfüllen.

Bei einem solchen Contumacialverfahren hat der Richter die Pflicht, für den abwesenden Verklagten einen ex officio · Vertreter[1]) zu bestellen, damit er eventuell für den Verklagten den Anspruch des Klägers als unberechtigt abweist und der letztere negante contrario genöthigt werde seinerseits den Beweis für seinen Anspruch zu erbringen. Nachdem der Kläger den Beweis erbracht und der Richter ihn als verbindlich anerkannt hat, legt er zu grösserer Sicherheit ihm ausserdem noch den *Hülfs-Eid*[2]) auf, d. h. er lässt ihn schwören, dass dem Verklagten die genannte Schuld obliegt und dass er verpflichtet. ist sie zu zahlen. Dies geschieht zum Schutz des abwesenden Verklagten, denn, wenn er zugegen wäre, würde er vielleicht den Anspruch erheben, dass dies oder jenes vorliege oder geschehen sei, was ihn von der Verpflichtung der Zahlung der Schuld an den Kläger entbinden könnte.

Der Hülfs-Eid im Anschluss an die erfolgte Beweisführung des Klägers muss auch dann von ihm geschworen werden, wenn er eine Civilklage gegen ein Kind, einen Geisteskranken oder einen Todten erhebt. Wenn indessen der Verklagte, sei er ein Abwesender, ein Kind, ein Geisteskranker oder ein Todter vor Gericht vertreten ist, so wird die Frage, ob der Kläger den Hülfs-Eid schwören soll, nach dem Belieben des Verklagten entschieden.

Der Hülfs-Eid soll nicht von einem Mandatar, sondern von dem Kläger *in eigener Person* geschworen werden. Wenn daher eine durch einen Mandatar vertretene Partei einen Anspruch gegen eine gleichfalls durch einen Mandatar vertretene Partei (z. B. ein Kind, einen Geisteskranken) erhebt und ihren Anspruch beweist, so soll gewartet werden, bis z. B. das Kind erwachsen, der Geisteskranke wieder gesund ist; darauf soll diese Person den Hülfs-Eid schwören, und nun erst wird das Urtheil gesprochen. Durch ein solches Moratorium entsteht natürlich unter Umständen die Mög-

---

[1]) مُسْتَخَّر.

[2]) يمين الاستظهار. Dieser Eid ist nicht erforderlich, wenn der Verklagte anwesend ist.

lichkeit, dass das Streitobjekt zu Grunde geht. Es ist daher zu unterscheiden: Geht das Objekt durch die Verschiebung des Hülfs-Eides nicht verloren, so ist damit, wie angegeben, zu warten; geht es dagegen während des Moratoriums zu Grunde, so muss das Urtheil sofort gesprochen und von der Ablegung des Hülfs-Eides abgesehen werden.

Was die Befriedigung des durch richterliches Urtheil rechtskräftig gewordenen Anspruches des Klägers betrifft, so bezahlt der Richter, wenn am Gerichtsorte Besitz des Verklagten ist (als eine Art ex officio-Vertreter des Verklagten) die Schuld aus dem an- 10 wesenden Besitz. Wenn dagegen an dem Gerichtsorte irgendwelcher Besitz des Verklagten nicht vorhanden ist, übersendet der Richter auf Verlangen des Klägers die Sache, sei es in Gestalt eines Urtheils, sei es als Protokoll der Beweisaufnahme, an den Richter des Wohnortes des Verklagten, den wir im Folgenden als den *fremden* Richter bezeichnen.

Wenn der erste Richter dem fremden Richter, der etwa zufällig sich im Sprengel des ersten Richters befindet, die Sache mündlich mittheilt, kann der fremde Richter nach der Rückkehr in seinen Sprengel das Urtheil zur Ausführung bringen. Hierzu ist 20 er aber nicht berechtigt, wenn ihm der erste Richter ausserhalb seines eigenen Sprengels die Sache mitgetheilt hat. Wenn die beiden Richter auf der Grenze ihrer Sprengel mit einander sprechen und der erste Richter dem fremden die Sache mittheilt, so muss der fremde Richter sie zur Ausführung bringen. Denn eine solche mündliche Mittheilung ist sicherer als eine mit Zeugenunterschriften versehene schriftliche Mittheilung.

Die Zeugen, welche das zu versendende Urtheil unterschreiben, müssen andere sein als diejenigen, welche eventuell in dem Process als Zeugen fungirt haben.   30

Wenn der Richter sein Urtheil schriftlich einem fremden Richter mittheilt, soll er in einem besonderen Schreiben die Verhandlung, die von ihm geführt worden ist, beschreiben und eine genaue Personalbezeichnung der beiden Parteien hinzufügen.

Nachdem der fremde Richter das Schreiben erhalten, citirt er den Verurtheilten. Wenn nun dieser die ihm imputirte Schuld gegen den Kläger leugnet, so beruft sich der Richter auf die beiden

Zeugen, die das Urtheil unterschrieben haben, und verfügt die Ausführung desselben. Wenn der citirte behauptet, dass er gar nicht
der Verklagte sei, so muss er dies beschwören und damit ist er
ausser Frage, sofern er nicht dem Richter persönlich als derjenige
bekannt ist, der in dem Urtheil genannt wird. Ist er dagegen dem
Richter persönlich bekannt, protestirt aber gegen die Identification,
so nützt es ihm nichts, auch wenn er die Identität durch einen
Eid leugnet, vielmehr hat der Richter zu verfügen, dass der Betreffende den Beweis liefert, dass nicht er der in dem Urtheil des
ersten Richters genannte sei.   10

Hierbei ist in Betracht zu ziehen, ob der Betreffende an dem
Orte Namensvettern hat, ob diese Namensvettern der Zeit und
den Umständen nach mit dem Kläger in Beziehung gestanden
haben konnten oder nicht. Wenn sich nun eine Zweideutigkeit
ergiebt und thatsächlich mehrere Personen desselben Namens vorhanden sind, schreibt der fremde Richter an den ersten Richter
zurück; dieser verlangt von den Zeugen des Urtheils eine präcisere
Personalbeschreibung des Angeklagten, und sendet dem fremden
Richter einen zweiten Bericht. Ist der Verurtheilte nicht mit Sicherheit zu ermitteln, wird die Ausführung des Urtheils bis auf Weiteres 20
sistirt.

Das Objekt des schriftlich mitgeteilten Urtheils kann nun nicht
allein (wie bisher angenommen) Geld und Gut sondern auch
eine Strafe, d. h. eine auf Grund eines *menschlichen* Unrechts verhängte Strafe sein, z. B. die talio für ein Blutverbrechen (Buch VI,
I, § 5—10) oder die Strafe für Verleumdung (Buch VI, II, § 6—8).
Dagegen kann eine Strafe, die verhängt wird in Folge der Verletzung
eines *göttlichen* Rechtes, nicht in contumaciam verhängt, also auch
nicht schriftlich dem fremden Richter zur Ausführung mitgetheilt
werden. Der Grund dieser Unterscheidung ist der, dass Gott im 30
Allgemeinen geneigt ist von seinen Rechten abzulassen, während
der Mensch nach seiner Natur auf seinem Rechte besteht.

In Betreff des Formulars des schriftlich mitzutheilenden Urtheils
ist folgendes zu bemerken: Der Richter braucht, wenn der Beweis
durch zwei Zeugen erbracht worden ist, die Namen dieser Process-
Zeugen nicht anzugeben. Wenn dagegen der Beweis durch einen
Zeugen und einen Eid erbracht ist, muss der Richter den Namen

des Zeugen und einen Bericht über diesen Beweis beifugen, weil der fremde Richter möglicher Weise diesen Beweis nicht als vollgültig ansieht.

Wenn der Richter das Protokoll einer Beweisaufnahme verschickt, muss er die Namen der beiden Processzeugen angeben, wenn er ihre Unbescholtenheit nicht ermittelt hat. Wenn er sie dagegen als unbescholten ermittelt hat, kann er nach Belieben ihre Namen angeben oder weglassen.

Die Versendung des Protokolls einer Beweisaufnahme an den fremden Richter überträgt auf ihn die Pflicht das Urtheil zu sprechen 10 und zu vollstrecken.

Für die Zeugen, welche das schriftlich mitzutheilende Urtheil unterschreiben, ist es wesentlich, dass der fremde Richter auf eigene Verantwortung ihre Unbescholtenheit constatirt und eventuell anerkennt.

§ 12. Das Gesetz hat besondere Bestimmungen über *die Auftheilung*[1]) und *den Auftheiler*[2]) vorgesehen, damit gemeinsamer Besitz, sei es in Folge eines richterlicher Urtheils, sei es in Folge privater Uebereinkunft rechtmässig vertheilt und die einzelnen Theile richtig bemessen und abgegrenzt werden. Die hier zu er- 20 ledigenden Aufgaben fallen zum grossen Theil in das Ressort des amtlichen Geometers. Die einzelnen Bestimmungen beziehen auf

den Austheiler,
das Theilungsobjekt,
die Theilbesitzer.

Bei der Theilung *in Folge gütlichen Einvernehmens* der Mitbesitzer, einerlei ob Gleichtheilung, Werththeilung oder Theilung mit Entschädigung (s. weiter unten S. 720) ist erforderlich, dass, *falls sie die Methode der Theilung durch das Loos wählen*, nach erfolgter Ausloosung jeder einzelner deutlich erklärt, dass er mit dem ihm 30 zugefallenen Loose einverstanden sei. Dies Einverständniss ist indessen nicht erforderlich bei einer *obligatorischen* Auftheilung, welche eine Gleichtheilung oder eine Werththeilung sein kann (denn

---

[1]) القِسمة.

[2]) القِسّام.

die *Theilung mit Entschädigung* ist niemals obligatorisch, sondern stets fakultativ).

Wenn bei einer fakultativen Theilung die Parteien *einen anderen Zutheilungsmodus als das Loos* wählen, bedarf es keiner nachträglichen Einverständnisserklärung.

Wenn nach erfolgter Auftheilung ein Unrecht oder ein Versehen in dem Verfahren nachgewiesen wird, so ist zu unterscheiden:

a) *Null und nichtig* ist in diesem Fall die auf gütlicher Vereinbarung beruhende Auftheilung, sowie die obligatorische Aufthei-   10 lung, falls sie eine Gleichtheilung war. Es muss demnach ein neues Auftheilungsverfahren eingeleitet werden.

Kann indessen der Kläger den genannten Beweis nicht erbringen, wohl aber beweisen, *was* er zu beanspruchen hat und dass das ihm durch die Austheilung zugewiesene seinem rechtmässigen Anspruch nicht entspricht, so kann er verlangen, dass seinem Partner (eventuell seinen Partnern) der Eid auferlegt wird, ein Eid des Inhalts, dass die Vertheilung rechtmässig (ohne Betrug und Irrthum) ausgeführt worden sei. Dagegen kann er nicht verlangen, dass dieser Eid dem amtlichen Auftheiler oder dem Richter auf-   20 erlegt wird.

b) *Bestehen bleibt* eine Werththeilung, sowie eine Theilung mit Entschädigung. Denn diese Theilungsarten werden wie eine Art von Kauf und Verkauf angesehen, bei der jede Partei für ihr Interesse wachen muss.

Wenn nach erfolgter Vertheilung eines Objektes (z. B. eines grösseren Grundbesitzes) sich herausstellt, dass es belastet ist, so ist zwischen folgenden Fällen zu unterscheiden:

a) Wenn der belastete Theil *individuell* bestimmt[1]) und die Belastung der Mitbesitzer eine verschiedene ist, ist die Auftheilung   30 null und nichtig und tritt das frühere Verhältniss des gemeinsamen Besitzes wieder in sein Recht.

b) Wenn die Belastung im Allgemeinen auf einem Bruchtheil des Besitzes liegt (wenn z. B. die Hälfte des Gutes mit Steuer-

---

[1]) Wenn z. B. belastet ist nicht *ein Drittel* oder *ein Zehntel*, sondern das *Feld X* oder *die Wiese Y*.

rückständen belastet ist, insofern nur die Hälfte der Steuern gezahlt worden war), oder aber wenn der belastete Theil *individuell*
bestimmt ist, indessen die Belastung von den Mitbesitzern zu gleichen
Theilen zu tragen war, so wird die Auftheilung nur soweit annullirt,
als sie den belasteten Theil betrifft, dagegen bleibt sie zu Recht
bestehen, soweit sie den nicht belasteten Theil betrifft[1]).

Die Detailbestimmungen dieses Paragraphen beziehen sich nur
auf den amtlichen Austheiler, der vom Richter ernannt wird.
Vgl. § 13.

Auch der Landesfürst kann einen Austheiler ernennen. Wenn
dieser das Amt nicht umsonst übernehmen will, wird er aus dem
Fiscus besoldet, wenn der Fiscus viel Geld hat; anderen Falls ist
der Austheiler von den Theilbesitzern zu entschädigen. Jeder
einzelne Theibesitzer kann dem Austheiler zahlen, was er will, auch
über das Durchschnittshonorar hinaus, und dabei ist es einerlei, ob
sie zugleich mit ihm unterhandeln, oder einer nach dem anderen.

Wenn sie gemeinschaftlich ihm ein Gesammthonorar bestimmen,
so ist es über die Antheile, wie sie nach erfolgter Austheilung
jedem einzelnen Besitzer zugewiesen werden, zu repartiren. Wenn
z. B. A und B einen Acker gemeinsam besitzen und der Auftheiler
den Boden so abschätzt, dass das eine Drittel des Ackers ebenso
viel werth ist, wie die beiden anderen zwei Drittel, so zahlt derjenige, der das eine Drittel bekommt, ein Drittel, der Andere zwei
Drittel des Honorars. Denn die Arbeit des Geometers wird nicht
durch die Güte, sondern durch den Umfang des Ackers bedingt.
Ist das Honorar nicht vorher ziffernmässig festgestellt, ist eventuell
das Durchschnittshonorar zu entrichten.

Der Austheiler muss als Rechner und Geometer gebildet,
ausserdem rechtschaffen, mit Gehör, Gesicht, Sprache und gutem
Gedächtniss begabt sein. Es ist wünschenswerth, dass er auch den
Aufgaben der Bonitirung gewachsen sei; ist er es nicht, so muss
er zwei unbescholtene sachkundige Männer zu Rathe ziehen.

---

[1]) Durch diese der Einleitung zu den § 12—15 entnommenen
Bemerkungen hat Baguri, wie es seine Methode ist, der folgenden
Commentirung des Inhalts derselben schon in mehreren Stücken
vorgegriffen.

§ 13. Wenn Privatpersonen sich einen Auftheiler bestellen, sind sie an die Bestimmungen von § 12 nur insoweit gebunden, als der Betreffende unter allen Umständen verantwortungsfähig und unbescholten sein muss.

Wenn zwei z. B. über einen gemeinsamen Grundbesitz streitende Parteien sich einen Schiedsmann wählen und ihm die Entscheidung über die vorzunehmende Theilung übertragen, muss dieser[1]) sämmtlichen Anforderungen des § 12 entsprechen.

Es giebt drei Arten der Theilung:

        a) die Gleichtheilung,   10

        b) die Werththeilung,

        c) die Theilung mit Entschädigung.

Ad a: Der Gemeinbesitz wird in quantitativ gleiche Theile, die zugleich dem Werthe nach gleich sind, zerlegt, wie z. B. fungible Objekte nach Hohlmaass, Gewicht, Längenmaass oder Zahl in beliebig viele gleiche Theile getheilt werden. Diese Trennung ist aber auch auf nicht-fungible Objekte, sofern sie in äusserer Form und Werth einander gleich sind, anwendbar, ferner auf ein Haus, das in allen seinen Theilen gleich construirt ist, auf ein Stück Land, das in allen seinen Theilen von gleicher Beschaffenheit ist. 20 Die Trennung ist eine räumliche Sonderung der Rechte der einzelnen Mitbesitzer[2]).

Nach Herstellung der einzelnen Theile wird die Zuweisung derselben an die einzelnen Mitbesitzer durch das Loos entschieden, und dieser Entscheidung muss sich jeder von ihnen fügen. Indessen steht es ihnen frei ohne die Entscheidung des Looses anzurufen, durch gütliches Uebereinkommen über die Zuweisung der einzelnen Theile zu entscheiden.

Der Auftheiler nimmt so viele Zettel als Mitbesitzer oder Antheile vorhanden sind, und beschreibt jeden Zettel mit dem Namen 30 eines Mitbesitzers oder mit der Bezeichnung eines Antheils, die von der erforderlichen Deutlichkeit sein muss. Er wickelt diese Zettel um kleine Kügelchen von Thon oder Wachs oder dergleichen. Dies geschieht in Abwesenheit derer, die das Loos ziehen sollen. Sie

---

[1]) مُتَحَكَّمُهُمْ.

[2]) قسمة الإفراز.

werden nunmehr hereingerufen, und die Reihenfolge, in der sie das
Loos ziehen, ist von dem Auftheiler zu bestimmen. Dabei muss,
sofern es sich um Immobiliarbesitz handelt, der Auftheiler das Loosziehen so gestalten, dass die Zerreissung je eines Antheils in
zwei oder mehrere nicht zusammenhängende Theile vermieden
wird[1]). Wenn z. B. drei Personen das Loos ziehen sollen, von
denen der eine zwei Theile des Ackers, die beiden anderen jeder
nur einen Theil zu beanspruchen hat, muss das Loosziehen in der
Weise erfolgen, dass die beiden Antheile, die dem erst genannten
Mitbesitzer zufallen, an einander grenzen.   10

Ad b: Die Werththeilung[2]) besteht darin, dass Theile hergestellt werden, die *ihrem Werthe nach* gleich sind. Wenn ein
Stück Land, das in verschiedenen Theilen von verschiedenem Werthe
ist, sei es wegen der grösseren oder geringeren Fruchtbarkeit des
Bodens, sei es wegen der grösseren oder geringeren Nähe zum
Wasser, unter zwei Mitbesitzer, die es *zu gleichen Theilen* besitzen,
aufzutheilen ist, hat der Auftheiler etwa in der Weise zu verfahren,
dass er das Land z. B. in drei Theile zertheilt, von denen der eine
im Werthe den zwei anderen gleich ist. Dies ergiebt zwei Par-
cellen, welche durch das Loos den Besitzern zugewiesen werden. 20
Sie sind zur Annahme der Entscheidung des Looses verpflichtet.
Theoretisch wird diese Art der Theilung als ein Zwangs-Verkauf,
ein Zwangs-Austausch angesehen, ebenso wie die dritte Art der
Theilung sub c.

Wenn es möglich ist, dass der gute und der minderwerthige
Theil des Besitzes jeder besonders aufgetheilt wird, kann der einzelne Mitbesitzer gegen die Werththeilung protestiren und verlangen,
dass auf jeden der beiden Theile die Gleichtheilung angewendet
wird, also zwei Gleichtheilungen Statt finden anstatt einer einzigen
Werththeilung.   30

Dagegen ist die Werththeilung obligatorisch für solchen beweglichen Besitz einer und derselben Species, dessen einzelne Theile
nach der Auftheilung keinen anderen Werth bekommen, als sie
vorher hatten, wie z. B., wenn drei Negersklaven, von denen der

---

[1]) اجتناب التفريق.

[2]) قسمة التعديل.

eine 100, die beiden anderen nur je 50 Denare werth sind, unter zwei Herren vertheilt werden sollen. Dagegen in folgenden Fällen ist keiner der Mitbesitzer gezwungen die Werththeilung anzunehmen, sondern kann die Gleichtheilung verlangen:

1. Wenn der bewegliche Besitz verschiedenen Species von fungiblen Dingen angehört, wie z. B. drei Sklaven, von denen der eine ein Türke, der andere ein Inder, der dritte ein Neger ist, oder Kleider aus Seide, aus Leinwand und aus Baumwolle;

2. wenn der bewegliche Besitz einer und derselben Species angehört, seine einzelnen Theile jedoch unter einander verschieden 10 sind, wie z. B. zwei Schafe, ein syrisches und ein ägyptisches;

3. wenn der bewegliche Besitz einer und derselben Species angehört, seine Theile zwar nicht im Wesen von einander verschieden sind, er aber so beschaffen ist, dass ein Gemeinbesitz an demselben unter allen Umständen bestehen bleibt, wie z. B. zwei Sklaven A und B, die so beschaffen sind, dass $^2/_3$ von A ebenso viel werth sind, wie das übrige Drittel von A plus dem ganzen B. In allen 3 Fällen können die einzelnen Objekte ganz verschiedenen Zwecken dienen.

Die Werththeilung ist obligatorisch, z. B. für mehrere kleinere, 20 mit einander zusammenhängende Ladenräume, von denen der einzelne nicht theilbar ist. Dagegen ist sie nicht obligatorisch für solche kleine oder grosse Räume, die nicht mit einander zusammenhängen, weil diese Objekte nach Lage und Bauart ganz verschiedenen Zwecken dienen können.

Für die Ausführung der Gleichtheilung genügt ein einziger Auftheiler. Dagegen müssen überall, wo eine Werthabschätzung erforderlich ist, wie bei der Werththeilung und bei der Theilung sub c), mindestens zwei Auftheiler hinzugezogen werden. Vgl. § 14.

Ad c: Ist ein Feld zu gleichen Theilen unter zwei Mitbesitzer 30 zu theilen, das in einem Theil einen Brunnen, einen Baum oder ein Gebäude, ein untheilbares Objekt, hat, so wird das Feld in zwei Parzellen getheilt, und derjenige, der durch das Loos die Parzelle mit dem Brunnen, dem Baum etc. bekommt, hat dem anderen Besitzer die Hälfte des Brunnens als Entschädigung zu zahlen. Ist dagegen das Objekt theilbar, so hat jeder Mitbesitzer das Recht nicht bloss die Gleichtheilung des Ackers, sondern auch des anderweitigen darauf befindlichen Besitzes (z. B. einer Waldung) zu verlangen.

Diese Theilung mit Entschädigung[1]) kann stets nur mit Einwilligung sämmtlicher Mitbesitzer Statt finden; sie ist ausgeschlossen, solange einer von ihnen dagegen protestirt.

§ 14. Die Bestimmung dieses Paragraphen bezieht sich auf die Werththeilung und auf die Theilung *mit Entschädigung*, während Ibn Ḳâsim sie auf die letztere Art Theilung beschränkt. Indessen wenn der Landesfürst oder der Richter einen Auftheiler als einen Experten zugleich mit der Abschätzung beauftragt, kann dieser auch die Werthabschätzung aus eigener Vollmacht vornehmen, wie es ihm andrerseits freisteht, zunächst das Objekt durch zwei unbescholtene Männer abschätzen zu lassen und daraufhin seinerseits die Auftheilung vorzunehmen.

Wenn also eine mit einer Abschätzung verbundene Auftheilung von einem einzigen *amtlichen* Auftheiler erledigt werden kann, so gilt das gleiche für den Fall, dass die Mitbesitzer durch privates Uebereinkommen sich einen Auftheiler bestellen.

§ 15. Wenn der Gemeinbesitz ein solches Objekt ist, das ohne Schaden nicht getheilt werden kann, wie z. B. ein kleines Bad, eine kleine Mühle, aus dem man nicht, ohne es zu zerstören, zwei machen kann, so kann die Auftheilung, wenn einer der Mitbesitzer dagegen protestirt, nicht Statt finden. § 15 ist nur anwendbar auf die Gleichtheilung und die Werththeilung, da die Theilung *mit Entschädigung* unter allen Umständen nur mit Einwilligung sämmtlicher Mitbesitzer Statt finden kann.

Wenn von zwei Mitbesitzern eines Hauses A ein Zehntel hat, das an und für sich unbewohnbar ist, während dem B die übrigen neun Zehntel, eine bewohnbare Wohnung, gehören, und nun B die Auftheilung verlangt, so *muss* A seine Einwilligung geben. Wenn dagegen A die Auftheilung verlangt, kann B nicht gezwungen werden dazu seine Einwilligung zu geben; er würde nur dann dazu gezwungen werden können, wenn das Zehntel des A bewohnbar wäre *oder* durch Bebauung des angrenzenden Terrains zu einer bewohnbaren Wohnung ausgebaut werden könnte. In diesem Falle ist die

---

[1]) قسمة الرّدّ.

46*

Zutheilung der beiden Theile durch das Loos unzulässig; vielmehr muss von vornherein bestimmt werden, dass demjenigen, dem das an das Hauszehntel angrenzende Terrain gehört, das Hauszehntel zugesprochen wird, damit eine schädliche Zersplitterung des Besitzes´ vermieden wird.

Wie man ein Objekt nicht theilen soll, dessen Zertheilung die Nutzbarkeit desselben vollständig aufheben würde, so soll man auch ein solches nicht theilen, dessen Nutzbarkeit durch die Theilung erheblich verringert wird, wie z. B. ein Schwert. Doch kann der amtliche Auftheiler oder eventuell der Richter eine solche Zertheilung, wenn die Parteien sie wünschen, immerhin gestatten, wie er z. B. gestatten kann, dass sie eine Mauer umreissen, um sich das Baumaterial zu theilen. Wenn indessen der Gegenstand durch die Theilung vollständig vernichtet würde, wie z. B. ein Edelstein, so hat der amtliche Auftheiler oder eventuell der Richter ein solches Verfahren als eitel Thorheit zu verbieten.

Wenn nach erfolgter obligatorischer oder fakultativer Theilung *in gleichen Theilen* eine der Parteien behauptet und den Beweis liefert, dass bei der Theilung ein Fehler oder eine Ungerechtigkeit geschehen sei, so wird die Theilung aufgehoben. Kann der Kläger seine Behauptung nicht beweisen, so kann er verlangen, dass der Gegenpartei (nicht dem amtlichen Auftheiler) der Eid aufgetragen wird. Wenn diese sich weigert zu schwören, wird ebenfalls die Theilung annullirt (Minhâg III, 398). Uebrigens giebt es eine andere Ansicht, nach der auch dann die Theilung annullirt werden muss, wenn der Kläger seine Behauptung, dass Betrug oder Irrthum vorgekommen sei, nicht beweisen kann.

Wenn die Mitbesitzer eines gemeinsamen Besitzes sich einigen die Theilung vorzunehmen, so ist das bekanntlich zulässig. Wenn nun einer von ihnen die Theilung vornimmt in Abwesenheit der anderen und sich seinen Antheil appropriirt, so ist das gültig, wenn die anderen es genehmigen, und vom Datum ihrer Genehmigung ab. Wenn aber Leute, die eine solche private Theilung miteinander vorgenommen haben, nachträglich vom Richter eine Bestätigung ihres Besitzrechts auf die einzelnen Parzellen verlangen, so darf der Richter dies nur dann thun, wenn jeder einzelne sein Besitzrecht vorschriftsmässig, d. i. durch das Zeugniss *zweier* Männer oder das

Zeugniss *eines* Mannes und zweier Weiber beweisen kann, wobei es einerlei ist, ob das fragliche Besitzrecht von anderer Seite angefochten wird oder nicht. Nach anderer Ansicht soll der Richter die Sache auch dann annehmen und untersuchen, wenn die Parteien ihre Besitzrechte nicht beweisen können.[1])

§ 16. Die Lehre vom Processverfahren bezieht sich auf fünf Gegenstände:

> Die Klage oder Forderung,
> den Beweis,
> die Antwort der Gegenpartei, sei sie ein Geständniss oder eine Leugnung,
> den Eid, und
> die Ablehnung des Eides.

Der Beweis ist entweder:

> Die Aussage zweier Männer
> oder die Aussage eines Mannes und zweier Weiber.

Eventuell kann der Richter auch die Aussage *eines* Zeugen und einen Eid als Beweis gelten lassen. Die Zeugen müssen dem Richter als unbescholten bekannt sein; ist das nicht der Fall, so ist er verpflichtet ihre Unbescholtenheit constatiren zu lassen, selbst dann wenn die Gegenpartei gegen die Zeugen nichts einzuwenden hat. Denn die Unbescholtenheit der Zeugen oder eventuell die Constatirung derselben gehört zu den Anrechten Gottes.

Der Fordernde darf sich erst dann des von ihm geforderten Objektes bemächtigen, nachdem der Richter oder sein Beauftragter es ihm durch richterliches Urtheil zugesprochen hat, sofern der Fordernde z. B. das Blutgeld für Mord, Todschlag oder Verwundung fordert, oder die Bestrafung eines Verleumders, die Lösung einer Ehe in Folge der eidlichen Ehebruchsanklage des Ehemannes (Buch I, § 41—44); wenn eine Ehefrau die Lösung ihrer Ehe in Folge eines Abstinenzschwures ihres Mannes verlangt (Buch I, § 38), wenn Jemand die Vollziehung eines Ehevertrages fordert oder wenn er nach einer redintegrirbaren Scheidung die Rückkehr der geschiedenen Frau in die Ehe verlangt (sie reklamirt, s. Buch I § 36). Wenn indessen Jemand, der das Anrecht auf ein Blutgeld

---

[1]) Elkhaṭīb II, 289; Nihâje VIII, 124. 125.

hat, sich ohne richterlichen Spruch in den Besitz desselben setzt, so
ist eine solche That zwar verboten, bleibt aber zu Recht bestehen,
nur ist dann der betreffende von dem Richter mit einer nach dessen
Ermessen zu bestimmenden Strafe zu bestrafen, da er sich über den
Richter hinweggesetzt hat.

Wenn Jemand dagegen ein Anrecht auf ein bestimmtes Objekt,
eine Schuld oder einen Nutzen hat, darf er sich eventuell nach
Maassgabe folgender Bestimmungen auch ohne richterliches Urtheil
in den Besitz des Geforderten setzen:

Wenn Jemand das Recht auf eine *Sache* hat, die aus irgend 10
einem Anlass, z. B. in Folge einer Usurpation in der Hand eines
Anderen ist, so darf er sie ohne richterliches Urtheil dem faktischen
Inhaber abnehmen und sich ihrer bemächtigen. Wenn er indessen
befürchtet, dass aus diesem Vorgehen irgend ein Nachtheil erwachsen könne, soll er die richterliche Entscheidung anrufen.

Ist das Objekt der Forderung *eine Schuld*, so ist zu unterscheiden:

Wenn der Schuldner bereit ist, zu zahlen, darf der Gläubiger
sich nicht des Objektes seiner Forderung bemächtigen, ohne vorher
den Schuldner um die Zahlung ersucht zu haben. Thut er es ohne
solches vorhergehendes Ersuchen, so geht das Objekt nicht in seinen 20
Besitz über, vielmehr ist er verpflichtet es zurückzugeben und Ersatz zu leisten, falls es bei ihm Schaden leidet oder zu Grunde geht.

Wenn der Schuldner sich weigert, zu zahlen, obwohl er die
Schuld anerkennt, darf der Gläubiger sich eines Objektes von dem
Genus und der Species seiner Forderung bemächtigen; es wird sein
Besitz durch die Thatsache der Besitzergreifung und er bedarf für
sein Besitzrecht keiner auszustellenden Urkunde.

Liegen die Verhältnisse so, dass der Gläubiger nicht ein Objekt von dem Genus seiner Forderung oder zwar ein Objekt von
dem Genus, nicht aber von der Species desjenigen, was er zu for- 30
dern hat, dem Schuldner abnehmen kann, so nimmt er, was er bekommen kann, in erster Linie Courant-Geld, sonst etwas anderes,
verkauft es und macht seine Forderung aus dem Erlös bezahlt.
Denn wenn er seine Forderung bei dem Richter anhängig machte,
würde er viel Mühe, Zeit und Geld verlieren, sofern er keinen Beweis für seine Forderung hat. Wenn er dagegen den Beweis hat,

ist eine solche Schwierigkeit nicht vorhanden; er legt den Beweis dem Richter vor und mit dessen Genehmigung, und nicht ohne dieselbe, darf er das saisirte Gut verkaufen.

Der Gläubiger darf das saisirte Gut nur gegen Landesmünze versteigern. Ist es von dem Genus dessen, was er zu fordern hat, so erwirbt er es ohne Weiteres zu seinem Besitz; gehört es einem anderen genus rerum an, so kauft er sich aus dem Erlös der Versteigerung ein Objekt von dem genus rerum, das er zu fordern hat, das damit in seinen Besitz übergeht.

Der Gläubiger darf nicht mehr saisiren, als er zu fordern hat, sofern eine solche Beschränkung praktisch ausführbar ist. Ist das nicht möglich, so darf er auch mehr nehmen, als ihm zukommt, ohne für dies Zuviel zu haften, muss aber, nachdem er sich bezahlt gemacht, den übrig bleibenden Rest dem Schuldner zurückgeben.

Es steht dem Gläubiger frei das Gut des Schuldners seines Schuldners zu saisiren, falls er das Gut seines Schuldners nicht erreichen kann und der Schuldner seines Schuldners sich weigert seine Schuld zu zahlen.

Es steht ferner dem Gläubiger frei, falls er nicht auf andere Weise seinen Gläubiger erreichen kann, seine Thür einzubrechen oder ein Loch in die Mauer seines Hauses zu brechen. Für den dadurch verursachten Schaden haftet der Gläubiger nicht. Voraussetzung ist aber hierbei, dass das Haus Besitz des Schuldners ist und dass nicht ein Recht daran haftet, das nicht durch die Willensäusserung des einen Contrahenten aufgehoben werden kann, dass also z. B. das Haus nicht verpfändet oder vermiethet ist.

Alles dies gilt von der Schuld eines Menschen gegen einen Menschen. Was aber ein Mensch *an Gott* zu zahlen hat, wie z. B. die Armensteuer, kann ihm nicht von irgend einem Empfangsberechtigten, wenn er sich weigert es zu zahlen, mit Gewalt abgenommen werden.

Was die Forderung eines *Nutzens* betrifft, so gelten für sie dieselben Bestimmungen wie für die Forderung *eines individuell bestimmten Objektes (res individualis)*. Der Gläubiger kann sich ohne richterlichen Spruch in den Genuss desselben setzen, wenn er nicht fürchtet, dass daraus Nachtheile entstehen. Letzteren Falls muss er die richterliche Entscheidung anrufen.

Bezieht sich die Nutzniessung *auf eine nicht individuell bestimmte Sache (res generalis)*, so gelten dieselben Bestimmungen wie für die Forderung einer Schuld. Wenn der Schuldner bereit ist, die Schuld zu zahlen, darf sich der Gläubiger, nachdem er den Schuldner um die Zahlung ersucht, in den Genuss derselben setzen. Wenn aber der Schuldner die Zahlung verweigert, so darf der Gläubiger sich auf gleiche Weise in den Genuss des Geforderten setzen, wie er sich den Besitz der ihm zuständigen *Schuld* selbst 10 verschaffen darf.

§ 17. Wenn der Kläger nicht seinen Beweis führen kann, d. h. wenn er entweder keine Zeugen hat oder nur solche, welche der Richter ablehnt, wird dem Verklagten der Eid (der Reinigungseid) aufgegeben. Wenn er ihn schwört, ist der Kläger abgewiesen. Auszunehmen sind hiervon zwei Processe, welche durch den Eid des Klägers entschieden werden:

a) Die eidliche Ehebruchsanklage (Buch I, § 41—44).

b) Der Blutprocess, der, wenn die Wahrscheinlichkeit für den Kläger spricht, durch dessen fünfzigfachen Eid[1]) entschieden wird. 20 Vgl. die Anmerkungen zu Buch VI, I, § 22.

Wenn dem Verklagten der Eid aufgegeben wird, wird ihm kein Aufschub gewährt, es sei denn mit specieller Erlaubniss des Klägers.

Wenn der Verklagte mit geziemendem Grunde um Aufschub bittet zu Beginn seiner Vertheidigung, nachdem also die Anklage vorgetragen ist, kann ihm der Richter, wenn er will, einen Aufschub bis an das Ende der betreffenden Gerichtssitzung gewähren.

Wenn der Verklagte um Aufschub bittet, nachdem der Kläger seinen Beweis erbracht hat, entweder um sich die nöthigen Zahlungs- 30 mittel oder Entlastungsmaterial zu beschaffen, gewährt ihm der Richter einen Aufschub von drei Tagen.

Der Eid des Verklagten entscheidet den Process, macht aber keineswegs den Anspruch des Klägers hinfällig, so dass es diesem

---

[1]) القَسَامَة.

frei steht späterhin seine Forderung noch einmal anhängig zu machen.

Wenn derjenige, dem der Eid aufgetragen wird, sich mit Vergesslichkeit entschuldigen will, hat der Richter auf diesen Einwand keine Rücksicht zu nehmen.

Ibn Ḳâsim erklärt den Kläger als denjenigen, dessen Aussage mit den thatsächlichen Verhältnissen, wie sie sich äusserlich darstellen, nicht übereinstimmt, den Verklagten als denjenigen, dessen Aussage mit den Verhältnissen, wie sie sich äusserlich darstellen, übereinstimmt. Wenn zwei christliche Eheleute *vor* der Cohabitation zum Islam übertreten und der Mann behauptet, dass sie *zugleich* übergetreten seien, während die Frau behauptet, sie seien *nach einander* übergetreten (in jenem Falle bleibt die Ehe bestehen, in diesem ist sie null und nichtig), so gilt nach einer Ansicht *er* als der Kläger, weil es das wahrscheinlichere ist, dass nicht beide zugleich den Islam angenommen. Es würde also der Frau der Eid aufzugeben sein; und wenn sie ihre Aussage beschwört, ist die Ehe annullirt. Nach anderer Ansicht — und diese ist als die bessere anzusehen — gilt die Frau als die Klägerin; daher muss der Mann seine Aussage beschwören. Und wenn er es thut, bleibt die Ehe zu Recht bestehen.

Wenn dem Verklagten der Eid aufgegeben wird und er sich weigert zu schwören, hat der Richter ihn auf die Bedeutung der Sache, auf die Folgen seiner Weigerung aufmerksam zu machen. Wenn der Verklagte nach der ersten Weigerung sich eines anderen besinnt, darf er noch zum Eid zugelassen werden, vorausgesetzt, dass nicht seine Weigerung bereits constatirt (und zu Protokoll gegeben) ist. Aber selbst dann kann er, wenn der Kläger damit einverstanden ist, immer noch zum Eid zugelassen werden.

Wenn der Verklagte sich weigert den Eid (Reinigungseid) zu schwören, muss er dies in klaren Worten aussprechen. Indessen wenn der Verklagte hartnäckig schweigt, gilt auch dies als eine Weigerung. Wenn darauf der Richter zu dem Kläger spricht: „Nun schwöre du", so gilt das als Constatirung der Weigerung des Verklagten.

Wenn dem Verklagten oder dem Kläger der Eid aufgegeben wird, haben sie stets den *schweren* Eid zu schwören (s. Minhâg III,

30, 31), nämlich in allen Processen, deren Objekt nicht Geld und Gut ist, wie in solchen, welche sich auf eine Ehescheidung oder auf einen Ehevertrag beziehen, aber auch in solchen Processen, deren Objekt einen nur geringen materiellen Werth repräsentirt, z. B. die niedrigste Stufe der Armensteuer[1]); ferner in dem Falle, wenn der Richter den Eindruck hat, dass der betreffende vor der Heiligkeit des Eides nicht den gehörigen Respekt hat. Die Erschwerung oder Verschärfung des Eides besteht darin, dass er zu einer besonderen Zeit oder an einem besonders heiligen Orte (z. B. in der Moschee) geschworen wird und dass dem Namen Gottes weitere heilige Namen und Epitheta beigefügt werden. Beispiel: „Ich schwöre bei Gott, ausser dem es keinen Gott giebt, dem Kenner des Abwesenden und Gegenwärtigen, dem Barmherzigen und Gnädigen, der das Geheime wie das Offenbare kennt."

Ein Jude schwört bei Gott, „der die Thora dem Moses geoffenbart und ihn vor dem Ertrinken (im Rothen Meer) gerettet hat", ein Christ bei Gott, „der das Evangelium dem Jesus geoffenbart", ein Parse oder Götzenanbeter bei Gott, „der ihn geschaffen und gebildet hat".

Zu der Verschärfung des Eides gehört auch, dass dem Muslim der Koran in den Schooss gelegt und ihm Sure 10 gezeigt wird; er muss seine Hand darauf legen und nun liest ihm der Richter Sure 3, 71 vor.

Der Richter darf Niemanden einen Eid betreffend die gewöhnliche Form der Ehescheidung (Entlassung der Frau durch den Mann, s. Buch I § 29—37), Freilassung oder ein Gelübde schwören lassen. Ein Richter, der dies thut, soll abgesetzt werden.

Maassgebend für den Eid ist die Auffassung des Richters oder

---

[1]) Der الزكوة نصاب ist die niedrigste Grenze des Besitzes, auf dem eine Verpflichtung zur Zekât-Leistung ruht, z. B. 5 Kamele, 30 Stück Hornvieh, 40 Stück Kleinvieh, 20 Mithḳâl Gold, 200 Dirhem Silber, 4 Wask Korn oder Frucht. Das nähere s. in dem Kapitel über den Zekât, z. B. bei Ibn Ḳâsim, ed. van den Berg S. 222 ff. Praktische Bedeutung hat meines Wissens von der ganzen Zekât-Gesetzgebung nur noch das von der Religion und guten Sitte geforderte *Zekât-elfiṭr*, d. i. ein nach dem Ende des Fastenmonats Ramaḍân zu vertheilendes Almosen, s. Ibn Ḳâsim a. a. O. S. 245.

des von den Parteien gewählten Schiedsmannes, nicht die Auffassung dessen, der ihn geschworen hat. Eine *reservatio mentalis* schützt nicht vor den Folgen des Meineids, ausser in folgenden vier Fällen:

a) Wenn der Verklagte vor dem Kläger (nicht vor dem Richter) schwört, ist die reservatio mentalis zulässig.

b) Ebenfalls, wenn Jemand schwört, bevor ihn der Richter oder der von den Parteien gewählte Schiedsmann dazu aufgefordert hat.

c) Ebenfalls, wenn sich der Eid bezieht auf die gewöhnliche 10 Form der Ehescheidung (den Talâḳ) oder auf die Freilassung.

d) Wenn der Schwörende die Wahrheit schwört, darf er sich dabei eine reservatio mentalis erlauben. Beispiel: Der Gläubiger eines Unbemittelten verlangt von ihm sofortige Zahlung seiner Schuld, der Schuldner weigert sich und schwört „Der Gläubiger hat kein Recht gegen mich", indem er meint „in diesem Moment", so ist das nicht Meineid, weil der Gläubiger momentan nichts von ihm fordern kann, da er unbemittelt ist.

Anderes Beispiel: A behauptet, B habe etwas (ein Pferd) von seinem (des A) Besitz ohne seine Erlaubniss an sich genommen, 20 und fordert Rückgabe, während thatsächlich B das Pferd genommen hat, weil A ihm etwas schuldig ist. B verweigert die Rückgabe und A verlangt von dem Richter, dass er den B schwören lasse, *er habe nichts von A's Besitz ohne dessen Erlaubniss genommen.* Der Richter verfügt demgemäss, und B schwört nun, dass er nichts von A's Besitz ohne dessen Erlaubniss genommen habe, indem er dem Ausdruck: „ohne dessen Erlaubniss (Ermächtigung)" den Sinn „ohne Berechtigung" unterlegt. Der schwörende wird hierdurch nicht meineidig.

Wenn der Verklagte sich weigert, den Reinigungseid zu 30 schwören, wird dem Kläger aufgegeben seine Aussage zu beschwören (der Klägereid[1])). Wenn der Kläger sich weigert, ist der Process hinfällig, nicht aber der Rechtsanspruch des Klägers, so dass er später einen neuen Process anstrengen kann.

Wenn der Kläger, bevor er schwört, um Aufschub bittet, sei

---

[1]) يمين الرّدّ.

es um Beweismaterial zu beschaffen oder einen Juristen zu consultiren oder um seine Rechnungsführung nochmals zu revidiren, so
gewährt ihm der Richter drei Tage als längste zulässige Frist. Das
Beibringen eines Beweises in einer Klagesache kann im Allgemeinen auf unbestimmte Zeit vertagt werden, denn es beliebt vielleicht den Zeugen nicht dann zu erscheinen, wenn der Kläger ihrer
bedarf, und vielleicht sind sie auch weit entfernt; dagegen darf der
Klägereid nicht länger als drei Tage aufgeschoben werden.

Der Klägereid hat die Bedeutung eines Geständnisses, nicht
diejenige eines Zeugnisses.   Durch den Eid ist die Frage ent- 10
schieden ohne weiteres richterliches Urtheil.   Eine nachträgliche
Beweisführung, die das Gegentheil beweisen soll, dass z. B. der
Schuldner seine Schuld schon bezahlt oder dass der Gläubiger ihm
die Schuld erlassen habe, wird nicht mehr zugelassen,   Hätte der
Eid die Bedeutung eines Zeugnisses, so wäre für die Entscheidung
ein richterliches Urtheil erforderlich, und wenn hinterher der Beweis geführt würde, dass jenes Zeugniss ein falsches gewesen sei,
müsste er zugelassen (und demgemäss die Verhandlung neu eingeleitet) werden.

Durch den Klägereid erwirbt der Kläger das beanspruchte 20
Objekt zu seinem Besitz.

Wenn ein Muslim aufgefordert wird die Armensteuer zu
zahlen, und behauptet sie schon bezahlt zu haben, so soll sie nicht
weiter von ihm gefordert und ihm nicht der Eid auferlegt werden.
Wenn dagegen der christliche Unterthan eines muslimischen Staates
aufgefordert wird seine Kopfsteuer zu bezahlen, und behauptet
dass er nicht zu zahlen brauche, da er mittlerweile Muslim geworden sei oder dergleichen, so muss er seine Aussage beschwören
und ist dann frei von der Kopfsteuer; weigert er sich zu schwören,
muss er sie bezahlen.   30

Wenn der Vormund eines Kindes oder Geisteskranken ein
Objekt beansprucht, der zeitweilige Inhaber desselben diesen Anspruch leugnet, der Vormund ihn nicht beweisen kann und
sich weigert ihn zu beschwören, so muss gewartet werden, bis das
Kind erwachsen oder der Geisteskranke gesund geworden, und
dann wird ihm der Eid aufgegeben.   Dagegen kann dem Vormund
selbst der Eid auferlegt werden, wenn sein Anspruch auf einem

Vertrage, den er, der Vormund selbst, mit dem Verklagten abgeschlossen hat, fusst; wenn er schwört, fällt seinem Mündel das beanspruchte Objekt zu.

Wenn Jemand behauptet, dass er noch Kind sei, soll man
ihn nicht schwören lassen, sondern warten, bis er mannbar geworden,
und dann schwören lassen.

Man soll nicht einen Richter schwören lassen, dass er Unrecht vermieden habe, und nicht einen Zeugen, dass er nicht ge-
logen habe.

§ 18. Wenn zwei Parteien ein und dasselbe Objekt bean- 10
spruchen, das in der Hand der einen von ihnen ist, wird es dem
faktischen Inhaber, sofern er schwört, dass es ihm gehört, zugesprochen. Hierbei ist vorausgesetzt, dass keine der Parteien ihren
Anspruch *beweisen* kann. Wenn dagegen beide ihre Ansprüche
beweisen können, wird dem Beweise des faktischen Inhabers der
Vorzug gegeben[1]), *wenn* er seinen Beweis *nach* dem Beweise des
Nicht-Inhabers liefert, natürlich aber vor der Anerkennung desselben
durch den Richter. Denn es gilt als das ursprüngliche, dass der Inhaber
seinen Anspruch beschwört, solange der Gegner nicht den seinigen
bewiesen hat. Erst nachdem der Nicht-Inhaber den Beweis für 20
seinen Anspruch erbracht, liegt für den Inhaber die Veranlassung
vor, nun auch seinerseits seinen Anspruch zu beweisen. Wenn dagegen der Inhaber seinen Beweis früher liefert als der Nicht-
Inhaber, nimmt der Richter ihn nicht an; jedoch steht es dem
Inhaber frei, seine Beweisführung zu wiederholen, nachdem der
Nicht-Inhaber die seinige beigebracht hat.

Der Beweis des Inhabers gilt als überwiegend, als entscheidend,
wenn er auch nur aus *einem* Zeugen und einem Eide besteht,
während der Beweis des Nicht-Inhabers aus zwei Zeugen besteht.
Er ist entscheidend auch dann, wenn er darthut, dass das Besitz- 30
recht des Inhabers *jünger* ist als dasjenige des Nicht-Inhabers, oder
wenn er nicht darthut, aus welcher Quelle, ob aus Kauf,
Schenkung etc. das Besitzrecht des Inhabers hervorgegangen ist.
Der Grund ist, dass hierbei der Thatsache des faktischen Besitzes
ein grosses Gewicht beigemessen wird.

---

[1]) Baguri II, 359, 3.   لأنّ اليد من الاسباب المرجّحة

Jedoch wenn der Nicht-Besitzer erklärt: „Das Objekt ist mein Besitz, ich habe ihn von dir gekauft" oder „Du hast ihn durch Usurpation mir vorenthalten" oder „Du hast ihn von mir gemiethet" oder „Du hast ihn von mir geliehen" und dagegen der Inhaber das Objekt für seinen Besitz erklärt, wenn darauf jede der Parteien ihre Aussage beweist, so gilt der Beweis des Nicht-Inhabers als entscheidend, weil er eine grössere Detailkenntniss des fraglichen Verhältnisses bekundet.

Wenn der Streit in der Weise entschieden worden ist, dass in Folge eines von dem Nicht-Inhaber erbrachten Beweises das Objekt 10 dem Inhaber abgenommen (und dem Nicht-Inhaber übergeben) worden ist, in der Folgezeit aber der Inhaber den Beweis für *seinen* Anspruch beibringt, indem er sein Besitzrecht stützt auf Vorgänge *aus der Zeit, die jenem ersten Process vorangeht,* so wird das erste Urtheil cassirt und in zweiter Instanz das streitige Objekt dem ursprünglichen Inhaber zugesprochen. Es wird ihm auch dann zugesprochen, wenn er die Thatsache, dass er in dem ersten Process seinen Beweis nicht vorgebracht hat, nicht mit Abwesenheit seiner Zeugen oder irgend einem anderen Grunde entschuldigen kann. Hierbei ist allerdings wesentlich, dass sein (des ursprüng- 20 lichen Inhabers) Besitzrecht aus der Zeit *vor* dem ersten Process datirt. Denn wenn sein Recht aus der Zeit *nachher* datirt, ist die Stellung der beiden Parteien zu einander eine völlig veränderte, indem nun der ursprüngliche Inhaber der Nicht-Inhaber, der ursprüngliche Nicht-Inhaber in dem zweiten Process der Inhaber ist, so dass in diesem zweiten Process dem ursprünglichen Inhaber nicht mehr der Vorzug, der von dem Recht dem Inhaber eingeräumt wird, zur Seite steht.

Es ist bisher dargelegt worden, dass in der zweiten Instanz der Beweis des ursprünglichen Inhabers entscheidet, nachdem das 30 Objekt ihm *in Folge des Beweises* des Nicht-Inhabers abgenommen worden (in der ersten Instanz) und nachdem er sein Besitzrecht als bestehend in der Zeit, wo er noch Inhaber des Objektes war, bewiesen hat. Wenn also Jemand in dieser zweiten Instanz seine Forderung anhängig macht, so muss der Richter sie annehmen, wenn der Kläger auch die Art des Besitzwechsels, durch welche er in den Besitz des streitigen Objekts gekommen sei, nicht angiebt.

Anders liegt der Fall, wenn der Kläger (A) seine Verfügung über das Objekt verloren *durch sein Geständniss* (nicht durch den Beweis des Gegners), wobei zu beachten ist, dass auch der Klägereid (der zurückgegebene Eid[1])) als Geständniss gilt. In diesem Falle nimmt der Richter eine Klage des A in zweiter Instanz nur dann an, wenn er angiebt, auf welche Weise er in den Besitz des Objektes gekommen ist, denn er haftet für sein Geständniss.

Wenn A gesteht, dass ein Objekt, von dem er der de facto-Inhaber ist, dem B gehört, so geht es durch richterliches Urtheil in den Besitz von B über. Wenn nun in der Folgezeit A mit dem Anspruch hervortritt, dass das Objekt ihm gehöre, so wird diese Forderung von dem Richter nur dann angenommen, wenn der durch sein Geständniss gebundene Kläger nachweisen kann, auf welche Weise er das Besitzrecht über das Objekt erworben hat, wenn er z. B. nachweisen kann, dass er es von B gekauft oder geerbt hat. Voraussetzung ist hierbei, dass in der ersten Verhandlung das Objekt nicht bloss de jure, sondern auch de facto in den Besitz und die Verfügung[2]) des B, zu dessen Gunsten A das Geständniss abgelegt hatte, übergegangen ist. Ist dies nicht der Fall, hat z. B. A gestanden, dass er das Objekt dem B geschenkt habe, während thatsächlich B niemals von demselben Besitz ergriffen hat, so kann A in der Folgezeit, wenn er mit einem Anspruch gegen das Objekt hervortritt, verlangen, dass der Richter auf diese seine Forderung eingeht, auch wenn A nicht beweist, auf welche Weise er den Besitz jenes Objekts erworben hat.[3])

Der zweite in diesem Paragraphen vorausgesetzte Fall ist der, dass zwei Personen zugleich Inhaber eines Objekts, z. B. eines Hauses sind, das jeder von ihnen für sich allein beansprucht, oder dass keiner von ihnen Inhaber desselben ist, wenn z. B. das Objekt irgendwo in der Ferne liegt, ohne einen Inhaber zu haben.

Befindet sich dagegen das Objekt in der Hand einer dritten Person (X), so sind folgende Fälle möglich:

[1]) اليمين المردودة.

[2]) اليد.

[3]) Elkhaṭîb II, 291, 23. 24 und Glosse.

a) Wenn X schwört, dass das Objekt keinem der beiden Forderer gehört, sind ihre Ansprüche damit abgewiesen.

b) Wenn X das Geständniss ablegt, dass das Objekt dem einen (A) der beiden Forderer gehört, wird es diesem zugesprochen.

' c) Wenn jeder der beiden Forderer seinen Anspruch beweist, werden beide mit ihrer Forderung abgewiesen, und im Uebrigen wird nach der eidlichen Aussage des X entschieden.

Wenn beide Parteien Beweise vorbringen, so wird demjenigen Beweis der Vorzug gegeben, der das *ältere* Besitzrecht beweist. Wenn daher A beweisen kann, dass ihm das Objekt schon seit 2 Jahren gehört, während B beweist, dass es ihm seit einem Jahre gehört, so wird es dem A zugesprochen. Ist das Objekt in der Hand einer dritten Person (X) gewesen, so kann A für die Zeit nach dem Datum seiner Besitzerwerbung von X die Miethe und den Zuwachs (z. B. einer Heerde) fordern. Bei der Beweisführung in dieser Verhandlung wird dem Beweise, der aus zwei männlichen Zeugen oder aus einem männlichen und zwei weiblichen Zeugen besteht, der Vorzug gegeben vor demjenigen, der aus einem männlichen Zeugen und einem Eide besteht, mit einer Ausnahme: Wenn der de facto-Inhaber den letzten Beweis liefert, d. i. einen männlichen Zeugen und den Eid, den er selbst schwört, so wird dieser Beweis jedem anderen Beweise des Nicht-Inhabers vorgezogen.

Es macht keinen Unterschied, ob von der einen Partei mehr Zeugen als von der anderen gestellt werden. Der Beweis durch zwei Männer gilt nicht mehr als der Beweis durch einen Mann und zwei Frauen. Ferner gilt der Beweis, der sich auf das Besitzverhältniss *zu einem gewissen Zeitpunkt* bezieht, nicht mehr als ein Beweis ohne solche zeitliche Limitation.

Wenn A beweist, dass er ein Anrecht gegen B hat, und B beweist, dass A ihm seine Forderung erlassen hat, so gilt der Beweis des B als entscheidend, weil ihm der Vorzug einer grösseren Kenntniss der einschlägigen Verhältnisse beigelegt wird.

Wenn gleichwerthige Beweise gegen einander stehen oder Schwur gegen Schwur, theilt der Richter das Objekt in zwei Hälften und überweist jedem der beiden Forderer eine Hälfte.

§ 19. Wer beschwört, was er gethan oder nicht gethan, schwört einen definitiven Eid. Da er aber für seinen Besitz haftet wie für sich selbst, ist auch der Eid, den er über das schwört, was sein Sklave oder sein Vieh gethan oder nicht gethan, ein definitiver.

§ 20. Wer schwört, dass X dies oder jenes gethan, schwört einen definitiven Eid. Wer schwört, dass X etwas nicht gethan, beschwört nur sein Nichtwissen von dem Thun des X. Hierbei wird vorausgesetzt, dass X nicht Besitz des Schwörenden sei. Anders ausgedrückt ist jeder Eid ein definitiver, ausgenommen derjenige, der sich *im Allgemeinen* auf eine Leugnung des Thuns oder Zustandes eines anderen Menschen oder Wesens bezieht.

Bei dem negativen Eid betreffend einen Anderen muss man 10 unterscheiden: Ist der Eid ein allgemeiner, d. h. nicht durch Orts- und Zeitangaben verclausulirt, so kann der Schwörende nur sein Nichtwissen beschwören. Wenn er sich indessen bereit erklärt, unter diesen Umständen einen definitiven Eid schwören zu wollen, so ist das zulässig und sein Eid definitiv.

Wenn dagegen dieser Eid verclausulirt ist, z. B. lautet: „Ich beschwöre, dass X an dem und dem Orte zu der und der Stunde das und das nicht gethan hat", so ist das ein definitiver Eid.

Der Richter nimmt keine Forderung an betreffend eine Schuld, deren Zahlungstermin noch nicht gekommen ist. Wenn dagegen 20 die Schuld eine gemischte ist, so dass ein Theil sofort, ein anderer zu einem künftigen Termine zahlbar ist, muss der Richter die Forderung annehmen und dem Kläger zu seinem Rechte verhelfen.

§ 21. In der Lehre vom Zeugniss vor Gericht sind fünf Gegenstände zu behandeln:

der Zeuge;
derjenige, zu dessen Gunsten das Zeugniss abgelegt wird;
das Objekt des Zeugnisses;
derjenige, zu dessen Lasten das Zeugniss abgelegt wird;
die Form des Zeugnisses.   30

Das Zeugniss ist eine Aussage über eine Sache, die sich dadurch von einer anderen Aussage unterscheidet, dass sie in eine bestimmte, vom Gesetz vorgeschriebene Form zu kleiden ist.

Es ist zu unterscheiden zwischen dem Ablegen des Zeugnisses[1])

---

[1]) الأداء.

Sachau, Muhammedanisches Recht.   47

und Dem-sich-bereit-erklären zur Zeugniss-Ablegung.[1]) Es kann
sich Jemand *bereit erklären*, wenn er noch nicht verantwortungsfähig
ist, und später, nachdem er verantwortungsfähig geworden, das
Zeugniss ablegen. Dies aber kommt nicht in Betracht bei solchen
Rechtsgeschäften, deren Gültigkeit abhängig ist von den Zeugen,
wie z. B. bei einem Ehecontrakt. Wenn Jemand Zeugniss ablegt,
wo er nicht allen Anforderungen des Gesetzes an einen Zeugen
entspricht, wenn darauf sein Zeugniss abgelehnt wird, er aber später,
nachdem er in die Lage gekommen ist allen Anforderungen des
Gesetzes zu entsprechen, von neuem Zeugniss ablegt, so wird sein 10
Zeugniss (ein testimonium repetitum) angenommen, wenn der
Grund, weshalb er das erste Mal abgelehnt wurde, in einem Mangel
an Rechtgläubigkeit bezüglich minder wesentlicher Punkte der Islamischen Religion oder in Unfreiheit oder in Minderjährigkeit oder
ähnlichen Dingen bestand. Wenn indessen der Grund ein anderer
war, nämlich Unglaube mit Bezug auf die wesentlichsten Dogmen
des Islam oder offenkundige Feindschaft (gegen denjenigen, zu dessen
Lasten er das erste Zeugniss abgelegt) oder ein verbrecherisches
Vorleben oder eine Verletzung der Standesehre, so wird sein testimonium repetitum nicht angenommen.   20

Dagegen wird von allen denjenigen Personen, deren testimonium repetitum abzulehnen ist, ein *erstes* Zeugniss angenommen,
von dem Verbrecher und demjenigen, der seine Standesehre verletzt hat, unter der Bedingung, dass sie ihr Thun bereuen und
während eines ganzen Jahres einen einwandfreien Lebenswandel
führen. Der hier genannte Verbrecher ist derjenige, der offen ein
Verbrechen begangen, dessen Verbrechen bekannt geworden. Wenn
aber Jemand im Geheimen ein Verbrechen begeht, dann aber sich
dem Richter stellt, um sich der Strafe zu unterwerfen, so muss sein
Zeugniss sofort, nachdem er bereut, angenommen werden.   30

Zu den in diesem Paragraphen angegebenen Bedingungen des Zeugen fügt Baguri noch weitere fünf hinzu:

a) Er muss mit Sprache begabt sein. Das Zeugniss des Taubstummen ist unter allen Umständen ungültig.

b) Er muss klaren Geistes sein. Denn ein Individuum von

---

[1]) التحمّل.

notorisch mangelhaften Geistesanlagen hat kein zuverlässiges Gedächtniss.

c) Er muss unverdächtig sein.

d) Er muss im Vollbesitz der bürgerlichen Rechte sein.[1]) So
ist das Zeugniss eines unter Curatel stehenden Verschwenders nicht
gültig.

e) Er muss in seinem persönlichen Benehmen Anstand und
Sitte wahren.

Der Christ (Jude) kann nicht Zeuge sein vor Gericht. „Gott
spricht (Sure 65,2): „Und lasset *die Unbescholtenen unter euch* 10
Zeugen sein.“ Der Christ ist aber weder unbescholten noch gehört
er zu uns, ist vielmehr der grösste aller Verbrecher. Und weil er
wider Gott den höchsten lügt, so ist man nicht sicher, dass er nicht
auch gegen seine Kreatur lügt“. Während Abû Ḥanîfa und Aḥmed
Ibn Ḥanbal den Christen unter Umständen als Zeugen zulassen,
kann nach Schâfiitischer Lehre der Christ vor Gericht überhaupt
nicht Zeugniss ablegen, weder für oder gegen einen Muslim noch
für oder gegen einen Christen (Juden).

Der Sklave kann nicht Zeuge sein vor Gericht, weder der
Ganzsklave noch der Theilsklave noch der servus orcinus noch der 20
servus contrahens. Als frei ist auch z. B ein Findelkind anzusehen, das in Muslimischem Lande gefunden ist.

Unter Unbescholtenheit versteht man eine solche Geistesver-
fassung eines Menschen, die ihn verhindert Unrecht zu thun, genauer ausgedrückt: schwere Verbrechen zu begehen und bei solchen
Handlungen zu verharren, welche verwerflich sind, ohne vom Gesetze verboten zu sein. Wenn aber Jemand fortgesetzt Handlungen
der letztgenannten Art begeht, dabei aber gute und verdienstliche
Handlungen aufzuweisen hat, welche jene an Zahl übertreffen oder
durch ihre Verdienstlichkeit jene reichlich aufwiegen, so ist er vor 30
dem Gesetze als unbescholten anzusehen.

§ 22. Wer ein Verbrechen begangen, z. B. Unzucht, Mord
oder Todschlag, kann nicht Zeuge sein vor Gericht. Wer ein Verbrechen beabsichtigt, ist dadurch noch nicht ein Verbrecher; wer
aber vom Islam abzufallen beabsichtigt, ist dadurch bereits ein Un-

---

[1]) رشيد.

gläubiger. Das *Verbrechen* wird definirt als eine solche That, welche nach Koran oder Tradition mit einer schweren Strafe zu bestrafen ist. Als *Verbrechen* im Sinne des Islams gilt das Folgende:

Ohne Grund das Gebet unterlassen oder zu verkehrter Zeit beten.

Die Armensteuer verweigern.

Unzucht und Ehebruch.

Widerrechtliches Tödten von Menschen.

Sodomiterei.   10

Falsches Zeugniss.

Das Vergessen des Korans von Seiten einer grossjährigen Person.

Verzweifeln an Gottes Gnade.

Ungehorsam gegen die Eltern.

Wucher (s. Buch IV, Kap. 1, § 3. 4. 6—9).

Entwendung des Vermögens von Waisen.

Ohne Grund im Ramaḍân das Fasten brechen.

Nicht zum Guten rathen und nicht vom Bösen abrathen.

Einen Muslim oder Christen (Juden) ohne Recht und Fug 20 schlagen.

Verleumdung u. s. w.

Als *Verstoss* gegen den Islam gilt das Folgende:

Schauen nach Dingen, die man nicht schauen darf (z. B. nach den Körpertheilen einer fremden Frau).

Die αἰδοῖα enthüllen ohne Grund.

Sich ohne Grund länger als drei Tage von seinen muslimischen Glaubensgenossen trennen (z. B. aus Bosheit oder Feindschaft).

Hochmüthiges Gebahren im Gehen.   30

Ohne Grund etwas Unreines berühren, anfassen.

Ein Kind oder einen Wahnsinnigen in die Moschee führen, wenn Gefahr vorhanden ist, dass er sie beschmutzt.

Dam- und Schach-Spiel, wenn um Geld gespielt wird.

Das Anhören verbotener Musik (Handtrommel, Flöte, Klarinette).

Lebende Wesen abzumalen oder nachzubilden.

Unpassende Bilder und Bildwerke ansehen.

Die Mauern mit seidenen Tapeten zu bekleiden.

Einige rechnen hierher auch das laute Klagen um einen Verstorbenen und das Zerreissen des Brustlatzes.

Wer in solchen Verstössen verharrt, kann nicht Zeuge vor Gericht sein, es sei denn dass seine guten Werke diese Verstösse überwiegen.

Der Muslimische Ketzer, der die Auferstehung leugnet, oder der leugnet, dass Gott alle Einzelheiten der Welt kennt, oder dass die Welt geschaffen sei, oder die Genossen des Propheten schmäht, darf nicht vor Gericht als Zeuge zugelassen werden. Wer dagegen in minder wesentlichen Dingen vom Katechismus der Muslimischen Orthodoxie abweicht, darf als Zeuge fungiren, z. B. derjenige, der die Eigenschaften Gottes oder die Prädestination leugnet, oder der leugnet, dass Gott am Tage des jüngsten Gerichts als der Kreatur sichtbar erscheinen werde.

Eine besondere Stelle nimmt in diesem Zusammenhang eine Muslimische Sekte, genannt *El-khaṭṭâbijja,* ein. Diese halten nämlich ein indirektes Zeugniss für rechtskräftig, wenn z. B. A bezeugt, er habe den M sagen hören, dass ihm N das und das schuldig sei, indem sie voraussetzen, dass M nicht lügt. Das Zeugniss der Khiṭâbîs wird vor Gericht nur dann angenommen, wenn sich ihre Aussage auf Autopsie stützt, wenn sie z. B. erklären: „Wir haben gesehen, dass M dem N das und das borgte", oder wenn sie ein Zeugniss ablegen zu Gunsten ihrer Gegner.

Die Wahrung der Standesehre ist nach Baguri nicht eine Bedingung für die Unbescholtenheit, wohl aber für die Annahme eines Zeugen vor Gericht. Demgemäss verliert Jemand nicht dadurch, dass er z. B. unbedeckten Hauptes auf den Markt geht oder auf offener Strasse seine Frau küsst, seine Unbescholtenheit, aber die Folge seines Thuns ist, dass er vor Gericht als Zeuge abgelehnt wird.

Standesehre ist verschieden nach Ort und Zeit. Was also eine Verletzung derselben ist, kann nur nach dem lokalen Gebrauche entschieden werden.

Es soll sich Niemand voreilig zur Zeugnissablegung herandrängen, sondern warten, bis er gefragt wird ; wenn er sein Zeugniss

vorträgt, bevor er gefragt ist, wird er verdächtig, wie er auch als
verdächtig anzusehen ist, wenn er sich durch sein Zeugniss einen
Vortheil zuziehen oder einen Nachtheil fernhalten kann.

Das Zeugniss einer Privatperson wird angenommen, einerlei ob
sie dazu aufgefordert ist oder ob sie es unaufgefordert ablegt, einerlei,
ob in Gegenwart des Angeklagten oder in seiner Abwesenheit.
Wenn der Mann einen Abwesenden durch sein Zeugniss belastet,
muss der Richter den Angeklagten citiren und der Zeuge ist verpflichtet sein Zeugniss in der vorgeschriebenen Form eines gerichtlichen Zeugnisses zu wiederholen.   10

Der Richter soll das Zeugniss *freiwilliger Zeugen*[1]) nur dann
annehmen, wenn ein rechtmässiger Grund für ein richterliches Ein-
schreiten vorzuliegen scheint, z. B. wenn der Zeuge bezeugt, dass
A sich von seiner Frau geschieden hat, aber trotzdem geschlechtlich
mit ihr verkehrt, oder dass er seinen Sklaven freigelassen hat, ihn
aber dennoch wie seinen Sklaven behandelt. Ferner soll das Zeugniss nur dann zugelassen werden, wenn es sich auf ausschliesslich
göttliche Rechte oder auf solche Rechte, an denen Gott einen Antheil hat, bezieht. Beispiel der ersteren Art: Der Zeuge bezeugt,
dass A nicht die täglichen Gebete hält, dass er im Ramadân nicht 20
fastet. Beispiele der zweiten Art sind Zeugenaussagen über Ehescheidung, Freilassung, Verwandtschaft, über den Verzicht auf die
Ausübung des Blutrechts; über das Ende der Wartezeit einer geschiedenen Frau, über einen verbotenen Grad der Verschwägerung, über Unglauben und Ketzerei, über den Uebertritt zum Islam,
über Mündigkeit, über die gesetzlichen Bussen, über die Beurtheilung eines Menschen als eines gerichtlichen Zeugen, über ein Legat,
über eine Stiftung für öffentliche Zwecke, über Strafen, die lediglich
nomine dei verhängt werden, über die Frage, ob eine verheirathete
Person als *muḥṣan* anzusehen ist oder nicht (s. Buch VI, II. An- 30
merkungen zu § 1).

Eine solche nur Gottes Lohn anstrebende Privatperson hat
das Recht eine Klage zu erheben, so weit sie das Recht hat

---

[1]) شهادة الحسبة ist das Zeugniss eines Menschen, der zu dem
Zwecke, um sich Gottes Lohn zu verdienen, ein Zeugniss ablegt.

Zeugniss abzulegen; sie kann aber niemals als Kläger auftreten in Strafsachen, in denen die Strafe *nomine dei* verhängt wird.

In Bezug auf rein menschliche Rechte, wie z. B. Kauf und Verkauf, wird das Zeugniss des freiwilligen Zeugen nicht angenommen.

§ 23. Das Processverfahren ist ein mündliches. Zeugenaussagen oder Eid, eventuell beides zusammen bilden die Grundlage der Entscheidung. Die §§ 24—27 handeln von den Zeugenaussagen vor Gericht, und die §§ 24—25 geben im besonderen eine Eintheilung der Gerichtsverhandlungen oder Processe in sechs Gruppen, 10 die sich nach der Zahl und dem Geschlecht der Zeugen von einander unterscheiden. Da aber die in § 24a und § 25b beschriebenen Fälle insofern gleich sind, als in beiden nur zwei männliche Zeugen zugelassen werden, so werden von anderen Rechtslehrern nur fünf Gruppen von Processen unterschieden.

§ 24. Ad a): Weibliche Zeugen sind gänzlich ausgeschlossen. Denn der Koran (Sure 2,282) hat die Zeugenschaft von zwei Männern verordnet für alle Fragen, die sich auf Ehescheidung (Buch I, § 29—35), die Wiederaufnahme einer Ehe (Buch I, § 36.37) und auf die Funktionen des Testamentsvollstreckers (Buch III, § 22) be- 20 ziehen. Ausserdem bestimmt die Tradition, dass das Zeugniss von Weibern nicht zugelassen werden soll bei Fragen, welche sich auf strafrechtliche Falle (Buch VI, Theil 2), auf den Ehevertrag und Ehescheidung beziehen. Nach dieser Analogie ist die Nicht-Zulassung weiblicher Zeugen auf weitere Falle, deren Objekt nicht Geld und Gut ist und im Allgemeinen nur von Männern beurtheilt werden kann, ausgedehnt worden.

Das Zeugniss von zwei Männern kann nie ersetzt werden durch das Zeugniss *eines* Mannes und *zweier* Weiber noch durch das Zeugniss eines Mannes und einen Zeugniss-Eid.[1] Diese letzteren 30 beiden Arten von Beweis gelten im Allgemeinen als gleichwerthig, nicht aber bei Fragen, welche sich beziehen auf leibliche Fehler

---

[1] Zeugnisseid ist der Eid, den der Kläger schwört quasi als Ersatz für das Zeugniss eines Zeugen; wohl zu unterscheiden von dem Kläger-Eid يمين الرجل den der Kläger dann schwört, nachdem der Verklagte sich geweigert hat seine Unschuld durch einen Eid zu erhärten, und dem Kläger den Eid zugeschoben hat.

der Weiber (in Folge deren z. B. die Ehe annullirt wird), auf das Gebären, die Menstruation und Milchverwandtschaft. Diese Fragen können nicht entschieden werden durch das Zeugniss eines Mannes und einen Zeugeneid, wohl aber durch das Zeugniss eines Mannes und zweier Weiber.

Das Zeugniss von Weibern wird selbst dann nicht angenommen, wenn sie die einzigen sind, die von der fraglichen Sache Kenntniss haben. Wenn ein Mann sich von seiner Frau in Gegenwart von Weibern scheidet, während Männer nicht zugegen waren, so gilt dennoch das Zeugniss der Weiber für Nichts.   10

Gegenstände, die unter diese Rubrik a) fallen, sind folgende: Ehescheidung, Ehevertrag, die Wiederaufnahme einer geschiedenen Ehe, die Bezeugung eines früher abgelegten Zeugnisses, persönliche Bürgschaft, Tod, Mandat, das Amt eines Testamentsvollstreckers, Compagnie-Geschäft, Commandit-Gesellschaft.

Die hier genannte Ehescheidung ist diejenige, welche die Frau behauptet, einerlei ob ein von ihr zu zahlendes Aequivalent dabei in Frage kommt oder nicht. Ist sie dagegen eine solche, die der Ehemann behauptet, ein Sichloskaufen von Seiten der Frau (Buch I, § 26—28), so gehört dieser Fall in die Kategorie b), d. h. die   20 Frage kann nur entschieden werden durch zwei männliche Zeugen oder einen männlichen und zwei weibliche Zeugen oder durch einen männlichen Zeugen und den Zeugeneid.

Ebenfalls gehören sub b) die folgenden Verhandlungen: Wenn eine Frau das Vorhandensein einer Ehe behauptet, um ihren Anspruch auf die Ehegabe zu beweisen; wenn Mann oder Frau das Vorhandensein einer Ehe behaupten, um einen erbrechtlichen Anspruch zu beweisen. Denn das Objekt dieser Processe ist in erster Linie Hab und Gut. In allen anderen Fällen kann das Vorhandensein einer Ehe nur durch das Zeugniss von zwei Männern bewiesen   30. werden.

Das Mandat, die Testamentsvollstreckerschaft, das Compagniegeschäft und die Commandit-Gesellschaft gehören hierher, insofern das Beweisverfahren sich auf die betreffenden Verträge und die Ausführung derselben bezieht. Wenn sich aber das Verfahren auf den Nachweis einer Forderung an Geld oder Gut bezieht, so ist auch in diesem Falle gemäss Absatz b) zu verfahren. Beispiele: Wenn der Mandatar oder der Testamentsvollstrecker ein Honorar, wenn der Theilnehmer an einem Compagnie-Geschäft einen Antheil von dem gemeinsamen Besitz oder einen Antheil von dem Geschäftsgewinn, der Theilnehmer an einer Commandit-Gesellschaft einen Antheil von dem Gewinn beansprucht.

Dieser Absatz a) ist inhaltlich verwandt mit § 25 b.

Die Lehre von dem Zeugniss zweier Männer oder eines Mannes und zweier Weiber geht auf Sure 2, 282 zurück, diejenige von dem Zeugniss eines Mannes und dem Klagereid auf die Tradition.   10

Der Richter kann die Zeugen in jeder Reihenfolge, die ihm beliebt, zeugen lassen. Bei der dritten Art der Beweisführung muss zuerst der Zeuge, nachdem seine Unbescholtenheit constatirt worden, sein Zeugniss ablegen, und darauf schwört der Kläger seinen Zeugnisseid. Der Kläger muss beschwören, dass das Zeugniss seines Zeugen auf Wahrheit beruht und dass sein Anspruch ein rechtmässiger ist.

Wenn der Zeuge sein Zeugniss abgelegt und nun der Kläger nicht schwören will, so kann er verlangen, dass der Verklagte schwöre (einen Reinigungsschwur). Aber auch der Verklagte hat das Recht 20 diesen Eid abzulehnen. Wenn er das thut, so kann der Kläger den Klägereid schwören und dadurch die Entscheidung herbeiführen. Der Kläger darf den Zeugnisseid schwören, weil seine Sache bereits durch die Aussage des einen Zeugen gekräftigt worden ist; er darf den Klägereid schwören, weil seine Sache weiterhin durch die Weigerung des Verklagten, sich durch einen Schwur zu reinigen, gestärkt worden ist. Der Zeugnisseid des Klägers wird nur berücksichtigt in solchen Processen, die unter die Kategorie b) fallen, während der Klägereid in sämmtlichen Processen die Entscheidung bringt.   30

Das Objekt der sub b) in Frage kommenden Processe ist Besitz, eine *res individualis* (wie z. B. der Sklave Jâḳût) oder eine *res generalis* (wie z. B. ein Sklave) oder ein Nutzen oder ein auf Besitz bezüglicher Vertrag wie Verkauf, Bezahlung einer Schuld durch Cession einer Forderung (Buch IV Kap. 6) oder mit einem solchen Contract zusammenhängende Rechte wie die Optio, der Lieferungs- oder Zahlungs-Termin, ferner die Stiftung und anderes.

Ad c) Es ist hinzuzufügen, dass die Processe dieser Kategorie nicht bloss durch das Zeugniss eines Mannes und zweier Weiber oder durch das Zeugniss von vier Weibern, sondern auch durch das Zeugniss *zweier Männer* entschieden werden können, während das 'vierte Entscheidungsmittel: das Zeugniss eines Mannes und der Zeugnisseid des Klägers hier ausgeschlossen ist.

Die Zeugenschaft der vier Weiber wird nicht auf den Koran, sondern auf die Tradition zurückgeführt.

In diesem Zusammenhang wird unterschieden zwischen der Thatsache und dem *Geständniss* der Thatsache (Buch IV, Kap. 11). 10 Eine Frage betreffend die Geburt eines Kindes kann auf die sub c) beschriebene Art entschieden werden; dagegen fällt die Frage, ob eine Frau ein auf die Geburt bezügliches Geständniss abgelegt habe, unter a) und kann daher nur durch das Zeugniss zweier Männer zum Austrag gebracht werden.

Die Fragen, die sub c) in Betracht kommen, sind solche über Geburt, Menstruation, Milchverwandtschaft, sofern sie entstanden ist durch das Säugen des Kindes an der Brust der Amme, Jungfernschaft, einen geheimer Fehler am Körper des Weibes. Fehler an den Händen oder im Gesicht des freien Weibes müssen durch das 20 Zeugniss zweier Männer constatirt werden. Fehler am Leibe der Sklavin, soweit sie bei der Arbeit sichtbar werden, sind zu constatiren entweder durch das Zeugniss zweier Männer oder das Zeugniss eines Mannes und zweier Weiber oder das Zeugniss eines Zeugen und den Zeugnisseid des Klägers, weil es sich bei der Sklavin um Besitz handelt.

Schliesslich ist zu erwähnen, dass kein Process durch das Zeugniss zweier Weiber und den Zeugnisseid des Klägers entschieden werden kann, da diese Art der Entscheidung in den Quellen des Rechts nicht vorkommt.   30

§ 25. Was in diesem Paragraphen von den Weibern gesagt ist, gilt auch von Hermaphroditen: sie können bei den hier in Frage kommenden Processen nicht als Zeugen auftreten.

Ad a) Die Strafe für Unzucht und Ehebruch (s. Buch VI, II. § 1—5) kann nur dann verhängt werden, wenn das Verbrechen von vier Männern bezeugt wird. Das Verbrechen setzt sich gewissermaassen aus zwei Handlungen zusammen, und jede einzelne muss von je zwei Zeugen bezeugt werden.

Wenn bei der Verhandlung über die Frage, ob ein Zeuge unbescholten sei oder nicht, zwei Personen bezeugen, dass er nicht unbescholten sei, da er Unzucht begangen habe, so kann zwar auf Grund dieses Zeugnisses der betreffende nicht wegen Unzucht verurtheilt werden, wohl aber hat das Zeugniss die folgende doppelte Wirkung: Der Beschuldigte wird anrüchig ein Uebelthäter[1]) im Sinne der Religion zu sein (und kann sich von diesem Makel nur durch die vorgeschriebene Busse[2]) reinigen), und seine beiden Ankläger 10 gelten nicht als Verleumder, d. h. sie verfallen nicht der vom Strafgesetz (Buch VI, II. § 6—8) für Verleumdung angedrohten Strafe.

Was von Unzucht und Ehebruch gilt, gilt auch von anderweitigen geschlechtlichen Vergehen widernatürlicher Art, die nach dem Ermessen des Richters (nicht mit einer im Gesetz bestimmten Strafe) bestraft werden. Bei einer Verhandlung wegen Beiwohnung aus Versehen ist zu unterscheiden: Wenn der Kläger Geld oder Gut erlangen will, da derjenige, der eine solche Beiwohnung begeht, dem Weibe die Ehegabe schuldet, so wird der Thatbestand gemäss den Bestimmungen von § 24 b) festgestellt; wenn aber Jemand, um 20 sich Gottes Lohn zu verdienen, als Zeuge auftritt, ist der Thatbestand durch das Zeugniss zweier Männer festzustellen (gemäss § 25 b). Handelt es sich dagegen allgemein um eine Anklage auf cohabitatio per errorem, so ist das Zeugniss von vier Männern erforderlich.

Wenn erwiesen wird, dass die Zeugen der Unzucht absichtlich aus irgend einem unlautern Motiv der Handlung beigewohnt haben, ist ihr Zeugniss vor Gericht null und nichtig und sie werden dadurch anrüchig[3]).

Wenn in einer Gerichtsverhandlung *ein Geständniss* betreffend 30 Unzucht oder Ehebruch festgestellt werden soll, hat dies durch das Zeugniss zweier Männer zu geschehen (gemäss § 24 a).

Ad b) Die sämmtlichen im Strafgesetz (Buch VI, II.) ange-

---

[1]) فاسق.

[2]) توبة.

[3]) فاسقون.

drohten Strafen können nur dann zur Ausführung gelangen, wenn
der Thatbestand durch zwei Männer bezeugt ist. Für das Beweisverfahren im Blutrecht gelten besondere Bestimmungen (s. Buch
VI, I. § 22).

'Ad c) Die Constatirung des Anfangs des Ramaḍân sowie
jedes anderen Monats durch einen einzigen Zeugen ist rechtskräftig
für alle religiösen Handlungen, wie z. B. Fastenanfang, nicht aber
für das bürgerliche Leben, z. B. nicht für die Bestimmung eines
Zahlungs-Termins oder das Datum einer Ehescheidung oder Freilassung.   10

Einige andere Fälle, in denen das Zeugniss eines einzigen
Mannes genügt, sind folgende:

Wenn eine Leiche gefunden wird und *ein* Muslim bezeugt, dass
der Verstorbene Muslim war, so genügt das, um der Leiche ein
muhammedanisches Begräbniss zu sichern, nicht aber für civilrecht-
liche, z. B. erbrechtliche Fragen.

Wenn in Frage steht, ob der Richter dem Verurtheilten das
Urtheil oder der Rechtsuchende dem Richter seine Klage mitgetheilt habe, genügt zur Constatirung der Thatsache das Zeugniss
eines einzigen Muslims.   20

Ein Wahrscheinlichkeitsmoment[1]) gilt als festgestellt durch das
Zeugniss eines einzigen Zeugen. (Vgl. Buch VI. II. § 22 Anm.)

Wenn für das Gerichtsverfahren eine conjekturale Abschätzung
ex aequo et bono[2]) erforderlich ist, gilt sie als zu Recht bestehend,
wenn sie aus dem Zeugniss eines einzigen unbescholtenen Muslims
besteht (vgl. Anm. zu § 14).

Wenn ein zuverlässiger Gerichtsbeamter meldet, dass eine vor
den Richter citirte Person sich weigert vor ihm zu erscheinen, kann
der Richter auf Grund dieses einen Zeugnisses eine Strafe über den
Renitenten verhängen[3]).   30

§ 26. Eine Handlung kann nur der bezeugen, der sehend ist,
eine Rede nur der, der sehend und hörend ist. Ein Zeugniss über
ein verschleiertes Weib kann nur derjenige ablegen, der sie persön-

---

[1]) لُوث.

[2]) خِرُص.

[3]) Nihâje VIII, 140, 6. 7.

lich kennt oder der ihren Namen und ihre Abstammung weiss; ihre Identität gilt in der jetzigen Gerichtspraxis als festgestellt, wenn eine oder zwei unbescholtene Zeugen ihren Namen und ihre Abstammung bezeugen.

Die Dinge sub a), b), c) sind im Allgemeinen nur durch Hörensagen[1]) bekannt. Daher kann Jemand, der sie vom Hörensagen kennt (also auch Blinde), darüber Zeugniss leisten. Sub c) handelt es sich z. B. um solche Aussagen, wie dass ein bestimmtes Haus dem Ahmed gehört oder dass er es von seinem Vater geerbt hat. Dagegen können speciellere Besitzarten, wie z. B. der Besitz einer 10 Sache, die Ahmed sich gekauft hat, nicht auf Grund von Hörensagen bezeugt werden. Andere Gegenstände, über die Jemand auf Grund von Hörensagen ein Zeugniss ablegen darf, sind folgende:[2]) Freilassung, Patronat, Stiftung, Ehe, das Richteramt, dass Jemand nicht unbescholten oder unbescholten ist, dass Jemand im Vollbesitz der Bürgerrechte ist, Erbschaft, Milchverwandtschaft.

Ad d) Wenn Jemand etwas bezeugen will, was er mit eigenen Augen gesehen, darauf aber erblindet, so kann er auch als Blinder zeugen, wenn die Person, für die oder gegen die er zeugt, nach Name und Abstammung bekannt ist. Ist die Person unbekannt, 20 so würde sein Zeugniss nur dann gelten, wenn er sie an der Hand führend zum Richter brächte.

Ad e) Wenn Jemand vor dem Ohr eines Blinden ein Geständniss ablegt, der Blinde ihn packt und zum Richter bringt, so ist das Zeugniss des Blinden rechtskräftig.

§ 27. Der Zeuge muss verdachtfrei sein, was er nicht ist, wenn sein Zeugniss ihm Vortheil bringen oder Nachtheil fernhalten kann. Wenn A und B bezeugen, dass X und Y ein Legat aus einer Hinterlassenschaft zukomme, während X und Y bezeugen, dass dem A und B ein Legat aus derselben Hinterlassenschaft zukomme, so 30 ist zwar möglich, dass die beiden Zeugengruppen sich mit einander zu beiderseitigem Vortheil verbündet haben, aber trotzdem ist jedes einzelne Zeugniss rechtskräftig.

Demjenigen, der in der angegebenen Weise durch ein Zeugniss

---

[1]) بالاستفاضة.

[2]) Dieser Satz wird von anderer Seite bestritten.

sich selbst afficiren kann, ist derjenige gleich zu achten, der ebenso
einen seiner Angehörigen, d. h. derjenigen Personen, zu deren
Gunsten er nicht vor Gericht zeugen darf, oder auch seinen Sklaven,
Ganz- oder Theil-Sklaven oder servus contrahens afficiren kann.
So· kann Niemand zu Gunsten seines Sklaven, der in seinem (des
Herrn) Auftrag Handel treibt, ein Zeugniss ablegen. Der Herr kann
nicht für seinen servus contrahens zeugen, denn, wenn dieser
seine Zahlungen einstellt, fällt sein Erworbenes dem Herrn zu.
Doch wird folgender Fall erwähnt, in dem der Herr für seinen servus
contrahens zeugen kann: 10

Wenn Zaid von X einen Theil eines Hauses kauft, das dem X
und einem servus contrahens· gemeinsam gehört, dies aber hinterher von X geleugnet wird und nun der Herr des servus contrahens
auf des letzteren Veranlassung den Kauf bezeugt, so ist sein Zeugniss rechtskräftig.

Wer sich durch ·ein Zeugniss vor Gericht Schaden fernhalten
kann, darf nicht zeugen. Wenn z. B. die Verwandten des Mörders,
die eventuell für ihn das Blutgeld zu zahlen haben[1]), bezeugen,
dass die Zeugen des Mordes im Sinne der Religion anrüchig,
nicht unbescholten seien, wird ihr Zeugniss abgelehnt. Dasselbe 20
geschieht, wenn die Gläubiger eines bankrotten Schuldners
bezeugen, dass die Zeugen für eine anderweitige Schuld des Bankrotten anrüchig seien. Wenn ein Bürge bezeugt, dass die Schuld,
für die er sich verbürgt hat, bezahlt worden sei, wird dies Zeugniss
nicht angenommen.

Das Zeugniss Jemandes, der nach diesem Paragraphen verdächtig ist, wird abgelehnt, so das Zeugniss eines Mannes zu Gunsten
seines verstorbenen Schuldners oder zu Gunsten seines bankrotten
Schuldners. Denn wenn durch dies Zeugniss dem Schuldner
ein Besitzzuwachs zu Theil würde, erwürbe der Zeuge durch sein 30
Zeugniss zugleich ein Anrecht auf diesen Besitzzuwachs.

Es darf Niemand zu Gunsten einer Sache, die er als Vormund
oder Mandatar oder als Testamentsvollstrecker oder Kraft irgend
einer übertragenen Autorität verwaltet, Zeugniss leisten, auch dann

---

[1]) العاقلة.

nicht, wenn er die Verwaltung ohne Honorar führt, weil er insofern verdächtig ist, als er durch einen Zuwachs des Objektes seiner Verwaltung seine Auctorität vermehren könnte.

Niemand darf demjenigen, den er beerbt, eine Verwundung bezeugen, solange sie noch nicht verharscht ist; wohl aber darf er bezeugen, dass dem kranken oder verwundeten Erblasser dieser oder jener Besitz gehört, wie er ihm auch eine Verwundung bezeugen darf, aber erst dann, wenn sie verharscht ist.

Wenn A eine Sklavin sammt ihrem Kinde in seiner Hand d. i. in seiner faktischen Verfügung hat und B behauptet, dass die Sklavin ihm gehöre, und er der Vater ihres Kindes sei; wenn B seine Behauptung entweder durch zwei Zeugen oder durch einen Zeugen und durch seinen Zeugnisseid beweisen kann, so wird die Sklavin ihm übergeben (wie sie mit seinem Tode frei wird). Dagegen gilt die Abstammung des Kindes und seine Freiheit durch dies Verfahren nicht als erwiesen; vielmehr verbleibt es als Sklave in der Hand von A.

Wenn A einen Sklaven in seiner Hand hat und nun B behauptet, dass der Sklave ihm gehöre und der Sklave von ihm freigelassen worden sei; wenn B seine Aussage entweder durch das Zeugniss von einem Mann und zwei Weibern oder durch das Zeugniss eines Mannes und seinen Zeugnisseid beweisen kann, wird der Sklave dem A abgenommen und wird frei.

Wenn die Erben eines Mannes X behaupten, dass irgend ein Besitz dem X gehört habe und ihn für sich in Anspruch nehmen; wenn sie einen Zeugen stellen und einer der Erben beschwört, dass der ganze Besitz dem Erblasser gehörte, so bekommt derjenige, der geschworen hat, von diesem Besitz einen Theil pro rata seines Erbtheils, während diejenigen Erben, die nicht schwören, nichts davon bekommen, sofern sie in loco zugegen sind. Dagegen diejenigen Erben, die abwesend sind oder minderjährig oder geisteskrank oder unkundig der Sache, können späterhin denselben Eid schwören, wodurch sie dasselbe Recht erlangen wie jener Erbe, der zuerst geschworen, und in diesem Falle braucht das Zeugniss des Zeugen nicht wiederholt zu werden.

Zur Ergänzung der in den §§ 16—27 enthaltenen Bestimmungen über Eid und Zeugniss geben wir den folgenden Abschnitt über die

Zurücknahme des Zeugnisses und falsches Zeugniss nach dem
Minhâg III S. 420—424 unter Berücksichtigung der Nihâje VIII
S. 153—157.

Wenn ein Zeuge sein Zeugniss abgelegt hat, es aber dann
zurücknimmt, bevor noch das Urtheil gefällt ist, ist der Urtheilsspruch unmöglich.

Findet die Zurückziehung Statt, nachdem das Urtheil gesprochen,
aber bevor es vollstreckt worden ist, so wird in einem *Civilprocess*
das Urtheil vollstreckt, nicht dagegen in einem Kriminalprocess.

Findet schliesslich die Zurückziehung Statt, nachdem das Urtheil [10]
bereits vollstreckt worden ist, so hat sie keinerlei rückwirkende Kraft
auf das Urtheil.

Wenn das Urtheil lautet auf *talio* oder Tod wegen Apostasie
oder Steinigung wegen Ehebruch oder Geisselung wegen Verleumdung
(oder Handabhauen wegen Diebstahls) und der Verklagte getödtet
wird oder in Folge der Strafe stirbt, wenn darauf die Zeugen erklären, dass sie absichtlich falsches Zeugniss abgelegt haben, so
unterliegen sie der talio oder haben eventuell zusammen das erhöhte
Sühnegeld zu zahlen.

Wenn der Richter gesteht, in dieser Sache absichtlich ein falsches [20]
Urtheil gefällt zu haben, so unterliegt er der talio. Wenn sowohl
der Richter wie die Zeugen gestehen gegen besseres Wissen und
Gewissen gehandelt zu haben, so unterliegen sie der talio.

Wenn sie dagegen erklären, dass sie aus Irrthum falsch gehandelt haben, haben sie das ermässigte Sühnegeld zu zahlen, der
Richter die eine Hälfte und die Zeugen die andere.

Wenn der dem Richter verantwortliche Leumundszeuge oder
Muzakkî (s. Anm. zu § 10) das von ihm ausgestellte Zeugniss
zurücknimmt, so ist er dafür verantwortlich (wie jeder Zeuge, der
sein Zeugniss zurücknimmt).   [30]

Wenn in einem Blutprocess der Inhaber des Blutrechtes (nach
Ausführung der talio) seine Anklage zurücknimmt, unterliegt er der
talio oder hat das Sühnegeld zu zahlen. Ueber den Fall, dass zugleich mit ihm auch die Zeugen ihr Zeugniss zurücknehmen, bestehen zwei Ansichten: nach der einen unterliegt der Inhaber des
Blutrechts allein der talio oder muss allein das Sühnegeld zahlen,

während nach der anderen Ansicht alle zusammen, Richter und
Zeugen entweder der talio unterliegen oder gemeinschaftlich das
Sühnegeld zu bezahlen haben, nämlich er die eine Hälfte und sie
die andere.

Wenn zwei Zeugen bezeugen, dass eine definitive Ehescheidung
Statt gefunden habe oder dass Milchverwandtschaft zwischen zwei
Eheleuten vorliege oder dass die eidliche Ehebruchsanklage (Buch I
§ 41—44) Statt gefunden habe, wenn der Richter auf Grund dieses
Zeugnisses die Ehe für gelöst erklärt und darauf die Zeugen ihr
Zeugniss zurücknehmen, so bleibt die Ehe gelöst, aber die Zeugen 10
haben der geschiedenen Frau eine Durchschnittsehegabe zu zahlen,
wenn die Cohabitation Statt gefunden hat, dagegen eine halbe
Durchschnittsehegabe, wenn die Cohabitation noch nicht Statt gefunden hatte.

Wenn zwei Zeugen bezeugen, dass eine Ehescheidung Statt gefunden habe, die Ehe geschieden wird und darauf die Zeugen ihr
Zeugniss zurücknehmen, wenn dann bewiesen wird, dass zwischen
den Eheleuten Milchverwandtschaft bestand, bleiben jene Zeugen
straflos.

Wenn in einem Process um Mein und Dein die Zeugen ihr 20
Zeugniss zurücknehmen, wobei es einerlei ist, ob sie absichtlich oder
unabsichtlich ein falsches Zeugniss geleistet haben, haften sie für
den Schaden. Wenn sie alle ihr Zeugniss zurücknehmen, wird der
zu leistende Ersatz zu gleichen Theilen über alle repartirt. Wenn
dagegen nicht alle Zeugen ihr Zeugniss zurücknehmen, sondern nur
einige, ist zu unterscheiden, ob noch die erforderliche Mindestzahl
von Zeugen übrig bleibt oder nicht. Im ersteren Fall (wo also noch
so viele Zeugen vorhanden sind, als für die Grundlage eines rechtskräftigen Urtheils erforderlich) bleibt der Zeuge, der sein Zeugniss
zurücknimmt, nach der einen Ansicht straflos, während er nach der 30
anderen seinen Antheil eines Ersatzes pro rata der Anzahl der
Zeugen dem durch sein Zeugniss geschädigten zu ersetzen hat.
Anderen Falls, wenn nicht mehr die erforderliche Anzahl von Zeugen
übrig bleibt, so ist zwischen zwei Fällen zu unterscheiden. Waren die
Zeugen von vornherein *nicht mehr, als vom Gesetz gefordert werden*,
so hat der Zurücktretende (z. B. einer von zweien) pro rata der Zeugenzahl Ersatz zu leisten (d. i. die Hälfte). War dagegen von vorn-

herein die Zahl der Zeugen *grösser, als das Gesetz verlangt,* so hat der zurücktretende einen solchen Ersatz zu leisten, der entweder seinem Verhältniss zu der *gesetzlichen* Zeugenzahl oder aber seinem Verhältnis zu der *faktischen* Zeugenzahl entspricht. Wenn daher z. B. drei Zeugen vorhanden waren, das Gesetz nur zwei verlangte, so hat der Zurücktretende entweder $^1/_2$ oder $^1/_3$ des dem Verurtheilten zugefügten Schadens zu ersetzen.

Wenn ein Mann und zwei Weiber den Zeugenbeweis erbringen, ihn aber darauf zurücknehmen, hat der Mann die eine Hälfte des Ersatzes zu leisten, die Weiber die andere.   10

Wenn ein Mann und vier Weiber in einem Process über Milchverwandtschaft den Zeugenbeweis erbringen und darauf ihr Zeugniss zurücknehmen, so hat er ein Drittel des Ersatzes zu leisten und sie zwei Drittel. Wenn dagegen entweder der Mann oder zwei Weiber ihr Zeugniss zurücknehmen, haben sie keinen Ersatz zu leisten, weil auch ohne ihn oder sie die gesetzlich erforderliche Zeugenzahl vorhanden ist.

Wenn in einem Process über Hab und Gut ein Mann und vier Weiber den Zeugenbeweis erbringen und sie darauf ihr Zeugniss zurücknehmen, so hat nach der einen Ansicht *er* ein Drittel des 20 Ersatzes, *sie* zwei Drittel, nach anderer Ausicht *er* die eine Hälfte, *sie* die andere Hälfte des Ersatzes zu leisten, indem es gleichgültig ist, ob der Zeuge und die Zeuginnen zusammen ihr Zeugniss zurücknehmen oder respective er oder sie allein. Wenn dagegen zwei von den vier Zeuginnen ihr Zeugniss zurücknehmen, haben sie keinen Ersatz zu leisten, weil auch ohne sie die vom Gesetz geforderte Zeugenzahl vorhanden ist.

Folgende Zeugen, die nachträglich ihr Zeugniss zurücknehmen, sind nicht zur Ersatzleistung verpflichtet:

Wenn Zeugen, die in einem Process wegen Unzucht bezeugt 30 haben, dass der Verklagte *muḥṣan* sei (Buch VI. II. Anm. zu § 1), *zugleich* mit den Zeugen, welche die Unzucht bezeugt haben, ihr Zeugniss zurücknehmen; oder wenn in einem Processe wegen Ehescheidung oder Freilassung (vgl. Buch I § 33, Buch II § 1) die Zeugen, welche die *Bedingung,* von deren Eintreffen die Ehescheidung oder die Freilassung abhängig gemacht worden sei, bezeugt haben, *zugleich* mit den Zeugen, welche die Ehescheidung oder Freilassung

selbst bezeugt haben, ihr Zeugniss zurücknehmen, sind sie nicht zu
irgend einem Ersatze verpflichtet[1]).

---

[1]) Der Meineid ist in den Rechtscommentaren nicht durch ein
besonderes Kapitel vertreten.   Nach meiner Ansicht muss das Gesetz
über Meineid lauten: والحانِثُ فاسق وضامن   „Wer Meineid begeht,
verliert die Unbescholtenheit vor Gericht und ist zum Ersatz verpflichtet.“   Der Meineid gehört nicht unter die حدود, die Kapitel des
Strafrechts (Buch VI. II.), aber er ist eine معصية d. i. eine Auflehnung gegen Gottes Willen und unterliegt insofern dem تعزير d. i.
der diskretionären Bestrafung durch den Richter vgl. § 826, 18 und
S. 848, 20.

BUCH VI.

STRAFRECHT.

ZWEI THEILE.

STRAFRECHT.

I. THEIL (BLUTRECHT).

TEXT.

———

§ 1. Die Tödtung kann dreifacher Art sein:
a) eine absichtliche,
b) eine unabsichtliche,
c) eine solche, bei der eine Absicht vorlag, aber nicht die Absicht des Tödtens (eine halbabsichtliche).

§ 2. Die absichtliche Tödtung (Mord) besteht darin, dass A den B mit einem im Allgemeinen tödtlichen Instrumente schlägt in der Absicht ihn zu tödten.

Dafür trifft den A die Strafe der talio. Wenn aber ihm die talio von den Angehörigen des Getödteten erlassen wird, hat er sofort aus seinem Vermögen das erhöhte Sühnegeld (§ 12) zu zahlen.

§ 3. Die unabsichtliche Tödtung (Todschlag) besteht darin, dass jemand nach irgendetwas wirft oder schiesst und zufällig einen Menschen so trifft, dass er ihn tödtet.

Diesen trifft nicht die Strafe der talio, sondern er hat das ermässigte Sühnegeld an die Erben des Getödteten zu zahlen, oder im Falle seines Unvermögens haben seine Verwandten, die sogenannten ʿĀḳile, das Sühnegeld bis zum Ablauf von drei Jahren für ihn zu zahlen.

§ 4. Die halbabsichtliche Tödtung besteht darin, dass A den B absichtlich schlägt mit einem Instrumente, das in der Regel nicht tödtliche Wirkung hat, in Folge dessen B stirbt.

In diesem Falle trifft den B nicht die Strafe der talio,

sondern er hat das erhöhte Sühnegeld (§ 12) an die Erben
des Getödteten zu zahlen, oder im Falle seines Unvermögens
haben seine Verwandten, die ʿĀḳile, das Sühnegeld bis zum
Ablauf von drei Jahren zu zahlen.

§ 5. Die Strafe der talio hat folgende vier Bedingungen
zur Voraussetzung:

a) der zu Bestrafende muss mündig sein;

b) er muss bei vollem Verstande sein;

c) er oder sie darf nicht der Vater oder die Mutter
des Getödteten sein;

d) der Getödtete darf nicht unter dem Range des
Tödtenden stehen, sei es als *Ungläubiger*, sei
es als Sklave.

§ 6. Wenn mehrere zusammen einen Menschen ermorden, werden sie alle getödtet.

§ 7. Die Bestimmungen über diejenigen Personen, auf
welche die talio der Tödtung anzuwenden ist, gelten auch
für solche Personen, auf welche die talio in Gestalt von
Gliederverstümmelung (Gliedabhauen, Vernichtung eines
der fünf Sinnesorgane) anzuwenden ist.

§ 8. Für die Glieder-Verstümmelung gelten ausser den
in den §§ 5—7 gegebenen Bestimmungen über die talio
der Tödtung die folgenden zwei Regeln:

a) sie ist anzuwenden genau auf dasselbe Glied wie
dasjenige, dessen Verlust gesühnt werden soll. So wird
die rechte Hand, der rechte Fuss u. s. w. abgehauen respective für die rechte Hand, den rechten Fuss u. s. w.,
die linke Hand, der linke Fuss u. s. w. respective für die
linke Hand, den linken Fuss u. s. w.

b) es darf nicht ein gesundes Glied zur Sühne für ein
unbrauchbar gewordenes abgehauen werden.

§ 9. Die talio wird angewendet zur Sühne für jedes
Glied, das aus einem Gelenk ausgerissen ist.

§ 10. Die talio findet nur auf solche Wunden Anwendung, welche bis auf den Knochen gehen.

§ 11. Das Sühnegeld ist ein doppeltes:

a) ein erhöhtes,

b) ein ermässigtes.

§ 12. Das erhöhte Sühnegeld beträgt 100 Kamele, nämlich

                30 Kamelinnen im 4. Jahr,

                30   „   im 5. Jahr,

                40 trächtige Kamelinnen.

§ 13. Das ermässigte Sühnegeld beträgt 100 Kamele, nämlich

                20 Kamelinnen im 4. Jahr.

                20   „   „ 5. „

                20   „   , 3.

                20 Kamele   „ 3.

                20 Kamelinnen im 2. „

§ 14. Wenn der Schuldige Kamele nicht besitzt, muss er den Werth der 100 Kamele in Geld zahlen.

Nach einer anderen Ansicht ist das ermässigte Sühnegeld allemal mit 1000 Dinar oder 12000 Dirhem, das erhöhte mit 1333⅓ Dinar oder 16000 Dirhem zu zahlen.

§ 15. In drei Fällen muss für unabsichtliche Tödtung anstatt des ermässigten Sühnegeldes (§ 3) das erhöhte gezahlt werden:

a) wenn diese Tödtung im heiligen Gebiet von Mekka geschehen ist;

b) wenn sie innerhalb der heiligen Monate (Dhulkaʿda, Dhulḥigga, Muḥarram und Ragab) geschehen ist.

c) wenn das getödtete Individuum mit dem Individuum, das getödtet hat, in einem solchen Grade der Verwandtschaft stand, dass eine Ehe zwischen ihnen unmöglich war.

§ 16. a) Das Sühnegeld für eine weibliche Person beträgt die Hälfte von demjenigen für eine männliche Person.

b) Das Sühnegeld für einen Juden oder Christen beträgt ein Drittel von demjenigen für einen Muslim.

c) Das Sühnegeld für einen Parsen beträgt $\frac{1}{15}$ von demjenigen für einen Muslim.

§ 17. Das ganze Sühnegeld, das für eine Tödtung zu zahlen ist, ist, falls von dem Recht der talio abgesehen wird, auch für folgende Verwundungen oder Verstümmelungen zu zahlen:

Das Abhauen der beiden Hände, der beiden Füsse, der Nase, der beiden Ohren, die Zerstörung der beiden Augen, der vier Augenlider, der Zunge, der beiden Lippen; für eine Misshandlung, welche den Verlust der Sprache, des Gesichtes, des Gehörs, des Geruchs, des Verstandes zur Folge hat; für die Vernichtung des Gliedes und der beiden Eier.

§ 18. Das Sühnegeld für eine Wunde, welche den Knochen trifft, wie für einen Zahn beträgt fünf Kamele.

§ 19. Für eine Misshandlung, welche den Verlust eines Körpertheils, durch den man keinen direkten Nutzen gewinnt, zur Folge hat, ist ein vom Richter abzuschätzendes Sühnegeld zu zahlen.

§ 20. Die für einen Sklaven zu leistende Sühne ist die Zahlung seines Werthes.

§ 21. a) Das Sühnegeld für ein freies Embryo ist ein Sklave oder eine Sklavin.

b) Das Sühnegeld für ein unfreies Embryo ist der zehnte Theil von dem Werthe seiner Mutter.

§ 22. Wenn in einer Verhandlung wegen Tödtung der Wahrscheinlichkeitsbeweis zu Gunsten des Klägers spricht, so wird ihm aufgegeben fünfzig Eide zu schwören, wodurch er das Anrecht auf das Sühnegeld erwirbt.

Wenn ein solcher Wahrscheinlichkeitsbeweis nicht geführt werden kann, werden dem Angeklagten fünfzig Eide aufgetragen.

§ 23. Wer widerrechtlich einen Menschen tödtet, hat abgesehen von den Entscheidungen des Blutrechts Busse zu leisten, welche in dem Loskauf oder der Freilassung eines muslimischen, von allen die Arbeits- oder Erwerbskraft beeinträchtigenden Fehlern freien Sklaven besteht. Wenn er dazu nicht im Stande ist, hat er während zweier auf einander folgender Monate zu fasten.

STRAFRECHT.

I. THEIL (BLUTRECHT).

ANMERKUNGEN.

§ 1. Das Strafrecht wird in zwei Theile zerlegt, je nachdem es sich bezieht:

1. auf Attentate gegen *den Leib* des Menschen, d. i. auf Tödtung, Verwundung und Verstümmelung, oder

2. auf Attentate gegen den Besitz des Menschen, gegen seine Ehre, gegen den Verstand, gegen Staat und Religion, d. i. auf Diebstahl und Raub, Verleumdung, Betrunkenheit, Rebellion, Apostasie und verwandtes.

Der erste Theil könnte etwa als *das Blutrecht* bezeichnet werden. 10

Wenn ein Mörder seine That bereut, sich selbst den Erben des Ermordeten übergiebt und willig die Strafe leidet, hat er dem Rechte der Erben genügt und ist von dieser Seite her im Jenseits straffrei. Aber das Recht des Ermordeten ist noch nicht befriedigt. Diesem vergilt Gott im Himmel, was er hienieden erduldet, und vermittelt zwischen ihm und seinem Mörder, so dass der letztere auch wegen dieses Grundes im Jenseits nicht zur Rechenschaft gezogen wird.

Dagegen der andere Mörder, der nicht bereut, nicht freiwillig sich zur Bestrafung überantwortet, sondern wider seinen Willen die 20 Strafe erleidet, befriedigt zwar durch die irdische Strafe den Rechtsanspruch der Erben, hat aber im Jenseits eine weitere Strafe zu erleiden, ohne indessen für alle Ewigkeit in der Hölle zu bleiben.

Nach der Prädestinationslehre des Sunnitischen Islams ist der Tod durch Mord der von Ewigkeit an bestimmte Termin des Lebensendes des betreffenden, während nach anderer (der Mu'taziliten) Lehre der Tod durch Mord nicht mit dem von Ewigkeit an festgesetzten Termin identisch ist, vielmehr eine Verfrühung desselben durch das eigenwillige Eingreifen des Mörders, einen Eingriff in die ewige Vorherbestimmung bedeutet.

Der Zweck des Blutrechts ist *die Erhaltung des Lebens*, d. i. die Abschreckung, denn wenn der Mensch weiss, dass er bestraft wird, enthält er sich eines Vergehens gegen das Blutrecht, und in Folge dessen wird das Leben sowohl des etwaigen Attentäters wie des etwaigen Opfers erhalten.

§ 2. Der Ausdruck „mit einem im Allgemeinen tödtlichen Instrumente schlägt" ist zu eng gefasst. Gemeint ist, „dass A den 10 B zum Objekt einer im Allgemeinen den Tod verursachenden Handlung macht", z. B. ihn erdrosselt, in das Wasser wirft, seine Speise vergiftet oder ihn bezaubert (verhext)[1].

Die Tödtung, welche durch die talio geahndet wird, muss eine *widerrechtliche Lebensberaubung sein*[2], d. i. eine solche, die der *Sache* nach widerrechtlich ist. Im Gegensatz hierzu steht die widerrechtliche *Form*. Wenn einem Mörder nach dem Recht der talio der Kopf abgeschnitten werden soll, aber der Inhaber des Blutrechts ihn mit einem Schwerthieb in zwei Hälften spaltet, so verfällt er dadurch nicht der talio, denn die Lebensberaubung *an sich* war 20 rechtmässig und nur *die Form* derselben war widerrechtlich.

Von der in diesem Paragraphen genannten absichtlichen Tödtung sind folgende Arten derselben ausgenommen:

a) dass der Muslim den Apostaten tödtet;

b) dass der Ghâzî, der im Krieg für den Islam befindliche Muslim, seinen christlichen Verwandten, wenn er Gott oder seinen Propheten lästert, tödtet;

c) dass der Ghâzî seinen christlichen Verwandten, auch wenn er Gott und seinen Propheten nicht schmäht, tödtet;

d) dass das Staatsoberhaupt den Kriegsgefangenen tödtet, wenn 30 gleich viel dafür spricht ihn zu tödten, wie dafür ihn am Leben zu lassen.

Die Tödtung a) ist nothwendig, b) empfehlenswerth, c) widerwärtig und d) zulässig.

---

[1] Ueber Zauberei السحر s. Baguri II, 206, 6. 24.

[2] إِزْهَاقُ النفس.

Es ist einerlei, ob der Tod sofort eintritt oder erst eine Zeit-lang nach dem Attentat in Folge der Verwundung.

Die Bestimmung des § 2 „in der Absicht zu tödten" wird von Anderen verworfen. Nach der vorherrschenden Ansicht braucht nicht erwiesen zu werden, dass der Thäter die Absicht des Tödtens gehabt habe, und das Wesentliche des Thatbestandes beschränkt sich darauf, dass z. B. A den B absichtlich mit dem Schwerte schlägt und B in Folge dessen stirbt.

Die Anwendung der talio hat zur Voraussetzung, dass das Opfer ein Muslim oder ein den Schutz des Islams geniessender 10 Nicht-Muslim ist. Denn das Blut jedes anderen, z. B. des Apostaten oder des den Schutz des Islams nicht geniessenden Nicht-Muslims, kann ohne Strafe vergossen werden.

Dem Inhaber des Blutrechts steht es frei auf talio und Sühne-geld (§ 11 ff.) zu verzichten, so dass der Mörder straffrei ausgeht.

Wenn der Inhaber des Blutrechts mehrere sind, und einer von ihnen auf talio und Sühnegeld verzichtet, während die anderen nicht verzichten wollen, so gilt der Verzicht des Einen für Alle.

Der Ersatz der talio durch das Sühnegeld kann mit dem Willen des Mörders oder gegen denselben Statt finden. Dagegen 20 ist seine Einwilligung erforderlich, wenn der Inhaber ihn, anstatt das gesetzliche Sühnegeld zu fordern, gegen eine anderweitige Zahlung oder Leistung aus seiner Verbindlichkeit entlassen zu wollen erklärt.

§ 3. Allgemeiner gefasst ist die unabsichtliche Tödtung jede absichtliche oder unabsichtliche That, welche aber insofern unabsichtlich ist, als sie den Tod eines Menschen zur Folge hat. Der Fuss eines Menschen gleitet aus, ein anderer wird dadurch gestossen und stirbt in Folge dessen. Oder es schiesst Jemand nach einem Wild, trifft aber einen Menschen so, dass er stirbt. 30

Die *ʿÂkile* eines Mannes sind seine natürlichen Erben[1]) mit Ausschluss der direkten Ascendenz und Descendenz, also:

die Brüder germani oder consanguinei oder ihre männliche Descendenz;

die Vatersbrüder germani oder consanguinei;

---

[1]) المتعقّبون بانفسهم s. Buch I, Seite 209, 20.

49*

der männliche Patron oder dessen natürliche Erben mit Ausschluss der direkten Ascendenz und Descendenz;

der Patron des Patrons oder dessen natürliche Erben mit der gleichen Ausnahme;

' *der Patron des Vaters* des Attentäters oder seine natürlichen Erben mit der gleichen Ausnahme.

Der Freigelassene zahlt nicht Sühnegeld für seinen Patron, wie er ihn nicht beerbt.

Wenn solche Verwandte nicht vorhanden sind, so hat der Fiscus das Sühnegeld zu zahlen. Wenn aber ein regulärer Fiscus 10 nicht vorhanden ist, haben die *entfernten Verwandten*[1]) das Sühnegeld zu zahlen.

Ist der Delinquent ein Freigelassener, der seine Freiheit einer Frau verdankt, so zahlt nicht diese, die Patrona, das Sühnegeld für ihn, sondern ihre ʿÂḳile.

Wenn mehrere *patroni* vorhanden sind, so zahlen sie zusammen das Sühnegeld nicht nach der Kopfzahl, sondern pro rata ihres Vermögens. Falls einer der *patroni* stirbt, zahlt jedes Mitglied seiner ʿÂḳile so viel, wie der Verstorbene allein gezahlt haben würde.   ·   20

Das Sühnegeld wird in folgender Weise zusammengebracht:

Jeder wohlhabende unter den *fratres germani* zahlt $\frac{1}{2}$ Denar oder 6 Dirhem, jeder mittelbegüterte unter ihnen $\frac{1}{4}$ Denar oder 3 Dirhem. Wenn auf diese Weise das pro Jahr zu zahlende Drittel des Sühnegeldes nicht aufgebracht wird, werden die nächst verwandten Personen zu gleichen Leistungen herangezogen, bis die Summe voll ist.

Das Vermögen der einzelnen Verwandten wird abgeschätzt nach ihren Beiträgen zur Gemeindesteuer *Zekât*. Wer 20 Denare und mehr besitzt, ist *wohlhabend;* wer weniger besitzt, aber mehr 30 als $\frac{1}{4}$ Denar, ist *mittelbegütert;* wer auch das nicht hat, ist *arm* und nicht verpflichtet zum Sühnegeld beizutragen.

Verpflichtet zu Beiträgen zum Sühnegeld ist nur, wer folgende Bedingungen erfüllt:

1. er muss männlichen Geschlechts sein,

---

[1]) ذوو الارحام, s. oben S. 247 § 7.

2. frei (ganz frei),

3. zurechnungsfähig,

4. er muss dieselbe Religion haben wie der Attentäter,

5. er darf nicht *arm* sein.

Als Grund, weshalb die direkte Ascendenz und Descendenz des Attentäters nicht zum Sühnegeld beisteuern, wird angegeben, dass sie ein Theil von ihm seien.

Die genannten Verwandten haben in drei Jahren längstens das Sühnegeld zu zahlen, nämlich je ein Drittel am Ende jedes Jahres.

Der Anfang des Termins von 3 Jahren ist der Moment des Todes des unabsichtlich Getödteten oder im Falle einer Verwundung oder Verstümmelung das Datum derselben.

Das Sühnegeld differirt, je nachdem der Getödtete ein freier muslimischer Mann war oder ein Sklave, ein Weib oder ein Kafir. Vgl. §§ 16. 20. Gleichfalls differirt der Zahlungsmodus.

War der Getödtete ein Sklave, so ist am Ende jedes der drei Jahre ein Drittel seines Marktwerthes zu zahlen.

Wàr das Opfer ein Weib, so wird zu Anfang des ersten Jahres soviel gezahlt, als dem Drittel des Sühnegeldes für einen Mann gleichkommt, und der Rest im Laufe des zweiten Jahres.

War das Opfer ein Kafir, so ist die ganze Sühne am Ende des ersten Jahres zu zahlen, für einen Christen $^1/_3$, fur einen Parsen $^1/_{15}$ von dem Sühnegeld, das für einen Muslim zu bezahlen ist.

Die Bestimmungen über die ʿĀḳile, d. i. die zur Zahlung des Sühnegeldes verpflichteten Anverwandten, gehen nicht auf den Koran, sondern auf die Tradition zurück (Baguri II, 208, 10—12). Wer aus Versehen einen Menschen tödtet, hat dessen Erben das Sühnegeld zu zahlen, und seine Sippe, die ʿĀḳile, haften unter allen Umständen dafür, dass diese Zahlung bis zum Ablauf des dritten Jahres geleistet wird.

Wenn die unabsichtliche Tödtung unter gewissen erschwerenden Umständen erfolgt, ist sie nicht durch das ermässigte, sondern durch das erhöhte Sühnegeld zu sühnen. S. § 15.

§ 4. Als Beispiel einer halbabsichtlichen Tödtung wird angegeben, dass A den B mit einem leichten Stock oder einer Peitsche schlägt und B in Folge dessen stirbt. Das Instrument ist ein solches, das im Allgemeinen nicht tödtet, wohl aber in einzelnen Fällen.

Dagegen wird z. B. eine Rohrfeder (Ḳalam) nicht als ein solches Instrument angesehen. Wenn daher A den B mit einer Rohrfeder ver- · wundet und letzterer in Folge dessen stirbt, so' ist das ein unglücklicher Zufall, der keine strafrechtlichen Folgen hat (Baguri II, 309, 10, 11).

§ 5. Der Mörder (§ 2) wird getödtet, wenn die Inhaber des Blutrechts, die Erben des Ermordeten, es verlangen. Aber nicht jeder Mörder.

Was hier von der talio für Mord gesagt ist, gilt in gleicher Weise von der talio für Verwundung (Verstümmelung) und Zer- 10 störung eines der fünf Sinnesorgane.

a) Ein Kind, Knabe oder Mädchen, unterliegt nicht der talio. Das Ende der Kindheit wird bestimmt durch die Pubertät oder das Eintreten der Menstruation oder durch das Alter. Wenn das Kind aber von der talio befreit ist, so haftet die Verpflichtung zur Zahlung des Sühnegeldes an seinem Vermögen.

Wenn ein Fremder (der nicht dem Islam angehört und nicht Schutzbefohlener des muslimischen Staates ist) einen Mord begeht, so unterliegt er weder der talio noch der Verpflichtung zur Zahlung des Sühnegeldes, weil er ausserhalb der Gesetze des Islams steht. 20 Hieran wird nichts geändert, wenn er auch nach dem Morde den Islam annimmt oder in ein Schutzverhältniss zum islamischen Staate eintritt.

Wenn der Mörder, der mündig ist, behauptet, dass er, als er den Mord beging, noch Kind gewesen sei, während der Vertreter des Ermordeten das Gegentheil behauptet, so muss der Mörder seine Aussage beschwören und es wird demgemäss entschieden. Vorausgesetzt wird dabei, dass nach der Natur der Dinge die Möglichkeit existirt, dass der Mörder damals noch nicht mündig war.

Ist aber diese Möglichkeit nicht vorhanden und der Mörder stellt 30 dennoch jene Behauptung auf, so wird ohne Weiteres die Aussage des Vertreters des Ermordeten als rechtsverbindlich angesehen.·

b) Die Hauptsache ist, das der Mörder *im Moment der That* wahnsinnig ist und dass er wahnsinnig bleibt. In dem Fall ist er frei von der talio, aber sein Vermögen haftet für das Sühnegeld.

Wenn aber ein geisteskranker Mörder nach der That geistesgesund wird, so unterliegt er der talio, und auch wenn ein Geistes-

gesunder einen Mord begeht, aber danach wahnsinnig wird, unterliegt er der talio, trotzdem er geisteskrank ist.

Wenn ein Mörder behauptet, er sei im Moment der That
wahnsinnig gewesen, während der Vertreter des Ermordeten es
bestreitet, so wird dem Mörder der Schwur aufgetragen und demselben Glaube beigemessen, falls er *vor dem Mord* bereits einmal
wahnsinnig gewesen ist.

Wenn er dagegen *vor der That* nie wahnsinnig gewesen ist,
so wird ohne Weiteres die Aussage des Vertreters des Ermordeten
als verbindlich angesehen.   10

Wer in unentschuldbarer Trunkenheit einen Mord begeht, unterliegt der talio. Entschuldbar ist die Trunkenheit, wenn sie auf die
Weise entsteht, dass der Betreffende etwas trinkt, von dem er nicht
wusste, dass es berauschend ist. Wer in entschuldbarer Trunkenheit
einen Mord begeht, unterliegt nicht der talio, hat aber das Sühnegeld zu zahlen.

c) Wer einen direkten Descendenten tödtet, unterliegt nicht
der talio. Dabei ist es einerlei, ob der Tödtende Muslim oder Kafir
ist. Wer dagegen einen direkten Ascendenten tödtet, unterliegt
der talio, ausgenommen der servus contrahens, der seinen ihm als 20
Sklaven gehörigen Vater tödtet Denn in diesem Falle sind der
Mörder und der Ermordete sich nicht gleich, da der erstere der
Herr des letzteren war.

Im Uebrigen unterliegt Verwandtenmord den allgemeinen Gesetzen der talio.

Zu dem Descendenten-Mord ist zu bemerken, das auch derjenige
als Descendent oder Kind gilt, dessen Vaterschaft der Mörder
leugnet oder geleugnet hat, indem er durch öffentlichen Fluch sich
von der Mutter desselben lossagt oder lossagte (s. Buch I § 41—44).

Wenn Jemand seine Ehegattin tödtet, von der er ein Kind hat, 30
oder wenn er die Ehegattin seines Sohnes tödtet, unterliegt er nicht
der talio.

Wenn Jemand der talio unterliegt, aber vorher stirbt und einen
Theil derselben auf seinen Sohn vererbt, so wird sie hinfällig und
die Pflicht zur Leistung des Sühnegeldes tritt an ihre Stelle.

Wenn Jemand den Vater seiner Ehegattin tödtet und dann

diese stirbt, indem sie ihm ein Kind hinterlässt, unterliegt er nicht
der talio.

Es wird ausdrücklich hervorgehoben, dass wenn ein Richter
den Mörder eines seiner Descendenten zum Tode verurtheilt, dies
Urtheil null und nichtig ist, ausgenommen folgenden Fall: Wenn
Jemand sein Kind (seinen Descendenten) zu Boden wirft wie ein
Schaaf, das man schlachten will, und es abschlachtet wie ein Schaaf,
so soll, wenn der Richter ihn zur talio verurtheilt, dies Urtheil nicht
angefochten oder aufgehoben werden.

d) Der Mörder und sein Opfer müssen sich gleich sein als 10
Muslims und als Freie.

Der muslimische Mörder eines Kafir ist frei von talio, aber
der nicht-muslimische Mörder eines nicht-muslimischen Menschen
unterliegt der talio, einerlei ob sie Christen oder Juden sind.

Wenn der Mörder ein Kafir ist, wird in Hinsicht auf die talio
dadurch nichts geändert, dass er nach dem Morde den Islam annimmt.

Ist der Ermordete ein Nicht-Muslim, der Mörder ein Muslim,
so hat er auch kein Sühnegeld zu zahlen, falls der Ermordete ein
Fremder, *hostis* (Angehöriger eines Staates, der mit dem 20
islamischen Staate in keinerlei Vertragsverhältniss steht) ist; dagegen
hat er Sühnegeld zu zahlen (§ 16. Absatz 2. 3.), wenn der Ermordete Unterthan des islamischen Staates oder Unterthan eines
solchen Staates war, · mit dem der islamische Staat ein Vertragsverhältniss hat.

Ist der Ermordete ein Sklave, so hat der muslimische Mörder
nach § 20 das Sühnegeld zu zahlen.

Der Ganz-Sklave, der einen Ganz-Sklaven tödtet, unterliegt
der talio. Dabei ist es einerlei, ob der Mörder nach der That freigelassen wird oder den Islam annimmt.   30

Der Theil-Sklave, der einen Theil-Sklaven tödtet, erleidet nicht
die talio, sondern hat das Sühnegeld zu zahlen.

§ 6. Die Bestimmung dieses Paragraphen hat zur Voraussetzung, dass die Mörder und der Ermordete Muslims und frei sind.
Ist der Ermordete ein Christ oder Sklave, so gelten die § 16 Abs. 2, 3,
und § 20.

Dem Inhaber des Blutrechts steht es frei, von allen Mördern

anstatt der talio das Sühnegeld zu fordern, oder auch nach seinem
Belieben von einigen das Sühnegeld zu nehmen, an anderen die
talio auszuüben.

Verlangt der Inhaber des Blutrechts das Sühnegeld, so ist das
Sühnegeld für *Verwundungen* über die Attentäter nach ihrer Kopfzahl zu repartiren. Wenn Jemand geschlagen worden ist und festgestellt werden kann, wie oft jeder der Attentäter geschlagen
hat, wird das Sühnegeld über sie nach der Zahl der Schläge
vertheilt.

Für den Fall, dass *ein* Mörder *mehrere* Menschen getödtet hat, 10
das Gegentheil von § 6, gelten folgende Regeln:

Der Mörder erleidet für den zuerst Ermordeten die talio, für die
danach Ermordeten werden aus seinem Nachlass die Sühnegelder
gezahlt.

Hat er sie *zugleich* ermordet, so wird durch das Loos derjenige
Ermordete bestimmt, für den der Mörder die talio erleiden soll.

In jedem Fall ist derjenige von den Bluträchern, der die talio
ausübt, damit abgefunden, während den anderen der Anspruch auf
Sühnegeld zusteht.

Entsteht ein Streit unter den Bluträchern, wer das Recht auf 20
die talio habe, so steht es ihnen frei sich gütlich zu einigen
oder das Loos entscheiden zu lassen.

Wenn der Mörder bekennt, dass er von allen den X zuerst
ermordet habe, während einer der Bluträcher das bestreitet, so kann
er verlangen, dass der Mörder seine Aussage durch einen Schwur
erhärtet. Wenn dies geschieht, steht dem Bluträcher des X die
talio zu.·

Wenn alle Bluträcher den Mörder zusammen in einem Male
tödten, so gilt die talio als ihr gemeinschaftlicher Antheil, und die
Sühnegelder für die übrigen Ermordeten werden über sie zu gleichen 30
Theilen vertheilt.

Wenn mehrere einen Menschen ermorden, werden sie alle getödtet, vorausgesetzt dass der Antheil des Einzelnen derartig war.
dass, wenn er allein gehandelt hätte, der Mord ebenfalls geschehen
wäre. Wenn z. B. fünf Mann einen Menschen von einer hohen
Bergspitze herabstürzen und dadurch tödten, so ist der einzelne in

demselben Grade Mörder wie alle fünf. Es ist dabei einerlei, ob
sie sich vorher vereinbart haben oder nicht.

Wenn dagegen der einzelne nicht als Mörder anzusehen ist,
wohl aber an dem Morde betheiligt war, so sind zwei Fälle
möglich:

a) hatten sie die That mit einander vereinbart, so werden alle
getödtet;

b) geschah die That ohne vorherige Vereinbarung, so werden
sie nicht getödtet, sondern müssen Sühnegeld zahlen, das über sie
vertheilt wird je nach der Zahl der Schläge, die jeder von ihnen 10
dem Opfer versetzt hat.

Ist der Thatbestand gemischter Natur, d. h. ist der eine an
und für sich allein als Mörder anzusehen, der andere dagegen nur
als Mithelfer, so wird der erstere getödtet; der letztere wird getödtet, wenn er mit dem ersteren die That vereinbart hatte, dagegen hat er das Sühnegeld, d. i. die auf ihn entfallende Quote des
Sühnegeldes zu zahlen, wenn eine solche Vereinbarung nicht Statt
gefunden hatte.

Wenn mehrere Mörder einen Menschen ermorden, aber die
Wunden, die die einzelnen ihm beigebracht haben, sehr verschieden 20
sind, werden alle Attentäter ohne Rücksicht darauf, ob sie sich zu
der That vereinbart haben oder nicht, getödtet.

Steht Jemand zu einem solchen Verbrechen in einem gewissen
Zusammenhange, jedoch nur in der Weise, dass seine Handlung
keinerlei direkten Einfluss auf den Mord selbst ausgeübt hat, so
bleibt er straflos.

§ 7. Für die Gliederverstümmelung [1]) gelten die Bestimmungen
der §§ 5 und 6. Wer der talio der Verstümmelung nicht unterliegt, hat nach §§ 17, 18, 19 Sühnegeld zu zahlen.

§ 8. Von den Gliedern, die doppelt vorhanden sind, rechts 30
oder links, unten oder oben (Lippen, Augenlider), unterliegt nur
eben dasselbe der Verstümmelung, das dem Opfer vernichtet worden
ist. Wenn die beiden Parteien eine Vertauschung von zwei Gliedmassen vereinbaren, dass z. B. anstatt der rechten Hand die linke

---

[1]) ‏قطع الاطراف‏.

abgehauen werden soll, so wird dadurch die talio aufgehoben und tritt die Zahlung des Sühnegeldes an ihre Stelle.

Ein Glied, das erst nach dem Attentat entsteht (z. B. ein Zahn), unterliegt niemals der talio. Wenn Jemand einem Anderen einen Zahn ausschlägt, den er selbst noch nicht hat, der aber gleich darauf hervorkommt, so darf der Inhaber des Blutrechts ihm nicht diesen Zahn ausreissen, sondern muss sich mit dem Sühnegeld begnügen.

b) Ein unbrauchbar gewordenes Glied, z. B. ein lahmer Fuss, darf zur Sühne für einen gesunden Fuss abgehauen werden, aber nicht umgekehrt. Wer einem Anderen ein unbrauchbar gewordenes 10 Glied vernichtet, leidet nicht die talio an dem entsprechenden Gliede seines Leibes, sondern hat Sühnegeld zu zahlen.

Die beiden in Frage kommenden Glieder müssen einander gleich sein *im Momente der That.* Wenn Jemand einem Anderen ein unbrauchbar gewordenes Glied vernichtet und *nach der That* das entsprechende Glied seines eigenen Leibes unbrauchbar wird, so kann die talio nicht Statt finden. Es kann zwar ein unbrauchbares Glied zur Sühne für ein brauchbares vernichtet werden, aber in diesem Falle würde ein Verstoss gegen b) vorliegen; nach dem Thathestande *zur Zeit der That* würde ein gesundes Glied für ein un- 20 brauchbar gewordenes geopfert werden.

Wenn ein Bluträcher zur Sühne für ein unbrauchbares Glied ein gesundes Glied ohne Einwilligung des Attentäters zerstört, so gilt das nicht als talio, sondern der Attentäter hat das Sühnegeld zu zahlen, aber der Bluträcher hat ihm eine Entschädigung für das zerstörte Glied nach dem Ermessen des Richters zu zahlen. Wenn aber die Zerstörung des Gliedes den Tod des Attentäters zur Folge hat, so unterliegt der Bluträcher seinerseits der Blutrache.

Wenn dagegen in diesem Fall die Zerstörung des brauchbaren Gliedes mit der ausdrücklichen Einwilligung des Attentäters 30 geschehen ist, so hat der Attentäter nicht Sühnegeld zu zahlen, und der Bluträcher unterliegt nicht der talio, wenn der Attentäter in Folge der Verwundung stirbt.

Ein unbrauchbares Glied *kann* zerstört werden zur Suhne für ein brauchbares oder ein unbrauchbares. Es kommt dabei nicht darauf an, ob das zu zerstörende Glied etwas mehr unbrauchbar ist als das zerstörte oder umgekehrt. Die Zerstörung des unbrauchbaren Gliedes

darf aber nur dann erfolgen, wenn nach dem Gutachten von zwei
Experten keine Gefahr der Verblutung vorhanden ist. Ist diese
Gefahr vorhanden, so darf die Exstirpation des unbrauchbaren Gliedes
nicht Statt finden, selbst dann nicht, wenn der Attentäter damit einverstanden ist, sondern ist durch Sühnegeld-Zahlung zu ersetzen.
Ferner hat der Inhaber des Blutrechts, der ein gesundes Glied verloren hat, falls er zur Sühne dafür dem Thäter ein unbrauchbares
Glied zerstört, nicht das Recht für den Unterschied zwischen den
beiden Gliedern ausserdem noch eine Werthentschädigung zu
fordern.   10

Unter einem *unbrauchbaren* oder *unbrauchbar gewordenen* Gliede
ist ein solches zu verstehen, das nicht diejenigen Dienste leistet,
für welche es bestimmt ist.

§ 9. Dieser Paragraph beschreibt die Grenzen der Blutrache
nur sehr ungenügend, denn nicht allein solche Glieder, die durch
ein Gelenk (Fuss-, Knie-, Hüfte- oder Schulter-Gelenk) mit dem
Körper zusammenhängen, fallen der talio zum Opfer, sondern
viel mehr.

Die Exstirpation eines durch ein Gelenk mit dem Körper zusammenhängenden Gliedes ist nur dann zulässig, wenn sie ohne   20
Verletzung des Inneren ausgeführt werden kann. Im anderen Fall
ist sie selbst dann unzulässig, wenn der Attentäter damit einverstanden ist. Jedoch aber wenn das Attentat eine Glied-Exstirpation
war, in Folge deren das Opfer desselben gestorben ist, erleidet der
Thäter die gleiche Exstirpation, selbst wenn ein Eingriff in das
Innere des Körpers nothwendig damit verbunden ist.

Die talio findet Anwendung auf die Augen, Ohren, Augenlider, Lippen, das Glied, die Teſtikeln, die Ränder der vulva und
die Hinterbacken, ferner auf die Zähne.

Wenn A dem B, der die Milchzähne noch hat, einen Zahn   30
ausschlägt, so wird mit der talio gewartet, ob ihm an der Stelle ein
neuer Zahn wächst. Geschieht das nicht, wird die talio ausgeführt.
Der Bluträcher kann damit warten, bis der Attentäter erwachsen
ist, und falls er vorher sterben sollte, hat sein Erbe das Recht an
dem Thäter die talio auszuüben.

Wenn der Zahn dem Attentäter nachwächst, so hat der Bluträcher das Recht, die an derselben Stelle nachwachsenden Zähne, soviele ihrer kommen, alle auszureissen.

Wenn eine erwachsene Person einer erwachsenen Person einen Zahn ausschlägt und trotzdem an der Stelle ein neuer Zahn wächst, so fällt er der talio anheim.

Es ist nicht gestattet bei der talio einen Knochen zu zerbrechen, weil dabei keine Gewähr ist, dass die Sühne dem zu sühnenden Objekt genau entspricht.

Wenn eine Verwundung sich über ein Gelenk hinaus auf den centralen Theil des Körpers ausdehnt, so kann der Bluträcher das 10 Gelenk nehmen und für den Rest der Verwundung das Sühnegeld fordern.

Die Exstirpation des Auges, der Nase, des Ohrs, der Lippe, der Zunge und des Gliedes soll in der Weise ausgeführt werden, dass z. B. eine Hälfte oder ein Drittel des Ohrs, der virga u. s. w. zur Sühne für eine Hälfte oder ein Drittel desselben Gliedes abgeschnitten wird, einerlei ob ein Glied des Attentäters grösser ist als dasjenige des Verwundeten oder nicht. Siehe die entgegengesetzte Bestimmung bei der talio für Wunden, die den Knochen berühren, unter dem folgenden Paragraphen.   20

§ 10. Für Wunden am Kopf und Gesicht, welche nicht bis auf den Knochen gehen, ist eine Werthentschädigung von 5 Kameelen zu zahlen. Für solche Wunden an anderen Theilen des Körpers ist ein von dem Richter zu bestimmendes Sühnegeld zu zahlen.

Für die Ausführung der talio für eine Wunde, die den Knochen getroffen hat, gelten folgende Bestimmungen:

Der Umfang der Wunde, die gemacht, geschnitten werden soll, ist nach ihrem Umfang genau zu bestimmen (etwa mit einer schwarzen oder rothen Linie), und dann mit einem Rasirmesser oder einem ähnlichen Instrument der Schnitt auszufuhren.   30

Die Grösse der Wunde ist *nach dem Maasse* zu bestimmen, d. h. die zu schneidende ist ebenso viele Centimeter breit, lang und tief wie die zu sühnende. Sie darf nicht nach einem *Theil-Verhältniss* bestimmt werden, denn die Körper der Menschen und ihre Gliedmaassen sind sehr verschieden. Wenn der Attentäter, der einen sehr kleinen Kopf hat, seinem Gegner, der einen sehr grossen Kopf hat, eine Kopfwunde beibringt, welche *von der Hälfte des*

Kopfes bis an den Knochen dringt, und nun jure talionis dem Attentäter an *der Hälfte seines viel kleineren Kopfes* eine entsprechende
Wunde geschnitten werden sollte, so würde die zu schneidende
Wunde viel kleiner sein als die zu sühnende und damit das
Gesetz der Parität verletzt werden. Wenn aber der Thäter den
ganzen Kopf seines Opfers bis auf die Knochen verwundet, so
wird seinem *ganzen* Kopf dasselbe angethan, einerlei ob er grösser
ist als jener oder nicht.

Wenn der Bluträcher absichtlich mehr wegschneidet, als ihm
zukommt, so unterliegt er dafür der talio, aber erst dann, wenn
seine Wunde geheilt ist. Schneidet er aus Versehen mehr ab, als
ihm zukommt, so hat er für das Plus eine Werthentschädigung zu
zahlen.

Wenn der Bluträcher zu viel wegschneidet und behauptet, es
sei deshalb geschehen, weil der zu operirende nicht still gehalten
habe, während der letztere das Gegentheil behauptet, so wird nach
der vorherrschenden Ansicht die Aussage des Bluträchers als verbindlich angesehen.

Wenn der Kopf des Attentäters behaart ist und derjenige des
Verwundeten kahl, findet die talio nicht Statt, weil durch die Zerstörung des Haares die Parität der beiden Verwundungen aufgehoben würde.

Es ist bei der talio für eine den Knochen verletzende Wunde
einerlei, ob dickes oder nur dünnes Fleisch über dem Knochen sitzt.

Es scheint, dass im Vorstehenden das Wort *Kopf* nur in dem
Sinne: *der oberste Theil des Schädels* zu verstehen ist, also mit
Ausschluss von Gesicht und Hinterkopf. Denn es wird ausdrücklich bemerkt, dass eine auf den Knochen gehende Wunde jure
talionis nur am Kopf, nicht im Gesicht und Hinterkopf ausgeführt
werden darf, und dass wenn eine Wunde geschlagen ist, die sowohl
am Kopf wie im Gesicht und am Hinterkopf den Knochen getroffen
hat, die talio nur für die Kopf-Wunde auszuführen ist, während für
den Theil der Wunde, der Gesicht oder Hinterkopf getroffen hat,
der Verwundete sich mit einer Entschädigung zu begnügen hat.

§ 11. Das Sühnegeld ist ein Ersatz für das zerstörte Objekt,
sei dies das Leben, ein Glied des Körpers oder ein Sinnesorgan.
Tödtet ein Weib einen Mann, so ist, falls von der talio abgesehen

wird, das Sühnegeld für den Mann zu entrichten; die Hälfte desselben, wenn ein Mann ein Weib tödtet. Vgl. § 16, Absatz 1.

Das Wort *Sühnegeld*[1]) findet nur Anwendung auf *freie* Personen. Denn die für den Mord oder die Verwundung eines Sklaven zu leistende Sühne wird bezeichnet als *Werthvergütung*[2])... Vgl. § 20.

Das *erhöhte* Sühnegeld muss von dem Attentäter selbst und zwar sofort gezahlt werden. Das *ermässigte* darf von ihm ebenfalls sofort gezahlt werden; wenn er aber dazu nicht im Stande ist, hat seine Sippe, die sogenannten 'Aḳile, das Sühnegeld für ihn aufzubringen und dazu ist ihnen ein Termin von 3 Jahren gewährt.

Das erhöhte Suhnegeld setzt sich aus 3, das ermässigte aus 5 verschiedenen Werthobjekten zusammen.

Der Unterschied zwischen erhöhtem und ermässigtem Sühnegeld gilt für das Sühnegeld für Tödtung und Gliederzerstörung, für die Abmessung der Werthentschädigungen zur Sühne für Verwundungen[3]) und für die Bestimmung solcher Sühnegelder, die von dem Richter bestimmt werden[4]).

Ausschliesslich kommt das ermässigte Sühnegeld in Betracht für die Bemessung der Sühne für Gliederzerstörung und Verwundungen, welche entweder im heiligen Gebiet von Mekka oder in den heiligen Monaten (Dhulḳa'da, Dhulḥigga und Muḥarram) oder gegen eine verwandte weibliche Person begangen sind. Vgl. für unabsichtliche Tödtung unter denselben Umständen § 15.

§ 12. 13. Das erhöhte oder ermässigte Sühnegeld ist zu zahlen für die Tödtung eines freien, muslimischen Mannes gemäss § 2—5, nicht für die Tödtung des muslimischen weiblichen Wesens oder Embryos, des vom Islam geächteten (z. B. des Apostaten), unfreier oder nicht muslimischer Personen. Vgl. §§ 16. 21. 20. Es wird dabei vorausgesetzt, dass der tödtende ein freies, sei es ein männliches oder weibliches Wesen und den Gesetzen des Islamischen Staates unterworfen ist.

Wenn der tödtende ein Sklave (nicht Sklave des getödteten)

---

1) دية.
2) قيمة.
3) اروش.
4) حكومات.

ist, so hat er *entweder* den Werth seiner Person *oder* das Sühnegeld
zu zahlen, und es steht ihm frei zu wählen, was ihm das leichteste ist.

Ist aber dieser Sklave Theil-Sklave, so hat er für seinen freien
Theil das Sühnegeld zu zahlen, für seinen unfreien Theil nach Be-
lieben entweder den entsprechenden Werth oder den Rest des
Sühnegeldes.

Ist der tödtende ein hostis (den Gesetzen des Islamischen
Staates nicht unterworfen), so steht er ausserhalb des Gesetzes.

Die Frage, ob eine Kameelin trächtig sei oder nicht, ist im
Streitfall durch zwei Experte zu entscheiden.   10

Der Inhaber des Blutrechts hat das Recht die ihm zustehenden
Kameele des erhöhten Sühnegeldes aus den Heerden des Attentäters oder eventuell seiner ʿÂḳile zu nehmen, wobei er ein fehler-
haftes Thier rejiciren kann. Haben die zur Sühne verpflichteten keine
Kameele, so nimmt der Inhaber des Blutrechts die Kameele von
der Race des betreffenden Dorfes oder Stammes zu Lasten des
Attentäters. Sind aber auch solche nicht vorhanden, so nimmt er
die Kameele von der Race des nächsten Ortes oder Stammes, natürlich für Rechnung des Attentäters. Die Herbeischaffung der Kameele
von einem anderen Ort geschieht auf Kosten des Attentäters, vor- 20
ausgesetzt dass die Kosten für die Kameele sammt ihrem Transport
den lokalen Durchschnittspreis für die Kameele nicht übersteigen.

§ 14. Wenn Kameele nicht vorhanden oder nicht zu beschaffen
sind, so hat der Schuldige nach der von Schafii zuletzt (d. i. in
Egypten) vertretenen und jetzt noch gültigen Ansicht dem Inhaber
des Blutrechts den Werth derselben zu zahlen, d. i. denjenigen
Werth, den sie haben im Moment, wo das Sühnegeld zu zahlen
ist, zahlbar in der Landesmünze oder, falls es mehrere gleichberechtigte Landesmünzen gibt, in derjenigen, welche der zahlungs-
pflichtige wählt.   30

Es steht übrigens dem Inhaber des Blutrechts frei zu Gunsten
des Schuldigen den Zahlungstermin zu verschieben.

Hat die Zahlung des Werthes Statt gefunden und kommt der
Attentäter danach in die Lage die nötigen Kameele zu beschaffen,
so ist, wenn er nunmehr die Werthzahlung zurückzugeben und statt
ihrer das Sühnegeld in Kameelen zu zahlen wünscht, der Inhaber
des Blutrechts nicht verpflichtet darauf einzugehen.

In seiner früheren Periode, als Schafii noch in Bagdad lebte, hatte er eine andere Ansicht vertreten, nämlich diejenige, dass, falls Kameele nicht vorhanden, das Sühnegeld ein für alle Mal in Gestalt einer bestimmten Geldsumme zu zahlen sei, nämlich das erhöhte Sühnegeld als 1333$^{1}/_{3}$ Denar = 16000 Dirhem und das ermässigte Sühnegeld als 1000 Denare = 12000 Dirhem. Nach anderer Ansicht galt die Summe von 1000 Denaren ohne Unterschied für beide Arten des Sühnegeldes.

§ 15. Ad a) Es ist hierbei gleichgültig, ob der tödtende innerhalb des Gebietes von Mekka stand und der getödtete ausserhalb, oder auch umgekehrt. Die Beurtheilung eines solchen Falles ist dieselbe, wenn beide ausserhalb des heiligen Gebietes standen, aber der Pfeil, der den Tod verursacht hat, durch die Luft des heiligen Gebietes geflogen ist.

Wenn ein Nicht-Muslim einen Nicht-Muslim im Gebiete von Mekka tödtet, findet die Erhöhung des Sühnegeldes nicht Statt.

Die Erhöhung des Sühnegeldes tritt ferner nicht ein, wenn die unabsichtliche Tödtung Statt gefunden im heiligen Gebiet von Medina oder unter Mekkapilgern innerhalb der heiligen Grenzen des Higâz, wo der Pilger das vorschriftsmässige Pilgergewand tragen muss, mit Ausnahme des Gebiets von Mekka.

Ad b) Es ist einerlei, ob der getödtete ein Muslim oder Nicht-Muslim ist.

Die genannten Monate sind der 11., 12., 1. und 7. des Mondjahres.

Ad c) Das Eheverbot zwischen dem tödtenden und dem getödteten Individuum muss auf Blutsverwandtschaft beruhen. Denn wenn sie auf Verschwägerung und Milchverwandtschaft beruht, wird das Sühnegeld für unabsichtliche Tödtung eines auf solche Weise mit dem Tödtenden verwandten Opfers nicht erhöht. Vgl. Buch I § 11. Es ist dabei einerlei, ob der getödtete Muslim oder Nicht-Muslim, ein männliches oder ein weibliches Individuum ist.

Die in diesem Paragraphen bestimmte Erhöhung des Sühnegeldes für eine unabsichtliche Tödtung, die unter den angegebenen erschwerenden Umständen eingetreten ist, gilt ebenfalls für Gliederverletzung oder Zerstörung eines Sinnesorgans, begangen unter den gleichen Umständen. Dagegen findet die Erhöhung der Sühne nicht Statt

a) für die Zerstörung eines Gliedes, das unbrauchbar geworden, z. B. eine unbrauchbare Hand;

´b) für die vom Richter abzumessenden Entschädigungen für Verwundungen;

c) für die Werthentschädigung für einen Sklaven (§ 20).

Bei absichtlicher oder halbabsichtlicher Tödtung ist es einerlei, ob sie unter den in diesem Paragraphen genannten erschwerenden Umständen begangen ist oder nicht.

§ 16. Unter Sühnegeld ist sowohl dasjenige für Tödtung wie für Verwundung und Zerstörung eines Sinnesorganes zu verstehen.

Die Bestimmungen über die Abstufung des Sühnegeldes haben nur auf das Opfer Bezug uud werden dadurch nicht beeinflusst, ob der Thäter Muslim oder Nicht-Muslim, Mann oder Weib ist.

Die Regel, dass das Sühnegeld für ein weibliches Wesen gleich der Hälfte desjenigen für ein männliches Wesen sein soll, bezieht sich in gleicher Weise auf Absatz b) und c), sodass das Sühnegeld für eine Christin $^1/_6$, für ein Parsen-Weib $^1/_{30}$ beträgt.

In Bezug auf Christ und Jude wird vorausgesetzt, dass er den Schutz des Islamischen Staates geniesst und in rechtmässiger Ehe lebt. Trifft beides nicht zu, so wird er wie ein *hostis* angesehen, der vogelfrei ist. Trifft das erstere zu, nicht aber das letztere, d. h. lebt er in unerlaubter Ehe, so gelten für ihn dieselben Bestimmungen wie für den Parsen.

Ist der getödtete, verwundete etc. ein Individuum einer Nation, bis zu welcher die Mission des Islams noch nicht vorgedrungen ist, so ist für ihn ein Sühnegeld zu zahlen, wie es dem Brauch seiner Nation entspricht. Hat diese Nation aber schon die Predigt des Islams gehört, so gilt das betreffende Individuum wie ein Parse.

Dieselbe rechtliche Stellung, welche die christlichen und jüdischen Unterthanen eines Islamischen Staates haben, haben auch solche Nicht-Muslims, denen der Islamische Staat seinen Schutz gewährt, sowie Unterthanen eines fremden Staates, mit dem das betreffende Islamische Land ein Vertrags-Verhältniss unterhält. Das für solche Personen zu zahlende Sühnegeld beträgt die Hälfte des für einen Muslim zu zahlenden.

Der Schafiitische Islam geht in der Herabsetzung des Nicht-Muslims am weitesten. Nach Abû Ḥanîfa ist das Sühnegeld für Christ und Jude dasselbe wie für einen Muslim, nach Mâlik beträgt es die Hälfte; nach Aḥmed Ibn Ḥanbal ist das Sühnegeld für die absichtliche Tödtung des Christen oder Juden dieselbe wie für den Muslim, dagegen das Sühnegeld für eine unabsichtliche Tödtung gleich der Hälfte des Sühnegeldes für einen Muslim.

Ad c: Dem Parsen gilt gleich der Heide oder Religionslose, vorausgesetzt dass sie z. B. als Gesandte eines fremden Staates ein Anrecht auf den Schutz des Islamischen Staates haben. Ohne ein solches Anrecht sind sie, d. i. der Heide, der Religionslose vogelfrei.

Für solche Individuen, welche aus einer gemischten Ehe abstammen, z. B. von einem christlichen Vater und einer heidnischen Mutter, gelten die Bestimmungen der besseren, religiös höher stehenden Hälfte der Ehe, also in dem genannten Falle die für einen Christen geltenden Bestimmungen.

Das Verhältniss zwischen $1/3$ für Christ und Jude und $1/15$ für den Parsen beruht darauf, dass der Christ oder Jude sich durch 4 Dinge gegenüber dem Parsen auszeichnet. Denn jene haben eine göttliche Offenbarungsschrift (Evangelium, Thora), eine ursprünglich wahre Religion, eine statthafte Ehe (im Gegensatz zu der Verwandten-, Geschwister-Ehe der Parsen), ein statthaftes Opfer, und erkennen die Pflicht zur Zahlung der Kopfsteuer an den Islamischen Staat an, während von den Parsen nur das eine gilt, dass sie die Verpflichtung zur Zahlung der Kopfsteuer an den Islamischen Staat anerkennen.

§ 17. *Hand und Fuss.* Das Abhauen einer Hand kostet 50 Kameele, das Abhauen beider Hände 100 Kameele u. s. w. Wenn der Attentäter mehr abhaut als die Hand und Unterarm bis zum Ellenbogen oder mehr als den Fuss bis zum Knöchel, muss er ausserdem für dies Plus eine vom Richter zu bemessende Entschädigung[1]) zahlen.

Ein Finger oder eine Zehe kostet je $1/10$ des Sühnegeldes für die Hand bezw. den Fuss.

———

[1]) حكومة.

Das Gelenk eines Fingers oder einer Zehe kostet $^1/_3$ von dem Sühnegeld eines Fingers bezw. einer Zehe, aber das Gelenk des Daumens oder der grossen Zehe kostet, da diese nur 2 Gelenke haben, $^1/_2$ von dem Sühnegeld des Fingers bezw. der Zehe.

Diese Regel gilt aber nur für normale Glieder. Denn für überzählige oder unbrauchbare Glieder ist eine vom Richter zu bemessende Entschädigung zu zahlen. Dabei aber gilt die Ausnahme, dass die Glieder des Lahmen oder des in Folge von Rückenmarksleiden nicht gehen könnenden als gesunde gerechnet werden.

Dem Abhauen von Hand oder Fuss ist gleich zu achten, wenn Jemand eines dieser Glieder so schlägt, dass es unbrauchbar wird (Baguri II, 222, 14).

Nase. Unter Nase ist hier der Nasenknorpel zu verstehen. Das Abschneiden je eines der beiden Nasenlöcher oder des centralen Knorpeltheils kostet je $^1/_3$ des Sühnegeldes der ganzen Nase.

Wenn Jemand einem Anderen den Nasenknorpel, sowie den Nasenknochen zerstört, abhaut, so gilt das Sühnegeld für beides.

Ohr. Wer bei dem Abhauen eines Ohrs zugleich einen Knochen beschädigt, hat dafür eine besondere Werthentschädigung[1] zu leisten, wie für jede den Knochen treffende Verwundung, nämlich 5 Kameele.

Wenn ein Stück eines Ohres abgehauen wird, so ist abzumessen, welch ein Bruchtheil des ganzen Ohres es war (ob $^1/_3$, $^1/_8$ etc.), und der entsprechende Bruchtheil des Sühnegeldes für ein ganzes Ohr ist von dem Attentäter zu zahlen.

Es ist hierbei einerlei, ob das beschädigte oder abgehauene Ohr hörend oder taub war.

Wer einen Anderen so an das Ohr schlägt, dass es steif, hart, leblos wird, hat das ganze Sühnegeld für das Ohr zu zahlen.

Auge. Es ist einerlei, ob das zerstörte Auge normal war oder nicht, ob der Verwundete zwei sehende Augen hat oder nur eines.

Wird die Sehkraft eines Auges geschädigt und ist dieser Verlust in seinem Theilverhältniss zu der ursprünglichen ganzen Sehkraft abzumessen, so hat der Attentäter den entsprechenden Bruch-

---

[1] ارش.

theil des Sühnegeldes für ein Auge zu zahlen. Ist eine solche Abmessung nicht möglich, so hat er nach Ermessen des Richters eine
Entschädigung zu zahlen.

Für je eines der 4 Augenlider ist je $^1/_2$ des Suhnegeldes für
ein Auge zu zahlen.

Wer einem Anderen die Wimpern oder anderweitige Haare
ausreisst, so dass sie nicht wieder wachsen, hat eine vom Richter
zu bemessende Entschädigung zu zahlen. Wenn sie aber wieder
wachsen, hat der Richter eine discretionäre Strafe[1]) über ihn zu verhängen.

Wer einem Anderen ein Stück des Augenlides abschneidet,
worauf der übrige Theil sich zusammenzieht, hat für den abgeschnittenen Theil den entsprechenden Theil des Sühnegeldes, für den
zusammengezogenen Theil desselben eine vom Richter abzumessende
Entschädigung zu zahlen.

Zunge. Für die Zunge des Taubstummen wird nicht das Suhnegeld, sondern eine vom Richter zu bemessende Entschädigung gezahlt; dieselbe, wenn ein Theil der Zunge abgerissen, aber die
Sprache noch geblieben ist. Wenn dagegen die Sprache nicht
bleibt, so hat der Thäter im Verhältniss denselben Theil des Sühnegeldes zu zahlen, den er von der Zunge abgerissen hat. Ist der
Verlust an der Zunge wie an der Sprache beiderseits ein partieller,
so ist Sühnegeld zu zahlen, zu bemessen nach demjenigen Theil
(Zunge oder Sprache), der den grössten Verlust erlitten hat.

Wird die Zunge so misshandelt, dass sie den Geschmack verliert, so ist das ganze Sühnegeld fur die Zunge zu zahlen. Wenn
sie aber vorher schon keinen Geschmack hatte, ist eine vom Richter
zu bemessende Entschädigung zu zahlen.

Im Uebrigen ist es einerlei, ob die Zunge des Misshandelten
normal war oder nicht, ob z. B. lispelte oder dergl. mehr.

Lippen. Das Abschneiden der Lippen oder eine solche Misshandlung derselben, dass sie unbrauchbar werden, ist durch die
Zahlung des Sühnegeldes zu sühnen.

Wenn Jemand einem Anderen ein Stuck von der Lippe abschneidet und darauf der Rest der Lippe sich zusammenzieht, so

---

[1]) تعزير.

hat er für den abgeschnittenen Theil den entsprechenden Theil des Sühnegeldes, für den Rest der Lippe die vom Richter anzusetzende Entschädigung zu zahlen.

Verlust der Sprache ist mit dem ganzen Sühnegeld zu sühnen, einerlei ob sie fehlerfrei war oder nicht. Wird aber ein Theil der Sprache vernichtet, während ein anderer Theil schon vorher vernichtet war, so ist, damit nicht für dasselbe Objekt eine doppelte Sühne geleistet wird, nur für den durch das zweite Verbrechen zerstörten Theil der entsprechende Theil des Sühnegeldes zu zahlen.

Die Sühne für Vernichtung der Sprache ist erst dann zu 10 zahlen, nachdem die Experten erklärt haben, dass sie nicht zurückkehrt. Wird aber das Sühnegeld gezahlt und die Sprache kehrt darauf zurück, so ist das Sühnegeld zurückzugeben. Dieselbe Regel gilt für das temporäre Ausser-Funktion-Setzen von jedem Sinnesvermögen (Sehen, Hören etc.).

Die für körperliche Verletzungen, Verwundungen gezahlte Sühne wird unter keinen Umständen zurückgegeben, auch dann nicht, wenn das zerstörte Glied wieder nachwächst.

Wenn von der Sprache so viel übrig bleibt, dass der betreffende sich verständlich machen kann, so ist nicht das ganze Sühnegeld 20 sondern nur der entsprechende Theil zu entrichten. Bei der Beurtheilung des Sprach-Restes ist festzustellen, welche Buchstaben des Alphabets der betreffende sprechen kann, welche nicht, und das Sühnegeld nach dem Verhältniss der fehlenden Buchstaben zu ihrer Gesammtzahl zu bemessen.

Wer einem Anderen die Lippen zerstört, so dass er nicht mehr das M aussprechen kann, hat ausser dem Sühnegeld für die Lippen noch eine Werthentschädigung für den Verlust dieses Buchstaben zu zahlen.

Verlust der Sehkraft. Wer einem Anderen die Augen ver- 30 nichtet, hat dafür wie für den Verlust der Sehkraft das ganze Sühnegeld zu zahlen, während derjenige, der die Ohren eines Menschen und damit sein Hörvermögen zerstört, mit der Nase sein Geruchsvermögen, mit der Zunge seinen Geschmack zerstört, das doppelte Sühnegeld zu zahlen hat. Bei dem Verlust des Sehvermögens ist es einerlei, ob es normal war oder nicht.

Handelt es sich nicht um eine Vernichtung, sondern um eine

Schädigung der Sehkraft, so ist zu versuchen, ob der Verlust in seinem Theilverhältniss zu dem ursprünglichen Ganzen präcisirt werden kann. Wenn es möglich ist, hat der Attentäter den entsprechenden Theil des Sühnegeldes zu zahlen; anderenfalls die vom Richter zu bestimmende Entschädigung.

Verlust des Gehörs. Das Sühnegeld ist sofort zu zahlen, falls die Experten erklären, dass das Gehör in kurzer Frist wiederkehrt. Kehrt das Gehör zurück, so ist das Sühnegeld zurückzugeben.

Bei einer Beschädigung, Schwächung des Gehörvermögens ist zu versuchen, ob das Theilverhältniss des verlorenen zu dem ur- 10 sprünglichen Ganzen ermittelt werden kann. Eventuell hat der Attentäter dann den entsprechenden Theil des Sühnegeldes zu zahlen, oder eine vom Richter zu bestimmende Entschädigung. Bei *Verlust des Geruchsvermögens* wird nach denselben Regeln verfahren, die für den Verlust des Gehörs gelten.

Verlust des Verstandes. Das Sühnegeld ist sofort zu zahlen, wenn nicht die Experten annehmen, dass der Verstand wiederkehrt. Eventuell wird das Sühnegeld, falls der Verstand zurückkehrt, zurückgegeben.

Die talio kann angewendet werden auf das Gehör, Gesicht, das 20 Tastvermögen (die Hände), den Geschmack, den Geruch und die Sprache, nicht auf den Verstand, weil nicht feststeht, welches das Organ des Verstandes ist, ob das Herz oder das Gehirn.

Ist der Verlust des Verstandes ein partieller, so ist entweder ein Theil des Sühnegeldes oder eine vom Richter zu bestimmende Entschädigung zu zahlen.

Ist der Verlust des Verstandes die Folge einer Verwundung des Kopfes oder eines anderen Organs, so ist ausser dem Sühnegeld eine Entschädigung für diese Wunde zu zahlen.

Glied. Das Abschneiden des ganzen Gliedes oder nur der 30 Eichel allein ist durch das ganze Sühnegeld zu sühnen, ebenso die Zerstörung der Testikeln.

Wenn das Opfer eines Attentats simulirt z. B. Taubheit, Verlust der Sprache oder dergl. mehr, so hat der Richter Experte zu ernennen, welche die Wahrheit ermitteln. Ist dies erfolglos, so muss dem Opfer der Eid aufgegeben und demgemäss entschieden werden.

Die Sühne kann sein

a) die *dije*, deren Betrag durch das Gesetz ein für alle Mal bestimmt ist;

b) die *ḥukûme*, die nicht durch das Gesetz bestimmt ist, daher von dem Richter abgemessen werden muss.

Dazu kommt als dritte Strafe der *'arš*, eine Entschädigung, die in einzelnen Fällen neben *dije* oder *ḥukûme* für Nebenattentate zu zahlen ist.

Für die Bestimmung des Verhältnisses des Theils eines Gliedes zum Ganzen giebt es zwei Methoden, welche darauf basiren, dass 10 die Glieder der einzelnen Menschen sehr verschiedene Dimensionen haben. Ein Drittel eines von Natur sehr kleinen Ohrs wird abgehauen. Soll nun von dem Ohr des Thäters, das von Natur sehr gross ist, auch ein Drittel abgehauen werden? — Dabei würde die Parität der Sühne und des zu sühnenden Objekts nicht innegehalten werden — oder soll das gleiche Quantum Ohr, das der Thäter abgehauen, von seinem Ohr abgehauen werden? — Jene Methode heisst *secundum partem*,[1] diese *secundum mensuram*.[2]

Für die Beurtheilung des zerstörten Gliedes ist in Betracht zu ziehen, ob es vor dem Attentat an sich geeignet war seine Funk- 20 tion auszuüben, oder ob es schon vorher dazu unfähig[3] war. In letzterem Falle tritt die *ḥukûme* an die Stelle der *dije*.

Wenn das Sühnegeld einmal gezahlt ist, muss zwischen solchen Fällen, in denen es eventuell zurückgegeben werden muss, und solchen, in denen die Zurückgabe niemals Statt findet, unterschieden werden.

§ 18. Dieser Paragraph bedarf der Einschränkung. Nur die den Knochen treffende Wunde im *Gesicht* und am *Kopf*, d. h. an dem obersten Theil des Schädels mit dem hinter dem Ohr hervorragenden Knochen, aber ohne den eigentlichen Hinterkopf, ist mit 5 Ka- 30 meelen zu sühnen. Dagegen ist jede den Knochen treffende Wunde an dem übrigen Theil des Körpers durch ein vom Richter zu bemessendes Sühnegeld zu sühnen.

---

[1]) بالجزئيّة

[2]) بالمساحة. Vgl. oben unter § 10.

[3]) اشلّ.

Wenn abgesehen von dieser Wunde ein Knochenbruch oder eine Knochendislocation plus Knochenbruch erfolgt ist, wird die Sühne auf 10 resp. 15 Kameele erhöht.

Wenn ein Dauerzahn, der nicht überzählig ist und normal in der Zahnreihe steht, der vollständig, nicht mehr Milchzahn ist und fest sitzt, ausgeschlagen wird, so ist das Sühnegeld zu zahlen, einerlei ob er mit der Wurzel oder ohne dieselbe ausgerissen ist. Entspricht der ausgeschlagene Zahn nicht diesen Bedingungen, so ist eine von dem Richter festzusetzende Entschadigung zu zahlen.

Wer einen Anderen so misshandelt, dass sein Zahn unbrauch- 10 bar wird, wenn er auch an seiner Stelle bleibt, so ist ebenfalls das Sühnegeld zu zahlen.

Dem *ursprünglichen* Zahn steht gegenüber ein überschüssiger Zahn ausserhalb der Reihe. Für diesen ist die *ḥukûme* zu zahlen. Sitzt aber dieser überzählige Zahn in der gewöhnlichen Zahnreihe, so ist das Sühnegeld zu zahlen. Ist nur *ein Theil* des Zahns zerstört, ist eine entsprechende Entschädigung[1]) zu zahlen, d. h. eine Quote, welche dem Verhältniss des zerstörten Theiles zu dem *sichtbaren* Theil des Zahns entspricht. Die Zähne müssen Dauerzähne sein, nicht Milchzähne. Wenn ein Milchzahn ausgeschlagen wird, 20 so ist nachzusehen, ob dadurch die betreffende Stelle im Kiefer verdorben ist oder nicht; ist sie verdorben, so gilt der Zahn gleich einem Dauerzahn; lässt sich aber dies nicht feststellen, so ist die *ḥukûme* zu bezahlen. Wenn der ausgeschlagene Zahn so wackelte, dass er nicht mehr brauchbar war, ist die *ḥukûme* zu zahlen. Wenn neben den Zähnen auch ein Theil des Bartes zerstört wird, so ist das Sühnegeld sowohl für jene wie für diesen zu zahlen.

§ 19. Unter einem solchen Theil des Körpers ist z. B. eine unbrauchbare Hand zu verstehen, die Brustwarze des Mannes (im Gegensatz zu der Brustwarze der Frau, für die das Sühnegeld zu 30 zahlen ist).

Dies discretionäre Sühnegeld darf die Höhe des gesetzlichen Sühnegeldes nicht erreichen. Das höchste Maass der Strafe ist das Sühnegeld für Tödtung; das Attentat ist in seinem Verhaltniss zur Tödtung abzuschätzen, speciell ist zu bestimmen, wie sehr das Opfer

---

[1] ‏ارش‏.

durch das Attentat beeinträchtigt worden, wie viel es dadurch an
Werth verloren hat. Wenn z. B. ein Sklave vor dem Attentat
10 Denare werth war, nach demselben aber nur 9 Denare, so wird
$^1/_{10}$ von dem Sühnegeld (in diesem Falle = dem Werthe des
Sklaven = 10 Denaren) abgezogen und das discretionäre Sühnegeld
auf 9 Denare festgesetzt.

Findet aber eine solche Beeinträchtigung oder Werthverminderung nicht Statt, so bestraft der Richter ein Attentat wie das
Schlagen, Ohrfeigen etc. mit einer discretionären Strafe.[1]

§ 20. Diese Regel gilt für den Sklaven wie für die Sklavin, 10
aber nur für solche, welche den Schutz des Islamischen Staates geniessen. Ist er ein Apostat, so kann man ihn verkaufen oder auch
todtschlagen, ohne straffällig zu werden.

Wenn Attentate gegen den freien Muslim ausgenommen Tödtung mit einem Bruchtheil des Sühnegelds für Tödtung bestraft
werden, so werden Attentate gegen den Sklaven ausgenommen
Tödtung mit einem Bruch seines Werthes, d. i. des Sühnegeldes für
seine Tödtung geahndet.

Dieser Werth des Sklaven ist derjenige, den er im Moment des
Attentates hat, sei er hoch oder niedrig. Eine erhöhte oder er- 20
mässigte Form dieser Art Sühnegeld giebt es nicht, sodass es
einerlei ist, ob ein Sklave mit Absicht oder ohne Absicht getödtet
worden ist.

Es macht ferner keinen Unterschied, ob der Sklave Ganz-Sklave
oder servus contrahens oder servus orcinus oder Mutter-Sklavin war.
Dagegen wird bei einem Theil-Sklaven ein Attentat gegen den
freien Theil mit dem gesetzlichen Sühnegeld oder dessen Bruchtheilen, ein Attentat gegen seinen unfreien Theil mit der Zahlung
seines Werthes oder dessen Bruchtheilen geahndet.

Wer einem Sklaven das Glied sammt den Testikeln abschneidet, 30
hat den doppelten Werth des Sklaven als Sühnegeld zu zahlen,
wie für den Freien in diesem Fall das doppelte Sühnegeld zu
zahlen ist.

§ 21. Ad a: Diese Bestimmung gilt für ein freies *Muslimisches*
Embryo, sei es männlich oder weiblich, ehelich oder unehelich, voll-

---

[1] تعزير.

ausgebildet oder nicht. Jedenfalls muss in dem Embryo nach dem Urtheil zweier sachkundiger Männer oder vier Hebeammen schon die menschliche Gestalt zu erkennen sein; ist das nicht der Fall, so findet die Zahlung von Sühnegeld nicht Statt.

Das Sühnegeld ist zu zahlen, wenn das Kind bezw. der Embryo todt zur Welt kommt in Folge einer verbrecherischen, gegen die Mutter gerichteten Handlung, welche den Abortus verursacht. Das Kind muss den Schutz des Islamischen Staates geniessen im Moment wo das Verbrechen geschieht. Es ist einerlei, ob die Mutter noch 10 lebt, wo das Kind zur Welt kommt, oder ob sie in Folge des Attentats bereits gestorben ist; ob das Attentat in Worten, in einer That oder in einer Unterlassung bestand.

Straffällig ist auch die Mutter des Kindes, wenn sie selbst den Abortus verursacht, z. B. dadurch, dass sie fastet, sei es im Ramaḍân oder zu einer anderen Zeit. Sie hat in dem Fall als Sühnegeld einen Sklaven an die ʿÂḳile-Verwandten (s. oben unter § 3) des Kindes zu zahlen und wird von der Erbschaft desselben als seine Mörderin ausgeschlossen.

Dagegen ist die Mutter straflos, wenn sie wegen eines vorlie- genden Bedürfnisses eine Medicin einnimmt und in Folge dessen 20 abortirt.

Wenn von dem Embryo nichts zu Tage tritt, findet eine Sühne nicht Statt; wenn aber ein Theil desselben hervortritt, z. B. der Kopf, ist die Sühne zu zahlen.

Wenn z. B. eine Hand oder ein Fuss heraustritt und darauf die Mutter stirbt, ist das Sühnegeld zu zahlen, weil nun feststeht, dass auch der Embryo todt ist.

Wenn dagegen nach dem Hervortreten von Hand oder Fuss die Mutter noch weiter lebt, ohne den übrigen Theil des Kindes zu gebären, ist die Hälfte des Sühnegeldes zu zahlen.   30

Wenn das Kind lebend zur Welt kommt und dann stirbt, oder wenn es leidend zur Welt kommt und danach an diesem Leiden stirbt, so ist das ganze Sühnegeld zu zahlen. Stirbt es aber eine Zeit lang nach der Geburt und nicht an einem von der Geburt mitgebrachten Leiden, so ist das Sühnegeld nicht zu zahlen.

Ist das Attentat so geringfügig, z. B. eine milde Ohrfeige, dass es den Abortus nicht verursachen konnte, so tritt die Sühne nicht ein; ebenfalls, wenn die Schwangere z. B. nach einem heftigen Schlag, den sie empfangen, lange Zeit vollständig wohl gewesen und dann einen Abortus macht.

War die Mutter bereits todt, als das Attentat gegen sie ver-übt wurde, so tritt keine Sühne ein.

Ebenfalls erfolgt keine Sühne, wenn nicht das Embryo im Mo-ment des Attentates den Schutz des Islamischen Staats genoss, z. B. das Embryo einer mater hostis von einem pater hostis, das Embryo von parentes apostatae. Hieran wird auch durch nach-träglichen Uebertritt der Eltern zum Islam nichts geändert.   10

Ferner ist das Sühnegeld nicht zu zahlen, wenn der Attentäter der Besitzer des Embryo ist, einerlei ob er Besitzer der Mutter ist oder nicht. Der letztere Fall ist z. B. in der Weise möglich, dass A in seinem Testament über eine schwangere Sklavin verfügt, die Sklavin solle nach Geburt des Kindes frei sein, dagegen das von ihr zu gebärende Kind dem B gehören. Uebrigens gehört dieser Fall, da das Embryo unfrei ist, unter Absatz b).

Ein Kind ist Muslim, wenn Vater oder Mutter dem Islam an-gehört. Es ist gleichgültig, ob die Mutter den Schutz des Islami-schen Staates geniesst, die Hauptsache, dass das Embryo ihn ge- 20 niesst. Wenn z. B. ein Muslim eine mulier hostis schwängert, so steht das Embryo unter dem Schutz des Islamischen Rechts.

Ist die Geburt eine Doppelgeburt, so besteht die Sühne in der Zahlung von zwei Sklaven.

Die Wahl, ob Sklave oder Sklavin, steht dem Inhaber des Sühnrechts, d. i. den 'Âḳile-Verwandten des Embryo's zu.

Der Sklave muss fehlerfrei sein, und geistig reif, wenn auch noch nicht 7 Jahre alt. Er muss wenigstens den Werth von $\frac{1}{20}$ des Sühnegeldes haben, das eventuell für die Tödtung des Vaters oder der Mutter des Kindes zu zahlen sein würde, d. i. für ein freies 30 Muslimisches Embryo den Werth von 5 Kameelen.

Ist ein Sklave oder eine Sklavin nicht zu beschaffen, oder nur zu einem Preise, der den Durchschnittspreis übersteigt, so ist das Sühnegeld in Gestalt von 5 Kameelen zu zahlen. Sind aber auch Kameele nicht zu beschaffen, so ist ihr Geldwerth zu zahlen.

Das Sühnegeld gehört den Erben des Embryo.

Wenn der Attentäter das Sühnegeld nicht aufbringen kann, so

haben seine ʿÂkile-Verwandten, d. i. seine Brüder, dann die Vaterbrüder es aufzubringen.

Ad b: Der unfreie Embryo, sei er männlich oder weiblich, muss den Schutz des Islamischen Rechtes geniessen.

Wenn das Kind lebendig zur Welt kommt, aber dann in Folge des Attentats gegen die Mutter stirbt, ist für die Sühnegeldberechnung der Werth zu Grunde zu legen, den die Mutter am Tage der Geburt hatte.

Ist der Attentäter der Sklave desselben Herrn, so ist kein Sühnegeld zu zahlen, wie auch dann nicht, wenn die Sklavin selbst den Abortus verursacht hat. Denn der Herr hat keine Forderung gegen seinen Sklaven.

Ist der Embryo Theilsklave, so ist für den freien Theil der entsprechende Theil des Sühnegeldes für ein freies Embryo, für den unfreien Theil der entsprechende Theil des Sühnegeldes für ein unfreies Embryo zu zahlen. Nach anderer Ansicht ist in dieser Beziehung ein Embryo, der Theilsklave ist, als frei anzusehen.

Wenn die Mutter frei, aber der Embryo unfrei ist, so wird die Sühne so berechnet, als wäre die Mutter unfrei.

Ist der Embryo Muslim, so wird auch die Mutter als Muslim gerechnet, selbst wenn sie es nicht ist.

Ist das Embryo von normaler Körperconstitution, so wird auch seine Mutter als solche gerechnet, selbst wenn sie es nicht ist, wenn sie z. B. an irgend einem Gliede verstümmelt ist.

Ist die Mutter von normaler Körperconstitution, nicht aber das Kind, so wird doch für das Kind das volle Sühnegeld gezahlt, denn der Mangel seines Leibes ist vielleicht auch eine Folge des Attentats.

Kann der Thäter das Sühnegeld nicht aufbringen, so haben seine ʿÂkile-Verwandten dasselbe für ihn zu zahlen.

Der Werth der Mutter wird verschieden berechnet. Nach einer Ansicht ist es der Werth, den sie am Tage des Attentats hat; nach der anderen und besseren Ansicht ist es der höchste Werth, den sie zwischen den Tage des Attentats und dem Tage des Abortus gehabt hat.

Das Sühnegeld gehört dem Herrn des Kindes, der natürlich in den meisten Fällen zugleich der Herr der Mutter ist.

Für ein christliches oder jüdisches Embryo ist $^1/_3$ von dem
Sühnegeld für ein freies muslimisches Embryo zu zahlen, d. i.
$^1/_3$ Sklave oder $1\,^2/_3$ Kameele, für ein Parsenkind $^1/_{15}$ desselben Be-
trags $=$ $^1/_3$ Kameel.

§ 22. Vom Eidschwur im Blut-Process, wenn es sich um absichtliche, unabsichtliche oder halbabsichtliche Tödtung handelt, um
Verwundung (Glieder - Verletzung oder Verstümmelung), um Zerstörung eines Sinnes oder Sinnesorganes. Während im Process um
Mein und Dein der Eid nur einmal geschworen wird, wird er im
Blutprocess allemal fünfzig Mal geschworen. *Ḳasâma* heisst speciell 10
der fünfzigfache Eid, der zuerst d. i. als erster Schwur dem *Kläger*
aufgetragen wird, wenn der Wahrscheinlichkeitsbeweis für ihn spricht.
Wenn aber der Angeklagte 50 Gegeneide schwört und nun der
Kläger zum zweiten Male 50 Eide schwört, so heissen diese seine
50 Eide nicht Ḳasâma[1]). Denn im Blutprocess kann auf Schwur
und Gegenschwur ein Wiederholungs-Schwur Statt finden, während
im Process um Mein und Dein nur einmal geschworen wird.

Eine Anklage auf Tödtung muss sechs Bedingungen erfüllen:

1. Sie muss specialisirt sein d. h. angeben, ob die Tödtung absichtlich, unabsichtlich oder halbabsichtlich war, ob von einem 20
Einzelnen oder von mehreren begangen. Eine nicht genügend
specialisirte Anklage kann der Richter zurückgeben, ist aber nicht
dazu verpflichtet.

2. Sie muss für den Angeklagten belastend sein.

3. Sie muss den Angeklagten individuell genau bezeichnen.

4. Sie darf nicht im Widerspruch stehen mit einer anderen
Klage desselben Klägers.

5. Kläger sowohl wie Verklagter müssen verantwortungsfähig
sein, als welcher auch z. B. der Betrunkene angesehen wird. So
können Kind und Geisteskranker weder Kläger noch Verklagter in 30
einer Sache betreffend Tödtung sein.

6. Kläger und Verklagte müssen, sei es als Muslims oder Nicht-
Muslims, als Einheimische oder Fremde, unter dem Schutze des

---

[1]) قَسَامَة. Eine andere Bedeutung des Wortes: Die Vertreter
des Ermordeten.

Islamischen Rechts stehen. Ein hostis kann weder Kläger noch Verklagter sein.

Die Wahrscheinlichkeit kann beruhen auf einer Thatsache oder auf einer Aussage, z. B. der Aussage eines unbescholtenen Zeugen, zweier Sklaven, zweier Weiber, eines Kindes, mehrerer Verbrecher oder mehrerer Ungläubiger. Denn die übereinstimmende Aussage solcher Zeugen ergibt zwar keinen *Beweis*, wohl aber eine Wahrscheinlichkeit.

Eine Wahrscheinlichkeit ist nicht vorhanden, wenn die Erben des Getödteten verschiedene Personen je als den Thäter bezeichnen, sich in der Annahme, wer der Thäter sei, nicht einig sind, oder wenn der Angeklagte durch einen Alibi-Beweis oder ähnliches seine Unschuld beweisen kann und dies ev. gegen die Beweisführung des Klägers durch einen einfachen Eid erhärtet.

Wahrscheinlichkeitsargumente werden nicht berücksichtigt, wenn die Anklage ganz allgemein lautet und nicht speciell angibt, ob die Tödtung absichtlich begangen sei oder nicht; auch dann nicht, wenn z. B. einer oder zwei unbescholtene Zeugen behaupten, dass Zaid *einen von zwei Getödteten* getödtet habe.

Als Umstände, welche geeignet sind eine Wahrscheinlichkeit zu bilden, werden folgende angeführt: Wenn der Getödtete oder sein Kopf oder ein anderer Theil seines Körpers, der beweist, dass der Tod bereits eingetreten, in einer Ansiedlung gefunden wird, die von einer Ortschaft abgesondert für sich allein liegt; die Leiche gefunden wird, nachdem eine bestimmte Gruppe oder Sippe von Menschen ihn, den getödteten, verlassen haben. Gegen eine solche kann die Anklage erhoben werden, nicht aber gegen eine beliebige Ansammlung von Menschen, nach deren Fortgang der Getödtete aufgefunden wird. Wenn zwei feindliche Parteien mit einander kämpfen und nach ihrem Fortgang ein Getödteter gefunden wird, so besteht die Wahrscheinlichkeit, dass die ihm feindliche Partei ihn getödtet habe.

Ferner besteht eine Wahrscheinlichkeit, wenn der Getödtete gefunden wird in einer kleinen Ortschaft oder Niederlassung, die abgesehen von der Familie und den Freunden des Getödteten nur von seinen Feinden bewohnt wird, oder die ausschliesslich von seinen Feinden bewohnt wird.

Während im gewöhnlichen Process dem Kläger der Beweis, dem Angeklagten der Schwur zusteht, besteht für den Blutprocess ein umgekehrtes Verfahren, d. h. *der Kläger* schwört 50 Eide, wenn die Wahrscheinlichkeit gegen den Angeklagten ist. Schärfer gefasst, ist és nicht der Kläger, der die 50 Eide schwört, sondern der Inhaber des Blutrechts, derjenige, der das Anrecht auf die talio oder das Sühnegeld hat. Denn es kann vorkommen, dass der Kläger eine andere Person ist als diejenige, welche die 50 Eide zu schwören hat, wie z. B. in folgenden Fällen:

1. Wenn ein servus contrahens klagt, dass X seinen (des ser- 10 vus contrahens) Sklaven getödtet habe, und die Wahrscheinlichkeit dafür spricht; wenn aber dann, bevor es zum Schwören kommt, der servus contrahens von dem mit seinem Herrn abgeschlossenen Vertrage zurücktritt und wieder dessen Ganz-Sklave wird, so hat der *Herr* die 50 Eide zu schwören, nicht der Sklave, der die Klage erhoben hat. Wenn aber der servus contrahens erst die 50 Eide schwört und dann wieder Ganz-Sklave wird, geht das Sühnegeld in den Besitz des Herrn über, wie es anderenfalls, wenn der Kläger stirbt, in den Besitz seines Erben übergeht.

2. Wenn ein Sklave, der mit Genehmigung seines Herrn Sklaven- 20 handel treibt, klagt, dass X einen der Sklaven seines Geschäfts getödtet habe und die Wahrscheinlichkeit dafür spricht, so muss sein Herr die 50 Eide schwören, nicht der Sklave, der die Klage anhängig gemacht hat.

3. A vermacht seiner Muttersklavin durch Testament den Werth eines seiner Sklaven. Darauf wird A getödtet. Aber auch der betreffende Sklave wird getödtet. Wenn nun die Muttersklavin die Klage erhebt und die Wahrscheinlichkeit für sie spricht, so hat nicht sie die 50 Eide zu schwören, sondern der Erbe ihres getödteten Herrn.   30

Bei dem fünfzigfachen Schwur im Blutprocess ist es einerlei, ob der Schwörende eine unbescholtene Person, oder ein Verbrecher, ein Muslim oder ein Nicht-Muslim ist. Sogar ein Apostat kann ihn rechtskräftig schwören, wenn die Apostasie *nach dem Tode* des Getödteten Statt gefunden hat.

Aus dem Umstande, dass derjenige, der die 50 Eide zu schwören hat, der Inhaber des Blutrechts d. i. der Erbe des Erschlagenen ist, ergeben sich Beziehungen zwischen der Ḳasâma und dem Erbrecht.

Wenn der Getödtete zwei oder mehr Erben hat, werden die 50 Eide pro rata ihrer Erbtheile über sie vertheilt, wobei ein Bruchtheil als ganzes gerechnet wird. Denn die Zahl der Eide darf nie weniger als 50 sein, aber es schadet nicht, wenn es mehr sind. Sind die Erben 3 Söhne, so schwört jeder 17 Eide; sind es 49 Söhne, so schwört jeder 2 Eide.

Wenn einer der Erben sich weigert zu schwören, so kann ein anderer von ihnen an seiner Stelle 50 Eide schwören und erhält dann den Antheil des Sühnegeldes, der ursprünglich dem sich weigernden gebührte.

Wenn einer der Erben (A) abwesend ist, kann einer der anwesenden 50 Eide schwören und bekommt dann den ursprünglich jenem gebührenden Antheil des Sühnegeldes. Wenn darauf der früher abwesende erscheint und sein Recht fordert, hat er 25 Eide zu schwören, worauf A ihm den ihm zukommenden Theil des Sühnegeldes herausgeben muss. Ein anderes zulässiges Verfahren ist, dass mit der Ḳasâma solange gewartet wird, bis beide zum Schwur berechtigte anwesend sind.

Wenn ferner die Erben sind: ein Theil-Erbe (nicht Gesammterbe) und neben ihm der Fiscus, so findet eine Vertheilung der 50 Eide nicht Statt, sondern der Theilerbe hat 50 Eide zu schwören und bekommt seinen Antheil. Dagegen der Fisens hat unter keinen Umständen zu schwören.

Ist der Fiseus Inhaber des Blutrechts, so bestellt der Richter einen Ex officio-Kläger, und in diesem Fall ist das Verfahren im Blutprocess ein etwas anderes. Der Kläger kann verlangen, dass der Angeklagte eventuell seine Unschuld beschwört. Thut er das, so ist er frei und der Fiscus bekommt nichts. Weigert sich aber der Angeklagte zu schwören, so wird er solange gefangen gesetzt, bis er entweder seine Unschuld beschwört oder sich schuldig bekennt. Jedenfalls soll das Urtheil gegen den Angeklagten nicht gesprochen werden, solange er sich weigert seine Unschuld zu beschwören.

Wenn das Rückfalls-Erbrecht oder die Quotenverkleinerung auf die Erbschaft des Getödteten anzuwenden ist, werden die 50 Eide über die Erben pro rata ihrer Erbtheile vertheilt.

Beispiele des Rückfalls-Erbrechts. Die Erben sind die Mutter mit $^1/_6$ und die Tochter mit $^1/_2$ ($^3/_6$); bleiben $^2/_6$ übrig, die über die beiden Erben pro rata ihrer Quoten zu vertheilen sind.

Die Mutter erbt $^2/_{12}$ als Quote + $^1/_{12}$ als Rückfalls - Theil = $^3/_{12}$ = $^1/_4$.

Die Tochter erbt $^6/_{12}$ als Quote + $^3/_{12}$ als Rückfalls - Theil = $^9/_{12}$ = $^3/_4$.

Danach hat die Mutter 13 Eide, die Tochter 39 Eide zu 10 schwören.

Beispiel der Quotenverkleinerung. Wenn die Erben sind der Gatte, die Mutter, 2 sorores consanguineae und 2 sorores uterinae, so erben sie respective $^3/_6$, $^1/_6$, $^4/_6$ und $^2/_6$, also zusammen $^{10}/_6$. In diesem Falle muss die Quoten - Verkleinerung eintreten, d. h. die Erben erben nicht Sechstel, sondern eben soviele Zehntel, resp. $^3/_{10}$, $^1/_{10}$, $^4/_{10}$ und $^2/_{10}$. Danach hat zu schwören:

der Gatte	15	Eide
die Mutter	5	,,
die 2 sorores consanguineae	20	,,
die 2 sorores uterinae . .	10	,,
Summa	50	Eide

Es ist nicht nothwendig, dass die 50 Eide in einer Tour gesprochen werden. Wenn sie dadurch unterbrochen werden, dass der Schwörende z. B. wahnsinnig oder ohnmächtig wird, so kann er nach seiner Genesung den Rest der Eide schwören, aber nur vor demselben Richter, vor dem er angefangen hat zu schwören. Ist der Richter mittlerweile durch einen anderen ersetzt, so muss er noch einmal von vorne anfangen zu schwören.

Die 50 Eide können z. B. an 50 verschiedenen Tagen ge- 30 schworen werden. In dieser Hinsicht unterscheidet sich die Ḳasâma von dem Li'ân (Anklage wegen Ehebruchs unter Ehegatten, s. Buch I § 41—44), der in fünf in einer Tour zu sprechenden Verfluchungen besteht.

Wenn Jemand während des Schwörens stirbt, muss sein Erbe von neuem anfangen und alle 50 Eide schwören. Stirbt der ursprüngliche Inhaber des Blutrechts, nachdem er die 50 Eide geschworen, so gehört das Sühnegeld seinen Erben. Dies gilt von dem Kläger.

Anders lautet die Bestimmung betreffend den Erben des Verklagten. Wenn er während des Schwörens stirbt, schwört sein Erbe den Rest der Eide; wenn er während des Schwörens ohnmächtig oder wahnsinnig wird, schwört er nach seiner Genesung den Rest der Eide. Ebenfalls kann er, wenn er unter einem Richter angefangen hat zu schwören, unter dessen Nachfolger damit fortfahren.

Kläger und Angeklagter differiren von einander in 3 Punkten:

1. Wenn der Kläger während des Schwörens stirbt, muss sein Erbe wieder von vorne anfangen, während, wenn der Angeklagte stirbt, der Erbe nur den Rest der Eide zu schwören hat.

2. Wenn der Richter während des Schwörens gewechselt wird, hat der Kläger von neuem anzufangen zu schwören, während der Angeklagte nur noch den Rest der Eide zu schwören hat.

3. Wenn der Kläger mehrere sind, werden die Eide pro rata ihrer Erbtheile über sie vertheilt, während, wenn der Angeklagten mehrere sind, jeder einzelne von ihnen 50 Eide zu schwören hat.

Wenn der Inhaber des Blutrechts die 50 Eide geschworen hat, so hat er damit Anrecht auf das Sühnegeld, bei einer unabsichtlichen Tödtung auf das ermässigte, in 3 Jahren zu zahlende und von den 'Âḳile-Verwandten zu garantirende, bei der halbabsichtlichen Tödtung auf das erhöhte, in 3 Jahren zu zahlende und von den 'Âḳile-Verwandten zu garantirende, bei der absichtlichen Tödtung auf das erhöhte, sofort von dem Mörder zu zahlende Sühnegeld.

Durch das Schwören der 50 Ḳasâma-Eide erwirbt der Schwörende nicht das Recht zur Ausübung der talio, denn die 50 Eide sind zwar ein Beweis, aber ein schwacher. Wenn aber der Process den Verlauf nimmt, dass der Kläger die 50 Ḳasâma-Eide schwört, aber der Angeklagte 50 Gegeneide schwört und der Kläger nun zum zweiten Mal 50 Eide schwört, so haben diese Wiederholungs-Eide den Werth eines Geständnisses oder eines Beweises und geben dem Schwörenden die Berechtigung zur Ausubung der talio, sofern die Anklage auf absichtliche Tödtung lautet.

Die Wiederholung der 50 Eide ist nur in einem Process wegen Tödtung zulässig. Denn in einem Process wegen Glieder-Verletzung

51*

oder Verstümmelung, Schädigung oder Zerstörung eines Sinnesver-
mögens oder Sinnesorgans ist ein anderes Verfahren einzuschlagen. Es
wird dem Verklagten aufgegeben 50 Eide als Beweis seiner Unschuld
zu schwören. Wenn er es thut, ist die Sache damit erledigt.

⠀Wenn im Process wegen Tödtung *eine den Angeklagten be-*
lastende Wahrscheinlichkeit nicht vorhanden ist, wird dem Angeklagten aufgetragen 50 Eide zu schwören. Wenn er das thut, ist
damit der Process zu Ende. Sind der Angeklagten mehrere, so
hat jeder einzelne von ihnen 50 Eide zu schwören.

§ 23. Wer einen Menschen tödtet, mittelbar oder unmittelbar, 10
z. B. durch falsches Zeugniss, wer gezwungen wird zu tödten, wer
aus Bosheit einem Anderen eine Grube gräbt, in der dieser Andere
umkommt, der Selbstmörder, wer seinen Sklaven tödtet. Anders
ausgedrückt: Wer einen unter dem Schutz des Islamischen Gesetzes
stehenden Menschen, den er zu tödten nicht berechtigt ist, absichtlich,
unabsichtlich oder halbabsichtlich, mittelbar oder unmittelbar tödtet, hat
die Busse zu leisten. Wenn ein Bluträcher vorhanden ist, wird die
That sowohl durch das Bluturtheil wie durch die Busse gesühnt; ist ein
Bluträcher nicht vorhanden, wird sie nur durch die Busse gesühnt.

Sind der Tödtenden mehrere, so muss jeder einzelne die 20
Busse leisten.

Das Opfer kann männlich oder weiblich, Muslim oder Nicht-
Muslim sein, nicht aber ein hostis, dénn dieser ist rechtlos.

Der Henker ist zur Busse verpflichtet, wenn er auf Geheiss
seines Vorgetzten wissentlich einen Justizmord begeht.

Nicht verpflichtet zur Busse ist, wer einen Anderen durch einen
Fluch oder durch sein böses Auge tödtet. Der Richter soll den
Menschen mit dem bösen Auge einsperren oder ihm befehlen in
seinem Hause zu bleiben und ihm aus dem Fiscus die nöthigen
Lebensmittel verabfolgen lassen, wenn er unbemittelt ist.   30

Für eine Verwundung, Zerstörung eines Gliedes etc. ist keine
Busse zu leisten, sondern nur für Tödtung.

Man darf den Rebellen, den Apostaten, den zur Steinigung verurtheilten Ehebrecher, den hostis, den nach dem Blutgesetz dem jus
talionis unterliegenden tödten ohne Busse zu leisten. Auch für die
in der Selbstvertheidigung begangene Tödtung ist keine Busse
zu leisten.

Der Embryo gilt in diesem Zusammenhang wie ein anderes menschliches Wesen. Wenn zwei schwangere Frauen zusammenstossen und sie mitsammt ihren Embryos sterben, so ist aus dem Nachlass jeder Frau eine vierfache Busse zu zahlen. Wenn zwei männliche Wesen zusammen stossen und beide in Folge dessen sterben, so ist aus dem Nachlasse eines jeden von ihnen eine doppelte Busse zu zahlen.

Wenn die Tödtung absichtlich oder halbabsichtlich geschehen, ist die Busse sofort zu leisten, während sie nach der unabsichtlichen Tödtung zu einem späteren Termin erfolgen kann.   10

Wenn der Tödtende ein Minderjähriger oder ein Wahnsinniger war, so hat der Vormund aus dem Vermögen des Mündels das Sühnegeld zu zahlen. Wenn der tödtende ein Sklave war, muss er, da er Besitz nicht hat, die Busse in Gestalt des vorgeschriebenen Fastens leisten.

Wenn Jemand auf Geheiss eines Anderen eine Tödtung begeht, ohne geistig verantwortungsfähig zu sein, so hat der Andere die Busse zu leisten.

Der freizukaufende Sklave muss Ganz-Sklave sein.

Wer einen Loskauf nicht ausführen kann, sei es dass ein 20 loszukaufender Sklave nicht vorhanden ist, sei es dass der zur Busse verpflichtete nicht die erforderlichen Mittel hat, sei es dass er den Loskauf nur zu einem solchen Preise ermöglichen kann, der den lokalen Durchschnittspreis übersteigt, so hat er zu fasten.

Es ist Vorschrift, die zwei Mond-Monate ohne Unterbrechung zu fasten. Wenn der Fasten-Anfang nicht durch den Monats-Anfang bestimmt werden kann, wird der Monat zu 30 Tagen gerechnet.

Wer wegen Krankheit nicht fasten kann, muss in der Weise Busse thun, dass er 60 Armen speist, indem er, wie es an dem grossen Feste nach dem Ende des Fastenmonats Ramaḍân Sitte 30 ist, einem jeden von ihnen ein Mudd Brodkorn giebt. Ausgeschlossen von dieser Speisung sind die Nicht-Muslims und von den Muslims die Mitglieder der Familien Hâšim und ʿAbd-Elmuṭṭalib, die nächsten Verwandten des Propheten, die auch von dem Empfang des Zekât d. i. der Armensteuer, die im grossen Feste an die Armen vertheilt wird, ausgeschlossen sind.

STRAFRECHT.

II. THEIL (SPECIELLES STRAFRECHT).

TEXT.

———————

§ 1. Der oder die Unzuchttreibende ist entweder *muḥṣan* d. h. eine verheiratete, im Vollbesitz der Bürger- und Ehren-Rechte befindliche Person, oder nicht *muḥṣan*.

Die Strafe des ersteren für Unzucht ist die Steinigung.

Die Strafe des letzteren für Unzucht besteht in 100 Hieben und Verbannung während der Dauer eines Jahres nach einem Orte, der von dem Wohnort des Delinquenten wenigstens 1½ Tagereisen oder 16 Farsakh entfernt ist.

§ 2. Im Sinne des Gesetzes ist *muḥṣan* (§ 1) diejenige männliche oder weibliche Person, welche

    a) volljährig,

    b) im Vollbesitz der Geisteskräfte, und

    c) frei ist, ferner

    d) die Möglichkeit hat in legaler Ehe die Cohabitation auszuüben.

§ 3. Die Strafe des Sklaven oder der Sklavin für Unzucht ist die Hälfte der Strafe einer freien Person.

§ 4. Die Strafe für Unzucht a parte postica und Sodomiterei ist dieselbe wie für Unzucht im Allgemeinen.

§ 5. Wer mit einem fremden Weibe ein unzüchtiges Benehmen treibt, ohne die Cohabitation auszuüben, wird von dem Richter bestraft mit einer diskretionären Strafe, . die indessen das niedrigste Maass der gesetzlichen Strafen (40 Hiebe für den Freien, 20 Hiebe für den Unfreien) nicht erreichen darf.

§ 6. Wer einen anderen der Unzucht beschuldigt, wird bestraft mit 80 Hieben, wenn folgende acht Bedingungen erfüllt sind, von denen sich drei auf den Verleumder, fünf auf den Verleumdeten beziehen:

 a) der Verleumder muss volljährig sein,
 b) er muss im Vollbesitz der Geisteskräfte sein,
 c) er oder sie darf nicht der Vater oder die Mutter, allgemein gefasst: nicht Ascendent der verleumdeten Person sein;
 d) der Verleumdete muss ein *Muslim*,
 e) volljährig,
 f) im Vollbesitz der Geisteskräfte,
 g) frei und
 h) von unbescholtenem Lebenswandel sein.

§ 7. Für Verleumdung wegen Unzucht wird der Freie mit 80 Hieben, der Sklave mit 40 Hieben bestraft.

§ 8. Wer einen anderen der Unzucht beschuldigt, bleibt straflos,

 a) wenn er den Beweis der Wahrheit erbringen kann,
 b) wenn der Verleumdete ihm verzeiht;
 c) wenn ein Ehemann gegen seine Frau den *Li'ân* ausspricht (s. Buch I § 41—44).

§ 9. Wer Wein oder ein berauschendes Getränk trinkt, wird bestraft mit 40 Hieben als der gesetzlichen Strafe. Die Strafe kann aber nach Ermessen des Richters bis auf 80 Streiche erhöht werden.

§ 10. Die Strafe für das Trinken von Wein oder berauschenden Getränken kann nur verhängt werden,

 a) wenn entweder der Beweis der That erbracht worden ist oder der Angeklagte sie gestanden hat,
 b) nicht aber deshalb, weil der Angeklagte vomirt hat oder aus dem Munde riecht.

§ 11. Der Dieb wird bestraft durch Handabhauen, wenn folgende drei Bedingungen vorhanden sind:

a) wenn er volljährig ist,

b) wenn er im Vollbesitz der Geisteskräfte ist,

c) wenn er ein Werthobjekt zum Mindestwerth von $\frac{1}{4}$ Denar aus einem entsprechenden Aufbewahrungsort gestohlen hat, ein Objekt, auf dessen Besitz er keinerlei Anrecht hatte, und in Betreff dessen keinerlei Zweifel bestand, dass es nicht ihm gehörte.

§ 12. Die rechte Hand des Diebes wird abgehauen im Gelenk zwischen Unterarm und Hand.

Stiehlt er zum zweiten Mal, wird der linke Fuss abgehauen; bei dem dritten Mal die linke Hand, bei dem vierten Mal der rechte Fuss.

Wenn er noch weiter stiehlt, wird er vom Richter nach Ermessen bestraft, nach anderer Ansicht hingerichtet.

§ 13. Die Wegelagerer werden in vier Classen eingetheilt:

a) Solche, welche tödten ohne zu berauben.

Diese werden getödtet.

b) Solche, welche tödten und berauben.

Diese werden getödtet und gekreuzigt.

c) Solche, welche berauben ohne zu tödten.

Diese werden so bestraft, dass jedem zusammen die rechte Hand und der linke Fuss, im Wiederholungsfall zusammen die linke Hand und der rechte Fuss abgehauen werden.

d) Solche, welche die Strassen unsicher machen ohne zu rauben und zu tödten.

Diese werden in das Gefängniss gesetzt und nach dem Ermessen des Richters bestraft.

§ 14. Wenn ein Wegelagerer, bevor er von den Behörden ergriffen wird, sich bekehrt, wird von der Bestrafung durch Hinrichtung, Kreuzigung, Abhauen von Hand und Fuss jenachdem abgesehen, dagegen unterliegt er den Bestimmungen des Blutrechts und des Strafrechts über Raub und Diebstahl.

§ 15. Wer in der Vertheidigung gegen einen Angriff auf seine eigene Person oder seinen Besitz oder seine Familie den Angreifer tödtet, ist nicht dafür verantwortlich.

§ 16. Der Reiter ist für den Schaden, den sein Reitthier anstiftet, verantwortlich.

§ 17. Sektirer werden bekämpft

a) wenn sie wehrhaft sind, sodass sie Widerstand leisten können;

b) wenn sie sich der Auctorität des rechtmässigen Landesherrn entziehen;

c) wenn sie einer Doctrin anhängen, welche innerhalb des Islams noch als zulässig gelten kann.

§ 18. Es ist nicht gestattet die den Sektirern abgenommenen Gefangenen zu tödten, noch ihren Besitz für Kriegsbeute zu erklären noch ihren Verwundeten den Garaus zu machen.

§ 19. Wer vom Islam abfällt, wird dreimal zur Rückkehr aufgefordert. Wenn er darauf nicht zum Islam zurückkehrt, wird er getödtet, die Leiche wird nicht gewaschen, es wird nicht über ihr das Gebet gesprochen und sie wird nicht auf einem Muhammedanischen Kirchhof begraben.

§ 20. Solche Personen, die das Gebet unterlassen, können zweierlei Art sein:

a) solche, die es unterlassen, weil sie an die Verpflichtung zum Gebet nicht glauben.

Für diese gelten die Bestimmungen von § 19.

b) solche, die es aus Trägheit unterlassen, obwohl sie an die Verpflichtung dazu glauben.

Diese werden aufgefordert zu beten. Wenn sie sich weigern, werden sie getödtet, aber die Leichen werden nach Muslimischem Ritus beerdigt.

STRAFRECHT.

II. THEIL (SPECIELLES STRAFRECHT).

ANMERKUNGEN.

Die Strafe kann eine doppelte sein:

a) *ḥadd* d. i. die durch das Gesetz bestimmte Strafe, von der nichts abgenommen und der nichts hinzugefügt werden darf;

b) *ta'zîr* die Strafe, die von dem Richter nach seinem Ermessen verhängt wird.

Nach einer Ansicht sind die Strafen Abschreckungsmittel[1]), nach der anderen sind sie bestimmt ein begangenes Unrecht wett zu machen, d. h. schon in diesem Leben auszugleichen[2]), damit nicht noch ein Ausgleich im jenseitigen Statt zu finden braucht. Nach einer anderen Ansicht haben sie den an zweiter Stelle genannten Zweck für die Muslims, den ersteren für die Nicht-Muslims, denn es hat keinen Zweck für deren Ergehen im Jenseits Vorsorge zu treffen, da sie ohnehin verdammt sind.

Blutrecht und Strafrecht beschäftigen sich mit demselben Objekt, dem Verbrechen[3]), jenes mit dem Verbrechen gegen den Leib des Menschen, dies mit dem Verbrechen gegen den Besitz des Menschen, seine Ehre, gegen den Staat, die Religion und anderes.

§ 1. Die Strafe für Unzucht ist die schwerste der Strafen nach der Strafe für Tödtung. Daher ist der Abschnitt über Unzucht in diesem Kapitel vorangestellt.

Aus der Definition der Unzucht[4]) ist hervorzuheben, dass der

---

[1]) زواجر.
[2]) جوابر.
[3]) جناية.
[4]) زنى.

Thäter vollverantwortlich sein muss und dass der Betrunkene als solcher gilt, nicht aber der Minderjährige oder der Geisteskranke.

Es wird in dem Begriff der Unzucht zwischen Ehebruch und anderweitiger Unzucht nicht unterschieden. Die fragliche Cohabitation darf sich aber nicht als eine *cohabitatio erronea* qualificiren, wobei der Irrthum als ein dreifacher möglich ist:

1. error agentis, wenn Jemand einem Weibe beiwohnt in dem Glauben, dass sie seine Ehefrau oder seine Sklavin sei.

2. error methodi ineundi matrimonii, wenn Jemand eine Frau heirathet, ohne dass bei Abschluss des Ehevertrages ein Braut- anwalt und Brautzeugen zugegen waren.

3. error objecti, wenn Jemand einer Sklavin beiwohnt, die er gemeinschaftlich mit einem Anderen besitzt, oder wenn Jemand der Sklavin seines Sohnes (überhaupt: seines Descendenten) beiwohnt. Beide Dinge sind verboten. Wer *muḥṣan*, d. i. wohl bewahrt, durch eine rechtmässige Ehe gegen Ausschweifungen wohl bewahrt ist, ist unentschuldbar, wenn er Unzucht begeht, und leidet die höchste Strafe des Gesetzes. Wer nicht den Segen der rechtmässigen Ehe geniesst, wird milder beurtheilt. Zwischen männlichem und weiblichem Individuum wird in dieser Angelegenheit nicht unterschieden, auch nicht zwischen Muslim und Nicht-Muslim.

Die Steinigung soll mit faustgrossen Steinen ausgeführt werden, nicht mit kleinen Steinen und nicht mit grossen Blöcken. Die 100 Hiebe sollen ohne Unterbrechung ertheilt werden.

Für die Strafe der Verbannung gelten folgende Bestimmungen:

1. sie muss von dem Richter oder dessen Stellvertreter verhängt werden;

2. der Verbannungsort muss wenigstens $1\frac{1}{2}$ Tagereisen von dem Orte der That wie von dem Heimathsort des Thäters entfernt sein. Er darf nicht die Seinigen mitnehmen, wohl aber eine Sklavin und Lebensmittel, dagegen nicht Handelswaaren;

3. der Verbannungsort muss genau angegeben sein. Der Verbannte darf ihn nicht verlassen. Eventuell kann er, falls Unheil von ihm befürchtet wird, in Ketten gelegt werden;

4. der Weg zu dem Verbannungsort muss sicher sein;

5. an dem Verbannungsort darf nicht Pest oder Cholera sein;

6. die Dauer der Verbannung betragt ein Jahr fur den Freien, ein halbes Jahr für den Unfreien.

Ist der Delinquent eine weibliche Person, so darf sie eventuell gegen Lohn eine verwandte Person mitnehmen. Indessen ist kein Verwandter zu dieser Begleitung verpflichtet.

Wer sich vor Ablauf der bestimmten Zeit von dem Verbannungsort entfernt, wird dorthin zurückgeführt und hat die ganze Verbannungsfrist nochmals abzubussen.

Es steht in dem Belieben des Richters einen Verbannungsort zu wählen, der weiter als $1^1/_2$ Tagereise von dem Thatorte ent- 10 fernt ist.

Die Dauer der Verbannung wird berechnet von dem Moment, wo der Delinquent den Thatort verlässt, was am besten gleich nach der flagellatio geschieht. Der Beginn der Verbannung soll im Gerichtsjournal vermerkt werden.

Wenn der Verbannte behauptet, dass seine Verbannungsfrist abgelaufen ist und ein Beweis hierüber nicht zu erbringen ist, so soll ihm der Eid aufgegeben und demgemäss entschieden werden.

§ 2. Das Kind und der Geisteskranke sind nicht *muḥṣan*, unterliegen uberhaupt keiner Criminal-Strafe, doch durfen, sofern 20 sie eine gewisse Unterscheidungsgabe haben, Abschreckungsmittel bei ihnen angewendet werden, die geeignet sind sie vom Bösen abzuhalten.

Der Betrunkene gilt als im Vollbesitz des Verstandes befindlich.

Ad c: Die Freiheit muss eine vollkommene sein. Daher ist der Theil-Sklave, die Mutter-Sklavin, der servus contrahens unter keinen Umständen *muḥṣan*, selbst wenn sie rechtmässig verbeirathet sind.

Ad d: Wer rite verheirathet ist, soll sich des Ehebruchs ent- 30 halten und verdient, wenn er dennoch die Ehe bricht, die schwerste Strafe.

Die Ehe muss eine allen Forderungen des Gesetzes entsprechende sein. Daher gilt die Cohabitation mit der eigenen Sklavin, die Cohabitation aus Versehen und die Cohabitation in einer incorrekten Ehe (s. Buch I S. 36, 32.) in diesem Zusammenhange nicht als Ehe.

Der Ehemann kann entweder ein Muslim oder nicht-Muslimischer Unterthan des Islamischen Staates sein. Dagegen unterliegen der hostis, der den Islamischen Staatsschutz geniessende Fremde sowie der Unterthan eines mit dem Islamischen Lande in einem Vertragsverhältniss stehenden Landes nicht der Strafe für Unzucht.

§ 3. Es ist einerlei, ob der Sklave Ganz-Sklave, Theil-Sklave, servus contrahens oder Mutter-Sklavin, Muslim oder Nicht-Muslim ist.

Die Strafe besteht in 50 Hieben und Verbannung auf ein halbes Jahr. Die Kosten der Verbannung hat der Herr des Sklaven zu 10 tragen.

Ist der Delinquent ein Lohnarbeiter, der gegen Lohn einem Anderen für eine gewisse Zeit seine Arbeit zur Verfügung gestellt hat, so wird er erst nach Ablauf des Lohntermins in die Verbannung geschickt, falls er die zu leistende Arbeit nur am Thatorte leisten kann; wenn er sie aber ebenso gut am Verbannungsorte leisten kann, wird er sofort in die Verbannung geschickt.

§ 4. Zur Strafe für Unzucht a parte postica ist zu bemerken: Excipiuntur et uxor et serva propriae. Si crimen contra eas commissum repetitur, sceleratus punitur non poena scortationis sed 20 flagellatione a judice definienda. Si non repetitur, non est poena.

Wer *muḥṣan* ist, wird gesteinigt; wer nicht *muḥṣan*, wird gegeisselt und verbannt. Nach einer anderen Ansicht soll der Verbrecher unter allen Umständen getödtet werden, nach einigen durch Köpfen, nach anderen durch Steinigen; nach anderen soll eine Mauer auf ihn gestürzt und nach einer vierten Ansicht soll er von einer Höhe herabgestürzt werden.

Das Opfer des Verbrechens soll, wenn es verantwortungsfähig war und sich willig dem Verbrecher ergab, gegeisselt und verbannt werden; dagegen wenn es nicht verantwortungsfähig war oder ge- 30 zwungen wurde, ist es straffrei.

Sodomita si *muḥṣan* est punitur lapidatione, si non est *muḥṣan* punitur et flagellatione et exsilio. Attamen altera et praehabenda caque est sententia sodomitam flagellatione a judice definienda esse puniendum, non poena scortationis.

§ 5. Unter *fremdem* Weib ist diejenige zu verstehen, die nicht Gattin oder Sklavin des betreffenden ist.

Die niedrigste Stufe der discretionären Strafe ist 40 Hiebe für das Trinken berauschender Getränke (§ 9). Die Strafe muss also bei dem Freien unter 40, bei dem Unfreien unter 20 Hieben bleiben. Der Richter darf aber auch andere Strafen wählen, Verweis, Gefängiss, Verbannung und anderes.

Der Richter darf von einer Bestrafung ganz absehen, wenn kein Kläger vorhanden ist, dagegen *muss* er strafen, wenn ein Klager vorhanden ist.

Furbitte in Bezug auf die Abänderung oder Milderung von Strafen ist unter allen Umständen unstatthaft.   10

Discretionäre Strafe *Taʿzir* ist die Strafe für jede Gesetzübertretung, fur die nicht im Gesetze selbst eine bestimmte Strafe oder Busse verordnet ist, wie z. B. für solchen Diebstahl, der nicht mit Hand-Abhauen bestraft wird; ferner fur Beschimpfung oder Verleumdung wegen Unzucht (§ 6); für Fälschung der Handschrift, für falsche Vorspiegelungen, für falsches Zeugniss, für absichtliches Versäumniss in der Erfüllung rechtlicher Pflichten, wenn z. B. ein Ehemann seiner Frau vorenthält, was ihr gebuhrt; für Unbotmässigkeit der Ehefrau gegen ihren Mann; ferner fur solche Fälle, wenn ein Muslim mit den Nicht-Muslims ihre Feste feiert, wenn einer Schlangen 20 anfasst, einen Nicht-Muslim oder den Besucher der Heiligen-Gräber *ḥàgg* (Mekkapilger) nennt u. s. w.

· Falle, in denen eine Gesetzübertretung vorliegt, in denen aber dennoch eine discretionäre Bestrafung nicht Statt findet, sind folgende:

Der Vater oder Ascendent wird nicht bestraft wegen eines seinem Kinde oder Descendenten zustehenden Rechtes, auch nicht wegen Verläumdung wegen Unzucht.

Wer vom Islam abfällt und dann dahin zurückkehrt, wird nicht bestraft, vorausgesetzt dass es das erste Mal war.   30

Ebenso bleibt straffrei der Herr, der seinen Sklaven zu einer Arbeit zwingt, die er nicht zu leisten vermag, vorausgesetzt dass dies das erste Mal war; indessen muss er verwarnt werden.

Straffrei ist, wer sich selbst verstümmelt.

Fälle, in denen keine Gesetzesübertretung vorliegt, dennoch aber eine Bestrafung Statt finden kann:

Das Kind und der Geisteskranke können bestraft werden, wenn sie etwas begehen, wofür der Verantwortungsfähige bestraft wird, obwohl eine Gesetzesübertretung nicht vorliegt, denn eine solche hat volle Verantwortungsfähigkeit zur Voraussetzung.

Ein Privatmann, der um Gottes Lohn zu verdienen das Getriebe eines gewerbsmässigen Lustigmachers (Schlangenbändigers, Kartenkünstlers) sistirt, indem er sowohl ihn wie die, die ihm etwas geben, malträtirt.

Ein männliches Individuum, das sich weibisch benimmt, kann zur Verhütung von Unsittlichkeit verbannt werden.   10

Fälle, für welche im Gesetz eine bestimmte Strafe oder Busse vorgesehen ist, in denen aber ausserdem noch eine discretionäre Bestrafung Statt findet, sind folgende:

Wenn Jemand im Ramaḍân das Fasten entweiht durch eine Cohabitation;

wenn er den ehelichen Umgangsverzicht *zihâr* (Buch I § 39, 40) ausspricht;

wenn er absichtlich einen falschen Eid schwört.

Eine Cumulation von Strafen tritt besonders dann ein, wenn Gesetzesübertretungen z. B. im heiligen Gebiet und im Fastenmonat 20 begangen werden.

Bezichtigung der Unzucht ist ein schweres Verbrechen, für das im Gesetz eine besondere Strafe festgesetzt ist, während anderweitige Beschuldigungen wie auch z. B. diejenige wegen Unzucht mit Thieren, mit discretionären Strafen belegt werden. Der Beweis der Wahrheit muss durch vier männliche Zeugen erbracht werden. Wenn daher drei Männer die Beschuldigung wegen Unzucht erheben, so ist das nicht Zeugenaussage, sondern Verleumdung.

Das Anrecht auf die gesetzliche oder discretionäre Bestrafung des verurtheilten Verleumders geht auf die Erben des Verleumdeten 30 über. Wenn einer der Erben auf dies Recht verzichtet, während die anderen es aufrechthalten, muss die *ganze* Strafe ausgeführt werden. Ist der Verleumdete ein Apostat und stirbt als solcher, so kann sein Muslimischer Erbe die Ausführung der Strafe verlangen, wenn die Verleumdung *vor* seiner Apostasie Statt gefunden hat. Ist der Verleumdete ein Sklave und der zu bestrafende ein anderer als sein Herr, und der Sklave stirbt, so hat nach der besten Ansicht sein

Herr das Recht die Bestrafung des Verleumders zu verlangen, nach anderer Ansicht seine freien natürlichen Erben, nach anderer der Landesfürst.

Wenn ein Gestorbener der Unzucht bezichtigt wurde, haben seine Erben nicht das Recht die *gesetzliche* Bestrafung des Verleumders zu verlangen.

Der Ausdruck der Verleumdung kann ein dreifacher sein:

1. eindeutig;[1]
2. mehrdeutig;[2]
3. eine Anspielung, ein Ausdruck, der an und für sich nicht Unzucht bezeichnen, aber unter gewissen Umständen darauf bezogen werden kann.

Auf nr. 3 ist keine Rücksicht zu nehmen. Wenn derjenige, der einen mehrdeutigen Ausdruck gebraucht hat, erklärt, dass er nicht eine Bezichtigung wegen Unzucht gemeint habe, so muss er dies beschwören und ist frei von der *gesetzlichen* Strafe. Trotzdem kann er mit einer discretionären Strafe belegt werden, wenn er den Ausdruck gebraucht hat, um den Anderen zu verunglimpfen.

Wenn der Verleumder Ascendent des Verleumdeten ist, so ist die *gesetzliche* Strafe ausgeschlossen.

Zu den drei die Person des Verleumders betreffenden Bedingungen sind noch drei weitere hinzuzufügen:

1. er muss nach freiem Willen, ungezwungen gehandelt haben;
2. er muss den Gesetzen des Islamischen Staates unterstehen;
3. er darf nicht mit specieller Erlaubniss des Verleumdeten die Verleumdung ausgesprochen haben.

Es ist einerlei, ob der Verleumder frei oder unfrei, Muslim oder Nicht-Muslim ist.

Die *gesetzliche* Strafe für Verleumdung kann auf ein Kind, einen Geisteskranken, den Ascendenten des Verleumdeten nicht Anwendung finden, wohl aber eine *discretionäre* Strafe wegen Beschädigung, bei den beiden ersteren nur dann, wenn sie ein gewisses Unterscheidungsvermögen haben.

---

[1]) صريح.
[2]) كناية.

Ad b: ist zu bemerken, dass der Betrunkene als im Besitz der vollen Geisteskräfte befindlich angesehen wird.

Wer einen Nicht-Muslim, ein Kind oder einen Geisteskranken wegen Unzucht verleumdet, kann nicht mit der *gesetzlichen* Strafe bestraft werden. Der Nicht-Muslim gilt als *muḥṣan* (s. § 2), wenn er Unzucht begeht; er gilt nicht als *muḥṣan*, wenn er wegen Unzucht verleumdet wird.

Ad c: Wer einmal seine Keuschheit verloren, kann sie durch nachträglichen keuschen Lebenswandel nicht wieder gewinnen. So die Jurisprudenz, während die Theologie lehrt, dass, wer eine Sunde begangen, sie dann bereut und gesühnt hat, wieder sündlos ist. Wer also einmal wegen Unzucht verurtheilt worden ist, kann hinterher stets straflos wegen Unzucht verleumdet werden.

Keusch ist, wer sich der Unzucht enthält, qui non subigit uxorem a parte postica und der nicht einer Sklavin beiwohnt, die ihm so nahe verwandt ist, dass er sie, wenn sie frei wäre, nicht heirathen dürfte. Uebrigens kann sich das Geschlechtsleben in sehr weitem Rahmen bewegen, ohne den Ruf der Keuschheit eines Mannes zu gefährden. (S. Baguri II, 243, 6—9.)

Wenn Jemand wegen Unzucht verleumdet und der Verleumder verurtheilt wird, indessen der Verleumdete *vor* Ausführung der Strafe Unzucht begeht, so bleibt der Verurtheilte straflos, weil die Wahrscheinlichkeit dafür spricht, dass der Beschuldigte auch in dem ersten Fall Unzucht begangen hat.

§ 7. Als Sklave gilt nicht allein der Ganz-Sklave, sondern auch der Theil-Sklave, der servus contrahens, die Mutter-Sklavin.

§ 8. Zu den in diesem Paragraphen genannten Bedingungen, unter denen der Verleumder straflos bleibt, werden noch drei weitere hinzugefügt:

e) wenn der Verleumdete gesteht, dass er die Unzucht begangen;

f) wenn der Verleumder der Erbe des Verleumdeten ist;

g) wenn der Verleumdete sich weigert durch einen Schwur seine Unschuld zu bekräftigen. Schwört er dagegen, so wird der Verleumder bestraft.

Ad a) Der Beweis kann nur durch die übereinstimmende Aussage von vier männlichen, freien Zeugen erbracht werden. Das Zeugniss des Nicht-Muslims vor Gericht ist bekanntlich ausgeschlossen.

Ad b) Die Verzeihung kann durch ein *Aequivalent* gekauft, erworben worden sein. Die Verzeihung muss eine allgemeine sein. Wenn daher der Verleumdete nur auf einen Theil der Strafe verzichtet, so ist das wirkungslos, und die ganze Strafe wird ausgeführt.

Der Verzeihende kann entweder der Verleumdete selbst sein oder nach seinem Tode seine Erben.   10

Wenn ein Verleumdeter seinem Verleumder verzeiht d. h. auf seine Bestrafung verzichtet, so verliert der letztere dadurch den Charakter des *muḥṣan* (s. oben § 2), in Folge dessen er (der Verleumder), wenn er ihn noch einmal oder mehrmals wieder wegen Unzucht verleumdet, nicht mehr mit der gesetzlichen, sondern nur noch mit der discretionären Strafe bestraft werden kann.

Wie die gesetzliche Strafe, kann auch die discretionäre durch die Verzeihung des Verleumdeten aufgehoben werden.

§ 9. Das Verbot des Weintrinkens gilt nur für den Muslim, nicht für den nicht-muslimischen Unterthan des Islamischen Staates; 20 ferner für solche Personen, die verantwortungsfähig sind und dies Verbot kennen (nicht also für solche, die erst vor Kurzem den Islam angenommen und daher mit seinen Gesetzen noch nicht vertraut sind).

Es gilt nicht für solche Personen, die wegen irgendeiner Nothwendigkeit Wein trinken. Derjenige z. B., dem ein Bissen im Halse sitzen bleibt, darf, wenn er nichts anderes hat, ihn mit Wein herunterspülen.

Reinen, ungemischten Wein als Medicin zu nehmen ist verboten, wird aber nicht bestraft, dagegen ist ein Medicament, dem 30 Wein beigemischt, erlaubt.

Wein gegen den Durst zu trinken, wenn man nichts anderes hat, ist verboten, aber straffrei. Es ist erlaubt, ja sogar geboten Wein zu trinken, wenn man ohne dies zu Grunde gehen wurde.

Verboten ist der Wein, solange er eben Wein und nichts anderes ist; dagegen ist er erlaubt, wenn sein Wesen verändert ist, z. B. durch Beimischung von Wasser.

Ausser Wein, der aus frischen oder trockenen Trauben ge-
presst wird, ist jedes berauschende Getränk, sei es aus Datteln,
Gerste, Durra oder anderem bereitet, verboten. Das Trinken desselben ist nicht allein verboten, sondern wird auch mit der ge-
setzlïchen Strafe bestraft. Dagegen ist der Gebrauch der vege-
tabilischen Stoffe wie Ḥašîš und Opium verboten, wird aber nicht
mit der *gesetzlichen* Strafe bestraft. Aehnliche Materien dürfen eingenommen werden zum Zweck einer Betäubung für eine Operation,
nicht aber Wein.

Die gesetzliche Strafe für den Freien beträgt 40, für den Un- 10
freien 20 Schläge, kann aber, wenn der Betrunkene sich sonstige unge-
hörige Dinge erlaubt, von dem Richter nach seinem Ermessen auf
80 für jenen und auf 40 fur diesen erhöht werden. Sie soll ohne
Unterbrechung ausgeführt werden und zwar erst dann, nachdem der
Betrunkene wieder nüchtern geworden. Wenn er, bevor er bestraft
wird, mehrere Male betrunken gewesen ist, soll er doch nur einmal bestraft werden. Eine ältere Bestimmung, dass derjenige, der
zum vierten Male wegen Trunkenheit verurtheilt wird, getödtet
werden soll, ist später aufgehoben.

Aus den vielen Detailbestimmungen über die Ausführung der 20
Strafe sei das folgende erwähnt: Der Schlagende soll das Gesicht
und tödtliche Stellen vermeiden (zu letzeren zählt der Schädel, der
ubrigens durch den Turban geschützt ist, nicht), und soll nicht stets
auf dieselbe Stelle schlagen. Der männliche Delinquent empfängt
die Strafe stehend, der weibliche sitzend. Der Rücken muss mit ·
einem Hemde bekleidet sein. Der ganze Körper vom Nabel bis
zum Kniee ist sacrosanct und darf weder entblösst noch geschlagen
werden. Unter den zulässigen Strafwerkzeugen wird auch *der Schuh*
genannt. Der Schlagende soll, wenn er zum Schlage ausholt, nicht
die Hand über seinem Haupte erheben, und dem Delinquenten 30
sollen nicht die Hände gebunden werden. Die Strafe soll nicht in ·
der Moschee vollzogen werden.

§ 10. Der Beweis kann nur erbracht werden durch die übereinstimmende Aussage zweier männlicher Zeugen. Das Zeugniss
eines Mannes und einer oder mehrerer Frauen, oder das Zeugniss
von Frauen allein gilt nicht.

Dieser Beweis ist im Falle eines Sklaven nicht erforderlich.

Wenn der Herr weiss, dass sein Sklave getrunken hat, so kann er es dem Richter anzeigen, und dieser verfugt auf Grund der Anzeige die Bestrafung des Sklaven.

Wenn Jemand von sich selbst bekennt, dass er getrunken habe, so steht ihm frei dies Bekenntniss zurückzunehmen.

Die Straffälligkeit des Trinkens berauschender Getränke ist dieselbe, ob der betreffende wenig oder viel getrunken hat, ob er berauscht geworden ist oder nicht.

Wenn im Gesetz der *Betrunkene* erwähnt wird, ist in der Regel derjenige gemeint, der sich wissentlich oder absichtlich betrunken 10 hat[1]), nicht derjenige, der unabsichtlich betrunken geworden[2]).

§ 11. Diebstahl ist „im Geheimen widerrechtlich die Sache eines Anderen aus seinem entsprechenden Aufbewahrungsorte wegnehmen".

Offenkundig widerrechtlich die Sache eines Anderen wegnehmen ist *Raub*[3]), wenn der Thäter sich durch Anwendung von Gewalt im Besitz derselben erhalten will, dagegen *pilfering*[4]), wenn er nach der That mit dem Objekt entfliehen will.

Durch die angegebene Definition ist ausser anderem die Verweigerung der Rückgabe eines Depositums oder eines als Darlehn 20 erhaltenen Objekts ausgeschlossen.

Die Strafe fur Diebstahl ist Handabhauen, nicht für Raub und *pilfering* und andere dolose Handlungen. Denn gegen Raub und *pilfering*, weil sie offen geschehen, kann man sich schützen, nicht aber gegen Diebstahl, weil er im Geheimen vor sich geht.

Die Bedingungen a) und b) beziehen sich auf den Dieb, c) auf das Objekt des Diebstahls.

Es ist einerlei, ob der Dieb frei oder unfrei, Muslim oder nichtmuslimischer Unterthan des Islamischen Staates ist. Dagegen findet die Strafe des Handabhauens auf den Unterthan eines Staates, 30 der mit dem Islamischen in einem Vertragsverhältniss steht, keine

---

[1) السكران المتعدّى.

[2) السكران غير المتعدّى.

[3) نهب.

[4) اختلاس.

Anwendung, sowie auch nicht auf den *hostis* oder einen solchen Fremden, der den Schutz des Islamischen Staates geniesst.

Zu den Bedingungen a) und b) ist als dritte hinzuzufügen, dass er nach freiem Willen gehandelt haben muss, nicht gezwungen. Ausgeschlossen von der Strafe des Handabhauens sind daher das Kind, der Geisteskranke und derjenige, der gezwungen einen Diebstahl begangen hat.

Nach anderer Lehre werden sechs Bedingungen für den Dieb und vier für das Objekt des Diebstahls aufgestellt. Der Dieb muss sein: 10

1. volljährig,
2. im Vollbesitz der Geisteskräfte, (als solcher gilt auch der Betrunkene,)
3. nach freiem Willen handelnd,
4. den Gesetzen des Islamischen Staates unterstehend,
5. das Verbot des Diebstahls kennend;
6. er darf nicht eine Person sein, welche mit Erlaubniss des Besitzers das Objekt gestohlen hat.

Das Objekt des Diebstahls:

1. muss den Werth eines Viertel Denars haben, 20
2. es muss an einem entsprechenden Aufbewahrungsort aufbewahrt gewesen sein,
3. der Dieb darf kein Besitzrecht daran haben,
4. der Dieb muss wissen, dass das Objekt einem Anderen gehört.

Wer einen Anderen zum Diebstahl zwingt, wird im Allgemeinen nicht mit Handabhauen bestraft, weil nur derjenige als Dieb gilt, der an dem Diebstahl persönlich und unmittelbar Theil genommen hat, nicht derjenige, der ihn veranlasst hat. Das umgekehrte gilt für den Mord: Mörder ist sowohl derjenige, der persönlich an der 30 That Theil genommen hat, wie auch derjenige, der ihn veranlasst hat.

Wer einem fremdsprachigen Menschen, welcher glaubt gehorchen zu müssen, oder einem nicht mit Verstande begabten Menschen befiehlt zu stehlen, ist selbst als der Dieb anzusehen und wird mit Handabhauen bestraft, denn die beiden Individuen sind nur ein Werkzeug in seiner Hand. Wer dagegen einem mit Verstand begabten Menschen oder einem abgerichteten Thier z. B. einem Affen befiehlt zu stehlen, gilt nicht als Dieb.

Wie der *hostis*, der Unterthan eines fremden Staates, der mit dem Islamischen Staate in einem Vertragsverhältniss steht, und auch der Fremde, dem der Islamische Staat seinen Schutz gewährt, wegen Diebstahls nicht mit Handabhauen bestraft wird, so auch nicht der Muslim oder der nicht-muslimische Unterthan eines Islamischen Staates, wenn er eine Person der genannten drei Kategorien bestohlen hat.

Ad c) Der Ausdruck *Werthobjekt* ist der Lehre von der Armen-10 steuer *Zekât* entlehnt.

Das Objekt muss baar oder im Werth wenigstens gleich $^1/_4$ Denar sein, wobei einerlei ist, ob es mehreren Besitzern gehört, sofern der Aufbewahrungsort einer und derselbe war.

Für die Abschatzung des gestohlenen Objekts gelten folgende Regeln:

Gold-Geld wird *nach Gewicht* bestimmt, nicht gemünztes Gold zusammen *nach Gewicht* und *Werth* (Bearbeitungswerth, Kunstwerth). Wenn jedoch z. B. ein goldener Ring nicht das Gewicht von $^1/_4$ Denar hat, während sein Kunstwerth $^1/_4$ Denar oder mehr 20 ist, oder: wenn zwar das Gewicht des Ringes $^1/_4$ Denar oder mehr ist, während sein Kunstwerth unter $^1/_4$ Denar bleibt, so soll die Strafe des Handabhauens fur Diebstahl in diesem Falle nicht Statt finden.

Silber und andere Objekte werden nicht nach dem Gewicht, sondern *nur nach dem Werthe* bestimmt.

Wer eine Sache stiehlt, die den Mindestwerth von $^1/_4$ Denar hat, z. B. einen Koran oder erlaubte Bücher, ist als Dieb anzusehen; ebenfalls, wer unerlaubte Bucher stiehlt, deren Papier und Einband den Mindestwerth hat, oder ein Gefäss aus Gold oder Silber, 30 wenn das Metall abgesehen von der Arbeit den Mindestwerth erreicht[1]).

Wen Jemannd ein Götzenbild oder ein Kreuz, eine Flöte oder Guitarre stiehlt, um sie zu zerbrechen, zu zerstoren, wird er nicht

---

[1]) Ein Gefäss aus Gold oder Silber ist an sich etwas verbotenes: es wird daher nur der Werth des Materials in Betracht gezogen, nicht der Kunstwerth.

mit Handabhauen bestraft, wohl aber, wenn er sie stiehlt, um sie sich anzueignen. Dasselbe gilt vom Stehlen eines Kruges Wein.

Für den Diebstahl von Objekten, welche nach dem Sinne des Gesetzes nicht Besitz sein können, wie z. B. Wein, ein Schwein, ein Hund, eine rohe ungegerbte Haut, wird die Strafe des Handabhauens nicht verfügt.

Wer ein zerlumptes Gewand stiehlt, in dem eine den Werth von $^1/_4$ Denar enthaltende Tasche vorhanden ist, wird mit Handabhauen bestraft, denn Unwissenheit betreffend den Werth des Objektes ist keine Entschuldigung.

Maassgebend für die Werthabschätzung des Objekts ist *der Werth, den es im Moment der Wegnahme aus seinem Aufbewahrungsorte hat*, nicht der frühere oder spätere Werth.

Wenn zwei Diebe zusammen ein Objekt stehlen, das nicht das Doppelte von $^1/_4$ Denar werth ist, so ist die Strafe des Handabhauens ausgeschlossen.

Wer einem Anderen ein Pferd aus dem Stall oder von dessen Weide stiehlt, wird mit Handabhauen bestraft. Wenn aber Jemand seinen Besitz vernachlassigt und ihn umherliegen oder umhertreiben lässt, wo er nicht hingehört, und er wird ihm dann gestohlen, so wird der Dieb nicht mit Handabhauen bestraft.

Was in jedem Fall als geeigneter Aufbewahrungsort, Aufbewahrungsgeräth anzusehen ist, muss nach dem lokalen Gebrauch entschieden werden. Wenn Jemand schlafend seinen Sattel als Kopfkissen benutzt, so gilt das als geeigneter Aufbewahrungsort, nicht aber, wenn er seine Geldbörse unter den Kopf legt. Das Vieh auf der Weide, in der Steppe gilt als *an dem geeigneten Aufbewahrungsorte befindlich*, wenn der Herr oder sein Hirte, sei es fortwährend, sei es in Intervallen nach ihm sieht, wenn es also nicht völlig ohne Aufsicht sich selbst überlassen ist. Ob ein Haus, sei es ein alleinstehendes, sei es ein einem Dorf- oder Stadt-Verbande angehöriges, bei Tag oder Nacht, in Zeiten der Ruhe oder der Gefahr verschlossen sein muss, um als geeigneter Aufbewahrungsort zu gelten oder nicht, kann nur nach dem lokalen Usus entschieden werden; in jedem Fall aber muss es unter einer gewissen Obhut und Aufsicht seines Besitzers stehen. Wer ein Geräth an der offenen Strasse hinstellt, muss, wenn der Verkehr das gewöhn-

liche Maass nicht überschreitet, von Zeit zu Zeit danach sehen; ist
aber der Verkehr ein aussergewöhnlicher und ein Gedränge vorhanden, so darf er seine Habe nicht verlassen. Wenn ein Objekt
von einem Hüter bewacht, beobachtet wird, muss derselbe im Stande
sein den Dieb abzuwehren, sei es durch Selbsthülfe, sei es durch
Hülferuf. Anders ausgedrückt lassen sich die Einzelbestimmungen
über den *entsprechenden Aufbewahrungsort* in folgenden Satz zusammenfassen: Es müssen die für die Bewahrung des Besitzes nothwendigen Maassregeln, soweit sie durch Ort und Zeit und besondere
lokale Gebräuche vorgeschrieben sind, getroffen gewesen sein. In 10
dem Falle ist der Besitz entsprechrend *aufbewahrt* und wird der
Dieb mit Handabhauen bestraft.

Der Dieb darf an dem gestohlenen Objekt keinerlei Besitzrecht
haben. Das Handabhauen findet daher nicht Statt, wenn er etwas gestohlen hat, das er selbst verpfändet, vermiethet oder ausgeliehen hatte;
wenn er etwas, das er gekauft hat, vor der Zahlung des Preises
oder während der Dauer der Options - Frist stiehlt, oder wenn er
etwas, das er gegen Ratenzahlungen gekauft hat, vor Zahlung der
letzten Rate, oder etwas, das er als Geschenk erhalten hat, vor der
Uebergabe stiehlt.   20

Dagegen wird dem Dieb die Hand abgehauen, wenn er etwas,
das ihm durch Testament vermacht ist, *vor* dem Tode des Erblassers oder im anderen Fall *nach* dem Tode des Erblassers, aber
vor der Uebergabe stiehlt. Wenn dagegen eine den Armen ver-
machte Sache nach dem Tode des Erblassers, aber vor der Uebergabe von einem dieser Armen gestohlen wird, so findet das Handabhauen nicht Statt.

Wenn Jemand einen Diebstahl begeht, aber durch Testament,
Schenkung oder auf andere Weise ein Eigenthumsrecht an dem
Objekte gewinnt, entweder *bevor* er es aus seinem Aufbewahrungs- 30
ort weggenommen hat oder hinterher, jedoch bevor bei dem Richter
die Anzeige wegen des Diebstahls gemacht worden ist, so ist ebenfalls das Handabhauen ausgeschlossen. Wenn ein Streit darüber entsteht, ob der Dieb im Moment des Stehlens ein Besitzrecht gegen
das ganze Objekt oder einen Theil desselben hatte, wenn der Dieb
es behauptet, so ist selbst in dem Fall, wenn bewiesen werden kann,
dass das Objekt in dem Moment noch dem Bestohlenen gehörte,

der milden Auffassung Raum zu geben und von dem Handabhauen abzusehen.

Wenn zwei Personen einen Diebstahl begehen und die eine
behauptet, dass das Objekt ihr oder ihnen beiden gehöre, so wird
bei beiden vom Handabhauen abgesehen. Wenn aber der zweite
die Aussage des ersteren leugnet, wird seine (des zweiten) Hand
abgehauen.

Wenn ein muslimischer Dieb von den gewöhnlichen Ausrüstungs-
gegenständen einer Moschee etwas stiehlt, wird er nicht mit Handabhauen bestraft, wohl aber der christliche oder jüdische Dieb. Da- 10
gegen wird der Diebstahl der für einen Festtag bestimmten Lampen
oder Teppiche, oder ein Diebstahl an den Balken, Wänden, dem
Thor, den Säulen, dem Dach der Moschee, ferner der Diebstahl ge-
stickter Kanzeldecken sowie der Decke der Kaaba unter allen Umständen mit Handabhauen bestraft.

Wenn der Muslim den für öffentliche Zwecke bestimmten Theil
des Fiscus bestiehlt, wird er nicht mit Handabhauen bestraft, wohl
aber der Nicht-Muslim. Wie gegen die Moschee, hat der Muslim
gegen diesen Theil des Fiscus ein allgemeines Recht.

Wenn öffentliche Gelder gestohlen werden, die bestimmt waren 20
zum Nutzen derjenigen Nation oder Religionsgesellschaft, der der
Dieb, seine Ascendenten und Descendenten angehören, so wird er
nicht mit Handabhauen bestraft. Anderen Falls findet Handabhauen Statt.

Diebstahl begangen von einem Muslim oder Nicht-Muslim an
einer frommen Stiftung (Waḳf) für Zwecke allgemeiner Wohlthätigkeit wird nicht mit Handabhauen bestraft, wohl aber Diebstahl an
einem solchen Waḳf, das einer bestimmten Person vermacht ist.

Ein Diebstahl, begangen an dem Besitz eines Ascendenten oder
Descendenten, oder von einem Sklaven begangen an dem Besitz 30
seines Herrn wird nicht mit Handabhauen bestraft.

Wenn der Diebstahl ein solcher ist, dass ein Freier deshalb
nicht mit Handabhauen bestraft werden würde, so wird, wenn der
Dieb ein Sklave ist, derselbe auch nicht mit Handabhauen bestraft.
Dies gilt z. B. für den Fall, dass ein Sklave den Ascendenten oder
Descendenten seines Herrn bestiehlt.

Wenn der Herr die Habe seines servus contrahens oder die

Habe des freien Theiles seines Theil-Sklaven stiehlt, wird er nicht mit Handabhauen bestraft.

§ 12. Diebstahl ist ein Vergehen gegen Gott. Daher hat Gott das Anrecht auf die Strafe, der Bestohlene das Anrecht auf die Rückerstattung.

Bei der Execution soll das Glied zunächst aus dem Gelenk gerissen und dann mit einem einzigen Hieb abgehauen werden. Zum Zweck der Blutstillung wird der Stumpf, wenn der Dieb ein Bewohner des Culturgebiets ist, in heisses Oel gehalten, dagegen bei einem Beduinen die Cauterisation angewendet.   10

Wenn ein Dieb wegen *mehrerer* Diebstähle gefasst und zum ersten Mal verurtheilt wird, wird die Strafe nicht mehrere Male, sondern nur einmal vollzogen, wie die Strafe für Unzucht und Trunk.

Die Strafe soll nicht eher vollzogen werden, als bis der Diebstahl bewiesen und der Bestohlene oder sein Vertreter die Rückerstattung des Gestohlenen verlangt hat. Ist der Diebstahl bewiesen, so muss die Rückerstattung Statt finden, einerlei ob der Dieb mit Handabhauen bestraft wird oder nicht.

Wenn z. B. ein Mann und zwei Weiber den Diebstahl be-   20 zeugen, so muss die Rückerstattung des Gestohlenen Statt finden, obwohl das Handabhauen nicht Statt findet. Denn letzteres tritt nur dann ein, wenn der Diebstahl durch zwei Männer bewiesen ist, oder der Dieb geständig ist, d. h. wenn er die That gestanden hat, nachdem die Klage wegen Diebstahls gegen ihn anhängig gemacht worden ist. Hat er das Geständniss *früher* gemacht, so kann er auf Grund desselben nicht eher zur Strafe des Handabhauens verurtheilt werden, als bis der Bestohlene erscheint und das Gestohlene reclamirt.

In der Verhandlung wegen Diebstahls muss sowohl das Zeug-   30 niss des Zeugen wie das Gestandniss des Angeklagten ein *detaillirtes* sein, d. h. es muss *genau* angegeben werden die That selbst, der Bestohlene, das Maass, der Werth des Gestohlenen und der Aufbewahrungsort, aus dem es weggenommen worden ist. damit jeder Irrthum, Gefahr der Verwechselung ausgeschlossen wird.

Hat der Dieb den Diebstahl gestanden, so kann er trotzdem dies Geständniss zurücknehmen, was die Folge hat, dass er zur

Strafe des Handabhauens nicht verurtheilt werden kann, während seine Verpflichtung zur Rückerstattung bestehen bleibt. Ein auf ein Recht Gottes bezügliches Geständniss kann stets zurückgenommen werden, denn Gott ist nachsichtig, nicht aber ein auf eines Menschen Recht bezügliches.

Es steht dem Richter frei den Angeklagten darauf aufmerksam zu machen, dass er sein Geständniss revociren darf, er soll ihn aber nicht dazu auffordern.

Wenn der unter Curatel stehende Verschwender oder der Sklave einen Diebstahl eingeht, wird er mit Handabhauen bestraft, ist aber nicht verpflichtet zur Rückerstattung des Gestohlenen.

Wenn die Verhandlung wegen Diebstahls den Verlauf nimmt, dass A den B wegen Diebstahls verklagt, B leugnet und sich weigert seine Unschuld durch einen Eid darzuthun, darauf der Kläger einen Eid schwört, so kann auf Grund einer solchen Verhandlung die Strafe des Handabhauens nicht verhängt werden, wohl aber wird der Angeklagte zur Rückerstattung oder zum Ersatz des Gestohlenen verurtheilt.

§ 13. Der Wegelagerer ist derjenige, der für Andere das Passiren der Strassen unsicher macht, eine den Gesetzen des Islamischen Staates unterworfene Person, voll verantwortlich, wehrhaft, nach freiem Willen handelnd. Er tödtet oder raubt oder thut beides zugleich oder viertens er flösst Furcht ein.

Als voll verantwortlich gilt auch der Betrunkene. Eine nahe vor der Mündigkeit stehende Person oder ein Geisteskranker, der immerhin eine gewisse Unterscheidungsgabe hat, kann wegen Wegelagerei vom Richter mit einer discretionären Strafe belegt werden.

Er muss wehrhaft, streitbar sein, einerlei ob mit Waffe oder ohne, und der Angegriffene muss fern von jeder Hilfe sein, indem entweder der Thatort fern von menschlichen Ansiedelungen liegt oder die Menschen am Thatort zu schwach sind ihm zu helfen. Z. B. ein Wegelagerer ist, wer Nachts in ein Haus bricht, die Bewohner verhindert um Hulfe zu rufen und nun raubt oder mordet

Der *Räuber*[1]) unterscheidet sich dadurch vom Wegelagerer,

---

[1]) المنتهب.

dass er wehrhaft ist und Gewalthat beabsichtigt, wo dem Angegriffenen *Hülfe zur Verfügung steht,* während der *pilferer*[1]) nicht
wehrhaft ist, nicht Gewaltthat beabsichtigt, sondern raubt, um sofort zu entfliehen. Vgl. oben S. 825.

Ist der Wegelagerer ein hostis oder Unterthan eines mit dem
Islamischen Staat in einem Vertragsverhältniss stehenden Staates,
so wird dieser Paragraph nicht auf ihn angewendet.

Ad a: Solche, welche tödten, um zu rauben, d. h. absichtlich
und widerrechtlich tödten. Wenn sie unabsichtlich oder halbabsichtlich (vgl. Buch VI. 1. § 4) tödten, oder wenn sie eine geächtete,
vogelfreie Person oder Jemand, gegen den sie das Recht der talio
haben, tödten, sind sie von der Bestimmung dieses Absatzes ausgeschlossen. Ferner darf der Getödtete nicht an Rang unter dem
Wegelagerer stehen. Wenn z. B. ein Descendent seinen Ascendenten, ein freier Muslim einen Christen oder einen Sklaven tödtet,
wird er nicht getödtet, wohl aber wenn er einen freien Muslim
tödtet. Ebenfalls wird der Wegelagerer getödtet, wenn der Getödtete an Rang über ihm stand.

Der niedrigste Werth des Objektes, dessen Raub in Betracht
gezogen wird, ist $^1/_4$ Denar wie bei dem Diebstahl.

Die Strafe der Hinrichtung hat den Charakter der talio. Hat
der Wegelagerer mehrere ermordet, so ist festzustellen, wen er
zuerst ermordet hat, und für diesen wird er hingerichtet, wahrend
für die Ermordung der Uebrigen die entsprechende Zahl von Sühn-
geldern aus seinem Nachlass zu zahlen ist.

Ist nicht festzustellen, in welcher Reihenfolge die Ermordung
Statt gefunden, so wird durch das Loos bestimmt, für wen, d. h. für
wessen Ermordung der Wegelagerer hingerichtet werden soll, indem
für die übrigen die entsprechenden Sühngelder aus seinem Nachlass gezahlt werden müssen. Je nachdem die ermordeten Personen
frei oder unfrei, männlich oder weiblich etc. sind, stellt sich die Berechnung der Sühngelder verschieden. (S. Buch VI. 1. § 14—16.)

Wenn der Wegelagerer vor der Hinrichtung stirbt, ist aus
seinem Nachlass das Sühngeld zu zahlen.

Wenn auch der Vertreter des Ermordeten sich sein Anrecht

---

[1]) المختلس.

auf Sühngeld gegen irgend ein Aequivalent abkaufen lässt, ist dagegen zwar nichts einzuwenden, aber an dem Lauf des Strafrechts wird dadurch nichts geändert, die Hinrichtung findet trotzdem Statt.

Die Hinrichtung und Kreuzigung (s. b) kann unter keinen Umständen erlassen werden, dagegen steht es dem Richter frei von
der Strafe des Abhauens von Hand oder Fuss, von der discretionären Strafe (s. c, d), wenn es ihm gut dünkt, abzusehen.

Ad b: Für den Begriff Raub gelten dieselben Bestimmungen
wie für Diebstahl. Das Objekt muss von einem entsprechenden 10
Aufbewahrungsort weggenommen werden; der Wegelagerer darf
kein Besitzrecht daran haben und es muss ausser allem Zweifel
stehen, dass er überhaupt kein Recht daran hat.

Die Leiche des Hingerichteten soll, nachdem sie gewaschen, in
ein Todtentuch gehüllt und nachdem das Gebet über sie gesprochen,
wenn er ein Muslim war, bis zu 3 Tagen an das Kreuz genagelt
werden zum abschreckenden Beispiel für Andere.

Ad c: Das Abhauen der rechten Hand und des linken Fusses
ist eine einzige Strafe. Die beiden Amputationen können entweder
zugleich oder eine nach der anderen erfolgen. Hat der Delinquent 20
die rechte Hand oder den linken Fuss nicht mehr, so begnügt man
sich damit dasjenige Glied abzuhauen, das er von diesen in Frage
kommenden Gliedern noch hat.

Die Strafe für die Wiederholung des Verbrechens ist der Verlust der linken Hand und des rechten Fusses.

Ad d: Wodurch in diesem Falle die Wegelagerer die Strasse
unsicher machen, ist im Einzelnen nicht angegeben. Der Richter
kann sie in das Gefängniss setzen, aber nicht in dem Orte, in dem
sie wohnen, und kann Prügel oder anderes über sie verfügen. Es
steht aber auch in seinem Belieben von einer Bestrafung ganz ab- 30
zusehen.

§ 14. Das Sich-Bekehren besteht darin, dass der betreffende
bereut, was er bis dahin gethan, dass er von seinem bisherigen
Thun ablässt und fest entschlossen ist unter keinen Umständen
dazu zurückzukehren; dass er noch nicht im Sterben ist, und dass
er sich nicht erst dann bekehrt, wenn die Welt im Begriffe ist
unterzugehen.

Die Bekehrung muss Statt finden, bevor die Behörden ihn ergreifen. Eine spätere Bekehrung ist wirkungslos. Wenn er behauptet, dass er schon vor seiner Arrestation sich bekehrt habe, so wird dieser Behauptung nur dann Glauben beigemessen, wenn sie durch Nebenumstände wahrscheinlich gemacht wird.

In Folge einer solchen Bekehrung werden diejenigen Strafen, an welche Gott das Anrecht hat, d. i. die Hinrichtung, die Kreuzigung, das Abhauen von Hand und Fuss erlassen. In dieser Beziehung ist der Wegelagerer bevorzugt vor dem Dieb und dem, der Unzucht begangen oder ein berauschendes Getränk getrunken hat, denn bei diesen hat die Bekehrung nicht die Folge, dass die Gott zustehenden Strafen erlassen werden.

Während also das göttliche Anrecht auf Bestrafung des Wegelagerers aufgegeben wird, bleibt das menschliche Anrecht auf seine Bestrafung bestehen, d. i. das Anrecht der Geschädigten. Hat er einen Mord begangen, so bleibt das Blutrecht in Kraft. Der Inhaber desselben kann ihn tödten, kann aber auch sich mit der Zahlung des Sühngeldes zufrieden geben. Hat er eine Verwundung begangen, so unterliegt er ebenfalls dem Blutrecht. Hat er Raub begangen, so hat er Rückgabe oder Ersatz zu leisten.

Die Strafe des Wegelagerers ist, was aus dem Wortlaut bei Abû Šugâʿ nicht deutlich genug zu ersehen ist, eine doppelte:

a) diejenige, auf welche Gott ein Anrecht hat, die durch Bekehrung vor der Arrestation vermieden werden kann, und

b) diejenige, auf welche die Menschen, d. i. der Vertreter des Ermordeten oder der in seinem Besitz geschädigte nach den Bestimmungen des Blutrechts und des Strafrechts über Diebstahl und Raub ein Anrecht haben.

§ 15. Dieser Paragraph ist dahin zu erweitern, dass die Straflosigkeit dessen, der in der Vertheidigung eines Angriffs auf seine Person, seinen Besitz oder seine Familie den Angreifer tödtet, auch für denjengen gilt, der in der Abwehr eines Angriffs auf die Person, den Besitz oder die Familie *eines Nebenmenschen* den Angreifer tödtet. Unter Familie ist zu verstehen Ehefrau, Kinder und Verwandte.

Dem Angriff gegen das Leben eines Menschen ist gleich das Bestreben ihn zu verwunden oder des Nutzens eines seiner Glieder

zu berauben. Dem Angriff auf den Besitz eines Menschen ist gleich
der. Angriff auf solche Objekte, die rechtlich nicht *Besitz* sein
können, aber dem Angegriffenen gehören[1]), wie z. B. Mist, ein
Hund. Dem Versuch der Nothzucht ist gleich zu achten der Ver-
such´eine Frau zu umarmen oder zu küssen.

Es ist Pflicht das eigene Leben und die eigene Familie sowie
das Leben und *die Familie* eines Anderen zu vertheidigen, dagegen
steht es in dem Belieben des Menschen, ob er seinen oder eines
Anderen *Besitz* oder *Habe* vertheidigen will oder nicht, ausgenommen den lebendigen Besitz wie Vieh, denn diesen muss Jeder ver- 10
theidigen, solange er nicht für sich selbst zu fürchten hat.

Der Muslim muss das Leben und die Ehre (die Familie), sowohl das und die eigene wie dasjenige und diejenige eines Anderen vertheidigen, *solange er nicht für sein eigenes Leben zu fürchten hat.*

Ist der Angreifer ein Nicht-Muslim oder ein Thier oder ein
Muslim, der aber nicht den Schutz der Gesetze des Islamischen
Staates geniesst wie z. B. ein entschuldigungsloser scortator, so soll
der Angegriffene, sofern es sich handelt um einen Angriff *auf die
Person*, sich unter allen Umständen gegen ihn vertheidigen. Da- 20
gegen wird, wenn der Angreifer ein den Schutz der Gesetze geniessender Muslim, sogar wenn er ein Geisteskranker ist, dem Angegriffenen empfohlen von der Selbsthülfe abzusehen und sich in
die Lage zu fügen nach dem Satz der Tradition: „Sei der bessere
von den beiden Söhnen Adams", d. i. Abel. Dagegen der hervorragende Gelehrte oder Fürst oder Krieger soll sich vertheidigen.

Die Vertheidigung gegen einen Angriff auf den Besitz erleidet
folgende Beschränkung: Wenn ein Nothleidender etwas von den
Lebensmitteln eines Anderen sich aneignen will, so darf er ihn nur
dann abwehren, wenn er in gleicher Nothlage ist wie der Angreifer. 30
Wer einen solchen Angreifer tödtet, ohne in gleicher Nothlage zu
sein, unterliegt dem jus talionis.

Die Selbstvertheidigung soll, wenn möglich, mit den gelin-
desten Mitteln beginnen, Abwehr mit der Hand, mit einem Stock
oder dergl., eventuell soll der Angegriffene fliehen oder um Hülfe

---

[1]) اختصاص Halbbesitz.

rufen. Nur in der äussersten Noth, wenn es ein anderes Mittel der Vertheidigung nicht mehr giebt, soll er den Angreifer tödten. Wer einen Menschen in der Vertheidigung tödtet, während er ein gelinderes Mittel der Abwehr hatte, haftet für seine That.

Bei der Abwehr eines Angriffs, der ein geschlechtliches Verbrechen bezweckt, soll der Vertheidiger ebenfalls die Reihenfolge der möglichen Mittel innehalten (nach anderer Ansicht kann er jedes Mittel anwenden), dagegen darf er den Angriff eines *hostis* oder eines Apostaten abwehren, wie er will.

Wer in der Abwehr oder Selbstvertheidigung den Angreifer 10 tödtet, unterliegt nicht der talio, hat weder Sühngeld noch Busse (s. Buch VI. 1. § 23) noch Schadenersatz zu leisten. Wenn A seinen Sklaven an B ausleiht, der Sklave auf seinen Herrn A einen Angriff macht und dieser ihn in Selbstvertheidigung tödtet, so haftet A dafür nicht, B aber hat ihm den Werth des Sklaven zu ersetzen.

§ 16. Verantwortlich für das Thier, Reitthier, ist der Reiter, sogar der blinde Reiter, falls er den Zügel führt. Ist ein Reiter nicht vorhanden, so haftet der Führer oder Treiber des Thieres. Oder wenn das Thier zugleich Führer und Treiber hat, haften beide. Hat das Thier zwei Reiter, so ist derjenige verantwortlich, der das 20 Thier dirigirt. Trägt das Kameel zwei Personen, an jeder Seite eine, so sind beide verantwortlich; trägt es ausserdem einen in der Mitte auf dem Rücken, so ist dieser verantwortlich.

In folgenden fünf Fällen haftet nicht der Reiter für sein Reitthier, sondern ein Anderer:

1. Wenn Jemand ein Kind oder einen Geisteskranken ohne Erlaubniss von deren Vormund auf einem Thiere reiten lässt, so haftet er für den Schaden, den das Thier verursacht.

2. Wenn Jemand ein Thier *ohne* Erlaubniss seines Reiters mit einem spitzen Instrument stachelt, so haftet er für die Folgen. Ge- 30 schah es *mit* Erlaubniss des Reiters, so ist dieser verantwortlich.

3. Wenn Jemand ein Thier, das sich seinem Reiter widersetzt. zurücktreibt, ohne dass er für sich oder seinen Besitz von demselben etwas zu befürchten hatte, haftet er für den Schaden; nicht aber, wenn er für sich oder seinen Besitz Grund zu Befürchtungen hatte.

Geschah das Zurücktreiben mit Erlaubniss des Reiters, so ist dieser verantwortlich.

4. Wenn ein Reitthier *todt* zusammenstürzt oder der Reiter todt vom Pferde stürzt und dadurch ein Schaden verursacht wird, so haftet dafür weder der Reiter noch seine Erben. Wohl aber ist der Reiter verantwortlich, wenn sein Thier in Folge Krankheit oder eines unglücklichen Zufalls stürzt und Schaden verursacht.

5. Wenn das Reitthier mit seinem Reiter durchgeht und Schaden stiftet, oder wenn die Thiere einer Heerde in Folge irgend eines Zufalls dem Hirten durchgehen und Schaden stiften, so ist in jenem Falle der Reiter, in diesem der Hirte nicht verantwortlich. Wenn aber der Hirte geschlafen hat, ist er verantwortlich.

Verantwortlich für das Thier ist derjenige, der es benutzt in dem Moment, wo es Schaden stiftet, einerlei ob er der Besitzer ist, oder ob er es sich geborgt, es gemiethet, es als Pfand oder Depositum bekommen oder ob er sich widerrechtlich desselben bemächtigt hat.

Wenn durch ein Thier ein menschliches Leben verloren geht und der Benützer des Thieres dafür verantwortlich ist, so haben, falls er die Entschädigung nicht sofort aufbringen kann, die 'Âkile-Verwandten (s. Buch VI. 1. Anm. zu § 3) dieselbe aufzubringen.

Wenn einerseits der Benutzer des Thieres für den von ihm verursachten Schaden haftet, so wird dabei vorausgesetzt, dass der Besitzer des zerstörten oder geschädigten Objekts die ihm als Besitzer obliegenden Pflichten der Fürsorge für das Objekt und der Erhaltung desselben erfüllt hat. Wenn z. B. Jemand auf offener Strasse einen Krug stehen lässt, ohne sich um ihn zu kümmern, und der Krug von dem Reitthier, einerlei ob das Thier allein ist oder ob ein Reiter oder Treiber bei ihm ist, zerschlagen wird, so haftet der Benutzer des Thieres nicht dafür.

Wenn Jemand seine Thiere frei umhergehen lässt zu einer Zeit, wo es Sitte ist sie im Stall oder in der Hürde zu halten, so ist ihr Benutzer oder Besitzer verantwortlich für den Schaden, den sie stiften, vorausgesetzt dass der Besitzer des geschädigten Objekts dasselbe entsprechend behütet hat. Wenn aber Jemand seine Thiere frei umhergehen lässt zu einer Zeit, wo dies dem lokalen Usus entspricht, ist er nicht verantwortlich.

Für den Schaden, den Vögel oder Bienen verursachen, ist der Besitzer nicht verantwortlich.

Für jedes Thier, von dem bekannt ist, dass es Schaden zu stiften pflegt, wie z. B. für die Katze, ist der Besitzer verantwortlich. Man soll die Katze abwehren, wenn möglich, auf gelinde Weise. ohne sie todt zu schlagen; man soll ihr auch nichts anthun, wenn sie kein Unheil stiftet. Nach anderer Ansicht darf man sie tödten wie ein wildes Thier, da sie dadurch, dass sie Besitz Jemandes ist (d. h. in diesem Fall Halbbesitz), nicht den Schutz des Gesetzes erlangt.   10

Bei der Abwehr gegen Schaden stiftendes Vieh soll man zunächst gelindere Mittel der Abwehr anwenden und nur im Nothfall zum Aeussersten schreiten, wie bei der Abwehr gegen den Angriff eines Menschen.

Wenn Jemand ein Haus mit Erlaubniss des Besitzers betritt. in dem ein beissender Hund oder ein schlagendes Pferd ist, und er von dem Thier verletzt wird, ohne dass der Besitzer ihn gewarnt hat, so haftet der Besitzer für den Schaden. Geschah indessen das Unheil ausser dem Hause, oder betrat der Beschädigte das Haus ohne Erlaubniss des Besitzers oder hatte ihn der Besitzer gewarnt, 20 so haftet der letztere nicht.

Wenn das Thier auf der Strasse durch seinen Urin oder Dung einen Schaden verursacht, ist der Inhaber desselben nicht dafür verantwortlich.

§ 17. Die Kapitel von der Behandlung, die sektirerischen Gruppen innerhalb des Islams von Seiten des Islamischen Staates zu Theil werden soll, greift vielfach in das Staats- und Kriegs-Recht über.

Sektirer sind nicht Verbrecher, denn ihr Zeugniss gilt vor Gericht und die Urtheile ihrer Richter gelten auch für den orthodoxen 30 Islam, das erstere mit der Beschränkung, dass die Sekte nicht etwa aus dogmatischen Gründen ein falsches Zeugniss für zulässig hält[1]). die letzteren mit der Beschränkung, dass sie nicht den Grundgesetzen des Islams widersprechen. Wenn ein sektirerischer Richter ein von

---

[1]) Wie die Anhänger des Abû-Alkhaṭṭâb, s. Haarbrücker, Schahrastani's Religionsparteien und Philosophen-Schulen, S. 412 und hier S. 741, 18.

ihm gefälltes Urtheil einem orthodoxen Richter zur Vollstreckung zuschickt, so soll der letztere es vollstrecken. Wenn jener eine Strafe vollziehen lässt oder eine Gebühr einzieht, so soll das von orthodoxer Seite anerkannt werden. Die Sektirer gehören zum Heer des Islams im Kampf gegen die Ungläubigen und die Art und Weise, wie sie ihre Krieger besolden, ist als rechtsgültig anzuerkennen.

Das Land, das die Sektirer bewohnen, ist Islamisches Land.[1]) Fällen ihre Richter ein Urtheil, so hat der Landesfürst, auch wenn er orthodox ist, es auszuführen. Gerathen Sektirer in die Gefangen- 10 schaft der Ungläubigen, so müssen die Orthodoxen sie befreien. Wenn die nicht-Muslimischen Unterthanen des Islamischen Staates den Sektirern im Kampfe gegen die Orthodoxen helfen, verlieren sie ihr Anrecht auf Schutz und Duldung, es sei denn dass sie sich hinreichend entschuldigen können.

Der Kampf gegen die Sektirer wird dann zur Pflicht, wenn sie rebelliren, indem sie entweder den Befehlen des orthodoxen Landesfürsten den Gehorsam verweigern oder die ihnen obliegenden Pflichten zu erfüllen sich weigern.

Rechtmässiger Landesfürst kann Jemand auf eine von drei ver- 20 schiedenen Arten werden:

1. Durch die Huldigung der Honoratioren, wobei es auf die Zahl nicht ankommt, der Gelehrten und Angesehensten der Nation, nicht durch die Huldigung des Pöbels. Der betreffende muss allen denjenigen Bedingungen entsprechen, welche das Recht an einen vollgültigen Zeugen vor Gericht stellt (s. Buch V, § 21—27).

2. Dadurch dass der Landesfürst zu seinen Lebzeiten Jemanden zu seinem Nachfolger für die Zeit nach seinem Tode bestellt, wie Abû-Bekr den Omar zu seinem Nachfolger bestimmte und wie Omar durch den Staatsrath der sechs Männer seinen Nachfolger 30 (Osman) erwählen liess. Der zu bestimmende muss des Amtes würdig sein (s. Absatz 1).

3. Dadurch dass ein Muslim sich mit Gewalt der Herrschaft bemächtigt, wenn er auch nicht derselben würdig ist, sei es ein Kind oder Weib, ein Verbrecher oder ein gänzlich unwissendes

---

[1]) دار الاسلام.

Individuum. Seine auf Gewalt ruhende Autorität ist anzuerkennen, damit das Land eine Regierung hat. Ist aber der Usurpator ein Christ, so ist seine Autorität nicht anzuerkennen und wird nicht rechtmässig.

Würdig des Herrscheramtes ist im Allgemeinen derjenige, der des Richteramtes würdig ist, d. h. er muss Muslim sein, verantwortungsfahig, frei, unbescholten, männlichen Geschlechts, ausgestattet mit der vollen Kenntniss von Religion und Recht, im Vollbesitz aller Sinne, und vom Stamme Kuraisch; ferner ein tapferer, rüstiger Mann, der selbst in den Krieg ziehen und Armeen com- 10 mandiren kann, um Länder zu erobern und den Islam zu vertheidigen.

In Betreff des Gehorsams gegen den Landesfürsten gilt der Grundsatz, dass man ihm gehorchen soll, selbst wenn er ein Tyrann ist, dass aber der Gehorsam gegen das Geschöpf nicht verstossen darf gegen den Gehorsam gegen den Schöpfer. Anders ausgedrückt: Der Muslim soll Gott mehr gehorchen als den Menschen.

Der Islam ist nicht verpflichtet die Sektirer zu bekämpfen, wenn sie die in diesem Paragraphen genannten drei Bedingungen in sich vereinigen. Man braucht sie nicht zu bekampfen, solange 20 sie sich der Autorität des orthodoxen Staates fugen und die Orthodoxen nicht angreifen.

Für Beschädigung oder Verlust von Besitz, welche im Kriege zwischen Orthodoxen und Sektirern vorkommen, wird Ersatz weder von der einen noch von der anderen Seite gegeben.

Wenn ein Orthodoxer der Sklavin eines Sektirers beiwohnt oder umgekehrt, wird der Thäter nach dem Gesetze bestraft. Hat er dabei Gewalt angewendet, so muss er ausserdem der Sklavin eine Ehegabe zahlen, und das Kind, das etwa geboren wird, ist Sklave. 30

Der orthodoxe Fürst, der gegen Sektirer zu Felde zieht, soll nicht Christen zu Hulfe nehmen, ausser wenn er in grösster Noth ist. Ferner sollen die Sektirer, wenn sie in die Flucht geschlagen sind und davon laufen, nicht mehr todtgeschlagen werden.

Ad a) Die Wehrhaftigkeit der Sektirer kann in ihrer besonderen Stärke oder in ihrer grossen Zahl bestehen oder auch auf ihrem Anführer beruhen.

Wenn einzelne Sektirer, die leicht zu überwältigen sind, sich Gesetzwidrigkeiten zu Schulden kommen lassen, so werden sie einfach nach dem Gesetze wie Weglagerer oder dgl. bestraft.

Ad c) In ihrem Dogma muss wenigstens der Schein eines Grundes vorhanden sein, der sie zu der Ansicht verleitet hat, dass sie sich gegen den Landesfürsten erheben müssten oder dürften.

Wer ohne einen solchen dogmatischen Grund, und sei er noch so irrthümlich, sich gegen den Landesfürsten erhebt, ist einfach Rebell[1]).

Als Typus von Sektirern werden die Gegner Ali's angeführt, 10 die er in der Kameels-Schlacht, bei Ṣiffīn und Nahrawân bekämpfte.

Bevor der Landesfürst zum Kampfe gegen die Sektirer schreitet, soll er einen zuverlässigen, klugen Boten zu ihnen schicken, sie um ihre Beschwerden befragen lassen, und soll, wenn möglich, den Grund ihrer Beschwerde abstellen. Wenn sie sich aber garnicht auf eine Verhandlung einlassen oder wenn sie trotz Abstellung des Grundes ihrer Beschwerden in der Renitenz verharren, so hat der Landesfürst sie nochmals zu warnen, dann ihnen aber den Krieg anzusagen. Ob er ihnen eventuell noch einen Aufschub gewähren 20 will, steht in seinem Belieben.

§ 18. Die weitgehende Rücksicht gegen die zu bekämpfenden Sektirer beruht darauf, dass sie trotz allem Muslims sind, wenn auch irre geleitete, und dass sie mit möglichst geringem Verlust zu dem Gesammt-Islam, zu dem Gehorsam gegen den Islamischen Staat zurückgeführt werden sollen.

Wer von den Sektirern flieht oder die Waffen von sich wirft oder vom Kampfe ablässt, oder wer gefangen wird, soll nicht getödtet werden. Wenn ein Orthodoxer einen Sektirer im Kampfe tödtet, findet das Blutrecht auf diesen Fall keine Anwendung.   30

Die gefangenen Sektirer werden nicht eher freigegeben, als bis der Krieg zu Ende ist oder ihre Banden sich zerstreut haben. Weiber, Kinder und Sklaven werden mit Ende des Krieges ohne Lösegeld freigegeben, dagegen müssen freie erwachsene Gefangene sich loskaufen. Einem gefangenen Sektirer kann aber auch früher die

---

[1]) مُعَانِد.

Freiheit wiedergegeben werden, wenn er freiwillig erklärt sich der
Staatsgewalt unterwerfen zu wollen.

Der Besitz der Sektirer soll nicht für Kriegsbeute erklärt
werden, auch sollen ihre Saaten und Bäume nicht zerstört werden,
und mit Ende des Krieges, sei es dass sie sich unterworfen haben,
oder dass sich ihre Banden zerstreut haben, so dass kein weiterer
Widerstand von ihnen zu befürchten ist, soll ihnen ihre sämmtliche
Habe zurückgegeben werden, inclusive Waffen und Pferde. Die
gefährlichsten Zerstörungsmittel des Krieges sollen gegen Sektirer
nur im äussersten Nothfalle angewendet werden, und es wird speciell 10
verboten den verwundeten Sektirern den Garaus zu machen.

§ 19. Apostasie, der Abfall vom Islam, ist ein schweres Verbrechen und wird, falls nicht rechtzeitiger Rücktritt erfolgt, mit dem
Tode bestraft. Er kann sich äussern in Gedanken, Worten oder
Werken, und es ist einerlei, ob Jemand zum Spott Apostasie treibt,
z. B. einen Götzen anbetet, um ihn zu verspotten, oder aus be-
wusster Opposition, oder auf Grund irgendeiner dogmatischen Ueberzeugung, z. B. einer solchen Ansicht, dass Gott der Schöpfer nicht
anfangslos sei.

Die Apostasie ist vor Gericht durch einen Beweis festzustellen, 20
es ist aber nicht erforderlich, dass die Zeugen im Detail nachweisen, welcher Art der Unglaube ist, wie weit er sich erstreckt,
woher er stammt u. s. w. Vielmehr genügt es, wenn sie eine von
ihnen wahrgenommene Thatsache mittheilen, welche den Unglauben
des Angeklagten beweist.

Wird dem Angeklagten eine ungläubige Aeusserung oder That
nachgewiesen und behauptet er dazu gezwungen worden zu sein,
so wird ihm der Eid angetragen und demgemäss entschieden, selbst
wenn keine Nebenumstände vorhanden sind, welche für die Wahrheit seiner Aussage sprechen. Er muss in dem Falle das Glaubens- 30
bekenntniss erneuern.

Wird die Apostasie des Angeklagten durch den Beweis dar-
gethan und behauptet er dazu gezwungen worden zu sein, so wird
seinem Eide nur dann Glauben geschenkt, wenn Nebenumstände vorhanden sind, welche geeignet sind seine Aussage zu erhärten.

Der Apostat soll volljährig, im Vollbesitz der Geistes-Kräfte
und Herr seines freien Willens sein; als solcher gilt auch der Be-

trunkene. Ausgeschlossen ist das Kind, der Geisteskranke und derjenige, der einem Zwange unterliegt.

Im Islamischen Staat wird kein anderer Uebertritt von einer Religion geduldet als derjenige zum Islam.

.Dem Unglauben oder der Absicht künftigen Unglaubens kommt der Zweifel an dem Glauben gleich.

Es giebt eine dogmatische Ueberzeugung, die vom orthodoxen Islam nicht verketzert wird, diejenige, welche aus dem *igtihâd* d. i. der vollkommenen Kenntniss und Beherrschung der Quellen des Islams hervorgeht, woraus gefolgert wird, dass, wer z. B. den 10 Lehren der Mu'tazile anhängt, nicht als Kâfir anzusehen ist.

Ist das Kind des Apostaten empfangen vor seiner Apostasie, so ist es Muslim, einerlei ob beide Eltern oder nur der Vater oder nur die Mutter abtrünnig geworden.

Ist das Kind nach der Apostasie empfangen, so ist es Muslim, wenn einer seiner Ascendenten Muslim ist, dagegen Apostat, wenn seine Ascendenten abgefallen sind. Man lässt das Kind heranwachsen bis zur Mündigkeit und fordert es dann auf zum Islam zurückzukehren (sic). Weigert es sich, so wird es getödtet.

Wenn dagegen ein Kind von einem Ehepaar geboren wird, von 20 dem das eine Mitglied Apostat, das andere Nicht-Muslim ist, ist das Kind ein Nicht-Muslim ab origine.

Der Besitz des Apostaten wird sistirt, d. h. es wird ihm die Verfügung über denselben vom Momente der Apostasie an entzogen. Kehrt er zum Islam zurück, so wird ihm sein Besitz sammt Erträgnissen zurückgegeben. Der Richter hat den Besitz des Apostaten einem unbescholtenen Muslim zur Verwaltung zu übergeben, dagegen seine Sklavinnen einer ihm verwandten, vertrauenswürdigen Frau. Der Verwalter hat aus dem Besitz des Apostaten zu zahlen: den Unterhalt desselben, den Unterhalt derjenigen Personen (Frauen, Kinder), 30 welche der Apostat zu unterhalten hat; die Schulden, die der Apostat vor seinem Abfall contrahirt hat, sowie die Entschädigung für Schaden, den er vorher oder nachher angestiftet hat. Ferner hat der Verwalter seine Liegenschaften oder ähnliches unter den üblichen Vorsichtsmaassregeln zu vermiethen. Der servus contrahens des Apostaten hat seine Raten nicht an ihn, sondern an den Richter

einzuzahlen, und wird frei, nachdem er sämmtliche Raten gezahlt hat.

Wenn der Apostat eine vermögensrechtliche Verfügung trifft,
z. B. einen Kauf oder Verkauf, eine Verpfändung, eine Schenkung, so
ist sie rechtsunwirksam, sofern sie, wie in diesen Fällen, mit der Clausel
der Sistirung nicht zulässig ist. Trifft er dagegen eine solche Verfügung, welche sistirt werden, dennoch aber rechtskräftig bleiben kann,
wie z. B. eine allgemeine Freilassung, die Freilassung eines servus
orcinus, ein Testament, so bleibt eine solche Verfügung ebenfalls
sistirt oder in suspenso; sie wird definitiv gültig, wenn der Apostat
zum Islam zurückkehrt, dagegen ist sie definitiv ungültig, wenn er
in seiner Apostasie verharrt.

Es ist einerlei, ob der Apostat ein Mann oder ein Weib ist,
während Abû-Ḥanifa die Todesstrafe auf den männlichen Apostaten
beschränkt.

Ein Apostat ist, wer z. B. das Dasein Gottes leugnet oder
einen seiner Abgesandten für einen Lügner erklärt oder etwas verbotenes wie die Unzucht oder das Weintrinken für erlaubt oder
etwas erlaubtes wie die Ehe, Kauf und Verkauf für verboten
erklärt.

Bei Uebertretungen der Satzungen des Islams ist ein gewichtiger
Entschuldigungsgrund der Umstand, dass der betreffende erst vor
Kurzem Muslim geworden ist.

Der überführte Apostat muss vom Richter aufgefordert werden
zum Islam zurückzukehren, worauf er vor Ablauf von drei Tagen
sich zu entscheiden hat. Ist er betrunken, so wird ihm Aufschub
gewährt, bis er wieder nüchtern ist. Demjenigen, der Apostat wird
und darauf geisteskrank, wird Aufschub gewährt, bis er wieder hergestellt ist.

Wenn der Apostat zum Islam zurückkehrt, hat er die beiden
Glaubensformeln von der Einheit Gottes und dem Prophetenthum
Muhammed's in der kanonischen Reihenfolge zu sprechen, und damit
ist die Sache erledigt.

Wenn der Apostat, eine freie Person, sich nicht bekehrt, lässt
der Landesfürst ihn hinrichten durch Enthauptung mit dem
Schwert, nicht durch Verbrennung oder andere grausame Arten
der Tödtung:

„Wenn ihr tödten müsst, so thut es mit Milde." (Tradition.)
Wenn ein anderer als der vom Landesfürsten beauftragte ihn
tödtet, wird er mit einer discretionären Strafe bestraft.

Die Bestimmungen über den Apostaten sind dieselben, ob er
zum ersten Mal vom Islam abgefallen ist oder zum zweiten, dritten
Male u. s. w.

Ist der Apostat ein Sklave, so steht es in dem Belieben seines
Herrn, ob er ihn tödten oder anderweitig bestrafen will.

Ueber der Leiche des hingerichteten Apostaten darf kein
Gebet gesprochen werden. Niemand ist verpflichtet sie zu waschen 10
und in ein Leichentuch zu hüllen, doch ist dies nicht verboten.
Sie darf nicht auf einem muslimischen Friedhof beerdigt werden,
wohl aber auf einem nicht-muslimischen. Die Leiche kann liegen
bleiben, man kann die Hunde auf sie hetzen, sie muss aber ver-
scharrt werden, wenn der Geruch die Nachbarschaft belästigt.

§ 20. Der Inhalt dieses Paragraphen ist in nuce schon in
dem vorhergehenden vorhanden, und er ist wohl nur deswegen hier
besonders aufgeführt, weil die Behandlung der Leiche des wegen
Gebetsunterlassung hingerichteten von der Behandlung der Leiche
des hingerichteten Apostaten insofern differirt, als jener die Ge- 20
bräuche und Ehren, welche der Leiche des Muslims zukommen,
nicht aberkannt werden. Ein anderer Unterschied ist ein theologischer:
die Tödtung des Apostaten ist ein Akt der Vernichtung des Unglaubens, er geht der ewigen Verdammniss entgegen, dagegen ist
die Tödtung des Gebetsunterlassers eine Strafe[1]), durch welche ein
specielles Verbrechen gesühnt wird, so dass dem Hingerichteten,
wenn er im Uebrigen gute Werke in seinem Leben verrichtet hat,
der entsprechende Lohn im Jenseits nicht verloren geht.

Die kanonischen Gebete sind die fünf täglichen und das Frei-
tagsgebet. Sie müssen in der vorgeschriebenen Form und zu der 30
bestimmten Zeit gebetet werden. Wer in dieser Hinsicht etwas
vernachlässigt und verkehrt macht, kann sich durch eine Entschuldigung und durch Nachholen jedweder unangenehmen Folge
entziehen. Wer aber die Verbindlichkeit der Gebete leugnet und
sie oder auch nur ein einziges von ihnen unterlässt, wird, wenn er sich

---

[1]) حَدّ.

nicht innerhalb dreier Tage eines anderen besinnt, als Apostat behandelt. Wer dagegen die Verbindlichkeit des Gebets nicht leugnet,
aber trotzdem es unterlässt, der wird ermahnt und zur Umkehr aufgefordert, und wird, wenn er nicht sofort umkehrt, durch Enthauptung mit dem Schwerte hingerichtet, indessen wie ein Muslim
beerdigt.

Es ist ein Mangel der meisten Darstellungen des Strafrechts,
dass der *Ta'zîr* d. i. die discretionäre Strafgewalt des Richters nicht
im Detail ausgearbeitet ist.[1] S. oben S. 815.

Der Richter muss diese für jede Gesetzesübertretung oder jedes 10
Vergehen verhängen, für welches eine gesetzliche Ahndung des
Strafrechts oder Blutrechts oder eine Busse (s. Blutrecht § 23) nicht
vorgesehen ist. Der Richter hat nach bestem Wissen und Gewissen ihre Art und ihr Maass zu bestimmen. Sie kann bestehen
in Gefängniss, Schlägen, Ohrfeigen oder einer Strafrede. Letztere
ist da, wo ein menschliches Recht verletzt ist, nicht ausreichend.

Wenn der Richter die Prügelstrafe verordnet, soll der Sklave
nicht mehr als 19, der Freie nicht mehr als 39 Schläge bekommen
(s. oben S. 824).

Wenn Jemand, der, von einem Anderen geschädigt, das Recht 20
hat dessen *gesetzliche Bestrafung* zu verlangen, darauf verzichtet,
steht es dem Richter nicht zu nun noch eine *discretionäre Strafe*
über den Uebelthäter zu verhängen. Wenn aber derjenige, der von
einem Anderen geschädigt ein Anrecht darauf hat, dass dieser *eine
dicretionäre Strafe* bekommt, darauf verzichtet, so hat trotzdem der
Richter die Befugniss dem Missethäter eine discretionäre Strafe
zuzuerkennen[2].

Solche Fälle d. i. Thaten, für welche weder eine gesetzliche
Strafe noch eine Busse vorgesehen ist, für die aber auch kein
Ta'zir verhängt wird, sind folgende: 30

1. wenn A sieht, wie ein verheiratheter Mann mit seiner (des
A) Ehefrau Ehebruch treibt, und ihn unmittelbar darauf tödtet,
bleibt er straflos, weil die Aufregung des Augenblicks ihm zur
Entschuldigung gereicht;

---

[1] Von der discretionären Strafgewalt des Richters. Nihâje
VIII S. 172—175.
[2] Vgl. Minhâg III, 244. 245.

2. wenn Jemand sich selbst verstümmelt;

3. wenn Jemand eine Frau, von der er durch den Liʿân (s. Buch I § 41—44) geschieden ist, der Unzucht bezichtigt;

4. wenn Jemand seine Sklaven oder sein Thier zu mehr Arbeit zwingt, als sie leisten können;

5. wenn Jemand seine Frau ohne Grund schlägt;

6. wenn er seine Frau iniit a parte postica.

Bei diesen Fällen 2—6 ist hinzuzufügen: „sofern der betreffende dies zum ersten Male thut". Denn thut er dergleichen wiederholt. muss der Richter einen Taʿzîr über ihn verhängen.

Im Gegensatz zu Absatz 6 unterliegt derjenige, der die Cohabitation während der Menstruation ausführt, unter allen Umständen dem Taʿzîr.

Fälle, in denen sowohl eine Busse wie ein Taʿzîr verhängt werden muss, sind folgende:

1. wenn Jemand seiner Ehefrau im Fasten-Monat Ramaḍân am Tage beiwohnt;

2. wenn Jemand sich durch den Zihâr (s. Buch I § 39, 40) von seiner Frau scheidet;

3. wenn Jemand einen falschen Eid schwört, sofern er dies bekennt[1]).

4. Wenn Jemand einen Menschen tödtet, ohne nach dem Blutrecht dafür zur Verantwortung gezogen werden zu können, z. B. der Vater, wenn er seinen Sohn tödtet.

Fälle, in denen der gesetzlichen Strafe noch ein Taʿzîr hinzugefügt wird, sind solche, dass dem Diebe die abgehauene Hand um den Hals gehängt wird, das der Trinker von verbotenen Getränken mehr als 40 Hiebe bekommt und anderes.

Der Taʿzîr kann auch den Charakter einer polizeilichen Präventiv-Maassregel haben und verfügt werden, wo ein Vergehen noch nicht vorliegt, z. B. kann der Richter einen Mann, der sich weibisch benimmt (in Kleidung etc.) verbannen, sofern der Betreffende eine Gefahr für die Sittlichkeit des Ortes ist.

Der Richter kann als Taʿzîr ausser den oben genannten Arten

---

[1]) Wenn Jemand einen Eid schwört und darauf bewiesen wird, dass er falsch geschworen hat, unterliegt er nicht dem Taʿzîr. Nihâje VIII S. 173, Glosse Z. 8. 7. v. u. Vgl. aber S. 820, 18.

der Bestrafung auch die Verbannung verfügen, für einen Freien auf weniger als ein Jahr, für einen Unfreien auf weniger als ein halbes Jahr. Ferner kann er ihn in der Gerichtssitzung *stehen* lassen, ihm die Kopf-bedeckung abnehmen lassen, ihm das Gesicht schwarz anstreichen das Haupthaar (nicht den Bart) abschneiden, ihn rückwärts auf einem Esel sitzend durch die Strassen führen lassen, ihm drohen etc

Die Bestimmung des Ta'zîr ist Sache des Richters, der nicht bloss in der Auswahl der Strafen, sondern auch in der Reihenfolge derselben stets das *aequum et bonum* befolgen soll.

Die Eltern und der Grossvater haben das Züchtigungsrecht[1]) 10 gegenüber dem minorennen Kinde, dem geisteskranken oder wegen Verschwendung unter Curatel gestellten Kinde, der Herr gegenüber seinem Sklaven, der Lehrer gegenuber seinem Schüler, der Ehe-mann gegenüber seiner Ehefrau, falls sie sich eine Widersetzlichkeit zu Schulden kommen lässt (s. Buch I § 24, 25).

[1]) تأديب.

INDEX.[1]

[1] Verfasst von Herrn Referendar Dr. juris Gustav Specka.

Berichtigung.

Seite 350, 22: Vor *sowie* ist einzufügen: *kann über diese.* Seite 557, 37 lies „*so steht dem Miether*" anstatt „*so steht dem Vermiether*". Seite 633, 33 lies *Geschenkte* statt *Beschenkte.*

Druck von W. Drugulin in Leipzig.

Lightning Source UK Ltd.
Milton Keynes UK
UKHW021307090119
334994UK00005B/146/P

9 780364 402702

PLEASE DO NOT REMOVE
CARDS OR SLIPS FROM THIS POCKET

ARABISCHER TEXT DES 'ABÛ-ŠUGÂ

NACH BÂGÛRÎ (BULAK 1307).

كتاب النكاح

وما يتعلّق به من الاحكام والقضايا

١. النكاح مستحبّ لمن يحتاج اليه

٢. ويجوز للحرّ ان يجمع بين اربع حرائر وللعبد بين اثنتين

٣. ولا ينكح الحرّ امةً الّا بشرطين عدم صداق الحرّة وخوف العنت

٤. ونظر الرجل الى المرأة على سبعة اضرب احدها نظره الى اجنبيّة لغير حاجة فغير جائز والثاني نظره الى زوجته وامته فيجوز ان ينظر الى ما عدا الفرج منهما والثالث نظره الى ذوات محارمه او امته المزوّجة فيجوز فيما عدا ما بين السرّة والركبة والرابع النظر لاجل النكاح فيجوز الى الوجه والكفّين والخامس النظر للمداواة فيجوز الى المواضع التى يحتاج اليها والسادس النظر للشهادة او للمعاملة فيجوز النظر الى الوجه خاصّة والسابع النظر الى الامة عند ابتياعها فيجوز الى المواضع التى يحتاج الى تقليبها

٥. ولا يصحّ عقد النكاح الّا بوليّ وشاهدى عدل

٦. ويفتقر الوليّ والشاهدان الى ستّة شرائط الاسلام والبلوغ والعقل والحرّيّة والذكورة والعدالة

٧. الّا انّه لا يفتقر نكاح الذمّيّة الى اسلام الوليّ ولا نكاح الامة الى عدالة السيد

٨. واولى الولاة الاب ثمّ الجدّ ابو الاب ثمّ الاخ للاب والام ثمّ الاخ للاب ثمّ ابن الاخ للاب والامّ ثمّ ابن الاخ للاب ثمّ العمّ ثمّ ابنه على هذا الترتيب فاذا عُدمت العصبات فالمولى المعتق ثمّ عصباته ثمّ الحاكم

9. ولا يجوز ان يصرّح بخطبةٍ معتدّة ويجوز ان يعرّض لها وينكِحَها بعد انقضاء عدّتها

10. والنساء على ضربين ثيّبات وابكار فالبكر يجوز للاب والجدّ اجبارها على النكاح والثيّب لا يجوز تزويجها الّا بعد بلوغها واذنها

11. والمحرّمات بالنصّ اربع عشرة سبع بالنسب وهنّ الامّ وان علت والبنت وان سَفَلَت والاخت والخالة والعمّة وبنت الاخ وبنت الاخت واثنتان بالرَّضاع الامّ المرضعة والاخت من الرضاع واربع بالمصاهرة امّ الزوجة والربيبة اذا دَخل بالامّ وزوجة الاب وزوجة الابن وواحدة من جهة الجمع وهى اخت الزوجة ولا يجمع بين المرأة وعمتها ولا بين المرأة وخالتها

12. ويَحرُمُ من الرضاع ما يحرم من النسب

13. وتُرَدُّ المرأة بخمسة عيوب بالجنون والجُذام والبرص والرَّتَق والقَرَن

14. ويُردُّ الرجل بخمسة عيوب بالجنون والجذام والبرص والجبّ والعُنّة

15. ويستحبّ تسمية المهر فى النكاح فان لم يسمّ صحّ العقد

16. ووجب المهر بثلاثة اشياء ان يفرضه الزوج على نفسه او يفرضه الحاكم او يدخل بها فيجب مهرُ المِثلِ

17. وليس لاقلّ الصداق ولا لاكثره حدّ

18. ويجوز ان يتزوّجها على منفعة معلومة

19. ويسقط بالطلاق قبل الدخول نصفُ المهر

20. والوليمة على العُرس مستحبّة والاجابة اليها واجبة الّا مِنْ عُذر

21. والتسوية فى القسم بين الزوجات واجبة ولا يَدخل على غير المقسوم لها لغير حاجة

22. واذا اراد السفر اقرع بينهنّ وخرج بالتى تخرج لها القُرعة

23. واذا تزوّج جديدةً خصّها بسبع ليالٍ ان كانت بكرا وبثلاث ان كانت ثيّبا

24. واذا خاف نشوز المرأة وعظها فان ابت الّا النشوز هجرها فان اقامت عليه هجرها وضربها

25. ويسقط بالنشوز قسمها ونفقتها

26. والخُلْع جائز على عوض معلوم وتملك به المرأة نفسها ولا رَجْعة له عليها الّا بنكاح جديد

27. ويجوز الخلع فى الطهر والحيض

28. ولا يلحقُ المختلعة الطلاقُ

29. والطلاق ضربان صريح وكناية فالصريح ثلاثة الفاظ الطلاق والفِراق والسراح ولا يفتقر صريح الطلاق الى النيّة والكناية كلّ لفظ احتمل الطلاق وغيره ويفتقر الى النيّة

30. والنساء فيه ضربان ضرب فى طلاقهنّ سُنّة وبِدْعة وهنّ ذوات الحيض فالسّنّة ان يُوقِعَ الطلاق فى طُهْر غير مجامع فيه والبدعة ان يوقع الطلاق فى الحيض او فى طهر جامعها فيه وضرب ليس فى طلاقهنّ سنّة ولا بدعة وهنّ اربع الصغيرة والآيسة والحامل والمختلعة التى لم يَدْخل بها

31. ويملك الحُرّ ثلاثَ تطليقات والعبد تطليقتين

32. ويصحّ الاستثناء فى الطلاق اذا وصله به

33. ويصحّ تعليقه بالصفة والشرط

34. ولا يقع الطلاق قبل النكاح

35. واربع لا يقع طلاقهنّ الصبىّ والمجنون والنائم والمُكْرَه

36. واذا طلّق امرأته واحدة او اثنتين فله مراجعتها ما لم تنقضِ عدّتُها فان انقضت عدّتها حَلّ له نكاحها بعقد جديد وتكون معه على ما بقى من الطلاق

37. فان طلّقها ثلاثا لم تحلّ له الّا بعد وجود خمس شرائط انقضاء عدّتها منه وتزويجها بغيره ودخوله بها واصابتها وبينونتها منه وانقضاء عدّتها منه

38. واذا حلف ان لا يطأ زوجته مطلقا او مدّةً تزيد على اربعة اشهر فهو مُوّلٍ وبُوّجِّلُ له إن سألت ذلك اربعة اشهر ثمّ يخيّر بين الفَيْئة والتكفير والطلاق فان امتنع طلّق عليه الحاكم

39. والظهار ان يقول الرجل لزوجته انتِ علىّ كظهرِ أُمّي فاذا قال لها ذلك

ولم يتبعه بالطلاق صار عائدا ولزمته الكفّارة والكفّارةُ عتق رقبة مؤمنة سليمة من العيوب المُضِرّة بالعمل والكسب فاذا لم يجد فصيام شهرين متتابعين فان لم يستطع فاطعام ستين مسكينا كلّ مسكين مدّا

40. ولا يحلّ للمظاهر وطؤها حتّى يكفّر

41. واذا رمى الرجل زوجته بالزنا فعليه حدّ القذف الاّ ان يقيم البيّنة او يلاعن

42. فيقول عند الحاكم فى الجامع على المنبر فى جماعة من الناس اشهد بالله انّى لمن الصادقين فيما رميتُ به زوجى فلانة من الزنا وان هذا الولد من الزنا وليس منّى اربع مرّات ويقول فى المرّة الخامسة بعد ان يعظه الحاكم وعلىّ لعنةُ الله ان كنتُ من الكاذبين

43. ويتعلّق بلعانه خمسة احكام سقوط الحدّ عنه ووجوب الحدّ عليها وزوال الفراش ونفى الولد والتحريم على الابد

44. ويسقط الحدّ عنها بان تلتعن فتقول اشهد بالله ان فلانا لمن الكاذبين فيما رمانى به من الزنا اربع مرّات وتقول فى المرّة الخامسة بعد ان يعظها الحاكم وعلىّ غضبُ الله ان كان من الصادقين

45. والمعتدّة على ضربين متوفّى عنها وغير متوفّى عنها

46. فالمتوفّى عنها ان كانت حاملا فعدّتها بوَضْع الحمل وان كانت حائلا فعدّتها اربعة اشهر وعشر

47. وغير المتوفّى عنها ان كانت حاملا فعدّتها بوضع الحمل وان كانت حائلا وهى من ذوات الحيض فعدّتها ثلاثة قروء وهى الاطهار وان كانت صغيرة او آيسة فعدّتها ثلاثة اشهر

48. والمطلّقة قبل الدخول بها لا عدّة عليها

49. وعدّة الامة بالحمل كعدّة الحرّة وبالاقراء ان تعتدّ بقُرْأين وبالشهور عن الوفاة ان تعتدّ بشهرين وخمس ليال وعن الطلاق ان تعتدّ بشهر ونصف فان اعتدّت بشهرين كان اولى

50. ويجب للمعتدّة الرجعيّة السكنى والنفقة

.51 ويجب للبائن السكنى دون النفقة الّا ان تكون حاملا

.52 ويجب على المتوفّى عنها زوجُها الإحداد وهو الامتناع من الزينة والطيب

.53 وعلى المتوفّى عنها زوجها والمبتونة ملازمةُ البيت الّا لحاجة

.54 ومن استحدث ملكَ امةٍ حَرُمَ عليه الاستمتاع بها حتّى يستبرئها ان كانت من ذوات الحيض بحيضة وان كانت من ذوات الشهور بشهر فقط وان كانت من ذوات الحمل بالوضع

.55 واذا مات سيّد أمّ الولد استبرأت نفسها كالامة

.56 واذا ارضعت المرأة بلبنها ولدا صار الرضيع ولدها بشرطين احدها ان يكون له دون الحولين والثانى ان ترضعه خمس رَضَعات منفرّقات ويصير زوجها ابا له

.57 ويَحرُم على المرضَع التزويج اليها والى كلِّ من ناسبها ويحرم عليها التزويج الى المرضَع وولد دون من كان فى درجه او اعلى طبقةً منه

.58 ونفقة العمودين من الاهل واجبة للوالِدين والمولودين فامّا الوالِدون فتجب نفقتهم بشرطين الفقر والزمانة او الفقر والجنون وامّا المولودون فتجب نفقتهم بثلاث شرائط الفقر والصغر او الفقر والزمانة او الفقر والجنون

.59 ونفقة الرقيق والبهائم واجبة ولا يكلَّفون من العمل ما لا يُطيقون

.60 ونفقة الزوجة المُمكِّنة من نفسها واجبة وهى مقدَّرة فان كان الزوج موسرا فمدّان من غالب قوتها ويجب من الادم والكسوة ما جرت به العادة وان كان معسرا فمدّ من غالب قوت البلد وما يتأدّم به المعسرون ويكسونه وان كان متوسّطا فمدّ ونصف ومن الادم والكسوة الوسط وان كانت ممّن يُخدَم مثلُها فعليه إخدامُها

.61 وان اعسر بنفقتها فلها فسخ النكاح وكذلك ان اعسر بالصداق قبل الدخول

.62 واذا فارق رجل زوجته وله منها ولد فهى احقّ بحضانته الى سبع سنين ثمّ يخيَّر بين ابويه فايّهما اختار سُلِّم اليه

.63 وشرائط الحضانة سبع العقل والحرّيّة والدين والعفّة والامانة والاقامة والخُلُوُّ من الزوج فان اختلّ شرط منها سقطت

II.

كتاب العتق

١. ويصحُّ العِتقُ من كلّ مالك جائزِ الامر

٢. ويقع بصريح العتق والتحرير والكنابةِ مع النيّة

٣. واذا أعتق بعضَ عبد عَتَقَ عليه جميعُه

٤. واذا أعتق شِرْكا له فى عبد وهو موسر سرى العتق الى باقيه وكان عبه
قيمةُ نصيب شريكه

٥. ومن مَلَكَ واحدا من والدَيْه او مولوديه عَتَقَ عليه

٦. والوَلاه من حقوق العتق

٧. وحكمه حكم التعصيب عند عَدَمه

٨. وينتقل الولاه عن المُعْتِق الى الذكور من عَصَبَته

٩. وترتيب العصبات فى الولاء كترتيبهم فى الارث

١٠. ولا يجوز بيعُ الولاء ولا هِبتُه

١١. ومن قال لعبه اذا مِتُّ فانت حُرٌّ فهو مدبَّر يَعْتِق بعد وفاته من ثُلْثه

١٢. ويجوز له ان يبيعه فى حال حياته ويَبْطُلُ تدبيرُه

١٣. وحكمُ المدبَّر فى حال حياة السيد حكم العبد القِنّ

١٤. والكتابةُ مستحبّة اذا سألها العبد وكان مأمونا مكتسبا

١٥. ولا تصحّ الأبمال معلوم ويكون مؤجّلا الى اجل معلوم اقلّه نجمان

١٦. وهى من جهة السيّد لازمة ومن جهة المكاتب جائزة فله فسخُها متى شاء

١٧. وللمكاتب التصرّفُ فيما فى يده من المال

18. ويجب على السيّد ان يضع عنه من مال الكتابة ما يستعين به

19. ولا يَعْتِقُ الّا بأَداءِ جميع المال

20. واذا أصاب السيّد امتَه فوضعت ما نبيَّن فيه شىٔ من خَلْقِ آدَمىٍّ حَرُمَ عليه بيعُها ورهنها وهبتها وجاز له التصرّف فيها بالاستخدام والوطء

21. واذا مات السيّد عَتَقَت من رأس ماله قبل الديون والوصايا

22. وولدُها من غيرِه بمنزلتِها

23. ومن اصاب امةً غيرِه بنكاح فالولد منها مملوك لسيّدها

24. وان اصابها بشبهة فولدُه منها حرٌّ وعليه قيمتُه للسيّد

25. وان مَلَكَ الامة الموطوءة بعد ذلك لم تصرْ امٌّ ولد له بالوطء فى النكاح وصارت امّ ولد له بالوطء بالشبهة على احد القولين

III

كتاب الفرائض والوصايا

١٠ والوارثون من الرجال عشرة الابن وابن الابن وان سَفَلَ والاب والجدّ
وان علا والاخ وابن الاخ وان نراخى والعمّ وابن العمّ وان تباعد والزوج
والمولى المُعْتِق

٢٠ والوارثات من النساء سبع البنت وبنت الابن والامّ والجدّة والاخت
والزوجة والمولاة المعتِقة

٣٠ ومن لا يسقط بحال خمسة الزوجان والابوان وولد الصُّلْب

٤٠ ومن لا يرث بحال سبعة العبد والمدبَّر وامّ الولد والمكاتَب والقاتل
والمرتدّ واهل مِلَّتَيْن

٥٠ واقرب العَصَبات الابن ثمّ ابنه ثمّ الاب ثمّ اوه ثمّ الاخ للاب والامّ ثمّ الاخ
للاب ثمّ ابن الاخ للاب والامّ ثمّ ابن الاخ للاب ثمّ العمّ على هذا الترتيب ثمّ ابه

٦٠ فاذا عُدِمَت العصبات فالمولى المعتِق

٧٠ والفروض المقدَّرة فى كتاب الله تعالى ستّة النصف والربع والثمن
والثلثان والثلث والسدس

٨٠ فالنصف فرضُ خمسةٍ البنت وبنت الابن والاخت من الاب والامّ
والاخت من الاب والزوج اذا لم يكن معه ولد ولا ولد ابن

٩٠ والربع فرض اثنين الزوج مع الولد او ولد الابن وهو فرض الزوجة
والزوجات مع عدم الولد او ولد الابن

١٠٠ والثمن فرض الزوجة والزوجات مع الولد او ولد الابن

۱۱۰ والثلثان فرض اربعة البنتين وبِنْتَي الابن والاختين من الاب والامّ والاختين من الاب

۱۲۰ والثلث فرض اثنين الامّ اذا لم تُحْجَبْ وهو للاثنين فصاعدا من الاخوة والاخوات من ولد الامّ

۱۳۰ والسدس فرض سبعة الامّ مع الولد او ولد الابن او اثنين فصاعدا من الاخوة والاخوات وهو للجدّة عند عدم الامّ ولبنت الابن مع بنت الصلب وهو للاخت من الاب مع الاخت من الاب والامّ وهو فرض الاب مع الولد او ولد الابن وفرض الجدّ عند عدم الاب وهو فرض الواحد من ولد الامّ

۱۴۰ وتسقط الجدّات بالامّ والاجداد بالاب ويسقط ولد الامّ مع اربعةٍ الولد وولد الابن والاب والجدّ ويسقط الاخ للاب للاب والامّ مع ثلاثةٍ الابن وابن الابن والاب ويسقط ولد الاب بهؤلاء الثلاثة وبالاخ للاب والامّ

۱۵۰ واربعة يعصّبون اخواتِهم الابن وابن الابن والاخ من الاب والامّ والاخ من الاب

۱۶۰ واربعة يرثون دون اخواتهم وهم الاعمام وبنو الاعمام وبنو الاخ وعصبات المولى المعتق

۱۷۰ وتجوز الوصيّة بالمعلوم والمجهول وبالموجود والمعدوم وهى من الثُلُك

۱۸۰ فان زاد وُقِفَ على إجازة الورثة

۱۹۰ ولا تجوز الوصيّة لوارث الّا أنْ يجيزها باقى الورثة

۲۰۰ وتصحّ الوصيّة من كلّ بالغ عاقل

۲۱۰ لكلّ متملّك وفى سبيل الله تعالى

۲۲۰ وتصحّ الوصيّة الى من اجتمعت فيه خمس خصال الاسلام والبلوغ والعقل والحُرّيّة والأمانة

IV.

كتاب البيوع

وغيرها من المعاملات

Kap. ١.

١. البيوع ثلاثة اشياء بيعُ عين مشاهدة فجائز وبيع شىءٍ موصوف فى الذمة فجائز
وبيع عين غائبة لم تشاهد فلا يجوز

٢. ويصحّ بيع كلّ طاهر منتفَع به مملوك ولا يصحّ بيع عين نجسة ولا ما لا منفعة فيه

٣. والربا فى الذهب والفضّة وفى المطعومات

٤. ولا يجوز بيع الذهب بالذهب ولا الفضّة كذلك الّا متماثلا نقدا

٥. ولا بيع ما ابتاعه حتّى يقبضه

٦. ولا يجوز بيع اللحم بالحيوان

٧. ويجوز بيع الذهب بالفضّة متفاضلا نقدا

٨. وكذلك المطعومات لا يجوز بيع الجنس منها بمثله الّا متماثلا نقدا

٩. ويجوز بيع الجنس منها بغيره متفاضلا نقدا

١٠. ولا يجوز بيع الغرر

١١. والمتبايعان بالخيار ما لم يتفرّقا

١٢. ولهما ان يشترطا الخيار الى ثلاثة ايّام

١٣. واذا وُجد بالمبيع عيب فللمشترى ردّه

١٤. ولا يجوز بيع الثمرة المنفردة عن الشجرة مطلقا الّا بعد بدوّ صلاحها

١٥. ولا بيع ما فيه الربا بجنسه رطبا الّا اللبن

Kap. 2.

فصل فى احكام السلم

١. ويصحّ السلم حالّا ومؤجّلا فيها تكاملت فيه خمس شرائط ان يكون مضبوطا وان يكون جنسا لم يختلط به غيرهُ ولم تدخله النار لاحالته وان لا يكون معيّنا ولا من معيّن

٢. ثمّ لصحّة المسلم فيه ثمانية شرائط وهو ان يصفه بعد ذكر جنسه ونوعه بالصفات التى يختلف بها الثمن وان يذكر قدره بما ينفى الجهالة عنه وان كان مؤجّلا ذكر وقت محلّه وان يكون موجودا عند الاستحقاق فى الغالب وان يذكر موضع قبضه وان يكون الثمن معلوما وان يتقابضا قبل التفرّق وان يكون عقد السلم ناجزا لم يدخله خيار الشرط

Kap. 3.

فصل فى احكام الرهن

١. وكلّ ما جاز بيعه جاز رهنه فى الديون اذا استقرّ ثبوتها فى الذمّة

٢. وللراهن الرجوع فيه ما لم يقبضه

٣. ولا يضمنه المرتهن الّا بالتعدّى

٤. واذا قبض بعض الحقّ لم يخرج شىء من الرهن حتّى يقضى جميعه

Kap. 4.

فصل فى حجر السفيه والمفلس

١. والحجر على ستّة الصبىّ والمجنون والسفيه المبذّر لماله والمفلس الذى ارتكبته الديون والمريض فيما زاد على الثلث والعبد الذى لم يؤذن له فى التجارة

٢. وتصرّف الصبىّ والمجنون والسفيه غير صحيح

٣. وتصرّف المفلس يصحّ فى ذمّته دون تصرّفه فى اعيان ماله

٤. وتصرّف المريض فيما زاد على الثلث موقوف على اجازة الورثة

٥. وتصرّف العبد يكون فى ذمّته يُتبع به بعد عتقه

Kap. 5.

فصل فى الصلح

١. وبصحّ الصلح مع الاقرار فى الاموال وما افضى البها

٢. وهو نوعان ابراء ومعاوضة فالابراء اقتصاره من حقّه على بعضه ولا يجوز
تعليقه على شرط والمعاوضة عدوله عن حقّه الى غيره وبجرى عليها حكم البيع

٣. وبجوز للانسان ان يشرع روشنا فى طريق نافذ بحيث لا يتضرّر المارّ به ولا
يجوز فى الدرب المشترك الّا باذن الشركاء

٤. وبجوز تقديم الباب فى الدرب المشترك ولا يجوز تأخيره الّا باذن الشركاء

Kap. 6.

فصل فى الحوالة

١. وشرائط الحوالة اربعة رضا المحيل وقبول المحتال وكون المحقّ مستقرّا فى الذمّة
واتفاق ما فى ذمّة المحيل والمحال عليه فى الجنس والنوع والمحلول والتأجيل

٢. وتَبْرَأُ بها ذمّةُ المحيل

Kap. 7.

فصل فى الضمان

١. وبصحّ ضمان الدبون المستقرّة فى الذمّة اذا عُلِمَ قدرها

٢. ولصاحب المحقّ مطالبةُ من شاء من الضامن والمضمون عنه

٣. واذا غرم الضامن رجع على المضمون عنه اذا كان الضمان والقضاء باذنه

٤. ولا يصحّ ضمان المجهول

٥. ولا ما لم يجب الّا دَرَكِ المبيع

Kap. 8.

فصل فى الكفالة

١. والكفالة بالبدن جائزة اذا كان على المكفول به حقّ لآدَمِيّ

Kap. 9.

فصل فى الشركة

١. وللشركة خمس شرائط ان تكون على ناضّ من الدراهم والدنانير وان يّتفقا
فى الجنس والنوع وان يخلطا المالين وان يأذن كلّ واحد منهما لصاحبه فى التصرّف
وان يكون الربح والخسران على قدر المالين

٢. ولكلّ واحد منهما فسخها متى شاء

٣. ومتى مات احدها بطلت

Kap. 10.

فصل فى احكام الوكالة

١. وكلّ ما جاز للانسان التصرّف فيه بنفسه جاز له ان يوكّل او يتوكّل فيه

٢. والوكالة عقد جائز ولكلّ منهما فسخها متى شاء وتنفسخ بموت احدها

٣. والوكيل امين [فيما يقبضه وفيما يصرفه] ولا يضمن الّا بالتفريط

٤. ولا يجوز ان يبيع ويشترى الّا بثلاثة شرائط ان يبيع بثمن المثل وان يكون
نقدا بنقد البلد

٥. ولا يجوز ان يبيع من نفسه

٦. ولا يقرّ على موكّله الّا باذنه

Kap. 11.

فصل فى احكام الاقرار

١. والمُقَرّ به ضربان حقّ الله تعالى وحقّ الآدميّ

٢. فحقُّ الله تعالى يصحّ الرجوع فيه عن الاقرار به وحقّ الآدميّ لا يصحّ الرجوع
فيه عن الاقرار به

٣. وتفتقر صحّة الاقرار الى ثلاثة شرائط البلوغ والعقل والاختيار وان كان
الاقرار بمال اعتبر فيه شرط رابع وهو الرشد

4. واذا أَقَرَّ بمجهول رُجِعَ اليه فى بيانه

5. ويصحّ الاستثناء فى الاقرار اذا وصله به

6. وهو فى حال الصحّة والمرض سواء

Kap. 12.

فصل فى احكام العاريّة

1. وكلُّ ما امكن الانتفاع به مع بقاء عينه جازت اعارتُه اذا كانت منافعه آثارا

2. وتجوز العاريّة مطلقا ومقيَّدًا بمدّة

3. وهى مضمونة على المستعير بقيمتها يومَ تلفها

Kap. 13.

فصل فى احكام الغصب

1. ومن غصب مالا لاحد لزمه ردّه وارش نقصه واجرة مثله

2. فان تلف ضمنه بمثله ان كان له مثل او بقيمته ان لم يكن له مثل أكثر ما
كانت من يوم الغصب الى يوم التلف

Kap. 14.

فصل فى احكام الشفعة

1. والشفعة واجبة بالخُلطة دون الجِوار فيما ينقسم دون ما لا ينقسم وفى كلّ ما
لا ينقل من الارض كالعقار وغيره بالثمن الذى وقع عليه البيع

2. وهى على الفور فان اخّرها بطلت

3. واذا تزوّج امرأة على شقص اخذه الشفيع بمهر المثل

4. وان كان الشفعاء جماعة استحقّوها على قدر الاملاك

Kap. 15.

فصل فى احكام القراض

١. وللقراض اربعة شروط
ان يكون على ناضٍّ من الدراهم والدنانير
وان يأذن ربّ المال للعامل فى التصرّف مطلقا او فيما لا ينقطع وجوده غالبا
وان يشترط له جزأ معلوما من الربح
وان لا يُقَدَّرَ بمدّة معلومة

٢. ولا ضمان على العامل الّا بعدوان

٣. واذا حصل ربح وخسران جُبِرَ الخسران بالربح

Kap. 16.

فصل فى احكام المساقاة

١. والمساقاة جائزة على النخل والكرم

٢. ولها شرطان ان يقدّرها المالك بمدّة معلومة وان يعيّن للعامل جزأ معلوما

٣. ثمّ العمل فيها على ضربين عمل يعود نفعه الى الثمرة فهو على العامل وعمل
يعود نفعه الى الارض فهو على ربّ المال

Kap. 17.

فصل فى احكام الاجارة

١. وكلُّ ما امكن الانتفاع به مع بقاء عينه صحّت اجارته اذا قُدِّرت منفعته باحد
امرين بمدّة او عمل

٢. واطلاقها يقتضى تعجيل الاجرة الّا ان يشترط التأجيل

٣. ولا تبطل الاجارة بموت احد المتعاقدين

٤. وتبطل بتلف العين المستأجرة

٥. ولا ضمانَ على الاجير الّا بعدوان

Kap. 18.

فصل فى احكام الجعالة

١.   والجَعالة جائزة وهى ان يشترط فى ردّ ضالّته عوضا معلوما

٢.   فاذا ردّها استحقّ ذلك العوض المشروط له .

Kap. 19.

فصل فى احكام المخابرة

١.   واذا دفع الى رجل ارضا ليزرعها وشرط له جزءاً معلوما من رَبْعها لم يجز

٢.   وان آكراه ابّاها بذهب او فضّة او شرط له طعاما معلوما فى ذمّته جاز

Kap. 20.

فصل فى احكام احياء الموات

١.   واحياء الموات جائز بشرطين ان يكون المحيى مسلما وان تكون الارض حرّة
لم يجر عليها ملكٌ لمسلم

٢.   وصفة الاحياء ما كان فى العادة عمارة للمحيا

٣.   ويجب بذل الماء بثلاثة شرائط ان يفضل عن حاجته وان يحتاج اليه غيره
لنفسه او لبهيمته وان يكون ممّا يستخلف فى بئر او عين

Kap. 21.

فصل فى احكام الوقف

١.   والوقف جائز بثلاثة شرائط ان يكون ممّا ينتفع به مع بقاء عينه وان يكون
على اصل موجود وفرع لا ينقطع وان لا يكون فى محظور

٢.   وهو على ما شرط الواقف من تقديم او تأخير او تسوية او تفضيل

Kap. 22.

فى احكام الهبة

١. وكلُّ ما جاز بيعه جاز هبته

٢. ولا تلزم الهبة الَّا بالقبض

٣. واذا قبضها الموهوب له لم يكن للواهب ان يرجع فيها الَّا ان يكون والدا

٤. واذا اعمر شيئًا او ارقبه كان للمُعَمَّر او للمُرْقَب ولورثته من بعده

Kap. 23.

فصل فى احكام اللقطة

١. واذا وَجَدَ لُقَطَةً فى موات او طريق فله اخذها وتركها واخذها اولى من تركها ان كان على ثقة من القيام بها

٢. واذا أَخَذَها وجب عليه ان يَعْرِفَ ستّة اشياء وعاءها وعناصها وكاءها وجنسها وعددها ووزنها ويَحْفَظَها فى حِرْزٍ مثلها

٣. ثمَّ اذا اراد تملّكها عَرَّفها سنة على ابواب المساجد وفى الموضع الذى وجدها فيه فان لم يجد صاحبها كان له ان يتملّكها بشرط الضمان

٤. واللقطة على اربعة اضرب احدها ما يبقى على الدوام فهذا حكمه والثانى ما لا يبقى على الدوام كالطعام الرطب فهو مخيّرين اكله وغرمه او بيعه وحفظ ثمنه والثالث ما يبقى بعلاج كالرطب فيفعل ما فيه المصلحة من بيعه وحفظ ثمنه او تجفيفه وحفظه والرابع ما يحتاج الى نفقة كالحيوان وهو ضربان حيوان لا يمتنع بنفسه فهو مخيّر بين اكله وغرمه او تركه والتطوّع بالانفاق عليه او بيعه وحفظ ثمنه وحيوان يمتنع بنفسه فان وجده فى الصحراء تَرَكه وان وجده فى الحضر فهو مخيّر بين الاشياء الثلاثة فيه

Kap. 24.

فصل فى احكام اللقيط

١. واذا وُجد لقيط بقارعة الطريق فاخذه وتربيته وكفالته واجبة على الكفاية

٢. ولا يُقَرُّ الَّا يد امين

b*

3. فان وُجِدَ معه مال انفق عليه الحاكم منه وان لم يوجد معه مال فنفقته فى
بيت المال

فصل فى احكام الوديعة

1. والوديعة امانة ويستحبّ قبولها لمن قام بالامانة فيها

2. ولا يضمن الوديع الّا بالتعدّى

3. وقول المودَع مقبول فى ردّها على المودِع

4. وعليه ان يحفظها فى حرز مثلها

5. واذا طولب بها فلم يخرجها مع القدرة عليها حتّى تلفت ضمن

V.

كتاب الاقضية والشهادات

1. لا يجوز ان يلى القضاء الّا من استكملت فيه خمسة عشر خصلة الاسلام والبلوغ والعقل والحرّيّة والذكورة والعدالة ومعرفة احكام الكتاب والسنّة ومعرفة الاجماع ومعرفة الاختلاف ومعرفة طرق الاجتهاد ومعرفة طرف من لسان العرب ومعرفة تفسير كتاب الله تعالى وان يكون سميعا وان يكون بصيرا وان يكون كاتبا وان يكون مستيقظا

2. ويستحبّ ان يجلس فى وسط البلد فى موضع بارز للناس ولا حاجبَ دونه ولا يقعد للقضاء فى المسجد

3. ويسوى بين الخصمين فى ثلاثة اشياء فى المجلس واللفظ واللحظ

4. ولا يجوز ان يقبل الهديّة من اهل عمله

5. ويجتنب القضاء فى عشرة مواضع عند الغضب والجوع والعطش وشدّة الشهوة والحزن والفرح المفرط وعند المرض ومدافعة الاخبثيْن وعند النعاس وعند شدّة الحرّ والبرد

6. ولا يَسْأل المُدَّعَى عليه الّا بعد كمال الدعوى

7. ولا يحلّفه الّا بعد سؤال المدّعى

8. ولا يلقّن خصما حجّة ولا يفهمه كلاما

9. ولا يتعنّت بالشهداء

10. ولا يقبل الشهادة الّا ممّن ثبتت عدالته ولا يقبل شهادة عدوّ على عدوّه ولا والد لولده ولا ولد لوالده

١١. ولا يقبل كتاب قاض الى قاض آخر فى الاحكام الّا بعد شهادة شاهدين يشهدان بما فيه

١٢. ويفتقر القاسم الى سبعة شرائط الاسلام والبلوغ والعقل والحرّيّة والذكورة والعدالة والحساب

١٣. فان تَراضَى الشريكان بمن يَقْسِمُ بينهما لم يَفْتَقِر الى ذلك

١٤. وان كان فى القسمة تقويم لم يقتصر فيه على اقلّ من اثنين

١٥. واذا ادّعى احد الشريكين شريكه الى قسمة ما لا ضرر فيه لزم الآخر اجابته

١٦. واذا كان مع المدّعى بيّنة سمعها الحاكم وحكم له بها

١٧. وان لم يكن له بيّنة فالقول قول المدّعَى عليه يمينه فان نكل عن اليمين رُدّت على المدّعى فيحلف ويستحقّ

١٨. واذا تداعيا شيئا فى يد احدها فالقول قول صاحب اليد يمينه وان كان فى يدها فخالفا وجعل بينهما

١٩. ومن حلف على فعل نفسه حلف على البتّ والقطع

٢٠. ومن حلف على فعل غيره فان كان اثبانا حلف على البتّ والقطع وان كان نفيا حلف على نفى العلم

٢١. ولا تقبل الشهادة الّا ممّن اجتمعت فيه خمس خصال الاسلام والبلوغ والعقل والحرّيّة والعدالة

٢٢. وللعدالة خمس شرائط ان يكون مجتنبا للكبائر غير مصرّ على القليل من الصغائر سليم السريرة مأمون الغضب محافظا على مروءة مثله

٢٣. والحقوق ضربان حقّ الله تعالى وحقّ الآدميّ

٢٤. فامّا حقوق الآدميّين فثلاثة اضرب ضرب لا يقبل فيه الّا شاهدان ذكران وهو ما لا يقصد منه المال ويطّلع عليه الرجال وضرب يقبل فيه شاهدان او رجل وامرأتان او شاهد وبين المدّعى ما كان القصد منه المال وضرب يقبل فيه رجل وامرأتان او اربع نسوة وهو ما لا يطّلع عليه الرجال

٢٥. وامّا حقوق الله تعالى فلا تقبل فيها النساء وهى على ثلاثة اضرب ضرب لا

يقبل فيه اقلّ من اربعة وهو الزنا وضرب يقبل فيه اثنان وهو ما سوى الزنا من الحدود
وضرب يقبل فيه رجل واحد وهو هلال شهر رمضان

26. ولا تقبل شهادة الاعمى الّا فى خمسة مواضع الموت والنسب والملك المطلق
والترجمة وما شهد به قبل العمى وعلى المضبوط

27. ولا تقبل شهادة جارّ لنفسه نفعا ولا دافع عنها ضررا

VI

I. Theil.

كتاب الجنايات

١. القتل على ثلاثة اضرب عَمْد محض وخطأ محض وعمد خطأ

٢. فالعمد المحض هو ان يَعْمِدَ الى ضربه بما يقتل غالبا ويقصد قتله بذلك فيجب
    القَوَدُ عليه فان عُفِيَ عنه وجبت دية مغلّظة حالّة فى مال القاتل

٣. والخطأ المحض ان يرمى الى شىء فيصيب رجلا فيقتله فلا قوَد عليه بل تجب
    عليه دية محفّفة على العاقلة مؤجّلة فى ثلاث سنين

٤. وعمد الخطأ ان يقصد ضربه بما لا يقتل غالبا فيموت فلا قوَد عليه بل تجب
    دية مغلّظة على العاقلة ،مؤجّلة فى ثلاث سنين

٥. وشرائط وجوب القصاص اربعة ان يكون القاتل بالغا وان يكون عاقلا
    وان لا يكون والدا للمقتول وان لا يكون المقتول انقص من القاتل بكفر او رقّ

٦. وتنقل الجماعة بالواحد

٧. وكلّ شخصين جرى القصاص بينهما فى النفس يجرى بينهما فى الاطراف

٨. وشرائط وجوب القصاص فى الاطراف بعد الشرائط المذكورة اثنان الاشتراك
    فى الاسم الخاصّ اليمنى باليمنى واليسرى باليسرى وان لا يكون باحد الطرفين شلل

٩. وكلّ عضو اخذ من مَفْصِل فيه القصاص

١٠. ولا قصاص فى الجروح الّا فى الموضحة

١١. والدية على ضربين مغلّظة ومخفّفة

١٢. فالمغلّظة مائة من الابل ثلاثون حقّة وثلاثون جذعة واربعون خلفة فى بطونها اولادها

١٣. والمخفّفة مائة من الابل عشرون حقّة وعشرون جذعة وعشرون بنت لبون وعشرون ابن لبون وعشرون بنت مخاض

١٤. فان عُدمت الابل انتقل الى قيمتها وقيل ينتقل الى الف دينار او اثنى عشر الف درهم وان غلظت زيد عليها الثلث

١٥. وتغلّظ دية المخطأ فى ثلاثة مواضع اذا قتل فى الحَرَم او قتل فى الاشهر الحُرُم او قتل ذا رحم مَحرَم

١٦. ودية المرأة على النصف من دية الرجل ودية اليهودىّ والنصرانىّ ثلث دية المسلم واما المجوسىّ ففيه ثُلُثا عُشْر دية المسلم

١٧. وتكمل دية النفس فى قطع اليدين والرجلين والانف والاذنين والعينين والجفنون الاربعة واللسان والشفتين وذهاب الكلام وذهاب البصر وذهاب السمع وذهاب الشمّ وذهاب العقل والذكر والانثيين

١٨. وفى الموضحة والسنّ خمس من الابل

١٩. فى كلّ عضو لا منفعة فيه حكومة

٢٠. ودية العبد قيمته

٢١. ودية الجنين الحرّ غرّة عبد او امة ودية الجنين الرقيق عُشْر قيمة أمّه

٢٢. واذا اقترن بدعوى الدم لوث يقع به فى النفس صِدْقُ المدّعى حلف المدّعى خمسين يمينا واستحقّ الدية وان لم يكن هناك لوث فاليمين على المدّعى عليه

٢٣. وعلى قاتل النفس المحرَّمة كفّارة عتق رقبة مؤمنة سليمة من العيوب المضرّة فان لم يجد فصيام شهرين متتابعين

II. Theil.

كتاب الحدود

١. والزانى على ضربين مُحْصَن وغير محصن فالمحصن حدّه الرجم وغير المحصن حدّه مائة جلدة وتغريب عام الى مسافة القصر

٢. وشرائط الاحصان اربع البلوغ والعقل والحرّيّة ووجود الوطء فى نكاح صحيح

٣. والعبد والامة حدّها نصف حدّ الحرّ

٤. وحكم اللّواط واتيان البهائم كحكم الزنا

٥. ومن وطئ فيما دون الفرج عُزِّر ولا يبلغ بالتعزير ادنى الحدود

٦. واذا قذف غيره بالزنا فعليه حدّ القذف ثمانية شرائط ثلاثة منها فى القاذف وهو ان يكون بالغا عاقلا وان لا يكون والدا للمقذوف وخمسة فى المقذوف وهو ان يكون مسلما بالغا عاقلا حرّا عفيفا

٧. ويحدّ الحرّ ثمانين والعبد اربعين

٨. ويسقط حدّ القذف بثلاثة اشياء اقامة البيّنة او عفو المقذوف او اللعان فى حقّ الزوجة

٩. ومن شرب خمرا او شرابا مسكرا يحدّ اربعين ويجوز ان يبلغ به ثمانين على وجه التعزير

١٠. ويجب عليه باحد امرين بالبيّنة او الاقرار ولا يحدّ بالقيء والاستكاه

١١. وتقطع يد السارق بثلاثة شرائط ان يكون بالغا عاقلا وان يسرق نصابا قيمته ربع دينار من حرز مثله لا ملك له فيه ولا شبهة فى مال المسروق منه

١٢. وتقطع يده اليمنى من مفصل الكوع فان سرق ثانيا قطعت رجله اليسرى فان سرق ثالثا قطعت يده اليسرى فان سرق رابعا قطعت رجله اليمنى فان سرق بعد ذلك عزّر وقيل يقتل صبرا

١٣. وقُطّاع الطريق على اربعة اقسام ان قتلوا ولم يأخذوا المال قُتلوا فان قتلوا

واخذوا المال قُتلوا وصُلبوا وان اخذوا المال ولم يقتلوا تُقطَع ايديهم وارجلهم من خلاف
فان اخافوا السبيل ولم يأخذوا مالا ولم يقتلوا حُبسوا وعُزّروا

١٤. ومن تاب منهم قبل الفدرة عليه سقط عنه الحدود وأُخذَ بالحقوق .

١٥. ومن قُصِدَ بأذًى فى نفسه او ماله او حرمه فقاتل عن ذلك وقَتَلَ فلا ضمان عليه

١٦. وعلى راكب الدابّة ضمانُ ما اتلفته دابّته

١٧. ويُقاتَلُ اهلُ البغى بثلاثة شرائط ان يكونوا فى منعة وان يخرجوا عن قبضة
الامام وان يكون لهم تأويل سائغ

١٨. ولا يُقتل اسيرهم ولا يغنم مالهم ولا يذفف على جريحهم

١٩. ومن ارتدّ عن الاسلام استتيب ثلاثا فان ناب والّا قتل ولم يغسل ولم يصلَّ
عليه ولم يدفن فى مقابر المسلمين

٢٠. وتارك الصلوة على ضربين احدهما ان يتركها غير معتقد لوجوبها فحكمه حكم
المرتدّ والثانى ان يتركها كسلا معتقدا لوجوبها فيستتاب فان ناب وصلّى والّا قتل
حدّا وكان حكمه حكم المسلمين

فى مطبعة دروغولين فى ليپسيك.